公共预算研究系列
Public Budgeting Research Series
丛书主编：马 骏

中国公共预算研究

第四届学术会议论文集（2012·南京）

China's Public Budgeting Research

王浦劬 胡宁生 马 骏 主编

中央编译出版社
CCTP Central Compilation & Translation Press

目 录

预算收入与支出

公民参与预算及预算公开与透明

政府间财政关系

地方政府财政风险控制

编 者 序

“中国公共预算研究”学术研讨会至今已成功举办四届，从第一届“广东·南海”到第二届“湖南·长沙”，从第三届“首都·北京”再到第四届“江苏·南京”，历经八载。在各位同仁的共同努力、支持与见证下，中国公共预算研究受到学术界和实践者们越来越广泛的关注，并对中国公共预算理论及政府预算改革起到了积极的推动作用。

此次会议由南京审计学院公共管理与绩效评估研究院、中山大学公共管理研究中心、中山大学政治与公共事务管理学院、北京大学政治发展与政府管理研究所共同举办，于 2012 年 4 月 7—8 日在南京成功举行。来自清华大学、北京大学、中山大学、中国人民大学、复旦大学、澳门大学、香港中文大学、中央财经大学、上海财经大学、西南政法大学、中南财经政法大学、东北财经大学等三十余所大学，财政部、江苏省财政厅等政府机关、黑龙江省人大、浙江省温岭市人大等立法机关，财政部财政科学研究所、吉林省审计研究所等科研机构的五十多位预算学者与实践者在本次会议中分享了他们的最新研究成果并进行了充分与热烈的讨论，通过思想与观点、理论与实践的碰撞，不断探索中国公共预算研究与改革新的着力点与突破点。

通过整理与会学者和实践者的发言文章，本书共收录 30 篇会议论文，主要围绕“公共预算改革与国家治理”“预算决策、编制与执行过程”“人大预算监督与审计”“预算收入与支出”“公民参与预算与预算公开和透明”“政府间财政关系”“地方政府财政风险控制”这七个主题展开讨论。第一个主题讨论了中国预算改革面临的挑战与发展方向；第二个主题分析了我国地方政府绩效预算改革实践，预算决策、编制及执行过程中存在的各种重要问题；第三个主题探讨了西方议会对政府预算决策的监督、我国人大的预算修正权及如何通过预算审计将政府预算权力关进制度的“笼子”里；第四个主题主要对我国行政管理支出、社保支出、环保支出及科研支出进行深入剖析；第五个主题介绍了浙江温岭参与式预算的实践经验，对我国省级财政透明度进行了评估并进一步提出应如何提高政府预算透明度；第六个主题讨论了我国央地财力分配的合意性、我国财政规模的垂直不平衡、预算外收入扩张与公共品供给、地方政府土地财政等问题；最后一个主题则重点分析了我国地方政府的财政风险，包括通过借鉴日本经验来预防与解决我国地方政府债务风险等。

在成功举办了四届“中国公共预算研究”研讨会之后，我们欣喜地看到公共预算研究受到国内学者和政府越来越多的关注。在各界同仁的共同努力下，中国公共预算的研究也取得了可喜的成果，同时培养了一批有志公共预算研究的新生力量。公共预算前沿研究有力推进了中国预算改革，与此同时，中国公共预算改革实践也为公共预算研究的深化奠定了重要的经验基础。

我们衷心感谢各位与会学者和实践者对第四届“中国公共预算研究”研讨会及其论文集出版的大力支持，同时感谢为此付出无限热忱、时间与汗水的会议组织者、会务老师及编辑论文集的老师和同学们。我们将不懈努力，继续推动中国公共预算前沿研究并最终推进中国公共预算的改革进程。

编者
2013 年 5 月

公共预算研究系列
Public Budgeting Research Series

公共预算改革与国家治理

中国预算改革：未来的挑战*

马　骏　林慕华**

内容摘要：1999 年以来，中国启动了一场意义深远的预算改革，目标是建立现代公共预算制度。十余年的预算改革，取得了显著的成绩，中国基本上建立起现代公共预算制度的基本框架。但同时，中国也在预算权力结构、综合预算、总额控制、绩效预算、现金和债务管理、会计改革等方面面临着挑战。在未来，中国应更加深入地推进预算改革，建立现代公共预算制度。

关键词：预算改革　公共预算　挑战

从 20 世纪 80 年代到 1999 年，中国处于一种表面上有预算但实质上没有预算的“前预算时代”。1999 年，中国启动了一场意义深远的预算改革，目标是建立现代公共预算制度。这一改革主要包括部门预算改

---

* 本研究获得中山大学 985—3 期专项经费、2012 年度教育部人文社会科学重点研究基地重大项目（12JJD840010）及广东省哲学社会科学“十二五”规划 2011 年度青年项目（GD11YGL06）支持。该文已发表于《中国行政管理》2012 年第 6 期。

** 马骏，男，教授，中山大学中国公共管理研究中心主任，研究方向为国家建设、公共管理、公共预算、财政史、行政史；林慕华，女，博士，广东财经大学“卓越青年教师”校长特聘教授，广东财经大学公共管理学院行政管理系副主任，国民经济研究中心兼职研究员，中山大学政治学研究所研究员（特聘）。主要从事公共预算与财政管理、人大制度、财政立宪、公务员制度研究。

革、国库集中收付体制改革、政府采购改革等。十余年的预算改革，成绩显著，中国基本上建立起现代公共预算制度的基本框架。在这个过程中，预算权力结构得到改善，新的预算程序以及相关的程序性规则开始建立起来，并开始对政策制定者和管理者构成约束，通过资金约束政府及其各个部门活动的改革目标初见成效。在此基础上，中国各级政府开始发展出最基本的预算能力。同时，三种财政问责机制开始建立起来，包括建立在政府内部预算控制基础之上的对上负责的官僚问责、以人大预算监督为基础的横向问责，以及在个别地方（例如哈尔滨、无锡、浙江温岭）实施的公民参与预算基础之上建立起来的社会问责（王绍光、马骏，2008；马骏、林慕华，2012；Ma & Hou，2009；马骏，2010）。

然而，建立现代公共预算制度是一项复杂的工程。在这个过程中，不仅预算能力的提高需要一个比较长的学习过程，而且在很多情况下，预算改革实质上也是一个政治体制改革，越到改革的后期，预算改革的政治特征就越强，改革的难度也会越来越大。根据我们从 2003 年到 2009 年在八省五市的实地调研以及各种公开的文件和数据，本文将分析中国预算改革面临的十大挑战。在未来的改革中，中国必须认真对待这些挑战。只有成功地解决了这些问题，中国才能真正建立起现代公共预算制度，公共预算才能变成一个治理国家的基本制度。

一、继续理顺权力结构，夯实制度基础

公共预算制度“就是指那些规范预算过程中各个参加者预算行为的预算结构、预算程序与预算规则”（马骏、赵早早，2011）。预算权力结构是最基本的行动框架，它影响着预算过程中行动者的动机和角色定位，也影响着预算过程中的信息流动。对于任何处在建立现代预算制度早期的国家来说，预算改革首先需要解决的一个问题必然是如何在各个预算参与者之间重新分配权力和责任（Willoughby，1918）。预算改革以来，中国的预算权力结构开始发生改变。这表现在，财政部门的权

力开始上升，并开始向一个核心预算机构演变；人大预算监督开始兴起，同时在国家层面，审计机构开始对政府的预算执行结果进行审计；随着预算公开的启动以及公民参与预算的兴起，国家与公民之间的关系也开始发生改变（马骏，2007）。这些都表明，一个符合现代公共预算要求的预算权力结构已经初具格局。然而，为了建立起真正意义上的现代公共预算制度，中国仍需重塑预算权力结构，理顺各个国家机构及其内部的权力关系。

首先，必须进一步落实人大的预算监督权力。现代预算制度包括两大支柱：政府内部集中统一的行政控制与人大预算监督。经过十余年的预算改革，这两大预算控制机制已经建立起来。但是，成绩主要体现在政府内部的预算控制方面，人大预算监督目前只处于起步阶段（Ma，2009）。为了进一步加强人大预算监督，首先必须在修改《预算法》时赋予人大代表预算修正权。这是立法机构行使实质性预算权力最基本的程序性权力，也是判断一个国家立法机构预算监督能力强弱最基本的标准之一。此外，赋予人大代表预算修正权可以避免政府预算被整体否决的尴尬局面（马骏、林慕华，2007）。其次，应该为人大预算监督配备足够的编制，雇用更多的专业人员协助人大及其常委会审查和监督预算。第三，应该重构人大内部的预算审批程序，在各个委员会之间建立一个专业性的分工。例如，在支出审查方面，授权委员会（例如农业委员会等）和拨款委员会（例如财经委员会）应该扮演不同的职能。授权委员会应该介入部门预算的审查，重点审查相应的政府职能部门（例如农业部、水利部）提出的部门预算中的项目在政策上是否具有必要性，而财经委员会则主要进行拨款审查。按此逻辑，可以考虑将财经委员会分成财政委员会（或者预算委员会）和经济委员会，后者属于授权委员会，负责审查经济类部门（例如商务部）提出的部门预算中的项目的必要性。总而言之，人大预算监督是全体委员会的职责。

其次，完善国家审计制度。独立的审计是现代公共预算不可缺少的一个部分。目前，中国的审计机关是政府内部的机构。《审计法》规定，审计机关必须向同级人大报告审计工作结果。这使审计成为人大预算监督的一个部分、一个环节。然而，从根本上说，中国的审计制度属于行政型审计。如何完善审计制度？这些年一直有许多讨论。许多人主张将审计机构划归人大，建立立法型审计。但是，国家审计制度是由《宪法》规定的。将审计机关划归人大必须修宪。为了完善中国的审计制度，中国可以借鉴英联邦国家的经验（马骏、赵早早，2011），在人大内部建立专门的审计委员会。这样既可以完善审计制度，也可以同时加强人大预算监督。

最后，提高财政部门地位，将其建成真正的核心预算机构。正如冯·哈根（Von Hagen）研究发现的，在那些支出控制得比较好的国家，财政部在政府内部的地位都特别高，这使它能够抵制各种支出压力（Von Hagen，1992）。预算改革以来，随着综合预算以及预算细化等改革的推进，预算权和支出管理权开始向财政部门集中，改革前预算“碎片化”的局面开始得到改善，财政部门也开始迈向现代公共预算所说的“核心预算机构”（Ma，2009）。然而，预算“碎片化”仍未得到根本性的改观。在政府内部，财政部门的地位仍不是很高。在财政部门之外，其他部门仍然掌握着对某些资金的分配权。这些机构实质上是一些“准预算机构”。为了将财政部门建成真正的“核心预算机构”，中国有两个选择：一是结束预算碎片化，将资金分配权完全集中到财政部门，这是法国模式；二是将财政部门的预算职能与发展和改革委员会的计划职能整合成一个级别非常高的“计划与预算委员会”，在国家层面直接对总理负责，由其对整个政府资金进行预算安排，将政府的政策意图贯彻进资金分配，而财政部主要负责预算执行和财政管理，这是美国模式。当然，无论选择哪种模式，中国的财政部门应该超越目前这种会计导向的职能定位，将自己重塑成一个政策分析机构，树立自身在预算分配中的权威地位，变成一个真正的核心预算机构。

二、深化全口径的综合预算，落实预算全面性原则

现代公共预算要求将所有的政府资金全部纳入预算，受预算过程约

束，这即是所谓的预算全面性原则。预算改革以来，在推进部门预算改革的过程中，中国一直狠抓综合预算改革，将部门的预算外资金纳入预算管理或者“收支两条线”管理，或者说，将各类预算外收入逐步纳入预算控制的“笼子”，受预算过程约束。2011 年，中国开始全面取消预算外资金，预算外收入或纳入一般预算管理或纳入政府性基金管理（财政部预算司，2011）。地方层面，将预算外收入纳入预算管理或政府基金管理的改革也进展顺利。在推进部门预算改革的同时，将国有企业上缴的经营利润纳入预算管理也提上日程。2007 年国务院下发《关于试行国有资本经营预算的意见》，2008 年中央企业国有资本经营预算安排支出总额 547.8 亿元，开始将央企上缴的利润纳入预算管理。此外，从 2007 年 1 月 1 日起，土地出让金全额纳入地方基金预算管理，实行彻底的“收支两条线”。随着这些改革的推进，纳入预算约束的政府资金越来越多。这为建立公共预算制度奠定了坚实的基础。

然而，综合预算改革仍未完成，仍有相当一部分公共资金未纳入预算管理。这既包括目前改革没有要求纳入预算管理的资金，例如社会保障资金；也包括国家已有要求但在实施过程中仍未完全纳入预算管理的资金，例如政府基金和国有资本经营收益的上缴部分。国家审计署对 2009 年的预算执行情况进行审计时发现，有 11 个省、区未按规定将 683.99 亿元土地专项资金纳入预算管理（刘家义，2010）。2011 年，一部分中央部门管理的企业尚未实行国有资本经营预算管理。更有甚者，尽管预算改革以来各级政府一直不断加强对预算外资金尤其是制度外资金的控制，但是私设“小金库”的现象仍未杜绝。审计署对 2010 年预算执行情况进行审计时发现，仍有 82 个中央部委所属单位采取截留收入、虚列支出等方式，套取和私存私放资金 4.14 亿元，主要用于发放奖金、补贴等（刘家义，2011）。2009 年至 2011 年全国纳入专项治理范围的 110 多万个单位共发现“小金库”60722 个，涉及金额 315.86 亿元（王迎辉，2012）。此外，在地方层面，国有资本经营预算仍未完全推开。最后需要指出的是，目前的国有资本经营预算仍然只是一个“小国资”预算，其他类型的国有资产（例如金融资产、矿产性资产等）形成的收益，仍在预算管理之外。

现代公共预算制度要求将所有的公共资金纳入预算。在未来，中国需要彻底落实预算全面性原则，建立全口径的公共预算体系。首先，严格实施全面取消预算外资金的改革，对按规定必须纳入预算管理的各种资金加强管理，杜绝“小金库”现象。其次，扩大、完善国有资本经营预算，建立大口径的国有资本经营预算。最后，尽快启动社保预算的编制。

三、整合计划、政策与预算

提高公共资源配置效率的前提条件是，政府能够战略性地配置资源，在每个时期，将稀缺的资源配置到最关键的领域，解决该时期最紧迫的社会、经济问题。若要做到这一点，必须将中长期计划、政策与预算整合起来。部门预算改革的推进，促使各个部门的领导越来越重视部门预算的编制，并开始将部门的年度工作计划与部门预算整合起来。这大大地增强了部门预算的计划性和政策性。同时，在编制部门预算的过程中，对项目预算启动项目库管理并对项目进行政策重要性方面的排序。此外，每年在启动部门预算编制之前，越来越多的地方党委、政府都开始明确当年的重点工作，例如“十大民心工程”等，对部门预算的编制进行政策引导。这就加强了预算资金分配与党委和政府政策意图的联系，使部门预算开始成为一个实现政策意图，提高政策质量的工具。

然而，在整合计划、政策与预算方面，中国的预算体制存在着比较大的缺陷。五年编制一次的国民经济和社会发展规划，理论上是一个能够影响政策和预算制定的指导计划。在现实中，它的确也是部门申请资金时的一个依据。但是，它只是依据之一。在计划期间，一方面各级党委和政府仍会出台计划之外的重大政策，并对预算产生影响；另一方面计划中安排的项目也可能无法获得足额的资金支持。总之，计划和预算的衔接程度不是很高。为了解决这一问题，中国需要在预算资金分配方面引入一个计划性强的新模式，例如计划项目预算（PPB）。

部门预算改革开始将年度工作计划与年度预算整合起来。但是，要提高资金的分配效率，需要在预算资金分配过程中植入一个跨年度的框架，而不能完全在一个年度内规划活动并安排资金。然而，若要将计划和预算很好地衔接起来，有两个问题需要解决。一是财政部门和计划部门（国家发展和改革委员会）之间的关系。一个可能的选择是建立一个“计划与预算委员会”。另一个选择是维持两个机构的权责现状，但建立一个更有效的协调机制，或者在两者之上建立一个权威很高的决策机制。二是政治任期和计划周期要保持一致。这意味着，不应出现这样的情况：前一任领导离任之前为下一任领导制定五年发展规划。

政策与预算的衔接程度也存在着问题。最主要的挑战不是政策不能引导资金分配，而是预算不能有效地约束政策制定。首先，政策制定周期与预算周期不衔接。目前，即使在人大已经批准了政府预算的情况下，在预算执行过程中，党委和政府仍会召开重大的政策制定方面的会议，导致新的支出。其次，领导在预算执行过程中也会制定一些政策，在许多情况下也会导致新的支出。最后，在预算执行过程中，上级政府或者部门也会出台新的政策，要求下级政府或相应的部门安排资金执行。这些政策与预算的不衔接不仅导致预算过程中充满了不确定性，而且也阻碍资金分配效率的提高（马骏、侯一麟，2005）。为了提高资源配置效率，中国需要加强政策与预算的衔接程度。这涉及预算年度与财政年度匹配的问题。目前，财政年度是每年的1月1日到12月31日。但在国家层面，人民代表大会是在3月中旬才开，项目预算要4月份才批复到各个政府部门。这不仅减少了项目预算的预算执行时间，也为政策和预算的整合带来一些问题。中国可以考虑将预算年度设置为某年的4月1日到次年的3月31日（或者7月1日到次年的6月30日）。如此，就能在一些重大的政策制定会议与预算审批之间留出足够的时间，使政府及其部门有充足的时间将这些政策意图贯彻进预算编制。当然，最为关键的是，各级党委和政府应该将各种重要的政策制定方面的会议前置到预算编制启动前召开，并应在预算执行过程中尽量不再出台新的增支政策。此外，领导也应该在预算编制之前整体地思考未来一年的政策重点，不在预算执行过程中批准新的增支政策。

四、建立总额控制机制

20 世纪 80 年代开始，越来越多的国家开始建立财政收支总额的控制机制，通过法律和制度的形式对政府支出的增长率或比重、政府债务（尤其是余额）的规模和比重、赤字的规模和比重等进行限制（马骏、赵早早，2011）。2009 年，欧洲数个国家出现了债务危机。它们都是总额控制实施得不太理想的国家，例如西班牙、意大利。相反，那些有效地建立起总额控制机制的国家，例如德国，财政状况则相对稳健。这些年，中国的财政状况似乎很好。然而，学界以及实践者一直忧心于中国的财政风险。从国家层面的赤字和国债债务来看，中国财政毫无风险。但是，如果将国家层面的或有负债和地方政府的负债（尤其是各种或有负债）考虑进来，中国就存在着财政风险。2011 年审计署的报告显示，截至 2010 年底，全国只有 54 个县级政府没有举借政府性债务，地方政府性债务余额达 107174.91 亿元，部分地区和行业偿债能力弱，存在风险隐患（审计署办公厅，2011）。此外，中国的财政风险在本质上是一个政治问题。地方政府之所以热衷于变相借债，是因为目前实施的干部晋升制度既强调年龄又强调政绩考核。在这样一种晋升制度下，地方财力有限又不允许借债，地方政府就会寻找新的财力，因此，除了依靠土地出让金之外，变相借债就是一个非常有吸引力的选择。这就导致债务风险不断累积。预算改革虽然进行了十余年，但财政收支总额控制仍未纳入预算改革的议程。为了防范财政风险，在未来的改革中，应考虑建立总额控制机制来约束政策制定，规范政府的借债。

首先，应修改《预算法》，明确允许地方政府发行债券。可以考虑将目前的“城投债”明确转化为“市政债券”。同时，需要完善债券市场，让市场来约束地方政府。在明确允许地方发行债券后，应明确禁止地方政府的其他变相借债行为。允许地方政府发债不仅有助于提高地方债务的透明度，而且有助于避免地方政府债务过度集中于银行贷款。其次，应在法律中明确设置财政总额控制标准，并通过制度明确财政收支总额对政策制定和预算分配的硬约束。在设置总额控制标准时，应借鉴拉美国家20世纪90年代以来的经验，设置多项总额控制标准，从多方面来约束政府借债。为加强总额控制，特别应加强对或有负债的约束和控制。再次，应在每级政府都建立一个专门的紧急基金，在正常年份，每年都要将一定比例的财政资金储存起来，只有在遭遇经济萧条或者其他重大的社会或者自然危机时，方可动用这笔资金。此外，每年的预备费，若未发生法律规定的支出情况，都应拨入这个基金，而不能当年就花掉。为此，中国应修订《预算法》，以法律的形式明确规定这个基金的管理模式，明确规定每年必须存入这个基金的比例，等等。最后，在条件成熟时，可以借鉴美国、日本等国的经验，制定《地方政府破产法》。

五、推进绩效预算改革

现代公共预算的第一个目标是通过预算控制确保公共资金只能用于公共目的，然后通过建立绩效预算，确保公共资金支出后实现预期的政策目标，解决公民希望政府予以解决的问题。通过这两大步骤，不仅能够提升政府的预算能力，而且能建立一个对公民负责的政府（Ma，2009）。从2004年开始，中国各级政府开始试点支出绩效评价。最近，一些地方已经开始向绩效预算转型。在未来，中国应继续在各级政府推行支出绩效评价。条件成熟的地方政府，可以逐步向绩效预算转型。然而，建立绩效预算是一项非常具有挑战性的改革。

第一，在推行绩效预算的过程中，财政部门应依靠各个部门去开发测量支出绩效的指标体系，并逐步提高绩效信息的质量。然而，各个部门需要比较长的时间才能全面、详细和准确地了解自己开展的活动的各种运作信息，并准确地测量支出的绩效。这是一个组织学习过程，需要足够的耐心。只有当绩效信息的质量比较高后，政治家和管理者才会有动机在预算资金分配的过程中使用绩效信息来改进预算决策。第二，在绩效信息的质量提高后，应逐步提高绩效信息对资金分配的影响。此时，面临的挑战比前一阶段更大。这主要是因为归根到底预算资金的分配是一个政治过程，无论绩效信息的质量多么高，它都只能是一个供政治家参考的决策依据，而不能完全取代政治力量对资金分配的影响。概言之，绩效预算改革的成功需要相应的政治体制改革予以支持和配合。第三，绩效预算非常强调战略性地配置资源。然而，在计划与预算衔接不好的条件下，如何运用战略计划引导资金分配，如何战略性地联结支出与绩效，就是一个挑战性的问题。在这个问题上，可以借鉴英国模式，每隔三年或者五年，对整个政府的政策和支出进行一次全面的审查，然后确定未来三年或者五年的政策重点，进而确定支出重点。在此基础上，可以要求部门根据政府重新确定的政策重点，制定部门的战略计划，确定新的战略目标，然后选择能够实现战略目标的活动（即项目），再对这些项目进行绩效测量，同时对项目进行运作分析，测算活动成本。第四，在公共部门试点并逐步推开成本会计。绩效预算的成功，最终需要在公共部门实行成本会计。在判断一个项目是否实现了支出绩效，不仅需要看项目实施后是否实现了承诺的绩效目标，还要看为实现这一目标付出的总成本和单位成本。

六、完善现金与债务管理

在预算执行的财政管理中，现金管理和债务管理是非常基础性的。预算改革以来，国库集中收付体制改革取得明显的成绩。2001 年，国库集中支付制度改革在水利部、科技部、中国科学院等 6 个中央部门试点，资金规模 170.23 亿元（项怀诚、楼继伟，2003）。截至 2010 年底，全部中央部门及其所属 12500 多个基层预算单位以及 36 个省、自治区、直辖市和计划单列市本级，327 个地市，2500 多个县（区），超过 35 万个基层预算单位实施了国库集中支付制度改革。随着国库集中收付体制改革的推进，越来越多的现金余额开始被集中到财政单一账户体系。这一方面有助于加强财政部门对现金流进行监控，但在另一方面也要求加强现金管理。

现金管理要求在制定各个部门的用款计划或者预算执行计划时能够有效率地组织和管理现金流，将收入流和支出流有效率地匹配起来，在保证各个部门用款的同时，减少闲置现金，将暂时多余的现金余额投资出去获取收益。从 2006 年开始，财政部开始试点现金管理：一是提前赎回国债；二是国库现金存款。然而，这只是非常初步的现金管理。整体来看，在预算执行中，各级政府只有现金控制，而无现代意义的现金管理。在未来，中国需要拓展现金管理的规模，提高现金管理水平。首先，财政部门应开始加强对收入流和支出流的预测和管理，在科学分析和预测现金流的基础上制定用款计划。其次，如果实行预算编制和执行分开，那么就可以考虑将收入征收机构（例如税务机构）划归财政部门，使其能够同时对收入流和支出流进行管理，进而能够有效率地将收入流和支出流匹配起来。第三，应通过人大制定现金投资方面的法律，明确现金投资的基本原则、现金投资的范围、财务报告体系、风险控制和问责体制等。与此相联系，财政部门应加强对现金余额的预测和管理，在同时兼顾流动性、安全性和收益性原则的基础上，将更大规模的现金余额进行投资。总之，政府应该具备合法地“用钱生钱”的能力，进而减少从社会的税收汲取。当然，最大的挑战是在地方层面建立现金管理体制。加强现金管理需要增加财政部门的编制，而且是既懂财政管理又熟悉金融的专业人才。如果要求县市级政府加强现金管理，它们面临的一个难题可能就是缺乏专业人才。中国可以考虑在省一级建立现金管理体系，将各县市的现金委托给省级的现金管理系统来进行运作。

同时，应建立正式的债务管理体系。在国家层面，财政部这些年在发行国债的过程中，已经摸索出一套比较完善的债务管理体系。尽管国家层面的债务管理仍有需要完善之处，例如在发行模式和债券期限结构方面，但是，最紧迫的是在地方层面建立债务管理体系。虽然地方政府普遍存在债务，但囿于《预算法》规定地方政府不得借债，地方政府反而不能正式地建立债务管理体系。在未来，应该修改《预算法》，允许地方政府发行债券，然后建立债务管理体系和相应的债务机构。一种选择是在财政部门内部建立债务管理机构，另一种选择是在政府层面建立债务管理机构。在此基础上，中国应该将现金管理与债务管理整合起来。因为，这种整合是提高财政管理能力的前提。

七、全面启动政府会计改革

政府会计体系是预算执行中建立预算控制的基础，也是预算执行后对预算执行情况进行审计监督的基础。更进一步地说，良好的政府会计体系也是财政透明以及实现财政问责的前提条件。正如美国进步时代预算改革者呼喊的，“会计是民主的保姆”（财政部，2010）。预算改革以来，政府收支科目体系、国库集中收付体制、会计信息化建设等改革已经取得成效。但在政府会计上，仍未启动实质性的改革。中国政府会计体系目标定位不清，会计体系分割，会计信息分散，会计功能不全（例如会计核算范围比较窄），会计基础单一，无法对政府收支进行全程、全面的会计监管，不能满足财务管理与绩效评价的需要。同时，现行的预算会计制度既不利于政府部门和行政事业单位对资产、负债的管理，也不利于防范和降低财政风险和提高政府供给公共服务的能力（Khan，1997）。

在未来，中国应该逐步而全方位地启动政府会计改革，建立一个适合现代公共预算的政府会计体系。首先，明确政府会计的财政问责定位。中国的政府会计实质上是以预算单位为会计主体，服务于国家预算的是预算会计。在未来，应超越预算会计的定位，重新塑造中国的政府会计。新的政府会计体系不仅要核算年度预算收支，“追踪拨款和拨款使用”，还要向公众报告年度预算执行情况和政府财务状况（包括资金流、资产与负债等）。其次，应改革、整合预算会计体系，建立一个能够全面、完整、准确地反映政府财政财务状况、资金运行情况的政府会计管理体系。在这个过程中，应扩大政府会计核算涵盖的范围，不仅要涵盖财政资金流动，而且要涵盖资产和负债。此外，应借鉴发达国家公共部门会计准则的经验，制定中国的政府会计准则。再次，应拓宽会计基础，在完善现金制会计的同时，逐步推行权责发生制会计，以更加准确、全面地反映政府所有的权益与责任。在此基础上，可逐步试点权责发生制预算，以更进一步提高政府财政的透明度，控制财政风险。此外，需要构建成本核算系统，提供货币量化的成本信息，最大限度地满足政府绩效评价的信息需求。最后，应建立政府财务报告制度，包括年度和季度政府财务报告，经独立审计机构审计后，向立法机构和社会公布。

八、建立内控体系和"以部门为基础"的财政问责体系

预算改革以来，随着国库集中支付体制、政府采购等改革的推进，中国逐步在预算执行中建立起由财政部门对各个部门收支行为进行监督的"外部控制"体系。而且，这是一种事前监督体系。这一控制体系的建立极大地加强了财政部门对资金流的监控能力，有助于防止各种腐败和浪费。从长远来看，这也有助于在公共管理过程中确立起法治原则。然而，中国不应长期、过度地依赖外部控制。一则外部控制的监督成本很高，二则完全依赖外部控制无助于各个部门加强对自身收支的控制和管理。因此，中国应在继续完善外部控制的同时，在各个部门建立标准化的内部控制体系，促使各个部门自己控制自己。一旦部门的内部控制体系已经成熟，部门行为比较规范，就逐步从外部控制过渡到内部控制。

一旦过渡到主要以内部控制为主的控制体系，那就要相应地建立起"以部门为基础的"财政问责体系。内部控制体系在预算执行中赋予各个部门一定的自主权。顺理成章地，各个部门就有责任和义务在预算执行中严格按照立法机构批准的预算和各种财务制度、采购制度、人事制度等执行预算。预算执行后，如果审计发现有部门未能有效地实施内部控制，就应施予严格的惩罚。同时，各部门有责任确保各个支出项目的

支出绩效。当然，这需要进一步推动支出绩效评价和绩效预算。需要指出的是，即使在主要依靠外部控制的阶段，也应开始建立以部门为基础的财政问责体系。其内容同样也包括与控制相联系的收支行为规范与支出绩效。归根到底，公共资金是由各个部门支出的。在部门预算改革推行了十余年后，应开始建立以部门为基础的财政问责体系，强调各个部门的支出责任。

九、加强资产管理，推进预算管理与资产管理的结合

资产管理是预算管理的基础。只有将预算管理建立在良好的资产管理之上，才能提高资源配置效率，并有效地防止公共资源的私用。从2007年开始，中国对行政事业单位资产进行了清查，将行政事业单位的经营性资产剥离，同时加强对其他非经营性资产的管理，并开始推进预算管理与资产管理的结合（财政部预算司，2011）。然而，中国仍未建立起完整的资产管理体系，将资产管理与预算管理结合起来的改革也刚刚开始。首先，行政事业单位资产清查工作在不少地方仍未完成，或者推行得不够彻底。即使在推行得比较好的地方，在将经营性资产与部门脱钩后，如何将各个部门的非经营性资产整合起来统筹使用，如何在各个部门之间调剂和配置资产，如何降低公共资产的行政成本等，都面临着很大的阻力。其次，各类公共设施存在着“重投资、轻管理”的弊病，缺乏良好的资产管理。这一方面使得庞大的公共资产缺乏维护，不能更好地为公民提供服务。另一方面，由于没有对公共设施的运行状况、服务水平等进行定期评估，每年的公共资产投资决策缺乏全面、准确的信息，大大降低了资源配置效率。

在未来，中国必须高度重视资产管理，并将预算管理建立在高水平的资产管理之上，提高资源配置效率。首先，在行政事业单位资产方面，应尽量采取集中办公的方式，降低资产购置、维护等方面的支出，然后应对这一类资产进行整合、调剂，在各个部门之间公平地分配资

产。对于公车，也应将其纳入资产管理，加大公车改革的力度，尽量减少按行政级别为官员个人配置公车的范围，各部门（警务巡逻等部门除外）只应保留极少量的公务用车，官员公务使用时提出申请，并在每部车上建立电子跟踪系统。与此相联系，应取消目前不少地方明确对公务员个人发放"车补"的做法。因为，这等于变相提高公务员福利。其次，对于服务于公民的公共设施，应借鉴国外许多国家地方政府的资本预算模式，要求地方政府基于资产管理制定三至五年的资本预算。这个资本预算首先要建立一个固定资产库存分析，也就是说，每年要对各类公共设施的运行状况和服务水平等全面进行评估。如此，才能真正了解这个领域的轻重缓急，从而才可能真正地实现科学决策。然后，再结合政府的发展规划、城市规划等，制定一个本级政府三至五年的"固定资产改进计划"。这样才能将公共设施方面的预算安排建立在高质量的资产管理之上，通过提高资产管理水平来提高预算管理水平。同时也通过资本预算来加强日常的资产管理，提高资产的服务水平。

十、继续推进预算公开，逐步推开公民参与预算

预算公开是现代公共预算的基本要求。公共资金取之于民，政府是人民的管家，是在为人民理财。管家向人民公开预算是责无旁贷的。此外，正如美国进步时代预算改革者呼吁的，"任何监督都不如公开有效"。预算公开后，权力的使用就置于人民的监督之下，权力就在阳光下运作。十余年的预算改革中，焦作、广州等地方政府率先向社会公开包括部门预算在内的政府预算。2009 年开始，中央着力推进财政预算决算公开，要求各级政府财政总预算和总决算、部门预算和决算，以及政府性基金、国有资本经营等方面的预算和决算都向社会公开，特别要求各部门的行政经费，包括出国出境、公务接待、公务用车、会议等支出，都要向社会公开，各类预算执行和决算的审计报告也要向社会公开。2011 年，共有 92 个中央部门向社会公开了部门预算，90 个中央部门公开了部门决算。此外，98 个中央部门和北京、上海、广东、陕西

等省市向社会公开了“三公”经费使用情况，审计机关向社会发布预算执行及财政收支等方面审计结果公告8000多篇（温家宝，2012）。这些都是了不起的进步。但是，目前仍处于预算公开的起步阶段，公开的范围和详细程度仍然不够。在未来，中国应该尽快在各级政府全面推进预算公开。

同时，应该在基层推开公民参与预算。2006年以来，哈尔滨、无锡和浙江温岭等地实行了公民参与预算，由公民来决定某些公共资金的支出。作为一种预算民主形式，公民参与预算有助于确保公共资金用于公共目的，用于解决公民最关心的问题，从而提高公民对政府的信任度。同时，它也为公民的政治参与提供了一个渠道。然而，地方政府普遍对公民参与预算缺乏积极性。在未来，可以像拉美国家那样，通过制定法律，在基层推开公民参与预算，将其建成一种基层民主政治的主要形式。

十一、结论

通过十余年的预算改革，中国初步建立起现代公共预算的基本制度框架。一方面，在政府内部建立起一个集中、统一的预算控制体系，另一方面人大预算监督开始兴起。同时，开始试点支出绩效评价和绩效预算改革。随着这些改革的推进，预算的约束性开始加强，人大、政府及其各个部门的预算行为都开始出现积极的变化。在此基础上，各级政府的预算能力都得到了提高，财政问责机制也开始建立起来。这些都对各级政府的公共治理产生了积极的影响。

然而，中国仍未完全建立起现代公共预算制度。在未来，中国应更加深入地推进预算改革。具体的，中国必须在前述的十个方面进行改革。只有在成功地应对了这些挑战之后，中国才能最终建立起现代公共预算制度。这些改革的推进不仅仅涉及技术层面的问题，也不仅仅涉及管理体制改革，还涉及政治体制改革。预算改革的深化需要持续的政治支持，需要每个管理者的配合，需要全社会的努力。

【参考文献】

财政部预算司：《中央部门预算编制指南（2012年）》，中国财政经济出版社2011年版。

刘家义：《关于2009年度中央预算执行和其他财政收支的审计工作报告》，在第11届全国人民代表大会常务委员会第15次会议上的报告，2010年。

刘家义：《关于2010年度中央预算执行和其他财政收支的审计工作报告》，在第11届全国人民代表大会常务委员会第21次会议上的报告，2011年。

马骏、林慕华：《中国地方人大预算监督研究》，载《中国社会科学》2012年第6期。

马骏：《实现政治问责的三条道路》，载《中国社会科学》2010年第5期。

马骏、赵早早：《公共预算：比较研究》，中央编译出版社2011年版。

马骏：《中国预算改革的政治学：成就与困惑》，载《中山大学学报（社会科学版）》2007年第3期。

马骏、林慕华：《现代议会的预算修正权力》，载《中国改革》2007年第6期。

马骏、侯一麟：《中国省级预算中的政策过程与预算过程》，载《经济社会体制比较》2005年第5期。

任明东：《完善我国政府会计体系的探讨》，载《黑龙江对外经贸》2010年第12期。

审计署办公厅：《审计结果公告》（第35号），2011年。

王迎辉：《“小金库”专项治理工作转入常态化》，载《中国财经报》2012年1月19日。

王绍光、马骏：《走向“预算国家”》，载《公共行政评论》2008年第1期。

温家宝：《让权力在阳光下运行》，载《求是》2012年第8期。

项怀诚、楼继伟：《中国政府预算改革五年：1998—2003》，中国财政经济出版社2003年版。

Khan, Jonathan. *Budgeting Democracy*, Ithaca: Cornell University Press, 1997.

Ma Jun, Yilin Hou. Budgeting for Accountability, *Public Administration Review*, Vol. 69, No. 10, Dec. 2009.

Ma Jun, The Dilemma of Developing Financial Accountability without Election, *Australia Journal of Public Administration*, Vol. 6, No. 1, Mar. 2009.

Ma Jun, If you cannot Budget, How can You Govern? *Public Administration and Develop-*

ment, Vol. 29, No. 1, Feb. 2009.

Von Hagen, Jürgen, Budgeting Procedures and Fiscal Performance in the European Communities, *Economic Papers*, Vol. 96, No. 2, Oct. 1992.

Willoughby, W. F., *The Budget as an Instrument of Political Reform*, New York: Proceedings of the Academy of Political Science in the City of New York, 1918.

走向真正的公共预算

胡宁生*

经过三十多年坚定不移的经济体制改革和大规模持续的经济建设，中国彻底改变了穷白面貌，积聚起让全世界都惊讶的大量财富。[①] 但是，普通的中国人并没有真正感到自己富裕了、生活幸福了。因为亿万劳动者创造的财富除了相当一部分落到了一小部分富豪手中之外[②]，其余的绝大部分都进了政府的钱袋子。[③] 政府拥有庞大的财政，主要用于自身的开支，并没有主要用于提高公众的福利保障和民生建设[④]，因而

---

* 胡宁生，女，南京审计学院公共管理与绩效评估研究院院长，博士生导师、教授，博士，研究方向为公共管理学、公共政策学和绩效管理。

① 中国大陆 GDP 以年平均 9.7% 的速度持续三十多年增长而不衰，尤其在国际金融大危机之下仍保持高速增长。中国的经济总量已占到世界的 9.27%。邓小平预计到 21 世纪中叶达到人均 4000 美元的目标，2010 年已经达到，提前了 40 年。这真是谁都料想不到的。

② 世界银行公布的数据显示，中国 1% 的人口掌握了 41.4% 财富，财富集中度畸高。招商银行联合贝恩管理顾问公司对外发布了《2009 年中国私人财富报告》，中国内地高净值人群（指个人可投资资产在 1000 万元以上），2009 年持有可投资资产规模超过 9 万亿元，相当于中国总人口 0.2‰的人，持有相当于全国城乡居民存款余额 20 万亿元的近一半资金。

③ 据统计，1978 年到 2003 年 25 年间，中国财政收入从 1132 亿元增长到 3 万多亿元，约 28 倍。2007 年美国财政税收占 GDP 的 18%，中国税收 5.1 万亿占到 GDP 的 20%。

④ 2007 年中国在医疗卫生、社会保障、就业福利三项开支总共 6000 亿元，相当财政总开支的 15%，为全年 GDP 的 2.4%，分到 13 亿人身上，人均收入 461 元。在美国，同样三项开支为 15000 亿美元，相当于政府总开支的 61%，为 GDP 的 11.5%，分到 3 亿美国人身上，人均 5000 美元。

不再完全是公共财政了。[①] 在这种状况下存在和运作的中国政府预算也就必然缺乏公共性。有许多人感叹：中国有财政，但没有公共财政；中国虽有预算，但绝不是公共预算。如何让主人交上去的钱知道谁在用，用到了什么地方；如何让主人创造的财富主要用在主人身上；真正让预算成为公共预算乃是公共行政学和政治学需要在理论上和实践上解决的问题。

一、公共预算改革是深化改革的突破口

经过两会和其后发生的一些事件，在当前中国，多数人已经形成了一种共识：必须重启政治改革的议程，在经济体制改革的基础上，将政治领域、经济领域、文化领域、社会领域的改革有机结合融为一体。只有这样，才能巩固已有的经济体制改革的成果，才能推动经济体制改革持续深化，才能顺势推进政治体制、社会体制、文化体制的改革。但是，为什么在经济体制改革取得重大突破、新的经济体制大力开拓前行时，政治体制改革的议程却被一而再、再而三地搁置、拖延？除了有一些不和谐的杂音和偏向外，关键的问题是没有选准深化改革的突破口。

政治体制改革的总体目标是实现民主政治、法治政治。有些学者和实际工作者曾试图通过发展基层民主来推动整体政治民主的发展。虽然近几年农村中的村民自治和城市中的小区自治有了很大发展，但并没有推进整个国家的民主政治发展。在底层突破不成功的情况下，也有人试图从上层变革开始，从发展执政党的党内民主开始，试图以此来推动整个国家的民主政治建设。从目前的进展来审视，这一步并没有走好。也有人想从行政管理体制改革入手，试图用间接的改革来带动政治民主建设。但实践证明此举的成效也不大。而且，人们也发现，行政管理体制

① 从1978年到2003年25年间，政府行政管理费用则从不到50亿元升到7000亿元，增长达87倍。近年来平均每年增长23%。行政管理费占财政总支出的比重，2003年已达到19.03%。另据统计在1978年到2003年的28年里，中国公务员的职务消费增长了140倍，所占全国财政总收入的比例从1978年的4%上升到2005年的24%，接近四分之一。

的改革恰恰需要政治民主和法治政治建设为前提。上述几种路径的选择，都有一个共同的特点，即没有找到一个具体的、标的性的活动，能够让全国的民众都感觉到与自己的切身利益有关，从而有兴趣、有需要去参与其中。而这种标的性的活动又一定是和政治生活、行政管理、社会管理有机联结在一起的，并且能够推动民主建设和法治建设的发展的。公共预算改革正好是符合上述要求的、标的性的改革活动。

首先，公共预算改革和政治改革关系密切。公共预算从来就不是一项纯技术性的活动，相反，所有国家的公共预算都首先是一项政治活动，政府领导人都会意识到许多最重要的政治决策是在预算过程中做出的。美国公共预算学家威尔达夫斯基就认为，公共预算被描绘为冲突的集合和权力斗争的工具，政治成分无时无刻不在预算过程中发挥作用。而真正的公共预算又总是和宪制联系在一起的。公共预算是政府部门向立法机构提交议案，立法委员会在政府部门间公平地分配给定的资金。立法部门审议通过的政府预算就是法律，是具有法律效力的，违背政府预算就是违法行为。因此，推进公共预算改革，就能在实践上推进民主政治和法治政治的发展。

其次，公共预算改革与公共行政体制改革紧密相连。从公共行政的角度来审视，公共预算是指导一个国家、一个地方政府甚至是一个城市的经济增长、投资和发展的政策工具。公共预算还是管理的工具，在整个公共资金流动过程中，公共预算管理都起着关键性作用。一项公共预算还是一项行政的工具，它提供公共项目和服务的方式与途径及活动效率和效果。要推动和促进公共行政管理体制的改革，真正转变政府职能，必须先从政府的公共预算的改革入手。

第三，公共预算改革和社会管理体制休戚相关。从加强社会建设和创新社会管理来透视，当改革中的公共预算能够让更多的公共财政向民生社会建设和培育民意组织倾斜时，社会的保障体系就能更加健全，民意社会组织就能得到发育，从而真正保障基层的自治权利，实现乡村自治、社区自治，社会问题让社会民众来管理，形成广大公民自我管理、自我服务、自我教育、自我监督的社会自治制度。

最后，也是最为重要的一点是，将公共预算改革作为标的性改革活动，会实现有序扩大政治参与这一民主政治建设的目标。政治民主的发展和政治参与的扩大是联动的。但是，真正的民主政治发展要求的不是虚假的形式主义的全民政治参与，也不是过度的、无序性扩大的政治参与。美国政治学家罗伯特 · 达尔在谈到政治参与的影响因素时，分析了普通民众个体是如何考虑政治参与的①（罗伯特 · 达尔，1987：133—137）。他认为如果政治个体感觉到他有能力参与，而且也能在参与中发表自己的见解，并且如果参与了就能改变事情的结局，那么他就会选择政治参与。公共预算的改革是要将政府预算的过程公开、政府的有关开支公开，让更多的公共财政用到扩大民众的福利保障和民生社会的建设上来，以上这些内容，与普通民众的切身利益有关，他们听得懂、看得懂、能发表意见，所以这样的改革能够真正吸引基层的民众参与其中。

二、真正的公共预算必须逐步公开化

作为政治过程、法律活动和公共行政管理工具与政策工具的公共预算，无论是其编制、运行，还是决算结果，都应当成为向民众、向社会公开的活动，运用一定的形式，尽量向民众公开，让民众知晓，更为重要的是让民众监督。公共预算的基础是公共财政，其绝大部分是由民众直接或间接交纳的税费构成的，归根到底都是民众劳动的结果。作为国家主人的纳税人、缴费者，应当知道自己的交纳的税费是谁在用，用在哪里，其结果如何。这就要求政府的公共预算活动能够透明化。

① 罗伯特 · 达尔认为，如果一个政治个体认为同可以期望从其他活动中得到的报酬相比，从政治介入中得到的报酬价值较低，就不大可能介入政治。如果一个政治个体认为所面临的各项选择之间没有什么重大差异，所作所为就无足轻重，就不大会介入政治。如果一个政治个体认为无论如何都不能有效改变政治结果，也就不大会介入政治。如果一个政治个体认为没有自己的介入，政治结局也会相当满意，就不大会介入政治。如果一个政治个体觉得自己的知识太有限了，在政治上不能有所作为，也就不大会介入政治。如果一个政治个体发现要从政治中获取高额的报酬，付出的代价很昂贵，遇到的障碍越大，也就越不大会介入政治。

迄今为止，各个层级政府的公共预算基本上都是在政府部门之中，以封闭或半封闭状态运行的，可以讲绝大部分政府是“黑箱作业”。前几年也有政府出来主动“晒账本”，但那只是最基层政府的作为，而且也是极个别的现象。[①] 2010 年，国务院要求中央部门公布“三公消费”情况，不仅出现拖延时间公布、选择周末时间公布的现象，而且公布的方式、口径、计算的方法也五花八门，成心让人弄不明白。2010 年 6 月 23 日国家审计署审计长受国务院委托，向第十一届全国人大常委会第十五次会议做了关于 2009 年度中央预算执行和其他财政收支的审计工作报告，将 56 个中央部门单位 2009 年度预算执行过程中，多数部门均存在不同程度的预算执行问题一一曝光，但从此就没有了下文。这两起预算公开化的行为，做过一次就没有了，并未走向制度化。

有一些人对预算的公开化提出质疑，认为一个国家的中央政府用多少钱，钱用在什么地方，是国家机密，公开有风险：能够告诉我们的敌对势力我们花多少钱加强国防建设吗？能向对我们怀有敌意的人透露我们究竟在国家安全上投入多少经费吗？其实这种担心是没有必要的。确实，国防、外交和国家安全等方面的预算是国家机密，但中国的民众是非常爱国的，他们并不想了解这些方面的预算支出，他们主要关注的是政府部门的“三公消费”、政府投资项目的效率和有无寻租的问题。一些基层政府，在预算中根本就没有国防、外交的经费项目，他们为什么也不能将预算公开呢？说穿了，一些人只不过想用国家机密做幌子对抗预算公开化。其实一些地方、部门和单位财政的管理者都明白，如果预算彻底公开了，他们谋求单位和个人利益的空间也会缩小，所以就以保密为借口来拒绝、推延预算的公开化。

公开化是现在的官员预算走向真正的公共预算的重要步骤。正像阳光可以消除病菌，可以让阴暗暴露，可以增强人体的活力一样，阳光预算也可以让政府清廉、公正并且有效率。预算活动公开了，民众掌握的

---

① 2010 年 3 月上旬四川省巴中市巴州区白庙乡“全裸”公布账本，乡大院“挤满了媒体记者”。

信息与政府知道的信息对称了，公众的预算参与和监督才能成为现实。因此，要走向真正的公共预算，就必须设计程序和路径，让整个预算过程置于公众的参与和监督之下。当然对于半个多世纪以来习惯于黑箱作业的各级政府来说，预算的公开化无疑是一场大的革新。无论是对政府部门，还是对公众来说，都需要有一个尝试、学习和适应的过程。

要让政府预算公开化成为现实，在操作上可考虑循序渐进。首先，应当将已经开展的政府部门公布“三公消费”的措施，从中央部门向省（自治区、直辖市）、市、县、乡镇政府部门延伸，并且要形成每个财政年度都要例行公布的制度。对于公布出来的不合规的情况，各级人大要责成政府部门整改，整改结果要在下个财政年度的公共预算中体现出来。除了三公消费外，凡是公众反映强烈的政府支出项目，也需要有选择地加以公布。

其次，将国家审计署对中央部门预算执行审计报告的做法延伸到省（自治区、直辖市）、市、县、乡镇层次，并加以制度化。通过人大的预算工作委员会和审计委员会授权并责成审计部门对每个财政年度政府公共预算的执行情况做出审计报告，人大对公共预算执行中出现违规的政府部门发出整改通知，并检查其整改的结果。各级政府每年的工作报告中除了要从总体上报告上一财政年度公共预算的执行情况外，还要以附录的形式，将各政府各部门除了确实属于保密的信息外的预算执行情况通过小册子、报纸详细公布出来，并且要供公众随时免费索取。

最后，在条件成熟时，要参照一些发达国家政府的做法，每年将政府的预算的详细项目汇编成书，印刷出版，免费让公众和研究部门索取。考虑到有些层级的政府存在一些保密性的项目，可以将这类项目略去，或直接标注是机密。将政府预算汇编成册的好处是，让感兴趣的公众查阅，并对照检查预算的执行情况。也可以为这方面的研究人员提供现实的分析资料。

三、真正的公共预算必须强化审查、论辩

一个国家要实施重大改革，要应对世界经济危机，转变增长方式，就需要借助公共预算的改革。罗斯福面对经济危机，为了推行新政，靠的就是公共预算制度的改革，把大量的公共投资落实下去。如果没有公共预算改革，不知道钱往哪投放，就不能保证钱用到该用的地方，改革就无法成功。

所以温家宝总理说："一个国家的财政史是惊心动魄的。如果你读它，会从中看到不仅是经济的发展，而且是社会的结构和公平正义的程度。"

不要抽象看政治改革，不要认为政治改革就是选举就是投票，只有把政治民主和法治政治改革落实到具体的实际工作上，政治改革才会产生效果。通过公共预算改革，可以让多元利益表达出来，让不同的施政方针展开论辩，最终让认识统一到共识上来，这样做就能严格界定政府活动的范围和方向，提高政府工作效率，多给老百姓办实事好事，既制约了腐败，促进了社会的公平正义，又强化了民生社会建设。这才是民众所期盼的。

要让政府预算真正走向公共预算，多预留时间，强化立法机关的审查、论辩是非常重要的。西方民主预算做得好的国家，都安排了很长的议会审查环节。以美国2008年财政年度的联邦预算为例①，预算准备阶从2006年4月开始启动，到2007年1月下旬结束。立法审议阶段则从2007年2月第一个星期一至2007年9月下旬大致结束，一些细节会拖至11月甚至更远。预算实施阶段从2007年10月1日至2008年9月30日。在美国，议会的重要工作除了立法以外，就是预算审议。联邦预算的立法审议时间要长达7个月。其间，民主党和共和党围绕联邦政府的

① 美国的财政年度是从第一年的10月1日至第二年的9月30日。所以2008财政年度是2007年10月1日至2008年9月30日。

公共预算要展开激烈的辩论。

相比较而言，中国的预算过程中立法审议的时间就显得过少。以中国2006财政年度为例[①]，预算编制阶段是从2005年5月开始到2006年2月中旬结束。2005年12月28日前，财政部将汇编的中央预算草案及需提请全国人大审议的中央部门预算上报国务院审批。虽然形式上有10个月，但规定必须在2005年12月28日结束，实际上只有8个月。预算立法审议的时间更短。2006年1月15日前财政部将国务院批准的中央预算草案报全国人大常委会预算工作委员会。2006年2月15日前，财政部根据全国人民代表大会批准的中央预算，在30日内批复中央各部门预算，各中央部门自财政部批复本部门预算之日起15日内，批复所属各单位预算。满打满算中央预算草案在全国人大常委会预算工作委员会停留的时间只有一个月。当然，中央政府的预算在编制阶段要经国务院财政部业务主管机构进行初审，预算司审核、平衡。从中国的现实情况来看，也有准立法审议的性质，但从法治政治建设的趋势和要求来审视，这类政府部门内的审议并不能代替立法审议。

我们不赞成美国式民主，也不赞同美国议会为联邦政府的公共预算摩拳擦掌、唇枪舌剑的方式，其实两党的议员所维护的都是美国大资产阶级的利益。但是，我们不能以行政审议来取代立法审议，也不能在立法审议中仅仅走走形式而已，在决定国家发展和政府治理的重大问题上搞少数人拍板，工作人员主宰，而作为公众代表的人，只是举举手、鼓鼓掌是不行的。

要走向真正的公共预算，必须在预算的立法审议上做重大改革。首先，要充实各级人大财经委，特别是其中的预工委的专职人才。可以从高校和研究院所聘请一批有公共预算方面理论研究的专业人才到这些部门去从事研究和管理工作，也可以从实际部门聘请一批有实践经验的人员。

---

① 中国的财政年度是从每年的1月1日到12月30日。所以2006财政年度是从2006年1月1日至2006年12月30日。

其次，在不同层次的公共预算中，必须为立法审议预留较长的时间，不说像美国那样前后辩论七个月，但至少要有一个季度或四个月。

最后，要在各层级人大的预算立法审议中展开充分的政治协商。应当有选择地让一部分人大代表集中到人大为公共预算的立法审议工作一段时间。在社会主义国家的公共预算立法审议中，应当做好三方面工作。一是由人大专责的预算工作人员和上述的专驻人大的代表，加上熟悉财政与预算的政协委员到全国各地调查，形成多元的预算思路。二是对于争议较大的预算项目展开论辩。对这些论辩要通过人大新闻发言人、报纸、电视和人大网站公开化，让公众参与。三是在充分议论的基础上，形成统一的合作共识。

对现有的预算体制、活动方式加以变革，让不透明的预算公开化，让政府自我审议的预算经过充分的立法审议合法化乃是走向真正的公共预算的正确途径。

【参考文献】

［美］罗伯特·达尔：《现代政治分析》，上海译文出版社 1987 年版。

预算改革：功能、结构和过程[*]

靳继东[**]

内容摘要：预算改革是体制转型背景下我国建设公共财政和发展民主政治的重大实践命题。在历时性与共时性彼此交织、后发优势与后发劣势相互叠加以及特定政党—国家体制等复杂的环境下，我国预算改革承担着优化资源配置、理顺府际关系、落实责任政治、实现社会和谐等多重政策意涵和目标指向。本文研究认为，要成功实现上述改革目标，关键是必须找到指导改革实践的理论逻辑和政策路径。在现阶段，我国预算改革的阶段性目标是实现预算功能的结构性转换，重点在于实现预算权力结构的民主化和合理化。作为体制转轨背景下的制度创新过程，预算改革必须紧密结合当前经济转轨的阶段性要求、既有改革的经验路径以及不同利益主体的激励和约束条件，寻求指导改革实践的可行性政策路径、推进次序和动力源泉。

关键词：预算改革　预算功能　权力结构

---

* 本文受国家社会科学基金项目“政府预算改革的政治约束、激励机制和路径选择研究”(10CZZ019)、“我国政府间财政分配关系政治治理研究”(11BZZ049)资助，相关内容发表于《财经问题研究》2013年第8期；《中国社会科学》(内部文稿)2013年第2期；吕炜主编《中国新一轮财税体制改革》，东北财经大学出版社2013年版。

** 靳继东，男，政治学博士，经济学博士后。东北财经大学经济与社会发展研究院副院长、副教授、硕士生导师，研究方向为政治理论和公共政策。

一、引言

预算作为一种综合性社会公共问题，广泛地涉及资金管理、资源配置、府际关系、国家认同等多个层面，还与政治上的观念、行动、结构甚至意识形态彼此交织在一起，这无疑增加了预算改革理论研究和实践操作的复杂性。当前，我国仍处于从计划向市场的体制转轨过程当中，预算制度面临着历时性与共时性问题彼此交织、后发优势与后发劣势相互叠加以及特定政党—国家体制等更为复杂的环境条件，加之积极落实科学发展观、建构社会主义和谐社会以及应对国际经济复杂形势等宏观政策取向，预算改革不仅具有优化资源配置、理顺府际关系、落实责任政治、实现社会和谐等多重政策目标，还面临着加速推进预算体制、机制创新的紧迫性和复杂性。从方法论角度讲，“实在本身具有无限多方面的联系，这种无限多方面的联系对于任何无前提的认识者来说都是一个混沌的世界，人们如果试图要获得对于它的清楚认识，那么就必须找到一个着眼点，并且确定所要清楚地认识的范围”（韦伯，1999）。这里所说的“着眼点”，即是分析社会现实的思维框架及其蕴含的逻辑方向。现实社会中的预算现象是异常复杂的，不同社会制度条件下的预算实施在形式上和结构上必然有其特殊性，但与此同时，它们又在实质上存在着深刻的一致性。这种不同国家在预算制度和实践中存在的“深刻的一致性”，是指预算改革总是内嵌于并伴随着特定政治框架和制度安排的变革，即预算改革必然要遵循特定的政治逻辑。那么，在我国特定政党—国家体制、预算制度框架和转型期预算改革的需求、激励和约束条件等基础上，如何切实推进预算制度改革和创新，以实现前述改革的政策和目标指向？进一步说，当前我国预算改革的主要目标是什么？它在现实中要求哪些结构性变革和阶段性诉求？实现成功的预算改革需要哪些过程条件？这些问题的实质是寻求指导预算改革实践的理论逻辑和政策路径，这也是本文希望通过研究予以回应的。

二、预算改革：政治本质与功能转换

预算是将财政资源转化为公共目标的制度手段。人们欲望的无限性与可获资源的有限性是社会合作和政治生活得以可能的根本前提。为了在合作中获得最大的收益，人们相互之间总是存在彼此竞争和矛盾的关系，必须找到适当的制度安排以尽可能地获得最大的规模收益，并使这种合作收益在相互竞争的人群和目的中的分配后果尽可能地合意化。因此，作为将有限资源分配给不同人群的制度安排，预算实际上必须解决两个基本的问题：如何才能获得尽可能多的财政资源，如何才能使财政资源的分配后果尽可能地获得更多社会成员的认同？近代以来，随着市场经济和民主政治逐渐成为社会合作的基本制度形式，这两个问题也就转变为：怎样才能实现社会资源配置效率的最大化，从而能够汲取更多的财政资源；怎样才能实现社会资源配置过程的民主化，从而能够容纳更多社会成员的利益诉求，以赢得更多的认同和支持？进一步说，预算在本质上作为国家汲取和分配财政资源的政治活动，在运行过程中始终受到预算可获得性、政治认同度的双重约束，可获得预算资源的多寡、国家汲取能力的强弱、社会认同度的高低等因素直接限制着国家实现意图、履行职能等能力。因此，在经济发展性质和阶段、权力结构的制度化水平甚至历史传统、意识形态等条件和因素的制约下，不同国家的预算范围、功能、过程必然具有其特殊性，其形式和结构也必然呈现出多样化的发展态势。然而，由于预算本质的同一性，无论是富裕国家还是贫困国家、强政府还是弱政府、宪政体制还是自由体制，预算制度及其发展演进都不可能脱离以利益和权力为核心的国家结构和政治过程。从这个意义上讲，预算改革是一个围绕特定时期国家目标而持续展开的一系列制度创新行动和过程。

在实践意义上，预算改革的目标不是从规范理论中推演出来的，而是基于社会公共需求，通过某种政治程序予以决定的。一定发展阶段上社会有什么样的改革诉求，需要国家承担什么样的公共职能，政府预算的范围、功能、结构就会指向哪里。由于经济发展、社会需求、政治体制甚至意识形态等多种关系和因素的制约，不同国家的预算制度安排和改革实践必然呈现出很大的差异性。从这个意义上说，每一个国家的改革实践都是独特的。因此，对我国预算改革的研究，关键不仅仅在于剖析其规范逻辑，更要阐明它的实践逻辑和方向。也就是说，研究不是要探究预算是否“应该”改革，改革是否“应该”包含经济的或者政治的取向，而是在我国特殊的国情、体制约束的基础上，“怎样”才能实施成功的预算改革。要明确这一点，就必须首先回答这样一个问题：当下预算改革的根本目标和约束条件是什么？鉴于预算改革的政治本质，要解析我国预算改革的根本目标和约束条件，就必须从体制转轨条件下预算功能的变换和改革所面临的现实障碍中寻求解答。

从西方国家的历史经验来看，预算作为“议会控制政府的制度载体”（焦建国，2009），它的萌动、酝酿、形成和发展始终都围绕着控制权力、落实责任政治、实现权力制衡等重大的政治问题，并随着公共需求的公共选择程序的日益发展而不断得到强化。然而，由于国家体制、发展阶段以及政治过程等方面的独特性，我国预算制度改革不仅在初始起点、阶段性内容和方向上不同于西方国家，而且在功能也呈现出从指令性工具、调控性工具到政治性工具逐步彰显和阶段性转换的趋势。1978 年以来，我国开始从计划经济体制向市场经济体制转轨，从高度集中的指令性计划配置社会资源向以价格、供需等市场信号为基础配置社会资源的方式过渡。相应的，预算也从计划经济体制下落实国家计划的指令性工具向市场经济体制下体现国家宏观调控的政策性手段转变，它对经济生活的影响也在与日俱增。但是，由于国家兼具社会稀缺资源的所有者（或控制者）和配置者的双重身份，所以预算改革仍然只是实现了运行方式上的变革，它虽然在形式上实现了提交人代会审议批准才能执行，但其作为转制背景下政府经济管理工具的性质并未发生根本性转变。1992 年以来，随着社会主义市场经济体制改革目标的确立，市场化导向的经济改革向纵深发展，经济社会体制的转型进程加速，国家对市场经济的宏观调控规模、力度在不断扩张，预算对于维持宏观经济稳定、促进经济总体增长等作用也越来越得到强化。因此，建立与社会主义市场经济相适应的预算体制改革也迫在眉睫。1994 年颁布的《预算法》，进一步明确和强化了人大对预算的审批和监督功能，标志着我国正式把财政预算纳入法治化的轨道，而几乎与之同时展开的分税制改革则意味着，那一阶段改革的重心在于对中央政府与地方政府的预算收入进行分割，而不是对政治发展更具关键意义的预算控制。1998 年以来，随着建立社会主义公共财政框架这一财政改革目标的确立，我国预算改革开始加速，部门预算、国库集中收付、政府采购制度等预算改革举措渐次推进，以控权为取向的改革进路是非常清晰的。然而，由于预算被限定于宏观调控工具和提升政府效率手段的功能定位，改革的内部控制导向较为强化，而外部控制导向则相对弱化。加之缺乏相应外在控制的机制、手段，进一步强化了改革控制取向的不平衡性，以控权为手段推进公共财政建设的预算改革受到极大阻碍。

总体来看，我国预算制度在不同时期改革重心的变化以及预算功能的转换，是与改革开放以来我国体制转轨的阶段、任务和方向紧密联系的。然而，市场经济体制改革越是向深层次推进，就越需要从市场经济条件下我国国家建设和政治发展的宏观结构中予以总体把握和推进。相应的，预算改革与政治结构和决策过程之间的内在联系就越发凸现出来。近年来，我国预算改革往往集中于财力分割、收支管理、预算编制等预算技术性、管理性领域，而未能深入到内涵更为深刻的“一般性”改革领域，从而难以更有效地回应对建设社会主义公共财政的强烈社会诉求，关键在于预算制度的“功能障碍”，即在公共需求与预算政策之间的民主决策体制和机制还不完善，从而制约了预算政策对于公共需求的敏感性、回应性。进而，在政治现实中，预算更多地发挥着进行资源配置和实施宏观调控等经济性、管理性工具作用，而在维系政治认同、落实责任政府和推动民主政治等方面的影响还相当薄弱。从预算本质上是将财政资源转化为公共目标的制度手段来看，实现预算制度的功能转换显然应该成为当前预算制度改革的主要目标。由于体制障碍是导致预算功能转换的重要约束，所以推进预算体制和机制的改革则必然成为改革的关键所在。更进一步说，如果缺乏相应的党委、政府、人大关系的结构性调整以及层级政府间权力结构优化，则预算改革就不得不仅局限于行政内部的控制性改革和管理技术的完善，改革因而最终陷入无法有效推进的困境是可想而知的。正像阿伦·威尔达夫斯基所指出的，“预算不可避免地与政治体制联系在一起，影响预算最有效的方式是进行基本的政治变革……不改变政治过程，预算过程不可能进行重大变革。如果最后的结果与以前完全一样，修补预算机制是没有意义的”（威尔达夫斯基，2006）。这一论断不仅直接切中了预算本身的政治本质，“政治而能合乎学理者，必不谬乎财政。故分配支出之途，让之政治全局”（泷本美夫，1916），而且也从根本上解释了我国预算改革遭遇实践困难的根源所在。进而表明，只有把预算改革纳入政治体制和国家建设等更加宏大的框架，从权力结构、决策过程等方面着手推进预算制度创新，才能从根本上有效推进改革进程。

三、预算的权力结构及其调整

作为国家结构和政治过程的血液和基础，预算活动与权力运行是紧密联系在一起的。对于国家和政治而言，权力分析不仅涉及国家和政治最重要的本体论问题，还具有重要的方法论意义。这意味着，在理论层面上，预算研究的核心在于对预算参与者行动的约束条件以及在这些约束条件下行动策略的分析；在实践层面上，预算行动者必定存在于特定的权力结构当中，权力结构及其变化对预算体制、过程和政策后果往往会产生重要甚至决定性的影响。因此，任何真正意义上的预算改革，都必然要指向预算的权力结构问题。一般地讲，预算的权力结构主要包括三个相互嵌套的层次：公民的预算需求与国家的决策过程是如何相互联系的；在预算过程中，立法权力与行政权力是如何相互作用的；预算权力如何上级政府和下级政府的互动作用中运行的。在不同的国家中，各种预算角色在预算过程中的地位、作用和影响存在很大的差异，因而会形成不同的权力结构。与此同时，预算结构总是围绕预算功能而动态变化的。所以，在不同国家的预算改革过程中，由于社会对预算功能的需求不同，结构改革的现实指向也可能具有较大的差异性。从长远看，我国预算改革的根本方向是实现预算功能的结构性转换。在现阶段，由于我国的特殊国情、体制和目标的约束，改革的主要方向是实现预算权力结构即公民与国家、立法机关与行政机关、上级政府与下级政府之间关系的民主化和合理化。在不同的结构层次上，预算的功能诉求和改革方向又是不同的。

第一，基于公民与国家关系的预算结构改革。在这个结构层次上，预算承担着汲取和认同的双重功能。在任何国家，财政资源的汲取都是预算活动的基本功能之一，甚至在现代预算制度尚未形成的古代社会，国家也必须依赖于财政资源的汲取来维持其存在和运行。“国家产生的第一步就是建立对组织化暴力的垄断，提供保护和参战能力是国家形成的重要内容，而且两者都取决于提取足够资源以支持组织化暴力”（利瓦伊，2010）。然而，国家从社会中汲取财政资源并不是无限制的。也就是说，尽管凭借对组织化暴力的垄断，国家即使不征求被汲取者的同意也能够从社会强行汲取所需的资源，但暴力只是国家汲取财政资源最后的而非经常性的手段。在汲取资源、获得最大限度岁入的同时，国家还受到降低社会反抗、继续持有权力的目标约束。因此，对汲取财政资源方式的制度选择，往往成为决定能否在保有权力的前提下汲取更多财政资源的关键。而是否引入认同机制，又成为国家能否实现汲取财政资源和保有统治权力双重目标的关键。那么，引入认同机制的动力是什么？如果国家拥有足够的“自有资源”，其汲取资源并不主要依赖于社会纳税集团，则国家就没有引入认同机制的动机。与此同时，如果纳税者的诉求不能够在国家决策中得到表达和实现，则他们就不会对国家继续无偿地从自身汲取资源表示认同。于是，国家对于社会主要纳税集团是否给予自主性，成为是否引入认同机制的关键。从近代以来欧洲财政史的角度来看，正是由于国家“自有资源”的持续匮乏，才导致国家向社会主要集团征税或借债。进而，为了降低社会主要集团与国家讨价还价的能力，国家才逐步把税收推向普遍化。然而，随着由于税收的普遍化，普通公民成为纳税主体，在降低了国家对社会主要纳税集团依赖的同时，也使社会大众成为促动普选制和民主制发展的主要力量。西方现代预算制度最终得以产生，恰恰是国家把认同机制引入资源汲取过程的历史结果。而一旦预算的汲取与认同功能合而为一，就意味着在公民的预算需求与国家的预算决策之间，最终实现了制度上的连接，即政治上的公共选择程序。正是在这个意义上，预算制度的建立成为国家建设和政治发展史上的重要里程碑。

上述“税收国家”的政治经验和分析框架是西方意义上的，即在私有制社会形态下，以国家—社会二元对立为基础对预算制度和国家建设进行的理论总结。在我国，以公有制为主体、多种所有制形式并存的经济结构，决定了这种分析框架对我国预算改革问题的解释力和适用性存在很大的局限性。马骏的研究表明，尽管经济改革以来中国预算资金越来越多地依靠以“税”的形式从社会中汲取，但国有企业的利润上缴以及凭借垄断自然资源获得的“租金”收入仍占据相当大的比重，这种混合型财政国家的资源汲取模式对政治发展产生重要的影响（马骏，2011）。这不仅可以解释转型期中国预算改革的渐进性以及其他特征，更决定着我国未来预算改革必然要走一条不同于西方经验的实践道路。本文关注的是：既然所有制结构及国家自主性条件导致推进预算改革的政治压力不足，那么推进我国预算改革的动力从哪里获得？在公民和国家关系的结构上，推进我国预算制度改革的实践方向在哪里？我们认为，在任何国家，预算改革都不是一蹴而就的。从改革过程的角度来看，无论是西方国家还是发展中国家，都必然要经历预算支出的公共化和预算制度的公共性等两个不同的发展阶段。显然，“税收国家”的理论模式所揭示的，是西方国家先实现预算制度公共性（实现公民对政府预算的政治控制）后推进预算公共化（即实现预算支出对公共需求的有效回应）的实践逻辑。在现阶段，由于预算资源的多样化汲取途径，按照这条实践逻辑来推进我国预算改革并不具适用性，即在公民与国家关系结构上，把预算的公共性作为当前改革的首要目标是缺乏足够供给动力的。但在另一方面，现阶段我国预算支出公共化的国家意愿和社会需求都是存在、一致且相当强劲的，尤其是1998年“社会主义公共财政”的改革目标确立以来，实现预算支出的公共化一直是政府大力推进的重要改革方向。从理论上讲，基于我国的政权性质，国家汲取预算资源的多样化途径并不影响，甚至更加强调政府应对预算支出的公共需求保持足够的敏感性。因此，大力推进预算支出的公共化作为当前预算改革的重要方向，不仅符合我国预算改革渐进性发展的实践要求，而且可以从中获得实现预算公共性改革的重要动力。因为预算支出公共化的量变改革越是深入，对预算制度改革的压力就越是强大。基于此，我们的判断是：以推进预算支出的公共化为切入点，逐渐积累体制内改革能量，最终实现预算公共性的制度转换，应是我国预算改革可供选择的实践方向。

第二，基于立法机关与行政机关的预算结构改革。从根本上讲，公民所面对的国家，实际上是一系列不同的政权组织，即不同的国家权力机关。尤其是近代以来，随着国家功能的分化和权力组织的分立，公民与国家的权力关系最终要体现在与更为具体的不同权力机关的关系上。进而，由于公民首先实现对议会权力的实际控制，公民对国家的控制进一步转换为议会权力对行政权力的控制。从西方预算制度产生的历史经验来看，无论公民对国家的控制还是议会权力对行政权力的控制，都是从获得预算的控制权开始的。然而，由于政府在获取、处理和应对预算信息方面的优势，使它能够更经常、更直接、更主动地接触和了解到公民、利益集团等预算需求，并运用积极的政策工具对这些需求予以快速回应，由政府承担具体的预算资源分配更有助于提升国家治理的效率。因此，在立法权力与行政权力的结构层次上，议会对政府的预算控制不是也不应该是单向的和绝对的，为同时满足公民对国家的预算要求，政府还必须在预算问题上保持对议会的独立性，甚至是反向的约束。换言之，预算还承担着政府对议会的制衡功能。在理论上，这意味着议会与政府在预算关系上形成了双重的委托—代理关系，即经由代议制民主制度安排以及普选制度的发展，公民将权力委托给议会，议会再通过将预算编制和执行的权力委托给政府。在这一权力运行方向上，“其中的难题是如何设计出恰当的组织结构，使代理人按照委托人的利益而行动，要做到这一点就需要监控和担保技术”（利瓦伊，2010），也就是如何通过预算制度的安排，实现议会对政府的预算控制。反过来，政府又凭借预算编制和执行方面事实上的权力，形成了对议会的相对制约，从而不仅有助于实现公民对国家治理的效率诉求，还使二者之间的关系最终趋向平衡。

在立法机关与行政机关的结构层次上，政府预算所承担的控制和制衡功能，最终要根据不同国家预算改革进程的历史基点、发展阶段、体制约束而有所不同。在我国，1994 年颁布实施的《预算法》明确规定了各级人民代表大会在预算审批、监督和撤销等方面的主体地位，以及各级政府负责预算编制、执行和内部控制等方面的功能定位。但由于长期实行计划经济体制所形成的制度惯性，以及体制转轨时期财政改革的阶段性重心不同，人大的预算控制功能还没有得到有效的发挥。而且，由于长期预算控制的软化问题，行政机构内部也存在预算权力“碎片化”的倾向，即不同的政府部门各有自己的预算资金，政府内部也难以实现预算的统一控制。因此，在立法权力与行政权力的结构层次上，我国现阶段的预算改革重点是实施权力控制而非反向的权力制衡。在推进预算控制改革方面，主要存在行政内部控制和人大外部控制两个方向，这两个方向既是相辅相成、互为促进的，又存在阶段性手段和根本性目标的复杂关系。1998 年以来，我国依次推进了部门预算、“收支两条线”、国库集中收付、政府采购制度等预算改革举措，取得了非常大的成效，同时也存在预算偏离度过大、“跑部钱进”现象屡屡发生、预算支出随意性等问题。从整体特征来看，这些预算改革举措具有显著的内部控制取向，这一方面促使预算权力进一步向财政部门集中，财政部门作为核心的预算管理部门的功能得到明确和提升，使它对其他部门预算收支能够实施一定程度的控制。同时，预算程序方面的改革也制约着财政部门的自由裁量权，降低了预算支出的随意性。但在另一方面，改革的不彻底性还制约着财政部门实施预算控制的意愿、能力和效果，财政部门现在还很难实现对本级政府所有预算收支进行实质的绩效评估和严格审查，从而也难以承担完全的预算责任。例如，财政部还难以实现对发展和改革委员会预算支出的实质控制。显然，无论是人大预算主体地位的法治要求，还是巩固好提高预算内部控制的改革效果，都要求必须引进人大对预算的外部控权机制，确保和落实人大的预算权威。

第三，基于上级政府与下级政府的预算结构改革。即使是最小的政府，也不可能在一个地方由一个政府解决它所面临的所有问题。人们在哪里发生联系，在哪里产生公共需求，就需要政府在哪里出现。因此，政府的出现总是地域性和层级化的。相应的，在预算问题上，也会由于预算需求的地域性和层级化而产生预算的权力结构问题。正如前述，国家的预算结构总是要根据公民预算需求而产生，政府凭借其在了解公民预算需求、执行预算政策等方面的优势，从而在预算编制、决策和执行等方面拥有至关重要的权力。又因为在现实生活中政府总是层级化的，所以在理论上政府的层级越低，它在汲取、处理预算信息方面的优势就越显著。因此，无论是在公民需求与国家决策之间还是立法权力与行政权力之间的预算功能，终究要落实到地方政府的层级结构上来。这也是20 世纪 80 年代以来西方国家纷纷推进“分权化”改革的重要根据。然而，需要指出的是，层级化政府的预算结构不仅仅受到处理预算信息因素的制约，它还受到国家整合、政治认同甚至历史传统、意识形态等复杂条件的约束。撮其要旨，在层级化政府的预算权力结构上，政府预算承担着保障预算效率和维护国家整合等多重功能，即如何才能保障公民的预算需求能够有效地传递到国家的预算决策过程，政府的预算政策如何能够有效地回应、满足公民的预算需求；通过资源汲取和政策回馈，预算结构才能实现国家对不同地域的公民有效地行使统一权力，如何有效赢得不同地域的公民共同的政治认同。总的来讲，基于层级化政府的预算权力存在纵向和横向两个结构问题，即上级政府和下级政府之间的预算结构问题和同一上级政府下的不同下级政府之间的预算结构问题。在我国，这些问题又会演化成地方政府与中央政府、地方政府与地方人大、不同层级的地方政府以及同一层级的地方政府之间的预算关系问题。进一步说，我国层级政府之间的预算权力结构调整主要体现在以下三个方面。

首先，以层级事权分割为中心，推进政府间纵向预算权力的合理配置。对于任何一种现实的权力而言，权责一致是保障其有效运行、履行职责的基本要求。在不同层级的政府权力结构上，预算权力分为“收入权力”和“支出责任”，即财力和事权。因此，财力和事权的匹配是层级政府预算结构改革的基本指向。1994 年，我国分税制改革是对层级政府财力和事权进行重新分割的重要举措，其实质是在明确分割各级政府的事权和支出责任基础上，按照财力与事权相统一的原则，结合不同税种的性质纵向划分层级政府的收入权力，为市场经济条件下层级政府之间事权、财权分割奠定了良好的制度基础，取得了巨大成效和影响，但现在看来仍存在一些遗留问题：一是改革主要集中于对中央政府和地方政府财权的分割，相对忽视了对事权的细致划分[①]；二是分税制及其后续改革主要集中于对中央政府与省级政府的事权分割，没有对省以下地方政府纵向间事权分割做出规定。这些问题的存在，导致在层级政府的预算结构上出现一些重要的负面后果，例如没有清晰划分上下级政府之间支出责任，各级政府事权同质问题严重，甚至出现中央政府要直接介入“生猪生产”“菜篮子”等地方性公共物品的现象。此外，在后续的事权分割改革中，实质上实行“上级政府主导”的原则，结果形成了“财权和财力层层向上集中，事权和责任不断向下转移”的预算格局。虽然，此后中央及上级政府加大了转移支出的规模和范围，但财力与支出责任之间的矛盾仍显著存在，特别在教育、医疗卫生、社会保障、基础设施等共享职责上，由于多级政府同时负有责任，但是同时又没有明确的指导方针对这些公共产品和服务的融资、供给或规制责任进行明确划分，结果导致各级政府在实际执行中出现职责交叉、重叠、错位现象，影响了公共服务尤其是地方公共服务的有效性。为此，以事权分割为中心，推进层级政府预算权力改革势在必行。综合考虑到层级

① 资料来源：《财政法规数据库》，财政部条法司网站。http：//fgk. mof. gov. cn/law/jsp/firstPage/main. jsp，最后访问日期：2013 年 1 月。

政府预算结构所受制约因素以及我国当前层级政府预算权力配置状况，适点推进以预算信息处理优势为基础的“下级政府优先”的事权分割应该成为当前主要的改革方向。

其次，以完善双重领导体制为导向，推进地方政府横向预算权力的合理配置。按照我国的国家结构形式，地方政府既是中央政府在某一地方的派出机构，又是某一行政区划内人民政权组织。因此，地方政府既要在纵向权力结构上接受上级政府的领导，同时在横向权力结构上也必须接受同级人大的领导。这种双重领导体制既体现了我国维护统一的多民族国家认同的现实需求，也考虑到地方政府在满足地域化公共服务需求方面的能力优势，是适应我国国情要求的基本制度安排。在预算功能上，这种制度安排要求预算权力必须主要集中于中央政府，从而为保障中央政府的权威、提高国家自主性提供相应的财政基础，同时也要赋予地方政府相对独立的预算财力和自主性，使地方政府能够有效回应和满足辖区内的公共需求。落实到地方政府的预算权力结构上，就要求地方政府在纵向和横向结构上实现预算权力的动态均衡，即在上级政府实质预算约束和对同级人大负预算责任之间的张力中保持大致的平衡。当前，我国地方政府预算权力存在两个结构性失衡，一是地方政府预算受上级政府的约束大大高于受同级人大的约束，二是地方政府预算收入所受约束大大高于预算支出所受约束。这种结构性失衡影响和制约着地方政府有效回应和满足地方公共需求的意愿和能力，也同时导致了地方政府自由裁量权过大、预算支出约束过软等问题。在上级政府对下级政府的预算约束方面，我国目前平衡中央政府对地方政府、上级政府对下级政府财力的主要采取税收返还、专项性财力支付以及财力性转移支付等政策手段，但就效果而论，这些政策手段，尤其是前两种政策手段实际并不利于提高地方政府以及下级政府的预算财力和自主性，反而增强了地方政府、下级政府对中央政府、上级政府的实质预算依赖，降低或者削弱了下级政府的预算自主性，刺激着下级政府的预算竞争及其负面效应。各级政府热衷于“跑部钱进”，在向上级政府争取预算资金最大化的同时，在预算支出方面尽可能回避同级人大的预算监督和控制，已经成为我国地方政府预算领域比较普遍的现象之一。在地方人大对同级政府的预算约束方面，双重领导体制在法律上赋予了人大机关对同级政府的预算控制权力，但由于制度运作机制等方面的原因，地方人大对同级政府的预算控制还比较缺乏相应的手段，加之人大在预算控制和监督的专业性方面还有所不足，所以地方人大预算控制还远未收到应有的效果。为此，应该继续在纵向结构上提高下级政府的预算财力和自主性，在横向结构上提升地方人大对同级政府的预算约束和权威性。这两个方向不是相互分隔的，而是彼此交织、联动且必须同步推行的。进而，基于权力与控制同一性的宪政原则以及当前仍需以“控权”为导向的改革思路，增强地方人大对同级政府的预算约束和控制甚至处于比提高地方政府预算财力和自主性更加优先的地位。因此，在现行体制和地方官员政绩考核机制下，地方预算自主性还涉及国家整合、认同等复杂的政治功能，加之地方人大对同级政府实质预算控制较弱的因素，应该审慎运用“地方财政自主权”的政策提法和谨慎对待扩大“地方债”试点改革范围问题，而应把改革重点放在诸如提高一般性转移支付比重、降低专项转移支付以及税收返还比重等创新政策手段上，并同步渐次提高地方政府、下级政府的预算财力和自主性。与此同时，应该积极推动地方人大对同级政府进行预算控制的改革，创新人大预算控制的机制和手段，提高人大预算监督的专业能力，增强横向结构上地方人大对同级政府的预算控制能力和水平。

最后，规范同一层级政府下不同地方政府预算竞争行为，有效规避地方政府预算竞争的消极后果。无论在正式制度还是非正式制度的层面上，地方政府竞争都广泛地存在于政治、经济、财政等领域，这是我国改革进程中客观存在的经验事实，也是地方政府推动经济增长的体制性动力之一。然而，地方政府竞争的后果对于经济发展既有可能是“扶持性”的，也有可能是“掠夺性”的，这取决于不同时期和财政体制下地方政府的目标函数和约束条件的变化情况。“改革之初，在行政和财政分权之后，地方政府拥有‘地方产权’，极大地刺激了发展经济的积极性，地方政府之间展开了争夺资源和市场的竞争。这种地方政府竞争是无意间引入的，但有利于当时的经济发展。”（冯兴元，2010）尤其是分税制改革之前，层级政府间财权配置的下行取向与地方政府“预算最大化”以及地方官员政绩激励的方向是一致的，地方财力和预算自主性的持续扩大也有助于刺激地方政府推动经济增长的意愿和主动性。分税制改革之后，为增强市场经济条件下中央政府宏观调控的能力以及防止“诸侯经济”尾大不掉的消极后果，国家在层级政府间采取上行取向的财力配置改革，并通过转移支付等政策方式保障地方政府的财力诉求，以推进市场经济所要求的政府职能转换和公共服务均等化改革。这样，在地方政府受到中央政府财力约束日益增强而“预算最大化”和地方官员政绩激励未发生根本改变的情况下，地方政府之间的预算竞争就会呈现更加激烈的状态。在约束条件改变的情况下，为追求“预算最大化”和“政绩最大化”的目标，地方政府就会一方面通过各种可能的途径向中央政府争取更多的预算资金，另一方面也会从辖区内汲取更多的预算资源，从而导致“跑部钱进”以及地方政府预算外收入占本级财政收入比重高居不下等现象，并对经济发展造成消极影响的后果。陈抗、希尔曼（Arye L. Hillman）、顾清扬等从实证角度发现分税制改革前后地方政府对经济发展的扶助指数明显下降、掠夺指数显著上升的研究，进一步验证了这个判断（陈抗、Arye L. Hillman、顾清扬，2002）。对此，在地方政府预算竞争利弊皆存、事实上也不可能完全取消的条件下，国家应致力于构建规范地方政府预算竞争行为的法治框架，在持续推进预算公开、增强预算刚性、加大地方政府预算控制改革的同时，切实推进公共服务均等化改革，实施地方官员政绩考核机制配套改革，提高公共服务考核在政绩考核中的权重。

四、成功实现预算改革的过程条件

“从本质上讲，‘改革’指的是向好的方向变化，而不仅仅是指‘变化’。这是一个规范性的术语，其核心在于改善，至少过去是这样。”（库珀，2006）然而，究竟怎样的改革才是“合意的”，采取何种行动策略才能确保改革意味着状况的“改善”而并非仅仅是“变化”呢？换言之，在我国国情、体制和既有改革路径的基础上，需要什么样的条件才能确保成功实现预算改革的预期目标呢？总体上，我国现阶段的预算改革仍属于体制转轨背景下制度创新的过程范畴。作为勾连着经济和政治的交叉领域，预算改革在推进经济体制的市场转型和政府职能的公共转型中发挥着基础性作用。这不仅意味着预算制度的功能转换和结构调整必然构成我国体制转轨进程的重要内容，更加预示了推进预算制度改革必须与市场体制转换和政府职能转换的整体进程联动展开。进一步说，预算改革作为体制转轨背景下的财政制度创新过程，必须紧密结合当前经济转轨的阶段性要求、既有改革的经验路径以及执行过程中不同利益主体的激励和约束条件。在过程的意义上，预算改革成功与否实际上取决于：制度创新的供给与需求之间能否形成稳定的动态均衡；预算的利益相关方各自的利益最大化行为之间能否形成稳定的动态均衡；利益相关方之间的动态均衡是否与社会公共福利相一致。在此基础上，我们尝试提出以下成功实现预算改革的过程条件。

第一，改革目标不能超越或滞后于我国市场化改革阶段，必须符合当前市场经济体制转轨对政府预算功能的阶段性要求。从西方国家市场经济和公共预算发展的一般线索来看，预算改革是在市场经济不同发展阶段政府与经济关系调整和嬗变的必然产物。在市场经济发展过程中，其配置资源高效率的一面不断提高，其配置失灵和无效的一面也在不断显现。这种失灵由传统的公共性产品的提供方面扩大到市场运行的机制性和功能性障碍，突出表现在宏观经济运行的不稳定和收入分配不平等方面。相应的，政府资源配置的范围，也呈现出从国防、行政管理等“守夜人”职能到大量的政府投资、公共产品的生产、收入分配的公平，再到以福利化为导向的社会保障的特征（吕炜，2005）。在这个意义上，西方国家预算改革是顺应成熟市场经济发展所要求的政府职能不断完善而演进和发展的。然而，在我国现阶段，政府不仅要承担市场经济国家所要求政府必须承担的一般职能，还要解决几十年计划经济中遗留下来的大量历史问题，承担从计划向市场转型的巨大成本，而且还必须主动提供新的制度供给、应对当前世界政治经济发展新趋势对政府的严峻挑战。换言之，现阶段预算改革要面对和解决整体改革进程中历时性矛盾共时性爆发的问题。在这个阶段性条件的约束下，预算改革承担着提高资源配置效率和避免资源配置失灵、推动政府职能转换和消解转型社会矛盾、实现社会和谐发展和促动民主政治建设等多重目标和使命。这在增加我国预算改革复杂性和难度的同时，也意味着对改革成功的评价指标是多重性的，甚至不同评价目标之间可能是相互冲突的。因此，必须从这种多重的甚至是冲突的改革目标和指标的紧张关系中，来考量和判断预算改革的可行路径、推进次序和综合效果，而不能简单地照搬其他国家预算改革经验和分析框架。

第二，改革路径不能脱离我国体制转轨的经验道路，必须符合我国渐进式增量改革的过程模式。从中国改革进程的实践经验来看，1978年以来的中国经济转轨不仅仅意味着资源配置基本方式从计划到市场的经济体制转换，更加蕴含着决定资源配置方式的国家治理框架的变革和创新。对于转轨实践过程而言，这两个层面相互作用、互为因果：一方面，经济转轨的显著绩效是国家治理框架变革与创新的经济后果，其最终成功也取决于国家治理变革的深入发展；另一方面，以市场化为取向的经济转轨每向前推进一步，都构成国家治理创新的根本动力，对国家治理变革提出新的要求和挑战。与前苏联、东欧等许多转轨国家不同的是，中国的转轨路径并没有排斥和否定政府的作用，而是始终保持着政府对转轨过程的主导和控制，政府在改革出台的时机、步骤的把握、利弊的权衡、进程的调整、冲突的控制、矛盾的化解等方面都起着决定性的组织和领导作用，从而也较好地利用了已有的组织资源，保持了制度变迁过程中社会的相对稳定和新旧制度的有效衔接。在这个经验背景下，我国预算改革具有制度变迁的路径依赖特质，即制度变迁的最终结果往往与制度变迁的初始条件及偶然因素相关，不同的起始条件会产生制度变迁的完全不同的结果。因此，无论是改革的路径选择还是改革步骤的次序安排，都必须充分考虑与既有增量改革举措的接续性和稳定性，保持政府对改革过程的主导和控制，分阶段、有步骤地渐进推动各项改革行动策略。

第三，改革方式不应诉诸体制外途径，而是要充分挖掘体制内的改革动力。制度创新的实质，涉及一系列利益、权力和权利关系的结构性调整。作为勾连经济和政治的关键节点，预算改革必然牵扯着复杂的利益、权力和权利的调整、博弈和妥协。尤其是预算功能的转变及权力结构的调整，其过程不仅涉及财政领域内权、责、利等复杂关系，更加触及宪制结构、决策方式等深层次问题，更应该从宏观的角度把握各种利益相关者在改革过程中的损益关系，最大限度地调动和增强改革动力，消解改革过程中利益受损者阻碍改革的意愿和能力。从西方国家公共财政建设的历史道路来看，围绕“征税权”的公众抵抗和“支出权”的利益对抗是预算制度形成和演进的动力源泉，这种冲突模式也是国家建设和政治发展的一般逻辑。这种冲突模式显然并不适合我国预算改革过程。基于预算制度与政治体制内在联动的性质，以及我国现阶段正处于转轨时期社会矛盾积累和集中爆发的现实状况，在改革过程中应规避采取激化矛盾的方式和手段，而是要着重创新改革供给者的政治激励机制，尽可能地发掘和利用体制内的改革动力。“制度创新的供给主要决定于一个社会的各利益集团的权力结构或力量对比。”（奥斯特罗姆、皮希特，1999）在我国预算改革过程中，社会公众、利益集团、执政党、立法机构、中央政府、地方政府、预算管理部门、预算资金使用部门等都有自己的目标函数，即收益最大化。当改革预期净收益大于预期成本时，利益相关者才可能有意愿和能力推动直至最终实现改革的目标。其中，执政党、立法机构、中央政府、地方政府、预算管理部门和预算使用部门是最重要的体制内利益相关者，因此能否依靠和调动这些体制内机构的预算改革动力，必然成为改革过程能否顺畅、改革举措能否可能取得成效的关键问题。

第四，创新政党参与预算过程的体制机制，积极发挥政党推动预算改革的关键作用。政党对预算过程的参与和决定，是现代民主政治发展、实现责任政治的必然要求和体现。当今世界几乎所有民主国家，预算决策的实质权力都是掌控在政党手中的。在西方国家，基于竞争性政党政治和议会以党派划界的制度背景，有关税收及财政分配等预算政策历来都是议会、党派和政客最关心的问题，预算法案的提出、修改和审议往往成为权力斗法、政治交易的焦点，政党通过议会形式影响、参与和决定预算安排和执行过程，以及推动预算制度的改革是显而易见的。我国特定的政党—国家体制的历史生成路径和制度安排，决定了预算决策和过程的政治生态也具有显著的自我特征。在显性制度中，立法机关掌握着最终的预算决定权力，并且人民代表大会又并不是以政党，而是以社会界别构成的，从而使政党参与预算决策和执行过程的功能隐而不彰。但在隐性制度中，政党对预算过程的参与和决策始终是存在的，而且从各级政府预算案的提出、修改以及立法机关对预算的审议、批准等每一个环节，各级党委都发挥着决定性的作用。如果说充分调动这些体制内机构的预算改革动力是决定改革过程是否顺畅、改革举措是否可能取得成效的关键问题的话，那么，作为体制内对预算过程最具影响的力量，政党对于推动我国预算制度改革的作用无疑是最重要、最关键的。因此，在预算改革中，积极创新政党参与预算决策的体制和机制，强化和彰显政党的预算决策功能，促使政党对预算决策的隐形功能走向显性功能，无论对于推动预算公开、预算民主，还是加速预算改革进程，都将起到事半功倍的效果。

第五，重视利益群体参与预算过程的影响，规避利益群体最大化行为的分利性后果。利益集团的兴起且日益广泛、深入地参与到政策过程中，是市场经济条件下社会利益结构分化和民主政治发展的客观趋势和重要结果。改革开放以来，随着我国市场化体制转轨的深入推进和加速发展，社会利益阶层分化以及新兴利益群体的兴起已是不争的事实，而且伴随我国民主政治的发展以及公共政策过程日益民主化、公开化、科学化的进程，不同利益阶层参与我国政策制定和执行过程的广度、深度也在日益增强，并在客观上促进了我国政府职能公共化的转型和民主政治的发展。相应的，由于预算是国家进行资源配置的重要政策手段，不同利益群体在预算过程中表达利益诉求、追求利益最大化的行为也与日俱增。尽管利益群体参与、影响预算过程的方式、范围和深度还远比不上西方国家，但随着我国市场体制转轨和政府职能转换的推进，利益群体参与预算过程作为一种发展趋势必然将而越来越明显。然而，出于不同的利益诉求和偏好，利益群体在预算参与过程中的目标函数和最大化行为必然存在相当大的差异，其预算参与的行为方式也是多样化的，在体制机制不健全的情况下可能是失序的甚至破坏性的。更重要的是，即便在利益群体预算参与行为得到规范、最大化行为可能形成稳定均衡的情况下，它们所导致的最终结果仍然有可能偏离于社会公共福利。因此，在预算改革过程中，是否能够在扩大预算参与、实现预算民主的同时，有效地规避或限制利益群体参与预算过程的分利性后果，也是必须考虑的重要因素。

【参考文献】

［美］艾伦·威尔达夫斯基：《预算过程的新政治学》，邓淑莲、魏陆译，上海财经大学出版社 2006 年版。

陈抗、［德］Arye L. Hillman、顾清扬：《财政集权与地方政府行为变化——从扶助之手到攫取之手》，载《经济学》（季刊）2002 年第 4 期。

［美］菲利普·J. 库珀：《二十一世纪的公共行政：挑战与改革》，中国人民大学出版社 2006 年版。

冯兴元：《地方政府竞争：理论范式、分析框架与实证研究》，凤凰出版传媒集团 2010 年版。

焦建国：《英国公共财政制度变迁分析》，经济科学出版社 2009 年版。

［日］泷本美夫：《财政学》，孟森译，商务印书馆 1916 年版。

吕炜：《我们离公共财政有多远》，经济科学出版社 2005 年版。

马骏：《中国财政国家转型：走向税收国家?》，载《吉林大学社会科学学报》2011 年第 1 期。

［德］马克斯·韦伯：《社会科学方法论》，中央编译出版社 1999 年版。

［美］玛格利特·利瓦伊：《统治与岁入》，周军华译，格致出版社 2010 年版。

［美］V. 奥斯特罗姆、［美］D. 菲尼、［美］H. 皮希特：《制度分析与发展的反思：问题与抉择》，王诚等译，商务印书馆 1999 年版。

公共预算研究系列
Public Budgeting Research Series

预算决策、编制与执行过程

地方政府绩效预算改革：成就与困境

牛美丽*

内容摘要：我国在建立现代预算过程中，绩效预算改革历时最久，经过十年洗礼后，改革的理念不但没有被边缘化，反而还在不断加强。因此，有必要对这项改革进行一个客观的阶段性评价。在多个案例分析的基础上，本文总结了地方政府绩效改革的动因和策略，并且评价了过去十年绩效预算改革的成就，同时分析了下一步推进改革所面临的困境及其下一步改革的方向。

关键词：绩效预算　预算改革　绩效评价　预算权力

一、问题的提出

绩效预算改革应该是新中国历史上持续最久的一项财政管理改革。早在2003年，地方政府就开始了绩效预算改革的尝试。2003年，中共中央在《关于完善社会主义市场经济体制若干问题的决定》中指出，要“建立预算绩效评价体系”。同年，财政部一些司局开始制定各行业

* 牛美丽，女，中山大学政治与公共事务管理学院副教授，中山大学中国公共管理研究中心研究员。研究方向为公共预算与财政管理。

绩效考评管理办法，组织部分中央部门开展预算支出绩效考评试点工作。2005年5月财政部颁布了《中央部门预算支出绩效考评管理办法(试行)》。2006年9月，温家宝在国务院工作会议上进一步指出："绩效评估是引导政府及其工作人员树立正确导向、尽职尽责做好各项工作的一项重要制度，也是实行行政问责制的前提和基础……要抓紧开展政府绩效评估试点工作，并在总结经验的基础上逐步加以推广"。

在过去的十年里，中国地方政府结合实际，开展了各具特色的绩效预算改革，对改善财政资金的分配和项目管理起到了积极的推动作用。但是，我们也发现一个非常有趣的现象："绩效预算"这个术语似乎只限于学术研究的范畴，实践中，各地很少用"绩效预算"这个词。取而代之的，是"财政支出绩效评价""财政绩效管理""预算绩效管理"等说法。学者与实践者在用词上的差异一方面反映了改革者务实的态度和改革的重点，另一方面也暴露出我国的绩效预算改革尚面临一些挑战。

从理论上看，完整地实施绩效预算需要很多客观条件，例如，完善的项目管理、权责发生制会计、公开透明的报告制度等（Alfred, 2005）。艾登（Caiden, 1978）和希克（2000）认为，绩效预算的实施之所以需要先决条件是因为预算系统需要先构建有效的内部控制，然后才能开展放权式的绩效预算。马骏（2005）通过对中国预算管理现状的研究，也认为中国不适合在现阶段推行结果导向的绩效预算。相反的，有些学者不赞成这种先决条件的主张。安德鲁（Andrew, 2006）认为，绩效预算的精髓就是鼓励不拘一格的改革与创新，并不需要先决条件。那么，我们应该怎样认识中国地方政府在并不具备先决条件下的绩效预算改革呢？对这个问题的回答包括两个方面：一方面，改革的旷日持久说明预算改革本身的生命力，所以需要对过去十年的预算改革的成果加以总结；另一方面，我国绩效预算改革实践与理论上的差异，说明我国的预算改革面临暂时无法突破的瓶颈，因此必须分析改革的困惑，才能明确未来改革的方向。

本研究是建立在对多个省、市、区的绩效预算改革的典型案例基础上完成的。作者自2005年起，作为专家多次参与这些案例的财政支出绩效评价工作，同时也被财政部门邀请，作为专家参与改革方案的讨论和制定，因此主要的数据来自于参与式观察。此外，作者与研究团队也针对部分案例做了专门的访谈并收集了相关的文件资料和部门的自评报告。

二、财政支出绩效评价、财政/预算绩效管理与绩效预算

本研究中，把财政支出绩效评价、财政绩效管理、预算绩效管理扎根于中国的实践都视同中国开展绩效预算的努力。虽然我国地方政府开展绩效预算改革的实践不尽相同，但是都是从项目执行后的绩效评价开始的，因此财政支出绩效评价是各地普遍使用的术语，即在项目执行后，采用特定的程序和方法对财政支出进行绩效评价（reference）。随着改革的推进，各地不仅仅满足于对项目执行后的绩效评价，而是希望通过绩效评价改善财政资金分配和加强项目管理，从而落实部门的财政责任。因此，财政/预算绩效管理的概念应运而生。它是指通过引入绩效评价来改善财政预算管理。但是这个概念并没有特别强调预算编制过程中的绩效评价（reference）。我国目前的财政预算绩效管理中的绩效评价有两个特点：一是仅限于规模以上的专项支出；二是既包括项目执行后的绩效评价，也包括了预算编制过程中对项目预期绩效的评价。绩效预算是指根据预期的绩效分配财政资金，并在项目预算执行后对绩效的实现程度进行评价，从而使支出部门将传统预算中对预算规则的遵从转化为对结果的遵从（Anders，2001）。绩效预算中的绩效评价实际上包括两个环节：一是编制预算过程中，需要对财政支出的预期绩效进行评估，用来确定是否提供财政资助以及财政资助的规模；二是预算执行后，审查项目是否达到了预期的绩效。

虽然我国目前的绩效预算改革多数只有事后的绩效评价，而且只是针对部门预算中规模以上的专项资金进行评价，本研究仍然使用绩效预

算这个概念，原因有二：首先，这些改革虽然没有完整应用绩效预算的概念，但是改革的理念都源自于绩效预算，很多地方专门派官员到国外学习，或者请国外学者来中国介绍国外的实践。因此，这些地方的改革实践上是结合现阶段我国国情的绩效预算的尝试；其次，从时间上看，近两年，有些地方已经不仅仅限于对项目执行后的事后绩效评价，有些项目已经将绩效评价前移到部门预算的编制阶段。所以，我国地方政府的做法可以视为推行绩效预算的努力。

莎哈和沈（Shah、Shen，2007：11－12）根据绩效信息对预算决策的影响程度把各国的绩效预算管理的实践划分为四种模式：报告型绩效预算（Performance Reported Budgeting，PRB），这种模式下绩效信息只是作为绩效报告的一部分内容，但是预算决策者并不利用这些信息做决策；信息型绩效预算（Performance Informed Budgeting，PIB），这种模式下项目的绩效信息对资金分配有影响，但是影响很小；基础型绩效预算（Performance Based Budgeting，PBB），绩效信息对资源分配有重要的影响，但是并不一定直接影响资金分配数量；决定型绩效预算（Performance Determined Budgeting，PDB）要求把绩效信息直接精确地应用于资金分配决策。从理论上看，决定型绩效预算是最理想的绩效预算模式，但是这种模式在实践中很难推行。因而，实践中常见的是其他三种类型，其中比较成功的多采用基础型绩效预算，报告型和信息型因为没有对财政资源的分配产生重要的影响，所以并不是典型的绩效预算。

但是，不管怎样采用哪种绩效预算模式，绩效预算的应用都是基于以下几个假定基础之上的：（1）一定有可靠的并且可量化的绩效产出和结果信息供决策者使用；（2）决策者和公众都把绩效测量作为预算问责的工具，因为绩效预算可以解决信息不对称的问题；（3）决策者都是理性的，通过赋权性预算管理模式推动支出部门有效使用财政以实现特定的政策目标；（4）即使决策者最初不是成本效益导向的，绩效信息仍然可以改变他们的决策逻辑。

由此可见，绩效预算的核心内容是为决策者提供有意义的绩效信息，以影响最终的预算问题。那么，中国地方政府的绩效预算改革是否遵循这样的理念？

三、预算改革的动因分析

一项改革的定位与改革动因密不可分。起源于西方国家的绩效预算是在新公共管理运动兴起的大背景下产生的，其结果导向的理念与整个政府管理的转型密不可分，因而决定了这种预算管理模式实施方案的设计。绩效预算改革在我国的启动并不具备这样的宏观环境，那么，地方政府为什么要开展绩效预算改革呢？

与西方国家主要由议会立法推动绩效预算改革不同，我国地方政府的预算改革是财政部门主动发起的。财政部门的锐意进取是绩效预算得以推进的最直接的动力。财政部门开展绩效预算改革的主要目的有两个，一是继续巩固部门预算改革的成果，进一步提高财政资金分配效率和改善项目管理。上个世纪 90 年代末启动的部门预算改革主要解决了两个问题：一是财政部门与支出部门之间的信息不对称问题；二是规范了人员和公用支出编制方法，从而对这两部分支出进行了有效控制。但是，作为部门支出的相当大的一部分，也是直接用来提供公共服务的专项支出，在分配决策和项目实施上都没有很大的改善。因而，这是部门预算管理逐步成熟后必须要解决的问题，而绩效预算恰好可以满足这个要求。从我们选取的这些案例来看，都是在部门预算改革比较成熟的基础上开展绩效预算改革的。

财政部门推动绩效预算改革的第二个目的就是缓解可支配财力与部门预算请求之间的矛盾。这个矛盾与财力充沛与否无关，部门的预算控制数是在“二下”时才确定的，所以部门“一上”时不必考虑总额限制，导致支出需求过度膨胀。因而不管政府财力有多大，相对于需求总是不足的。部门在自我效用最大化的驱使之下，必然形成更多的预算请求（Niskannen，1975）。这就导致预算参与者，在中国主要体现为支出部门与财政部门之间的预算争议。在部门预算改革之前，这个矛盾没有那么突出，主要是因为财政和支出部门之间的信息透明比较差，对财经纪律的遵从度不高，所以部门与财政讨价还价的底气不足。然而，随着部门预算改革的日益深化，支出部门对财政纪律的遵从度不断提高，支出部门与财政部门之间的预算信息透明度也越来越高，加之近年来的公共政策大幅度向社会支出倾斜，支出部门的支出需求迅速增长，支出部门与财政讨价还价的理由越来越充分。这就使财政不得不改变管理的手段，从之前的强化财经纪律，转化为向部门要支出结果。

除了上述两个共同的目的，各个案例启动绩效预算改革的因素不尽相同：首先，从政治支持上看，（1）广东、江苏、广州、无锡等案例反映了党委和政府主要领导对改革的态度直接促进财政部门的改革决心，并且为赢得部门的配合减少了障碍；（2）公民意识的提高是广东省和闵行区两个案例启动预算改革的因素之一；（3）闵行区人大成为推动改革的一股重要的力量。

除此之外，我们还看到其他推动改革的因素，包括：（1）上级政府对绩效理念的肯定和改革实践对广州、江苏、无锡、南海四个案例的启动产生了直接的影响。（2）地方政府间的改革扩散效应使有些地方财政部门从其他地方的改革寻找改革的灵感，例如三水区、广州市、江苏省、广东省。这样做的好处是为后发动改革的地方节省了很多试验成本，甚至可能后来者居上，江苏省就是一个很好的例子。（3）广州市有一个比较明确的目标，那就是解决“钱不出去”的问题，向部门要绩效，迫使部门不得不落实项目并加强项目管理。（4）广东省和广州市的案例也说明财政职能调整，导致部门组织结构和分工的变化，原统计评价处的地位岌岌可危，为了继续生存下去，演变为财政内部支持和推动改革的中流砥柱。

四、改革的策略

以上所列举的七个案例都是以财政部门为主导来推动绩效预算改革的，这和其他的财政预算管理没有什么差别。然而，如果我们仔细分析一下各地改革的具体方式和手段，会发现绩效预算改革的实践有很多共同点，也有不少的差异之处。通过改革的具体措施的分析，可以帮助我们进一步了解改革者的初衷。

（一）财政部门主导

何为财政部门主导？这里主要包括以下几个方面：首先，是财政发起的改革，财政部门成立专门的绩效评价机构，配备相应工作资金和人员，具体负责制定绩效评价相关制度，并要求支出部门必须遵照执行。其次，评价的最终结果由财政部门最终形成绩效评价报告，负责向部门沟通，并向政府领导汇报，并在一定范围内公开。与其他部门相比，财政部门更积极采用项目的绩效评价信息；再次，绩效预算改革的核心是绩效评价，而绩效评价的方法、程序都是由财政部门决定，更重要的是，作为绩效评价重中之重的绩效指标的选取和测量，也是财政部门主导的。在实践中，所有的案例都是由财政部门先提出一个评价指标的框架，然后再由支出部门根据项目的特点来补充和修正。

（二）引入专家智库和第三方中介机构

在这些案例中，无一例外地都借用了外部技术力量。一方面，绩效评价非常复杂，尤其是针对政府形形色色的项目，要求投入的人力和技术力量非常之大，以财政部门现有的力量远远无法应付。另一方面，专家和第三方的介入也增加了评价的公信力。此外的，这些专家不仅仅参加评价的过程，很多专家作为智库，为改革提出了很好的建议。绩效预算改革中，专家参与的广度和深度是以往任何的财政改革都无法比拟的。有些地方把整个评价委托给第三方中介机构来做，例如广东省、江苏省、南海区、三水区，也有些案例则是财政和外聘专家联合起来共同完成评价过程，例如广州市。

（三）从事后绩效评价开始

除了广州市第一年尝试了对单个支出部门整体的绩效进行评价，其他所有的案例都是从预算执行后的项目绩效评价开始，随着改革的不断深入，三水、南海两地已经开始大力开始推进事前、事中、事后全过程的绩效评价。其他地方也在近两年开始把事前的绩效评价和部门预算编制结合起来，通过预期的绩效来决定项目资金的分配。

（四）慎重选择评价项目

绩效评价项目的选择对于改革的成败有着直接的影响。因而，各个地方在评价项目的选择上非常审慎。为了保证选择的项目能够起到很好的示范作用，使改革能够积极稳妥地推进，改革之初，各地基本选择绩效比较好、评价起来不是很困难、领导又很重视的项目。改革推开之后，一个普遍的标准就是资金的额度。除了一些情况比较特殊的项目，各地基本规定在一定预算额度之上的专项资金项目才进行评价。此外，有些地方，如广东省、江苏省、闵行区，还选择了领导和公众比较关注的项目做重点项目评价。

（五）重视绩效指标体系的构建

绩效评价指标体系的构建是整个绩效改革的核心内容。因此，各地都非常重视绩效指标体系的构建。在这个指标体系中，定量指标与定性指标共存，不过以定量指标为准。定性指标通常用于描述项目的目的及效益，这与理论上的绩效预算中的绩效测量的要求相悖。但是，从整个指标的分布来看，投入和项目管理占了大部分。这说明各地的绩效预算改革的主要目的是加强财政投入的控制和改善项目管理。加之项目的效益指标的设计本身的复杂性，所以这部分的指标有些不尽如人意。

此外，部分案例在绩效指标体系中采用了双百分制，即项目本身的评价占100分，被评单位的绩效评价工作的组织安排也是100分，这么做的主要原因是目前的绩效改革没有有效的激励机制。为了推动支出部门积极配合绩效评价工作，所以采用双百分的形式，督促部门积极参与绩效评价的各个环节。

（六）注重绩效文化和绩效评估技术的培养

预算改革的成功要求所有的参与者必须获得对改革的认同（Forrester & Adams，1997）。通过对这些案例的分析，我们发现所有的案例都有一个组织学习的过程。改革者不断向主要领导和各支出部门推销绩效预算管理的理念，并且多次对财政部门和各支出部门的相关管理者和工作人员进行培训，部分地方的支出部门自己也组织了一些培训。这些培训不但有效地提高了绩效预算管理的技术力量，更重要的，是绩效管理文化的培育。

（七）积极争取人大的参与和支持

我国的人大一直以来都非常重视政府的预算改革。虽然在我们研究的案例中只有闵行区人大成为改革的推动者，但是其他案例中，财政部门都积极主动争取人大对绩效预算改革的支持。一方面，在绩效评价的过程中应要求人大代表和工作人员参与。另一方面，绩效评价的结果应主动向人大公开。

（八）其他个性化的做法

我们在案例分析中发现各地有一些特色的做法。包括：（1）三水区财政在预算编制阶段与各支出部门签订绩效合同，督促支出部门对承诺的绩效负责；（2）闵行区对美国联邦政府的“绩效评估排序工具”（PART）来构建绩效评价指标体系；（3）三水、闵行都在绩效评价过程中纳入了公民参与。三水区的公民参与主要体现在绩效评价环节，邀请社会人士参与讨论预算分配。闵行区采用的是在网络上公布项目绩效信息，与公民互动；（4）广州市在改革之初尝试对部门整体绩效进行评价，但是并不成功，所以只能回头从具体项目的事后绩效评价开始。虽然部门预算绩效评价这个大胆的尝试并不成功，但是为广州后期的改革提供了很好的警示，使广州市的绩效预算改革更务实。

五、改革的成果

虽然改革的动力和过程有所不同，但是改革的影响比较相似。

（一）有效抑制了部门的支出需求

因为有了绩效评价，所有参评的项目不仅要按时完成，而且还要有绩效。这样，支出部门必须慎重考虑自己的预算申请，那些计划不周详、风险较大的非刚性支出需要部门宁愿放弃申请预算资助。对于已经开展了事前绩效评价的、没有完整计划的项目根本无法通过部门预算申请。因此，以往那种编个项目名称就可以向财政伸手要钱的做法再也行不通了。

（二）提高了资金分配效率

有了绩效评估，支出部门在选择项目时，会先考虑那些比较容易出绩效的项目。专家和第三方在审查时，也非常注重比较不同项目间的绩效。预期绩效高的项目通常更容易获得资助。即使那些只开展了事后绩效评价的地方，虽然绩效评价的结果与下一年的资金分配数量没有直接的线性关系，但是那些项目绩效评价较差的部门，在下一年申请预算时，财政部门通常审查得更严格。

（三）预算更加透明，预算沟通得到改善

项目绩效评价是建立在一系列信息的分析基础之上的，而且在评价的过程中这些信息会在支出部门、财政部门、评审专家之间公开。绩效评价的结果也会在一定程度上向党委、政府和人大公开，闵行区甚至向公众公开，这无疑使预算透明度增加。同时，有了这些信息，评价过程中所有的参与者就有了载体，通过这些信息的分析来进行预算讨论、决策。因此，预算参与者之间的沟通是建立在预算信息和规则透明基础之上的，预算沟通的质量提高了。

（四）绩效意识增强，项目管理得到改善

通过这么多年的实践，绩效意识已经逐渐渗透到各个部门。花了钱就要有效益已经形成了共识。虽然绩效评价的项目只是对部门的部分项目进行评价，但是，从实践上看，那些绩效评价比较好的项目的预算单位通常非常配合绩效评价工作，对绩效预算改革理解比较好，项目管理比较规范。从其他国家的经验来看，绩效预算改革的成果不仅仅包括资金分配效率的提高，改善预算沟通和项目管理是非常重要的内容。从这点上看，目前我国部分地方采用的财政绩效管理的界定更符合实际。

（五）更好地落实政策意图

江苏省、无锡市、三水区的案例分析都证明了绩效预算改革有利于落实政府政策意图，尤其是有利于保障民生项目。之所以能做到这一点是因为财政在改革之初筛选项目时，有意选择领导和公众普遍关注的项目。虽然随着改革的推进，评价项目选择的标准通常是财政资金规模，但是因为这些重点和民生项目一般投入规模比较大，所以一直以来都是财政支出评价的重点。而且，开展了事前绩效评价后，参与评价的项目在申请预算时就要围绕政策确定绩效目标，因而更加有利于贯彻政府政策意图。

（六）加强预算监督

这里讲的预算监督包括三个层次，一是人大对政府的预算监督，二是财政部门对支出部门的预算监督，三是支出部门对下属单位的预算监督。从我们的案例来看，人大对政府预算监督的加强从两个方面体现，一是人大参与项目的绩效评价，对具体项目的实施过程和结果更清楚；二是部分地方已经将绩效评价报告上报人大，有的地方人大甚至要单独审查政府绩效报告，如广州市。财政部门对支出部门预算监督的增强显而易见，主要是通过评价全过程中信息透明的增加实现的，财政不仅仅了解支出部门项目的预算信息，更重要的是，对项目管理的全过程都加强了监督。此外，各支出部门因为要面临财政局组织的绩效评价，所以对下属单位和部门的预算信息和项目管理质量的要求都有所加强。

六、改革所面临的挑战与困惑

从上述的分析结果来看，绩效预算改革在地方政府取得了很大的成功。但是，我们的绩效预算改革离真正的绩效预算管理还是有很大的差距的，与发达国家的绩效预算改革的实践也有很大的差异。随着改革的深入，现有预算管理中的深层次问题将暴露无遗，新的问题也将不断出现，因此下一步的绩效预算改革将面临更加严峻的挑战。

（一）如何确保预算评价工作本身的绩效

绩效预算改革本身也是预算管理工作的一部分，因而也要讲求绩效。这是一个非常紧迫的问题，因为直接影响到绩效评价的公信力。从目前的情况来看，绩效预算改革过程中主要存在以下几个问题，首先是绩效评价的质量问题。现在这种以项目自评报告来评价项目绩效的方式存在很多问题。因而，必须从根本上提高绩效评价的质量。这里面包括，如何合理确定绩效评价的目标、如何确保绩效评价指标体系的科学性、怎样确定绩效标杆、如何确保信息的真实可靠、如何提高单位自我评价的质量等一系列问题。这些看上去都是技术性问题，但是一旦落实，将涉及预算分配的核心权力问题。其次是如何减少评价成本。几乎所有的案例都反映出绩效预算的工作量太大，一个可以解决的方案是搭建信息平台，部门、财政、评审专家都可以在这个平台上操作。当然，这个平台的开发和运作需要时间，而且必须和现有的部门预算信息系统、软件相容，否则使用起来的成本还是会很大。即使是借助有效的IT技术，绩效评估要求信息的收集、分析、管理的工作量还是相当大，而且不是一劳永逸的。要根据项目的特点随时补充信息，例如某个项目的技术指标、使用和维护保养的情况、保值增值的情况、公众的满意程度等，这并不是简单的一个信息平台能够解决的问题，而是对整个政府预算管理系统能力的挑战。

（二）如何建立有效的奖惩机制，落实绩效责任

绩效预算最终需要部门把绩效理念为贯彻到实际的日常工作中。但是绩效文化的培养需要时间，在改革的推进阶段必须要有有效的奖惩机制。目前的做法都是一些“软”激励，例如对项目绩效评价比较好的单位未来的预算申请和审查给予方便，减少他们与财政打交道的交易成本，以及通过公布部门排名迫使部门领导为了维护面子而重视绩效评价工作。这些虽然有一点影响，但非制度化，不可持续。奖惩机制的确立最终所要解决的是财政责任的问题。因此，绩效预算的持续推进需要构建有效的绩效责任框架，并且彻底贯彻实施。从国际经验上看，凡是那些绩效预算做得比较成功的国家，绩效责任都非常明确。

（三）如何调整预算权力结构

说到底，预算改革必须调整现有的预算权力结构（Wiladavisy，1961）。马骏指出，中国预算改革的困惑就在于政治权力的核心难以触动（马骏，2007）。但是，如果预算权力结构不发生变化，改革的持续性成果将很难保持，因此我们必须考虑如何通过下一步的改革影响预算

权力结构。首先是财政部门与支出部门之间的权力结构，这将是对财政部门非常严峻的一个挑战，这部分需要解决的是如何规范支出部门的预算行为。部门预算改革虽然实现了“一个部门一本预算”的目标，但是严格来讲，改革所形成的程序和规则无法确保财政责任。部门预算的核心内容应该是“让部门对自己的预算负责”。要做到这一点，需要做的是对部门放权，这和绩效预算的核心价值相符。当然，放权不是放任。放权的前提有两个：一是确保部门能够遵守财经纪律，否则又会回到部门预算改革前的状态；二是有效的绩效责任约束机制，保证部门在遵守财经纪律的同时，产生绩效。如果绩效没有保证，必须进行绩效问责。这将远远超越目前针对个别项目的绩效评价，而是部门预算改革后的第二次预算管理的“革命”。因为部门将成为政府预算管理的核心分析单位，而不是财政部门。后者的职能主要是进行宏观政策分析，为部门预算编制提供指导、制定财经规则、对部门预算进行审查和监督，确保支出部门的责任。也就是说，财政部门将是裁判员，而不再是运动员。

其次是对政府领导预算权力的规范。这个层次很大程度上是对政府领导预算权力的约束。财政在对部门项目绩效进行评价的过程中经常会这样的困境：绩效评价结果不好的项目恰恰是某位领导特批的项目。这个时候是最考验财政部门智慧的时候，如果领导刚好想用这个项目做反面典型，财政自然容易操作。但实际情况如果相反，绩效不理想，而领导们重视的项目很多是要看积极成果的。这种情况下，财政部门就会进退两难。绩效预算是依赖预算理性来解决资金分配中的政治问题，其前提是决策者必须应用同样的理性来做决策。如果领导的决策不是绩效导向的，绩效预算最终就不会取得成功。

再次是人大预算权力的落实。这也是一个老生常谈的话题。人大在加强预算权力方面的努力与部门预算改革几乎是同步的，因此一直比较被动，一方面被动等待政府打开机会之窗；另一方面一旦政府向人大公开预算信息，人大又很容易陷入细节的审查和监督上。当然，这些细节监督并不是很重要。但是，为了取得改革的主动权，人大的改革意识和行动必须是超前的。目前人大最缺乏的是制定规则的权力。如果我们看一下绩效预算改革的国际经验就会发现，代议制机构立法推动绩效预算改革是一份非常普遍的做法。这同样包括改革的其他配套条件上，人大都可以成为有力的推手，从制定规则入手，对政府预算行为加以约束。而不是相反，由政府、财政部门建章立制，人大跟进确保执行。此外，人大要继续推动预算的公开和透明。这不仅包括政府向人大公开预算信息，同时也要推动政府向社会公开预算信息，而且不能只公布部门预算的信息，还要公布有绩效信息的部门预算决算信息。目前这方面也是本末倒置，改革的主动权也是掌握在政府手中。

最后的问题是如何让公众参与公共预算过程。目前对这个问题的争论主要在公民参与的有效性上。反对方的主要论点是公民参与有可能误导政府决策。我觉得这是技术上的问题，并不难解决。而且公民参与并不要求公民参与的结果与最终决策直接画等号。公共预算是政府拿纳税人的钱为纳税人办事，如果政府连面对老百姓的勇气和意愿都没有，如何确保政府决策的科学性、民主性？那么，在绩效预算改革中如何引入公民参与？我们的案例分析为我们提供了一些思路，如闵行区、三水区的做法都值得借鉴。但是，下一步公民参与应该做到两点：一是把公民参与转变为一种常态，使之制度化；二是以支出部门为主体（可以是相关几个部门，取决于具体的议题）。

（四）如何与政策过程衔接

中国政府预算过程与政策过程的分离已经是一个尽人皆知的问题。因为这个问题既涉及政府间关系又涉及横向预算分配权力，所以一直没能得到解决，这将是进一步推进绩效预算改革的掣肘。绩效预算改革的方向是把评价环节拓展到事前的绩效评价，才能真正使预算决策更加科学有效，才能对部门进行跟踪问责。目前绩效评价比事前绩效评价更有效，原因就在于事后评价的绩效目标与政策目标高度相关，因而可以从政策合理性上加以评价。实际上，政策过程与预算过程的衔接不只是绩效预算改革的要求，也是中国政府预算管理水平较低的原因之一。

（五）如何与政府会计改革衔接

绩效预算改革的核心是绩效评价，而绩效评价必须依赖真实、完整的政府活动的信息，我国目前的政府会计制度难以承担起这个使命。我们所分析的案例，如广东省、广州市、三水区等，已经暴露出政府预算会计制度滞后所带来的问题。首先是预算信息的真实性没有保障，一方面现有的政府会计系统存在信息失真的隐患；另一方面，会计信息的不完整使项目单位不得不在项目评审阶段自己添加信息，这部分信息的真实性更加没有保障，也无形中大大增加了工作成本。其次是信息的结构无法满足绩效预算管理的需要，无法准确反映政府、部门和项目的成本、效益、资产、负债等情况，因此评价人员只能依赖部门的自评报告来评价，而这些报告根本无法反映一个部门和项目的成本效益等情况，评价结果的信度受到严重质疑。

七、中国绩效预算改革再讨论

根据改革的内容和层次，万娜把预算改革分成了脱胎换骨型（transformational reform）、要件型（Component reform）、预算消减型（restraint exercise）、再分配技术型（reallocation techniques）、内部程序和非正式规则改变型（changes to internal procedures and informal rules）、技术和特殊知识型（technical and specialized knowledge reform）、文化和态度改变型（cultural and attitudinal changes）（Wanna，2010）。中国的绩效预算改革的长远目标应该是通过绩效管理文化的渗透，对现有的财政管理系统进行脱胎换骨的改革。但是，目前的改革是财政部门主导的，通过引入专项资金的绩效评价技术来进一步改善资金分配的程序，同时进一步规范非正式规则。

从现代预算制度的建立来看，先发展有效的行政控制，然后才能采用放权式的绩效预算管理模式（Caiden，1978；希克，2000；马骏，2005）。我国的部门预算改革是加强行政控制最关键的一步改革，但是这个改革并没有完成使命，因为它实际上只针对基本支出的编制和部门预算总额加强了控制，对占部门预算较大的专项支出并没有发展出有效的控制手段。这为部门预算留下了两个隐患：一是支出需求膨胀，为财政的预算审查提出了挑战；二是项目非常复杂，管理比较混乱。目前的绩效预算改革有效地解决了这两个问题，通过绩效评价向部门要绩效，有效地抑制了部门支出需求的过度膨胀，同时迫使部门加强项目管理。各地绩效评价指标体系的设计表明了改革的意图。所以，这是绩效预算改革最直接的成果。

马骏认为，开展绩效预算需要五个基础条件：预算信息及其分析能力、财经纪律、法治原则、预算透明、支持绩效预算的环境（马骏，2005：5—6）。这几个案例研究验证了这一观点。从经济合作与发展组织（OECD）国家的经验来看，都是具备了这些基础条件之后才开始的绩效预算改革。中国并不具备这些条件，但是还是开始了绩效预算的尝试，而且越走越远。我们需要辩证地理解中国的实践。

首先，中国的绩效预算改革的实践与绩效预算先决条件的理论上探讨其实并不矛盾。因为正如我在本书序中所说，中国的绩效预算改革实际上是指系统地使用绩效评价信息来加强预算管理的努力。或者说，虽然我们使用绩效预算改革这个名词，但是从我们的案例分析来看，没有任何一个地方真正完整地应用了这个概念，甚至没有任何一个地方在改革之初完整地采用绩效预算的概念。在某些实践上，绩效预算与计划项目预算有些相似，例如都要求制定政策导向的项目目标、都有成本—效益分析、都用绩效评价结果来影响预算决策等。但是由于绩效预算被广泛地应用到各项专项资金的评价上，因此它又不是传统意义上的计划项目预算。专项资金与计划项目预算中的“项目”并不是一个概念。总之，虽然绩效预算改革在地方开展得如火如荼，但是还不是规范的绩效预算。

其次，如果我们的预算改革不是真正意义上的绩效预算，我们的预算改革到底做了什么？从我们的案例分析来看，这些以绩效预算名义开展的改革实际上进一步夯实了应用绩效预算的基础条件。因而，虽然我国地方政府的预算信息及其分析能力、财经纪律、法制观念、预算透明，以及支持绩效预算的环境还不具备，但是迄今为止所实施的这些改革创新却在马骏提出的五个基础条件方面得以强化，使我们朝着真正意义的绩效预算改革前进了一步。绩效评价复杂和庞大的工作量让支出部门和财政部门同时提高了预算信息及其分析能力。对规模以上项目的绩效评价强化了跟踪问效机制，提高了部门的财经纪律观念，增加了依法理财的压力。同时，绩效评价的过程要求参与各方用事实讨价还价，因而预算透明度进一步增强。经过将近十年的改革，绩效预算观念已经逐步渗透到各个部门。虽然以上五个方面还没有达到启动真正意义的绩效预算改革的程度，但是目前开展的这些改革正在建立起绩效预算改革的基础。

然而，我们也必须清楚地认识到，由于预算决策中的政治性，这些技术导向的预算改革并不能由量变自然导致质变。绩效预算改革的深入开展要求现有的预算权力结构必须调整，理顺党委、人大、政府和公众在预算过程中的权利关系。迄今为止，绩效预算改革虽然没有对权力结构调整产生实质性影响，至少更加清晰地暴露了财政预算管理的瓶颈。中国预算改革所面临的这些挑战已经不是什么讳莫如深的秘密，下一步就要看决策者是否有这个勇气和决心对预算权力结构进行实质性调整。

【参考文献】

［美］艾伦·希克：《现代公共支出管理方法》，王卫星译，经济管理出版社 2000 年版。

马骏：《中国公共预算改革的目标选择：近期目标与远期目标》，载《中央财经大学学报》2005 年第 10 期。

马骏：《中国预算改革的成就与困惑》，载《中山大学学报》2007 年第 3 期。

Caiden, Naomi, "Patterns of Budgeting", *Public Administration Review*, 1978, Vol. 38, pp. 539 – 543.

Curristine, Teresa. Performance Information in the Budget Process: Results of the OECD 2005 Questionnaire. *OECD Journal on Budgeting*, 2005, Vol. 5 (2), pp. 87 – 131.

Forrester, J. & Adams, G. B., "Budget Reform Through Organizational Learning: Towards an Organizational Theory of Budgeting", *Administration & Society*, 1997, Vol. 28, pp. 466 – 490.

Niskanen, W. A, "Bureaucrats and Politicians", *Journal of Law and Economics*, 1975, Vol. 18, pp. 617 – 643.

Robinson, Marc. (2007). "Performance Budgeting Models and Mechanism", In Marc Robinson (eds.), *Performance Budgeting: Linking Funding and Results*, pp. 1 – 18. New York: Palgrave Macmillan.

Shah, Anwar and Shen, Chunli. In Anwar Shan (eds.), *A Primer on Performance Budgeting. Budgeting and Budgetary Institutions*, 2007, pp. 137 – 178, Washington, D. C.: World Bank.

Wanna, John, "Investigating the Reality of Reform in Modern Budgeting", in John Wanna (eds.), *The Reality of Budgetary Reform in OECD Nations: Trajectories and Consequences*, Edward Elgar Publising Limited, 2010.

Wildavasky, A. "The Political Implications of Budgetary Reform", *Public Administration Review*, 1961, Vol. 21, pp. 183 – 190.

从碎片到整合：A区项目绩效预算改革研究

武玉坤*

内容摘要：预算分配碎片化已经成为阻碍预算分配效率改进的重要因素，也成为预算改革急需解决的问题。碎片化权威体制模型认为权威的碎片化是结构性的，而且会被程序性的改革政策所强化。那么，旨在改进预算分配效率的绩效预算改革对既有的预算碎片化带来怎样的影响呢，这些影响是如何实现的呢，意味着什么呢？文章通过对广东省A区项目绩效预算改革的经验研究发现，程序化的改革政策通过专家独立评审、项目化评估和整合性政策要求，一定程度上整合了因功能管理、信息不对称和切块预算导致的预算分配碎片化。而这种整合是通过将政治冲突排除到预算过程之外来实现的，一定程度上体现出预算从属地位的回归和地方政府统摄能力的增强。

关键词：项目绩效预算改革　预算分配碎片化　政治整合　从属预算

财政统一和预算监督是现代公共体系建立的两个重要条件（王绍

---

* 武玉坤，男，华南农业大学副教授、行政管理系主任，中山大学政务学院在职博士生。研究方向为公共预算与财政管理、公共政策。

光，2007）。预算分配的碎片化不仅阻碍财政统一的实现，而且影响预算监督的实际有效性，因此，预算分配碎片化成为预算改革需要解决的核心问题之一。然而不幸的是碎片化却是预算分配中的经常现象。在美国，“尽管宪法要求‘没有法律授权不得进行任何支出’，但实际上国会还是失去了对行政部门的控制权”（Lewis，1997）；我国地方政府预算过程中也存在分管领导和准预算机构带来的预算分配碎片化（马骏、侯一麟，2004；马骏、於莉，2007）。一定程度上说，预算过程就是多样化需求的竞争过程，预算结果则是诸多不同要求协商妥协的产物，而预算改革也就是对这种碎片化要求进行协调整合的努力。文章通过A区项目绩效预算改革的实证研究，识别预算改革带来的影响预算分配碎片化的因素，考察这些因素对预算分配的影响。文章首先识别出地方政府本级预算中的三种预算碎片化类型，随后考察导致碎片化出现和持续的因素，而后识别项目绩效预算改革带来的影响预算分配碎片化的因素及其对预算分配的影响，最后作出结论。

一、预算分配碎片化与预算改革：文献评估

作为资源配置过程，公共预算充满了多样化需求和政治冲突。预算改革不断尝试以追求理性化计算来代替预算分配中的政治博弈，寻求标准化的预算分配原则，但这些改革的都没能获得成功（牛美丽，2003），甚至成为“一个永久的失望”（Caiden，1989）。

以放权为特征的改革开放导致了“权威体制的碎片化”，从资源与权威的结构性分配和政策制定与执行的过程来看，在中国政治顶层之下，权威是碎片化的和脱节的（Lieberthal，1992：6，8）。权威体系被“条”“块”所分割：横向上，中国的官僚体系按照不同的功能类别形成自上而下的权威体系而且功能系统间互不统属（Lieberthal，1992：8）；纵向上，预算权威的分权促使地方政府和部门可以获得中央预算以外的资金来满足自己的政策偏好（Lieberthal，1992：8），使财政体制呈现出很强的联邦制色彩（黄佩华、迪帕克，2003）。虽然

这一模型成为理解中央地方关系的有力工具，但相关研究很少注意一级政府内部权力结构零碎化（马骏，2005：169—170）的体现和作用形式。

马骏和侯一麟（2004）首先从政府横向分权视角将该模型用于中国公共预算研究，认为在碎片化的权威体制下，中国的预算体制呈现出碎片化特征，在省级政府中预算碎片化表现为分管领导和准预算机构对预算分配权的分享。在其他政府层级中，准预算机构也因职能分工或法定依据而具有财政资金分配权（马骏、於莉，2007）。但既有研究存在两个方面的不足：一是仅仅进行了静态研究，没有考察持续的预算改革对预算碎片化的影响；二是研究大多关注分管领导和准预算机构对预算权的分割（马骏、於莉，2007），较少涉及一般支出部门对预算权的分割。

“碎片化权威体制模型”认为“碎片化是结构性的而且会被程序性的改革政策所强化”（Lieberthal，1992：8）。那么，从动态上看，进行中的地方政府绩效改革是否也在不断地强化着预算分配的碎片化程度呢？改革对预算分配碎片化带来怎样的影响呢？这些影响的结果意味着什么呢？既有文献却很少涉及这些问题。

二、预算分配碎片化的三种形式

改革开放以来，由于零碎化的权威体制和零碎化的正式预算制度（马骏、侯一麟，2004），我国政府本级财政预算中存在着三种预算碎片化形式：分管领导带来的碎片化、准预算机构带来的碎片化和支出部门带来的碎片化。它们相互支撑、相互巩固。

（一）分管领导带来的碎片化

在零碎化的权威体制下，分管领导在其分管领域内享有较大的影响力而形成“政策领地”，进而在其“政策领地”的预算分配中形成预算产权、部分等级制和完全等级制、以关系为基础的预算（马骏、侯一麟，2004）等非正式预算分配制度。虽然不同层级政府中分管领导对预算分配的影响程度不同[①]，但由于分管领导对其分管领域具有相对排他的影响力，因此分管领导总会在一定程度上影响预算分配。

（二）准预算机构带来的碎片化

在零碎化的预算体制下，原先集中于党委和政府的预算权被分散到政府部门。在省级政府中，“通常还有其他部门拥有一定数量的财政资金分配权，如计划委员会（基本建设支出）、经贸委（国有企业技术改造基金）、科技厅（科技三项基金）等。”（马骏、侯一麟，2004）相应的，在其他政府层级中，这些部门也因职能分工或法定依据而具有财政资金分配权（马骏、於莉，2007）。

（三）支出部门带来的碎片化

在零碎化的预算体制下，除了准预算机构掌有大量预算分配权之外，支出部门也部分地分享了预算分配权。一方面，预算外财政导致支出权利被进一步分散到各个部门（马骏，2005）；另一方面，支出部门往往对本部门业务开展及其资金配备有较大的发言权，而且部门预算改革实际上强化了每个部门在各自预算份额内的分配权（马骏，余莉，2007）。毕竟，财政支出最终表现为各部门的支出，而不是财政部门在独自花钱。相关业务的展开及其所需资金额，支出部门往往比财政部门更有发言权。

三、预算分配为什么是碎片化的

上述三种预算碎片化形式虽然实施主体不同，内在逻辑也不完全一致，但它们相互影响、相互巩固。这种相互支撑源于功能化管理的管理模式、信息不对称信息生产方式和切块资金的预算分配方式。

（一）功能管理

虽然1982年宪法规定，我国地方党政机构实行首长负责制，但是

---

① 於莉（2009）通过对省会城市预算过程的研究发现，分管领导在省会城市预算分配中影响较小。

由于我国政府职能范围较大，政府功能被分成不同的功能系统，每个功能系统由数量不等的政府（或党委）部门构成，被分置于地方政府党政正副职领导的分头领导之下。功能化管理形成了三种分离机制相互支撑的根源。首先，在功能系统内，分管领导对其分管领域的政策事项具有相对排他性的管理权限和事权责任。这使其有权力也有足够的动力为其分管部门争取更多预算资金以寻求更好的政绩产出。其次，功能管理系统内，每个部门为了实现自我利益最大化，都会尽量为本部门谋求预算最大化。由于功能的互斥性，不同部门并不了解其他部门功能的相对重要性，因此形成某种“掠夺性”资金争取，准预算机构会争取领域内相对独立的预算权，支出部门也会不断谋求自己的可支配财力。再次，功能管理系统下，分管领导与支出部门间形成某种连带关系，分管领导是支出部门在政府层面的代言人，而支出部门成为分管领导在政府系统内部的事权领地，因此在政策形成和预算争取上形成较为稳固的联盟关系。当支出部门在无法通过自身力量谋求更多资金时往往借助分管领导的力量谋求资金，分管领导也不能无视其所分管部门的利益诉求。分管领导的预算影响力强，则他所分管部门往往能够争取更多的资金从而具备更强的预算分配能力。反之亦然，如果某些部门具有较强的预算分配能力，那么其多分管领导也能够在预算分配中发挥更大的影响力。

（二）信息优势

“预算信息的充足和准确程度对于预算决策质量的影响是决定性的。在许多发展中国家以及绝大多数经济转型国家，各个机构之间缺乏交流，缺乏共享信息的激励，信息通常被视为个人财产，这种状况导致了四分五裂的政策执行过程以及各自为政的决策过程。”（马骏，牛美丽，2007）通常而言，支出部门往往具有超强的信息优势，他们更了解本职工作的相关信息，了解领域内的政策过程、具体业务展开的工作流程和成本需求。而财政部门尤其是预算分配部门并不了解这些信息。西方绩效预算失败的一个重要原因就是无法获得有效的绩效信息（Lu，1998；Wang，1999）。即使通过各种评估方法获得了绩效预算所需要的大量信息，预算决策者往往没有足够的时间和能力去处理这些信息

(Schick, 2008)。因此，所需信息的不足及信息处理能力的不足成为绩效预算改革成功的重要阻碍。

实践中，虽然在2003年中央提倡“明确各级政府的支出责任……建立绩效预算评价体系”后，各地在推进项目绩效评价和绩效预算改革进程中，纷纷增设“绩效评价”部门。但该部门作为财政部门的内设机构，受到既有行政编制的限制，人员编制一般都很少，不足以处理预算的大量信息。支出部门所具有的先天信息优势与财政分配部门的信息处理乏力进一步强化了支出部门的信息优势。

（三）切块预算

与功能管理相对应，支出管理上实行支出的功能切块分配。“基数加增长”的渐进预算模式长期占据主导地位。虽然零基预算力图通过“一切从零开始”的努力打破基数，但经验研究表明，零基预算并没有取得成功，没有成为稳定的机制（马骏，2005；牛美丽，2010）。旨在强化财政统一的部门预算力求实现综合预算，但是部门预算在强化财政统一，促使财政部门向核心预算机构转变的同时也强化了部门的预算分配权（马骏、於莉，2007）。这种切块式预算一定程度上强化了预算分配的碎片化，毕竟财政部门很难对部门“领地”内的资金指手画脚。“有时候财政部门为了平衡各部门、各单位的利益，只能搞平均主义、撒胡椒面，大家都给一点”（A区财政局访谈）。

碎片化的权威体制认为，可以从资源与权威的结构性分配和政策制定与执行的过程两个主要维度来考察权威的集中和分散程度（Lieberthal, 1992：8）。在我国地方政府中，功能化管理导致政府权威被分散到分管领导和支出部门，他们对项目和政策信息的掌握也导致其在政策制定和执行中具有相对的优势地位。而切块预算一定程度上形成了资源的结构性分散。

四、绩效预算改革带来的预算整合

功能管理、信息优势和切块预算导致地方政府预算过程呈现出碎片化状态，预算分配被肢解、预算运作效率难以提高。在这种情况下，南方某发达地区 A 区尝试项目绩效预算改革，尝试同时解决预算分配效率和运作效率。改革将预算资金在 50 万以上的财政资金项目纳入评价范围，要求项目在传统“两上两下”预算过程的“一上”之前先对项目进行评审，评审通过的项目才能纳入部门预算的“一上”范围。评审由外请专家对项目进行独立评审，同时设定“大事优先、民生优先和绩效优先”的评价原则范围。上述改革看似简单，但却包含着足以促使预算碎片化得到有效整合的关键性因素。

（一）专家独立评审：弥合信息鸿沟

改革中，A 区依据项目支出机构提交的自评材料来对项目进行评价。但 A 区绩效评价机构的工作人员无力完成对所有项目的仔细评审。所以，改革之初，A 区绩效评价部门就通过外聘专家对项目进行评审。专家分为政策专家、财务专家和技术专家，以便对项目作出综合性评价。为了避免单个专家评价的偏颇，评价采取专家个人评价与小组评价相结合的方式进行。每个项目先由三位专家独立评价，然后三位专家沟通，就每个项目进行互动评价，给出该项目的小组评价意见。专家评价有效地弥补了绩效评价部门信息处理能力的不足，使绩效评价部门能够充分了解支出部门项目自评的真实性和可靠性，既可以了解单个项目的详细信息，又可以了解整个部门的总体资金申请情况。

（二）项目化评估：打碎切块预算

部门预算改革后，支出部门逐步形成了综合预算，初步完成了所谓的“进笼子”，支出部门的预算外资金逐步纳入预算内，实行预算管理。虽然进了“笼子”，但是“动刀子”并不容易。综合预算后，支出部门依然保持着对“自己的钱”的分配支配权，功能管理、切块预算和信息优势导致的预算分配碎片化依然如故。A 区的项目绩效预算改革并没有涉及支出部门的所有预算资金，而仅仅涉及本级财政范围内的专项资金。虽然项目化管理并不是 A 区的首创，我国政府部门支出一般分为基本支出（人员经费支出和公用经费支出）和项目支出，但项目化管理却为弥合预算分配碎片化提供了坚实的基础。

首先，项目化评估肢解、重构了切块预算。切块预算是功能管理下分管领导和支出部门享有预算分配权的基础，分管领导和支出部门可以在部门的预算份额内享有再分配权。项目化评审发生在“两上两下”预算程序的“一上”之前，即在正式预算程序开始之前首先进行项目评审，只有通过评审的项目才能在正式预算程序中纳入部门预算。这在一定程度上重构了原有的切块预算。第一，先评审再进预算打破了原来“先要钱再想事”这一巩固非财政部门预算分配权的基础。第二，从整体看，部门的预算切块总额可能变化不大，但是项目化评估可以帮助财政分配部门决定“砍什么”，避免“撒胡椒面儿”式的分配或削减，一定程度上赋予财政部门“不做什么”的决定权。

其次，项目化评估形成了对事不对人的格局。项目化评估的对象是单个项目，而不是支出部门的整体预算。对项目的评估不存在对某个部门的偏见或歧视，将项目评价置于相对平等的视野之下，避免“财政干涉”的抵抗情绪出现。

再次，项目化评估打破了信息不对称格局。项目支出部门因对项目掌有优势信息而在预算申请中具有相对于财政分配部门的强势地位。改革实践中，在具体项目评价时，财政部门聘请具有专业资质的相关专家对项目进行专业评审，在专家个人评审与小组综合评审基础上形成对项目的完整评价信息。这样，在单个项目层面上，财政部门起码掌握与支出部门相对等的信息，从而摆脱支出部门因信息优势而具有的分配优势。

最后，项目化评审将项目信息置于具有可比性的量化指标衡量之下，可以帮助财政部门横向上比较不同项目资金的运作管理情况，从而在运作效率上衡量项目间的优先性。实际评价中，大量的评价指标与项目的运作效率相关（见表1）。

表 1 不同项目的运作效率指标

二级指标	三级指标及分值
部门工作目标的明确性（10 分）	部门工作目标明确且该项目符合部门工作目标（10 分），基本符合（1—9 分），不符合（0 分）
计算依据的充分性（20 分）	资金预算计算依据充分、详尽、合理（0—20 分），其他酌情扣分
预算明细的合理性（20 分）	资金预算明细详尽、细化、清晰（0—20 分），其他酌情扣分
项目总体实施方案合理性（20 分，其中 2 项）	是否依据项目的实际情况，合理布置规划方案（10 分），项目的实施进度安排是否合理（10 分）
项目产出内容（10 分）	产出合理且与项目关联度高（10 分），其他酌情扣分
项目产出指标（15 分）	指标选用合理，与产出内容对应（15 分），其他酌情扣分
项目达到效果分析（10 分）	效果符合项目设定的目的且明确具体（10 分），其他酌情扣分
效果指标（15 分）	对效果评价的指标选用合理、可量化（15 分），其他酌情扣分

资料来源：A 区 2010 年专家评价指标体系。

实际评价中，财政部门设置 9 个二级指标来衡量项目的运作状况，涉及 120 分（占评价总分的 60%）。这些指标未必非常完备，却将被评项目置于相同的“绩效标准”的衡量之下，从而消除支出部门因掌有实际操作权而带来的分配优势。

（三）整合性政策要求：部门功能纳入政府计划

“要改变预算制定过程，有必要改变信息的内容和结构。”（Schick，2008）项目化评审虽然有助于预算分配整合，但还仅仅是辅助作用，真正有助于促使预算分配整合的是评价过程中的整合性政策要求。A 区改革的一个突出特征是试图将所有的预算资金申请纳入到整合性的政策框架中来，通过设置“政治依据”指标来考察项目与整体政策的吻合程度，从而不再以支出部门的支出需求为唯一的预算分配依据。实践中，A 区用“项目立项情况”这一指标作为项目预算分配的政治依据测量指标，根据依据的层次和明确程度给予不同的分数（见表2）。

表2　A区项目绩效预算“项目立项情况”评分依据及分值

项目立项情况（二级指标）	具体依据内容（三级指标）	评价分值（分）
项目立项是否经相关部门审查和批准	有立项且有本级政府批文	20
	有上级政府或部门批文	10
	无立项也无批文	0

资料来源：A区2010年专家评价指标体系。

尽管“项目立项是否经相关部门审查和批准”在整个项目资金评价中仅占10%的比重（总分200分），但在实际操中，这一项几乎发挥着一票否决的作用。实际评价中，如果申请项目“无立项也无批文”则该项目的其他评价指标很难发挥作用。一方面如果没有立项批文，则与之相关的一些评价指标得分也将很少（见表3）。表2显示出，与项目政治依据相关的指标有5项，涉及50分。加上政治依据本身的20分，共涉及70分。如果项目“无立项也无批文”，那么这70分将所剩无几。这样，即使其他指标得分都很高，想要获得项目评价通过的120分（总分200）也非常困难。即使勉强通过，要想在竞争性资源分配中排名比较靠前也绝无可能。

表3　与立项依据相关的评价指标

二级指标	三级指标及分值
项目建设必要性（10分）	依据充分，建设必要（10分），其他酌情扣分
项目基础资料情况（10分）	项目立项文件、可行性研究报告、合同、协议等资料齐全（10分），基本齐全（1—9分），不齐全（0分）
项目前期工作情况（10分）	很充分（10分）；良好（7—9分）；一般（4—6分）；没开展前期工作（0分）
上报材料完整性及质量（10分）	材料真实、完整报送（10分），漏报、错报酌情扣分
项目总体实施方案合理性（30分，其中一项）	是否依据项目需求，合理确定项目规模、标准（10分）

资料来源：A区2010年专家评价指标体系。

另一方面，政治依据在评价实践中占有重要位置，没有立项的项目基本不予考虑。因为此项指标是项目能够获得预算资金的最重要依据，它意味着此项工作是经过政府授权的项目。如果资金申请项目没有足够的政治依据，则被视为在没有政府授权的情况下自行根据本部门的实际需求而申请资金。在这项指标中“有本级政府批文”异常重要。这项指标并不否认部门项目选择的优先性判断，但关注的是部门的项目选择是否与政府的整体政策导向相一致。

五、预算过程“去政治化”的预算整合

对于预算中政治碎片化的整合，鲁宾教授给出了两个方向“预算的技术特性在不丧失其功能的情况下能够被多大程度的政治化或是预算的政治特性在不丧失其政治责任和政策方向的情况下多大程度被技术化”（Rubin, 1987：6）。A 区改革在这两个方面都做出了努力，一方面通过预算政治理性化处理，将大部分政治冲突排除在预算过程之外；另一方面，通过预算技术政治化，将小部分政治冲突排除到预算过程之外。两个各过程都有助于实现预算政治整合，同时都有助于预算过程的“去政治化”。

（一）“预算政治技术化”：作为为政策配备资金的预算

A 区实现“预算政治技术化”的重要举措就是在项目评审过程中加入“项目立项情况”这一指标。这一指标作为项目资金分配最重要的“政治依据”不仅涉及 35% 的评价分值，而且在实际操作中几乎发挥着“一票否决”的作用。原因在于，项目立项与否被看作“部门项目”是否得到“政府”授权的重要标志，有立项依据则项目被看作是政府授权部门开展的项目，需要为其配备资金；没有立项依据则项目被看作没有得到政府授权而仅仅是部门“倡议”的项目，是否配备资金则视资金可用余额的情况而定。在这个过程中，项目及其资金配备是高度政治化的——满足政府整体规划要求并得到政府授权，而这种项目的政治化以“量化”分数的方式出现预算评价过程中。

因此，在实际预算分配中，项目是否能够获得资金已经不再是“预算过程”本身能够决定的，决定项目是否获得资金的重要过程——项目立项，已经在预算过程开始之前完成，而预算过程成为“为已经立项的项目配备资金的过程”。这样，哪个项目能够获得政治支持并获得预算资金这样的政治冲突已经在预算过程之前便已解决，而将重大政治冲突排除在预算过程之外。

（二）“预算技术政治化”：作为促使政策性项目资金运作效率更好的预算

A 区实现“预算技术政治化”的举措是将客观评价结果作为项目资金分配的重要依据。在预算分配过程中，“预算政治技术化”解决项目能否获得资金的问题，而“预算技术政治化”解决项目能够获得多少资金的问题。在改革中，能够获得多少资金不再是支出部门与财政部门之间的讨价还价，而是依靠客观的评价结果来衡量，将技术化的评价结果作为解决政治矛盾的依据。评价结果可能核减原有项目资金也可能增加原有项目资金，这些决策都源于专家小组的客观评价。

这两种方式都具有“预算整合功能”而又都具有极强的“去政治化”特征，“预算技术的政治化”试图用理性计算（专家客观评分）作为预算分配的依据，摈除支出部门对预算资金的争夺；“预算政治的技术化”以项目是否预算获得政府立项批准作为重要依据，实际上是在为已经被“政治化”的项目配备资金，也就是说预算分配已经在预算过程之前就完成了。一定意义上说，改革之后的预算分配过程更像是“为政府整体规划配备资金并促使其实现最佳效益的过程”。

六、结论

碎片化的权威体制下，我国的预算体制也呈现出碎片化状态。但在改革实践中，程序化的预算改革并没有导致“碎片化权威体制模型”所认为的碎片化的强化，反而出现了碎片化的整合。这种碎片化整合的实现一定程度上是将预算过程中的政治冲突抽离出预算过程来实现的。

在这个过程中，政治冲突或许并没有减少，但是预算政治冲突减少了，原有的在预算过程中体现的政治冲突被移到了预算过程之前便已完成（首先获得政府立项或批准），而那些获得政治允许的项目最终是否立项一定程度上取决于项目管理的理性化程度（专家独立评价的分数）。这种情况的出现主要出于两方面的原因。一方面，虽然作为无所不包的"计划经济体制"已经结束，但是以计划的方式来推进社会经济发展的运作模式并没有被完全舍弃，国民经济发展计划依然是预算编制的最主要依据。正如希克所说"一些国家用多年计划界定国家目标和支出优先顺序，而预算仅仅是为这些雄心勃勃计划的年度任务提供资金。在这种情况下，预算是一个从属过程，它本身不能界定政策目标或绩效目标"（Schick，2008：14）。因此，A 区项目绩效预算改革所体现的预算碎片化的整合可以被看作是一种回归政府多年期计划的努力，不仅为多年计划的年度任务配备资金，而且通过对资金管理过程的理性化测量确保年度任务被更加有效地完成。这在一定程度上意味着预算某种程度上回归到为"计划配备资金的从属地位"，而同时也意味着政府的统摄能力的增强。

【参考文献】

黄佩华、迪帕克：《中国：国家发展与地方财政》，中信出版社 2003 年版。

马骏、侯一麟：《中国省级预算中的非正式制度：一个交易费用理论框架》，载《经济研究》2004 年第 10 期。

马骏：《中国公共预算改革：理性化与民主化》，中央编译出版社 2005 年版。

马骏：《中国的零基预算改革：来自某财力紧张省份的调查》，载《中山大学学报（社会科学版）》2005 年第 1 期。

马骏、牛美丽：《重构中国公共预算体制：权力与关系》，《中国发展观察》2007 年第 32 期。

马骏、於莉：《中国的核心预算机构研究——以中部某省会城市为例》，载《华中师范大学学报（人文社会科学版）》2007 年第 2 期。

牛美丽：《美国公共预算改革：在实践中追求预算理性》，载《武汉大学学报（哲学社会科学版）》2003 年第 6 期。

王绍光：《从税收国家到预算国家》，载《读书》2007 年第 10 期。

於莉：《预算过程的政治：使权力运转起来》，《武汉大学学报（哲学社会科学版）》2007 年第 6 期。

Caiden Naomi, "Dilemmas of Budget Reform", *Policy Studies Journal*, Vol. 9, No. 8, 1989, pp. 1215 – 1227 .

Lewis Carol W. , "The Field of Public Budgeting and Financial Management, 1789 – 1995", in Jack Rabin, W. Bartley Hildreth, Gerald J. Miller, *Handbook of Public Administration* (2th), Marcel Dekker, Inc. New York, Basel, 1997, p. 145.

Lieberthal Kenneth G. "The 'Fragmented Authoritarianism' Model and Its Limitation", in Kenneth Lieberthal G. and David M. Lampton edited, *Bureaucracy, Politics, and Decision making in Post-Mao China*, Berkeley : University of California Press, 1992, p. 9.

Lu HaoRan, "Performance Budgeting Resuscitated: Why Is It Still Inviable? ", *Journal of Public Budgeting, Accounting& Financial Management*, Vol. 10, No. 2, 1998, pp. 154 – 172.

Rubin Irene S. , "*New Directions in Budget Theory*", Albany, N. Y. : State University of New York Press, 1987.

Wang XiaoHu, "Conditions to Implement Outcome-Oriented Performance Budgeting: Some Empirical Evidence", *Journal of Public Budgeting, Accounting & Finance Management*, Vol. 11, No. 4, 1999, pp. 533 – 552.

Schick Allen, "Getting Performance Budgeting to Perform", World Bank Working Paper, 2008.

公共预算决策中的间断均衡模型*

朱春奎　严　敏　陆娇丽**

内容摘要：间断均衡模型是公共预算决策理论的最新进展。本文通过对现有相关文献与研究成果的梳理，对间断均衡模型的理论基础与概念框架及其在公共预算决策领域的应用进行深入理解与探讨，并对其发展前景做出展望。

关键词：间断均衡　公共预算　预算决策

预算决策是公共预算领域长期存在的一个普遍问题。预算决策理论发展至今产生了理性主义、渐进主义与间断均衡（Punctuated Equilibrium）三个重要理论（邝艳华，2011；Reddick，2003）。理性预算理论声称决策者会全面而系统地权衡备选项目的价值，渐进预算决策理论则辩称决策者关注的是基数和边际调整，间断均衡理论则认为决策者是基于激起偏好的语境不同而转变注意力做出动态选择（Lewis，1952；Davis，Dempster & Wildavsky，1996；琼斯，2010；邝艳华，2011）。最早的理性

* 此文已发表于《公共管理与政策评论》，2012 年第 1 期；《人大复印资料 · 公共行政》，2013 年第 2 期全文转载；中国社会科学网 2013 年 5 月 3 日全文转载。

** 朱春奎，复旦大学国际关系与公共事务学院教授、博士生导师；严敏，复旦大学国际关系与公共事务学院博士生；陆娇丽，复旦大学国际关系与公共事务学院硕士生。

主义没有意识到理性限度和政治过程而被渐进主义所取代，长期稳定的渐进预算结果和基数加增长的预算决策模式广为流传。但是，由于渐进主义无法解释非渐进变化的发生机制，分析方法上存在错误以及规范层而难以自圆其说，因此，间断均衡理论应运而生（邝艳华，2011）。作为一种独立理论，间断均衡理论既承认公共预算决策的渐进变迁，也承认公共预算决策的突发剧变（Robinson，2007；杨涛，2011）：与渐进主义者的意见一致，认为政策剧变少有发生，对于任何既定政策，其大部分历史都是处于停滞状态（Lindblom，1968；Wildavsky，1992；Davis，Dempster & Wildavsky，1996）；与渐进主义反对者的意见一致，认为政策确实会经历剧变时期，虽然这些间断少有发生，但是它们在公共预算决策发展中占据重要地位（Padgett，1980；Thurmaier，1995）。本文旨在通过对现有相关文献与研究成果的梳理，对间断均衡模型在公共预算决策领域的应用进行深入理解与探讨，并对其发展前景做出展望。

一、理论基础与概念框架

（一）理论基础

长期以来，渐进主义范式在公共预算理论中占据主导地位。自20世纪80年代以来，一些学者开始抱怨预算理论无法跟上预算实践的步伐（Bozeman & Straussman，1982）。随着政策行动者的日益增多，政策过程呈现出高度动态、开放和政治化的复杂特征。在渐进主义看来，各种决策在本质上是保守的，停滞状态是组织与个人决策的典型特征（Lindblom，1968），即便预算过程的确会根据经济和社会需求发生变动，但是这只是渐进累积的结果（Wildavsky，1992），因此政策的实质性变化很少，因为有很多阻力在妨碍现状改变，使政策的重大变迁罕见并且危险。但是，另一部分反对者的研究表明，预算过程的确会偶发非常剧烈的变化，典型案例是美国空间项目与军费的预算变化。面对这一事实，渐进主义范式已经无力解释。在这一时期，对预算进行改进或改革的很多努力已经开始，比如对宏观预算、总统—议会协商预算、定量预算模型，以及其他研究视角的强调，而不仅仅是使用旧有的渐进主义范式。

为了应对渐进主义面临的困境，鲍姆加特纳（Frank R. Baumgartner）和琼斯（Bryan D. Jones）将间断均衡理论引入到公共政策领域（True，1999）（见表1）。间断均衡理论最初来源于生物进化的“间断均衡说”（特鲁，2004），由古生物学领域的艾尔德瑞奇（Nile Eldridge）和古尔德（Stephen J. Gould）于20世纪70年代提出（Eldridge & Gould，1972）。该学说认为生物进化过程并非像达尔文所言是一个缓慢的连续渐变积累的过程，而是在一种长期处于停滞或均衡状态、夹杂短期爆发性大规模灭绝和替代的过程（Robinson，2007；Gould，2002）。实际上，间断均衡理论中的“均衡”即是渐进主义状态，而“间断”则是指“大规模变迁”，间断均衡的概念正是对这两者的整合（Breuning & Koski，2006）。

表1 公共政策与生物学的间断均衡基本理论特征比较

	公共政策	生物学
变迁基础	政策垄断均衡的扰乱与瓦解	宏观的种系漂移、物种形成与物种选择
变迁时间	突变或十分短暂的时期，被称为急剧的和突发的	逾千年但是比渐变更快；非突变的
扰动因素	利益团体、政治党派、选举官员、立法委员会、危机、战争、新技术、科学	地理隔离种群为适应新的环境变化发生的基因变异
变迁阻碍	政治企业家、法院和法规、政策垄断、有限理性、新的公共政策理念的可接受度、碎片化的政治系统	某一种群基因变异的缺乏、稳定的环境条件
变迁场域	政府司法辖区（governmental jurisdictions）	地理与生物场域
分析层次	政府各层级之间	有机体的基因与更高层次
变迁模式	根据鲍姆加特纳和琼斯的研究，以政策基调（tone）与政治沟通来衡量，变迁存在稳定与间断的交替；根据其他最新研究，从政策结果来看，属于多元政策输出模式（pluralistic policy output patterns），包括没有变化、有限变化和间断式变化	多元进化论（evolutionary pluralism），同时存在渐进变化和间断式变化

资料来源：Michael Givel，“The Evolution of the Theoretical Foundations of Punctuated Equilibrium Theory in Public Policy”，*Review of Policy Research*，Vol. 27，No. 2，March 2010，pp. 187 – 198/194.

1993 年，鲍姆加特纳和琼斯在《美国政策议程与政治的不稳定性》（1993）一书中使用生物学的“间断平衡”概念来描述公共政策变迁的间断现象，随后又在《重塑民主政治中的决策》（1994）一书中对其进行了集中研究。在间断均衡理论的研究初期，间断均衡的概念与生物学中的概念保持一致，即认为政策间断并非是突变的，但是这一概念在 2009 年予以正式修正（Givel，2010），认为政策变迁也可以是“剧烈的”和“强烈的”并在“短期”内受到某一外部干扰（比如一件触发性事件），之后又是缓慢递进的政策变迁（Baumgartner & Jones，2009）。间断平衡被定义为是在长期相对渐进的政策变迁后，紧随外部刺激破坏政策垄断引发剧烈政策变迁的过程。

与生物学的间断均衡不同，鲍姆加特纳与琼斯认为是由各种外部和复杂性扰动导致政策垄断的间断；倾向于突变，或类似“强烈的”和“激烈的”政策变迁；同时认为，制度因素，包括政策企业家、有限理性和政策垄断等是影响间断均衡的关键因素；发生政策变迁的场域是政府司法辖区。2006 年，鲍姆加特纳进一步阐明对间断平衡的定义：使用间断均衡范式意味着我们试图解释正反馈过程（如导致快速自我强化的变迁、减少稳定性和强烈的增长）与负反馈过程（自我修正、或导致长期稳定平衡行为的恒定过程）（Baumgartner，2006）。假设政策变迁的间断均衡模式是政治制度中反馈过程的产物，将间断均衡理论与报酬递增和路径依赖的相关理论联系起来（Arthur，1992）。

间断均衡模型力图整合与超越政策过程中的多元主义、有限理性和议程设置三个相互联系的相关理论。多元主义假设各种利益集团在政策产生过程中地位平等，资源均衡，因此公共政策实际上是各利益集团冲突与相互制衡的结果，政府在其中扮演中立与调停者的角色（Truman，1951）。这导致很多人认为多元主义必然趋于渐进与保守，过多关注于政策的长期稳定，而忽略了均衡中因剧变产生的中断。但事实上，多元政治系统带来分散的决策系统，多元主义恰好形成了开放的政策“场域”（Venues），为政策变迁提供了条件（Baumgartner & Jones，1993）。

间断平衡理论将雷德福（Emmette S. Redford）关于宏观政治与子系

统相区分的观点予以拓展（杨冠琼，2009），认为政治系统如同人一样，具有有限理性，无法在同一时间处理所有问题。因此，政策子系统的存在是允许政治系统并行处理问题的一种补充机制，确保大量问题能够同时在不同政策子系统中加以讨论和解决（True，Jones & Baumgartner，1999）。一般情况下，政策在子系统政治中保持均衡和稳定，倾向于形成政策垄断，为政策稳定/均衡提供保障。

间断平衡理论强调政策过程中两个相互联系的元素：问题界定和议程设定，认为政策的偏好选择决定问题界定与议程设定（True，Jones & Baumgartner，1999）。沙特斯奇奈德（Elmer E. Schattschneider）开创性地指出了民主政治的实质，认为民主是一种具有竞争性的政治制度，参与竞争的领导人和组织将公民参与决策程序作为公共政策选择的方式（Schattschneider，1960）。因此，在宏观政治条件下，某些问题会主导议程，并在一个或多个子系统中引起变化。但是当问题在子系统政治中没有得到解决而引起高度关注时，该问题会由子系统政治进入宏观政治。由此形成不同的政策竞争，为政策间断/突变提供机会。

间断均衡理论认为，善变的有限注意力是导致预算变化稳定和突变的根本原因。事实上，公共预算决策的间断均衡理论正是以注意力为驱动、以议程设置为基础，通过揭示注意力和制度相互作用的议程设置过程，来完整描述预算结果和解释间断均衡的预算决策过程，并认为这一过程会导致稳定的渐进变化，伴随偶尔的剧烈变化这一预算结果。与其他理论相比，间断平衡理论突出了长时期政策变迁中的非线性特征而得到广泛应用（杨涛，2011；Dudley & Richardson，1996；Robinson & Caver，2006）。

（二）概念框架

为了整合政策间断与政策稳定的概念并对此做出有效解释，间断均衡理论提出了“破坏机制”的逻辑框架。这一机制由政党、利益集团、选任官员和立法委员会等行动者组成（Baumgartner & Jones，2009；Givel，2010）（见图1）。在此过程中，小规模和大规模的政策变迁来自于政策子系统和行动决策之间的互动，进而让稳定性与流动性或是短暂均衡等模式相结合（True，Jones & Baumgartner，1999）。其中，政策垄断、政策图景、决策者注意力以及制度性摩擦是理解政策间断均衡的核心概念。

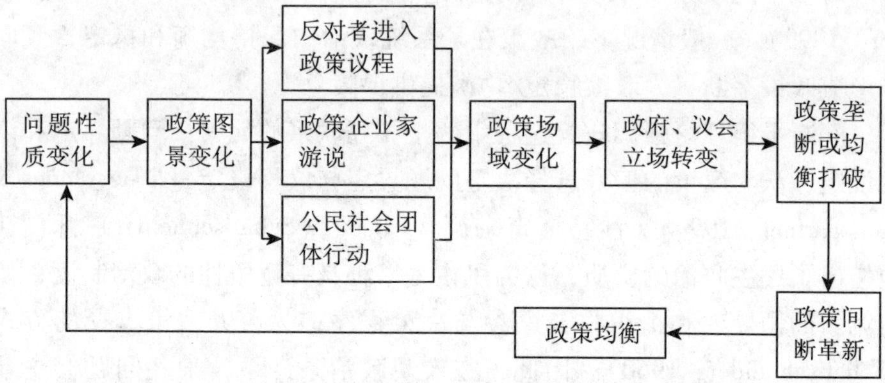

图1　间断均衡理论

资料来源：杨冠琼著《公共政策学》，北京师范大学出版社2009年版，第162页。

1. 政策垄断

理解间断平衡的关键在于理解政策垄断的作用（Givel，2006；Givel，2010）。政策垄断是指在政策制定中，由最重要的行动者（统治集团或联盟）所组成的集中的、封闭的体系，他们倾向于把政策制定封闭起来，将其他参与者排斥在外，使政策变迁处于缓慢或停滞状态（True，Jones & Baumgartner，1999；Givel，2006）。比如在美国民用核政策中，利益集团、国会和政府就组成政策垄断“铁三角”。其中权力意味着某一团体对另一团体的强制性（Bachrach & Baratz，1962）。鲍姆加特纳和琼斯认为，政策子系统倾向于对相关政策领域加以垄断；只有当这种垄断被新的参与者与团体打破时，才可能出现明显的政策变化（Baumgartner & Jones，1993）。政策垄断可以被建构，也可能崩溃。

2. 政策图景

鲍姆加特纳和琼斯把政策变迁的“爆发”和政策的间断解释为政策图景（policy images）与政治制度互动的结果（Baumgartner & Jones，1993）。政策图景作为理解间断均衡理论的核心概念，是指某个政策在公众和媒体中怎样被理解和讨论，通常与政策信仰和价值观相关，是经验信息和感情要求的混合物（特鲁等，2004）。政策图景在人们持续关注某个问题的过程中形成，可分为正面政策图景和负面政策图景。如果公众以正面的眼光来看待政策，则属于正面政策图景；反之，则是负面的政策图景。前者有助于政策垄断，而后者则会导致政策崩溃。随着媒体报道、重大事件以及科学研究等的发生与变化，政策图景会发生转移。

3. 决策者注意力

间断均衡理论隐含一种个人和集体决策理论（特鲁等，2004）。从决策的角度看，政策的大规模间断，不是来自于偏好的改变，就是来源于注意力的改变。政策在稳定渐进的总趋势中之所以会偶发重大变迁，原因在于人们对公共政策问题的注意力的有限的，人们的关注焦点在不同时间是不尽相同的（Baumgartner & Jones，1993）。当政策反对者力图形成新的“政策图景”、利用政策多样化这一特征时，就会吸引新的参与者进入政策场域，对制度结构与议程设置产生影响，促使重大政策变迁在短期内发生。因此，政策图景的转移可以改变人们的注意力，破坏子系统中的政策垄断，并促使政策由子系统上升至宏观政策层面。

4. 制度性摩擦

“制度性摩擦”是解释政策间断的又一核心概念。琼斯、萨尔金（Tracy Sulkin）和拉尔森（Heather A. Larsen）认为，美国的政治制度把变化的政策偏好、新的参与者、新信息或者是人们对现有信息的突然兴趣等这些政策输入转化为一种政策输出，会大大增加政策转化成本，造成制度摩擦（Jones，Sulkin & Larsen，2003）。这些成本包括信息成本、认知成本、决策成本和交易成本。间断平衡理论认为，所有组织都不同程度地包含有制度性摩擦，制度性摩擦随着政策转化成本的增加而增加；制度性摩擦不会导致持续的政策“僵局”（gridlock），而是导致政策输出在总体上出现持续的间断情况（Baumgartner & Jones，2009）。这些间断是政策史上最谨慎的学习时期，也是政策子系统受到最多关注的时期。

简言之，子系统政治是平衡的政治，是政策垄断的政治、渐进主义、被广泛接受的支持性图景和负反馈等相协调的产物；宏观政治是间断的政治，其中包含大规模变迁的政治、多种竞争图景、政治操纵和正反馈过程等。由此，形成政策变迁的间断均衡模式。这一理论最初用于解释美国的立法变化，后来用于分析和解释联邦政府预算的长期变化（杨冠琼，2009）。预算间断，正是对预算的渐进变化与大规模变化的整合描述。

二、理论应用

（一）研究设计

要使科学研究拥有较强的逻辑性，需要设计一项清晰的前提或假设，并进行严谨的科学验证对其中一项或多项假设进行证伪（Platt，1964）。在预算决策领域，很多现代研究工作包括渐进主义预算在内，都建基于帕杰特（John F. Padgett）的连续判断模型：“最终分配结果的边际变化模式以某一基数为基础，该基数多半是往年的分配结果”（Padgett，1980）；而该模型也承认预算过程中的间断，考虑到了内在动议与外在冲击的影响（True，Jones & Baumgartner，1999）。间断均衡模型也是沿着帕杰特的思路展开的，简单讲，间断均衡是主要政策系统变化的结果；其大前提是间断均衡包含由主要政策系统变化引起政策稳定的快速改变时期；小前提是间断均衡模式是外部刺激产生（Givel，2010）。与渐进主义模型的不同之处在于，在认定间断现象的程度上，间断均衡模型则更加强调停滞或大规模的变迁，而不是中等程度的变化（True，Jones & Baumgartner，1999）。

在间断均衡模型框架下，预算是一种随机过程，要精确确定变量之间的关系极其困难甚至不可能，但是，建立预算变化分布的假设却是可能的（True，Jones & Baumgartner，1999）。在此条件下，预算间断被定义为：“在某一预算分配中与高频率的渐进变化相比具有显著差异”（Breuning & Koski，2006）。为了使间断均衡模型能具体应用于政策制定，鲍姆加特纳和琼斯通过对预算分配变化的频率进行描述。特鲁、琼斯和鲍姆加特纳发展了一种比较决策输出分布的方法，以评估决策过程中“间断”的相对程度（True，Jones & Baumgartner，1999）。合适的比较基准在于平均和标准差的常态分布，由政策变迁研究中的经验案例的分布来决定。

鲍姆加特纳和琼斯将间断均衡理论发展为一个以议程为基础的国家预算模型——“地震”预算模型（the“earthquake”budget model），试图替代理性主义与渐进主义范式的预算模型，以对长期稳定的预算过程中的偶发剧变进行有效解释（True，Jones & True，1995；True，Jones & True，1998）。该模型仍然以间断均衡理论为框架，基础依然是个人决策的有限理性过程，该过程与分权政治制度相互作用，特别是与连续的注意力和并行的子系统互动。在组织层面上，预算决策者往往通过子系统、政策垄断、铁三角和议题网络来并行处理信息，预算计划将在上一年度预算基础上发生微调，使预算呈现出渐进性特征。但是在个体层面上，当政策图景转移或者决策系统内部发生结构调整引起预算决策者的注意力转移时，预算计划将可能发生根本上的变化，使预算分配呈现出间断性特征。

假设年度预算是按频率分布曲线状进行分布，如果变迁是真正随机发生并且不受间断均衡过程影响，那么变化大小的频率应该遵循中心极限定理（Central Limit Theorem）。因此，小的、温和的和大的变化就围绕平均值对称分布，形成钟形曲线。以此为基准，间断均衡模型对大小变化频率的预期将超过基于常态分布的预期，而温和变化的频率将低于常态预期。通过评估决策输出分布的尖峰，可以初步了解大量的高频率小规模变化（不同于标准的正态分布）——间断式均衡的标志。简言之，间断均衡的预算频率曲线应有一个幅度很大并且很窄的尖峰，体现一种稳定性的逻辑；很弱的肩膀，体现发生中等程度变化的困难；很大的尾部，体现偶然发生的间断（见图2）。如果连续动力调整是主要的决策机制，那么就会出现正态或是高斯分布的情况。

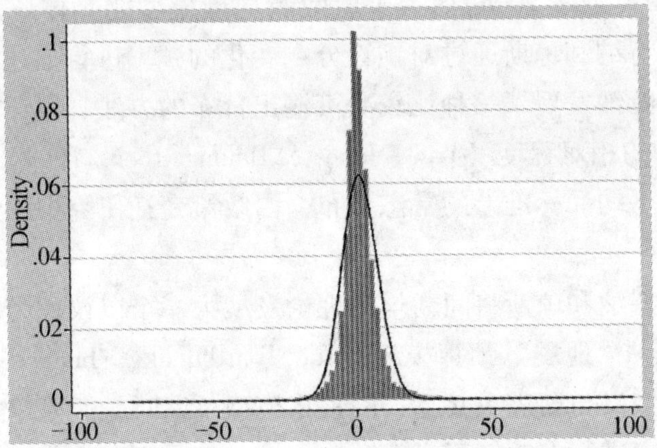

图2　1989—2000年学生人均支出的百分比变化

资料来源：Scott E Robinson，"Punctuated Equilibrium Models in Organizational Decision Making"，in Göktuğ Morçöl（ed），*Handbook of Decision Making*，CRC Taylor and Francis，2007，p. 138.

这种以注意力驱动、以议程为基础的预算模型，既包含间断期，也包含稳定期；而注意力转移引发的政策变迁，通常是不稳定的；同时，制度性摩擦对于预算决策偶发的剧变现象具有阻碍作用，会造成决策停滞，但是制度化的稳定性在间断后会重新发挥作用，导致预算决策出现间或、零星的变化。因此，预期通常变化很小，但是偶然也会发生剧烈变化。进而，琼斯等人形成如下假设（True，Jones & Baumgartner，1999；Jones & True，1995）。

假设1：某个支出项目的年度预算变化不会呈现出正态的"钟形"曲线分布，这些变迁应表现出地震中和其他大规模相互作用系统中的非正态分布；其中极小与极大的真实变化会很多，而中等变化则很少。

在间断均衡理论看来，预算变迁并非简单地由外部力量来驱动。由于间断的政策平衡理论是部分地基于一种“自下而上”的过程，在这个过程中政策变迁可以在子系统外独立发生，可以扩展到其他的相关子系统之中；或者可以受外在冲击的影响（True，Jones & True，1995；Jones，Baumgartner & True，1998）。如果间断没有发生在预算规模的所有层次上（如从项目层次到宏观政治层次），并且如果间断没有在所有时期发生，那么间断平衡的预算理论就要受到质疑。由此形成以下假设。

假设2：在同一预算规模中，年度变化的潜在非正态分布明显地体现在各个层次的集合体（项目、职能、子职能和机构）中。

（二）假设验证

间断均衡框架最初用于分析政策变化和决策制定，自从该框架应用于公共预算的过程分析以来，大部分研究结果都显示出间断均衡理论的良好应用前景。在研究初期，间断均衡预算模型的研究局限于评估预算分配结果是否与间断平衡理论的预测保持一致，更加聚焦于用政策结果来验证间断均衡模型的解释能力，而非间断模式的构成因素（Robinson，2007）。

2003 年，琼斯等以制度摩擦理论开启了间断平衡的议程研究之路，使研究者能够用对引起间断均衡的关键行为，比如信息、认知、交易和决策成本等方面做出评估（Jones，Sulkin & Larsen，2003）。

在联邦政府层面，特鲁（True）将间断均衡框架用于预算支出的分析上，指出政策优先权的重新调整会反映在预算支出的变化上，因此预算会偶然打破稳定的渐进状态而发生间断（True，1995）；后来他对美国 1940—1998 年的社会保障预算进行分析，结果显示预算变化符合间断均衡模型预期（True，Jones & Baumgartner，1999）。琼斯等人将美国联邦 1947—1994 年的总体预算（包括 13 项强制性支出和 42 项选择性支出）进行研究后发现，预算结果符合间断均衡模型的尖峰分布；并且强制性支出预算间断程度比选择性预算支出间断程度低（True，1995；Jones，Baumgartner & True，1998）。琼斯和布鲁宁（Christian Breuning）对美国 1800—2004 年的国防支出和国内支出进行分析，结果显示两类预算总体上都呈现明显的间断均衡变化趋势，且二战之后预算变化比之前稳定（Jones & Breuning，2007）。

鉴于大部分研究都集中于联邦层面，布鲁宁和科斯基（Chris Koski）从州政府预算层面对间断均衡模型进行验证，在对美国50个州在1982—2000年的10个预算种类（劳教、教育、政府行政、健康、高速公路、医院、自然资源、公园和娱乐、警察和法律执行、福利）的趋势予以考察后，发现所有州政府及预算项目加总的年度分布呈现明显的尖峰分布，证实了间断均衡模式适用于美国各州；但同时也发现，各州预算间断程度有差异，各预算科目不能单独考查；此外，公民和政府关系和谐、经济发展较为稳定的州，决策交易成本低，预算间断程度较低（Breuning & Koski，2006）。

乔丹（Meagan M. Jordan）把间断均衡理论拓展到城市政府层面，她调查了美国38个城市政府从1966—1992年的6项预算（警察、消防、卫生、公园和娱乐、公共建筑、高速公路功能），发现每一项预算功能都呈现尖峰分布，而且远高于正态分布曲线；并且非配置项目支出的间断程度低于配置性项目支出（Jordan，2003）。

间断均衡框架不仅适用于美国的各预算领域，在国际上也具有相当的普适性。约翰（Peter John）和马盖茨（Helen Margetts）将间断均衡框架应用于英国中央政府1951—1996年的9项预算（社会保障、教育、国防、农业、健康、住房、工业、法律法规、交通），结果显示：所有预算项目加总的年度分布呈现明显的尖峰分布；同时，不同的政策领域预算间断程度不同，但变化程度总体上大于鲍姆加特纳、琼斯等发现的美国预算变化程度；农业支出呈非间断均衡分布，国防支出呈高尖峰分布，教育支出接近正态分布，健康支出变化不大，住房支出呈非尖峰分布，工业支出和社会保障支出呈非正态非尖峰分布，法律法规出台则近尖峰分布（John & Margetts，2003）。

莫顿森（Peter B. Mortensen）对丹麦273个地方政府1991—2003年的4项预算（图书馆、道路、学校、儿童保育）进行研究后发现：所有地方政府及预算项目加总的年度分布呈现明显的尖峰分布；并且，不同的预算项目间断程度不同，图书馆和道路预算的间断程度比学校和儿童保育预算高（Mortensen，2005）。鲍姆加特纳等对比利时中央政府1991—2000年的总体预算（选择13类支出）进行研究后发现，预算分布符合间断均衡模型的预期（Baumgartner et al.，2009）。

此外，一项跨国研究搜集了七个国家不同政府层级的数据，包括美国联邦政府1800—2005年的总体预算支出、国内预算支出和国防预算支出以及1947—2005年60个预算功能的支出、1984—2002年50个州政府10个预算功能的支出，法国1820—2002年总体预算支出、1868—2004年七个职能部门的预算支出，1962—2000年德国联邦政府26个功能的预算支出，1981—1999年英国政府14个功能的预算支出，1991—2000年比利时27个功能的预算支出，1971—2003年丹麦26个功能的预算支出，1990—2004年加拿大12个功能的预算支出，都发现了不同程度的间断均衡现象，为间断均衡预算理论提供了有力的经验证据（邝艳华，2011）。

由于国家预算决策是在政治制度之下进行的，等级制度会使间断在从一个层次传到另一个层次的过程中出现不同的效果。这种传递的差别与问题处理的并行与串行特点有联系。总统和国会都能够立刻将严密的预算变化传递到许多机构，而他们是在一个影响许多机构或者计划的问题被提上国家议事日程并被串行处理时才这样做的。这样来自财政压力的严密的间断能够更加容易地传递到部门、机构中去，而那些自下而上的间断向上传递起来就没有那么容易了。原因就在于子系统内并行处理过程的孤立性会使子系统之间的扩散效应失效。因此，琼斯等人认为，在政府组织高层中的间断会比低层中的更少，而相关验证也证实了这一点（True，Jones & True，1995；True，Jones & Baumgartner，1999；特鲁等，2004；Jones，Baumgartner & True，1998）。

虽然间断平衡预算模型可以有效描述政策制定者的输出过程，并且也有诸多文献验证了预算结果的分布符合间断均衡理论的预期，但是，现有研究仍然很少去评估与间断均衡分布原因相关的条件假设（Robinson & Caver，2006）。不过，最近的研究在此方面已经有新的进展。比如，罗宾森（Scott E. Robinson）将间断均衡的评估方法进一步拓展为比较尖峰框架（A comparative kurtosis framework），通过运用该方法对 K-12 学校进行案例研究，结果显示出官僚机构会减少而非增加预算过程中的间断（Robinson，2004）。此外，罗宾森和卡佛（Floun'say R. Caver）以评估国会机构改革的影响为例对间断均衡预算理论的相关假设进行评估，结果显示，国会机构改革降低了国会预算结果与间断均衡理论的一致性程度（Robinson & Caver，2006）。

三、理论比较

（一）间断均衡预算理论与传统线性预算理论

公共预算理论发展至今，经历了理性主义、渐进主义与非渐进主义三个时期。相应的，在预算决策领域产生了理性模型、渐进模型与间断均衡模型三个重要理论（Reddick，2003；邝艳华，2011），如表 2 所示。理性预算决策在本质上是一种目标定位与决策方法，一种试图达到“最优选择”的努力。20 世纪 30 年代以来发展的线性预算（Line-item Budgeting）、绩效预算（Performance-based Budgeting）、项目预算（Program Budgeting）、零基预算（Zero-base Budgeting）等方式，都是完全理性应用于公共预算决策的结果。虽然理性方法在节约资源的项目设计上具有显著作用，但是未能在资源配置方面发挥作用，这种纯经济研究忽视了预算过程中的政治因素（Willoughby & Melkers，2000）。同时，理性预算模型还未能意识到理性限度并高估公共预算人员的计算能力（Lindblom，1990）。因此理性预算理论逐步面临挑战，由完全理性向有限理性的渐进主义模式转变。

相对而言，渐进预算理论关注于某一既存的特殊问题，而不会去思考尚未发生的问题。该范式建基于多元主义的政治系统，认为决策者关注的是基数和边际调整，以此减少预算过程中的冲突（Davis，Dempster & Wildavsky，1996）。从 20 世纪 60 年代开始，渐进主义预算逐步成为主流范式。虽然渐进主义有助于应对效率困境，不过批评亦是难免的，比如“渐进”本身的概念界定不清，回归方法有误、把预算环境归为外生变量以及不能包容多元的预算需求等（Leloup，1988）。有关争论在19世纪70—80年代有了答案，由于联邦政府预算对各机关支出的自动增加设限，以及整个预算过程反映了美国政府的裁减（cutback）政策，各机关预算不再是采取递增方式编列（Hôgye，2000）。这是政府因宏观经济（如萧条）和政治约束（如纳税减少），需要在短期内实现其年度预算平衡的结果。

表2 三种预算决策理论的比较

理论名称	人性假设	理论基础	主要内容	优点	缺点
理性预算理论	完全理性	经济学：效用最大化理论、边际效用理论	全面评估所有方案的价值，使预算资金的分配实现效用最大化和边际效用相等	有利于提高预算的配置效率和管理效率	完全理性假设不现实；纯经济研究不适合预算研究；忽视预算过程的政治因素
渐进预算理论	有限理性	政治学：多元主义	在去年基数的基础上进行边际的增加和减少；预算长期稳定	更贴近现实、重视政治因素；减轻预算分配的信息负担以及缓解政治冲突	不能解释预算剧变；渐进的概念界定不清；回归方法有误；把预算环境归为外生变量；不能包容多元的预算需求
间断均衡预算理论	有限理性	认知心理学：注意力分析；政治学：集团理论；政策科学：议程政治	成功吸引决策者有限注意力以及克服制度摩擦的议题才能得到大幅预算增长；预算长期稳定夹杂着偶尔的剧烈变化	全面解释预算变化包括稳定的小变化和剧烈的大变化	没有加以认真检验；不能清晰解释预算变化出现的因果链条；关键变量难以操作化测量；模型不具有预测能力

资料来源：邝艳华著《公共预算决策理论述评：理性主义、渐进主义和间断均衡》，载《公共行政评论》2011年第4期。

研究表明，渐进主义预算更加适用于议会制系统的预算过程（Reddick，2003）。这是由于在多元主义框架下，公共政策更容易是各利益集团的冲突与均衡的结果。同时，渐进主义适用于较大科目，比如总支出和教育支出，而在其他次级预算上的解释力相对较低（Reddick，2003）。为了拓展渐进主义的资源配置效率，有人建议应该使用基本服务评估（baseline service measures）进行预算（Schick，2001）。日益增多的规范理性决策技术，如现代政府的项目预算、绩效预算、零基预算和双年预算，都显示出对资源获取（资金）与资源配置（效果）之间关系的关注（Reddick，2002；Reddick，2003）。

从实践意义上讲，一项预算理论是否具有有效性，其关键问题在于是否能够解释决策是如何做出的或者增长是如何分配的（Schick，2001）。如果说此前渐进主义模式一直都对预算过程产生有效解释，那么自 20 世纪 80 年代以来，当政策变迁从线性形式发展到非线性形式时，渐进预算理论对于长期稳定的政策变迁中的剧变与间断现象就显得无能为力了。因为无论是渐进主义模型还是理性选择模型都不能解释外部因素，比如宏观经济与政治影响。因此，各种理论与模型应运而生，试图应对解决线性决策理论的困境。其中，间断均衡理论以其对政策变迁的非线性解释能力，成为对渐进主义范式批判的最有力回应。

相对而言，间断均衡预算理论更加关注环境因素，有效融合了认知心理学、政治学和政策科学，因此，一方面建基于有限理性，另一方面又建基于系统分析，能够全面解释预算变化，包括稳定的小变化和剧烈的大变化，极大地丰富了预算理论的视野与空间。与传统预算决策理论相比，间断均衡模型突出了长时期政策变迁过程中的非线性特征，在西方得到较为广泛的应用。但是，间断均衡理论也是存在缺陷的，与理性预算理论和渐进预算理论相比，间断均衡模型由于缺乏科学研究的推理论证方法，不能清晰解释预算变化出现的因果链条；而且关键变量难以操作化测量，最为重要的是该模型不具有预测能力。

（二）间断均衡预算理论与非线性预算理论

传统的政策变迁研究，以逻辑经验主义为基础，认为政策变迁是一种渐进过程，是对原有政策的修补，这一过程往往表现出渐进主义、逐渐调整和常规化决策的特征，通常被看作是常规的政策制定（Lindblom，1968；Wildavsky，1968；Rose & Karran，1987）。从 20 世纪 90 年代开始，对政策变迁的研究日益要求将政治制度与行为，和政策联盟、各种政策信息等整合起来（Sabatier，1991），政策制定成为复杂的政治、社会与制度过程的“演进”（evolutionary）结果（Juma & Clark，1995）。在这一时期，很多模型与理论试图对理性主义和渐进主义旧范式予以改进和替代，体现出由利益集团、不同层次的政府机构、立法机构，以及研究者等共同作用的非线性政策过程。尽管如此，尚没有出现一种单独的范式可以取代其他所有旧有范式（Leloup，2002）。在预算领域，除了渐进主义理论与理性选择理论，垃圾桶模型是宏观预算中使用最多的一个模型（Reddick，2003；Lindblom，1968）。

1972 年，科恩（Michael D. Cohen）、马奇（James G. March）和奥尔森（Johan P. Olsen）提出垃圾桶模型对组织决策制定过程（或决策环境）予以解释，他们将其称之为“有组织的无政府状态”，其中包含巨大的模糊性（Cohen，March & Olsen，1972）。与强调理性行为的模型不同，垃圾箱模型提供了一个基于时间概念的新的逻辑框架（Zahariadis，1999）。该模型具有三个普遍属性：未定的偏好、不清楚的技术和不固定的参与。贯穿这种决策结构的是四条分离的源流：问题、解决办法、参与者以及选择机会。其逻辑结构包括：一些完全分离的源流穿过整个决策系统；结果在很大程度上依赖于这些源流在必须做出的这些选择中的结合情况，即取决于现有解决办法的结合情况，取决于参与者之间的互动状况，取决于偶然缺少解决办法还是有意缺少解决办法（杨冠琼，2009）。因此，垃圾桶预算模型认为，决策是由决策过程中的问题、解决方案、参与者和选择机会随机组合的结果。

如果说渐进主义预算模型是回顾过去（适应性预测），理性选择预算模型是展望未来（理性预测），垃圾桶预算模型是随机发生（随机性预测）（Reddick，2002），那么间断均衡预算模型一方面是对渐进主义有限理性的延续，另一方面则拓展了渐进主义的解释范围。以经济理性为标准进行衡量，垃圾桶模型是最不具理性的，而间断均衡模型则是处于有限理性状态；以解释特征为标准来看，垃圾桶模型与间断均衡模型都致力于对非线性预算过程加以解释（见图3）。

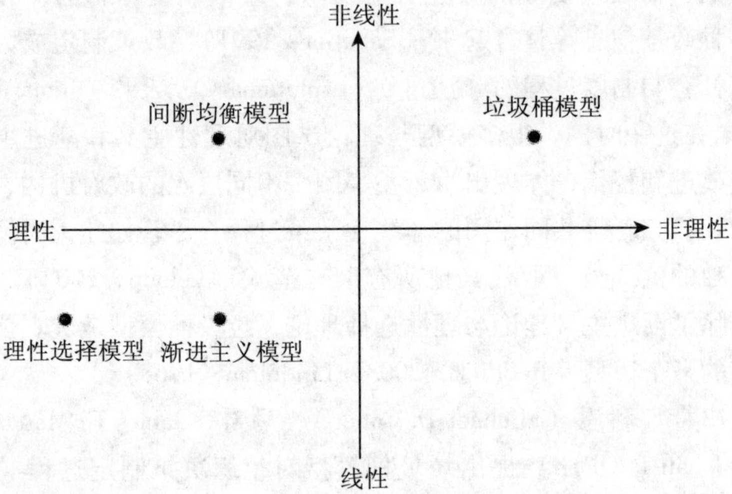

图3　间断均衡模型与其他模型的比较

资料来源：作者自制。

相关实证研究显示，当前的预算决策者实际上使用了多种决策模式。在对二战后美国、英国和加拿大三国的中央政府的各项预算支出进行时间序列分析后显示，理性选择预算受到最多验证，渐进主义得到部分验证，而垃圾桶模型并未获得验证（Reddick，2002）。同一结果也在对美国55个州的预算结果采用时间序列（1960—1996年）和横截面数据的分析中验证，垃圾桶模型在功能领域而非政府整体层面上更为适用，特别是无法解释总支出（Reddick，2003）。这可能是因为建立政府议程的困难性。理性改革有效降低了预算总支出，但只是适于政府层面而非项目或部门层面上，并且理性技术在州级层面的应用领域并不均衡。相对而言，垃圾桶模型在功能领域层面上则更为适用。可见，大多数州的预算方法是渐进主义与理性主义的混合体，比如项目预算和零基预算。

事实上，半个世纪以来，非理性行为模型在解释行政组织行为方面日益盛行。但是由于很难将非理性行为和完全理性行为区分开，非理性行为模型是难以评估的。最近的研究指出，特殊类型的非理性过程可能产生“间断”均衡，而非“即时”均衡。在这些非理性过程中，决策者长期对变革予以消极回应（Robinson，2004）。一旦变革的压力势不可当，决策者就会采用激进的变革，使政策变迁呈现出间断特征。要理解理性过程中出现的这种非理性，关键在于将观察到的行为与“间断式”均衡相联系，而非将关注重点放在“即时”均衡。尽管遭受解释力和预测能力方面的诟病，但是间断均衡理论以其崭新的研究视角和宽广的理论关怀，满足了当前预算决策实践的发展需求。

四、结论与展望

公共预算的结果是政治过程的产物。预算的规范性理论，应该是一个全面和具体的政治理论，能够对政府在特定时间的特定行动做出详细说明（Reddick，2003；Hôgye，2000；Wildavsky，1992）。从本质上讲，公共预算决策理论的使命是通过对预算运作机制与预算行为之间的因果关系展开分析来提升政府绩效。在以往的很多主流文献中，政策制定过程往往被视为是理性的渐进活动。但是，近来的很多研究显示，当前的预算决策一方面显示出理性特征，另一方面则显示出非理性和混乱特征（Reddick，2002）。有学者甚至提出，政策全程根本不是通过既定阶段运用理性的所谓决策，而是目的与意外的混合（Clay & Schaffer，1984）。面对日臻明显的非线性政策变迁，传统的预算理论已经无法说明剧变过程的预算分配机制，使公共资源的配置效率难以提升（Reddick，2003）。间断均衡理论的出现，在很大程度上增强了对这种突变式预算过程的解释力，对旧有的研究范式形成了有效替代。

大量研究表明，间断均衡的预算分析框架，已经从美国扩散应用至各个国家，对不同国家、不同政府层级的不同预算科目中的剧变现象产生了良好的解释力。而除了适用于公共预算以外，间断均衡模型还符合许多其他政府政策制定的特点，比如在理解政治制度（Jones，Sulkin & Larsen，2003）、道路政策（Dudley & Richardson，1996）、水政策（Crow，2010）和健康政策（Feder-Bubis & Chinitz，2010）等诸多领域时，间断均衡模型均被证明卓有成效。另一方面，目前间断均衡理论的大部分经验验证仍停留于结果验证，而非假设验证。尽管琼斯等人已经在对此做出改进（Jones，Sulkin & Larsen，2003），但是缺乏清晰可行的推论与合适的方法，仍是影响间断平衡理论科学性的重要问题，不过这些问题并非无法逾越（Givel，2010）。

当前，预算理论的一个重要进展是宏观预算与微观预算的分野及其两者之间的内在张力：宏观预算是关于支出、税收、赤字累积和相关预算共享的高层决策，往往是自上而下的过程；微观预算则是有关部门、项目和行项目的中层决策，往往是自下而上的（Leloup，1988；Hôgye，2000）。这两个层面的分析都共同关注权力在预算过程中是如何构建并在预算选择中实施和表达的。由于基本的预算概念已经从宏观、渐进的行政要求和立法行动，转移到应对短期经济变化的一系列复杂的政治反应和预测相对固定的长期收支上来。因此，预算决策理论的关键问题在于，如何在宏观环境中平衡宏观决策（Leloup，1988）。而进一步的问题仍然回归到简单的经典问题上（Hôgye，2000）：钱花得值吗，钱用在了刀刃上吗，政策是否达到预期效果，政策是否产生负面效应。面对当前预算过程中混杂出现的理性主义、渐进主义和随机性，需要一种"万能"（catch all）理论来系统整合多种不同视角，以对预算决策的非渐进性加以有效解释，间断平衡理论正是国家预算决策研究的未来趋势（Reddick，2003）。这使我们在揭开预算决策神秘面纱的过程中又迈进了一步。

【参考文献】

［美］布赖恩·琼斯：《再思民主政治中的决策制定注意力、选择和公共政策》，

李丹阳译，北京大学出版社2010年版。

邝艳华：《公共预算决策理论述评：理性主义、渐进主义和间断均衡》，载《公共行政评论》2011年第4期。

杨冠琼：《公共政策学》，北京师范大学出版社2009年版。

杨涛：《间断—平衡模型：长期政策变迁的非线性解释》，载《甘肃行政学院学报》2011年第2期。

［美］詹姆斯·L. 特鲁等：《间断—平衡理论：解读美国政策制定中的变迁与稳定性》，见［美］保罗·A. 萨巴蒂尔：《政策过程理论》，彭宗超、钟开斌等译，生活·读书·新知三联书店2004版。

Aaron Wildavsky, "Budgeting As a Political Process", in David L. Sills (ed), *International Encyclopedia of Social Science*, Macmillan and Free Press, 1968.

Aaron Wildavsky. *The New Politics of the Budgetary Process*, Harper Collins, 1992.

Allen Schick, "Getting Performance Measures to Measure Up", in Dall W. Forsythe (ed), *Quicker, Better, Cheaper: Managing Performance in American Government*. Albany, Rockefeller Institute Press, 2001.

Barry Bozeman and Jeffrey D. Straussman, "Shrinking Budgets and the Shrinkage of Budget Theory", *Public Administration Review*, Vol. 42, No. 6, 1982.

Bryan D. Jones and Christian Breuning, "Noah and Joseph Effects in Government Budgets: Analyzing Long-Term Memory", *Policy Studies Journal*, Vol. 35, No. 3, 2007.

Bryan D. Jones, Frank R. Baumgartner and James L. True, "Policy Punctuations: U. S. Budget Authority, 1947 – 1995", *the Journal of Politics*, Vol. 60, No. 1, 1998.

Bryan D. Jones and James L. True, "Policy Punctuations: U. S. Budget Authority, 1947 – 1995", *The Journal of Politics*, Vol. 60, No. 1, 1998, pp. 1 – 33.

Bryan D. Jones and James L. True, "The Shape of Change: Punctuations and Stability in U. S. Budgeting, 1946 – 1994", *Program in America Politics*, Texas A & M University Working paper, No. 42, 1995.

Bryan D. Jones, Tracy Sulkin and Heather A. Larsen, "Policy Punctuations in American Political Institutions", *American Political Science Review*, Vol. 97, No. 1, 2003.

Michael Givel, "The Evolution of the Theoretical Foundations of Punctuated Equilibrium Theory in Public Policy", *Review of Policy Research*, Vol. 27, No. 2, March 2010.

Calestous Juma and Norman Clark, "Policy Research in Sub-Saharan Africa: An exploration", *Public Administration and Development*, Vol. 15, No. 2, 1995.

Charles E. Lindblom. *The Policy-Making Process*, Prentice Hall, 1968.

Charles E. Lindblom, *Inquiry and Change: The Troubled Attempt to Understand and Shape Society*, Yale University Press, 1990.

Christian Breuning and Chris Koski, "Punctuated Equilibrium and Budgets in the American States", *The Policy Studies Journal*, Vol. 34, No. 3, 2006.

Christopher G. Reddick, "Testing Rival Decision-Making Theories on Budget Outputs: Theories and Comparative Evidence", *Public Budgeting and Finance*, Vol. 22, No. 3, 2002.

Christopher G. Reddick, "Testing Rival Theories of Budgetary Decision-Making in the US States", *Financial Accountability and Management*, Vol. 19, No. 4, 2003.

David B. Truman. *The Governmental Process*, Alfred Knopf, 1951.

Deserai A. Crow, "Policy Punctuations in Colorado Water Law: The Breakdown of a Monopoly", *Review of Policy Research*, Vol. 27, No. 2, 2010, pp. 147 – 166.

Edward J. Clay and Benjamin B. Schaffer, *Room for Manoeuvre: An Explanation of Public Policy in Agriculture and Rural Development*, Heinemann, 1984.

Elmer E. Schattschneider, *The Semi-Sovereign People: A Realist's View of Democracy in America*, Holt, Rinehart and Winston, 1960.

Frank R. Baumgartner and Bryan D. Jones, *Agendas and Instability in American Politics*, the University of Chicago Press, 2009.

Frank R. Baumgartner and Bryan D. Jones, *Agendas and Instability in American Politics*, the University of Chicago Press, 1993.

Frank R. Baumgartner et al, "Punctuated Equilibrium in Comparative Perspective", *American Journal of Political Science*, Vol. 53, No. 3, 2009, pp. 603 – 620.

Frank R. Baumgartner, "Punctuated Equilibrium Theory and Environmental Policy", in Robert Repetto (ed), *Punctuated Equilibrium Models and Environmental Policy*, Yale University Press, 2006.

Geoffrey Dudley and Jeremy Richardson, "Why Does Policy Change Over Time? Adversarial Policy Communities, Alternative Policy Arenas, and British Trunk Roads Policy, 1945 – 1995", *Journal of European Public Policy*, Vol. 3, No. 1, 1996, pp. 63 – 83.

James L. True, "Attention, Inertia, and Equity in the Social Security Program", *Social Sciences*, Vol. 9, No. 4, 1999, pp. 571 – 596.

James L. True, Bryan D. Jones and Frank R. Baumgartner, "Punctured-Equilibrium Theory: Explaining Stability and Change in American Policymaking", in Paul A. Sabatier (ed),

Theories of the Policy Process, Westview Press, 1999.

James L. True, "Is the National Budget Controllable", *Public Budgeting and Finance*, Vol. 15, No. 2, 1995, pp. 18 – 32.

Jeffrey B. Arthur, "The Link between Business Strategy and Industrial Relations Systems in American Steel Minimills", *Industrial and Labor Relations Review*, Vol. 45, No. 3, April 1992, pp. 488 – 506.

John F. Padgett, "Bounded Rationality Control in budgetary research", *American Political Science Review*, Vol. 74, No. 2, June 1980, pp. 354 – 372.

John R. Platt, "Strong Inference", *Science*, Vol. 146, No. 3642, 1964, pp. 347 – 353.

Katherine G. Willoughby and Julia E. Melkers, "Implementing PBB: Conflicting Views of Success", *Public Budgeting and Finance*, Vol. 20, No. 1, 2000, pp. 85 – 120.

Kurt M. Thurmaier and Katherine G. Willoughby, *Policy and Politics in State Budgeting*, M. E. Sharpe, 2001.

Kurt M. Thurmaier, "Decisive Decision-Making in the Executive Budget Process: Analyzing the Political and Economic Propensities of Central Budget Bureau Analysis", *Public Administration Review*, Vol. 55, No. 5, September-October 1995, pp. 448 – 460.

Lance T. Leloup, "Budget Theory for a New Century", in Aman W. Khan and W. Bartley. Hildreth (eds), *Budget Theory in the Public Sector*, Praeger Publishers, 2002.

Lance T. Leloup, "From Microbudgeting to Macrobudgeting: Evolution in Theory and Practice", in I. Rubin (ed), *New Directions in Budget Theory*, State University of New York, 1988.

Meagan M. Jordan, "Punctuations and Agendas: A New Look at Local Government Budget Expenditures", *Journal of Policy Analysis and Management*, Vol. 22, No. 3, 2003, pp. 345 – 360.

Michael D. Cohen, James G. March and Johan P. Olsen, "A Garbage Can Model of Organizational Choice", *Administrative Science Quarterly*, Vol. 17, No. 1, March 1972, pp. 1 – 25.

Michael Givel, "Punctuated Equilibrium in Limbo: The Tobacco Lobby and U. S. State Policymaking From 1990 – 2003", *Policy Studies Journal*, Vol. 34, No. 3, 2006, pp. 405 – 418.

Michael Givel, "The Evolution of the Theoretical Foundations of Punctuated Equilibrium Theory in Public Policy", *Review of Policy Research*, Vol. 27, No. 2, March 2010, pp. 187 – 198.

Mihály Hôgye, "Theoretical Approaches to Public Budgeting", *EGPA conference paper*, Glasgow, 2000.

Nikolaos Zahariadis, "Ambiguity, Time and Multiple Streams", in Paul A. Sabatier (ed), *Theories of the Policy Process*, Westview Press, 1999.

Nile Eldridge and Stephen J. Gould, "Punctuated Equilibria: An Alternative to Phyletic Gradualism", in Thomas J. M. Schopf (ed), *Models in Paleobiology*, Freeman Cooper, 1972.

Otto A. Davis, M. A. H. Dempster and Aaron Wildavsky, "A Theory of the Budgetary Process", *The American Political Science Review*, Vol. 4, No. 3, 1996, pp. 529 – 549.

Paul A. Sabatier, "Toward Better Theories of the Policy Process", *Political Science and Politics*, Vol. 24, No. 2, 1991, pp. 147 – 156.

Paula Feder-Bubis and David Chinitz, "Punctuated Equilibrium and Path Dependency in Coexistence: The Israeli Health System and Theories of Change", *Journal of Health Politics, Policy and Law*, Vol. 35, No. 4, 2010, pp. 595 – 614.

Peter B. Mortensen, "Policy Punctuations in Danish Local Budgeting", *Public Administration*, Vol. 83, No. 4, 2005, pp. 931 – 950.

Peter Bachrach and Morton S. Baratz, "The Two Faces of Power", *American Political Science Review*, Vol. 56, No. 4, 1962, pp. 947 – 952.

Peter John and Helen Margetts, "Policy Punctuations in the UK: Fluctuations and Equilibria in Central Government Expenditure Since 1951", *Public Administration*, Vol. 81, No. 3, 2003, pp. 411 – 432.

Richard Rose and Terence Karran, *Taxation by political inertia: Financing the Growth of Government in Britain*, Allen and Unwin, 1987.

Scott E Robinson, "Punctuated Equilibrium Models in Organizational Decision Making", in Göktuğ Morçöl (ed), *Handbook of Decision Making*, CRC Taylor and Francis, 2007.

Scott E. Robinson, Floun'say R. Caver, "Punctuated Equilibrium and Congressional Budgeting", *Political Research Quarterly*, Vol. 59, No. 1, 2006, pp. 161 – 166.

Scott E. Robinson, "Punctuated Equilibrium, Bureaucratization, and Budgetary Changes in Schools", *The Policy Studies Journal*, Vol. 32, No. 1, 2004, pp. 25 – 39.

Stephen J. Gould. *The Structure of Evolutionary Theory*, Belknap Press, 2002.

Verne B. Lewis, "Toward a Theory of Budgeting", *Public Administration Review*, Vol. 12, No. 1, 1952, pp. 42 – 54.

预算编制过程中的多张面孔：以A市为例

石　慧*

内容摘要：从A市的具体案例出发，文章对预算改革积极性较高的A市2012年“二上二下”预算编制过程及众多预算参与者如政府首长、支出部门、预算处、编审处、人大代表等的预算行为进行了细致地描述与分析。作者同时强调加强对微观预算中的预算行动者及其策略的研究，提高预算理论的人文关怀，以增进对于预算真实世界的了解。

关键词：预算过程　预算参与者　微观预算

“最能使我震撼的，是头顶上的浩瀚星空和心中的道德律。”（康德，1999）对许多人而言，“公共预算”也是这样一方神秘而美丽的星空。预算的真实世界是结构与能动、稳定与变化的综合体，它首先是由各种确定性的预算规则和预算流程搭建而成的结构体，然而在结构中流动着的不仅仅是简单的文本与数字，更是错综复杂的利益诉求与力量博弈。

正如夜空给繁星以闪烁之地，预算过程亦为代表不同利益群体和政治力量的多张面孔提供了行动空间。既有的公共预算研究为理解预算过

* 石慧，女，中山大学政务学院博士生，研究方向为公共预算与财政管理。

程以及预算世界的稳定性与结构性特征提供了较多的理论指导，而对预算参与者的个体分析却往往需要从其他领域借助知识。因此，在找寻隐藏在预算经验现象背后的确定性结构与一般性规律、享受理论指导带来的简洁性与便捷性的同时，不妨在预算研究中引入更多的人文关怀，更多地挖掘潜藏在预算结构中的不确定性因素，分析预算参与者们的心理变化与行为互动。

一、预算过程及其参与者的理论回顾

预算的真实世界到底是什么样的？来自不同领域的学者们做出了大量探索。当众多研究视角和纷杂的研究问题逐渐模糊了人们对公共预算本质的认识时，学者科伊（Key）提出了一个经典问题：应该基于何者而将 x 美元分配给活动 A 而不是活动 B？（Key，1940）

（一）结构化的预算过程理论

对此，经济学家们的答案关注公共预算的经济性和效率性，认为资金理所当然应该优先分配给那些能够最有效率地提供公共产品的项目，开发预算分析技术以衡量项目优劣并进行最优选择因而成为了他们后续研究的重点。政治学家们则更加关心预算所涉及的政治制度和政治过程，常通过预算来判断民选官员是否较好地代表了人民的意愿、预算控制能否实现政府机构的良好运行。威尔达夫斯基（Wildavsky）精准地总结了预算与政治的关系：预算过程是政治性的，大部分政治都与预算有关，必须将预算过程视为政治游戏中的一部分，预算决策看似资金分配的决策，实际上是关于权力分配的决策（Wildavsky，1961）。学者们通过研究进一步指出，由于具有政治含义的预算过程极为复杂，需要考虑错综复杂的利益和偏好，因此，预算参与者们倾向于遵循一种简化的决策模式：渐进预算模式，即当年预算是上年预算基础上的小幅预算增加或减少。在渐进主义的情境下，不同政治利益群体采用各式各样的策略，主要围绕着预算基数上的增量变化来展开竞争、讨价还价（Davis et al.，1966）。经过多年发展，渐进主义不仅成为界定决策制定特征的方法，而且也是描述和解释预算产出特点的方法。当渐进预算理论期望以其“基数加增长”的特征来描述并解释更多更复杂的公共预算现象之时，它遭遇到了一系列的质疑与批评：为什么实践中有许多不符合渐进特征的预算变化？为什么不同政策类型的支出的渐进变化特征不同？显而易见，渐进预算理论擅于概括预算世界的经验现象背后的确定性结构与稳定性运行规律，却难以解释预算剧变，对渐进的概念界定不清，回归方法有误，把预算环境归为外生变量，不能包容多元的预算需求。

若细加考究便会发觉，现有的公共预算理论大多强调预算世界的结构性特征，侧重对一般模式的概括而缺少充分的人文关怀。每当涉及预算中的非结构性要素的时候，理论的无力感立刻出现。即便是以“预算是政治”为前提的渐进预算理论，也只是选择了简化预算参与者们的心理和互动，将其抽象为具有稳定态势的渐进模式，而没有更深入的讨论此稳定态势下的暗流涌动。为更好地认识预算世界，学者们从公共预算之外的领域借助了许多理论工具，如经济学中的理性人假设、心理学中的注意力研究、社会学中的角色分析等，以期更深入地挖掘预算过程中那些被传统理论图景弃之门外的心灵动态。

（二）对预算过程中的个体因素的理论分析

公共预算不是单调的线性流程，它是一个立体、动态的系统。预算程序不是影响预算结果的独家力量，预算环境、预算过程和预算参与者等要素都影响着最后的预算结果。假如把预算规则和预算程序视为预算世界的结构化要素的话，那么预算参与者就是预算世界非结构化要素中的主流了。学者们从经济、政治和社会学等不同角度对预算参与者个体的分析各有侧重而又不失关联。

在古典经济学时代，预算参与者们都被假设为完全理性的，他们的预算决策主要基于效率分析，全面评估所有方案的价值，使预算资金的分配实现效用最大化和边际效用相等。在这种情形下，预算参与者的任何非理性心理与行为都得让步于效率原则。而公共选择理论打破传统假设，认为政府官僚也是经济人，他们并非人民意愿的完美代表或者组织效率的追求者，也会寻求个人利益或效用的最大化。当把预算参与者们对权力、地位、待遇、名誉等个人利益的追求纳入对预算过程的理解之中时，预算过程固然变得相当复杂，然而也即刻变得生动而且真实起来。从经济人假设出发，尼斯坎南（Niskanen）认为，自利与生存的双重动机驱使官僚在预算过程中努力使其“可自由支配的预算最大化”（尼斯坎南，2004）。在现实中，未能使其预算如期最大化的官僚也确实常面临晋升的威胁。

预算过程中充满了各种预算决策，这些预算决策无不充满了个人色彩。政治学界长期以来都把偏好①作为分析民主政治系统的出发点，认为民主视乎“公民偏好与政策制定者之间的沟通”，在于“公共政策与公民偏好之间的匹配”。民粹主义模型、多元主义模型、精英竞争模型等决策模型都属于偏好最大化模型。问题是，预算决策是否忠实地反映了公民偏好呢？公民偏好一般比较稳定，为什么政策变化却很频繁？“现实中，政府在提供公共服务时缺乏社会公正性，那些最贫困、最需资助的公民需求却被忽视。”（王蓉，2004）比如，医疗、教育、社保往往是公民偏好的项目，却不一定会成为预算安排的重点（现实中有大量关于政府支出偏好与公民需求偏好不符的研究，此处暂不赘述）。这种“选择倒转”② 的发生原因在传统公共预算理论里找不到答案，政治学家们过去曾将其归因为偏好发生迅速变化或者存在非理性决策。由于非理性本身就难以界定，琼斯（Jones）又从心理学引入“注意力”③来加以解释：选择倒转发生的原因在于偏好的多维性，是决策者对偏好的注意力的转变，而不是偏好的不稳定性或非理性导致了前后选择的不一致（琼斯，2010）。当决策者对公民偏好的注意力成为解释预算政策变化的关键因素时，对处于一定制度框架内的决策者的个体分析也变得

① 偏好（preferences）是指消费者按照自己的意愿对可供选择的商品组合进行的排列。偏好具有可传递性，如果主体在A和B中更偏重B，在B和C中更偏重C，那么在A和C中就更偏重C。

② 选择倒转是指决策者某一次做出的选择在另外一个时间被彻底改变。

③ 注意力不同于偏好，注意力更加强调的是在偏好保持不变的情境下，在不同的情境中，由于受到不同因素的影响，决策者会更加关注某一方面。与偏好相比，注意力可以迅速变化，决策语境不断变化，而偏好倾向于更加稳定。

异常重要。

如果从社会学的角度来看，官僚们的预算行为又有另外一番解释。在社会学理论中，“角色”是一个联结着个体与社会结构的重要概念（特纳，2001）。处于组织中的个体往往同时承担着多重角色，各角色间可能和谐一致，也可能会发生角色冲突。对于预算参与者们而言，相同的预算行动者在预算过程中可能扮演不同的角色，其角色行为受到预算过程的调节和预算环境的制约，而角色行为本身也在不断塑造着预算过程和预算环境。通常，预算参与者所在的部门和职位赋予了其特定的“组织角色”，组织角色的行动逻辑简单来说就是“在其位谋其职”，表现为遵照预算过程中的成文程序和规则的指引来理解职位要求并采取行动。但是，预算过程不是工厂里的流水线，预算参与者也不是流水线上的机器人。他们所扮演的各个角色之间可能会有冲突，个人好恶、认知与情感等也都可能导致组织角色行为偏差。他们也许会接纳组织角色要求，但也有可能抵制、夸大甚至倒转角色需求。现实中常见的预算策略如“狮子大张口”“基数加增长”“硬缺口”“寻找代言人”“倒逼”“围追堵截”（於莉，2010）等都是组织角色行为偏差的表现。久而久之，在正式预算制度之外萌生就会出一套非政治预算规则，它潜移默化地影响着正式制度，甚至会逐渐正式化。

二、预算编制流程、预算参与者界定

（一）预算编制过程

预算的范围可大可小。从整体来看，预算参与者的行为发生于预算过程中并受到预算环境的制约，环境、预算过程和个人策略都影响着最后的预算结果（见图1）（鲁宾，2001）。而本文尤其关注的是预算系统模型中的“过程”与“个人策略”的互动环节，并没有对预算环境进行详细解剖。此外，理论研究中常将预算编制划分为收入、过程、支出、平衡和执行五个部分（鲁宾，2001），但是，同时驾驭五个部分力所难逮，这种划分方法也不太适于用于本文的案例分析。在我国的部门预算编制实践中，有着“一上一下”“二上二下”“三上三下”等多种说法，其中“二上二下”是最为普遍的预算编制方式（於莉，2010）。因此，下文对A市预算编制过程及其预算参与者的分析也是基本循着“二上二下”的预算编制流程来逐步展开的。

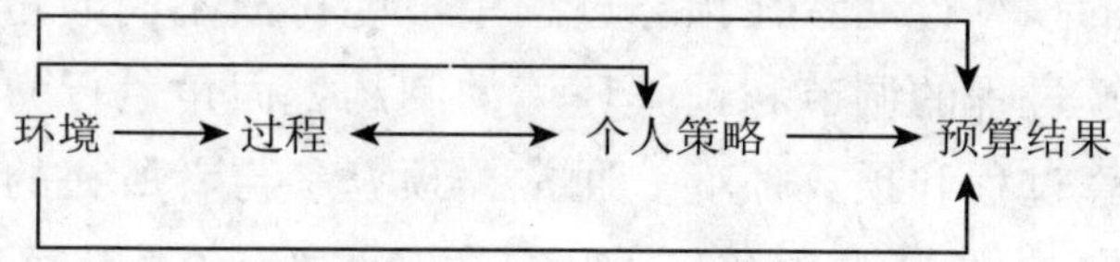

图1　预算系统模型

表1　“两上两下”的预算编制过程

阶段	主要内容
一上	财政部门印发部门预算编制的有关文件、通知，明确部门预算编制工作要求。部门从基层预算单位起按财政要求编制单位年度收支预算建议计划，逐级报送给主管部门。主管部门对各基层单位的预算建议计划进行审核、分析、汇总，并编制部门收支预算建议计划上报给财政部门
一下	财政部门内部有关业务处室会同有关部门审核预算建议计划，并提出审核意见报财政预算主管处。财政预算主管处审核汇总后，根据财力情况提出总量支出建议控制指标，报同级政府同意后下达给部门
二上	各部门按财政预算控制数重新调整本部门预算草案，编报正式的部门预算草案，上报财政部门审核
二下	财政部门内部有关业务处会同有关部门进一步审核汇总部门预算，提出意见报财政预算主管处。财政预算主管处汇总本级财政收支预算草案，上报同级政府批准，并提请同级人代会审议。部门预算草案经人代会通过后，财政部门按要求将预算正式批复给部门，再由部门逐级批复给基层单位

注：该表由作者自行整理。

（二）主要预算参与者

从行为层面讲，政府预算的编制和实施过程，既是法律、法规与政策制度实施的过程，也是政府预算相关利益各方讨价还价的利益协调过程。鲁宾在分析美国的公共预算时指出，公共预算的典型特征之一就是它有许多的预算行动者，如政府机构负责人、行政管理和预算局（OMB）、政府首长、议员、利益集团、个人、法院等，他们常有冲突的动机和目标，有不同的权力和行动策略。国内学者按照预算过程中资源申请、资源配置、资源保护和资源使用四个相互联系的部分来辨识和确认预算过程中的主要预算参与者：财政局、支出部门、党政首长、人大及其常委会（於莉，2010）。也有人将其分为政府预算申请（执行）部门，包括各政府部门所属行政事业单位以及其他有经常性财政缴拨款关系的组织；政府预算审批部门，各级政府及其财政部门是政府预算的审核部门；政府预算审核部门，人民代表大会是政府预算的审批部门，在人民代表大会闭会期间人大常委会是预算变更的审批部门；政府预算监督部门，主要指人大及其常务委员会、财政部门、审计部门、行政监察部门等；政府预算其他相关利益主体，如新闻媒体社会公众、企业组织、特殊利益群体等（郝大强、常若龙，2011）。王蓉对县级政府教育财政预算行为的案例研究将预算参与者分为受益者与非受益者，认为现有的预算机制导致只有少数人能真正参与预算过程，预算决策的不透明虽然有利于最大限度地降低政治参与者由于利益矛盾可能带来的冲突，但也加重了预算决策的人治色彩，导致预算分配的不公平（王蓉，2004）。

虽然对预算参与者进行甄别与归类有助于更好地理解预算过程，但是本文暂未对预算参与者进行类别划分与比较，而是“白描式”地对预算过程中所涉及的机构或人员行为进行描述，徐徐展开 A 市预算编制的“浮世绘”。

三、基于 A 市 2012 年预算编制案例的描述与分析

简单回顾了有关的理论进展和研究现状之后，不妨暂且回归现实世界，以管窥豹，通过个案来感受预算过程中的结构化特征与非结构性因

素的交织互动。下文将结合实地观察和访谈资料对以下问题进行尝试性解答：A 市的预算编制到底是如何进行的？A 市的主要预算参与者们在预算编制的各个阶段会采取什么样的行动？他们的意愿又是如何整合到预算（草案）之中的？

（一）案例选取与研究方法

本文只是一篇相对粗浅的描述性文章，最主要的研究目的是希望能够通过实地调研和文献分析，对 A 市的预算编制流程进行梳理，对其中的预算参与者行为细节加以介绍，在满足自身对预算“黑箱”中的“欢愉悲苦以及道德诉求与艺术理想”的好奇心的同时，也为他人认识预算的真实世界提供更多信息。

在研究方法上，作者选取 A 市作为案例分析对象有其依据。案例的选取一般应该“具有社会学意义上的代表性，而不只是统计学上的代表性”。本文选取 A 市作为个案一方面是因为 A 市在我国政治经济中占有重要地位，其财政状况、政府结构和社会形态比较具有典型性。最关键的是，它身处一个预算改革活动频繁、预算过程相对开放的环境中，为观察众多预算参与者的表现提供了有利条件。另一方面，从对案例的熟悉度和资料获取的便利性出发，选取 A 市也有其现实意义，便于深入研究场景进行观察。案例研究方法的突出特点之一是它对多样化数据来源的运用，该文所用的资料有的是对 A 市预算编制过程所进行的实地观察与开放式访谈，也有的来自于对已有研究文献的分析等其他渠道①。尽管如此，受研究方法和分析能力所限，本文所用研究资料的信度和效度问题仍然需要多加考量，案例研究结论的外推性也要严加把握。

（二）A 市 2012 年预算编制方法

相比从前，A 市 2012 年的预算编制流程发生了不少新的变化，比如，成立了预算编审处、试点项目库、组织申报绩效目标等，这些都可能会对 A 市的预算过程与预算结果产生影响。下面就以 A 市

---

① 其中部分文献资料为当地财政部门的内部资料，如果引用，请注明来源。

2012年的预算编制流程为例，对其预算流程和预算参与者进行简单介绍。

首先，A市2012年预算编制内容如下。

A市2012年的预算编制包括收入预算和支出预算，都基于“两上两下”展开。预算单位“一上”时报送基本支出、项目支出预算和非税收收入征收计划，“二上”时报送基本支出、项目支出预算、非税收入征收计划、上年结转等材料。

收入预算编制要将本单位所有收入[①]，按照不同收入来源分别编制。支出预算编制包括基本支出和项目支出预算，以量入为出为大前提，“优先保障基本支出预算、合理安排项目支出预算”。基本支出包括工资福利、商品和服务支出（含公用经费和车辆维护费、离退休退养人员管理经费等），主要采取定员定额方式编制。项目支出包括经常性支出和一次性专项，实行滚动申报[②]与财政项目库预审制[③]，原则上“先安排市委、市政府确定的惠民安民、转型升级等重点支出项目以及财政已垫支项目”，再根据轻重缓急安排本部门的项目。在技术方面，A市的部门预算管理系统将默认按照惠民83条项目、国家省市政策性项目、单位年度工作计划、单位工作业务经费顺序排列支出项目。

其次，A市2012年预算编制的流程如下。

从表2可知，2012年A市“两上两下”的预算编制流程中存在众多预算参与者，包括市政府、市财政局、部门预算单位、人大及人大财经委等。各参与者进入预算编制流程的时间不同、组织角色各异、采用的预算策略以及对预算结果产生的影响也不尽相同。

---

① 包括财政补助收入、事业收入、经营收入、上级补助收入、附属单位上缴收入和其他收入等。

② 预算单位可以一次报三年项目安排计划，并按实施年度申报分年资金安排计划。

③ 预算单位按照预算申报要求，将符合条件的项目上报市财政局纳入财政项目库备选项目，然后经财政预审通过的项目方可纳入部门预算申报。

表2 A市2012年市本级部门预算编制流程及主要参与者

阶段	时间	内容	主要参与者
准备阶段	7月29日前	预算编审处①会同信息中心完成部门预算编制软件初始化工作并下发给预算单位	预算编审处、各级预算单位
	8月15日前	预算处将2012年部门预算支出控制数下达给编审处，再由编审处将项目支出控制数下达给各业务处	预算处、编审处、各业务处
"一上一下"阶段	8月30日前	预算单位将基本支出、项目支出、非税收入征收计划报送至编审处	预算单位、编审处
	9月25日前	编审处完成基本支出预算的审核，各业务处完成项目支出预算的审核并报分管局长审核。编审处审核、汇总基本支出和项目支出预算，会同预算处的安排意见报局长办公会议审定	编审处、各业务处、分管局长、预算处、部门预算审核小组
	10月15日前	预算处根据局长办公会议审定结果将"一下"控制数下达给编审处，编审处再将项目支出控制数下达给各业务处室	预算处、编审处、各业务处
"二上二下"阶段	11月5日前	预算单位根据"一下"数据，向编审处报送修改后的部门预算草案	预算单位、基本预算单位、编审处
	11月20日前	编审处完成基本支出预算的审核，各业务处完成项目支出预算的审核并报分管局长审核。编审处审核、汇总基本支出和项目支出预算，会同预算处对超出"一下"控制数部分提出审核意见，然后提交局长办公会议审定	编审处、各业务处、分管局长、预算处、部门预算审核小组
	12月10日前	预算处根据局长办公会议审定结果将"二下"控制数下达给编审处。编审处将项目支出控制数下达给各业务处室以核定项目支出预算。编审处审核汇总本级财政收支预算草案，上报同级政府批准，并提请同级人代会审议	预算处编审处、各业务处、市政府
	市人大会闭幕30日内	由编审处将经人代会通过的市本级部门预算统一批复至一级预算单位，一级预算单位自财政部门批复本部门预算15日内批复所属各单位预算	市人大，编审处、预算单位

注：该表由作者整理而成。

① 广州市财政局新成立部门，专门负责组织预算编制工作

（三）主要预算参与者们在“两上两下”中的互动

1. 市委、市政府会议：政策与预算的初步结合

“无论是为了控制支出还是改进资源配置效率，都需要将政策过程和预算过程整合起来”（马骏、侯一麟，2005）。我国的政策决定和政策变动往往是在各种会议上产生的，预算也一样。党委的经济工作会议和政府的常务会议是A市确定政策重点和预算安排的关键场所。前者“各局一把手都要参加”，后者“财政局长必须参加”，在有限的可用财力面前，会议上常会出现“分管市长打架，大市长来平衡”等各种形式的激烈竞争。最终，市委市政府重点推进的工作、各分管市长所提出来的，尤其是获得了“大市长”认可的项目，财政局长“回去之后都要落实”。一般而言，每年在A市财政部门组织预算编制之前，市委、市政府都会向财政局传达整体的发展意向，拥有部门预算分配权力的“准预算机构”，如发改委、科技局等也都会将其下年可能的工作重点反馈给财政部门。

收集各决策部门发展意向的同时，财政部门还要组织测定新预算年度的可用财力，为预算单位安排预算支出提供依据①（也即常说的“定盘子”），也为市长和局长们确定发展方向提供决策参考。

尽管这阶段的预算参与者互动在横向纵向层面都有发生，但是财政部门多处于被动接受的地位，一般不会对来自市委市政府会议上已经确定了的发展意向提出诸多异议，“落实”才是最主要的任务。在接下来的资金分配过程中，这些自上而下的、具有政策引导性的发展意向会优先得到预算保证，进而对当年预算“大类”的安排产生决定性的影响。整体来看，A市财政部门对预算编制的影响不可谓不大，但是这种影响更多地反映在操作上而非决策层面，也即执行者的角色重于资金分配者，所以，有些人才会认为“其实哪里有什么预算，都是市长们说了算”，“财政部门就是出纳，替别人打工的”。A市财政部门的这一角色特征在某种程度上说明它还不是学者们所追求的“政策取向的预算机构”，也为

① 该数据通常是关于当年预算收入的函数。

年中预算变化的随意性、政策过程和预算过程的分离埋下了隐患。

2. 预算权力的分流：部门预算编审处的成立

大概了解了领导们的发展意向，确定好收入“盘子”后，财政局开始布置预算编制工作，也即“一下”。以往A市的预算编制的培训和布置工作都由预算处来执行，而2012年转交给了新成立的预算编审处执行。预算编审处的成立毫无疑问改变了A市的预算过程，它的成立是“财政局内部权力调整的产物”，它分流了原属于预算处的一部分权力，但也相对地缓解了支出部门施加给预算处的压力。对预算过程的调整固然会影响预算结果，但是“预算是政治的一个次系统……如果预算改革不能相应地影响政治过程，预算改革是很难实现其目标的”。因此，虽然预算权力结构和预算编制程度发生了一些变化，但A市编审处的成立是否会对预算结果产生积极的影响犹未可知。

3. 定盘子，切蛋糕：部门预算编制中的轻重缓急

预算单位通常分为一级预算单位、二级预算单位、三级预算单位和基层预算单位（马国贤，2011）。收到预算编制通知后，从基层预算单位开始编制年度收支预算建议计划，并逐级报送给主管部门，由主管部门进行审核、分析、汇总。预算单位的基本支出和项目支出基本按照“定大盘—业务处室分蛋糕—预算单位分蛋糕—安排人员和公用经费—安排专项支出”的先后顺序进行。

此前已经介绍，部门预算编审处和预算处会先“定大盘”，假设为A市2012年预算收入为1300亿，这1300亿会分割到财政局的各业务处室，A市财政局的七个业务处室各得一份就把1300亿的“蛋糕”分割了。每个业务处室会对口多个预算部门，需要对所得的“蛋糕”进一步分解。比如，财局教科文处就要将其分得的“蛋糕”再分配到教育局、体育局、科技局等部门，部门随后再将所分得的预算指标拆分为基本支出和项目支出。不过，几乎每个部门都会首先解决基本支出，“先解决吃饭嘛，没饭吃怎么干活”①。基本支出通常采用定员定额标准

① 来自访谈资料。

编制，比如，A市明确规定“临时工的人员经费实行定额包干，按照2.8%/人·年核定，人数按照单位编制内在职人数的8%以内控制”。此时，就算预算单位实际雇佣的临时工人数和费用超出这个标准，在它预算的基本支出部分也不予列支，预算单位需要另想办法解决这部分费用。日常公用经费有所谓的“两类七档十五项”，备受媒体和舆论关注的“三公消费”就在其中①（详见表3）。

表3　A市2012年公务接待费的定额标准

<table>
<tr><th rowspan="2">序号</th><th rowspan="2">项目</th><th rowspan="2">计量单位</th><th colspan="3">行政机关类</th><th colspan="4">事业单位类</th></tr>
<tr><th>行政一档</th><th>行政二档</th><th>行政三档</th><th>事业一档</th><th>事业二档</th><th>事业三档</th><th>事业四档</th></tr>
<tr><td>11</td><td>公务接待费</td><td>元/人·年</td><td colspan="7">按照办公费、水费、电费、邮电费、物业管理费、差旅费、维修费之和的2%安排</td></tr>
</table>

注：截取自A市2012年公用经费支出定额标准表，内部资料，转引请说明。

预算单位在解决完吃饭问题之后才接着考虑项目支出。项目支出有着完全不同于基本支出的安排逻辑，尤其一次性专项往往是预算参与者重点博弈的对象。项目支出原则上“先安排市委、市政府确定的惠民安民、转型升级等重点支出项目以及财政已垫支项目”，再根据轻重缓急安排本部门的项目。此处，“轻重缓急”便有了很大的自由裁量空间，部门内部展开了不能摆上台面的竞争，部门领导意志以及关系网络、预算策略都会对项目安排产生影响。等到部门的“蛋糕”全部分到了基本支出和项目支出之后，部门预算也就初步制成了，部门将其报送给财政局，完成“一上”。

4. 挤水分，砍大刀：预算审核中的众生态

预算单位报送的基本支出和项目支出预算是否真的那么真实准确呢？答案是：“规定是用来被打破的”，不管预算编制标准有多精细严

① 按行政一档的标准核算，A市的公务接待费大约700—800元/人·年，相比近20000元/人·年的电梯用电与维修以及3000多元/人·年的差旅费，这个数字似乎并不高，但是预算就是这么奇妙，它的放大效应总让人始料未及。

格，预算单位也能找到暗箱操作的空间。

先看基本支出的审核。部门预算建议报送上来之后，预算编审处会将基本支出按标准来核对。很多人以为基本支出是标准的东西，没有多少水分，但实际上这部分也有很多猫腻。“部门很鬼的，明明是事业编制，它按照公务员标准来申报”。又比如办公设备购置，“买个 IMB 也是买，买个山寨货也是买，这是有很大差别的。”再且，教育单位的某些教师费用可能存在不同的参考标准，如果该单位跟业务处室专管员的关系好，可能会允许其套用相对宽松的标准。专管员的角色优势就在于，他在预算上稍微放松那么一点，对预算单位而言就会相差很远。“不要小看专管员，为什么很多专管员不肯去其他部门，就是因为他们现在的位置上油水太多了”。

再看项目支出的审核。A 市的项目支出实行预审制，财政部门先筛选项目，对项目绩效目标申报表等材料进行审核，审核通过之后才能进入项目库。进入项目库的预算一旦进入审核环节马上就会面临拦腰一斩，“他报 2000 万，我们砍到 1000 万，这招百试不爽，然后单位再慢慢磨，增加到 1200 万或者 1300 万”。砍了预算之后财政部门再“拆大项”（即分解指标，如社保基金分多少给养老，分多少给医保之类）并将总量支出控制建议数下达到预算单位。控制数的确定是个关键环节，编审处、业务处室、预算处先达成初步协议，然后提交给局长办公会议审定，会议上难免又一番利益博弈。局长办公会议审定后，财政部门按惯例还会向市政府汇报审定方案，以获得政府首长的认可和支持，减少来自预算单位的支出请求压力。

5. 从“一下”到“二上”：白热化的预算策略竞争

分解指标和控制数下达到预算部门之后，部门会进一步将“大项”拆分为专项，专项争夺将变得异常激烈。在此阶段，支出部门的权力开始增大，但财政部门的控制也并未有所减弱。

下达分解指标时财政局会下去部门进行审核。“这个审核过程本身就充满了各种花样，什么事情都可能发生”，比如，100 万的预算项目，它有无立项、批文、可行性研究、领导批示、绩效等都会成为审核的内容。财政部门如果觉得某几项材料还不够充分，打算将项目预算减到 80 万或者 50 万，这时，项目单位势必会采取一些措施，不可能坐看项目经费被砍，这个过程就是财政部门和预算部门博弈的过程，也是利益交易频繁发生的环节。分解指标给到部门，预算部门再拆分专项，这其中又是一个博弈过程。部门不能喜欢哪个下属单位上报的专项就安排哪个，他还得同时考虑财政部门对此专项的意见。比如社保基金被拆解给医保、养老等，其中医保部分可以用于支付门诊费用、住院费用，也可以用来建设次级医保机构。A 市有 10 个区，并非每个区都必须安排资金建新的医保大楼，各区自己向主管部门的申请与游说固然会产生影响，但部门在考虑下属单位诉求的同时也会考虑财政部门的意见，综合二者来进行最终决策。

当预算部门按照财政部门的要求调整完部门预算后一看，这个预算数太少了，根本满足不了部门的支出需求，而财政部门坚持认为“大盘子”就那么多，而且已经切分完毕，给你多了别人就会少了，所以不同意再动。怎么办？部门此时会选择向分管市长申诉，由分管市长跟财政部门领导“打招呼”，商谈调整的余地。在财力相对充裕的 A 市，这种策略常行得通。因为财政部门在切分预算的时候，并不会把 1300 亿全部拿出来给部门分配，可能只拿出来 1000 亿，剩下的 300 亿先留一部分作为预留费①，再留一些做市长基金。当预算单位申请增加预算时，这 300 亿就为再分配提供了空间。此外，1300 亿是可预测的预算收入，政府每年还有通过卖地、非税收入、罚没罚款等带来的新增财力（新增财力常以卖地为主）②。现代城市在发展过程中有许多不可预测的

---

① 政府预算是按政府的实际情况，在年初就测算出各种收入数额、各种支出数额，为了防止意外支出发生，再将预计收入留置部分，人们把这不分“留置”就叫总预备费，平时不准动用，必须特殊情况方可动用。预备费具有较大的灵活性，既可以用于补充已有的支出项目，弥补预算缺口，也可以在收入有困难时不再安排具体支出，从来减少财政赤字。按照规定，总预备费一般留待每年的 9 月份之后再使用，若此时财政状况就好，就能动用，否则就不动用。动用总预备费有一定的程序，事后要报人大备案。

② 以卖地的收入为主，所谓土地财政，一方面是卖地收入较多，另外一方面也是因为其他的增收收入多已形成既定的分配格局。

事项，尤其中国的城市化迅猛发展，城市支出需求急剧膨胀，即便有预备费也还是不够，到最后还是需要用新增财力来填补透支部分，加上新增财力的分配与安排常常更加灵活，这就是为什么对地方政府来讲，新增财力越来越关键的原因了[①]。

总之，“一下（10月15日）和二上（11月5日）之间，是活动最频繁的环节”，部门与部门之间、处室与处室之间、部门预算处和预算编审处、分管市长与部门领导之间互相讨价还价……多重博弈在这短短的二十天中轮番上演。多番博弈之后，预算部门将最终达成的部门预算草案上报给财政局，完成“二上”。

6. 人大：正在提升的预算影响力量

预算部门将经博弈达成的预算上报给财政局后，预算编审处、预算处、业务处室以及预算审核小组会组织对预算再进行多次调整，调整完以后报市政府审批，然后再报人大审议批准。然而，在人大审批环节也存在很多的冲突。在A市，市人大已经连续4年每年选两个支出部门对其进行全面的预算绩效审查，人大审议预算绩效报告时，被挑选的支出部门也必须到场接受人大代表们的直接质询。此外，财政部门提交预算草案和绩效报告给人大之前，人大财经委的预算编制评审小组会自行组织人员下去单位调研，直接对单位的预算决策产生影响。“现在人大代表都很厉害，人代会之前他会事先做功课，咨询很多其他人的意见”。很多来自于不同的领域的人大代表会着重考察所属领域的预算变化，比如，来自教育界的人大代表就会提出质疑，“为什么教育局去年有80个亿，今年新增财力之后却增加这么少，财政是否不重视我们教育”等。此时，面对人大代表的质疑，财政部门必须给予回应并逐一进行解释。在A市，关于人大是橡皮图章的说法也得到了财政部门和其他预算单位的立即否认，“千万不能再说人大是橡皮图章，现在人大已经有了很大的裁量权”。A市财政部门认为，“我们的人大虽然没有像西方国家

① 因为财政部门对新增财力有较大的自由支配权，同时为减轻法定支出按比例增长的压力，许多地方会采取“缩水式”收入估算策略，故意低估预算收入。

那样的逐项否决权或修正权，但是它有决定权，决定就包括修正嘛，我说你这个预算做得不够好，你要重来也可以”。可见，如果人大对预算有意见，财政部门还是会根据其意见酌情对预算进行调整，调整之后才正式“二下”。

不仅A市，其他地方的人大权力也越来越大，且已经不再是流于形式。但是，人大代表毕竟不是那么专业，“我们的预算实在太难看懂，即便是财政系统内部的人也不那么容易看懂”，得有一定的财政知识基础、对预算的编制过程有全面的了解，才能知道整个预算漏洞在哪里，哪里要改善，哪里要加强。目前，人大代表只能针对预算里面一些非常微小的地方提出意见和建议。而且，很多时候人大代表们积极参与预算监督的目的并非是为了提高预算编制的水平、改善预算分配结果，他们更多的是想要发出自己的声音、提高人大的存在感。而且，人大常委大多是从部门“一把手”退下来的“局内人”，是“到了退休年龄，从一线到二线，如果不去人大，那就直接出局，连资格都没了”，何况，以他们的地位和角色，“不怕在现有的预算格局中分不到利益”，所以还不如图个轻松，“不管事，也不得罪人”。换言之，这种情形下的人大与政府，不是权力的互相监督与制约，而是利益均沾的关系。

（四）案例分析小结

对A市2012年“两上两下”预算编制过程及其预算参与者行为互动的描述与分析暂告一段落。文章对预算过程的描述仅限于“两上两下”，在此之外的预算环境、之前的预算收入、之后的预算执行、预算调整、预算平衡等很多重要内容都未能涉及，只能留待下次研究。通过上文的案例描述和简要分析，可知：

首先，A市的预算过程与政策过程有多个交汇点，政策制定者们的发展意向能通过某些渠道进入预算编制环节，决定性地影响预算分配格局并得到资金优先保证。财政部门虽然负责编制预算，但它实际上无法控制政府的政策方向和投资重点，来自本级政府首长的意志以及上级政府的政策变动都可能极大地影响预算的稳定性与确定性，从而导致预算超收超支以及年度支出进度不平衡等其他预算乱现状。力图成为核心预算机构的A市财政部门，它当前的工作重点仍然在于落实政府首长的发展意志、控制支出部门的支出冲动、维持财经纪律，还没有发展成为政策取向的预算机构。

其次，预算既是经济，也是政治。预算的本质是政治，这一点已经毋庸置疑。只要资源是有限的，利益相关者之间的竞争就不会消失，权力格局也会随着这种利益增减而变动。1994年分税制改革和2000年的部门预算改革以来，政府预算权力格局渐趋稳定，对预算现状的批评和微词也渐起。在政治制度和政府权力架构短期内难以改变的情况下，财政部门对内部权力的重新配置以及对预算流程的优化也许会对预算结果产生积极效果，但是这种效果的影响力和持续性却无法预知。毕竟，"迄今为止，影响预算最显著的方式是引入根本性的政治变化"（Wildavsky，1961）。李源潮在人民日报点评干部人事制度时曾指出：改革有风险，不改革党就会有危险（李源潮，2009）。对于植根于政治之中的政府预算而言，大概也是如此吧。

再次，看似严格按照流程进行的部门预算编制里有很多猫腻。受到预算透明度的限制，人们大多难以直观且清楚地看到预算过程中发生的各种故事，但是看不到不等于没有发生，预算参与者们在预算过程中的力量博弈与利益交换行为比人们想象中的更为频繁而且激烈。在预算制度本身还不够完善、人治思想仍然盛行的情况下，当预算参与者们都本着"这个钱，你不花白不花，你不拿白不拿"以及"不管事，也不得罪人，大家利益均沾"的心态来对待公共预算的时候，公民和学者们孜孜以求的预算效率与预算公平可能会同时流失。因此，私以为，从微观角度加强对预算参与者心理与行为的研究，也许能从另外一个方向推动预算行为的规范化与透明化、提高预算编制质量并改善预算监督效果。

结　语

社会科学的核心任务是寻求认识与解释。当为了看清公共预算的星空而做出了各种探索的时候，我们对公共预算真相的追寻也可能迷失了方向。“谁不想用最简单的结构去解释复杂多变的社会现象？谁不想用简单的命题概括出整个宇宙的规律？”可惜的是，人作为社会科学的主要研究对象具有反思性（George & Bennett，2005），社会科学理论的简洁性和解释力之间往往存在着一种张力。简洁的理论在为人们提供对世界的整体解释的同时，其构建的理论图景却常把心灵留在了画面之外，没有为喜怒哀乐、善恶美丑留下席位（陈嘉映，2007）。

可以说，当学者们孜孜以求预算经验现象背后的结构性逻辑的时候，人作为预算世界中的重要因素，并没有在传统公共预算理论分析中得到足够的重视。

尤其在中国，公共预算的“黑箱”多年之后仍然是黑箱，预算决策如何做出的，预算流程如何具体组织的，预算参与者们是如何互动的，预算策略是怎么影响预算结果的，预算结果是怎样执行的……这些问题仍然没有得到清晰地解答。站在阻隔重重的预算现实面前，研究者们的无力感油然而生，更不用说忙于生计的普通百姓了。也许，学者们对待公共预算研究的态度应该更加积极主动，不能总是跟在预算实践的背后等待着预算改革的发生，然后从中提取研究材料与信息。当预算环境相对封闭，结构性特征趋于稳定的时候，何妨换个视角，增加一些对在预算过程中川流不息的人的研究，为其中的非结构性因素也勾画出一幅图景来。毕竟，如果忽视了夜空里的群星，那么星空也会毫无光彩可言。对预算世界的认识是累积式的，即便我们对预算现实的描述可能不能像理论概括那样简洁有力，不像因果解释那般严谨深刻，至少，真实而且生动的经验描述也是在促进公共预算知识的增长。

【参考文献】

［德］康德：《实践理性批判》，韩水法译，商务印书馆1999年版。

［美］艾伦·鲁宾：《公共预算中的政治：收入与支出，借贷与平衡》，中国人民大学出版社2001年版。

［美］艾伦·威尔达夫斯基、内奥米·凯顿：《预算过程中的新政治学》，北京大

学出版社2006年版。

［美］琼斯：《再思民主政治中的决策制定：注意力、选择和公共政策》，北京大学出版社2010年版。

［美］特纳：《社会学理论的结构》，邱泽奇等译，华夏出版社2001年版。

［美］威廉姆·A. 尼斯坎南：《官僚制与公共经济学》，王浦劬等译，中国青年出版社2004年版。

A市财政局：《2012年A市本级部门预算编制实用手册》（内部资料），2011年版。

陈嘉映：《哲学·科学·常识》，东方出版社2007年版。

郝大强、常若龙：《浅谈政府预算过程中各利益相关主体及其行为》，载《地方财政研究》2011年第4期

李源潮：《坚持民主公开竞争择优推进干部人事制度改革》，载《人民日报》2009年10月19日。

马国贤主编：《政府预算》，上海财经大学出版社2011年版。

马骏、侯一麟：《中国省级预算中的政策过程与预算过程：来自两省的调查》，载《经济与社会体制比较》2005年第5期。

马骏、牛美丽：《重构中国公共预算体制：权力与关系——基于地方预算的调研》，载《中国发展观察》2007年第2期。

王蓉：《中国县级教育财政预算行为：一个案例分析》，载《北京大学教育评论》2004年第2期。

於莉：《省会城市预算过程的政治：基于中国三个省会城市的研究》，中央编译出版社2010年版。

AaronWildavsky, "Political Implications of Budgetary Reform", *Public Administration Review*, Vol. 21, No. 4, Autumn., 1961, pp. 183-190.

George, A. L and Bennett, *A. Case, Studies and Theory Development in the Social Sciences*, Cambridge: MIT Press. 2005.

Naomi Caiden, "Patterns of budgeting", *Public Administration Review*, Vol. 38, No. 6, Nov.-Dec., 1978, pp. 539-544.

Otto A. Davis et al, "A Theory of the Budgetary Process", *The American Political Science Review*, Vol. 60, No. 3, Sep., 1966, pp. 529-547.

V. O. Key, "The Lack of a Budgetary Theory", *The American Political Science Review*, Vol. 34, No. 6, Dec., 1940, p. 1137.

我国预算执行中超收超支的形成机制及其治理[*]

孙玉栋　吴哲方[**]

内容摘要： 近几年，我国预算执行中的超收超支问题随着其规模的扩大而逐渐浮上台面。国内学者对于超收的形成原因进行了诸多探讨，普遍认为超收是超支的决定因素。本文通过理论和实证研究分析了超收和超支的形成机制，认为虽然超收是超支最初产生的直接原因，但是地方政府支出需求的刚性和对资金自由裁量权的追求对超收形成了倒逼机制，尤其是1994年分税制改革后，地方财力与事权的不匹配产生的支出缺口使地方政府逐渐对财政超收产生了路径依赖。通过对于超收形成机制以及超收超支逻辑关系的分析，本文认为解决超收超支问题最根本的措施是防止超收与超支的直接转化。此外，如何加强预算约束，从技术、行政和法制层面控制超收规模也是下一步改革中需要关注的问题。

关键词： 超收超支　收入预测　形成和转化机制

---

* 此文已发表于《南京审计学院学报》2012年第4期。

** 孙玉栋，男，教授，中国人民大学公共管理学院公共财政与公共政策研究所，主要研究方向为公共预算管理、税收管理与策划、政府会计管理；吴哲方，女，中国人民大学公共管理学院硕士生，主要研究方向为公共财政管理。

一、引言

近年来，随着部门预算改革、参与式预算等一系列公共预算改革措施的出台和日趋深化，预算执行过程中的超收超支问题引起了广泛的关注。20世纪80年代初，我国的财政超收和超支额分别为180亿和70亿元；20世纪末超收额已经突破600亿；而2007年，我国财政超收额更惊人地达到7239亿元的水平；据最新数据统计[①]，2011年中国的财政超收收入创历史新高，保守估计将达到14020.1亿元，综合2000年以来的每年超收，近十年来政府的超收收入超过了5万亿元。如此巨额的财政超收不仅导致大量资金游离于预算之外，弱化了财政监督，而且与之相应的财政超支额也使地方政府支出刚性加强，出现了财政支出“前低后高”，甚至“年底突击”的独特风景线，不断考问着政府的财政资金配置和使用的公信度。毫无疑问，理清政府财政超收超支的逻辑关系和形成机制，进而提出控制财政超收超支规模的改革措施，是下一步预算改革中需要重点关注的问题。

二、我国预算超收超支的现状分析

（一）不断扩张的超收超支规模

由于各种主客观原因，在预算和决算之间出现的差异被视为正常现象。而近几年“预决算偏离度”这个概念之所以浮上台面，被人们所关注，正是因为超收和超支规模的持续扩大。从1994年分税制改革后，我国的财政格局发生了重大的改变，财政的超收超支规模也开始急速膨胀（其原因笔者将在下文阐述），以超支额为例：1995年全国财政超收额为500亿元左右，2000年开始突破1000亿元，2004年逼近3000亿元，而

① 根据《关于2011年财政预算执行情况和2012年财政预算草案的报告》中的相关数据计算得出。

2007 年更达到历史新高，创出 7239 亿元[①]的高点（详情参见表 1）。

表 1　我国预算执行中的超收超支情况　　单位：亿元

年份	超收规模	超支规模	年份	超收规模	超支规模	年份	超收规模	超支规模
1982	191.96	18.81	1992	157.49	269.69	2002	888.81	888.46
1983	214.36	30.45	1993	465.58	560.05	2003	1213.93	1313.20
1984	380.72	177.90	1994	458.15	363.48	2004	2826.13	2824.87
1985	559.67	279.78	1995	549.80	562.14	2005	2372.98	1675.28
1986	118.79	39.71	1996	535.81	550.52	2006	3919.62	2049.32
1987	43.61	21.57	1997	253.20	244.06	2007	7239.18	3266.50
1988	73.52	38.26	1998	192.27	694.60	2008	2844.35	1806.66
1989	216.07	25.65	1999	634.68	634.68	2009	2246.88	64.93
1990	76.02	56.99	2000	1057.46	858.10	2010	9150	5045
1991	167.78	19.68	2001	1625.84	1625.79	2011	14020.10	8709.67

数据来源：根据历年《中央和地方预算执行与预算草案报告》及《全国决算表》中的相关数据计算得出。

图 1 则给出了更直观的数据，从两条折线中我们均可以看出，在 2000 年后预算执行中的超收超支规模迅速增长，其上升势头之猛已经不允许我们忽略预决算之间的差异并沿袭以往的预算编制方法。

图 1　我国历年超收超支额一览

图片来源：根据表 1 相关数据计算得出。

---

① 数据来源于财政部网站上的历年财政预算执行报告。

与财政超收超支现象相关的一个词叫超收率，或者称为偏差度（徐阳光，2011）：

超收率，即预决算收入偏差度 =［（决算收入数 — 预算收入数）/预算收入数］ * 100%

超支率，即预决算支出偏差度 =［（决算支出数 — 预算支出数）/预算支出数］ * 100%

之所以要引入超收率和超支率是因为超收额和超支额是绝对规模的衡量，而超收率是对于当年财政预算的相对误差比例，从这个意义上来说，超收率的纵向比较与超收额相比在剔除了各年的财政收入基数因素后，更能直观地反映出预决算偏离程度的变化情况（尽管不同年份的比较还是要受一些其他因素的影响）。

根据上述公式计算出来的近十年我国的超收超支率如图 2 所示。从中我们可以看出，近十年来，我国的超支率除了 2002 年有下降，大部分年份呈上升趋势，超支率在 2007 年达到最高点，该年份超收率和超支率分别为 16.43% 和 7.02%，这与表 1 中超收超支的绝对规模趋势是相符的。

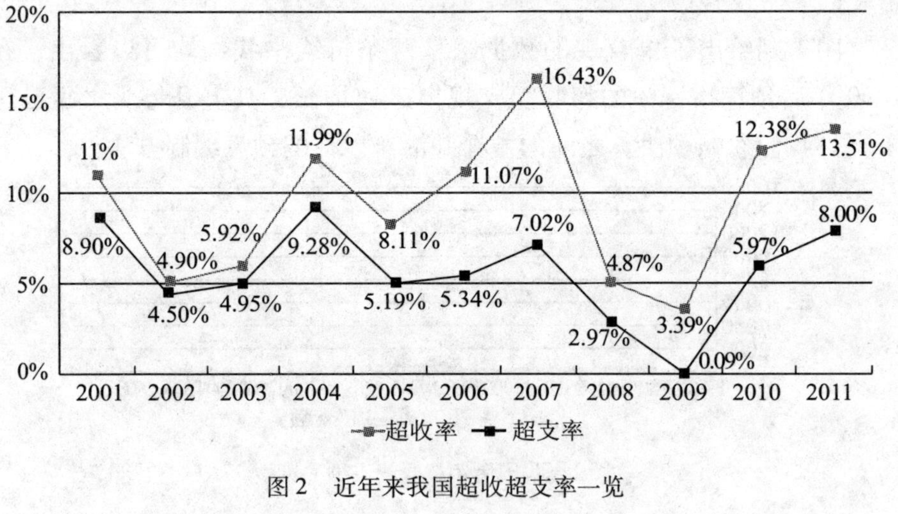

图 2　近年来我国超收超支率一览

数据来源：根据历年《中央和地方预算执行与预算草案报告》及全国财政收入和支出决算表中的相关数据计算得出。

（二）超收与超支之间的“直通车”

除了整体上增长的趋势外，我们还需要特别注意，无论是从图 1 的绝对额还是图 2 的相对率中，超收与超支之间都大体呈现出一个正向的变动关系。比如从图 1 中可以看出，超收额在 2005 年至 2007 年有一个显著的增长，2007 年达到波峰后下降，2009 年达到波谷，然后 2010 年又强势反弹；而超支率也是如此，在 2007 年和 2009 年分别形成拐点。再看图 2 中的超收率和超支率，前者分别在 2004、2007 和 2010 年达到高点，后者基本上保持相应的趋势（除了 2007 年的超支率涨幅并不如超收率显著外）。

可见，超收和超支之间存在一个显著的正相关关系，二者的变动频率和幅度都密切相关，高培勇（2008）形象地称之为“超收和超支之间的直通车”。而这个正向关系正是笔者在下文中阐述超收与超支形成和转化机制的基础，也是进而提出解决方案的着眼点。

三、超收超支的形成和相互转化机制

本文将重点放在超收超支的形成和相互转化机制上，并以此为出发点，探讨问题的治理路径。笔者认为，整体机制可以分为两个部分，其一是超收的形成机制；其二是二者的相互转化机制，即超收如何产生超支以及超支如何倒逼超收，进而产生超收与超支之间的恶性循环机制。

首先我们来分析超收的形成机制问题。

对于超收的形成原因，学界普遍认为有基于技术层面的滞后性，比如经济预计增长率与实际增长率的不相匹配，也有学者直接指出“收入预测面临的最大挑战，不是技术上的，而是政治的”（Rodgers & Joyce，1996）。笔者倾向于将超收的形成原因分为两个部分：客观误差和主观偏离。

（一）客观误差

一方面，预算的编制是一个复杂的过程，要涉及众多指标和模型的选择，加之《预算法》中对地方政府不列赤字的硬性规定，在具体的预测过程中难免会产生测量误差；另一方面，预算和决算之间的时间差使通货膨胀、经济周期以及一次性、偶然性收入等不可预期的因素在预算执行中显现，从而增加了预算精确执行的难度。

1. *技术层面的误差*

按照西方国家经验，收入预测的常用方法包括基数法、系数法、比例法和定额法。按照财政部的规定："收入预算编制，按照国内生产总值、居民消费价格指数等经济增长预期指标，参考各项税收和税基的对比关系和弹性系数，来测算各项收入；同时考虑到预算年度将要出台的增、减收政策，合理确定财政收入增长幅度和收入规模"，可以判断出，我国采用的是基数法的收入预测方式，并且是参照 GDP 增长预期和税收计划进行预测和编制的①。而这种编制方法就产生了两个可能导致收入预测误差的问题（见图 3）。

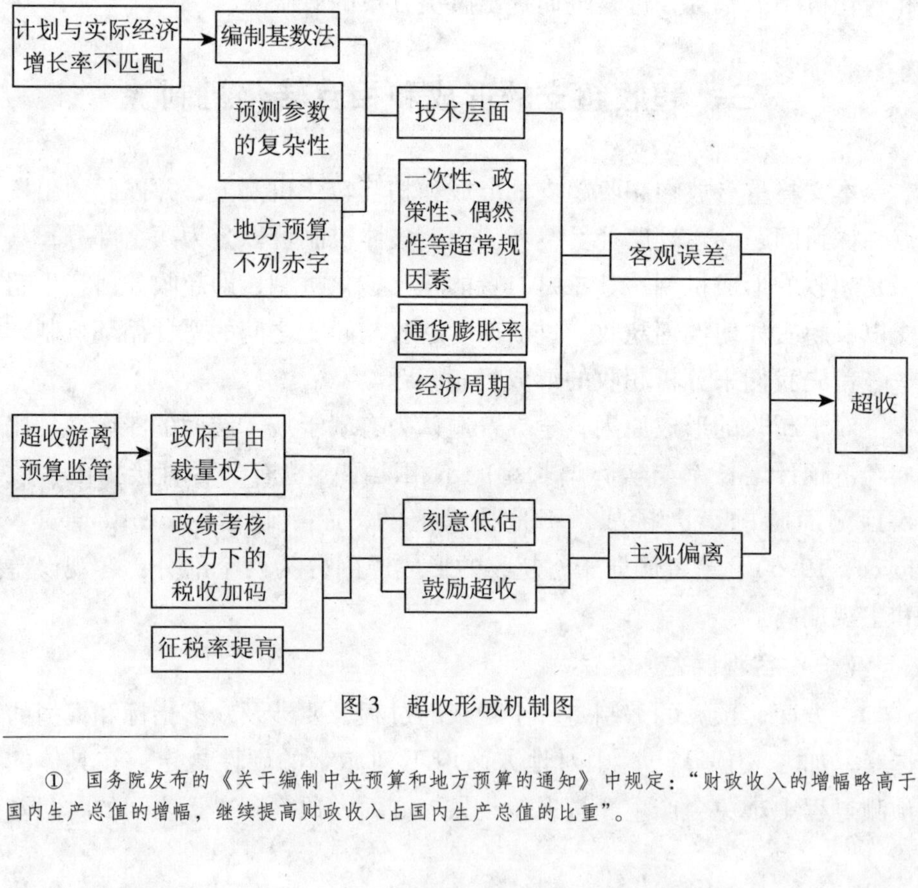

图 3　超收形成机制图

① 国务院发布的《关于编制中央预算和地方预算的通知》中规定："财政收入的增幅略高于国内生产总值的增幅，继续提高财政收入占国内生产总值的比重"。

此外，地方预算不列赤字的强制约束使地方政府在年初编制预算和年中具体执行预算的过程中必然产生不同的客观结果。

(1) 计划经济增长率与实际经济增长率的不匹配性

我国历年沿用的预算收入规模测定办法，都是在国内生产总值（GDP）的计划增幅上外加2—3个百分点，近几年为4—5个百分点，但是在具体编制预算的过程中，考虑到经济的实际增长情况，这一比例还会适当缩小。以2011年为例，GDP的计划增幅为8%，按照规定，预测的财政收入增幅应为12%（8%+4%）；但是"考虑巩固和发展应对国际金融危机冲击成果、保持经济平稳较快发展的需要"，全国财政收入预计仅为89720亿元，比上年增长8%[①]，而2011年财政收入实际增幅为24.8%，高于预期增幅13.5个百分点，巨额的财政"超收"也就不足为奇了。

表2　GDP、财政收入预测差异与超收超支率一览　　单位:%

年份	GDP预期增幅	GDP实际增幅	财政收入理论预期增幅	财政收入现实预期增幅	财政收入实际增幅	GDP增幅预测差异	财政收入增幅预测差异	超收率	超支率
2003	7.00	9.10	10.00	8.40	14.70	2.10	6.30	5.92	4.95
2004	7.00	9.50	10.00	8.70	21.40	2.50	12.70	11.99	9.28
2005	8.00	9.90	11.00	11.00	19.80	1.90	8.80	8.11	5.19
2006	8.00	10.70	11.00	12.00	24.30	2.70	12.30	11.07	5.34
2007	8.00	11.40	11.00	13.80	32.40	3.40	18.60	16.43	7.02
2008	8.00	9.00	12.00	14.00	19.50	1.00	5.50	4.87	2.97
2009	8.00	8.70	12.00	8.00	11.70	0.70	3.70	3.39	0.09
2010	8.00	10.30	12.00	8.00	21.30	2.30	13.30	12.38	5.97
2011	8.00	9.2	12.00	8.00	24.80	1.20	16.80	13.51	8.00

数据来源：根据历年《中央和地方预算执行与预算草案报告》及《全国财政收入（支出）决算表》中的相关数据计算得出。

注：本表中的财政收入理论预期增幅为当年的GDP预期增幅加上固定的百分比差额，财政收入现实预期增幅为每年的预算草案中公布的数值，财政收入实际增幅为每年的决算表案中公布的数值；本表中的增幅预测差异是财政收入实际增幅与财政收入现实预期增幅的差额。

---

① 《关于2009年中央和地方预算执行与2010年预算草案的报告》。

从图 4 中我们更能清晰地看出，GDP 和财政收入增幅预测的差异与财政超收超支率基本上呈现同向的变动关系，尤其是财政收入的增幅预测差异与超收率之间基本持平。经济增长的计划与实际增长率之间的巨大落差很自然地反映在了巨额的财政超收和超支上。

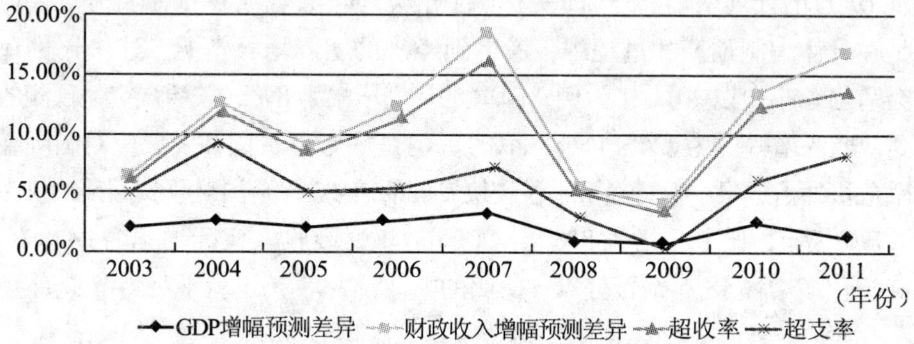

图 4　财政收入预测差异与超收超支率的关系

资料来源：根据表 2 中相关数据所做。

（2）预测参数本身的复杂性

关于图 4 所反映出的信息，笔者还想强调一点，即财政收入增幅预测差异与 GDP 增幅预测差异之间的巨大差距。而且前者经常呈现出大起大落的趋势，这意味着中国的收入预测误差非常之大，已远非基数法所能解释的范围。

究其原因，在于收入预测本身所使用参数的复杂性和易变性以及预测技术、预测方法的不完善和不科学。马蔡琛（2008）认为，预算收入预测的准确与否，与一国预算管理制度与技术手段的完善程度呈现较强的正相关关系，总体上呈现为一种渐推渐进的演化过程。而在我国市场经济建设的初期，由于种种原因而形成较大规模的预算超收，也是符合市场经济发展一般规律的。

（3）地方政府不列赤字

根据《中国人民预算法》第二十八条规定，“地方各级预算按照量入为出、收支平衡的原则编制，不列赤字”。于是地方政府在编制预算时，即使实际计算的结果是收入小于支出，也必须通过技术性处理将预算编平，在具体执行中通过其他办法增加收入。

据一位青海财政官员透露，“青海省编制2010年预算时，预算收入103亿左右，而支出则需要110亿左右（席斯，2011）。但到年底还是会平的，因为年度执行中，通过加强征管或一些拨款收入，这些赤字是可以填补上的。”可见，《预算法》中地方政府编制预算不列赤字的规定迫使地方政府通过其他征收手段平衡预算，弥补实际赤字，从而不可避免地产生客观的预测误差。

2. 一次性、政策性、偶然性收入等超常规因素

我国的预算编制和执行之间存在较长的时间差，加之目前我国仍然未能建立一个全面、量化、一致的宏观经济框架，这使年度预算指标的制定，难以在财政政策目标与预算安排的可持续之间实现有机整合（安秀梅，2005），于是不可避免地在预算执行过程中显现出一次性、政策性等超常规因素导致的连年大量超收收入（详情请见表3）。2008年的超收率之所以比较低，很大一部分原因是“2007年财政基数中的一次性和特殊性收入在2008年减少或没有了，收入增幅相应下降”。[①]

表3 超常规性因素对于超收规模影响情况一览

年份	全国财政超收额（亿元）	超常规性因素所占超收规模大致比例	超常规性因素
2007	7239	30.3%	1. 证券市场交易活跃和适用税率提高，证券交易印花税增收1825.85亿元 2. 出口退税政策调整，减少退税40亿元 3. 铁道运输企业出售国有资产收入上交196亿元 4. 石油特别收益金全年征收501.4亿元，增加129.37亿元

① 《关于2007年中央和地方预算执行情况与2008年中央和地方预算草案的报告》，中央政府门户网站。http://www.gov.cn/2008ysbg/content_929086.htm，最后访问日期：2012年3月18日。

（续表）

年份	全国财政超收额（亿元）	超常规性因素所占超收规模大致比例	超常规性因素
2006	392	45.2%	1. 中国银行、中国建设银行等国有商业银行股改后利润增加，所得税大幅增收 2. 探矿权采矿权价款收入集中入库 3. 受资源性产品价格上扬等影响的相关行业税收超常规增长
2005	2372	27.4%	1. 受煤炭、原油、有色金属等基础能源、原材料生产增长和价格大幅上涨，以及房地产行业增长较快等因素的影响，来自这些行业的增值税、营业税等税收大幅度高于其他行业，约有600亿元增收是超常规的 2. 2005年全国企业所得税增长38.9%，其主要原因是2005年企业所得税汇算清缴收入比上年增加50多亿元
2004	2826	74.3%	1. 2004年增值税随投资和工业增加值的过快增长比常年多增加700—800亿元 2. 2004年由于出口退税机制改革，比正常年份少退税一个季度，加之平均调低出口退税率3个百分点，相应少退税近1000亿元 3. 税务部门清理过渡性账户增加了近300亿元收入

资料来源：2003—2008年历年政府预算报告。

注：由于官方公布数字的详细程度有限，本表所列数据较为粗略，不排除有误差或遗漏出现。

3. 通货膨胀率

除了上述提及的两个重要的客观影响因素外，通货膨胀率也是导致收入预测发生误差的原因之一。这里需要引入“通货膨胀税”的概念。在经济出现通货膨胀时，由于受通货膨胀的影响，人们的名义货币收入增加，导致纳税人应纳税所得额自动地划入较高的所得级距，形成档次爬升，从而按较高适用税率纳税。这种由通货膨胀引起的隐蔽性的增税，被称为“通货膨胀税”。即在我国出现通货膨胀时，由于累进税制的存在，名义货币收入增加会使政府获得额外的税收收入，从图5中可以发现，通胀率的折线与超收超支率的折线基本呈现出相同的走势，个别年份由于经济内在的传导效应会产生滞后期，是可以被合理解释的。

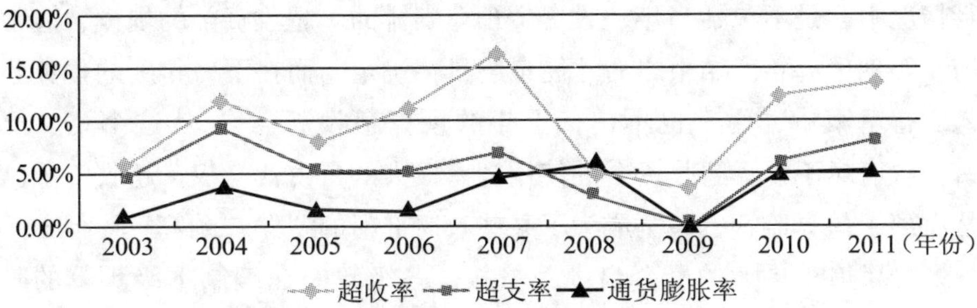

图5　通货膨胀率与超收超支率关系图

数据来源：根据《中国统计年鉴（2004—2010）》《2010年国民经济和社会发展统计公报中》以及《2011年国民经济和社会发展统计公报中》的相关数据计算得出。

4. 经济周期波动

西方学者认为，现代市场经济始终难以消除经济运行的周期性波动，这进一步导致了财政收入预测与实际执行结果之间发生较大偏差。特别是当经济正在步入或者走出萧条的时候，收入预测的难度更大（米克塞尔，2005）。比如在预算编制和执行的时间差内，经济环境发生变化，政府采取了倾向于增税的相机抉择税收调整政策，就可能产生较大规模的财政超收。而且经济周期波动与之前提到的通胀率之间也是相关的。当经济步入繁荣期后，往往伴随着通胀的产生，进而导致超收的出现，反之亦然。

（二）主观偏离

诚然，技术层面和超规律因素作用下的客观误差使预算执行过程中不可避免地出现了超收和超支现象，但是笔者认为主观原因导致的偏离才是超收超支规模不断扩大的根本原因。但是对于主观原因的分析较客观技术层面更为复杂，“系统的有偏差的收入预测有许多轶事证据，但是隐含在里面的动机却不容易被理解”（Danninger，2005）。

1. 超收资金的自由裁量权

按照惯例，每年第一季度各级人民代表大会审议批准的本级预算执行情况中，是不包括当年超收资金预算安排的。超收资金的规模，通常需要等到预算年度结束之后才能最终具体确定。而在下一年度的预算收入安排草案中，通常也不包括上年的预算超收资金[①]。从这个意义上讲，政府对于预算超收资金的使用拥有极大的自由裁量权。超收资金已然游离了预算监管，甚至成为了某些政府部门的“第二预算”。

为了追求更大的资金自由裁量权，各级政府在编制本级预算的时候，会刻意低估预算收入，人为地扩大超收规模。甚至出现鼓励超收的局面。宁波市 2004 年 11 月 11 日印发的《财政收入超收奖励办法（暂行）》分别规定了县（市）分成收入超收奖励、各区市级分享收入超收奖励以及各区市级固定收入超收奖励办法，甚至将标准细化到了个人。北京市房山区于 2005 年 8 月发布的《北京市房山区人民政府办公室关于印发房山区乡镇税收超收分成奖励办法的通知》（房政办发〔2005〕55 号）对税收的超收按不同的额度施行相应的奖励措施[②]。类似的举措在山西省大同市以及安徽省鄂州市的政府网站上同样可见。

2. 税收计划的层层加码

在收入压力型的政绩评价体系之下，下级税务部门为提高政绩，普遍追求超额完成税收计划，往往会自行调整税收征管力度。另一方面，为了防止各级政府部门在收入预算执行中“层层指标加码”的问题，

① 中国自2007 年起，设立中央预算稳定调节基金，每年从超收收入中调入资金，对超收收入的使用进行了分流处理，但其规定是下年不可使用，要转入第三年使用。

② 各乡镇全年税收实际完成增长比例超过全区平均增幅，其增量部分，区、乡财政体制分成比例，由各自 50% 调整为乡镇分成 60%、区财政留成 40%。对于年终税收超亿元的乡镇（不含良乡、城关）奖励资金 100 万元；超过亿元的税收部分，区、乡财政体制分成比例，由各自 50% 调整为乡镇分成 60%、区财政留成 40%。

上级政府在年初确定收入预算增长幅度的时候，不得不适当低估预算收入的增长幅度，使收入预算的实际执行结果，在经过各级政府指标分解升级后，恰好置于预测的收入增幅期望区间之内。比如上述提到的房山区政府对各乡镇超收指标的规定，从镇到区都已经产生超收奖励规定，加码税收收入，那么进一步上升到是市、省、甚至全国层面时，指标本身就已经被无限放大了。这种“倒推型”的收入预算预测机制，恰恰是财政收入压力型政绩评价体系所导致的无奈结果（马蔡琛，2009）。

此外，还应该注意税收征收率的提升使地方政府主观扩大超收规模成为了可能。近年来我国税收征收效率大幅度提升，综合征收率已经由1994年的50%左右提升至2003年的70%。[①] 以增值税为例，其征收率在1995年至1997年间约为50 %，到2004年已然提升到85.73%。有学者认为，在当前的中国，支撑税收增长的最主要的非经济因素，即税收征管（王桂玲，2009）。支撑税收超GDP增长的最主要的源泉，就在于税收征管水平的不断提升。

在分析了超收原因的基础上，我们再来考察超收与超支的转化机制问题。图6是超收与超支的逻辑关系图。

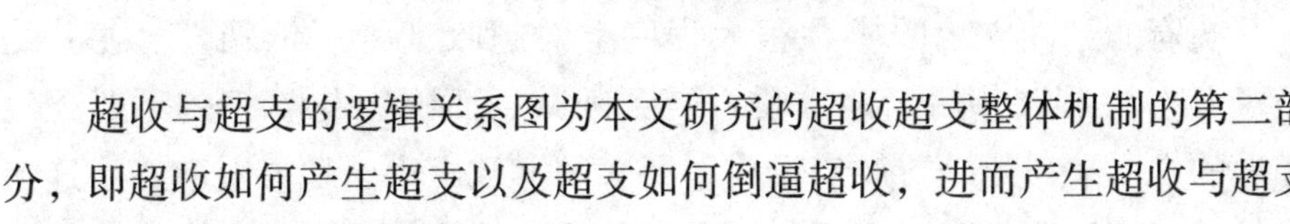

图6　超收与超支的逻辑关系图

超收与超支的逻辑关系图为本文研究的超收超支整体机制的第二部分，即超收如何产生超支以及超支如何倒逼超收，进而产生超收与超支之间“直通车”的现象。

从框架中可以很清晰地看出，超收主要用于直接弥补当年财政支出，转化为超支收入，以及结转以后年份，流入中央预算稳定调节基

① 参见中国社会科学院发布的2007年《经济蓝皮书（春季号）》。

金。而根据笔者计算，总体来说，前者所占比例远远超过后者，个别年份甚至为后者的10倍（详情参见表4）。

表4 超收收入的分流情况一览 单位：亿元

年份	中央预算稳定调节基金	超收规模	超支规模	中央预算稳定调节基金占超收比例（R_1）	超支规模占超收比例（R_2）	R_2/R_1
2007	1032.00	7239.18	3266.50	14.26%	45.12%	3.17
2008	192	2844.35	1806.66	6.75%	63.52%	9.41
2009	101.13	2246.88	64.93	4.50%	2.89%	0.64
2010	2257.65	9150	5045	24.67%	55.14%	2.23
2011	1500	14020.10	8709.67	10.70%	62.12%	5.81

资料来源：2007—2010年《全国财政收入决算表》《全国财政支出决算表》以及《关于2011年中央和地方预算执行情况以及2012年预算草案的报告》。

而且中央在2007年才开始设立中央预算稳定调节基金，分流超收收入，也就是说在2007年之前，财政超收基本上划归了超支的盘子，形成了巨额的超支规模。这也就是大多数学者将超收作为超支原因的依据所在，但是学界的研究普遍停留于此。

然而笔者在本文中更想强调的是，超收与超支的关系不是单向的接受，而是双向转化的：超支不仅是来源于超收，而且政府支出需求的刚性会对超收产生倒逼机制，逐年扩大的财政赤字迫使超收规模不断扩大。

（三）超收超支转化的理论分析

政府的刚性支出需求在很大程度上对超收产生了依赖性，尤其是1994年分税制改革后，地方财力受到削减，而财力与事权的不匹配性产生的支出缺口给地方政府造成了巨大的财政压力，地方财政赤字连年增长，规模不断扩大。而超收对赤字的弥补效应使地方政府产生了路径依赖（这能解释比笔者在上文中提及的分税制后财政超收超支额猛增的现象），从而使超收超支规模不断扩张。据笔者测算，1980—1994年，我国财政的超收超支规模平均年增长19.33和20.98亿元，变动幅度较小，离散值分别为0.45和1.99；而1994年分税制改革后的16年间，平均年增长543和292亿元，超收超支变动幅度明显增大，超支的离散值更是达到8.92，接近之前5倍的水平。

图7为全国财政赤字与超收超支规模关系图，从图中可以看出超收超支规模与财政赤字间呈现出强烈的负相关关系，即超收对于赤字有有力的弥补作用。在财政超收和超支规模达到波峰的2007年，全国财政赤字甚至为负，即收入大于支出；而在超收额很低的2009年，全国财政赤字却达到了7780亿元的高度。

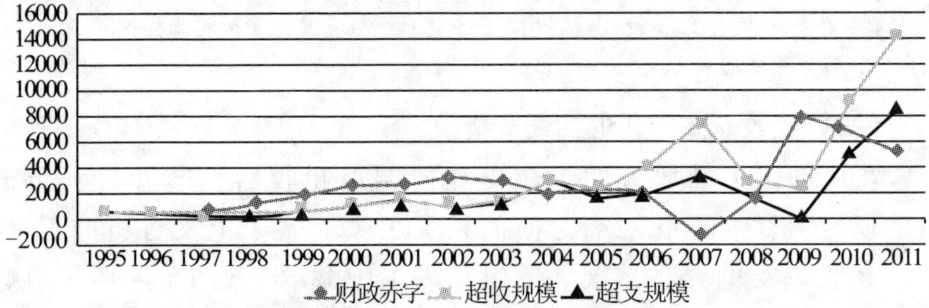

图7　全国财政赤字与超收超支规模关系

资料来源：1995—2000年赤字数由《中国统计年鉴（1996—2011）》中相关数据计算得出，2011年赤字数由《关于2011中央和地方预算执行情况以及2012年预算报告的草案》中相关数据计算得出，超收超支数据同表1。

而地方赤字与超收超支的反向关系在近几年越发明显，图8所示为十年来我国超收规模与地方财政赤字增长幅度的关系图。在超收缩小的2008年和2009年，我国地方财政赤字规模明显增长，增幅分别达到39%和38%；而2010年我国超收收入为9150亿元，很大程度上弥补了地方财政支出缺口，所以地方赤字增长速度明显下降，甚至出现赤字规模缩小的情况，从2009年的2.8万亿迅速削减为930亿元（详情参见表5）。由此可见，财政超收已经成为地方政府弥补赤字的重要手段之一。①

① 这恰好与笔者在上文中阐述的地方政府受制于《预算法》中不列赤字的规定，在年初编制预算时必须列平收支表，从而被迫在预算执行中采用其他手段扩大财政收入弥补实际赤字，进而形成超收的结果相呼应。

表 5　超收规模与地方赤字关系　　单位：亿元

年份	超收规模	地方赤字增幅	年份	超收规模	地方赤字增幅	年份	超收规模	地方赤字增幅
2000	1057.46	15.12%	2004	2826.13	17.88%	2008	2844.35	39.49%
2001	1625.84	34.61%	2005	2372.98	15.57%	2009	2246.88	38.07%
2002	888.81	26.92%	2006	3919.62	20.63%	2010	9150	-96.73%
2003	1213.93	9.07%	2007	7239.18	21.76%	2011	14020.1	-91.22%

资料来源：地方赤字增长幅度根据《中国统计年鉴（1996—2011）》以及《关于2011年中央和地方预算执行情况与2012年中央和地方预算草案的报告》的相关数据计算得出，超收数据同表1。

（四）超收超支转化的实证分析

在从理论上简要说明了超支如何倒逼超收后，笔者将采用定量的研究方法，量化二者之间的相关关系。鉴于上文分析的1994年后超收超支的异常情况，笔者从表1中截取了近16年来我国财政的超收超支情况，并通过EViews软件对二者进行求导后的数值分析。

表 6　财政超收和超支变化情况关系表　　单位：亿元

年份	CS	CZ	LNCS	LNCZ	年份	CS	CZ	LNCS	LNCZ
1996	535.81	550.52	6.28	6.31	2004	2826.13	2824.87	7.95	7.95
1997	253.2	244.06	5.53	5.50	2005	2372.98	1675.28	7.77	7.42
1998	192.27	694.6	5.26	6.54	2006	3919.62	2049.32	8.27	7.63
1999	634.68	634.68	6.45	6.45	2007	7239.18	3266.5	8.89	8.09
2000	1057.46	858.1	6.96	3.68	2008	2844.35	1806.66	7.95	7.50
2001	1625.84	1625.79	7.39	3.07	2009	2246.88	64.93	7.72	4.17
2002	888.81	888.46	6.79	3.64	2010	9150	5045	9.12	8.53
2003	1213.93	1313.2	7.10	7.18	2011	14020.1	8709.67	9.55	9.07

资料来源：根据表1中相关数据由EViews软件计算分析所得。

注：本表中的CS和CZ分别代表超收和超支额，LNCS和LNCZ分别为对二者求导后所得数值。

1. 协整分析

首先，我们运用 Johansen 的极大似然法对超收额变化水平和超支额变化水平之间进行协整检验，得出二者是否存在长期的稳定关系结论。

从检验结果表 7 中可以看出，迹统计量为 15. 63014，大于显著性水平为 5% 的临界值 15. 49471，所以拒绝零假设，即认为超收额与超支额之间的变化情况存在协整关系。进一步检验协整关系的个数，一个协整关系的假设条件下迹统计量为 0. 704958，小于显著性水平为 5% 的临界值 3. 841466，所以接受零假设，即超收与超支的变动之间只存在一个协整关系。

表 7　协整检验（Johansen Cointegration Test）

系列：LNCS LNCZ				
滞后区间 1 阶差分：1 to1				
无约束的协整秩检验				
假设数量	特征值	痕迹计值	0. 05 临界值	显著性水平
无	0. 655646	15. 63014	15. 49471	0. 0477
最大 1	0. 049107	0. 704958	3. 841466	0. 4011

资料来源：根据表 6 中数据由 EViews 软件计算分析所得。

2. 格兰杰因果检验

协整检验可以揭示变量序列之间是否存在长期均衡关系，但无法揭示变量之间是否具有因果关系，格兰杰因果检验为解决这类问题提供了一种很好的思路和方法。检验结果如表 8 所示。从检验结果中可以看出，滞后 1—4 期中，超支变化情况均为超收变化情况的格兰杰原因，反之亦然。说明超支的变化与超收水平之间具有明显的因果关系。

表8　格兰杰因果关系检验结果表

0假设	滞后	F值	P值	结果
LNCZ不是LNCS的格兰杰原因	1	1.76115	0.2092	拒绝
LNCS不是LNCZ的格兰杰原因		3.61812	0.0814	拒绝
LNCZ不是LNCS的格兰杰原因	2	1.54162	0.2656	拒绝
LNCS不是LNCZ的格兰杰原因		4.20026	0.0515	拒绝
LNCZ不是LNCS的格兰杰原因	3	2.50455	0.1561	拒绝
LNCS不是LNCZ的格兰杰原因		2.01394	0.2135	拒绝
LNCZ不是LNCS的格兰杰原因	4	2.44951	0.2438	拒绝
LNCS不是LNCZ的格兰杰原因		0.51498	0.7353	拒绝

资料来源：根据表6中数据由EViews软件计算分析所得。

3. 脉冲函数分析

在证明了二者之间具有相互的因果关系后，我们将进一步通过脉冲函数分析得出具体的响应值，即将二者之间的相互作用关系量化。

图9为超收波动对超支变动的脉冲响应图。从图中可以看出，超收的波动对超支的变化情况的脉冲响应除第7期外始终处于正水平，即超支的变化对超收的扩张起到正向的冲击作用。

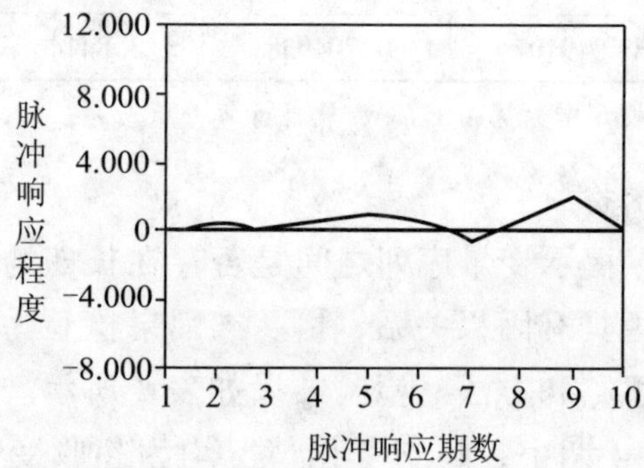

图9　超收变化水平对超支变化水平的脉冲响应图

资料来源：根据表6中数据由EViews软件计算分析所得。

4. 回归分析

在通过格兰杰因果分析二者之间存在长期稳定的因果关系后，我们再通过回归分析将二者的因果关系具体量化。

表 9 为 EViews 软件计算得出的超收变动对超支变动的回归系数表，通过表中的数据我们可以得出：

$$LNCS = 0.69225 * LNCZ + 2.536262$$

即当全国超支额增加 1% 时，超收额会增加 0.69%，而通过表 10 我们可以看出，从 1994 年后，我国的超支额变动幅度很大，个别年份甚至超过了 100% 的水平，由此产生巨额的财政超收也就顺理成章了①。

表 9　超收变动对超支变动的回归系数表

因变量：LNCS				
方法：最小二乘法				
抽样：1996 2011				
变量	系数	标准差	t-检验	概率
LNCZ	0.692250	0.203919	3.394734	0.0044
C	2.536262	1.462485	1.734214	0.1048

数据来源：根据表 6 中相关数据由 EViews 软件计算分析所得。

表 10　超支变化幅度一览表

年份	1996	1997	1998	1999	2000	2001	2002	2003
超支增幅	-2.07%	-55.67%	184.6%	-8.63%	35.2%	89.46%	-45.35%	47.81%
年份	2004	2005	2006	2007	2008	2009	2010	2011
超支增幅	115.11%	-40.70%	22.33%	59.39%	-44.69%	-96.41%	7669.9%	-26.41%

数据来源：根据表 6 中相关数据计算得出。

① 虽然限于官方数据量的有限、分析工具的不完善以及分析过程中可能遗漏的一些变量（比如周期性波动给经济和财政收入带来的变化等因素），但是本文的定量分析结果还是能在某种程度上说明我国财政超收与超支之间变化关系的一些状况。

通过上述的理论和实证分析可以看出，我国出现巨额的财政超收和财政超支，其中的一个重要原因在于预算支出约束机制不强，超出预算范围的额外支出对财政收入形成“倒逼”，迫使财政出现超收。

四、超收超支的控制措施

从笔者上述分析的超收超支形成和转化机制的两部分框架入手，本文认为未来控制超收超支规模有以下两条途径：

（一）根本措施，防止超支“倒逼机制”，切断超收与超支之间的“直通车”

笔者认为，抑制超收与超支之间的直接转化是解决我国预决算偏差过大的根本路径。当每年的财政超收额无法直接用于弥补当年财政支出时，一方面主客观原因导致的收入预测偏差可以结转到以后年份进行资金的合理安排；另一方面，地方政府也不能从财政超收中获得无限的资金裁量权以满足支出的刚性需求。所以如何防止超收与超支的直接转化是下一步改革的重点问题。

从图6中可以看出，中央于2007年设立了“中央预算稳定调节基金”，从而分流了一部分超收资金，形成“蓄水池”，有效减少了“体外循环”。但笔者认为，由于使用时间的限定，此举仍有局限性。按规定，当年的超售收入在下年不能使用，而要纳入国库，顺延至第三年度。例如2011年的预算已在2010年10月底已基本确定了规模和项目，2010年的超收结转以后年度后，并不能在第二年安排使用，而得等到2012年才能支出，那么这笔超收收入需要在国库里滞留，一年的时间差不可避免会导致资金使用效益差问题；而且，在各级政府财政资金已经出现捉襟见肘的情况下，将大量超收资金沉淀于国库实属不科学之举。此外，对于流入“中央预算稳定调节基金”的比例缺乏明确的规定给地方政府预留了很大的空间。

对于有学者提出的“建立超收资金的专门附属预算和专项审计监督体系，约束预算超收资金管理的自由裁量权”（马蔡琛，2009），笔者认为不失为一个好的举措，但是其耗费大量的人力物力需要进行成本效益分析，而且技术含量较高，需要谨慎选择。

（二）加强预算约束力，控制财政超收形成机制

我国预算软约束的现状不仅限制政府预算管理职能的发挥，影响国家宏观调控政策的效果，而且是腐败的重要源头。硬化预算约束，完善预算编著技术，理清政府间考核机制以及加强人大的审计和预算监督都是控制财政超收的形成的路径。

1. 技术完善

预算编制过程中涉及大量复杂的技术方法，包括指标、模型等，需要通过改进技术和方法来提高预测的精确度，以便更好地做好预算编制工作。所以从这个层面上来说，完善编制技术以缩小预决算偏离度是很有必要的。

（1）合理修正预算编制方法

在上文中，笔者阐述过由于一直以来我国采用的基数编制方法，以GDP和税收收入增加的速度为参照指标，加上固定比例得出年度的财政收入和支出增幅。由于预测增幅和实际增幅之间巨大的差距以及指标本身的复杂性导致了年终决算对于预算数据的严重偏离。笔者认为应该对现阶段的预算编制法进行合理的修正，使GDP增长预期和税收计划更贴近现实水平。

（2）适当引入超常规因素权重

由于预算编制和执行之间的时间差导致的一系列超常规的因素，比如通货膨胀，经济周期以及其他一次性、偶然性和政策性收入致使的预算执行过程中巨额的超收超支现象需要引起重视。在预算编制过程中可以适当纳入超常规因素指标，进行权重计算。当然由于目前中国的预算编制水平与发达国家存在较大差距，而且考虑到西方国家对于经济周期因素的把握也不甚准确，技术人员还需要做出很大的努力，但这应该成为技术的改革的方向。

2. 改变政绩考核机制，税收计划和依法征税更有机地结合

目前政绩考核机制下，各级税收部门为了提升政绩都将指标层层加

码，日益完善的征税体系使税务部门的主观增收成为可能，从而导致预测与执行之间产生了巨大的税收收入落差。对于政绩考核体系，笔者认为有必要做出调整，适当弱化“收入”在政绩考核中的权重。当然，税收计划与实际收入的脱轨并不意味着我们要舍弃税收计划，虽然综合征税率逐年提高，但总体上我国税收流失较为严重，在缺乏更适宜的考核税收工作质量的替代标准的条件下，舍弃计划不可行；而且，单纯地取消税收计划意味着政府预算的否定。当然对于税收计划我们需要进行渐进式的改革，与政府预算紧密结合起来，比如严格规定收入预测工作的开展时间，规范预测数的调整修订安排等。

3. 完善法律制度，提升预算的法律层级，建立收入预测的法律机制

预算的最高层级应该是法律问题，对于目前我国预算中存在的诸多问题，包括本文讨论的执行中的超收超支现象最后都应该上升到法律的高度去探讨。比如，《预算法》对于地方政府不列赤字的规定是预算收入客观误差的重要来源之一，这种硬性约束是否应该适当修改。此外，目前我国预算的法律层级还较低，由此产生的种种不规范行为加剧了超收超支的形成。为此，我们应该提升立法层级，并建立完善的收入预测法律机制。西方学者普遍将收入预测机制分为三项要素：正式的过程、正规的机构和透明度（Kyobe & Danninger，2005）。笔者认为，当前我国预算中最需要注意的是透明度问题。信息越详细，越是有利于提升数据的质量，透明度是提高预测准确性的关键。为此我们应该加强人大对于预算的审查和监督力度，包括落实人大监督法，加强对超收的事前和事后监督等措施。

五、结语

通过上文的分析我们可以总结出如下几点结论：

1. 首先，我国在采用以 GDP 增速为参照系的基数法编制预算时，由于预测增速与实际增速的不符以及指标本身的复杂性和可变性，与决算发生了较大的偏离。其次，受《预算法》规定的约束，地方政府在

编制预算中必须通过技术性手段将本不平衡的预算编平，迫使地方政府通过其他手段取得财政收入弥补实际支出缺口，进而形成客观超收。最后，预算的编制与执行间的时间差使一些不可测因素，比如通货膨胀率和经济周期以及一次性、偶然性和政策性收入等超常规因素对预算的精确度产生了影响。由此，我国的预算和决算之间存在不可避免的客观误差。

2. 由于超收收入是游离于预算监管之外的，政府对于这部分资金的安排有较大的自主权。为了追求更大的资金自由裁量权，政府存在刻意低估预算甚至鼓励超收的行为。此外，税收体系的政绩考核制度是收入压力型的，各级部门和政府为了提高政绩层层加码，迫使中央在年初制定预算时要预留空间，在这种“倒推型”的收入预测机制下，巨额的超收超支规模也就不足为奇了。

3. 2007 年之前，我国的财政超收基本上直接转化为当年的超支，从这个层面上来说，超收是超支产生的直接原因。2007 年后，中央预算稳定调节基金的设立分流了一部分财政超收额，形成了财政蓄水池，对控制体外资金循环产生了一定的积极意义。但不可忽视的是，大部分的超收额还是转化为了超支，而且通过大量的理论和实证研究，笔者突出强调了超支对于超收的倒逼机制，超支是超收的格兰杰原因，并且对超支的变化产生正向的脉冲影响。政府的支出需求形成的机制性超收已远非技术层面可以解释的问题。

4. 通过对于超收超支的形成和相互转化机制的分析，笔者认为未来解决超收超支的根本途径在于防止超收超支的直接转化，中央预算稳定调节基金能起到一定的缓和作用，但其对于使用时间的规定以及对于比例限定的缺失都弱化了效果。此外，通过完善预算编制技术以及改变税务机构的政绩评级系统，有机结合税收计划与依法纳税都是从超收层面上控制的路径。最后，对于超收超支问题的分析不能仅限于技术和行政层面，应该上升到法律高度，完善《预算法》相关规定，提高我国预算的法律层级，形成完善的收入预测法律机制。

【参考文献】

安秀梅:《公共治理与中国政府预算管理改革》，中国财政经济出版社2005年版。

高培勇:《关注预决算偏离度》，载《涉外税务》2008年第1期。

高培勇:《“超收”与“超支”何年能到头》，载《经济参考报》2006年2月25日。

韩霖、赵薇薇:《切断超收和超支之间的直通车 探寻解决预算偏离度过大的良方——专访中国社会科学院财政与贸易经济研究所副所长高培勇》，载《涉外税务》2008年第9期。

马蔡琛:《市场经济国家的预算超收形成机理及其对中国的启示》，载《财政研究》2008年第11期。

马蔡琛:《中国政府预算超收资金的形成机理与治理对策》，载《财贸经济》2009年第4期。

马兹晖:《中国地方财政收入与支出——面板数据因果性与协整研究》，载《管理世界》2008年第3期。

匡小平、何灵:《税收计划：扬弃还是保留——兼论我国税收的超经济增长》，载《经济体制改革》2006年第1期。

孙玉栋、谭云:《我国公共预算管理中超收超支问题的实证分析》，见《21世纪的公共管理：机遇与挑战——第三届国际学术研讨会文集》，格致出版社2010年版。

谭志武:《政府预算软约束的制度分析》，载《审计研究》2006年第1期。

王桂玲:《我国税收超常增长的实证分析》，载《当代经济》2009年第3期。

王雍君:《公共预算管理》，经济科学出版社2002年版。

席斯:《近10年政府超收收入近5万亿 部分地区刚性超支》，载《经济观察报》2011年10月29日。

谢子远:《从超预算收支看我国财政预算制度的优化》，载《浙江万里学院学报》2008年第4期。

徐阳光:《收入预测与预测法治——预决算收入偏差的法律评估》，载《社会科学》2011年第4期。

袁星侯:《政府预算渐进主义及其改革评述》，载《经济学家》2003年第6期。

中央财经大学税收研究所课题组:《我国财政超收收入研究》，载《中央财经大学学报》2007年第4期。

[美] 约翰·米克塞尔:《公共财政管理——分析与应用（第六版)》，白彦锋、马

蔡琛译，中国人民大学出版社 2005 年版。

Annette Kyobe and Stephan Danninger, "Revenue Forecasting—How is it done? Results from a Survey of Low-Income Countries", IMF Working Paper (WP/5/24). 2005 - 02.

Robert Rodgers and Philip Joyce, "The Effect of Underforecasting on the Accuracy of Revenue Forecasts by State Governments", *Public Administration Review*, Vol. 56, No. 1 (Jan. -Feb., 1996).

Stephan Danninger, "Revenue Forecasts as Performance Targets", IMF Working Paper. WP/5 /14. 2005 - 01.

“公共预算”与“发票”研究

钱元强*

内容摘要：本文通过叙述我国从呼吁“公共预算”到走向“预算国家”的制度建立，解读了“公共预算”的概念在我国确认的过程。随着“公共预算”的逐步建立，我国在全球最有特色的“全国统一发票”制度对“公共预算”制度形成和细节制定提出了挑战，政府支出中的“发票”现象便是对试图建立公开、透明的“公共预算”的一个最大挑战。如何将“花钱”的制度建立得合理、规范和效率，现有的“发票”制度的调整正是当前政府“公共预算”治理中不能回避的一个重要课题，也是本文研究的主要目的。

文章通过介绍新中国发票制度的演变和法律的逐步健全，叙述了我国现有发票制度的由来，特别是和政府税收和财政的相关关系，分析其不同阶段的利弊作用；同时也介绍和我们制度相似的台湾地区，不同的香港地区和新加坡的制度，以及若干发达国家的发票制度与财政预算，以期对我国的“公共财政”治理起到一些借鉴作用，特别是我国处在转型过程中遇到的公共财政的难题，处理和设计好“公共预算”和

* 钱元强，男，北京大学中国政府治理研究中心副主任，主要从事当代中国政府、政府治理与公司治理研究。

"发票"的关系将对我国的预算财政制度的建设有非常重要的作用。

"公共预算"执行的满意度和我们现有的"发票"制度有着密切的联系，通过对历史的回顾和国际的比较，特别是税收管理和财政预算的理论与分析，最终的结论是：公共财政的管理与监督是我们各级政府首要的治理课题，其中"公共预算"的合理与透明是最基本的要求，特别是现有的"发票"制度更是需要在几个方面加以改革和发展，否则，"公共预算"的建立很难说是真实的和透明的。

关键词：公共预算　预算管理　税收管理　"发票"治理

近年来，社会都在大力呼吁建立"公共预算"，要求监督各级政府的"三公"现象，同时我们又观察到手机短信、电子邮件和路边小广告中到处都可见"提供发票"字样的信息，制作、兜售和使用假发票的现象几乎已经达到了"全面覆盖"的地步。我于是常思考这两者之间有什么关联，"发票"现象与"发票"制度是什么关系，为何要使用假发票，为什么政府在报账时会出现"真发票和假事实"的现象，这样的现象会危害到公共预算的建立吗，为什么经济发达的西方国家没有这种现象，于是我尝试做一些研究来解答。

一、建立"公共预算"的关键

（一）"公共财政"与"私人财政"

随着现代政府的产生，渐渐出现了公共财政（Public Finance）与私人财政（Private Finance）的区分。我们知道"公共财政"是由"公共""财政"两个词组成，"公共"就是"公有公用，属于全社会"的意思，"财"有"资产"和"融资"之意，"政"乃管理公共事务之意，是"管理众人之事"，是政府运用"财"并通过"政策""方法"来实现"政事"的一种管理活动。公共财政所涉及的是中央和地方财务管理，也可以谓之为人民的财政。"财政"的本意就是政府管理众人之"财"，并通过对"财"的分配和运用来实现众人之事。

而“私人财政”所涉及的是企业或者个人的收入和支出问题，可以说私人的财政是企业或个人的“财务”。

“公共财政”和“私人财政”的主要区别是：在财政收入的性质上，私人财政收入是“权利”收入，而公共财政则是“权力”收入；在财政支出上，私人财政是“量入为出”，而公共财政则是“量出为入”；在财政利益上，私人财政着眼于“个人利益”，而公共财政则着眼于“整体利益”；在财政收益上，私人财政重视“现在收获”，而公共财政则重视“将来收获”；在财政收支的交换关系上，私人财政是“特定报酬”，而公共财政则是“一般报酬”；在财政效益计算上，私人财政是“直接的和有形的”，而公共财政则是“有形的及无形的，直接的及间接的”；在财政预算上，私人财政由企业或个人决定，而公共财政则是由国民的代表决定。

公共财政是政府部门的收支活动，而私人财政则是私人部门的收支活动。政府部门一方面向私人部门进行“政府采购”并向其提供“公共产品”，另一方面，私人部门亦向政府部门供应“私人产品”并向其缴纳消费“公共产品”的“税收价格”，由此可见公共财政与私人财政之间的紧密关系。“公共财政”与“私人财政”是各自独立的，但实质上它们之间互有影响并有关联。它们不但都是全国经济的一部分，而且在整体经济的完全循环过程中互为结果和前提。

在总体上私人财政是公共财政的基础。无私人财政，亦无公共需要，即无公共财政的对象，其次，私人财政总体状况如何，基本决定了公共财政的充裕与否。其三，多数的私人财政如不健全或不适当，对公共财政来说，无疑也是一种副作用力，甚而是一种破坏力，如企业的亏损或偷税、个人的失业或劳动能力的丧失等。

（二）“公共财政”与“国家财政”

新中国 60 年，前 30 年一直是计划经济，而公私合营开展，由“新民民主主义”转变为“社会主义”后，“国家财政”的特色逐步建立起来。

在计划经济时期，“财政”亦称“国家财政”，不但是中央财政和地方财政的总称，而且也是计划经济体制下的财政思想"国家分配论"的体现。其结果是"政企更加合一"，没有市场机制，财政资金使用效率不高。如果要问那时有无"公共财政"，可以说那时的"公共财政就是国家财政"，特别的时期约定俗成，还把资本主义财政称为"公共财政"，而把社会主义财政称为"国家财政"。

计划经济的政府管理，即是全面安排国计民生，实现国家的对内、对外职能，特别是其经济职能，以达到其政治、经济目的。从这种意义上说，"财政"就是政府管理众人之"财"，并通过对"财"的分配和运用来实现众人之事。不过，"财"是货币资金，但又不限于货币资金，人力、物力均包括其中。而政府则是国家权力机关的执行机关，即国家行政机关。因此，财政是以国家为主体通过货币资金调动人力、物力，以实现国家职能的各项经济活动。

在市场经济的今天，"财政"或"公共财政"可称为"政府经济"。也就是说，政府所应生产和提供的只应是公共商品。这里所称的政府，既包括中央政府也包括地方政府。于是就有了中央财政或国家财政，以及地方财政的称谓。

由此可见，市场经济体制下的"公共财政"与计划经济体制下的"国家财政"是有着本质区别的。无论是在财政思想上，还是在财政预算的范围、方法和手段上。现在的"公共财政"和"国家财政"在预算内和预算外还有相当的区别，每年政府的财政收入是公布的，国家财政收入则是隐性的。

（三）"公共财政"与"法治财政"

在改革开放之前，在财政学界占主流地位的观点是"国家分配论"，认为财政是以国家为主体的分配关系。对"公共财政"及其相关理论一直持否定态度，认为它否定了财政的阶级性，是一种资本主义的财政观。

1978年邓小平拨乱反正，将全国工作重点转移到经济建设上，社会主义法制建设也逐渐走上了发展的道路，随后市场经济的概念也得到确认。1984—1986年，财政部组织了第一次大规模、全方位的财政法规清理。此次清理，涉及从1949年10月至1984年底，国家制定的各类财政制度3500件。

为了适应十一届三中全会以后实行对外开放、对内搞活的方针，必须摒弃那些受到“左倾”错误影响及不能适应社会政治经济形势深刻变化的旧的制度。经过有组织、有步骤，系统、全面的清理，财政部确定废止、宣布失效财政规章制度2091件，其中废止941件，失效1150件。

从发达国家来看，其公共财政管理方面的基本经验便是充分注重运用法律手段，坚持依法理财，不断提高财政管理法治化的水平。从总体上看，其财政法制建设的主要特征包括如下三个方面，第一，财政法律制度较为健全。财政活动的各个领域、各个环节均有法可依，法律规定比较科学、合理，财政法的效力等级较高，可操作性也比较强。

第二，依法进行财政管理。许多国家的预算编制草案相当细致，几乎对每一项开支都有详细的论证。立法机构对预算的审批程序极其严格，审批过程的公开度和透明度很高。在收入方面，无论开征税种、设立收费项目，还是发行公债，均有严格的法律规定。在支出方面，政府严格按照预算确定的支出来提供良好的公共产品和服务，如遇特殊情况需要临时增加预算，则须根据有关法律程序进行审批。

第三，对财政执法的监督，各个执法监督机构之间有明确的职责分工，追究法律责任一视同仁，对执法不严格，滥用职权等违法行为进行严厉的处罚。

公共财政下的对公共预算的完善，一个重要前提是政府行为受到法律约束。预算以法律形式实施，政府行为应受到预算法律预算文件的约束。优化税制必先优化政府。同样也可以说，优化预算必须先优化政府。行政许可法的颁布，对于规范政府行为，防止权力滥用，保障公民法人和其他组织的合法权益，降低交易成本促进市场经济的发展具有重要作用。

只有用“法治财政”的材料才能真正建立起通往“公共财政”的康庄大路，否则，现在各种“公共财政”乱象，包括“三公”现象，

"发票"现象将会毁掉试图建立的"公共财政"和"公共预算"美好愿望。

二、"发票"现象的挑战与弊端

(一)"发票"销售现象由国内到国外

在全国各地出差，特别在大型商场和火车站均能听到一声中国式特色问候语：**"要发票吗?"**，比第一问候语**"你好!"**都要来得主动。如果您到海外考察，在各种商务区许多招揽生意的外国人，他们很多能用地道的汉语招揽**"来吧，有发票!"**，足见"发票"一词在全球多么流行，而且能频繁地被外国人使用。

"发票"报账是中国政府财务管理要求，一些"特色"项目均可报销的政府、企事业单位的领导，无论何种消费都可以向所在单位报销，而一些唯利是图的商家为吸引这些顾客，擅自提供虚假发票，更改发票的内容，加大消费金额以愉悦这些大客户，达到双方"共赢"，国家亏损的目的。

20世纪90年代发票管理极为混乱，之后随着政府开始系列整顿，发票管理才渐渐步入正常轨道。1993年12月，财政部颁布了《中华人民共和国发票管理办法》(以下简称《办法》)，在《办法》颁布数天后，国家税务总局随即颁布了《中华人民共和国发票管理办法实施细则》(以下简称《实施细则》)，《实施细则》不仅对发票的印制、领购、开具和保管以及发票的检查做出明确规定，还对《办法》的罚则做出了明确而详细的解释和说明。

《办法》和《实施细则》在一定程度上规范了发票管理，但由于近年来制作、兜售、使用假发票的现象严重，加上《办法》对发票违法行为的处罚力度偏轻，导致了"发票乱象"愈演愈烈。为了解决这些问题，温家宝总理于2010年12月20日签署国务院令，公布修订后的《发票管理办法》，该办法已于2011年2月1日起施行。

（二）“发票”销售由“人售”“网售”再到“短信售”

手机短信、电子邮件和路边小广告中到处都可见“提供发票”字样的信息。制作、兜售和使用假发票的现象在中国可谓一大景观。“发票”的销售形式是多种多样的，有人当街吆喝“要发票吗?”；很多地方还有发放卡片来兜售“发票”。比如：南京XX建材有限公司散发的卡片，内容为：代开各种正规发票，额大从优。发票包括：建筑工程、电脑工程、商业、劳动服务租赁、广告、五金建材、工业、企业。

邮件中我们常会收到推销发票的邮件，例如：通用、建筑安装、服务、建材、运输、会议费、餐费、销售、旅游、租赁、酒店商务……各行业发票；如有需要请联系。

还收到短信推销“发票”的经历。例如：您好！我处有多余发票，保真、点低，可上网查询电话136xxxxx996李先生。

据有关专业人士估计，全国制造、贩卖“发票”并以此为生的人不下百万之众，由此可见这个产业需要引起政府的重视和关注，需要加大治理力度。我们知道，“发票”有真有假，随着管理部门监督加大，假发票已日渐减少，但许多单位在“真发票、假事实”上做的文章很多。

（三）“发票”销售、税收与政府职能

“发票”是在购销商品、提供或者接受服务以及从事其他经营活动中由收款方填开提供给付款方凭以付款和提货或接受服务的书面证明。它是财务收支的合法凭证，是会计核算的原始依据。在政府的财政行为中就表现出支出的凭证，所以对于发票的管理和监督是政府必须关注的大事。

然而，从每年国家税务总局公布的十大涉税违法案件中，至少有一半以上属于制售、虚开增值税专用发票或者其他发票的发票违法案件，这使我们不得不思考这样一个问题：作为会计核算的重要组成部分，现行的发票制度有什么问题?

首先是超范围使用发票，对一些无法列支的招待费、劳保费等，转开成原辅材料发票入账；商业零售业普遍存在按消费者的要求开具发票

的现象；建安工程中的预制构件和铝合金门窗及玻璃幕墙货物销售行为，隐藏在工程总收入中统一结算，开具地税部门的建筑安装业发票。

其次，不按规定取得发票。由于消费者纳税意识的淡薄，而在不经意间放弃了自己的应有权益。如消费者自己不需报账而放弃索取发票的权利，这在商业、家装业、餐饮、娱乐服务业中尤为突出，以售货清单、保修卡、提货单代替发票。

再有就是某些单位，使用虚假的工程项目预算，通过税务部门代开真实发票，在财务中进行处理核销，从中套取现金形成账外资产，进行非正常支配使用，造成了国有资产的严重流失。另外，部分行业由于面对群体的特殊性，不需要或很少开具发票。如餐饮业、娱乐业、装饰行业等，有的企业便采取"不开票不入账"的情况，隐匿收入变得非常容易。由于我国的税务机关普遍存在"查税看票"的情况，很少对企业的经营状况，资金收支情况进行监管，导致国家税收的流失。

政府能够做的就是除了尽快完善发票管理机制、监督机制，尽快全国推行计算机机打发票以外，治理"发票乱象"，其中税务、财政、审计、监察等部门，重点开展对涉及机关团体、行政事业单位等购买、使用虚假发票行为的治理整顿是治理发票乱象的重中之重。

还有就是要规范财务和报销制度，严格落实责任，杜绝使用假发票。实际上，现在的发票，有序列号，有条形码，可以上网核对，要识破假发票并非难事。对报销过程中签字的主管人员、办理的财务人员，对用假发票报销者的放任行为也需要加强治理。

三、中国"发票"制度与"公共预算"

（一）"发票"的出现与功能

"发票"（Invoice）作为交易凭证的起源，在《周易·系辞下》"上古结绳而治，后世圣人易之以书契"有描述，"书契"就是我国最早发票的雏形。后来，随着发票作为记账（会计）凭证而发展起来，特别是近代商业的加速，晚清渐渐形成了一种较为固定的商业文书——

“发票”，发票由契约简化而来。“发票”实际就是一种最简易的商业合同，信息包括交易双方、物品、数量、金额、时间和地点等。

“发票”作为一种纯民间文书，在东晋有了新的含义，被赋予了契税的功能，自东晋后各朝代规定了征收契税的范围，宋朝、元朝对典卖田产、人口、舟船和物业等都要求必须订立契约，官府征税后加印，明清除了课税之外还加上了契约的纸钱。总之，从西周开始对动产买卖要求有契约，战国到元朝同时对动产和不动产交换都提出契约的规定，到了明清则只对不动产交易规定要有契约。“发票”从晚清出现后，标志着和契约的功能开始分离，同时有弥补了大量不动产交易的凭证和官府的税收。

“发票”从 1912 年 10 月 12 日颁布的《印花税法》出现后，1947 年民国政府以法律的形式规定商户必须对客户开具发票，民国政府的发票制度实施多是为了税收。新中国建立后，1950 年 1 月 27 日通过的《工商业税暂行条例》开启了“准发票管理”的时期。

“发票”产生后的功能从一开始基本就没有变，后又随着商业的发展增加了新的功能。首先是证物功能，“发票”归根到底就是商业交易的凭证，证物的内容到了民国时代包含有：商业交易的当事人、标的物的规格、品牌、单价、数量、地点和时间等。交易的客观事实被确定后就意味着买卖双方相互承担的义务和权力。

其次，会计的核算凭证功能，使每笔交易都有“证实”，数字也是真实的。从民国开始的这一功能最后为我国的发票制度的产生奠定了基础，发票对销货和购货的全过程起到了关键作用。还有就是发票代替销货账簿功能，这种应用根据日期和分类，装订成册，节省了过去销货簿大量而繁重的工作。

再有，发票从简单地证明买卖关系扩展到税收关系中，这一功能的变化是现代政府用发票来管理经济的新办法，同时对政府来说是增加税收的好办法。

最后，就是发票具有信息传播功能，发票上一般具有企业的名称、电话、地址和网址等基本信息，商品本身就有广告的效果；当然还有企业的声明和承诺等，诸如保修和退货等条款，这些无疑都是企业最好的广告，在各机构的管理人员和财务人员中传播最广。

（二）"发票"的形式与内容

"发票"从结绳到书契，又从官方统一印纸再到今天的网络发票，形式可谓一直在转化中。新中国成立后，发票的名称已经统一到"发票"和"发货票"两种称谓上，而且在这两种形式上加上了"统一"二字，成为新中国与民国发票最大的不同特点，或许可以解读为中央集权的具体表现，但是全国真正意义上没有一个统一的发票管理办法。

1986 年 8 月，财政部制定颁发了《全国发票管理暂行办法》，对发票管理的范围和内容、发票的开具和取得、发票的印刷和发放、发票的使用和管理、发票的检查和违章处罚等都做出了统一规定，至此，发票才有了全国统一的名称和概念。

目前，发票的种类与使用范围各不相同，有权征税、征费的机关有财政、国税、地税、海关及相关行业部门，财政及相关行业主管部门都用行政专用收款收据。企业一般业务较多，发票开具较多涉及企业，国税、地税都归国家税务总局统一管理，海关由海关总署垂直管理，海关负责进出口方面，主要是关税等，国、地税发票的管理权限按主体税种划分，增值税纳税人使用的发票由国家税务局管理，如增值税专用发票、工业商业企业商品销售发票、加工修理发票等；营业税纳税人使用的发票由地方税务局管理，如服务业、建筑安装业、运输业、金融保险业等开具的各种发票。

发票的种类繁多，主要是按行业特点和纳税人的生产经营项目分类，每种发票都有特定的用途，分为普通发票和增值税专用发票。

普通发票主要由营业税纳税人和增值税小规模纳税人使用，增值税一般纳税人在不能开具专用发票的情况下也可使用普通发票。普通发票由行业发票和专用发票组成。前者适用于某个行业和经营业务，如商业零售统一发票、商业批发统一发票、工业企业产品销售统一发票等；后者仅适用于某一经营项目，如广告费用结算发票，商品房销售发票等。

普通发票的基本联次为三联：第一联为存根联，开票方留存备查用；第二联为发票联，收执方作为付款或收款原始凭证；第三联为记账联，开票方作为记账原始凭证。

增值税专用发票是我国实施新税制的产物，是国家税务部门根据增值税征收管理需要而设定的，专用于纳税人销售或者提供增值税应税项目的一种发票。专用发票既具有普通发票所具有的内涵，同时还具有比普通发票更特殊的作用。它不仅是记载商品销售额和增值税税额的财务收支凭证，而且是兼记销货方纳税义务和购货方进项税额的合法证明，是购货方据以抵扣税款的法定凭证，对增值税的计算起着关键性作用。税务机关是发票的主管机关，负责发票印制、领购、开具、取得、保管、缴销的管理和监督。

（三）"发票"与"公共预算"

目前各国的发票管理制度有两大类，一是民主型的发票管理制度，也称为间接管理制度，其指导思想认为发票是企业的事，政府或税务机关没有必要强调发票的统一印制、统一格式与纸质、统一开票方式，可由企业自行印制发票、自行管理，但是他们对纳税人的会计核算要求非常严格，比如严格要求纳税人记录与保管银行收支明细、债权债务明细、现金往来明细、小费收入登记等。在这种条件下，纳税人的会计核算登记、发票使用和管理如果不符合税务管理当局的要求，自身利益将受到很大的伤害。这些国家是通过间接影响与控制的手段来进行发票管理的。

另一类是集中管理（直接管理）型的发票管理制度，它强调发票管理由政府或税务机关统一集中地进行，发票的印制、领购与使用执行一套严格的办法予以规范。我们祖国大陆和台湾都是这类发票管理办法。

我们知道"发票"从民国开始就有了报账的功能，它实际上是证物功能的变种，最终变成检验和证明经手人员或管理人员在购货中的一个凭证，这种不以营利为目的的大量日常财务开支是检验国家工作人员清正廉洁、尽职尽责的重要文件，它是查证许多事实的最重要凭证。

新中国的发票制度开始于 1950 年 5 月的东北，随后在 1951 年 6

月，全国第一次直接税的业务会上，税务总局对全国做出了一个明确规定，即建票范围无论是行商、坐商，还是摊贩必须建立和使用统一发票。为了减少逃税和防止漏洞，发票由业户自定格式交税务局统一印制，一些发达地区还成立了"同业公会"配合税务机关管理本行业，从此发票不仅仅是承载钱物流转的凭证功能，更是成为一个纳税凭证。既然纳税是企业对国家所要尽的义务，那么发票也不再是由商家自己制作，而是受到公权力的完全干预。

按照现行的《发票管理办法》，从发票的印制、领购、开具、取得、保管、缴销等一系列环节都处在国家公权力机构的严密监控下。发票由国家统一开具，从此发票将钱物流转凭证和纳税凭证功能集于一身。这样做的好处是明显的，今后任何企业的经营行为都受到了国家的控制，那也就意味着偷税漏税等行为再也无法继续。不过"道高一尺、魔高一丈"，在国家垄断发票之后，商家为了少缴税收，也就不再随意开具由国家统一出具的发票，而是由自己做主开具收据（receipt）。发票是由国家垄断的，但是法律并不禁止收据在市场上的流行。从此之后，发票在当下仅仅是一个纳税凭证，而不具有了钱物流转的凭证功能。

同时，当发票具有纳税凭证的功能后，企业为了少缴税，虚开发票或者假发票就成为了不少商家逃避税收的一个手段。毕竟税务局的工作人员人数和精力有限，不可能针对所有企业的每笔收入都进行细细查究，这样一来，买卖发票等行为就流行开来。如果当下发票制度的设计者知道这个原本是为了控制税源的工具已成为了企业逃税的工具，可能会扼腕叹息。

我们前面提到计划经济体制下没有"公共财政"一说，当然就更无"公共预算"了，财政预算也称为公共财政预算，是指政府的基本财政收支计划，是按照一定的标准将财政收入和财政支出分门别类地列入特定的收支分类表格之中，以清楚反映政府的财政收支状况。透过公共财政预算，可以使人们了解政府活动的范围和方向，也可以体现政府政策意图和目标。

中国古代皇权拥有财政收支的绝对垄断权，地方政府没有相对独立的财政自主权。现代财政预算制度最早出现于英国，英国是近代资本主义和现代议会制度的发源地。在14—15世纪，新兴资产阶级的力量逐步壮大，他们充分利用议会同封建统治者争夺财政支配权，要求政府的各项收支必须事先做计划，经议会审查通过后才能执行，财政资金的使用要受议会监督，以此限制封建君主的财政权。欧美其他国家财政预算制度的确立相对较晚。

“公共预算”由于需要政府在财政支出上透明、公开，所以在“发票”的管理和制度上也必须做到真实和透明，加强发票监管力度。严把发票的“入口关”，应在发票核定环节，分行业、项目、规模对纳税人进行调查测算；在发票验旧供新环节，重点检查纳税人开出的发票金额是否申报纳税，对发票领购、使用异常的纳税人实施预警措施；在发票缴销环节，实行定期缴销清理，加大发票数据比对、核查，真正实现“以票控税”。

四、世界各地区“发票”制度与“公共预算”

（一）台湾的“发票”制度

全球的统一发票制度，可能就在两岸之间存在。台湾的发票制度称为“统一发票制度”，该制度从1951年开始实行，并在1986年因实行加值型营业税（即增值税 VAT Invoice/or GST Invoice），而进行重大修订后使用至今，其依据是台湾的《统一发票使用办法》。

台湾地区认为发票是政府的行为，应由政府出面统一印制与发行，任何私人与企业都无权印制，因此对发票的印制、申请购买、使用都做了详细的规定，是一种集中型的管理制度，有比较强的行政管理色彩。

《统一发票使用办法》规定，只要是营业人（不管是哪一类）均须按规定使用某一类或几类的统一发票，营业人必须于每年营业开始之初，或者是新办营业的开始营业之初，按一定的程序向税务稽征机关申请、购买统一发票，并在开展业务的过程中使用，同时对各种统一发票的开立都规定了一定的时限。台湾的"统一发票"分为五类：

第一类是三联式统一发票，为一般营业人销售货物与劳务时开立，并在计算加值型营业税（即增值税）时使用。其中二、三联开给购买方，用于申请抵扣税额并作为记账凭证。所以这类统一发票主要在加值型营业人之间使用，即买卖双方都是加值型营业人。

第二类是二联式统一发票，为一般营业人向消费者销售货物与劳务时开立给非营业人（如消费者）使用。

第三类是特种统一发票，为非加值型营业人（特种营业人）销售劳务时使用。特种营业人包括的范围很小，仅指小规模营业人、夜总会、有娱乐节目的餐饮店、酒家及陪侍的茶室、咖啡厅、酒吧、银行、保险、信托投资、证券、短期票据、典当。

第四类是电子计算机统一发票，供一般营业人或特种营业人使用。

第五类是收银机统一发票，为一般营业人销售货物与劳务，按一般营业人的规定计算增值税，用收银机开立统一发票时使用。台湾的销售额采用价内税形式即销售价格含加值税额，所以一般营业人在使用统一发票时，应区分课税、零税率或免税分别开立，并在统一发票明细表课税别栏注记。

五类发票重要的是前三类，第一类相当于中国大陆的"增值税专用发票"，但在台湾，人们没有觉得增值税发票有什么特别大的"含金量"，更没有"增值税专用发票"的说法。台湾最大的流转税是营业税，分为总额型营业税和加值型营业税。

台湾没有增值税专用发票的说法，只有"统一发票"的概念。不管哪一类的营业人都有权利使用统一发票，政府也在鼓励人们使用。各类发票之间只有联次与填写的内容不同而已，没有歧视性规定。在营业人看来，由于人人都可以取得，统一发票就不像中国大陆的增值税专用发票那样"珍贵"，抑制了纳税人的虚开发票的动机，降低了税款偷逃的可能性。

上述的第二类、第三类与中国大陆的一般发票类似，但它与第一类发票几乎没什么两样，只是联次有变化而已。为配合统一发票制度，台湾地区还实行了一套奖励办法：从全年营业税收入总额中提出3%作为统一发票奖励的经费，以有效地吸引消费大众索取统一发票，一定程度上抑制了营业人员利用发票逃漏税款的行径。

因此，台湾的“统一发票”，在成为重要的计税依据的同时，设法杜绝了纳税人在发票上作文章进而逃避税的动机，保证了税收收入渠道的畅通。1951年，台湾的“统一发票制度”是与流转税类（主要是营业税）的税率大幅降低相结合运行的。1951年前，台湾一般的营业税税率为30%，税额入库却不多。“统一发票制度”在推动台湾经济发展的同时，也成了保证台湾税收收入的增长的重要手段之一。

（二）香港的“发票”制度

香港发票由于没有增值税的原因，不需要税局的统一发票，而只是用财政局印行的收据作为单位记账和报销的手段，所以和内地不一样。没有书面意义上的“发票”，因为除了政府控制的几类商品，其他商品是不含税的，但是在香港购物有和发票一样等同的票据，在香港取得的票据通常就是发票，可以作为入账凭证，一般跟收据区别不大。

香港的发票是可以由企业或团体单位印刷或电脑打印的，例如某公司使用电脑打印一张单据出来，在抬头印上写上发票或英语invoice字样就是正规发票了，但必须有公司盖章及签名章。

当你在香港购物要求商家开具发票时，他们会给你一张自行印制的纸张，上面会注明收款的详情，还有公司的印章及负责人的签字，你或许会疑惑为何发票没有统一的格式和样式，但是在香港发票就是“各具特色”的。

香港拥有与中国内地相对独立的税务制度，他们没有发票税，没有由税务局统一印制的发票，简单来说就是香港没有与中国内地“发票”相对的概念，他们的发票只是一张收款的证明，与中国内地的收据相同。香港税务局承认公司自行印制的发票，在港人默认诚信的习惯思维中，有公司的印章和负责人签字就足以证明交易的真实存在性，是可以直接用于做账报税的。香港发票可以由公司自行设计，但一些基本信息是必须要具备的，如公司全称、交易内容、公司盖章和负责人签字。

（三）欧美的“发票制度”

众所周知，国外的发票和中国的发票在管理制度上有很大的不同。外国人在一张白纸上写上物品或服务内容并签上字就是一张正式的发票，而在中国就会被认为是“白条”而不被接受。多数国外公司开具的发票都是自制的，在一张 A4 的纸上注明货物名称、价格货值、运输方式及付款方式，一般加上本公司的标志就是一张规范的发票。

在国外，许多发达国家，企业是靠诚信来自觉纳税的，一旦被查出存在偷漏税的事实，惩罚是非常严厉的，而纳税人被筛选为税务稽查对象的概率非常低。

外国已经有了非常良好的诚信制度，他们能保证自己开出的发票，都是真实有效的，在社会上已经形成了完善的诚信制度（当然我相信这背后肯定严厉的法律制度做依靠），我信人人，人人信我，摆脱了繁文缛节，构建了一个诚信社会。

西方国家没有全国统一的正式发票，却有统一的报销标准。无论西欧还是美国，发票是很随意写的，自己公司电脑打印出来的销售单据可以当作发票。文具店里还有任何人都可以买的各式各样的发票本，回去填上数字就可以给顾客。

发票是中国的特色，国外没有税务局监制的发票，全部由公司自行开具发票。外国公司开具的发票应当有公司内部的发票编号，公司法定代表人的签字，并载明所收款项对应的内容。你所收到的发票是可以作为入账依据的，但是还要附上你的主管税务局开出的国内完税证明或免税证明。

发票是“以票管税”的制度体现，并不是每个国家都会按这种制度实行，所以不是每个国家都有发票。

所以，就报销这事来说，国内财务制度貌似复杂，其实漏洞百出；西方企业貌似简单，其实很严谨，还很实用。美国的财务制度简单易行，因为大公司职员分布在好多国家，又不是每个国家都有财务人员，所以报销发票时许多都是邮寄，从一个国家到另一个国家，报销者和财务人员并不见面，单据过去，该报就报，不该报的不报，省时省力。

各国普遍重视对包括普通发票在内的各种发票的管理，从设计、印制到领购、填开、保管等环节都有明确的管理办法，注意发挥发票的监控作用。通过严格的发票管理，可以交叉稽核、互相牵制，减少偷漏税。

五、“预算管理”中的“发票”治理原则

（一）预算与事业结果关联

我们认同预算管理有四个步骤：编制、执行、审批和监督。但四个部分不能成为一个主体，必须是相互牵制与制衡。现在我们探讨的是如何对预算的支出把关，以期在事业的结果上和预算达成吻合。预算资源的分配和政府行政绩效的关联是目前预算治理重点。

预算支出中的“假发票”治理是治理过程中的重要环节，“假发票”一般有三个特征：“1. 发票本身是假的；2. 发票是真的，但开票人是假的；3. 发票是真的，但发票购买者与开票人不一致”。具体要关注的是“钱花了要看事做了没有”，即发票所承载的经济事项的一致性判断为标准，从对发票真伪的辨别开始，再对经济事项的真实性进行验证，最后要把发票与经济事项联系起来，评估或判断发票内容与所发生或形成的经济事项是否真实、存在和一致。发票是承载经济事项的载体，也是完成货币支付的凭证，明确了假发票的概念，工作就会变得清晰起来。

（二）预算和具体项目关联

我们说“预算管理”透明是一个重要原则，现在的许多预算只披露预算条目类别的信息，甚至是账目和数字，但具体的活动和项目就不会透露，自然报账的发票就很难梳理。但没有判断真伪的能力和制度，预算管理还是会流于形式。

判断发票的真伪，一是看发票，二是看经济事项，三是看发票与经济事项的内在联系。审计查处认定的虚假发票一般表现为四种形式，第一种形式是“假票假内容”，就是我们通常所说或者见到的发票本身是

假的，通过发票报销所指向的经济事项也是假的，我们也称之为"双假"套现；

第二种形式是"真票假内容"，就是通常指的用于报销的发票本身是真的，但是通过发票报销所指向的经济事项是虚假的，我们称之为"恶意套现"。以上这两种形式都形成对公共财政资金的侵占，导致公共财政资金净损失。

第三种形式是"假票真内容"，即经济事项是真的，可反映经济事项所报销的发票是虚假的；

第四种表现形式是"真票真内容"，即发票是真的，经济事项也是真的，但发票与经济事项之间不存在真实的经济交易背景。基于审计监督成本与审计威慑杠杆的考虑，审计人员重点关注的往往是前两种假发票形态，对后两种假发票形态因其存在"制度上的善意"而不去过多地投入审计精力去关注。

（三）"预算管理"与"发票制度"的博弈

公共财政资金因其"公有"的属性成为假发票套现的主要对象，而基本支出中的日常公用经费支出和项目支出就成为假发票套现的重灾区。如果说有公共财政资金支出的地方就会有假发票套现行为的发生显得过于武断的话，那么有公共财政资金支出的地方就有可能存在假发票套现愿望，就如同每个出差回来的人想尽可能多的报销差旅费一样，多报销的部分或者念头就是发票套现的普遍性心理。

现行体制、制度下的部门本身利益驱使下，监督约束机制或遭屏蔽，或遭缺失或兼管不力。梳理审计揭示出发票套现的轨迹不难发现，小到差旅费、劳务费、办公费、交通费、招待费、会议费等，中到咨询费、律师费、中介服务费、购置费、办公耗材、劳保用品、各类变相发放的津补贴等，大到各类项目、各类工程以及资产处置和购置等，只要能够使用票据完成对公共财政资金的给付，利益、机会和权力三者之间就有可能发生交互作用而萌发发票套现的可能。

套现直接导致公共财政资金的净流失，是在此基础上上演和实现着"公权私器"的最大效用，凸显着私利、部门预算与国家预算之间的权力与利益的博弈。

（四）“统一发票”制度的利弊

统一发票制度有利也有弊，我们可以将它们一一列举，但是发票未来终将消失。目前有利的方面：发票是现在较有效的税收监控方式，目前没有最好的取代发票的税收监控方式；发票是在没有普及电子办公、电子交易的情况下，最有效的交易纸质证据和原始凭据；是事后追究责任的凭据。

统一发票的弊病也不少：发票制度是中国独有的报销制度，不利于与国际接轨；随着经济的发展，电子办公、电子商务的普及，交易监控手段逐渐会由传统纸质凭据向网络数据转化，发票取消只是时间问题；容易滋生腐败；发票管理程序烦琐，不利于经济发展。

分析两岸的发票管理制度发现，两岸的制度都体现了发票的记录功能与税票功能，但台湾的发票管理比大陆能更好地充当沟通商品交换的媒介，相反，大陆的发票管理制度成为商品交换的障碍，我们要从台湾发票管理制度中得到某些启示。

反对取消统一发票的原因是担心取消发票制度之后国家该如何征税。看看世界上绝大多数国家如何征税，我们应该可以获得不少启发：

第一，发票在某种程度上是决定纳税人税负高低的“合法”的计税依据。纳税人都有着维护自身利益的本性，即追求自身利益最大化的要求。因此，除了制售假发票，在当前纳税人“真票假用”的收益远大于成本的前提下，一些纳税人便热衷于这种“黑色需求”。

第二，“以票定税”，赋予了发票太多的功能，发票即是税款，税款即是发票。但发票既不是货币，又不是有价证券，却承担了货币和有价证券的职能。这就是发票税收制度本身的一大不合理之处。而税务机关权力有限，很难承担发票的诸多重任。因此，仅靠税务机关来行使现行发票税收制度下发票的职能实属困难。

第三，在现行的发票税收制度下，很难体现效率优先。造假、“真票假用”屡禁不止，防不胜防，发票已成为不法分子钻空取利的法宝。加强发票管理，进一步建立健全发票管理制度，形成一整套科学的管理办法，规范税收秩序。税务部门必须注重对"真发票、假事实"的审计，防止违纪违规问题的发生及国有资产的严重流失。

在中国最好的发票管理办法是直接管理与间接管理相结合。税务机关的强制性直接管理是必需的，发票管理的过分民主，在法治还未健全时将会导致经济体系的混乱，但不必在发票管理上有太多的行政干预，更不必设置不同种类的发票，对经济交流产生障碍，诱发纳税人产生逃避税的动机。

另一方面应从国外发票管理经验中得到启示，采取措施促使纳税人加强会计核算，让纳税人无从进行偷漏税的抉择。因此，加强纳税评估不失为一个很好的措施，它是国外的一个行之有效的税务纠错机制体系。纳税评估加上发票管理手段、税务稽查、税务信息管理与一定的惩处手段，定会促进发票管理制度的发展。

（五）"发票税收"与"发票治理"

世界各国都有发票，但像中国这样由政府一手包办的发票管理模式则是罕见。在绝大多数的国家，发票都是由商家自行开具的，只是商家和消费者之间货物或者服务流转的凭证，而非纳税的凭证。商家的纳税依据，则是由商家所提供的会计账簿进行确定。

初看起来由国家统一印制发票是可以解决税源问题，但是实际的效果则是：发票成了商家偷逃税的合法工具——市场上普遍存在的买卖发票现象就是明证。为了打击这种违法使用发票的行为，投入诸多立法成本——制定相关法律法规、发票印制成本和执法检查，但是巨额投入只是增加了合法商家的纳税成本，其余收效却并不明显，总是会有不少商家会铤而走险使用假发票，且使用范围会越来越广。

假发票泛滥成灾的根源还在于当下发票制度的逻辑错位：将发票视为是解决税收的监控工具。发票无法作为税收的税入凭证，它只能承担一个钱物流转凭证的功能而已。

发票是财务会计核算的原始凭证和税务稽查的重要依据，由于过分强调"以票抵税"，导致发票成为企业之间进行商事活动的唯一凭证，只要取得发票就代表着一项经营活动的存在或终结。这样，发票就成为整个税收体系中最重要的链条，整个企业的收支情况都会因为发票的取得而改变，企业如果想偷逃税款，只要取得发票，便万事大吉。经济利益诱发企业千方百计去取得发票。另外，部分行业由于面对群体的特殊性，不需要或很少开具发票。由于我国的税务机关普遍存在“查税看票”的情况，而从不对企业的经营状况，资金收支情况进行监管，导致国家税收的流失。

在一些西方国家，发票不是证明企业经营活动的唯一凭证。除了对发票进行监管外，国家规定企业在经营活动中不允许动用大数量的现金，企业的经营活动中资金的流入和流出都必须通过银行进行，税务机关通过银行对企业资金的流入流出状况进行监测。这样保证了企业经营活动的真实性，同时弱化了发票的“一票千金”的地位，使发票恢复了仅是作为“书面证明”的作用。

在发票税收制度下，决定了不可能有真正意义上的依法治税，因为发票的合法性尚待商榷。在发票税收制度下，税收不能真正反作用于经济。由于发票的种种缺陷，纳税人“伪造、变造、隐匿、擅自销毁账簿、计账凭证，或者在账簿上多列支或者不列、少列收入，或者经税务机关通知申报而拒不申报或者进行虚假的纳税申报，不缴或者少缴应纳税款”的偷税情况始终存在，且无法避免，“以票抵税”漏洞百出，“发票税收”问题亟待解决。

现行的发票税收制度赋予了发票太多的功能，发票即是税款，税款即是发票。但发票既不是货币，又不是有价证券，却承担了货币和有价证券的职能，可以说功能与地位明显不对称。这恰恰又是发票税收制度设计本身的一大不合理之处。与此相对应的是，发票的主管机关——税务机关权力有限，也很难承担发票肩上的诸多重任。因此，仅靠税务机关来行使现行发票税收制度下发票的诸多职能实属困难。

由此观之，我们不难得出如下结论：在发票税收制度下，不可能有真正意义的依法治税，因为发票的合法性尚待商榷。在发票税收制度下，税收不能真正反作用于经济，相反由于发票的种种缺陷，纳税人的偷税情况将始终存在，且无法避免。在发票税收制度下，不可能真正做到效率优先。因此，发票对于行政效率和资源始终是一种重复和浪费。

六、结 论

本文介绍了“公共财政”与“私人财政”“国家财政”以及“法治财政”的区别与关系，认为政府和普通老百姓在财政上的交汇点就是“公共财政”中最关注的“公共预算”，而“公共预算”不仅要关注财政收入，更重要的是加大力度监管“财政支出”。财政支出中的“发票”现象将对“公共预算”的建立提出挑战，唯一解决之道就是“法治财政”。

作为建立“法治财政”面临的挑战，我们不得不简述了中国内地发票的历史和全国“统一发票”建立背景，同时也介绍了香港、台湾地区以及欧美国家的发票制度的不同，作为全球特色的制度，发票对税收在特定阶段起到了相当重要的作用，但随着法治化和市场化的进程，“发票”这一交易凭证需要采取更简洁方式。

在现阶段“预算管理”中只披露账目和数字，没有项目和细节，不和绩效相关联，预算编制简单粗糙，财政转移支付混乱等政府行为中，“发票”现象对此无疑起到了负作用，像“真发票、假事实”对于审计核实和监督都会增加更大的成本，“发票”的改革需要从“直接管理”向“间接管理”过渡，从“统一发票”向“统一报销标准”过渡，借助于诚信和道德才能真正建立中国的“公共预算”制度。

【参考文献】

[以] 阿耶·L. 希尔曼:《公共财政与公共政策——政府的责任与局限》，王国华译，中国社会科学出版社 2006 年版。

高献洲:《中国发票史—发票源流探考记》，中国税务出版社 2010 年版。

[美] 乔纳森. 卡恩:《预算民主——美国的国家建设和公民权（1890—1928)》，叶丽娟等译，上海人民出版社 2008 年版。

孙开:《论财政法制与财政监管》，载《财经问题研究》2006 年第 5 期。

台湾:《统一发票使用办法》。

杨玉霞、谢晓光:《韩国自主创新中财政预算管理政策运用与借鉴》，载《地方财政研究》2010 年第 5 期。

叶晖:《发票管理 370 问》，经济科学出版社 2011 年版。

张庆龙主编:《发票管理指南》，中国时代经济出版社 2005 年版。

《中华人民共和国发票管理办法》（国务院 2010 年第 587 号），http：//www.tax.sh.gov.cn/pub/ssxc/zlzy/zcgll/ptfpjbpz/pzxgwj/201203/t20120330_390024.html，访问时间 2012 年 3 月。

中华人民共和国《增值税专用发票使用规定》，http：//baike.baidu.com/link？url=mja4YJURxYnkLUrApENFEq9tzJavgqIwT364flkq-oI2CebZMWXjuGrR8gV-PrI7fc_VbhvVE-JlwvYJ4ppeSJK，访问时间 2012 年 3 月。

公共预算研究系列
Public Budgeting Research Series

人大预算监督与审计

论议会对政府预算决策的监督权
——地位和机制*

王淑杰**

内容摘要：议会作为公众权力的代理人，具有监督政府预算决策的权力。实践中从世界范围来看，议会的这一权力正在弱化。美国国会拥有强大的预算决策监督权，除政治、经济等原因外，国会预算决策监督权的运行机制对于保障国会权力发挥着重要作用。我国可适当借鉴美国经验，从改善我国人大运行机制方面提升人大的预算地位。

一、议会的预算决策监督权正在弱化

政治史和财政史都表明，议会最先从行政机关赢得财政权力，然后才在财政权力基础上逐渐形成宪政体制。在现代代议制政体下，大多数国家的宪法都规定议会具有监督预算决策的权力。预算权力是议会最基本、最重要的权力。

那么，与政府的预算权力相比，议会的预算决策权力有多大呢？事实上，在预算制度演变的发展史中，各国议会与其行政机关的预算权力

---

* 此文已发表于《宏观经济研究》2011 年第 3 期。

** 王淑杰，女，中央财经大学副教授，研究方向为财税理论与政策。

总是处于不断的竞争当中，双方平等地享有预算权力的机会不多，并且这种竞争是动态和多变的。希克将议会的预算权力划分为三个发展阶段：议会开始掌握钱袋子权来控制税收和支出阶段、政府规模不断扩大，编制和执行预算的程序逐渐复杂阶段以及法定的预算程序产生阶段。

发展到今天，议会的预算权力是增强还是削弱了呢？诺顿将议会的预算权力划分为三种情况：（1）制定预算的议会，即有能力修改或者拒绝行政机关提出的预算建议，并且有能力自己制定预算替代之；（2）影响预算的议会，即有能力修改或者拒绝行政机关提出的预算建议，但是缺少自己制定预算并替代之的能力；（3）批准预算的议会，即对预算的影响很小或没有，缺少修改或拒绝行政机关提出的预算建议的能力，也没有能力自己制定预算并替代之，一般来说，他们仅限于赞成预算。按照诺顿的标准，目前很多国家的议会都处于第三种或者第二种情况，仅有少数国家处于第一种情况。因此，可以说，从总体上看，目前各国议会的预算权力比较差。1998 年经济合作与发展组织（OECD）调查，议会通常都会批准政府的预算草案吗，议会会修正预算草案吗，修正次数和金额是多少。大多数国家的回答是基本上议会进行很少或者基本不做预算修正，即使有些国家的议会对预算案进行了多次修改，但对政府预算案并没有实质影响。各国议会联盟（IPU）和世界银行（WB）曾以监督工具为标准来衡量各国议会的预算能力，发现各国议会的预算能力比较差。比如倾向于使用约束性较弱的监督工具，在调查的 83 个议会（82 个国家议会加上欧盟议会）中，询问和听证等约束性弱的监督工具的使用较为普遍，分别有 96. 3% 和 95% 的议会使用；而约束性强的质询和调查等硬性监督工具则较少使用，分别为 75% 和 73%。议会正在让渡给政府更多的预算决策权，因为他们认为自己没有能力进行预算决策。

议会预算权力正在弱化的原因主要包括：（1）政党力量在逐渐增强。在过去的一百多年间，政党力量不断兴起。政党一般都有严格的组织和纲领，这使作为党员的议员们要按照政党纲领去投票，尤其在政府推行重大变革或者一票否决的情况下。在有些国家，政党内部还有着规范的政府预算决策程序，比如在日本，作为第一大党而长期执政的自由民主党就设有专门的审查财政部预算案并将其提交给国会的常设委员会。(2) 法定支出比重增加。近二十年来，政府的公共支出规模迅速扩大，经合组织国家1960—1980年公共支出平均增长率超过GDP增长率1个百分点，公共支出曾占GDP比例维持在29%—40%。在公共支出中，增长最多的是法定性支出，即无论政府财务状况如何都需要安排的支出。比如，社会保障支出占GDP的比重由1960年的6.8%增长到了1980年的16.2%。这使人们将注意力由行政运行和国防安全支出转向了法定性支出及其收入来源。在这种情况下，议会就无法像过去那样代表公众来监督或者否定政府的预算支出，而且，法定支出不需要经过议会的审批，这大大削弱了议会的预算决策权力。(3) 利益集团和各种政治安排。利益集团在当代很多国家中都存在并且在发挥着重要的作用。当然，有时某一利益集团与政府就某一政策并不能完全达成共识，但一旦二者达成了共识，那么，一般情况下议会只能被动地同意。这些原因导致议会变成了一个辩论俱乐部，有很大的讨论空间却难以影响决策。

虽然从全世界来看，议会的预算决策监督权出现了弱化的趋势，但这并不代表议会可以就此放弃或放松其权力。因为议会是代表公众行使预算监督权，如果它不把关，那么公众的权力就会落空。当然，现代的议会已经不能像过去那样以严格控制预算总额或项目为宗旨，因为公众需要更多更好的公共支出，公众的利益需要这些公共支出得以实现。现代议会对于预算决策的控制应以加强财政纪律控制为主，即保证预算资金确实用于公共开支。从这个角度讲，议会的预算决策监督仍旧存在着巨大的空间。总之，当前议会逐渐削弱的预算权力直接影响着预算决策的公正与效率，如何提升议会的预算权力已经成为各国需要解决的问题。

二、议会预算权力的实现机制

按照诺顿的划分，“制定预算的议会”权力最强，目前能够满足这一标准的典型国家就是美国。希克也认为：美国国会的预算权力在世界范围内是最强的，因为美国国会有些时候就像一个制定预算的议会那样行使职权。虽然总统向国会提交预算草案，但是国会仅将此视为一个需要严格审查的建议案。总统预算建议就是“提交即死亡”，国会独立地界定自己的预算政策。本文将以美国为例分析议会预算权力的实现机制。由于各国环境不同，本文忽略了政治、经济、文化等方面，着重于分析普适性机制，其中健全的法律、严密的组织、完整的预算程序和透明的权力运行方式是实现国会预算权力的重要因素。

（一）法律保障

从共和时期开始（1787 年），美国的法律体系不断完善，其中包括加强国会预算权力方面的法律。

1. 在宪法中明确规定国会的预算权力

美国早在 1787 年立宪时就已经在宪法第一条中对国会预算权力做出了较为具体的规定，其中明确规定了征税、国债、拨款等均需经过国会的批准。1913 年修正宪法时，又赋予了国会批准征收所得税的权力。将国会的预算权写入宪法从根本上维护了国会的预算地位。

2. 国会通过授权法案和拨款法案控制政府预算

美国预算支出包括自主性支出和强制性支出两类，国会通过制定授权法案和拨款法案来控制自主支出，通过制定或修改相关法律来控制强制支出（如修改社会保障法可以改变社会保障方面的强制支出）。当政府的每一笔支出都要经过国会审批时，国会的预算行为就成为一种长效机制。

3. 几次里程碑式的立法巩固了国会的预算权力

国会与总统之间的权力之争一直是美国立法的焦点，几次里程碑式的立法都使国会的预算权力得到巩固。

（1）《1921 年预算与会计法》。首先，该法规定总统向国会提交预算草案，这改变了原来财政部向国会各委员会分别递交预算申请的做法，有利于国会进行集中统一的审批。其次，该法恢复了参众议院拨款委员会的权力，即所有拨款支出都要经过该委员会的同意，这使两阶段预算审批制度重新发挥作用。再次，该法还设立了对国会负责的审计总署。将原来由财政部负责审计支出的职能转给了审计总署，财政部的审计长也由审计总署的审计长取而代之，这项规定在约束总统权力的同时扩张了国会的权力。

（2）《国会预算和扣押法案》。该法案从以下两方面提升了国会的预算权力，一是统一了预算收支，从而便于国会审核。从 1789 年到 1975 年近两百年的时间内，国会并没有一个完整的预算文件，而是对包含收入和支出的若干个预算案分别审议，这样国会就无法建立起预算支出的优先序，从而弱化其预算权力。二是限制了总统扣押预算拨款。原有预算程序下，总统可以通过扣押预算拨款的方式绕开国会，而该法规定了当行政部门不执行国会的拨款法案时，国会能够进行法律干预。

（3）1985 年《平衡预算与紧急赤字控制法》和 1990 年《预算执行法》。20 世纪 80 年代美国联邦预算陷入了疯狂的赤字状态。国会通过《平衡预算与紧急赤字控制法》成功地缩减赤字并最终达到平衡的目标，其主要手段就是制定预算限额和减少赤字的时间表以及扣押没收等，以强制性地控制和削减预算赤字。1990 年国会又通过《预算执行法》，规定自主支出和强制支出的减支办法，进一步加强了对预算赤字的控制能力。

总之，美国不断完善的法律体系为国会实现预算权力提供了良好的保障。虽然表面上看美国并没有单独的预算法或财政法，但是实际上每年（预算年度）国会批准预算的过程本身就是立法，而这种长效性的立法有助于巩固国会的预算权力。

（二）组织完善

为加强预算权力，各国议会都在进一步完善组织及其资源。1998

年经合组织一项报告显示，与十年前相比，一半以上国家的议会增加了他们的预算资源，主要体现在：成立了许多负有监督或立法职能的委员会、预算方面的职员人数增加、议会对于政府预算支出的规范性和有效性的审计次数更多等。美国国会在组织建设方面也取得了较大的进步和成功，目前已经形成了比较完善的组织体系，主要包括：

1. 拨款委员会

通常各国议会都按照职能划分为相应的委员会，如外交关系委员会、农业委员会、能源委员会等。美国也是如此，参、众两院都下设若干个职能委员会。除此之外，还设立了专门的拨款委员会，其基本职责是确定对部门及其项目的预算拨款。而且，拨款委员会还下设拨款小组委员会，分别对应若干个政府部门。之所以设立专门的拨款委员会及其小组委员会，就是因为政府部门没有自我控制预算资金的动力，他们可能会与相应的职能委员会结盟。实际上，拨款委员会和其他委员会具有固有的敌对关系，但是其他委员会又非常信任拨款委员会。因为从根本利益上讲，职能委员会和拨款委员会都非常关心预算收入和预算支出的关系，并且都不希望长期出现赤字，所以愿意将权力赋予拨款委员会来限制支出。正因如此，《1921 年预算与会计法》中强化了拨款委员会的作用，恢复了其原来的权力。值得一提的是，虽然拨款委员会的职能单一，但其下属机构和人数较多。目前参众两院各下设 13 个拨款委员会专门负责具体领域的拨款，人员总共有近千人，而国会两院总共才有 535 名议员，可见国会非常重视该委员会及其预算监督作用。

2. 预算委员会

1974 年参众两院分别设立预算委员会，其基本职责是审查总统预算草案的宏观政策和总体指标。参众两院在方法途径委员会（财政委员会）和拨款委员会之外，又设立预算委员会，足见国会对预算监督的重视。参议院预算委员会的成员由党派选举组成并且永久任期。众议院的预算委员会的组织结构则不同，五名来自拨款委员会，五名来自方法途径委员会，一名是民主党的领导，一名是共和党的领导，剩余的成员由众议院按照常规程序任命。因此，众议院的预算委员会是一个联合体，既有普通成员也有领导。另外，众议院预算委员会成员实行轮岗制，而不是像参议院那样实行永久制，每名成员最长任期不超过6年。轮岗制减少了预算委员会成员目光狭隘的可能性，有利于从其他委员会获得信息，而且还能避免少数人的暗箱操作。

3. 国会预算办公室

1921年法案为总统设立了预算局（后更名为预算管理办公室），之后政府预算的主要信息基本由该部门提供。为获得独立的预算信息，1974年国会通过立法设立国会预算办公室。预算办的主要职责是协助预算委员会制定预算决议（Budget resolution），它提供的报告包括预算和经济前景报告、总统预算的分析报告、讨论预算各种可能选项的报告以及预算支出或收入的效应分析报告。与国会其他部门和总统的预算管理办公室相比，国会预算办具有鲜明的独立性，它不附属于也不倾向于某个委员会或者参众两院多数党，在国会发言和各种预算经济问题的分析中，它都努力提出对某个提议的正反两面的讨论。预算办工作人员也是经验丰富、训练有素的政策分析家而不是政策推行者，它的专职人员主要由经济学家和政策分析专家所组成，其中大多数人几乎没有在国会从事政治的经验。为吸引这些人才，国会会支付很高的工资，通常会高出政府部门所雇用的最优秀分析师的工资。目前美国国会预算局（CBO）就常年聘用各行业专家及普通职员共200多人，每年的预算开支达1200万美元。实践证明，非政治性和专业化的国会预算局在一定程度上解决了国会诸多委员会分散审批预算的问题，帮助国会提高了制定和执行总体预算的能力。因此，国会预算局对政府预算的影响是相当重要的。

4. 会计总署

1921年法案将原属于财政部的审计职责转移给一个新的机构——会计总署（GAO）。联邦会计总署隶属于美国国会，直接对国会负责，目前有3260人。其职责包括：对联邦各部门和项目进行审计和评价，对国会履行宪法授予的监督政府运行的职责给予支持或对国会各委员会完成其法律议程给予协助等。美国会计总署最为突出的两个特点就是独立和透明，这也是保证预算审计质量的关键要素。首先，会计总署的独立性体现为：会计总署的最高长官——主计长由国会选举，经总统正式任命，任期15年，不受政府更迭和国会换届影响，主计长退休后仍拿全薪，其待遇高于政府一般的部长；会计总署的经费由国会单独列预算予以保证，其内部机构设置和人员配备，由主计长自主确定等。其次，会计总署的透明性体现为：它不仅向国会提交审计报告，而且绝大多数审计结果可同时向新闻舆论和社会各界披露，公众还可通过上网等途径便利地获得有关预算审计结果。据统计，其向新闻舆论和社会各界披露的审计结果高达97%，只有约3%的信息因涉及国家秘密等原因只向国会报告。

（三）预算程序完整

一般的，各国议会都把预算权力范围集中于审批环节，而较少涉及编制、执行或审计。美国国会却不如此，除预算审批外，它还将预算权力延伸到了其他所有预算环节。

1. 在预算编制环节，除总统下属的预算管理办公室负责编制预算草案外，国会下属的预算办公室也要编制一份预算草案

事实上，总统提交的预算案只是预算建议，国会（CBO）提交的预算案是预算决议（resolution），而国会审批的正是预算决议。预算编制是政府预算的基础，预算编制水平直接影响着预算执行以及审计的质量，当然也直接决定了预算的任务和内容。在行政部门已经能够编制较高质量预算草案的同时，国会还参与预算编制过程，这无疑能够进一步提高预算编制的质量，从而也便于国会进行监督。相反，如果国会不参与预算编制，只是被动地接受行政部门提交的预算，那么其监督政府的力度也将大打折扣。

2. 预算执行也是立法监督的重要环节，美国通过以下三方面实现对该环节的监督

一是控制拨款。国会通过授权法案只是同意立项（规划目标和手段），政府拿到钱还需要通过拨款程序。因此，控制了拨款就能够控制预算执行。二是派驻监察代表。美国国会向各个行政部门派驻监察代

表，对所驻部门实施国会授权项目的情况和预算执行结果进行监督，监察代表每半年向国会送交一份监察报告，列举所驻部门工作中严重的舞弊、浪费、低效和滥用职权问题，并提出改进意见。发现异常情况，监察代表随时向国会提交特别报告。三是追加预算必须经过国会。美国法律对变更预算进行了严格规定。按照规定，预算变更须经三分之一以上议员同意方为有效，未经国会批准而修订预算的行为须负法律责任。

3. 政府预算的审计主要由国会负责

审计总署是主要的政府预算审计机构，其审计报告也是公众以及专家评价预算执行的重要参考。审计总署在每个政府机构内部都设一个总检察官，总检察官经国会批准后由总统任命，总检察官有权查阅被审计部门的所有文件，各部门的各类人员必须回答总检察官提出的所有问题。总检察官通常向国会提交两种报告：一种是每6个月一次的日常报告；另一种是在发现问题时提交的专门报告。另外，国会委员会还对每年的预算执行结果进行评估，以决定今后预算的编制。众参两院各委员会特别是拨款委员会、公共账目委员会有权在接到派驻监察代表关于预算执行结果、审计总署关于决算审计的报告后，运用调查、费用分析、效率研究等方法，通过听证会等形式，对预算执行结果进行评估，并向全院大会提交评估结果的审查报告。

（四）权力运行方式透明

无论编制、审批、执行还是审计，国会在行使上述预算权力时都保持着较高的透明度，这有助于增加公众对于国会预算权力的支持和理解，从而实现甚至提升国会的预算权力。与行政部门公开预算信息相似，国会也会通过网络、电视、报纸等多种途径主动公开其行使预算权力的过程和结果。除了较为常用的辩论或讨论方式外，国会还有一些其他的权力运行方式，但无论是哪种方式，其透明度都很高，听证和审计就是其中比较典型的方式。

1. 听证

按照预算程序，从每年2月的第1周起，国会两院预算委员会为起草预算决议案会召开一些专项听证会，听取来自政府官员、学术研究机构专家、企业管理人员、全国性组织机构的代表、议会成员和普通纳税人的意见。在众议院起草拨款法案时，国会各常设委员会和各小组委员会根据各自的职责范围和所涉及的领域举行听证会，邀请有关人士发表建议和意见，并由财政部长及其财政助理到会作证。

2. 审计

美国会计总署专门为国会服务，负责对联邦各政府部门和项目进行审计和评价。它围绕国会感兴趣的问题确定审计项目，或者应国会要求或同有关人员协商后确定审计项目。在审计过程中，特别是在正式提出审计报告之前，常常与国会沟通情况，审计报告编制完成后则全部提交给国会审议。会计总署内部还设置了国会关系局，专门负责搜集并向主计长提供有关国会的情况，代表主计长同国会进行一些敏感问题的谈判，以及处理同国会的一些重要关系问题，现在会计总署每年来自国会的审计项目多达 600 项。同时，会计总署每年对联邦政府部门的会计报表进行决算例行审计，对每一个部门出具单独的审计报告，这类单项报告每年也有 100 项左右。目前，美国会计总署的审计范围已经扩展到法律性审计、经济性审计和绩效性审计，而其审计目标也包括合法性和绩效性。对于某些商业性开支，也会聘请民间的会计公司参与审查。

三、提升我国人大预算权力的建议

与国际上很多国家一样，我国人大的预算权力也处于比较弱的状况。要改变“橡皮图章”的尴尬处境，有必要引入新的机制，以提升人大的预算地位。

按照诺顿的划分，我国人民代表大会（以下简称人大）的预算权力处于最弱的状况，即人大基本上只是“批准预算的国会”。要改变“橡皮图章”的尴尬处境，我国人大有必要借鉴美国的经验，引入新的机制，提升其预算权力。

（一）修订《预算法》

关于人大的预算权力，《中华人民共和国宪法》《中华人民共和国地方各级人民代表大会和地方各级人民政府组织法》《中华人民共和国各级人民代表大会常务委员会监督法》和《中华人民共和国预算法》（以下简称《预算法》）等均有涉及，前三部法律的规定相宽泛，而《预算法》的规定更为具体和详细。为此，除继续细化前三部法律外，可以重点考虑从修订《预算法》着手来加强人大预算权力。对于《预算法》的修订，主要应包括以下内容：

1. 明确预算改革的法律地位

1998 年以来我国先后实行了部门预算、政府采购、国库集中支付、收支两条线等预算改革，这些预算改革在提高预算资金的使用效率、增强预算管理透明度和完整性等方面发挥了重要作用。然而，现行《预算法》并没有包含这些预算改革内容，这直接导致实践中很多部门为维护既得利益而拒绝实施改革。人大面对这些没有执行预算改革的部门，难以依据法律行使其预算权力。因此，及时将预算改革写入《预算法》，明确其合法地位，已经成为当前实现人大预算权力的必要举措。

2. 扩充预算收支范围

长期以来，我国各级政府存在着大量的预算外资金，而人大却无法对这些预算外资金进行监管，这与《预算法》规定的缺失直接相关。因为现行《预算法》规定的收支范围却比较窄，只包含“三部分”中的“一般预算”部分，并没包含或者突出“基金预算”部分和“债务预算”部分，所以在很大程度上助长了“预算内外两张皮”的现象。因此，修订《预算法》时应考虑增加基金部分和债务部分的收支项目，将全部预算资金纳入人大的监管范围之内。

3. 规范预算调整

在我国政府预算预测和管理水平都较差的情况下，预算调整是经常发生的行为，且规模和影响都较大。现行《预算法》对预算调整的规定并不严谨，导致一些政府部门利用这一法律空当绕过人大的监管。根据《预算法》第 53 条的规定，预算调整是指经全国人民代表大会批准的中央预算和经地方各级人民代表大会批准的本级预算在执行中因特殊情况需增加支出或者减少收入，使原批准的收支平衡的预算的总支出超过总收入，或者使原批准的预算中举借债务的数额增加的部分变更。按此规定，政府部门可以在不违反《预算法》的情况下，将超收部分的资金用于安排支出；或者预算收入和预算支出与预算数相比都有一定幅度的减少，而总支出仍小于或等于总收入，勉强做到基本平衡，从而不需要经过人大及其常委会的批准。因此，为维护人大的预算权力，有必要在修订《预算法》时，规范预算调整的概念，将其改为：凡是在批准的法定预算基础上发生的变化情况都是预算调整，包括收支平衡前提下的预算收支变化。

（二）加强人大组织建设

1. 设置预算委员会

随着我国政府规模和行为的扩张，政府预算越来越复杂。在这种情况下，在人大设置专门行使预算权力的部门就显得非常必要。在 1998 年以前，全国人大将预算权力划归财经委员会，1998 年后才在人大常委会下设立预算工作委员会（以下简称预算工委），但目前人员编制仍较少。由于这些客观条件的限制，预算工委对于政府预算的往往仅限于一般性、合规性审查，人大的预算权力并未得到真正的落实。本文认为，借鉴美国的做法，全国人大可设置专门的预算委员会，其主要职责是对政府预算及其调整方案进行初审，并向人大常委会和人大提出意见报告。财经委员会则继续保留，专门研究或拟订国家或地方经济、社会发展规划，有关财经方面的法律、法规及其方针政策等。

2. 设立研究部门

从国际上来看，国会成立专门的预算研究部门已经成为趋势，实践证明，这些专门负责搜集、提供和公开预算信息的研究部门有助于提高国会的预算权力。比如乌干达就根据 2001 预算法案建立了议会预算办公室，智利、墨西哥等也在过去几年建立了预算研究组织。结合我国实践，可以考虑以各级人大常委会预算工委为基础，设立预算工委的研究室，研究室负责向预算工委提供独立的预算和经济信息来源。在人才选拔方面，可以通过公开竞争考试的方式，选拔出精通财政、审计、财务等方面的专业人员作为专职研究人员。

3. 审计划归人大

审计已成为很多国家国会监督预算的重要手段。导致我国审计未能协助人大充分发挥作用的重要原因就在于我国采用行政型审计模式。目前我国行政型审计的弊端已经越来越明显，如审计机关缺乏独立性、审计结果的披露受到限制、审计工作的重点和目标不稳定、审计监督留有空白、预算审计流于形式等。因此，本文认为将现有审计模式转变为立法型审计型已经势在必行。具体做法可以考虑将各级审计机关划入各级人大序列，审计署隶属于全国人大常委会，服务于最高权力机构——全国人民代表大会，直接对全国人大负责；地方各级审计机关对本级人民代表大会负责并报告工作，在人大闭会期间向人大常委会报告工作。

（三）强化审批权力

囿于政治、经济、文化等多方面因素的作用，我国人大恐怕短期内难以成为美国那样“制定预算的国会”，但是成为“影响预算的国会”却是充分发挥人大“钱袋子权”的必要内容。因此，强化审批权力应成为人大提升预算权力的重要环节。

1. 加强初审

在人大当前的议事规则下，预算初审发挥着比终审更为实际的作用。多年来的实践证明，初审后人代会一般不会对预算案进行较大的修改。当前加强初审最为重要的就是延长初审时间。从世界范围看，很多国家都通过法律规定了政府提交预算的最后时限，通常要求在预算年度开始前3到4个月。与之相比，我国提交预算案的时间过短，人大初审时间不足两个月。在这么短时间里却要审批占GDP近五分之一的高达六万亿的公共资金，审批效果和质量难以保证。因此，可以考虑适当延长预算审批时间以更好地履行“看门狗”的职责。

2. 单项表决和预算修正

单项表决是国会对预算项目进行逐项表决。在国外，单项表决是非常重要的监督手段，比如美国总统就是依靠单项表决权和国会相制衡的。目前我国采取的是整体表决方式，即人大对整个政府预算案进行表决，或者全部同意或者全盘否定。这种简单、粗放的表决方式不利于细化监督，可以说是形式大于内容。越是规模庞大、项目繁多的政府预算，这一弊端体现得越明显。与单项表决方式配套的是预算修正，只有建立相应的预算修正的规定，单项表决才能得到落实。在我国有些地方已经开始尝试建立预算修正制度，比如广东省、海南省、深圳市、湖北省的武穴等地方人大，已经在地方性的预算审查监督条例或决定中，对提出预算草案修正案的主体和所提事项等做出了具体规定。

3. 预算和决算分开审批

自1995年人大开始审批预算至今，预算和决算都是合并在一起的。然而，预算和决算分属于不同年度，处于预算周期的不同阶段，也由不同代表审批，要人大在同一时间内由同一届代表审批预算和决算不合乎逻辑。因此将预算和决算分开审批更为合理。相应的，政府提供的预算报告应该包括两部分：上年预算及其执行情况的报告、计划年度预算及其修正案（我国赋予人大预算修正权后形成的预算修正案）的报告。

（四）提高人大预算监督透明度

随着人大代表参政议政能力的不断提高和人民群众民主法制意识的不断增强，要求人大提高预算监督透明度的呼声将会越来越高。在这种背景下，人大有必要积极创造条件使公众了解预算、参与预算、监督预算，以更好地代表公众行使预算权力。

1. 细化相关法律

在近、现代民主政治的发展过程中，国会议事公开的重要性愈来愈为各国所关注，很多国家的宪法和法律对此进行了规定，比如日本、保加利亚、波兰、德国、法国、匈牙利、意大利等国家都有专门的议事公开制度。我国相关法律也已就人大预算信息公开进行了规定，如《监督法》中有6条条文涉及公开原则，占总条文的1/8，其分量之重显而易见。但总体来看，这些法律仅对人大预算监督的公开性进行了一般规定，难以成为实践操作的依据，比如就人大常委会应如何向社会公开监督旁听等未予规定，因此其操作性较差。未来可以考虑进一步细化相关法律，真正做到“人大的权力在阳光下运行”。

2. 充分利用信息手段

在当今互联网络迅速发展的时代，人大要提升其预算监督的透明度，除了继续使用传统的报刊、电视、电台等媒介外，已经不能忽略网络手段。因此，各级人大有必要建立健全官方网站，并及时公布其预算监督的过程和结果，让“钱袋子”成为“玻璃柜”。

【参考文献】

田穗生:《中外代议制度比较》，商务印书馆2005年版。

王淑杰:《政府预算的立法监督模式研究》，中国财政经济出版社2008年版。

王淑杰:《议会内部预算研究机构的设置》，载《财贸经济》2009年第5期。

David Coombes, *The Power of the Purse: A Symposium on the Role of European Parliaments in Budgetary Decisions*, New York: Praeger Publishers, 1975.

Norton Philip, *Dose Parliament Matter*? London: Harvester Wheatsheaf, 1993.

Schick, Allen, “Can National Legislatures Regain an Effective Voice in Budget Policy”, *OECD Journal of Budgeting*, Vol, No. 3, 2002, pp. 4 - 10.

预算民主视野下的人大预算修正权

——基于现状与可行性的分析

范永茂*

一、导言：精英化趋势下不完善的预算民主

公共预算所产生的经济效果是资源在国民中间的再分配，这种再分配十分注重分配过程的公平性，这种公平性是要以必要的民主做保障的。这样的要求突出公共预算的实质是用民主方式管理国家的"钱袋子"，即预算民主。我们也因此期待民主政府作为收入与财富再分配的公平机制而存在。对于现代民主国家，其预算民主的一个重要表现就是在预算审议过程中，通过谈判与妥协，达成共识，化解冲突，彰显公共利益。因而，公共预算的审议已经不再是单纯的立法机构和行政机构的角力，而是各个社会阶层和各个利益集团之间竞争资源的场所。

中国的人民代表大会制度是实现人民当家做主的政治组织形式，体现人民意志，维护人民权益，而预算民主应从根本上保障广大人民群众

---

* 范永茂，男，中国人民大学公共管理学院副教授，主要从事公共预算、财政管理和公共政策研究。

的利益分配权，它也是人大民主制度的坚实基础。而人大的预算民主要以预算的正当合法性为前提，通过必要的程序包容不同阶层的声音和利益诉求，基于公共理性最终形成预算共识。进而，在预算审议上，人大的预算审查应该为人民表达自己的利益诉求提供制度化的渠道，不仅要疏导社会情绪，也要为公共决策过程提供反馈回路。公民与政府之间的平等对话一直是民主理想的核心（McCoy and Scully，2002），通过预算审查过程中的公民和政府的平等对话，这样的横向交流而非纵向交流可促进新的公民与国家关系模式的构建，以温和理性的方式督促政府重新评价自己的公共政策观（朱孔武，2009），从而推动政府与公民社会中的机构结成伙伴关系，采取共同行动来推动社会的复兴和发展（吉登斯，2000）。

但我们必须要注意的是，公共预算遵循着政治逻辑，它的安排是与一个国家的政治状况密不可分的。也就是说，预算本身是达到政治目标的一个重要手段，政治因素会影响到预算的制定及其预算资金的使用。就政府部门而言，政治因素不仅会影响政府部门的目标选择，从而影响到政府的预算安排和各项财政支出，而且也会影响到政府预算是否对公民公开、哪些方面的预算对公民公开以及公开的程度如何。在中国，即使是在预算公开已经成为大势所趋的情况下，预算仍被一些地方政府视为重要的"国家机密"，这显然为预算民主增添了很大的障碍，并且最终也会影响到责任政府的建设。

此外，预算本身遵循的政治逻辑使国家的预算安排往往与理论分析并不完全一致。以政府间的财政转移支付为例，财政转移支付——根据理论的分析——被看成是实现地区间公平的重要手段，中央政府的财政资金安排在其中所起的是"损有余而补不足"的作用，或者是对教育、环保等由地区支持但却具有跨区效益的事业所进行的补贴，但有学者对中国财政转移支付进行了实证的研究发现，中国财政转移支付更多地体现了政治的逻辑，即政府决策者们对国家统一的重视完全左右了其财政转移支付的决策，至于公平的因素，他们是很少顾及的（王绍光，2009）。

之所以会出现这样的状况，原因可能在于：

首先，政治精英和公民的偏好并非完全一致。政府的目标是满足公民的需求，也就是所谓的公共利益，这是传统公共行政理论告诉我们的教条之一，然而理论的分析与现实之间的鸿沟却是不容忽视的，事实上，政府运行从较高级别的政府（如中央政府）来看，遵循的主要是精英的逻辑，政府活动反映的主要是政治精英们的偏好，而在更为基层的政府（如市级政府、县级政府），则遵循科层制的逻辑，尤其是在中国这样自上而下的行政体制当中，其对精英的意志的反映远远超过了对公民需要的回应。这些因素显然会影响到财政资金的安排，比如公民更注重政府提供的服务质量，而政府官员则更加关注社会的稳定状况，这样不同的偏好显然会影响到财政资金的安排，使公众的预期和政府实际活动之间产生巨大的差异，以深受诟病的维稳经费为例，公民和官员对待维稳经费的不同态度，显然不能简单地归结为政治官员对公民需求的漠视，而只能说政治官员面临的权衡取舍比公民自身所面对的选择要更为复杂。但不管怎么样，二者之间的差异肯定会阻碍预算公开和民主化的进程。

其次，即使政治精英们愿意遵从公众的意愿，但公众意愿要如何才能汇总成一个恰当的目标，这也是一个很严重的问题，当代政治理论一般依赖民主的途径来实现这一过程，但民主本身即是对妥协的承认，也就是说，民主政治仅仅意味着在可以妥协的范围内达成一致，而在冲突比较严重的地方则难以达成共识，这是阿罗已经告诉我们的道理，但无论政治领域存在着怎样的纠纷，行政却是以追求高效率作为目标的，这样难免就形成了政治与行政之间的张力，预算主要反映的是政府将进行哪些活动，在这种情况下，就预算安排而言，政治精英是很难遵从公众意愿的。虽然研究者们发现公民参与度越高，其对政府的不满就越低，但还是有很多政治官员因为担心公众参与引起不必要的麻烦，而干脆拒绝让公众参与（埃布登，2009），在中国，乃至于宁愿没有公众参与和知情的环节，政策安排和财政资金的安排仍然是一个黑箱。

第三，尽管以瓦尔达夫斯基（Wildavsky）和芬劳（Fenno）为代表的渐进主义学派，主张“多元主义的决策模式是在竞争的预算要求者中分配资源的最优方法”（马骏、叶娟丽，2003），但就像他们的批评者们所说的那样，政治过程是一个极其复杂的过程，如何确保各种不同利益的声音都能进入决策议程当中，并受到同等的重视呢？争取预算安排需要付出大量的努力，因而在行动中往往也是更有动力、更具实力的利益集团占据优势，而普通民众的利益要么就无法得到表达，要么就在政策议程中被牺牲掉了，但责任政府的建设其目的恰恰在于为广大的公民提供他们所需要的服务，因而在多元利益的幌子下，往往是以所有公民的利益为代价，而满足了部分利益集团的需求，在这种情况下，是很难谈论什么责任政府建设的。

总之，预算过程不可能是完全理性的，政治因素的影响难以回避，而在政治精英们的决策当中，公民利益即使不总是被牺牲掉，至少也无法得到充分的满足，此外，倘若一个国家的政治运行无法摆脱利益集团的影响，在这种情况下，即使建立起了完善的预算制度，也不会带来责任政府建设。

那中国的情况是怎样的，是如何确保各种不同利益的声音都能进入预算决策议程中，扭转预算过程精英化的趋势呢？从法律框架来看，指导中国预算过程的预算法比较详尽地规范了公共预算过程，它既有增进财务效能的技术性规定，也有包含预算过程中公权力之间不同权责的划分和平衡。但从回答前面的问题来看，预算法似乎没有能够做到容纳所有声音、扭转预算精英化。我们面对的现实是，从人大与政府之间的互动这一预算民主过程的核心问题来看，人大对预算的表决基本都是一次性表决，一揽子通过。即使有人大代表对预算部分内容有质疑，由于没有讨论程序，也无法发表别的意见，这就是立法和行政机构的互动缺乏实质性内容。造成这样的结果的重要原因之一就是《预算法》没有赋予人大审查预算时足够的弹性和容纳性，这样的弹性可以通过必要、适宜的预算修正权体现出来。对于预算修正权，一般的理解是立法机构修改政府提交的预算的权力。而更进一步讲，就是强调享有立法权力的机关及其组成人员按照法定的程序对本级政府提交的进入审议程序的预算草案进行修改，根据预算执行过程中的问题，对已经批准的预算进行调整的权力。

中国人大的预算修正权在公共预算领域正在被广泛地进行讨论和受到关注，而关于预算的相关国内外的对比研究也逐渐关注到了预算修正权力的差异问题。除了相关理论讨论之外，各个地方人大在修正权问题上也有探索性实践，很值得关注。本文将不再重复预算修正权的经验介绍，而是把讨论的重点放在当前推动人大预算修正权的难度的分析上。同时，目前相关文献更多地就人大预算修正权的困境和未来发展方向做分析，但对人大行使预算修正权的必要性和可行性的讨论相对缺乏，因此，本文的思路将从分析人大预算修正权的必要性和现状切入，再结合现实案例分析人大预算修正权在地方层面的实践，最后就其可行性和实现途径做一些较为深入的思考。

二、人大预算修正权的必要性和实行现状

（一）必要性的讨论

预算修正权的实施，在各个国家的实践是有所区分的，预算修正权在代议制国家预算审查中的作用和地位尤为重要，也是衡量预算民主化程度的重要指标。而从国外关于预算修正权的经验来看，议会的预算修正权都得到了有效的界定与明确，使议员提出提案的程序具备了合法性。

同时，议会的预算修正权能起到相对的效力，对财政和政府预算的调整起到较为关键的影响。虽然据相关研究表明，各国议会的预算修正权起到的作用是有所区别的，如英国在预算修正权上就明确对议会设限，议会的唯一合法修正权力是减少支出或取消一项税收或关税，并且修正案的影响力相对有限。而总统制国家如美国，虽然对预算修正权的方向没有明确设限，但特别强调权力分立下的预算制衡，同样使其有相应的限制，而这种限制是基于其两党政治的特殊性，如 2011 年 4 月美国参议院经过四周投票通过了新预算法修正案，削减了政府预算中 380

亿美元的开支，持久的讨论源自两党之间议题的争论。民主党人和共和党人在预算修正案中的表态将直接影响到其政治立场的倾向性。但从其差异性上，也可以总结出国外预算修正权的明显优势：明确的授权，更好地赋予议员监督政府预算的权力，同时保证了预算修正权的效力和合法性。

就中国的情况而言，从对预算修正权的界定上看，实现人大预算修正权，是落实人大审查监督职能的体现，但实质上，这一核心权力的赋予在当代中国的语境下具有必要性。

1. 从预算监督的角度上看

预算修正权是保障人大审查政府预算过程中，有权提出对预算提案的修正。从以往人大审批政府预算的过程来看，缺少了预算修正权的环节，预算提案的通过往往以整体肯定或否定的方式进行审批，因此，在这种情形之下，难以确保对预算的有效监督和控制。而强化预算修正权，也是人大在预算监督过程中体现自身职能价值的重要标志，从这点上看，预算修正权的落实具有必要性。

2. 从对财政资金的控制上看

人大预算修正权的落实，将有助于实现对部门预算调整的科学性和合理性。人大审查政府预算的过程中，如果能够针对具体的项目收支，甚至是整份预算的方向和重心调整提出有效力的预算提案，对促进财政使用的科学性，防止公共资金的滥用有可能产生积极的影响。如对现今较为重视的三公消费，专项资金的管理等，如果人大能够真正发挥自己的职责，在这些公众重视的预算收支项目中切实利用预算修正的权力把好关，将对这些公共资金的科学管理产生重要意义。

3. 更进一步，从建立现代公共预算的角度而言

预算修正权的落实，意味着人大作为权力机关在预算审查过程中的地位由被动转化为主动。对预算民主化、科学化的推进产生积极意义。因此，人大预算修正权的赋予，从最终的落脚点上看，有其必要性。

（二）实行现状的审视

中国在人大预算修正权的探索可以分为两个层面，第一个是法律层

面，第二个是实践层面。

1. 从法律的层面上看

《预算法》作为关于全国预算分配和监督职能的纲领性文件，关于预算修正权的界定本应在《预算法》的预算监督章节明确列出，但实质上，从《预算法》第六十六条至第七十二条这七个核心的预算监督条文中可以看出，《预算法》更多的是强调各级人大以及其常委会对本级和下级政府预算和决算的监督责任，以及各级政府财政部门和审计部门对于政府预算执行的监督。其中第六十七条指出：各级人民代表大会和县级以上各级人民代表大会常务委员会有权就预算、决算中的重大事项或者特定问题组织调查，有关的政府、部门、单位和个人应当如实反映情况和提供必要的材料。这一点即使规定了人大以及常委会对预算决算中问题的调查权，但依旧没有明确预算修正权的授予。从地方的立法实践上看，如湖北省 1996 年《湖北省实施〈中华人民共和国预算法〉办法》授予各级人大专门委员会，人大代表可以就预算草案提出预算修正案，广东省 2001 年《广东省预算审批监督条例》规定了大会主席团、各人大常务委员会、专门委员会、人大代表有权提出预算修正案。而山西省则规定了各级人大财经委员会作为预算修正案提出的主体。从地方法律层面上看，各地试行人大预算修正权，并且规定了行使这一权力的主体。

2. 从实践层面上看

地方法规规定了人大预算修正权的主体，但在实际运行和落实当中，却难以做到真正的落实。最为典型的案例如 2009 年上海闵行区人大预算修正权的试行，虽然代表们在区人大会议上得到详细的政府财政预算说明，详细列出了部门 2008 年支出状况和 2009 年预算草案，并且专门召开了 2010 年部分预算项目听证会，扩大民主参与，对修正的程序，主体都做出相应规定，却没有能够成功地提出预算修正案。再追溯到更早期的 2003 年，广东人大代表提出的预算修正案因需修正项的职权范围问题而未能提交大会决议。因此，从实践层面上看，即使将权利赋予人大，赋予具体履行预算审批和监督职责的人大代表手中，预算修正权的效力未能得到真正的体现。从 2003 年广东人大代表的联名提案再到 2009 年闵行区的试行，可以看出地方在实践中已经开始意识到人大代表在预算审查过程中的专业化和信息等问题，给予人大机构更充足的资源进行对政府预算的审查，但最终的权力落实依旧存在困难。

对比国外立法机构和中国人大在预算修正权上的界定以及代表们在实际的预算审查过程中所发挥的作用，显然可以看出，对预算修正权的授权和实际效力的缺陷，将是关键的制度障碍，并且存在着很多复杂因素的限制。这些限制也将引申出一个重要的命题：我国人大实现预算修正权是否具有可行性。

三、实现预算修正权的困境——是否具备可行性

（一）从历史发展的维度上看

相比于西方议会对于预算修正权的界定和行使，我国没有发展出一个完备的现代预算监督和审查体系，从我国从开始建立现代的预算体系以来，就缺乏运用预算修正权来监督政府预算的传统。从历史的角度上看，西方国家在建立现代预算国家的过程中，经历了较为完整的转型过程。如美国，从进步时代开始就不断地加强国会对于预算的监督功能。在 1921 年的《会计与预算法》中，就已经开始对预算修正案进行规定，并以三权的制衡作为预算监督的核心。而我国从 1999 年正式启动预算改革，强化部门预算编制，加强人大监督，完善了预算监督程序，但也应清楚地认识到，我国预算监督发展至今，因预算改革所涉及的利益主体复杂化，利益固化，在人大预算监督上难以对预算修正权进行真正的落实。因此，从历史发展的角度上看，中国人大实行预算修正权没有一个完整的、历史承袭的预算体系作为支撑，尽管开始尝试实践，但是依旧在落实上十分艰难，历史和观念的瓶颈对其推行有很大的障碍。

（二）从现实制度层面上看

在我国人大落实预算修正权的可行性还取决于人民代表大会制度自身是否具备了改革的动力。以往对于人大预算监督的探讨，更多集中于

人大代表信息上的不对称和专业化程度，但从现实的经验上看，信息缺失只能说明一部分的原因。如在上海闵行区人大预算修正权试行的案例中，人大代表们事先获得了充分的信息，以及进行了关于提出预算修正案的相应培训，但最终实践依旧流于形式。

因此，在尽较大努力消除信息不对称的情形下，人大代表依旧没有提出预算修正案。从这个案例中分析现实的制度层面，可以看出，人大代表们没有获得相应的激励和动力去提出预算修正案，而代表们面对的是涉及重要支出项目的政府预算草案。这种反差，一定程度上反映了代表们公共利益关切程度的缺失，同时，反映了人大代表作为为公众钱袋子把关的重要角色，没有及时强化自身的履职意识。造成这种现状的原因，可以追溯于人大制度自身。我国人民代表大会制度从理论上说，是代表人民行使权力的机关，但是因我国政治体制上存在的局限性，人大代表与民众之间的利益代理机制难以健全，与西方议会民主制度议员与选民的代理关系有所区别。因此在涉及公共利益问题上，人大机构和代表难以被有效激励，群众与代表之间利益诉求的不一致性，导致人大制度在涉及公共利益的事务中难以有效地发挥把关人的作用。而回到本文所讨论的预算修正权问题上，利益诉求没有获得制度的有效表达空间，如闵行区人大代表，在一些群众较为关切的支出结构不合理的项目上依旧没有能够提出修正案，除了表层的人大代表自身能力的因素外，从现实制度层面去考量，预算修正权的可行性，很大程度上取决于人大制度自身对于利益表达机制改革的接纳程度。

（三）从现实的操作层面上看

从历史的维度和制度的层面，可以论证人大预算修正权施行难度的内在因素，但现实中，我国各地方的特殊性和复杂性也决定了预算修正权推行的难度。从地方性的法规中可以看出，不同的地方法规对于可以行使预算修正权的主体的界定是不统一的，如山西省关于预算修正权的行使主体，是归于各级的人大财经委员会，而广东省关于可以提出预算修正案的主体扩大到了大会主席团、常委会、各专门委员会，人大代表可以 10 人以上联名提出。而且不同地方对于预算修正权的权限也没有达成统一，如广东在修正权的限制上明确规定了若提出相应增加支出的方案，也必须相应要提出增加收入或减少其他支出的方案。地方实践的不同步和不统一性，导致预算修正权始终难以获得重要的承认。西方国家尽管在预算修正权的权限上有国别的差异，但从一国对预算修正权的权限界定上看，地方间的差异性是较小的，这也是预算修正权得以更好操作的先决条件。而我国地方利益的复杂性成为了我国人大预算修正权是否可行的又一重要瓶颈。

（四）从国家权力关系重构来看

人大的预算修正权的政治性就在于它牵扯到国家权力关系的重构——政府与人大、人大和执政党之间公共权力的分配，显然人大是处于劣势的，预算修正权是使它逐渐增强的关键。人大在现今的中国挑战政府的权威地位毫无可能也没有必要，但预算修正权能够在一定程度上分散政府的权力，有利于推动一元化的政治统治结构的改革，因为它能触动政府最主要的权力——预算分配权。虽然这种转变并没有超越我党的政治底线，但仍有重要的意义，尤其在行政权力不断扩张的世界趋势下，它显得格外重要。随着人大的权力逐步得到保障，政府无法像从前那样凭借其意志决定公共预算，而是受到不断加强的监督和限制。

基于以上论证，有三个关键问题值得重视：中国历史上没有经历过预算国家的完整建构，政府缺乏完备的预算监督体系和传统，中国人大预算修正权的施行缺少背景支撑。从制度层面上看，人大制度区别于西方议会体制，代理和利益表达机制的先天局限制约了人大自主预算修正权的行使，从现实操作层面上看，地区的复杂性和特殊性使得操作困难。这三点从我国目前的实际来看，短时间内现状的改变是难以达成的，尤其是第一点和第二点，涉及历史发展的局限性和政治体制的深入改革。但本文接下来的论证，将试图跳出现有瓶颈，具体分析在现有条件下，人大预算修正权的实现途径与现实可行性。

四、实现预算修正权的可行性与空间

人大预算修正权至今没有能够获得其应有的法律地位，即使地方性预算监督条例明确规定预算修正权的行使主体，但依旧存在很多待解决的问题。而从我国目前实施预算修正权的现状来看，客观条件和历史条件的制约所造成的困境，是影响其落实的重要因素。但实际上，目前一些比较有积极意义的实践给人大预算修正权带来了可行性发展空间，同时也一定程度上对困境做出了回应。

（一）公民参与意识、人大代表的代表意识提升

预算公开，预算透明和预算监督是掌管好公共财政使用的重要环节，也是公众对国家财政运用的关切点。随着公民参与意识的增强以及一些地区人大代表不断增强的履职意识，政府预算在人大审查的环节上接受着比以往更大的审查压力。以河北承德人大两次驳回政府预算的案例为例，这次对政府预算的驳回在外界被称为财政预算监督的破冰之举。修正后的承德市政府预算报告在公务开支和行政成本上减少 7000 万，转向教育、民生、社保、科技等重点领域，而对预算案的驳回发生在人大对预算的初审阶段，暂且不论此案例的一些后续的影响，单从人大代表履职和监督意识的层面而言，对政府预算报告秉持一种正常、正规、严格的监督程序本身就已经是地方人大代表参与意识和代表意识增强的体现。

另一方面，如果在这次驳回的过程中，人大代表可以行使预算修正权，将其认为存在问题的支出项单列预算修正案，再交由大会审议，则整个预算监督的过程也就不会出现一些尴尬的局面。预算修正权如果能够在人大初审阶段发挥作用，对于完善预算监督程序将有更大的促进作用。

因此，从这个例子可以看出，地方人大履行职能的意识不断增强，是实现预算监督和预算民主的一个积极现象，而预算修正权如果能够加入到预算审批的环节，则可以更好地发挥人大代表的职能，从这一点回

应制度的困境，可以得出结论：推进人大制度改革和政治体制改革的成本或许较大，但是从地方人大监督意识加强这一现象可以表明，对预算修正权的推动，还是可以从地方人大探索的积极面去积累经验，逐步试行，而一些地区如深圳人大的预算“单项表决”，对重点预算项实现单项表决和修正的模式也是针对现有体制下，以一种独特的近似于预算修正权的方式践行监督职责，同样也是宝贵的经验。

（二）地方预算修正权行使的成功经验

可行性的第二点依据是地方上一些具有代表性的成功经验，如2006年3月浙江省温岭市的预算民主实践，当地人大代表提出八项预算修正案，经由大会主席团审查后，有两项预算修正案提交人大会表决通过。虽然预算修正案涉及的资金规模和调整相对有限（涉及两项预算50万资金的调整），但对于地方预算修正权的实践而言，人大代表对预算修正权的行使落到了具体处，以切实行动履行人大预算监督的职能。温岭市预算民主的实践使基层人大代表的参与意识和履职意识得到加强，回应了群众需求，建立了代表与群众之间的利益沟通桥梁。预算修正权在其中发挥的作用是不能忽视的，通过预算修正权的行使，合理地规范预算收支，为人民管理好钱袋子。

因此，从地方的一些可供借鉴的实践经验，对预算修正权的推行，可以从成功试点的经验开始逐步推广。温岭市的预算民主模式对其的推动作用是显著的。其公民参与的机制和模式对人大代表履职有激励作用，推动预算修正权的行使。从可行性角度上看，探索合适的公民参与机制，使公民合理的利益表达通过预算修正权的行使得以体现，是针对地方预算修正权推动困难的实现途径。

（三）预算法修正案的方向

2011年11月16日，国务院常务会议原则通过《中华人民共和国预算法修正案（草案）》，其中，强调对预算监督的重要原则：严格预算执行，规范预算调整，完善预算审查监督。从法律层面对人大预算修正权明确给予了一个政策信号，虽然目前修正案还没有落实人大预算修正权这一项，但从国家对预算法修正案制定的方向来看，从一定程度上回应了改革理念和决心不足的问题。只要法律层面的坚冰可以顺利打破，赋予人大预算修正权合法地位，同时规范好预算修正权的行使边界，赋予人大适度的修正权力，则可以奠定权力行使的法制基础。

（四）建议与实现途径

基于前面部分关于预算修正权在我国实现的必要性，现状以及可行性的分析，本文将对人大预算修正权的落实提出一些思考和实现途径：

1. 人大预算修正权应该由《预算法》加以认定

这一点已经在以往研究预算修正权的相关文献中被多次强调，但在此还是要加以强调。因为法律层面的确立对于预算修正权的落实具有基础性作用，这也可以在可行性的第三点中得出结论。但从目前《预算法修正案草案》的修订过程来看，整个审议过程的透明性和公开性也受到了公众的质疑，而预算修正权的落实与否也没有看到最终的结果，因此，在此提出这一点建议也是基于目前修正案所面临的质疑。

2. 建立相应的人大代表预算监督绩效考核机制

人大预算修正权的实现，需要的是相应的激励和监督机制，面对人大代表在固有政治体制之下与群众利益的脱节，实行预算修正的动力不足的现实状况，本文在此做出建议：建立相应的人大代表预算监督绩效考核机制。具体的制度运作可以从基层人大开始试点，对人大机构、人大代表的履职考评要纳入预算监督成效的指标。其中对人大代表预算修正权的运用这一项进行重点考评，包括对预算修正案的科学性、合理性以及所带来的预算调整的实效考核等。本文这一建议目前是不成熟的，缺乏一些必要的论证，但本文提出此建议是基于对人大行使职权的激励和监督。预算修正权的赋予，不能一赋了之，配套的机制必须要健全。从我国现状来看，推行预算修正权的实效考核在考核的方式，指标的制定上都存在难度，其可行性还需要在实践中探索和观望。

3. 预算修正权的权限要加以明确，不能给予人大过度的修正和裁量权，同时考虑纳入公民参与

国外对预算修正权的赋予，也相应地延伸出议会机会主义和权力滥用的可能性。如议员自身，可以通过行使预算修正权，表达自己所代表

的选民或党派的立场，同时也将可能导致预算修正权运用的非理性化。而西方议会国家通过对议员行使预算修正权的权限进行明确界定来实现制衡，或者如美国通过两党政治以及三权分立体制进行制衡。因此，从我国现状来看，针对我国人大预算修正权的赋予，必须要明确修正权的使用权限和行使主体。从前面的分析中可以看出，地方人大在预算修正权的界限上很多都没有设限，这不仅带来操作化的难题，也将带来权力制约的难题，带来权力滥用的风险。因此，第三点政策建议是，以地方试点为基点，探索适应于地方的预算修正权限。人大预算修正权在我国难以真正推行，地方的复杂性和法规的不完善性是重要因素，因此，根据地方财政情况和需要，设定合适的预算修正权限，是理性实现预算修正权运作的必要途径。

而对预算修正权限的行使和明确，还应该考虑更多地纳入公民的参与，防止权力过大，也可以通过完善公民监督机制来进行规范。以温岭案例为典型，建立参与式的预算民主，为人大行使预算修正权的合理运用奠定基础。一旦人大行使预算修正权，如果可以将其修正案置于公众的监督和讨论下，建立沟通机制，将是纳入公众参与的一个可以考虑的途径。因此，如果可以结合法规的完善和公民参与，预算修正权行使将被引向一个更加合理的趋势。

五、结论

赋予人大预算修正权，对于规范人大预算审查和监督具有重要意义。随着中国预算改革的深入推进，公众对国家财政运行的日益关注，预算改革走向公开化、合理化、科学化是必然的趋势。预算修正权的有效落实，正是对建立预算国家，实现预算改革的中国的一种有效的回应。通过打破预算修正权在落实上的瓶颈，以地方成功的实践经验为导向，打破政治体制和历史发展的固有束缚，实现对国家财政的有效监管。

我们讨论甚至支持人大预算修正权，不是简单针对政府，赋予人大对抗政府的工具。从国外的研究来看，议会对于预算修正权也是慎重使用的，而更多的则是依靠专门委员会的建议作用，或者修正更多发生在党派内部或立法机构内部，以避免直接的立法—行政的冲突。我们的目的是通过修正权来增加对预算的讨论，这种讨论甚至可以是形式，并不对预算进行修正或否决，其讨论不过使政府听到各方面的批评，希望它能够自动地修复原案。代议制度的价值，不仅仅在于立法权和预算权，而是打破政治的秘密主义，把它移于公开的论坛，因而引起国民的注意。其最大的政治价值在于防止暴力革命。在利益多元化和民主多元化的今天，确保议会预算审查的正当程序，既保证议会中的不同声音又保证能做出决议（McGinnis and Rappaport，1999）。这也是本文最后的落脚点所在。

【参考文献】

陈仪：《激活人大预算审批权力——评承德政府预算两遭人大驳回》，载《甘肃行政学院学报》2009 年第 4 期。

刘来宁：《地方人大审批和监督预算中存在的问题及改进意见》，载《人大研究》1992 年第 3 期。

马骏、林慕华：《现代议会的预算修正权力》，见马骏等编著：《呼吁公共预算：来自政治学、公共行政学的声音》，中央编译出版社 2008 年版。

马骏、叶娟丽：《公共预算理论：现状与未来》，载《武汉大学学报（哲学社会科学版）》2003 年第 3 期。

牛美丽：《预算民主恳谈：民主治理的挑战和机遇——新河预算民主恳谈案例研究》，见马骏等编著：《呼吁公共预算：来自政治学、公共行政学的声音》，中央编译出版社 2008 年版。

王绍光：《为了国家的统一：中国财政转移支付的政治逻辑》，见胡鞍钢、王绍光、周建明主编：《第二次转型：国家制度建设》，清华大学出版社 2009 年版。

徐笛：《上海闵行尝试预算草案修正案遭遇尴尬》，载《法治与社会》2009 年第 5 期。

周斌：《河北省承德市人大监督动真格——预算报告草案两遭打回》，载《江淮法治》2009 年第 9 期。

［英］安东尼·吉登斯：《第三条道路：社会民主主义的复兴》，郑戈译，北京大

学出版社 2000 版。

［美］卡罗尔·埃布登:《超越公共听证会:地方政府预算过程中的公民参与》，见王巍、牛美丽编译:《公民参与》，中国人民大学出版社 2009 年版。

朱孔武:《地方人大审议预算的宪法政治——以承德市人大发回预算草案为例》，载《学术研究》2009 年第 7 期。

Heath B. Chamberlain, "On the Search for Civil Society in China", *Modern China*, Vol. 19, No. 2, April 1993, pp. 199 – 215.

John O. McGinnis, Michael B. Rappaport, "Supermajority Rules as a Constitutional Solution", *William and Mary Law Review* , *Vol.* 40, *No.* 2, *February* 1999.

Martha L. McCoy, Patrick L. Scully, "Deliberative Dialogue to Expand Civic Engagement: What Kind of Talk Does Democracy Need?" *National Civic Review*, Vol. 91, No. 2, 2002.

预算机会主义、预算治理构造和预算审计[*]

郑石桥　贾云洁[**]

内容摘要： 各国的国家审计在公共预算中的作用呈现不同特色，本文沿着预算机会主义、预算治理构造到预算审计这个逻辑路径，建立一个关于国家审计在公共预算中作用的理论架构，并以美国和中国作为案例来验证这个理论构架。各个国家针对预算机会主义会有一个由预算文化、预算制衡和预算问责组成的预算治理构造，预算审计属于预算问责，其如何嵌入预算治理构造的决定因素是剩余预算机会主义，剩余机会主义决定预算审计体制、预算审计重点和预算审计模式。

关键词： 预算机会主义　预算文化　预算制衡　预算问责　预算审计

一、引言

自从1995年《中华人民共和国审计法》颁布实施以来，审计机关

---

* 基金项目：江苏高校优势学科建设工程（PAPD），国家审计署2011—2012年度重点课题。此文已发表于《南京审计学院学报》2012年第4期。

** 郑石桥，男，南京审计学院国际审计学院教授、博士生导师，主要研究方向为审计理论与方法；贾云洁，女，南京审计学院国际审计学院副教授，主要研究方向为审计理论与方法。

在原来决算审计的基础上实施本级预算执行审计，通过审计，有力地推进了财政预算管理工作的不断完善，促进了部门和单位依法行政和加强财政财务管理，预算执行审计已经成为我国审计机关最重要的审计业务之一。然而，美国等发达国家的国家审计机关，却没有与我国类似的专门针对预算执行的审计业务，美国《单一审计法》（Single Audit Act）要求，接受联邦支持10万美元及其以上的机构必须进行通用目的的财务报告审计。同时，以绩效预算为基础的绩效审计却是美国等发达国家的国家审计机关的主要业务。为什么会出现这种差异呢？从研究文献来看，关于预算机会主义、预算监督，国内外都有不少的研究，然而，针对预算执行审计，国外没有相关研究，国内预算执行审计的研究是跟随预算执行审计发展而展开的，主要结合实践中出现的急需解决的问题，研究审计体制、审计重点、审计模式、审计方式方法等，具有较强的针对性、实用性和及时性。总体来说，现有研究不能解释不同国家审计机关为什么在公共预算中作用不同。

本文拟沿着预算机会主义、预算治理构造到预算审计这个逻辑路径，建立一个关于国家审计在公共预算中作用的理论架构，并以美国和中国作为案例来验证这个理论构架。具体来说，本文要研究三个问题，第一，针对预算机会主义的预算治理如何构造；第二，预算审计如何嵌入预算治理构造；第三，用美国和中国的案例来验证上述理论架构。

本文随后的内容安排如下：首先是对相关文献做一个简要回顾；在此基础上，提出一个关于预算机会主义、预算治理构造和预算审计之关系的理论架构；然后，以美国和中国的案例来验证上述理论构架；最后是结论和讨论。

二、文献综述

关于预算机会主义的研究文献很多，研究主题包括预算机会主义的原因、表现形式及抑制对策（Wildavsky，1974；Chow，Cooper & Waller，1988；Chow，Cooper & Had，1991；Leone & Rock，2002；马蔡琛，

2004；André，Brüggen & Moers，2009；曾军平，2009；郑石桥，2010；范燕飞，2011）。然而，预算抑制中对预算监督的研究缺乏，将预算审计纳入抑制对策的更是稀少。

关于预算监督的文献很多，研究主题主要集中在国外预算监督体制的借鉴、国内预算监督存在的问题及如何优化预算监督（李传喜，2003；韩东平、白志刚，2006；徐永胜、徐揆，2007；唐国清，2007；程瑜，2009；白志刚，2006；孙开，2007；杨雅琴、江南，2009；吴淑华，2009；刘晓凤，2009；闫海，2010；李燕，2010；周长鲜，2010；罗春梅，2010；任喜荣，2100；张建祥，2010；王淑杰，2010；魏陆，2011；杨慧、常飞燕、刘奕囡，2011；何俊志，2011；许正中、刘尧、赖先进，2011）。然而，在预算监督整体构架中，预算审计的定位、类型缺乏理论解释。

预算审计文献区分为预算执行审计和决算审计。针对预算执行审计，国外没有相关研究，国内预算执行审计的研究是跟随预算执行审计发展而展开的，主要结合实践中出现的急需解决的问题，研究审计体制、审计重点、审计模式、审计方式方法等，具有较强的针对性、实用性和及时性（薛芬、郑垂勇，2011；吕永丽，2011；王本波，2011；曹山、代霞，2010；钱啸森、吴星，2008；董伯坤，2007；虞伟萍，2001）。关于决算审计研究，2001年8月，时任审计长李金华代表署党组在全国审计工作座谈会上指出，要对中央部门全部实行决算审签（虞伟萍，2001）。董大胜（2010）指出，要探索对财政决算（草案）真实性发表意见，审计工作应该强化整体的概念。在对全国人大常委会进行工作报告中，财政部长的报告有个总体的概念，而审计报告却没有。审计要回归其基本职能并由此出发，对财务会计报告的真实性、公允性发表审计意见，不能只抓案件和信息。此外，还有一些文献从预算审签制度和预算执行真实性的角度论证决算审计的必要性（徐建龙，2005；李蓉，2010）。预算审计文献，并没有联系预算监督整体架构来研究预算审计。

总体来说，预算机会主义、预算监督和预算审计都有不少的研究，然而，缺乏将三者关联起来进行的研究，而这种关联研究恰恰是具有重要意义的。因为，从根本上来说，如果没有预算机会主义，也就没有预算监督的必要性，而预算审计只是预算监督整体中的一个要素，缺乏预算监督整体构造这个背景，预算审计的研究结论可能有失偏颇。本文拟沿着预算机会主义、预算治理构造到预算审计这个逻辑路径，建立一个关于国家审计在公共预算中的作用之理论架构，并以美国和中国作为案例来验证这个理论构架。

三、预算机会主义、预算治理构造和预算审计：理论架构

（一）预算机会主义

机会主义就是利用不正当手段谋取自己的利益。对公共预算来说，机会主义就是在预算编制、调整、执行和决算过程中，利用不正当手段来谋取自己的利益。为什么会有机会主义行为呢？预算过程中的相关者形成委托代理关系，公共财政资金的管理者是委托人（当然，某些委托人也可能是上层级委托人的代理人），而公共财政资金的需求者或使用者是代理人。在预算管理过程中，由于存在环境不确定性并且委托人与代理人之间存在激励不相容和信息不对称，代理人有可能背离委托人的利益或不忠实委托人意图，发生道德风险和逆向选择，于是随之而产生的交易成本就困扰着公共预算制度的良好运行。就激励不相容来说，预算代理人和委托人之间可能存在利益不一致，从代理人看来，公共财政资金是“不要白不要”，通过公共预算资金获得的资金越多，自己的效用就会越大，从而出现所谓的“官僚预算最大化”（Wildavsky, 1974）。就信息不对称来说，预算关系中的代理人具有信息优势，拥有许多委托人所不知道的信息，例如，资金的真实需求究竟是多少，代理人知道的信息多于委托人；预算执行过程的真实情形，代理人可能欺骗委托人。就环境不确定性来说，由于预算是面向未来的，对于未来的情形需要做出假设，在此前提下来确定预算，而这种假定可能与未来的实

际不一致，并且，选定不同的假定可能会有不同的预算需求，从而使公共预算具有酌量性。

正是由于激励不相容、信息不对称和环境不确定性，使预算代理人有机会利用不正当手段来谋取自己的利益。那么，预算机会主义行为有哪些类型呢？一般来说，预算机会主义行为分为事前预算机会主义行为和事后预算机会主义行为。事前预算机会主义行为是指委托代理关系确定之前，代理人的一些特征是委托人无法观察到或无法验证的，此时，代理人可能利用环境不确定性和委托人的信息劣势为自己谋取利益，这称为预算逆向选择。这种机会主义行为的最典型形式包括预算寻租、预算松驰和预算棘轮效应，预算寻租是指预算代理人通过各种手段使预算委托人在预算资源配置过程中倾向自己，从而获得预算租金（André，Brüggen & Moers，2009）。预算松弛是指将业绩目标确定在自己的真实能力之下，而将资源需求确定在自己的真实需求之上（Chow，Cooper & Waller，1988）。棘轮效应是业绩标准随实际业绩上升的趋势（Weitzman，1980；张维迎，1996），预算棘轮效应是指下期预算资源配置以本期实际为基础，本期实际支出越大，下期配置的预算资金越多，为了下期预算，本期要多花费（Leone & Rock，2002）。事后预算机会主义则是指代理人在委托代理关系确定之后，利用环境不确定性和信息优势，通过减少自己的要素投入或其他不正当行为以达到自我效用最大化，通常称作预算道德风险。这种机会主义行为的主要形式是预算卸责和预算违规。预算卸责是指预算代理人在预算执行中的三种行为，一是当能完成预算时，照着预算干，不超过预算；二是当预算不能完成时，不是想办法尽量提高业绩，而是听之任之；三是挑肥拣瘦，预算目标制定并交付使用后，如果预算目标由若干个子目标共同组成时，代理人有意改变子目标结构，增大那些难度低的项目投入，减少那些难度高的项目投入。这三种行为都是在预算执行中没有付出全部努力，所以称为预算卸责（Chow，Cooper & Had，1991）。预算违规就是违犯预算管理的相关法律法规，例如，编报不实、挪用、挤占、改变资金用途、未拨付、支出不具体、闲置资金资产、支出超出范围、账外账、资金出借等

(范燕飞，2011)。

(二) 预算机会主义行为的预算治理构造

如何应对预算机会主义行为呢？一般来说，不同类型的预算机会主义行为具有不同的特征，从而需要不同的预算治理构造。前文叙及，事前预算机会主义行为包括预算寻租、预算松弛和预算棘轮效应，事后预算机会主义行为包括预算违规和预算卸责。从预算机会主义行为应对机制设计出发，上述机会主义行为可以分为两类，一是显性机会主义行为，指建立明确标准，可以直接觉察和判定的机会主义行为，包括预算寻租和预算违规；二是隐性机会主义行为，指无法建立明确标准，难以直接觉察和判定的机会主义行为，包括预算松弛、预算棘轮效应和预算卸责。

以上述分类为基础，总体来说，预算治理构造包括三种机制，一是预算文化，这种机制改变预算主体的价值观或态度，从而改变其预算机会主义行为；二是制衡，在预算全流程中植入制衡机制来抑制预算机会主义行为；三是问责机制，事后对代理人的预算行为进行评价并以此为基础进行奖励或处罚。一般来说，预算制衡和预算问责合并称为预算监督。上述机会主义行为和预算治理构造之间的总体关系如图 1 所示。

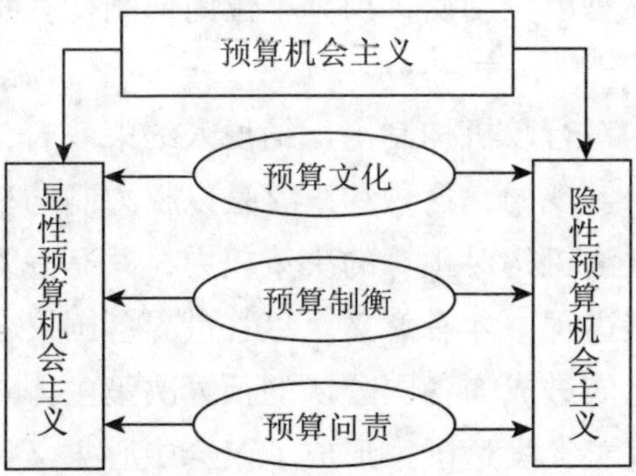

图 1　预算机会主义和预算治理构造

下面，我们来具体分析预算文化、预算制衡和预算问责。预算文化主要是预算价值观念体系，包括预算价值观念、预算道德规范、预算思想意识、预算工作态度等内容。美国著名的文化人类学家怀特认为“行为是文化的函数”。预算文化是一种非正式制度，强调非正式性和内生自我预算控制，强化预算职业道德意识，自我抑制预算机会主义行为。预算文化一方面受到本民族文化价值观的影响，另一方面，源自于长期的预算实践行为（Chow，Shields & Wu，1999）。预算实践中形成的惯例或潜规则是预算文化的重要来源。例如，如果预算软约束盛行，则正式预算就得不到尊重，正式预算得不到尊重，预算机会主义行为就会盛行。我国天文数字一般的地方政府债务就是预算软约束的结果。在2002 年全面推进国企改制前，因产权不清、激励机制不明等因素导致的预算软约束弊端，直接造成了当时国企效率低下、资不抵债的状况。又如，如果预算分配中“会哭的孩子有奶吃”，则预算寻租就会盛行，全国各地会都在权力中心设置办事处，实施预算寻租行为。

预算制衡一般是事中甚至事前监督，主要的思路是在预算全流程中贯彻分权牵制的原则，建立预算编制权、调整权、使用权、支付权、审核权相互分离、相互牵制的预算制度（李传喜，2003）。一般来说，预算制衡主要有四种类型：立法机构对行政机构制衡，行政机构内部制衡，行政机构对预算单位制衡，预算单位内部制衡。我们分别来分析各种制衡机制。

关于立法机构对行政机构制衡，纳税人约束政府，就是通过立法机关制约政府预算来实现的，这种约束就是以权力制约权力，就是以立法权制约行政权。立法机构对预算的决策权力，只有嵌入到现实的政治权力关系和社会发展进程中才有意义。尽管世界各国议会的财政权相差很大，但代议机构已演进成为各国公认的预算决策主体。尤其是经过近三百多年的发展与完善，发达国家形成了议会中心主义、财政支出议会法定等重要特征（周长鲜，2010）。

行政机构内部制衡主要是指行政机构内部，预算相互事宜是由一个行政机构执行还是由多个行政机构来执行。一般来说，有两种模式，一是机构内部制衡，即预算编制和预算执行由一个部门执行，但是，这个机构内部各个部门实行内部分权制衡，我国基本上是这种情形；二是机构间制衡，即预算编制和预算执行分别由两个独立的行政机构来执行，美国基本上是这种情形。一般来说，机构间制衡模式的制衡效果会好些，但是，效率可能会受到一些影响。而机构内部制衡则与之相反。

行政机构对预算单位制衡主要是预算执行中的制衡，部门预算、财政集中支付、发票管理和政府采购制度都是行政机构对预算单位制衡的手段。通过这些手段，对预算单位申请和使用财政预算资金过程中的机会主义行为形成了抑制机制。

预算单位内部制衡是预算单位采取的抑制预算机会主义行为的手段，单位内部预算管理制度和会计制衡是两种主要手段。这里的会计制衡指预算单位内部的会计机构和会计人员，依照国家的法规、各项规章制度和公认的会计准则，运用会计核算资料和会计分析方法，对预算资金运动过程的真实性、正确性、合法性及有效性进行的检查、评估、控制和督促，以达到提高效果和效率、实现预期目标的管理活动。会计制衡处在预算制衡的最前沿，是不同机构制衡预算的基础，其他监督手段都要利用会计制衡提供的信息（叶青、鄢圣鹏，2006）。当然，预算单位内部制衡机制的形成可能需要外部行政机构的推进，没有行政机构的推进，预算单位不一定有积极性建立这种制衡机制。

预算问责是事后对代理人的预算行为进行评价并以此为基础进行奖励或处罚。一般来说，预算问责有五种形式，一是立法问责，二是司法问责，三是行政问责，四是社会问责，五是预算单位内部问责。立法问责是立法机构对预算执行结果的追究，主要形式是听取行政机构的预算执行报告，审批决算报告。司法问责是司法机构对违反预算法律行为的惩处。行政问责是相关行政机构对预算单位的问责，包括行政监察、财政监督、税务监督、物价监督、海关监督、金融监督等。社会问责是公众及社会舆论对预算的监督，这种监督的前提是预算信息公开。预算单位内部问责主要指预算单位的内部审计部门所进行的预算相关审计（李燕，2010）。

以上分析了预算文化、预算制衡和预算问责，如果将预算文化称为一种非正式制度，则上述三种机制都可以称为抑制预算机会主义行为的制度装置。接下来的问题是，在如此多的制度装置中，如何选择不同机制并形成制度装置组合呢？一般来说，这取决于这个国家的治理整体构造，不同的治理整体构造会有不同的预算治理构造。一般来说，治理构造包括三个子系统，一是治理权力配置及运行系统，二是任务确定及资源分配系统，三是问责系统。治理构造的三个子系统并不是平等的地位，治理权力配置及运行系统事实上也就是治理权力分配，它是其他两个子系统的基础，其他两个子系统的运行质量很大程度上取决于权力配置子系统。不恰当的权力配置，可能导致任务确定及资源分配系统从属于权力配置系统。不恰当的权力配置，可能导致问责系统徒有虚名。

（三）国家审计嵌入针对预算机会主义行为的预算治理构造

国家审计本身是抑制预算机会主义行为的制度装置，本文前面分析预算治理构造时有意没有涉及审计问题。现在，我们专门来分析国家审计如何嵌入针对预算机会主义行为的预算治理构造。

尽管国家审计中也存在非正式制度因素，一般来说，国家审计是正式制度，在预算治理构造的两个正式制度装置中，国家审计属于问责机制而不是制衡机制。国家审计嵌入预算治理构造的决定因素是剩余预算机会主义，它是指制衡机制没有能够抑制或阻止的机会主义行为，剩余预算机会主义是由制衡机制决定的，制衡机制越是有效，剩余预算机会主义越是不严重，反之亦然。当然，制衡机制和问责机制组合起来应对预算机会主义行为，有时候，出于成本效益考虑，对机会主义行为选择问责而不是制衡。剩余机会主义决定了预算审计体制（也称为国家审计体制）、预算审计重点（监督显性预算机会主义还是隐性预算机会主义）和预算审计模式（是预算执行审计还是决算审计）。同时，预算问责机制构造对国家审计嵌入预算治理构造也有重要影响。预算机会主义、预算治理构造和预算审计的总体关系如图 2 所示。

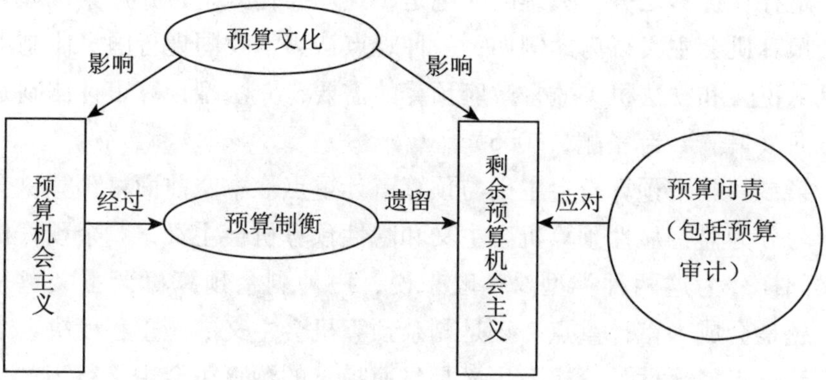

图2　预算机会主义和预算审计

尽管应对剩余预算机会主义行为是的预算问责，但是，一般来说，预算审计在预算问责中具有重要地位。所以，预算审计是应对剩余预算机会主义行为的重要机制。下面，我们具体分析剩余预算机会主义行为对预算审计的影响。

第一，剩余预算机会主义与预算审计体制。立法机构、行政机构和预算单位都是预算的直接当事人或预算主体，都是某种程度的代理人，都可能产生机会主义行为，从而都具有剩余预算机会主义行为。一般来说，某个预算主体的剩余预算机会主义严重，则国家审计机构应隶属这个预算主体的委托人。当然，也存在另外一种情形，即某种预算主体的剩余预算机会主义较严重，但是，其委托人不介意或没有意识到这种剩余预算机会主义，所以，也就没有对代理人问责的需求，从而也就没有审计需求。具体来说，如果剩余预算机会主义主要存在于预算单位，或者对预算单位之外的其他预算主体的机会主义行为不介意或没有意识到，则国家审计可以是行政机构的组成部分，从而具有行政型审计体制；如果剩余预算机会主义主要存在于行政机构，则国家审计会隶属于立法机构，从而产生立法型审计体制；如果立法机构也可能存在剩余预算机会主义，则可能产生独立型审计体制和司法型审计体制。所以，总体来说，不同预算审计体制所重点关心的剩余预算机会主义主体不同，不一定存在优劣之分。关键的问题是，预算委托人是否介意其代理人的剩余预算机会主义行为。例如，一种观点认为，我国现行国家体制不能满足纳税人和立法机关监督政府预算的需要，立法型预算审计体制是改革方向（叶青、鄢圣鹏，2006）。

第二，剩余预算机会主义与预算审计重点。本文前面将预算机会主义行为分为监督显性预算机会主义和隐性预算机会主义，剩余预算机会主义同样分为这两种类型。一般来说，一种剩余预算机会主义越是严重，越是会成为审计重点。正是剩余预算机会主义的严重程度决定了预算审计重点。显性预算机会主义是显而易见的预算机会主义行为，当一个国家的预算寻租、预算违规等剩余预算机会主义较严重时，预算符合性审计理所当然会成为审计重点；当一个国家的剩余预算机会主义行为中显性预算机会主义较少时，预算审计的重点自然会转移到预算绩效性审计。所以，一个国家的预算审计是以符合性审计为重点还是以绩效性审计为主，并不是主观意愿决定的，是由剩余预算机会主义的类型决定的。

第三，剩余预算机会主义与预算审计模式。预算审计模式是指预算符合性审计是采取预算执行审计还是决算审计，这两种审计模式的根本区别是审计意见保证程度不同。一般来说，预算执行审计对预算符合性提供有限保证，即对通过既定审计程序是否存在问题发表审计意见，而不是对预算主体本身是否存在问题发表意见。可能的情形是，预算主体存在问题，但是既定审计程序没能发现。所以，预算执行审计不能对预算主体是否存在问题发表一个整体观点。决算审计对预算符合性提供合理保证，即对通过既定审计程序对预算主体本身是否存在问题发表整体意见，而不是仅仅对已经发现的问题发表意见。通过决算审计的审计意见，委托人对预算代理是否存在某种机会主义行为会有个总体概念。那么，是什么因素决定预算审计模式的选择呢？主要有两个因素，一是剩余预算机会主义，二是审计能力。一般来说，剩余预算机会主义越是严重，越是难以通过审计来发表合理保证意见，从而越是难以采用决算审计模式，反之亦然；审计能力越强，越是有可能通过审计来发表合理保证意见，从而越是有可能采用决算审计模式，反之亦然。

第四，预算问责机制构造对国家审计嵌入预算治理构造的影响。前已叙及，预算问责包括立法问责、司法问责、行政问责、社会问责和预算单位内部问责。事实上，预算审计也是一种问责机制。在预算问责体系中，预算审计一方面是其他问责机制的信息保障机制，如果没有预算审计，则各种预算问责都缺乏可信的问责信息；另一方面，预算审计要与其他问责机制做好协同和分工，避免重复。

四、预算机会主义、预算治理构造和预算审计：美国和中国案例分析

本文沿着预算机会主义、预算治理构造到预算审计这个逻辑路径，提出了一个关于国家审计在公共预算中的作用之理论架构。然而，这个理论架构是否正确呢？我们以美国和中国的案例来验证上述理论构架。一般来说，在公共预算中，机会主义行为是人的天性，只要环境不确定性、信息不对称和激励不相容存在，就会有预算机会主义行为。所以，中国和美国的预算机会主义行为发生的可能性方面并不具有显著差异。但是，预算治理构造和预算审计却有重大差异。

（一）美国联邦预算治理构造和预算审计

美国联邦政府预算治理机制具有如下特点。第一，预算管理机构健全，分工明确，相互制衡。美国预算管理职能由行政部门和立法部门分享，即行政部门负责预算编制和执行职能，而立法部门负责预算审批和事后审计职能。同时，在立法和行政部门内部还有预算权的分权制衡。行政部门内部，总统下属的管理与预算办公室负责联邦政府预算的编制，财政部负责具体执行预算。立法部门内部，国会预算办公室协助国会审查和批准预算；预算收入立法则主要由两院筹款委员会负责，并起草税法经国会批准后执行；预算监督由属于国会的审计总署负责。所以，预算的编制、执行和监督分别由不同机构负责，这些机构间既相互独立，又相互制约，形成预算治理的组织架构（冯俏彬，2007）。第

二，国会对预算的审批非常严密，并且，总统和国会之间形成制衡。国会需要在规定的时间内完成预算审批和立法程序，并经过总统认可和签署后开始生效。若总统否决了国会通过的预算草案，原法案需经国会再次审议，如以2/3多数票再次通过后，即产生法律效力，总统必须签署而无权再进行否决。如两院不能以2/3多数票通过，则需对法案进行修订，然后再提交总统签署（王熙，2010）。第三，行政部门内部问责。每一个联邦部门都有自己的内部审计机构，在对政府预算的控制和评价中，起着重要的作用。美国联邦政府部门内部审计有如下特点：机构健全，64个联邦机构设立了监察长办公室；独立性强，设立内部审计机构的64个联邦机构，其中30个是由总统任命，其余34个是由部门或机构负责人任命；人员配置较多，64个监察长办公室共有12000多名工作人员，而2009年会计总署是总部3141人，11个主要城市办事处是3300人，从中可以看出联邦政府机构内部审计相对规模（涂佳娜，2010）；审计业务是财务合规性审计与绩效审计并重（郑石桥，2011）。第四，预算编制的公开性和透明度较高。美国联邦政府预算编制过程中，总统预算草案要在全国公布于众，而且任何党派、团体或部门都可以就预算提出自己的意见，体现了较高的公开性和透明度（王熙，2010）。第五，预算编制方法采用绩效预算。美国从2003年预算案开始实行绩效预算，提高了政府的管理效率，使美国联邦政府在不削减公共服务的前提下，增加财政盈余（冯俏彬，2007）。第六，在预算执行过程中，有一套行之有效的集中支付和政府采购制度。

正是由于美国联邦预算构造了具有上述特征的预算治理机制，所以，美国联邦政府剩余预算机会主义和审计具有以下特征。第一，国会是强有力的预算机构，特别关注行政机构是否存在剩余预算机会主义，所以，确立了立法型审计体制。同时，行政机构部门还关注其内部单位是否存在剩余预算机会主义，所以，联邦政府机构都建立了内部审计机构。第二，联邦预算单位的预算寻租、预算违规等显性剩余预算机会主义难以实施，而预算松弛、预算棘轮效应和预算卸责等隐性剩余预算机会主义成关注焦点。在这种情形下，预算审计的重点自然会转移到预算绩效性审计。会计总署审计资源的85%以上用于绩效审计。第三，由于联邦预算单位的预算寻租、预算违规等显性剩余预算机会主义难以实施，所以，这种情形的剩余预算机会主义不严重。在这种情形下，会计总署的预算审计意见保证程度选择合理保证，与此相适应，预算审计模式选择决算审计模式，即会计报表审计模式。

（二）我国中央政府预算治理构造和预算审计

我国中央政府预算治理具有如下特征：第一，在整个预算过程中，预算编制、决策和执行实行行政和立法分权，行政部门提出预算草案，人大决定预算方案。在行政机构内部，预算编制和执行都是财政部负责，没有实行行政部门内部分权。人大审议预算，到了预算公布的当天，在开会的时间预算草案才放在会场里边给代表看，会议结束后收走。人大预算审批时间短、缺乏专业性和严密性，更多的是形式上的审查，实质性审查不够（李希富，2002；孟妮妮，2010）。第二，预算编制信息透明还处于探索阶段。预算信息及预算执行结果信息的公开还处于探索阶段，公开的内容很有限，且综合性信息较多，具体项目的清晰度不够。第三，预算编制过粗，细化预算和绩效预算还处于试点阶段。我国实行部门预算以来，预算细化的程度有所提高，但由于受传统资金规模预算的影响，加上绩效预算处于试点阶段，预算过粗，缺乏详细的目标成本效益数据信息，也为预算机会主义提供了更多的可乘之机。第四，预算执行体系中，建立了部门预算及其配套的集中支付和政府采购制度。这些制度实施以来，取得了一定的成绩，特别是确立了公共财政支出中的“先预算后花钱”的理念。然而，这些制度在推行过程中也存在不少的问题，特别是政府采购中问题较多。

由于我国预算治理机构具有上述特征，我国预算编制中的机会主义行为主要表现为做大预算、预算不实、预算编制不细化、预算编制不科学和资金配置不合理等。预算执行中的机会主义主要表现为：自行调整（改变）项目内容；扩大项目范围；项目支出不实；超预算购置和无预算安排支出；未经财政部批准动用以前年度经费或专款结存；应上交款未按规定及时缴入中央财政专户或未纳入财政专户管理；违规收费、未执行“收支两条线”政策（小金库、私存私放或账外设账）以及截留挤占挪用经费等（罗春梅，2010）。由此可见我国预算机会主义在预算收支真实性和合法性方面的问题较多，预算资金绩效低下，也缺乏应有的预算绩效激励机制。

正是由于我国预算剩余预算机会主义具有上述特征，我国预算审计具有如下特征：第一，行政部门是强有力的预算机构，特别关注预算单位是否存在剩余预算机会主义，所以，确立了行政型审计体制。同时，行政机构部门对其内部单位是否存在剩余预算机会主义关注程度不同，所以，中央政府机构有些建立了内部审计机构，有些没有建立。总体来说，中央政府内部审计机构建立状况不好（郑石桥，2011）。第二，由于预算寻租、预算违规等显性剩余预算机会主义较严重，在这种情形下，预算审计的重点自然会转移到预算符合性审计上，用于绩效审计的审计资源有限。第三，由于预算寻租、预算违规等显性剩余预算机会主义较严重，在这种情形下，国家审计署的预算审计意见保证程度选择有限保证，与此相适应，预算审计模式选择预算执行审计模式。

美国联邦政府预算和我国中央政府预算治理机制、剩余预算机会主义及其对预算审计的影响验证了本文提出的理论逻辑。

五、结论和讨论

各国预算审计呈现不同特色，本文沿着预算机会主义、预算治理构造到预算审计这个逻辑路径，建立一个关于国家审计在公共预算中的作用之理论架构，并以美国和中国作为案例来验证这个理论构架。

事前预算机会主义包括预算寻租、预算松弛和预算棘轮效应，事后预算机会主义行为包括预算违规和预算卸责。机会主义还可以分为显性机会主义和隐性机会主义行为。预算治理构造包括预算文化、预算制衡和预算问责。各种预算治理机制的组合选择取决于这个国家的治理整体构造，不同的治理整体构造会有不同的预算治理构造。

预算审计属于问责机制，其嵌入预算治理构造的决定因素是剩余预算机会主义，剩余机会主义决定了预算审计体制、预算审计重点和预算审计模式。

如果剩余预算机会主义主要存在于预算单位，或者对预算单位之外的其他预算主体的机会主义行为不介意或没有意识到，则国家审计可以是行政机构的组成部分，从而具有行政型审计体制；如果剩余预算机会主义主要存在于行政机构，则国家审计会隶属于立法机构，从而产生立法型审计体制；如果立法机构也可能存在剩余预算机会主义，则可能产生独立型审计体制和司法型审计体制。

一种剩余预算机会主义越是严重，越是会成为审计重点。当一个国家的预算寻租、预算违规等剩余预算机会主义较严重时，预算符合性审计理所当然会成为审计重点；当一个国家的剩余预算机会主义行为中显性预算机会主义较少时，预算审计的重点自然会转移到预算绩效性审计。

剩余预算机会主义越是严重，越是难以通过审计来发表合理保证意见，从而越是难以采用决算审计模式，反之亦然；审计能力越强，越是有可能通过审计来发表合理保证意见，从而越是有可能采用决算审计模式，反之亦然。

中国和美国的预算机会主义行为发生的可能性方面并不具有显著差异。但是，预算治理构造和预算审计却有重大差异。美国联邦政府预算和我国中央政府预算治理机制、剩余预算机会主义及其对预算审计的影响验证了上述理论逻辑。

刘家义审计长指出，国家治理结构中需要有一个环节来保障国家经济社会的健康运行，审计正是这样一个环节，充当保障国家经济社会健康运行的"免疫系统"，这是国家治理制度的必然安排（刘家义，2010）。本文的研究印证了上述观点，不同的国家治理构造会影响国家审计。预算审计需要以国家的预算治理构造为背景来设计，如果脱离预算治理构造来设计或研究预算审计，选择的制度设计可能效果不好，得出的研究结论可能有失偏颇。本文的案例资料表明，美国的预算审计是立法型体制、审计重点是预算绩效、审计模式是决算审计，中国的预算审计与美国相比，具有显然不同的特征，这些不同，不一定表明中国审计落后，而是由中国的预算治理构造决定的。只要与预算治理构造相匹配，这种审计就是合宜的。所以，优化我国的预算审计，不能盲目跟从他人，而要从我国的预算治理构造这个背景出发。当然，国家审计也可能通过审计来推进预算治理构造的优化，并不是完全处于被动适应。

【参考文献】

白志刚：《关于完善人大对政府预算审查监督制度体系的构想》，载《学术交流》2006 年第 7 期。

曹山、代霞：《深化中央部门预算执行审计若干问题探讨》，载《审计月刊》2010 年第 6 期。

程瑜：《政府预算监督的博弈模型与制度设计》，载《财贸经济》2009 年第 8 期。

董伯坤：《预算执行的数据式审计模式探索》，载《审计研究》2007 年第 6 期。

董大胜：《财政审计大格局思考》，载《审计研究》2010 年第 5 期。

范燕飞：《中国政府审计公告存在的问题研究》，载《财会月刊》2011 年第 25 期。

冯俏彬：《美国预算过程的发展演变及其启示》，载《财政研究》2007 年第 6 期。

韩东平、白志刚：《中西预算审查监督比较研究》，载《学习与探索》2006 年第 5 期。

何俊志：《议会制度与公共预算的监督模式比较》，载《上海行政学院学报》2011 年第 11 期。

李传喜：《公共选择理论与宪政分权学说评析——兼论对完善我国预算监督体制的借鉴》，载《理论与改革》2003 年第 6 期。

李蓉：《深化预算执行审计的思路》，载《现代审计》2010 年第 3 期。

李希富：《关于预算执行审计需要明确的几个问题》，载《审计研究》2002 年第 2 期。

李燕：《财政信息公开透明是预算监督管理的基础》，载《财政研究》2010 年第 6 期。

刘家义：《积极探索创新，努力健全完善中国特色社会主义审计理论体系》，载《审计研究》2010 年第 1 期。

刘晓凤：《借鉴国际经验，构建分离制衡型部门预算模式》，载《财政事业资产与财务》2009 年第 2 期。

罗春梅：《地方人大预算监督权：法律与体制保障》，载《财政监督》2010 年第

2 期。

罗春梅:《预算违规行为与预算权失衡——基于审计公告的分析》，载《南京审计学院学报》2010 年第 7 期。

吕永丽:《预算执行审计转型研究》，山东大学硕士学位论文，2011 年 3 月。

马蔡琛:《政府预算管理中的“寻租”活动分析》，载《财贸经济》2004 年第 11 期。

孟妮妮:《我国预算过程中的权力配置研究》，浙江财经学院硕士学位论文，2010 年 12 月。

钱啸森、吴星:《深化中央部门预算执行审计的若干思考》，载《审计与经济研究》2008 年第 7 期。

任喜荣:《地方人大预算监督权力成长的制度分析——中国宪政制度发展的一个实例》，载《吉林大学社会科学学报》2010 年第 7 期。

孙开:《公共预算监督机制问题研究》，载《财政研究》2007 年第 10 期。

唐国清:《财政部门权力越位：公共预算中须制衡的新动向》，载《湖北行政学院学报》2007 年第 6 期。

涂佳娜:《走近美国审计》，载《审计与理财》2010 年第 08 期。

王本波:《关于预算执行审计创新与发展的思考》，载《审计月刊》2011 年第 1 期。

王熙:《美国预算制度变迁及其对中国的启示》，载《中央财经大学学报》2010 年第 2 期。

王淑杰:《美国国会预算监督制度的特点》，载《中国财政》2010 年第 21 期。

魏陆:《人大预算监督：亟须加快从形式向实质转变》，载《求索》2011 年第 3 期。

吴淑华:《构建政府采购预算工作的制衡机制》，载《中国政府采购》2009 年第 1 期。

徐建龙:《县级审计机关加快实行预算审签制度的几点思考》，载《审计与经济研究》2005 年第 5 期。

徐永胜、徐揆:《加拿大公共预算和监督的特点及其启示》，载《财政研究》2007 年第 12 期。

许正中、刘尧、赖先进:《财政预算专业化制衡、绩效预算与防治腐败》，载《财政研究》2011 年第 3 期。

薛芬、郑垂勇:《部门预算执行绩效审计模式》，载《学海》2011 年第 6 期。

杨慧、常飞燕、刘奕囡：《我国预算监督存在的问题及完善对策》，载《财政监督》2011 年第 10 期。

杨雅琴、江南：《公共财政框架下政府预算监督的新视角》，载《当代财经》2009 年第 10 期。

闫海：《基于立宪政体的日本预算执行多元监督及借鉴》，载《江苏社会科学》2010 年第 2 期。

叶青、鄢圣鹏：《预算审计体制改革研究：反思与比较》，载《审计与经济研究》2006 年第 9 期。

虞伟萍：《关于深化部门预算执行审计的几点思考》，载《审计研究》2001 年第 5 期。

张建样：《浅议构造预算编制、执行、监督"三分离"的财政运行机制》，载《财政监督》2010 年第 19 期。

张维迎：《博弈论与信息经济学》，上海人民出版社、上海三联书店 1996 年版。

曾军平：《人大预算决策、机会主义行为与宪法性约束》，载《上海财经大学学报》2009 年第 2 期。

郑石桥：《公共问责机制和政府内部审计：理论框架和案例分析》，南京审计学院现代审计发展研究中心工作论文，2011 年。

郑石桥：《预算棘轮效应和预算松弛实证研究》，立信会计出版社 2010 年版。

周长鲜：《财政预算绩效监督体制：西方发达国家议会的经验与启示》，载《经济社会体制比较》2010 年第 5 期。

André, J., Brüggen, A., Moers, F., "Divisional Rent-Seeking, Stock Options and the Quality of Internal Capital Allocation". Maastricht University School of Business and Economics, working paper, July, 2009.

Chow, C. W., Cooper, J. C., and Waller, W. S. " Participative Budgeting: Effects of a Truth-inducing Pay Scheme and Information Asymmetry on Slack and Performance", *The Accounting Review*, Vol. LXIII, No. 1, Jan., 1988.

Chow, C. W., Cooper, J. and Had, K. "The Effects of Pay Schemes and Ratchets on Budgetary Slack and Performance: a Mulriod Experiment. Accounting", *Organizations and Society*, Vol. 16, No. 2, 1991, pp. 47 – 60.

Chow, C. W., Shields, M. D., &Wu, A. "The Importance of National Culture in the Design of and Preference for Management Controls for Multi-national Operations. Accounting", *Organizations and Society*, Vol. 24, No. 5, 1999, p. 441.

Leone, A. J. , Rock, S. , "Empirical Tests of Budget Ratcheting and its Effect on Managers Discretionary Accrual Choices", *Journal of Accounting and Economics*, Vol. 33, 2002, pp. 43 –67.

Wildavsky, A. , *The Politics of the Budget Process*, Boston: Littlw Browm, p. 15, 1974.

Weitzman, M. , "The Ratchet Principle and Performance Incentives", *Bell Journal of Economics*, 11, 1980.

把政府关进公共预算“笼子”里[*]

魏　陆[**]

内容摘要： 公共预算是行政机构的生命之源，对于约束政府收支来说，公共预算就是最好的“笼子”。社会公众、立法机构与行政机构之间是一种委托代理关系，由于存在预算信息的不对称，行政机构的预算行为可能会具有机会主义倾向，从而损害社会公众的利益。要切实将政府装进公共预算“笼子”里，必须构建以立法机构监督为主导，预算部门监督和社会公众监督为辅助的全方位、立体式的预算监督体系。我国应打造涵盖政府全部收支和明细、公开透明且带把大锁的公共预算“笼子”，预算改革可以作为我国行政管理体制改革乃至政治民主法治改革的一个突破口。

关键词： 公共预算　预算改革　预算监督　预算公开

公共预算是规范政府收支管理、加强对政府监督制约的一个重要工具，在各国政治经济生活中都占据重要地位。公共预算表面上看是技术

---

* 本文系本人2010年国家社科基金项目“完善我国人大预算监督制度研究”（项目编号：10CZZ009）的阶段性研究成果。

** 魏陆，男，上海交通大学国际与公共事务学院副教授，研究方向为公共预算、公共财政、公共经济。

性的，表现为一系列枯燥的数字和表格，但其核心是政治，预算过程其实就是一个政治过程。美国著名预算专家威尔达夫斯基认为，美国国会和行政机构之间的斗争，实质就是争夺钱袋子（预算）权力的竞争(威尔达夫斯基，2006)。曾经有人说过：“人类千百年的历史，最为珍贵的不是令人炫目的科技，不是浩瀚的大师们的经典著作，而是实现了对统治者的驯服，实现了把他们关在‘笼子’里的梦想”。[①] 预算是行政机构的生命之源，控制住了政府的预算也就控制住了政府，对于约束政府收支来说，公共预算就是最好的“笼子”。公共预算是近年来我国社会关注的一个热点问题，在财政部门、各级人大、研究机构以及新闻媒体等各方面的推动下，我国预算改革取得了一定进展，特别是预算公开引起了高度关注，但是离社会期望仍有较大的差距，预算资金浪费和违法行为仍然层出不穷。要把政府关进公共预算“笼子”里，必须构建以立法机构预算监督为主、预算部门监督和社会公众监督为辅的全方位、立体式的预算监督体系，打造一个涵盖政府全部收支和明细、公开透明且带把大锁的公共预算“笼子”，可以把预算改革作为我国行政管理体制改革乃至政治民主法治改革的突破口或者一把“钥匙”。

一、为什么要把政府关进公共预算“笼子”里

诺贝尔经济学奖得主、美国货币学派代表人物弗里德曼（Milton Friedman）曾精辟地论述过花钱的四种模式：一是花自己的钱给自己办事，既讲节约又讲效果；二是花自己的钱给别人办事，只讲节约不讲效果；三是花别人的钱给自己办事，只讲效果不讲节约；四是花别人的钱给别人办事，既不讲节约也不讲效果。政府显然属于最后一种情况，花纳税人的钱为纳税人办事，如何让政府真正对公共资金的使用负起责任是公共管理的一个核心问题。这里以现代契约论中的委托代理理论为核

① 这句话在互联网上广为流传，据说是美国总统乔治·沃克·布什（George Walker Bush）在一次演讲中说过的话，但是通过检索小布什总统的各种讲话，无法找到英文原文的出处，可能是网友伪托的言论。本人认为，无论是谁说的，这句话都非常令人深思。

心，结合公共选择理论对为什么要把政府关进公共预算“笼子”里进行简单的理论分析。

根据社会契约论观点，政府和社会公众（或者选民）之间实质上是一种委托代理契约关系，社会公众是委托人，是公共权力产生的源泉，政府是代理人，由社会公众选举产生，接受社会公众委托，代理社会公众执行公共事务，承担公共受托责任。预算是这种委托代理关系在经济上的反映，由于存在公共产品、外部性、收入分配等市场失灵情况，出于社会福利最大化的考虑，社会公众愿意以牺牲向政府缴纳税收为代价将部分公共权力让渡给政府，以此换取政府为之提供的公共产品和服务，因此，“政府预算是一份政府受社会公众委托，配置其让渡的经济资源，并向其提供‘一揽子’公共产品和服务的契约”（程瑜，2008）。预算契约中的委托代理关系既涉及公民的政治权利，也关乎公民个人的经济福利，并涉及社会利益问题，是社会中最重要的契约之一。当然，预算契约中包含多重委托代理关系，社会公众与立法机构之间、政府预算部门与支出部门之间、支出部门与产品和服务提供商之间都是委托代理关系，一些参与者可能既是委托人，也是代理人，如图 1 所示。

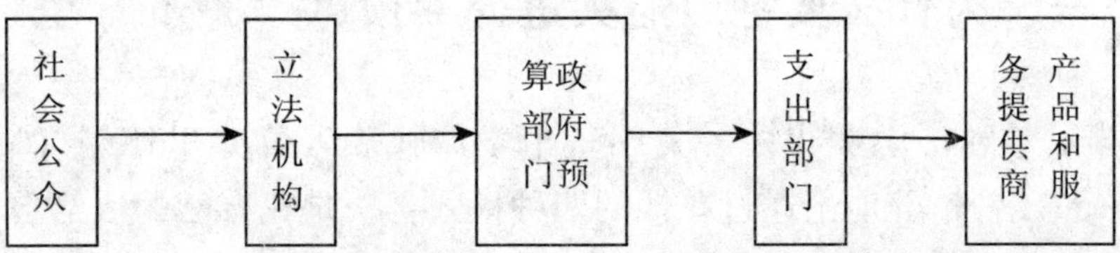

图 1　预算契约中的委托代理关系

委托—代理模型传统上假定参与者之间存在等级关系，委托人和代理人存在目标冲突，以及代理人一方拥有优势信息，其行为结果表现为“代理人主导”模型（阿曼 · 卡恩、W. 巴特利 · 希尔德雷思，2010）。从委托人和代理人之间非对称信息发生的时间看，这种非对称性信息可能发生在当事人签约之前，也可能发生在签约之后，通常认为，事前的非对称信息可能导致代理人的逆向选择行为，事后的非对称信息可能导致代理人的道德风险，代理人的这种行为被称为“机会主义行为”，具体表现为共谋和腐败（曹艳杰，2010），会损害代理人的利益。从社会公众、立法机构与政府的预算契约委托代理关系来看，相对于社会公众、立法机构（委托人）而言，政府作为代理人（受托人）处于信息优势地位，也就是说委托人和代理人存在信息不对称情况，这种信息不对称使行政机构在与立法机构的预算博弈中占据主导地位，其行为结果表现为“行政主导”模式。①

对政府官员预算行为最有影响的研究应该是美国学者尼斯坎南（Niskanen）的官僚预算最大化理论。作为公共选择学派的代表人物，尼斯坎南1971年出版了《官僚制与代议制政府》一书，认为在市场导向的私人部门里，一个想有所作为的人就是要使其公司尽可能地多赚钱，因为随着企业利润增加，其个人薪金也将随之增加，因此私人部门会以追求利润最大化为目标。但是在公共部门却不同，政府部门是非盈利机构，资金主要来自预算拨款，并且不能将预算结余装入私人腰包，因此对行政官僚们来说，虽然随着职位的提高，其收入也会增加，但是合法地大幅度增加其货币收益的机会可能性很小。② 官僚的效用函数包括薪金、职务津贴、机构或职员的规模、公共声誉、权力、任免权、机构的产出、容易改变事物、容易管理机构等，除了最后两项外，其余都与官僚机构的预算规模呈单调正相关关系，因此，追求效用最大化的官僚们的目标就是追求其预算最大化（方福前，2000）。为了实现这一目标，官僚们会极力夸大其部门工作的重要性，以便取得政治家和选民的支持。例如，国防部门真的希望世界永远和平、消防部门真的希望永远没有火灾、警察部门真的希望永远没有犯罪吗？实际上可能并不是如此，一些行政官僚甚至可能会创造需求以获得自身的满足。

由于官僚机构与资助人（立法机构）之间是一种“双边垄断关

① 当然不排除有些国家的立法机构在预算博弈中处于强势地位，其行为结果表现为“立法机关主导”。

② 官员收入的增加与其付出通常是不成正比的，通过贪污受贿等非法途径增加收入是要受到法律制裁的。

系”，即公共产品和服务通常只有唯一的行政机构作为卖方，只有唯一的立法机构作为买方，行政机构处于信息优势地位，可以通过隐藏自认为有必要隐藏的信息，争取最大限额的财政预算，而立法机构常常由于缺乏足够的信息而无法对行政机构的预算要求提出异议，因此，官僚机构最大化他们的预算在大多数情况下是成功的。其后，包括尼斯坎南本人在内的专家学者对官僚预算最大化模型又进行了修订。米格（Jean-Luc Migue）和毕朗哥（Gerard Belanger）认为，官僚们最关心的是管理的自由支配，从而只有自由支配的预算——收入超过最低成本的部分——才是官僚真正想最大化的（马骏、周超、於莉，2005）。根据批评者提出的修改意见，尼斯坎南1975年发表了《官员与政治家》一文，提出了官僚效用最大化模型和立法者选票最大化模型（William A. Niskanen，1975）。虽然学界对尼斯坎南的官僚预算最大化理论有一定的争议，例如不排除部分官员确实追求的是公共利益，也可以看到一些部门削减预算的例子，但是其仍然是解释官员预算行为最有影响的理论。

需要指出的是，尼斯坎南的预算最大化模型仍然假定政府官员的行为是在规则范围之内的，即政府官员是花纳税人的钱为纳税人办事（弗里德曼所说的第四种花钱模式），表现为可能既不讲节约也不讲效果，这对为什么政府预算规模居高不下、预算支出浪费严重提供了一种很好的解释。但是，在对政府行为监督不严、腐败比较严重的情况下，不排除一些政府官员利用预算资金管理中的信息不对称将公共资金据为己有，即变成花纳税人的钱为自己办事（弗里德曼所说的第三种花钱模式），这种情况比单纯追求部门预算规模最大化的行为更让社会公众痛恨，约束政府的预算行为显得更加迫切和重要。

二、谁能把政府关进公共预算“笼子”里

明确了把政府关进公共预算“笼子”里的必要性之后，接下来的问题就是谁能够把政府关进公共预算“笼子”里。由于预算契约中的

委托代理关系链条长，缺少竞争性，相对于具体的预算资金支出部门，社会公众、立法机关、政府预算部门与支出部门之间都存在着直接或者间接的委托代理关系，信息不对称问题更为突出，解决委托代理问题的一个重要途径就是委托人加强对代理人的监督，因此对预算的监督必须是全方位的，既包括预算部门对支出部门的监督，也包括立法机关对政府部门的监督，还包括社会公众的监督，这些监督共同构成了预算监督体系，那么谁能真正将政府关进公共预算“笼子”里呢？

（一）预算部门能否把政府关进公共预算“笼子”里

预算部门是政府的预算主管机构，受政府委托，全面负责预算工作，并代表政府与立法机构打交道，在政府预算管理中处于核心地位。① 预算年度开始前，预算部门要负责制定行政机构各项经费支出标准等部门规章，提出年度预算编制指导意见，支出部门据此向预算部门提交部门预算建议数。预算部门根据政府的总体施政计划、下一年的经济情况等，会与各支出部门进行反复磋商，确定部门正式的预算控制数，汇总部门预算形成政府总体预算，提交立法机构审议。根据立法机构的审议情况修订预算，待预算经立法机构批准后，向各个部门批复预算，预算进入执行阶段。预算年度开始后，预算部门要落实预算收入和安排预算支出，确保政府完成各项既定的工作。预算年度结束后，预算部门还要汇总政府预算执行情况，编制决算报告，提交立法部门进行审查。由于预算部门与支出部门之间同样存在预算信息的不对称问题，对支出部门进行监督是预算部门的一个重要职责。为了使自己在与预算部门的谈判中占得先机，支出部门的预算建议数通常会夸大需求，预算部门要和支出部门讨价还价，削减支出部门不合理的预算要求；在预算执行中要对支出部门进行监督，如通过财政监察或者向支出部门派驻会计专员等形式，防止支出部门滥用预算资金；在决算中要对各部门的预算执行情况进行评估，并作为下年度预算拨款的参考。

---

① 通常大部分国家的预算是由财政部门负责编制的，但是也有一些国家具有专门的预算机构，如美国联邦政府预算是由直接向总统负责的管理与预算办公室（OMB）负责的。

预算部门的监督是预算监督体系的重要组成部分，那么预算部门能否真正将政府关进公共预算“笼子”里呢？答案显然是否定的。预算部门监督的重要性无可置疑，但是即使预算部门内部建立了预算编制、预算执行、预算监督等分离操作的预算监督制衡机制，预算部门仍然是行政部门的重要组成部分，是向行政部门主管负责的，独立性受到较大的限制，难以有效抑制行政官僚的预算最大化倾向。即使有审计部门的预算审计作为预算部门监督的补充，但是当审计部门也向行政机构负责时，寄希望于预算部门将政府关进公共预算“笼子”里，实质上相当于要求政府自己将自己关进公共预算“笼子”里，这只是一种理想情况，在现实中很难做到。

（二）社会公众能否把政府关进公共预算“笼子”里

在预算契约委托代理关系中，社会公众作为初始委托人，不管采用的是直接民主决策还是间接民主决策机制，一切公共权力来自社会公众是无可置疑的，这是民主政治主权在民思想的根本体现。社会公众无疑对政府预算具有全面监督的权力，主要通过两种方式，一是直接对政府预算进行监督，二是通过选举代理人（议员）代表自己对政府预算进行监督。民意不可违，行政官僚和政治家的预算行为必须考虑社会公众的反应，社会公众是推动预算改革的重要力量。但是公共选择理论认为，在民主政治下社会公众无论是作为消费者还是投票者，无论是在经济市场上还是在政治市场上，其行为动机和目标都是一致的，即都作为理性的“经济人”在进行经济活动或政治活动，都是为了追求个人利益最大化。在政治市场上，人们通过选票来选择能给其带来最大利益的政治家、政策法案和法律制度，从而获得预期效用的最大化，这被称之为“理性投票人假设”。但是在全体社会公众通过纳税委托政府机构提供公共产品和服务这一过程中，尽管在理论上每个人都可以称之为委托人（所有者），但在现实过程中，又没有任何具体的个人直接行使委托权，而公共决策结果是一种公共产品，会导致“搭便车”行为，但个人参与决策是要付出成本的，包括时间成本和财务成本，当社会公众感觉其参与决策的成本超过收益时，某些选民会放弃政治参与权。特别是在政治参与的成本较高、个人对结果的影响又微乎其微的情况下，一些选民会理性地放弃政治参与权，表现出“理性而无知”的政治冷漠心态（许云霄，2006）。例如，据统计，美国2008年总统大选投票率为61.6%，2004年为55%，2000年为51.3%，1996年为49.1%，而非总统选举年的国会选举平均投票率仅为40%，很多美国民众几乎从不投票。

因此，社会公众对政府预算的监督会出现“所有者虚位问题”。作为纳税人，社会公众自然关心政府是如何花纳税人的钱，但是由于社会公众与政府之间存在预算信息的不对称，个人搜寻政府的预算信息是需要付出成本的，但是其监督政府预算所带来的利益具有公共产品的属性，因此，虽然不排除少数个人积极参与政府预算监督的可能性，但是通常多数社会公众个人缺少对政府预算进行深入调查的动机。特别是在非民主政治下，如果社会公众缺少通过直接决策机制或者间接决策机制真实表达意愿的机会，对政治参与感到灰心，社会公众可能成为“沉默的大多数”（王小波，2005），这时“所有者虚位问题”将更加突出。因此，虽然社会公众对政府预算具有重要的监督作用，但是依靠分散的社会公众个人，很难有效地将政府关进公共预算“笼子”里。

（三）立法机构能否把政府关进公共预算“笼子”里

在社会民主决策中，由于决策成本高、效率低，直接民主决策通常只在极少情况下使用，多数情况下采取的是间接民主决策，即通过选举代理人（议员）组成立法机构代表自己行使决策权，这是最初始的委托代理关系。在预算契约中，社会公众将自己的某些公共权力（如征税权）委托给了立法机构，立法部门通过立法规定政府活动的范围、方向，政府通过征税向社会公众提供公共产品和服务，立法机构负责对政府如何使用纳税人的钱进行监督，因此，立法机构与政府部门之间是预算契约中最核心的委托代理关系，立法机构是委托人，政府部门是代理人。立法机构既有权力也有能力对政府预算进行全面监督，可以有效解决社会公众在预算监督中的“所有者虚位问题”。从权力来看，在民主政治下，一切公共权力都来自社会公众，作为社会公众选出的代理人，立法机构被称为最高权力机构，当然有权力对政府预算进行监督，如可以通过立法约束政府的征税权和预算行为，可以要求政府向立法机提供详细预算信息，可以通过听证和质询获取所需要的预算信息，可以修正政府的预算要求，可以对违反预算规定的官员进行问责等。从能力来看，议员通常是专业化和职业化的，具有相关的专业知识，对政府进行监督是其本职工作，因此既有时间也有能力对政府预算进行监督；同时，立法机构可以根据职责分工组成不同的预算专门委员会，可以成立自己的预算辅助工作机构，为议员提供预算信息，以解决立法机构在预算监督中的信息不对称问题。立法机构对政府预算进行监督也符合权力分立原则，政府部门负责实施预算，立法部门负责监督预算，立法部门的监督属于外部监督，具有独立性，也更具有效力。如在美国，国会对预算资金具有绝对的掌控权，一切政府支出必须经过国会批准，否则政府不能支出一分钱，历史上由于国会两党不能就预算达成一致意见，导致联邦政府多次关门。虽然政党斗争导致政府关门会产生一定的副作用，但是正如约瑟夫·怀特和艾伦·威尔达夫斯基所指出的那样："（美国）三权分立的原则不是为提高政府效率而设计的，而是为防止权力的滥用"（阿曼·卡恩、W. 巴特利·希尔德雷思，2010）。可以说，美国基本上实现了把政府关进公共预算"笼子"里的目标。

因此，相对于预算部门和社会公众，立法机构最有权力和能力将政府关进公共预算"笼子"里。当然，这是有前提条件的，议员（委托人代表）应该是职业化的，由选民直接选举产生并向选民负责，预算决策权应该掌握在立法机构手中。假定在美国是由选民先直接选举产生镇议员，由镇议会选举产生市议员，由市议会选举产生州议员，再由州议会选举产生联邦参众两院议员，最后由国会议员代表选民作出决策，在议员与社会公众之间也是多重委托代理关系的情况下，可以想象，经过层层选举产生的国会议员能在多大程度上代表选民的利益行事。同时，立法机构的规模也不能太庞大，否则同样可能会造成国会议员的"代理人虚位问题"。

总体来看，要切实把政府关进公共预"笼子"里，立法部门的外部预算监督应在预算监督体系中占据主导地位，当然，社会公众与预算部门的预算监督也必不可少，应构建以立法部门预算监督为核心、预算部门监督和社会公众监督为辅助的内部监督和外部监督相配合的全方位、立体式的预算监督体系。

三、我国目前公共预算“笼子”存在的问题

改革开放以来，随着我国经济体制和政府经济管理方式的转变，预算在国家经济政治生活中的地位愈发重要，预算改革是我国经济社会管理体制改革的一个重要组成部分。总体来看，我国预算改革主要是沿着两个途径展开的：一是行政部门内部的预算管理制度改革，重点是如何规范政府的收支管理，提高预算资金使用的效能，如部门预算制度改革、政府采购制度改革、收支两条线改革、国库集中收付制度改革、政府收支分类改革、绩效预算改革等；二是行政部门外部的预算民主法治改革，重点是如何发挥人大的预算监督和制约作用，促进预算的民主化和法治化，如完善人大预算审查监督相关法律体系，加强人大负责预算审查监督的机构设置，为人大预算监督提供权力保障和能力保障，推动预算信息的公开透明，提高公众对预算的知情权和参与度等。从预算改革的途径和效果来看，我国预算改革的重点主要是放在如何加强政府内部的行政控制上，在行政部门内部进行的预算管理制度改革成效是明显的，预算管理水平不断提高，预算已经成为政府加强行政管理、落实公共政策的一个重要手段。在以加强人大对政府的政治控制为核心的预算民主法治改革方面，由于预算的政治改革涉及深层次的体制原因，人大预算监督仍然“形式”大于“实质”（魏陆，2011），远没有达到把政府关进公共预算“笼子”里这一目标，这也是造成我国财政支出效率不高、行政成本居高不下等问题的主要原因之一。具体来看，我国目前的公共预算“笼子”存在以下三个方面的不足。

（一）公共预算“笼子”太小，没有涵盖政府全部收支和明细

全面性是公共预算的一个基本原则，所有政府收支都必须纳入预算

管理，接受立法部门和社会公众的监督。我国政府性资金主要包括五个部分，一是一般预算资金，以税收收入为主，也就是我们通常所说的公共财政资金，2010年全国财政收入为83080亿元，支出为89575亿元。二是政府性基金收入（包括土地出让金收入），2010年全国政府性基金收入为35782亿元，支出为32583亿元。三是社会保险基金收入，2010年养老、医疗等五项社会保险基金收入为17071亿元，支出为13310亿元。四是国有资本经营收入，2010年收取中央企业国有资本收益558亿元，支出563亿元，地方国有资本经营预算还没有全面启动。五是政府性债务收入。2010年末中央财政国债余额67527亿元，根据国家审计署（2011）公布的数据，全国省、市、县三级地方政府性债务余额共计107175亿元。目前管理相对比较完善的是公共财政预算，其他政府性资金预算仍处在探索阶段，特别是地方国有资本经营收入和地方政府性债务收入预算管理基本上仍处于空白，也是问题出得较多的地方。也就是说，我国目前的公共预算“笼子”太小了，没能涵盖政府全部收支和明细，这种情况在地方层面更为突出，据估计，一些地方一般预算资金仅占政府资金的40%左右。原国家税务总局副局长许善达指出：“财政部管理的税收只是一部分，各个部委、各级政府都有相应的收入，没有一个部门能说清楚中国政府究竟有多少收入”（周潇枭、许善达，2012）。可以说，目前的公共预算“笼子”只管住了政府的身子，但是政府的头和四肢仍在“笼子”外，即使人大对一般公共财政预算进行了严格审查监督，政府仍可以不受约束地肆意而为，因为当政府一般预算资金不够用时，能够很容易地向其他政府性资金伸手。

（二）公共预算“笼子”不透明，没有保障社会公众对预算的知情权

公开透明是公共预算的另一个基本原则，即使公共预算“笼子”涵盖了政府全部收支，但如果“笼子”不透明，立法机构和社会公众也很难对政府预算进行监督，政府仍可以不负责任地使用公共资金，因此，为了减少预算契约委托代理中的信息不对称问题，公共预算“笼子”还必须是公开透明的。公共预算仅向人大公开还是不够的，更重要的应是向社会公众公开。对于社会公众来说，知情权是公民的一项基本权利，社会公众作为纳税人，是政府财政资源的主要提供者，当然有权了解和监督政府使用公共资源的情况，要求政府公开预算是公民民主意识的体现。对于政府来说，预算收入怎么花实际上是政府代人民理财的问题，理应让纳税人知道，预算公开不是对民众知情权的“恩赐”，而应是其法定义务。近年来在社会各方面的共同推动下，预算公开成为我国预算改革的一个热点，社会公众的预算意识显著增强。纵向来看，我国预算信息经历了从国家机密到向人大代表公开，再到逐渐向社会公众公开这三个发展阶段，特别是这两年预算公开进程明显加快，2010年实现了中央部门预算公开，2011 年实现中央部门“三公经费”公开，取得的成绩值得肯定。但是横向来看，预算公开仍存在很多不足之处，与社会公众的期望仍有较大的差距。如一些部门公布的部门预算，只是简单地列出该部门当年的收入项目和支出项目，既没有历史数据可供比较，也没有对预算政策及收支变化的详尽解释，无法让人对政府预算做出科学的分析和判断。普遍反映，目前的预算不但外行看不懂，就连内行也看不懂，社会公众对预算的知情权没有得到很好的保障。根据上海财经大学公共政策研究中心课题组对省级财政信息公开状况进行的评估，以 100 分为满分的话，2010 年省级财政透明度平均得分仅为 23. 14 分，表明中国省级财政透明度整体状况较差（上海财经大学公共政策研究中心，2011）。

（三）公共预算“笼子”没有锁，预算违法行为屡禁不止

再好的公共预算“笼子”如果没有锁，也是形同虚设的。为了切实把政府关进公共预算“笼子”里，公共预算“笼子”应该设置双重锁，一把设在“笼子”内部，预算部门的预算监督就相当于“笼子”内的这把锁，还有一把应该设在“笼子”外面，立法机构的预算监督就相当于“笼子”外的这把锁，如我们前面分析的那样，要切实将政府关进公共预算“笼子”里，关键是加强“笼子”外的这把大锁。虽然近年来人大对预算的监督取得了很大的进展，预算监督的基本框架已经建立，预算监督的形式趋于完善，但是从预算监督的效力来

看，人大预算监督受多种因素影响，还没有发挥实质性的作用。目前除了县乡之外，人大代表不是由选民直接选举产生的，除了少数人大常委会驻会委员，大部分人大代表都不是专职的，人大代表中现职和退职的党政官员的比例过高，可以说人大代表与社会公众之间没有形成实质上的委托代理关系，不用直接向社会公众负责。虽然人大设立了财经委和预算工委，但财经委的内部分工还是太粗，没有针对教育、国防、社会保障等设置预算专门委员会，预算工委的人员配置也还是太少，对预算的监督还不够专门化和深入化。人大会期较短，一年一度的全国人民代表大会会期一般不超过十五天，地方人代会只有几天，会上要讨论的问题非常多，留给人大代表审查预算的时间就更少了，最多不超过一天，甚至只有几个小时。很多代表在对预算表决时甚至还没有仔细看过预算，使得预算审议似走过场，弱化了人大对预算的审查职能。预算经人大审议通过后即具有法律效力，但是在很多人心目中，预算不是法律，更像是计划，只要不把财政资金往自己的口袋里装，不贪污，就不算违法，因此预算违法行为屡禁不止。因此，从人大预算监督的权力和能力看，目前公共预算“笼子”外的这把锁象征意义大于实质意义，远没有到达把政府关进公共预算“笼子”里的目标。

四、如何把政府关进公共预算“笼子”里

在我国目前预算管理内部控制改革已取得明显成效的情况下，预算外部控制改革的重要性日益突出。没有预算的外部控制改革，预算的内部控制改革效果将大打折扣，甚至陷入僵局。未来在继续推进政府部门内部预算管理体制改革、加强内部预算监督的同时，应该将预算的民主法治改革、强化外部预算监督放在更加突出的位置。在中国，中华人民共和国的一切权力属于人民，人民行使国家权力的机关是全国人民代表大会和地方各级人民代表大会，因此，只有人大才有权力和能力把政府关进公共预算“笼子”里，虽然制度框架已经基本建立，但是必须对

人大现行预算审查监督制度进行深入改革。

一是实现人大代表的职业化。预算审查监督作为人大一项重要工作，具有一定的专业性，需要投入大量时间，依靠兼职的人大代表每年仅几天的会议日程是很难对预算进行实质审查的，加强人大预算监督必须实现人大代表的职业化。可以先实行人大常委会委员的全部专职化和职业化，扩大人大代表直选范围，逐步扩大到省市一级人大乃至全国人大，建立社会公众与人大代表之间的直接委托代理关系，使人大代表真正向社会公众负责。同时，应减少人大代表中党政官员的比例，避免人大预算监督中出现自己监督自己的尴尬情况。

二是加快完成《预算法》的修订。以预算法治化推进预算民主化，《预算法》应切实为人大预算监督提供有力的法律保障。在新的《预算法》中应赋予人大代表提出预算修正案的权利，明确人大就预算问题的听证权、质询权和公开辩论权；规范预算程序，调整预算批准时间，增强我国预算年度的完整性；强化预算超收资金监督，加强预算调整的审查监督；严格预算责任追究制度，预算一旦通过即具有法律效力，非经法定程序不得擅自改变，加快使我国从“税收国家”向“预算国家”（马骏、谭君久等，2011）转变。

三是做大公共预算“笼子”。将政府性资金全部纳入人大预算监督范围，不允许有预算外的公共收支，不允许有在预算管辖之外的政府财政活动，特别是国有资本经营收入预算管理要加强。同时，必须保证预算的详细性和规范性，部门预算应该细化到具体项目，支出科目要能反映资金的最终用途，公用经费、人员经费包括专项支出都要编列相应的“款”“项”“目”级科目。在编制预算收入时，尽量提高收入预算的准确性，对以后几年的预算收入趋势进行预测，以利于从中长期合理安排教育、卫生等关系国计民生的预算支出。

四是增强人大对预算的审查力量。人大对预算的审查监督极大地受限于人力、物力、财力的制约，应加强人大预算审查监督的能力建设，可以在各级人大下设预算委员会，并且在预算委员会下再根据预算支出的功能分类，分设教育、国防、社会保障、农业等专门委员会，通过专业化分工加强对预算的审查监督。同时，继续增强人大常委会预算工作委员会这一专门工作机构的职能，使其能够发挥类似美国国会预算办公室（CBO）① 的作用，为人大审查监督政府预算提供更好的决策参考。

五是将预算报告作为人代会审议的重点。将政府预算编制时间提前，至少在人代会一个月前将预算送交人大代表，使人大代表有充足的时间审查预算。尽快恢复预算报告在人代会上的宣读程序，淡化对政府工作报告的审议，增强对预算报告的审议，将政府的大政方针通过政府预算体现出来，使预算成为人大审议的重点，改变政府政策与预算相脱离的问题。在预算审查中，对预算辩论、听证、修改、宣读、投票等制度进行明确规定，使之具有可操作性并能得到落实，从程序上保障人大预算审查监督的质量。

六是进一步提高预算的透明度。为了解决预算监督中的信息不对称问题，在预算信息公开上，不能仅公开比较笼统的预算报告，对于各部门的预算明细等社会关心的预算信息都应该及时、动态地公开。如对政府的招待费用支出，仅公开一个总数额是远不够的，应公开每一笔支出的详细情况，如何时、何地、招待谁都应详细列出。在各级人大门户网站下设置预算专栏，方便社会公众了解预算信息。同时，人大代表对公共预算的审查意见、投票记录等也都应该公开，允许社会公众旁听人大预算审议情况。

七是更好地发挥审计机关和社会公众对预算的监督职能。为了保证审计的独立性和权威性，可以考虑将政府审计机构并入人大体系，实现审计对人大负责（杨肃昌，2008），使对预算的审计监督从内部监督变为外部监督，从而增强人大预算监督的效力。同时，充分发挥新闻媒体、社会舆论等渠道的监督作用，对预算违法行为坚决予以曝光。如2010年底辽宁省抚顺市财政局办公室天价采购U盘事件等一经网络曝光，在强大的舆论压力下，相关部门的行为及时得到了改正，虽然曝光

---

① 国会预算办公室是一个专业的、非党派的中立机构，其职责是为国会两院提供客观、专业、及时、非政治化的分析，这些分析有助于国会预算决策。近些年来，国会预算办公室的规模不断扩大，目前工作人员超过300人。

的此类事件可能只是九牛一毛，但是社会公众监督的威力已经可见一斑。

我国预算改革应继续坚持渐进性和稳健性原则，可以先从较容易改革的技术层面入手，如提高预算的全面性、透明性、规范性和法治性，增强人大对预算的审查力量和延长其审查时间等，对于一些深层次的问题，如人大代表的职业化，审计部门直接向人大负责，可以在今后的政治经济体制改革中逐步加以解决，但也不宜拖得太久。预算民主是我国实现社会主义民主的一个有效途径，预算改革可以作为我国行政管理体制乃至政治体制改革的一个切入点，如果能切实将政府关进公共预算“笼子”里，我国社会主义民主法治建设将迈上新台阶。

【参考文献】

阿曼·卡恩、W. 巴特利·希尔德雷思：《公共部门预算理论》，韦曙林译，上海人民出版社2010年版。

曹艳杰：《基于委托代理模型的部门预算道德风险研究》，载《财政研究》2010年第11期。

程瑜：《政府预算契约论——一种委托—代理理论的研究视角》，经济科学出版社2008年版。

方福前：《公共选择理论——政治的经济学》，中国人民大学出版社2000年版。

国家审计署．全国地方政府性债务审计结果，中华人民共和国审计署审计结果公告：2011年第35号。

马骏、谭君久等：《走向“预算国家”——治理、民主和改革》，中央编译出版社2011年版。

马骏、周超、於莉：《尼斯坎南模型：理论争论与经验研究》，载《武汉大学学报（哲学社会科学版）》2005年第9期。

上海财经大学公共政策研究中心：《2011中国财政透明度报告——省级财政信息公开状况评估》，上海财经大学出版社2011年版。

王小波：《沉默的大多数》，上海三联出版社2005年版。

威尔达夫斯基．：《预算过程中的新政治学》（第四版），邓淑莲、魏陆译，上海财经大学出版社2006年版。

魏陆：《人大预算监督：亟须加快从形式向实质的转变》，载《探索》2011年第

3 期。

许云霄:《公共选择理论》，北京大学出版社 2006 年版。

杨肃昌:《审计机关应设立在何处》，载《人大研究》2008 年第 6 期。

周潇枭、许善达:《2012 年政策只会是微调》，载《21 世纪经济报道》2012 年第 6 期。

William A. Niskanen, "Bureaucrats and Politicians", *Journal of Law and Economics*, 1975, p. 18.

公共预算研究系列
Public Budgeting Research Series

预算收入与支出

部门预算改革对行政管理支出控制的成效分析*

高树兰**

内容摘要： 20世纪90年代以来，我国行政管理支出增长速度持续多年超过GDP增长速度，大多数年度超过财政收支增长速度，行政管理支出增长过快和控制问题由此受到社会各界广泛关注；与此同时，来自预算编制的行政经费不足问题也长期存在，并在预算运行中渐现其负面效应：降低预算法律效力、影响财政预算的控制功能、影响政府科学决策、迫使地方政府"过度举债"。考察分析我国部门预算改革对行政管理支出控制的影响，关注行政经费支出的现状，反思行政经费不足问题，对预算改革的顺利推进将具有现实意义。

关键词： 预算改革　行政管理支出　支出控制

行政管理支出是财政支出中重要的经常性支出项目，是各级政府履行社会管理职责的物质保障，是政府向社会公众提供公共服务活动的经济基础。从性质上看，政府的社会管理活动是一种典型的纯公共产品，行政管理支出表现为公共性、消耗性和支出刚性等特点，行政

---

* 本文为天津财经大学校预研课题《控制取向预算改革与行政管理支出控制研究》（编号Y0903）的阶段研究成果。

** 高树兰，女，天津财经大学经济学院财政系教授，研究方向为财政税收与公共管理。

管理支出的上述特点，决定了其在财政支出的安排上应保持连续性，也就是说，无论任何时期，财政支出的规模如何都必须首先要保证行政管理支出（唐虎梅，2002）。另一方面，在一国经济资源一定的条件下，政府开支的行政管理支出过多，纳税人的税收负担就会因此而过重，相应地会降低微观经济主体的投资能力或消费能力，这样的资源分配显然会扭曲公共品与私人品的合理配置结构，影响全社会物质财富的创造和社会经济的发展。因此，行政管理支出必须严格控制在一定的限度内。从财政预算总量角度看，在财政预算总量一定时，行政管理支出规模越大，则财政用于医疗、教育、环境保护、社会保障等其他领域的支出就会越少。由此，近年来有关行政管理支出控制的呼声从未停歇。

伴随着公共财政体制的构建，1999 年中国启动了新一轮预算改革。这一改革的目标是重新构造预算编制和执行过程。这一包括部门预算、国库集中收付和政府采购制度在内的预算改革将建立起一种“控制取向”的预算体系。一方面，在政府内部建立集中的行政控制：首先，通过部门预算改革将资金的分配权集中到财政部门，并将财政部门转变成真正意义的“核心预算机构”，对各个部门进行预算控制；其次，通过国库体制改革和政府采购改革，使财政部门能够在预算执行中对各个部门的支出行为施加“外部控制”。另一方面，由于部门预算改革使政府提交给人民代表大会的预算报告包括了比原来更加详细的预算信息，因此，它将有助于人大对政府预算从外部进行政治控制（马骏，2005）。从理论上讲，预算改革为“控制”政府行政管理支出提供了可操作工具。

一、近年来行政管理支出增长趋势分析

（一）我国行政管理支出绝对规模及相对规模

从《中国统计年鉴（2007）》数据看，预算内行政管理支出占财政总支出的比重由 1978 年的 4.71% 上升到 2006 年的 18.73%，绝对额从

1978 年的 52.9 亿元上升到 2006 年的 7571.05 亿元，增长 143 倍，年均增长 19.4%；预算外支出中“行政事业费”占总支出的比例由 1996 年的 32.68%，增长到 2006 年的 70.97%，绝对额也从 1996 年的 1254 亿元，增长到 2006 年的 4163 亿元。预算改革以来大部分年份，预算内行政管理费增长速度仍超过财政收支增长速度，当然更大大超过同期 GDP10% 左右的增长速度（见表 1）。

表 1　改革开放以来我国预算内行政管理支出绝对规模及相对规模

年份	行政管理费（亿元）	行政管理费增长速度	财政收入（亿元）	行政管理费占财政收入比重	财政支出（亿元）	GDP（亿元）	行政管理费占财政总支出的比重	行政管理费占 GDP 的比重
1978	52.9	17%	1132.26	4.67%	1122.09	3624.1	4.71%	1.46%
1980	75.5	20%	1159.93	6.51%	1228.83	4517.8	6.15%	1.67%
1985	171.0	22%	2004.82	8.53%	2004.25	8964.4	8.53%	1.90%
1990	414.5	7%	2937.10	14.11%	3083.59	18547.9	13.44%	2.24%
1995	996.5	18%	6242.20	15.96%	6823.72	58478.1	14.60%	1.70%
2000	2768.2	37%	13395.23	20.67%	15886.50	89468.1	17.42%	3.09%
2001	3512.4	26.88%	16386.04	21.44%	18902.58	97314.8	18.58%	3.61%
2002	4101.3	16.77%	18903.64	21.70%	22053.15	105172.3	18.60%	3.91%
2003	4691.2	14.38%	21715.25	21.60%	24649.95	117251.9	19.03%	4.23%
2004	5521.9	17.7%	26396.47	20.92%	28486.89	136875.9	19.38%	4.03%
2005	6512.3	17.93%	31649.29	20.58%	33930.28	183084.8	19.20%	3.56%
2006	7571.05	16.26%	39373.20	19.23%	40422.73	210871.0	18.73%	3.59%
2007	10466.07	38.24%	51321.78	20.39%	49781.35	265810.3	21.02%	3.94%
2008	12001.59	14.67%	61330.35	19.57%	76299.93	314045.4	15.73%	3.82%
2009	13159.99	9.65%	68518.30	19.21%	76299.93	340506.9	17.25%	3.86%

数据来源：1978—2006 年数据根据《中国统计年鉴（2007）》计算得出，2007—2009 年数据根据《中国统计年鉴（2010）》整理得出，其中行政管理支出 = 一般公共服务支出 - 国内外债务付息 + 外交支出 - 对外援助支出 + 公共安全支出 - 武装警察支出。

（二）国际比较

1. 行政管理支出占财政收入的比重

从国际横向比较看，以1998年为例，行政管理支出占财政收入的比重高收入国家为9.5%；上中等收入国家为12.3%；中下等收入国家为14.9%；低收入国家为18.1%；国际标准平均比值为15.6%（见表2）。2006年美国的行政管理支出占财政收入的比重只有9.9%，日本为2.38%，英国为4.19%，法国为6.5%，加拿大为7.1%（江克忠，2010）。

表2　不同国家行政管理费占财政收入的平均比值

国家分类	高收入国家	上中等收入国家	中下等收入国家	低收入国家	国际标准
平均比值	9.5%	12.3%	14.9%	18.1%	15.6%

资料来源：李树林、田瑞华：《内蒙古自治区行政成本现状分析与总体评价》，“落实科学发展观推进行政管理体制改革”研讨会暨中国行政管理学会年会论文，2006年10月。

我国行政管理支出占财政收入的比例2002年达到最高，为21.70%，从2003年开始缓慢下降，2006年为19.23%，但这并不意味着我国行政管理费占财政收入的比重真的得到了控制，而是最近几年来财政收入增速较快，存在大量超收的结果（李峰，2007）。

2. 行政管理支出占财政支出的比重

表3为2005财政年度7国政府行政支出占财政支出的比重，最高的南非只有13.38%，而我国2005年预算内行政管理支出占财政支出的比重为19.2%。20世纪90年代以来，我国行政管理支出占财政支出的比重与其他国家相比，除了比土耳其低外，一直属于同期的最高水平。2005财政年度行政支出占财政支出的比重，美国为8.64%，日本为10.85%，英国为8.85%，法国为10.90%，南非为13.38%，印度为7.60%（杨宇立，2009）；根据《中国统计年鉴（2006）》计算可见2005年我国行政支出占财政支出的比重为19.20%，与发达国家与发展中国家同期相比均为较高水平。

这一方面反映了我国行政管理支出效率的低下，另一方面，行政管理支出占财政支出比重过高，挤占了其他的财政支出项目，不利于经济的均衡、协调发展。

表3　2005财政年度7国政府行政支出占财政支出的比重

国别	行政支出占财政支出的比重（%）		
	中央政府	地方政府	总计
美国	3.71	12.03	8.64
日本	5.26	16.06	10.85
英国	7.35	12.92	8.85
法国	9.40	20.14	10.90
德国	9.10	13.96	10.70
印度	5.34	8.68	7.60
南非	16.10	5.88	13.38

资料来源：杨宇立：《公共财政框架内的行政支出变化趋势研究》，载《上海经济研究》，2009年第11期。

3. 行政管理支出占GDP的比重

行政管理支出占GDP的比重反映了一国经济对行政管理支出的负担能力。随着经济的发展，人们对行政管理的需求会越来越高，行政管理支出就会相应增加。从理论上讲，发达国家行政管理支出（一般公务支出）占GDP的比重一般比较高，而发展中国家这一比重则相对较低。20世纪90年代以来，预算内行政管理支出占GDP比重呈现较快增长态势，与其他国家相比，如以色列（1998年）行政管理支出占国内生产总值（GDP）的比重最低，仅为0.23%，日本（1999年）为0.88%，印度（1998年）为1.05%，韩国（1998年）为1.625，美国（1999）年为1.65%，英国（1998年）为2.68%，土耳其最高（1999年）为8.22%（李树林、田瑞华，2006）；2003年我国这一比重为4.23%，仅低于土耳其。

比较可见我国行政管理支出的规模，其增长速度相对较快。需要指出的是，这些对比分析都是基于我国预算内行政支出而言的，毋庸置疑，这并非中国行政管理支出的整体。大量预算外行政支出和制度外行政管理支出并未得到体现，分析可见，即使只是考察预算内行政管理支出，我国行政管理支出已经处于较高水平，其增长应得到控制。

二、行政管理支出增长较快和行政经费供给不足并存

改革开放前，由于我国财政支出的重点是发展经济建设，加之我国财政收支整体规模较小，行政管理支出相对规模和绝对规模都较小。从《中国财政年鉴（2006）》国家财政按功能性质支出的结构可见，1977年我国财政支出总量为843.53亿元，行政管理支出的绝对规模为45.18多亿元，行政管理支出占财政支出的比重只有5.36%。从1952年到1977年的二十多年间，行政管理支出占财政支出的比重一直徘徊在4%—9%。在此背景下，行政经费不足的现象不足为奇。改革开放后，我国行政管理支出的需求逐渐增多，而行政管理支出的供给受到了财政收支规模的限制。1978年我国行政管理支出绝对额为52.90亿元，1979年为63.07亿元，1980年是75.53亿元；1978—1980年，三年行政管理支出占财政支出总额的比重分别为：5%、5%和6%；三年的行政管理支出增长速度分别为：17%、19%和20%。而改革开放前的行政管理支出增长速度从未有过连续两年以上的两位数以上增长情况，改革开放后的行政管理支出增长可谓是持续的增长，这种情况为财政带来了新压力，预算经费留缺口越发明显。

为解决行政和事业发展经费不足的问题，1980年政府各部门重新实行预算包干制度。同年，中共中央、国务院下发《关于节约非生产性开支、反对浪费的通知》，规定："一切有条件组织收入的事业单位，都要积极挖掘潜力，从扩大服务项目合理地组织收入，以解决经费不足的问题，促进事业的发展。"这项通知对如何控制和节约行政、事业单位的公用经费和企业管理费，也做了具体规定，其主要内容是：1980年各单位的行政经费、事业经费，除去应发个人部分的开支（如人员

工资、职工福利费、人民助学金等）以外，其他公用开支部分，一律按上年预算指标节减20%，并由财政部门从各地方、各单位的当年预算指标中扣减下来。这种节约现在看来有“一刀切”的强行意味，并对此后的政府预算编制产生了重要的影响。由于我国预算编制一直实行“基数加增长”的预算数字核定方法，所以这个“基数”也就为随后的行政经费不足埋下了伏笔。

调研发现，我国目前行政单位需自筹解决的人员经费通常是：值班补贴、加班费、防暑降温补贴、年终一次性奖金、未休假补助、在职人员医疗补贴、政府考核奖励以及工勤人员的各项费用等项目支出。另外，当年新招录公务人员经费通常也未在预算编制时加以考虑。如X市XX局为司法部门，截至2009年末，在职公务员人数为203人。由财政局统发工资在职人员人数为203人，2009年该单位共发放在职人员津贴补贴16项，共计15865161.1元，人均78153.5元/年。其中，需自筹资金发放的项目有6项，分别是：值班补贴、加班费、防暑降温补贴、年终一次性奖金、未休假补助、通讯补助。自筹资金累计发放金额4204688.9元，人均20712.75元/年，占经费发放总数的26.5%。直观地看，部分单位行政经费中的人员经费已有两三成的缺口，而实际上公用经费的缺口数额更巨。

三、行政经费不足的影响分析

行政经费不足成为我国预算管理中的现实问题，其处理方式为行政事业单位预算外收入的泛滥打开了大门（高培勇，2009），使我国规范预算资金管理的目标难以实现。反思行政经费不足的负面影响，至少包括以下几个方面：

（一）降低预算法律效力

政府机关单位行政经费不足，致使挤占、转嫁经费现象普遍存在，使部门预算成为一纸空文，预算本身已失去法律效力。虽然近几年我国财政收入保持较快增长，但目前我国地方财政收支矛盾仍然突出，多数地方财政仍为“吃饭财政”。所谓“吃饭财政”，即财政收入的大部分是人员的支出和花费（主要是薪水和相关的福利）。在财政支出中，行政费用占了70%或者更多，并且还只能满足政府运行的基本需要（张梦中、马克·霍哲，2003）。

行政经费不足，使财政资金优先安排人员经费后所剩无几，有的地方连工资支出都难以保障，根本没有能力保障公用经费需求，这就使部门预算无法落到实处。行政经费不足的机关和单位往往首先挤占和挪用资金，而后是大肆“合理”组织收入，追加预算，形成马寅初先生在其《财政学与中国财政——理论与现实》中阐述的追加预算的“流弊”（马寅初，2006）。因此，行政经费不足直接造成财政支出秩序混乱，财政制度、财经纪律失去应有的约束控制作用。

（二）影响财政预算的控制功能

《关于节约非生产性开支、反对浪费的通知》中有关促进事业发展的创收措施并不具备理性：这种并无明确标准和范围的“合理”组织收入行为，本身缺乏明确界定，现实工作中很容易逾越，成为“不合理”。行政经费不足自筹经费，使有能力收费的部门势如“脱缰野马”，狂征乱收（张梦中、马克·霍哲，2003），导致政府行政和事业各单位人员之间的收入和待遇不公平，也造成整个社会分配的不公。由于行政经费不足，各单位的自筹资金渠道多样，又在社会监督之外，形成行政经费名义压缩、实际膨胀的局面；于是“三公经费”膨胀，吃喝之风盛行，导致腐败丛生。

政府机关行政经费不足采用自筹资金方式解决问题，使政府机关合理组织不合法的收入，导致滥用权力、乱收费现象重生，影响了政府执政的公信力。“中国政治体制改革研究”课题组在《“十一五”及今后一个时期我国财政体制改革框架安排研究》中指出：2004年我国行政管理和社会组织收费12211亿元，其中政府各部门收费9367.67亿元，法院和检察院收费365.03亿元，这些收费只有很小的一部分进入了预算内，还有相当规模的预算收入没有进行收支两条线管理，这成为社会公众对政府行政和执法强烈不满的一个突出问题（中国政治体制改革研究课题组，2007)。有学者把行政、执法、监督、司法等单位由于行政经费不足而形成的自筹资金局面称为“事业收费化”，分析了其对经济社会产生的重大危害（周天勇，2008)。

（三）影响政府科学决策

行政经费不足导致信息失真、财政统计不能真实准确地反映各项开支特别是行政经费支出情况，无法据以做出正确的分析，影响对有关问题做出科学决策。

首先，计划经济时代，中央政府计划主导着社会资源的分配。预算实质上就是财政部门根据计划委员会的计划所编制的资金分配表。预算信息就是计划委员会的计划，无从谈起预算分析能力的培养（安秀梅、殷毅，2006)。改革开放后，预算外收支和制度外收支几经治理、几次膨胀。大量政府收支行为游离于预算之外，不受预算约束。预算信息不完整，其分析能力自然也没有机会体现。另一方面，我国长期的“条条块块”管理体制使政府资金的分配权分散在政府各部门。除了财政部门，其他一些机构事实上也拥有资金分配权，比如教育部门、工商部门等。财政部门只是资金收支过程中的中转站，难以起到监督控制作用。在分散的政府收支管理体制下，预算对政府支出的控制十分有限，而财政部门作为预算核心部门的地位也非常不明确。1999 年我国开始推行部门预算，实现了一个部门一本账。但体现财政支出总账与分部门明细账有机联系的政府公共账户核算体系尚未建立起来。在我国收支两条线管理制度没有完全普遍推行的情况下，政府各部门隐瞒收入、虚增开支、基本支出与项目支出编制混乱的机会主义行为严重（娄峥嵘，2008)。

其次，财政部门、统计部门对“财政预算信息是重要的公共产品”缺乏理念上的认识。具体体现在，一方面，我国政府收支统计资料的采集对收入的重视大于支出。从读者角度讲，获取预算收入信息相对容易，而获取预算支出信息相对困难；另一方面，政府收支统计资料重视预算执行后的结果，而对“预算”本身以及执行结果与“真实预算”的差距等缺乏足够的统计信息。读者获取预算执行数相对容易，而获取原预算数字相对困难。

国际货币基金组织（IMF）于1998年通过了《财政透明度良好做法守则——原则宣言》，指出财政透明度的实施标准被区分为基本要求和最佳做法两个层次，以供不同的国家参照运用。目前，发达国家已经达到或者接近了最佳做法的标准，我国和广大发展中国家及转轨国家一样，正在积极推进财政制度改革，争取尽快达到财政透明度的基本要求。财政透明度的全部内容都集中体现在四项基本原则中，这四项原则是：第一，政府作用和责任的澄清，涉及确定政府的结构和职能政府内部的责任以及政府与经济中其他部门的关系；第二，公众获得信息的难易程度，强调在明确规定的时间公布全面财政信息的重要性；第三，预算编制执行和报告的公开，涉及提供关于预算程序信息的种类；第四，对真实性的独立保证，涉及数据的质量以及对财政信息进行独立检查的需要（国际货币基金组织，2001）。这四项基本原则构成了财政透明度标准的结构基础。有关财政预算“信息”在IMF财政透明度的四个原则中占了三项。我国于2000年加入了国际货币基金组织的数据公布通用系统（GDDS），财政部每季度向国际货币基金组织统计部及其出版物《国际金融统计》提供财政收支（包括债务）数据。但我国在财政信息披露的质量方面距离国际标准还有差距。

2010年中央政府部委部门预算首次向社会公开，表明政府部门预算公开迈出了重要一步。但这种公开还不能达到“大账”看得懂，“细账”看得清的要求，其表现形式为：第一，预算是按类、款、项、目来编制的，中央财政支出公开到了“类”级，而没有具体到项目。要进一步了解具体情况，还要通过相关地方政府的财政预算，来追踪这些钱究竟用在了什么地方。第二，公开的预算账本的完整性问题，政府部门所有收支并没有在公开的账本中得到全面的体现。

（四）行政经费不足可能成为地方政府“过度举债”的诱因

地方政府债务是指由地方政府或其职能部门直接借入、提供担保、欠账等形成的最终必须由政府偿还的债务。近几年来我国地方政府债务持续增长，已成“过度”态势。同时，地方政府债务呈现出债务累积的膨胀性、债权主体的扩散性、债务负担的严重性和债务关系的复杂性等突出特征。财政部官方网站的资料显示：近几年来，我国大多数省份债务余额超过当年全省地方本级财政收入，债务负担率大多数超过10%；县乡政府负债沉重，偿债高峰期已经来临。截至2010年底，全国省、市、县三级地方政府性债务余额共计107174.91亿元。其中：政府负有偿还责任的债务67109.51亿元，占62.62%；政府负有担保责任的或有债务23369.74亿元，占21.80%；政府可能承担一定救助责任的其他相关债务16695.66亿元，占15.58%。分级次看，全国省级、市级和县级政府性债务余额分别为32111.94亿元、46632.06亿元和28430.91亿元，分别占29.96%、43.51%和26.53%。[①] 来自财政部的文告显示，当前地方政府债务规模庞大，已给地方经济社会稳定发展带来深刻的危害，不仅影响了基层政权正常运转，引发了一些社会问题，也影响了建设社会主义新农村和构建和谐社会的进程。地方政府过度举债的原因当然是多方面的，但正常经费不足是不可忽视的基本原因。1994年我国实施分税制财政体制改革，在收入层面相对规范了中央和地方之间的分配关系，建立了分税制财政体制；但在财力与事权相匹配方面没有实现合理的搭配，地方财力时有不足，地方政府在不能合理组织收入或组织收入受限的情况下，举债无疑是解决经费问题的又一良方（贾康，2009）。

四、结语

从预算编制开始的行政管理经费不足到预算执行中的自筹资金乱收费、过度举债，又到行政支出的铺张浪费使用，行政经费不足从源头导致了预算软约束的恶性循环。行政经费缺口是造成我国预算外收支和制度外收支屡禁不止、对“小金库”等治理收效甚微的重要原因。

---

① 财政部：《我国地方政府性债务风险总体可控》，http://www.cinic.org.cn/site951/bwdt/2011-08-22/496231.shtml（访问时间：2013年12月28日）。

改革开放以来，中国财政预算改革的步伐从未停顿，特别是1999年新一轮预算改革实施十年来，更是实行了部门预算、国库集中收付和政府采购的新制，但是我国的政府收支预算管理仍存在着一个现实问题：现有政府收支未能全部纳入政府预算，并非所有已经纳入预算的政府收支都受到了同样严格的预算管理与控制。实现“全口径政府收支预算管理”将所有政府收支收入政府预算的囊中，为预算管理与控制的进一步改革提供了具体的方向，改变行政经费不足的现状应是预算改革的基本出发点。

【参考文献】

安秀梅、殷毅：《论中国政府预算管理改革的优先序——兼议绩效预算在中国的适用性》，载《中央财经大学学报》2006年第6期。

财政部：《我国地方政府性债务风险总体可控》，http：//www. cinic. org. cn/site951/bwdt/2011－08－22/496231. shtml（访问时间：2013年12月28日）。

高培勇：《实行全口径预算管理（中国财政政策报告2008/2009）》，中国财政经济出版社2009年版。

国际货币基金组织编著：《财政透明度》，财政部财政科学研究所整理，人民出版社2001年版。

贾康：《解决地方举债的治本之策》，载《中国改革》2009年第12期。

江克忠：《行政管理支出、城市化与经济增长的动态计量分析》，载《公共管理学报》2010年第1期。

李峰：《透视财政收入超预算增长》，载《当代经济研究》2007年第2期。

李树林、田瑞华：《内蒙古自治区行政成本现状分析与总体评价》，“落实科学发展观推进行政管理体制改革”研讨会暨中国行政管理学会年会论文，2006年10月。

娄峥嵘：《我国公共服务财政支出效率研究》，中国矿业大学博士学位论文，2008年。

马骏：《中国公共预算改革的目标选择：近期目标与远期目标》，载《中央财经大学学报》2005年第10期。

马寅初：《财政学与中国财政——理论与现实》，商务印书馆2006年版。

唐虎梅：《国家行政经费与国家财政支出关系研究（上）》，载《财政研究》2002年第11期。

王保安:《发挥理论优势 创新财政政策 推动财政改革》,载《财政研究》2013年第7期。

夏子敬:《我国财政支出结构优化效果分析》,载《税务与经济》2013年第5期。

杨宇立:《公共财政框架内的行政支出变化趋势研究》,载《上海经济研究》2009年第11期。

张梦中、马克·霍哲:《重塑中央与地方财政政策的构想——预算外资金问题研究》,载《中国行政管理》2003年第11期。

中国政治体制改革研究课题组:《“十一五”及今后一个时期我国财政体制改革框架安排研究》,载《经济研究参考》2007年第17期。

周天勇:《行政、执法、监督、司法等事业收费化的六大危害》,载《审计与理财》2008年第5期。

隐性债务：中国社保支出补助的政治经济逻辑

——基于2006—2010年各省数据分析

张　岌*

内容摘要：2005年，中央在建设社会主义的国家政策上，将政治注意力从之前的“经济”转移到“和谐”，并正式提出“构建和谐社会主义社会”的理念，加强“民生”支出，完善社会保障领域。本文试图利用2006—2010年各省的数据，对基于“和谐”目标下的社保支出预算赤字予以说明和解释。结果表明，社保支出风险的产生主要是由于政策注意力转移、经济发展等因素，政治因素也对其产生激励作用，但并非主要因素。具体而言，在政策和政治的双重激励下，地方政府官员为了获得晋升，开始注重社保支出投入，而忽视社保体系的构建，产生了大量的预算赤字。所以，地方政府须逐步建立社保预算体系，对人口需求、遵缴率进行精确的测量，将社保支出在长期的公共预算中制度化，以避免政治和政策的影响。

关键词：预算赤字　社保基金　财政风险

经过20多年的经济改革，中国已经迈入市场经济持续增长时代。

* 张岌，女，博士，西南政法大学政治与公共管理学院讲师，研究方向为公共财政与预算。

市场化给中国带来了空前的繁荣，但是也将它的另一面，即结果不平等完完全全地展现在世人面前，如长期以来的巨大城乡差距，20 世纪 90 年代以来大规模的结构调整和国有企业改制导致大量的下岗和失业人群等（姚洋，2004）。2004 年，十六届四中全会《中共中央关于加强党的执政能力建设的决定》首次提出“构建和谐社会主义社会”。2005 年，我国开始将构建和谐社会作为我国的战略任务。实现和谐社会要求资金不能只砸向经济，而是更多的投入到医疗等基本的生活保障，要切实把钱给穷人、弱势群体、丧失劳动能力的老人用，实现社会公平。于是，具有再分配性质的社保支出在“民生”“和谐”的呼声中日益攀高。在“层层发包”的行政体制下，地方政府跟随中央的步伐，也开始将政策注意力焦点从“经济发展”转移到“和谐构建”上，社会保障支出的财政补贴力度一度加大。可是，单纯地、不合理地加大社保支出投入难以解决社保支出需求，造成了资金缺口，收不抵支。于是，预算赤字一度拉大。由于社保支出可以被看作是政府的一种道义上的偿付责任，当出现缺口无法偿付时即成为政府负债。这种负债不以某一法律或者合同为基础，而是产生于公众预期、政治压力和社会理解意义上的应由政府承担的义务（如未来养老金缺口）（Brixi，2000）。

本论文的研究问题正是基于此：在倡导和谐后，社保支出及其收支缺口（预算赤字）如何受到政策的影响，又遵循怎样的逻辑？本文第一部分描述了中国社会经济的转型所带来的中央政策重点的转变——从经济到和谐，并揭示了政策变化所导致的社保支出现状及其后果——赤字和债务。第二部分描述了政治逻辑下的社保支出。根据描述结果，在政策信息激励和政治信息激励（晋升绩效）下，地方官员扩大社保支出的同时也扩大了预算赤字，尤其是经济跑不赢东部的西部省份。第三部分检验了社保支出的政治经济逻辑和预算赤字之间的关系。结果表明，在“和谐”被提上议事日程以后，社保支出也成为政府预算支出优先权之一，在 2006—2010 年的各省政府工作报告中，社保支出均在支出重点中予以列出。当中央的政策注意力从“经济”转向了“和谐”（政策信息激励）时，虽然和谐绩效并没有取代经济绩效成为地方政府官员是否升迁的标准，但地方政府却仍然在“和谐”政绩（政治信息）激励下，积极扩大社保支出（因为其所形成的赤字以由继任者或者中央来予以解决），而非理性地着手解决社保体系问题（如要解决社保体系的问题需要花费较长的时间）。所以，社保支出的政治逻辑（信息激励—官员行为）成为影响社保支出赤字的主要原因。这种非理性行为在社保体制不规范的情况下，愈演愈烈，所以，地方政府虽然加大了对社保的投入，但是在没有建立合理的社保预算体系下，对遵缴率、人口需求精确的测量之前，难以从根本上解决社保支出风险问题。最后，笔者在结论部分试着提出了解决地方政府社保支出风险方向。

一、增长与平等的取舍：重视社保支出

（一）政策注意力转移：从“经济赶超”到“民生支出”

20 世纪 90 年代起，国家极力寻求调节经济稳定性的杠杆，并轮番进行经济改革。中国早期对经济政策的关注导致地方政府均实现“赶超”策略，注意力只在提高本地区经济绩效上，既不注重协调其他地区的发展，也严重地忽略了社会公平政策。地方政府这种非理性“经济赶超”都表明其政策注意力都放在了经济发展这一首要目标上，被“兼顾”的社保政策慢慢地被“挤出”了地方政府重点发展议程。由于中央政府对地方政府人事有着直接的关系，在经济导向下，“经济赶超”成为政策焦点，掌握了地方政府的政策优先权，社保政策空间被经济关注所消耗了。实施赶超战略减少了社会经济剩余，致使对社会弱势群体的救济水平比较低。在社会能够划拨出来用于他们的资金又取决于社会整体经济增长状况的条件下，这种违背比较优势的赶超道路导致经济效率低下，这意味着能够提供给弱势群体的资源少，有时政府甚至会把本来应该留作社会保障的基金，用来扶持优先发展部门和经济增长（林毅夫、刘培林，2004）。于是，90 年代末的中国政策在增长与公平的矛盾中渐行渐远，而这种矛盾在 1998—2003 年大规模改革之后进一步加深。大规模下岗导致的城市贫困以及医保改革所造成的问题使

“民生”成为中央不得不关注的领域。

在改革时代，财政和货币模式更多的和制度化的政治事件联系在一起，如中国共产党全国代表大会和全国人民代表大会（Guo，2009）。在十四届四中全会后，各省的工作报告都表明，代表民生的社保支出有显著增长，如山东省增长了20.3%。在中央提出和谐社会后，地方政府也开始将社保这一重要问题提上政策议程，社保支出的飞速增长。在2006—2011年各省的政府工作报告中，均将社保支出财政保障作为工作重点予以关注。根据各省2006—2010年政府工作报告，社保支出较之前确有较大规模的增长，但如果观察整个财政支出，社保所占份额较小，大部分省份还要靠转移支付予以实现，如湖北省（湖北省荆门市财政局访谈，2012年）。很多省份社保支出效率低下，存在着资金缺口，财政不平衡，如在倡导和谐社会政策目标下，山东省民生支出增长了20.3%，但8个县市的财政部门欠拨财政供养人员医疗、失业保险费6757.31万元（山东审计厅，2010）。2009年，吉林省多拨付社会保障和创业就业资金194亿元，用于增加企业退休人员养老金、提高城乡低保补助和医疗补助标准。但是根据吉林省省本级2011年预算执行和其他财政收支审计工作报告，财政欠缴政府应承担的养老保险费和未安排养老保险补助配套资金分别为34615.3万元、37019万元（吉林审计厅，2010）。这些资金缺口都会导致财政不平衡。

（二）社会保障支出的定义及其现状

根据《全国社会保障基金投资管理暂行办法》的规定，全国社会保障基金（以下简称社保基金）是指全国社会保障基金理事会负责管理的由国有股减持划入资金及股权资产、中央财政拨入资金、经国务院批准以其他方式筹集的资金及其投资收益形成的由中央政府集中的社会保障基金（财政部劳动和社会保障部令第12号）。而社会保障支出除了社会保险基金外，还包括社会救济、社会福利以及社会优抚等工作从财政拨付和从民间捐赠获得的资金。

目前我国在建的社会保障制度，属于社会共济模式，即由国家、单位（企业）、个人三方共同为社会保障计划融资，而且这是未来相当长一段时期的改革趋势。本文立足于政府财政对社保支出财政方面的分析，其基金缴费部分属于社保方案设计，不在本文的讨论范围之内。而政府财政对社会保险的财政保障主要有以下几个方面。

第一，县级以上人民政府对社会保险事业给予必要的经费支持。包括：县级以上政府在社保基金支付不足时给予补贴，在养老基金出现不足时，政府承担兜底的责任；国有企业、事业单位职工参加基本养老保险前，视同缴费年限期间应当缴纳的基本养老保险费由政府承担（国发〔2010〕2号）。

第二，养老、失业、工伤、生育四大社会保险体系由社会保险基金支付。但社会保险基金收入里包含财政补贴收入，各级财政预算安排的对基本养老保险基金、失业保险基金的补助支出和国有企业下岗职工基本生活保障补助等补助资金须及时转到财政社会保障补助资金专户（财社〔2001〕38号）。同时，政府对符合领取条件的参保人全额支付新农保基础养老金。

第三，政府从一般税收中安排的社会保障支付。主要包括：抚恤和社会福利救济费，行政事业单位的离退休经费和社会保障补助支出，卫生经费支出中有部分公费医疗支出。其中，行政事业单位的离退休经费和公费医疗支出全部由国家负担，个人不缴费，养老金标准以个人工资为基数，按工龄长短发放。现有承担行政职能的事业单位执行公务员养老保险制度（国发〔2010〕2号）

于是，政府不但承担着公务员和事业行政单位的巨额社保负担，县级以上政府还需要给予配套的社会保障财政补贴，并在社保基金支出不足时担当起财政兜底的责任。虽然，在面对国家政策转向和谐构建时，强大的政策信息激励很可能改变官员的行为，加大社保支出的财政保障，2006—2010年各省政府工作报告也将“和谐社会构建”放在政府工作重点中，并将社保支出的财政投入加大作为保民生的主要手段。但是，单方面增加政府财政补贴不能完全保证社保支出需求，在地方财政承担着兜底的责任提前下，社保支出风险最终表现为预算赤字。直到2011年，社保基金支出增长率已经超过基金收入增长率，养老金的累计结余额如何保值增值也成为潜在的大问题，会导致预算支出无限膨胀，这些被动局面的产生都是不了解社保基金规模、年度收支缺乏计划性所导致的（闫俊，2011）。当政府规定的补助不能完全由保险费支付时，出现的资金缺口就成为地方政府的负债。虽然政府会对社会保险承担配套的财政补贴，可是，一旦政府财政并未拨付到位或者欠拨、少拨，供给不能满足需求，财政就会不平衡。

二、社保支出的政治逻辑：和谐政绩之路

（一）政府创新动机："和谐社会"下的晋升逻辑

20世纪90年代经济危机促使中央强调经济发展。随着中央推动的经济改革和体制转轨，计划经济转变为市场主导，在中央的强力号召下，地方政府也开始追逐经济发展。在发展经济的首要目标下，地方政府开始相互模仿，竞相创新。于是，经济成为了政治锦标赛中官员晋升的衡量标准。随着市场化程度的深入，之前的计划遵从度的影响开始下降，并在改革时代产生了一种新的替代标准——"改革成果"，即地方领导人能带来多大程度的经济发展（例如，经济增长）成为了一个人职业生涯途径的重要衡量标准，最终导致了另一个遵从度循环圈（Chung，2001）。于是，在中国的地方官员人事体制仍然是自上而下的任命制和考核制的情况下，官员人事监控与评价体系转变为主要对经济工作进行考评，而信息不对称和监控的天然难度使这种考核往往简化为对地区主要经济指标的考察和对特定指标的监控。如地区GDP增速、固定资产投资额、招商引资数量、市政建设的发达与美观程度等（冯兴元，2005）。在这种竞争下，地方官员不断地建设"看得到工程"，追求财政报表上的数字，以彰显自己政绩。

从新中国成立之初强调计划遵从，到改革开放以来强调经济发展，在由上至下的压力型体制中，地方政府官员不断地根据中央的政策偏好来决定自己的资金走向。于是，在政治锦标赛中，由于中央政策注意力的转移，"和谐"已然也成为一条职业生涯竞赛的终点线，无疑给不发达

的地区提供了另一种晋升渠道。在“和谐竞赛”中，富裕地区在本地经济已很发达的情况下，很有可能认为其他地区对于自身的经济发展已经望尘莫及，无须在上面多下工夫，慢慢也会转向关注社保民生指标，做做样子提高自身的显著性。然而，贫穷的地方则出现一个极端，即在遵从上级目标——发展和谐的情况下，觉得本地区在经济上已经不可能具有竞争力，跑赢发达地区，所以也开始关注社保来实现公平，另辟蹊径达到政治显著性，因此，东、中部地区可能会略低于西部地区（见图 1）。这样，在地区竞争锦标赛中，地方政府缺乏长期的预算测算、精算模型以及权责不清、法律不明的情况下，可能会导致社会保障支出盲目扩大来发展民生，造成潜在的财政风险，最终影响国家宏观经济环境。

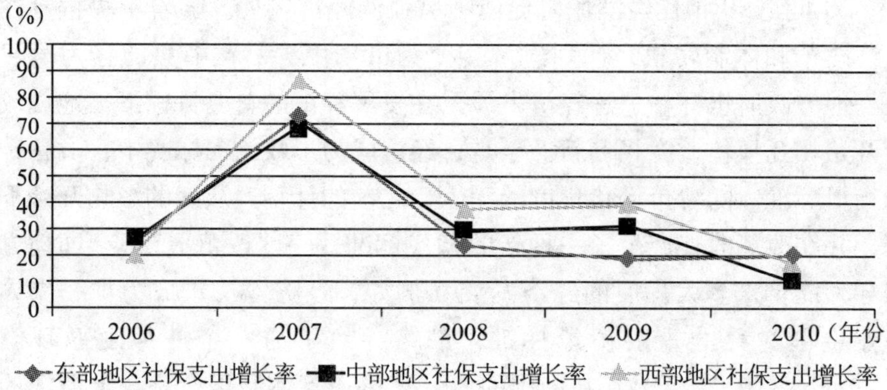

图 1　2006—2010 年东、中、西部地区社保支出增长趋势

数据来源于《中国统计年鉴》，根据 2006—2010 年的东、中、西部地区社保支出增长率平均值进行计算，除去了极端值海南、宁夏、黑龙江。2007 年财政收支栏目中，将社会保障补助支出和抚恤、社会福利救济费合并为社会保障和就业这一栏目，其资金投入也明显加大，所以会出现一个峰值。

（二）新晋升逻辑下的预算赤字

在和谐社会的政策信息激励下，根据上述中国官员晋升逻辑，社保支出财政保障的提升也可能成为衡量他们政绩的考核标准之一，尤其对于西部经济不发达的地区而言。于是，笔者对各省官员任期（省委书记和省长任职年数）、社保支出、预算赤字进行了皮尔森系数检验，发现社保支出和省长相关系数为 -0.0039，p 值为 0.962，相关性并不显著，而预算赤字与省长相关系数为 -0.1752，p 值为 0.0320 < 0.05，显著相关。但他们在和省委书记的相关度上都高度相关，相关系数分别为 -0.1973 和 -0.1595。这表明，社保支出和预算赤字，都与省委书记任期存在着相关性，并且随着官员任期的缩减，社保支出和预算赤字会不断增加。

除了官员任期，笔者对其他政治变量——官员职位变动情况进行了统计，以便描述社保支出、预算赤字增长是否对应于官员的晋升。

根据表 1 得出以下信息，2006 年后，官员升迁省份主要来自于东部地区，西部省份只有四川省的官员得到了升迁，其社保支出增长率高达 87%。虽然东部地区社保支出增长率并不如中西部地区，如江西省(74%)、四川。可是其预算赤字却远远低于中西部地区，如江苏、浙江、天津在 2007 年出现预算赤字负增长。而省委书记平调的省份却基本集中于中西部地区，平调的省份社保支出也呈现增长状态，预算赤字的增长率（除重庆外）也处于较高的水平。相对于其他中西部省份，只有重庆市市委书记调至广东，但鉴于重庆是直辖市的特殊身份，所以并不能说明晋升和社保支出之间的问题。仅从数据简单描述而言，相较于社保支出增长率，预算赤字增长率少的地区似乎晋升机会更大。

根据各省的政府工作报告可以看到，在 2006 年后，地方政府将和谐发展、社保支出放入工作重点中予以关注。但在工作重点排位上，经济发展仍居首位，而民生和和谐有关的社保支出大部分排在经济发展之后。可见，和谐绩效只是经济绩效的一个补充，并未取而代之。西部地区省份经济发展相对落后，想要在晋升竞标赛上靠经济绩效完胜几乎很难，所以和谐绩效似乎成为他们另一晋升路径。5 年来，西部地区社保支出增长高于东部地区，预算赤字也直线上升，但其晋升仍然不如社保支出和预算赤字增长率相对较低的东部地区省份。所以，如果假设和谐政绩是晋升的决定因素未免过于绝对。和谐绩效似乎更像一个晋升激励因素，并对地方政府行为产生了一些影响，尤其是西部地区。

表1　2006—2010年社保支出增长率、预算赤字增长率和官员调动统计表

官员调动类型	省级行政区	调动年份	所属地域	社保支出增长率	预算赤字增长率
晋升	江苏	2007	东	0.48	-0.11
	浙江	2007	东	0.4	-0.09
	天津	2007	东	0.31	0.06
	广东	2007	东	1.06	0.00
	山东	2008	东	0.21	0.27
	江西	2007	中	0.74	0.32
	湖北	2007	中	0.41	0.2
	安徽	2008	中	0.22	0.32
	四川	2007	西	0.87	0.23
平调	湖南	2009	中	0.31	0.31
	吉林	2009	中	0.38	0.31
	广西	2007	西	0.93	0.46
	重庆	2007	西	0.84	0.18
	青海	2007	西	0.98	0.31

注：1. 由于省委书记可以晋升中央或者调任为其他地区省委书记，而省长升迁出省任职机会较低，相反，有可能被任命为该省省委书记。于是，省委书记对社保支出资金缺口造成的影响相对省长而言更大。

2. 仅对升迁或者平调进行了统计，辞职、离职和原有职位不变动的均不予以统计。其数据排除了由于腐败而被双规的省委书记，只对正常升迁、平调予以统计。

3. 由于数据的限制，没有办法单独计算出社保支出所造成的财政资金缺口，于是，将分开考虑社保支出和预算赤字（财政支出—财政收入），看两者的趋势是否一致，先简单观察社保支出、预算赤字、晋升之间是否有明确的趋势。

资料来源：《中国统计年鉴》，2006—2011年，各省地方政府政府网站，各省政府工作报告2006—2010年。

在政策信息激励和晋升政治激励（和谐绩效）下，地方政府注重社保支出投入，但忽略社保体系构建——统筹方式不统一、征收法律依据不足、未纳入公共预算等——以至于预算赤字频出，西部地区尤为严重。这种盲目扩大财政支出的行为，只会导致预算收支的不平衡，在存在“预算饥饿”的地区财政赤字就更加严重，如重庆市2010年预算执

行和其他财政收支审计工作报告指出，重庆的一般预算 50% 都用于民生领域，同时，社保、医疗、就业的支出增长了 6.6%。可是，社保支出财政保障增加的同时伴随着资金流失，如 2010 年，重庆应收未收社会抚养费等 154247 万元，此外，有 1 个区应收未收征地农转非人员养老保险统筹费 36334 万元（重庆审计厅，2010）。这些收入缺口造成支出不足，最终造成账面应收账款过多，最后都要由政府来买单。而政府一边在补，一边又在漏，难以解决根本问题，于是，社保支出上财政预算赤字频出。鉴于社保政策中长期的特征，这种赤字累积，最终会导致代际债务如同滚雪球一样越积越多。

（三）政治逻辑下的社保支出风险：财政风险共担

在层层发包的行政体制下，除了晋升绩效激励外，中国地方政府层面普遍存在着预算软约束的情况，即地方政府可能忽视社保支出中长期承诺所带来的财政风险和不稳定性，因为地方政府本身不会导致严重的宏观经济问题——它们不能印发钞票，中央政府也不会坐视不管，在中央政府对地方财政也一直是完全保底的情况下，地方政府就会将财政风险转移给中央，由其来买单。所以，地方政府只需关注自己任内的“和谐”政绩，而不会去关注代际成本以及未来社保基金的兑现。同样，由于没有财政风险事后监控机制，他们也可以在调任、离职后甩手下一届政府，因为这些都是继任者还有中央所要解决的问题，最终结果是财政风险隐患，如养老金隐性债务。由于社保政策跨度很长，特别是养老金计划，是向职工和退休人员提供养老保险金的承诺。假设在该计划今天即将终止的情况下，政府今天必须给付的养老金总额等于当前退休人员的养老金现值加上在职职工已积累的必须进行偿付的养老金权利的现值之总和。如果当届政府扩大社保支出来支持民生，增加其政治显著性，这届所产生的财政风险并不一定需要在当届政府任期内予以解决，由于社会政策效用的中长期性，这些赤字很有可能维持到继任政府来面对解决。任期周期性和变动频繁会使地方政府倾向于赤字，因为它可以将赤字成本外部化，让其后任来承担。中国地方政府恰恰过于频繁地更换主要领导，虽然按照宪法和组织规则，地方政府由本级人大产生，然而上级党委和政府却常常使用委任程序，导致很多地方政府，尤其是市县政府的主要官员很少任满一届。强委任制和弱选举制的结合导致官员行为短期化，一把手说了算的决策体制则将官员的个人软约束转化为地方政府的软约束。

笔者对社保支出和预算赤字以及官员变动情况进行了统计以便观察他们的政治联系（见表2）。

表2　2006—2010年社保支出增长率、预算赤字增长率和官员任期数据表

省级行政区	社保支出增长率	预算赤字增长率	历任省委书记（自治区为区委书记，直辖市为市委书记）数	历任省长（自治区为主席，直辖市为市长）数
青海	0.55	0.36	2	2
内蒙古	0.48	0.25	2	2
安徽	0.43	0.31	3	2
云南	0.43	0.26	1	2
广西	0.42	0.31	2	2
福建	0.41	0.29	2	1
河南	0.41	−0.84	3	2
广东	0.39	0.16	2	1
海南	0.39	0.32	2	2
四川	0.39	0.39	3	2
重庆	0.37	0.27	2	2
新疆	0.37	0.29	2	2
江西	0.36	0.3	2	2
山东	0.36	0.29	3	2
宁夏	0.36	0.29	1	2
甘肃	0.35	0.3	2	3
河北	0.34	0.26	2	4
湖南	0.34	0.28	2	3
贵州	0.34	0.27	1	1
陕西	0.34	0.29	2	2

（续表）

省级行政区	社保支出增长率	预算赤字增长率	历任省委书记（自治区为区委书记，直辖市为市委书记）数	历任省长（自治区为主席，直辖市为市长）数
北京	0.33	0.32	1	2
湖北	0.33	0.3	2	2
山西	0.32	0.27	2	4
上海	0.32	0.3	3	1
江苏	0.28	0.22	3	2
浙江	0.28	0.31	2	1
天津	0.26	0.25	2	2
辽宁	0.26	0.18	3	2
黑龙江	0.24	0.26	2	2
吉林	0.21	0.23	3	3

注：虽然各省级行政区社保支出基本呈现增长趋势，但是各省级行政区预算赤字在5年并不总是存在的，所以社保支出增长率和预算赤字增长率为各省级行政区2006—2010年5年的增长率平均值，更便于衡量其整体水平。此表格按照社保支出增长率从高到低排列。

资料来源：《中国统计年鉴》，2006—2011年。

根据表2，社保支出增长率高的前5个省级行政区，除了安徽省以外，其他省级行政区都来自于西部地区，赤字增长率在30%上下浮动。其中，青海省无论是社保支出增长率还是预算赤字增长率都位居前列。扩展到前10个社保支出增长率的情况时，除了广东、福建、海南以外，西部地区省级行政区仍有6个地区保持着社保支出和预算赤字的增长势头。相反，社保支出增长最为缓慢的5省基本都来自于东部地区，除了浙江外，天津、辽宁、黑龙江、吉林四省的预算赤字基本在25%左右浮动。比前5个社保支出增长较快的省级行政区约少5%。基本符合图1所揭示的现象：西部地区将和谐当做晋升激励，在社保支出上力图跑赢东部地区。在相对应的领导变动上，除了个别省级行政区在五年内都是同一主要领导外，大部分省级行政区的主要领导都进行过至少一次的更换，社保支出、预算赤字和官员更换频率之间没有明显的趋势。但相对于西部地区而言，东部地区省委书记（区委书记，市委书记）变动要频繁一些，相反，省长（自治区主席，直辖市市长）变动要相对稳定些。随后，我们对各省级行政区的领导更换、预算赤字、社保支出做了相关性分析，发现它们之间不存在显著的相关性，p 值都未通过显著性水平。社保支出和省委书记更换频率相关系数为 -0.17（p = 0.78），省长相关系数为 -0.15（p = 0.42）；预算赤字和省委书记更换频率相关系数为 -0.27（p = 0.14），省长相关系数为 0.01（p = 0.94）。当然，在各省都进行过至少一次政府交替的情况下，仅仅描述换届次数、也不涉及控制变量，很难剥离出社保支出、预算赤字和官员行为之间的显著关系，所以，我们需要建立模型予以说明。

三、模型设计和结果

基于上述政策变迁、官员晋升逻辑，笔者提出了两个假设检验了政策信息激励（政策注意力）、政治信息激励（官员任期）这两个政治变量分别对社保支出（Y_1）和预算赤字（Y_2）所产生的影响来验证上述推理。为了消除物价影响，笔者将社保支出、财政赤字（财政支出—财政收入）、人均 GDP 根据各年各省物价指数基于 2010 年为基期进行调整。同时，将经济社会发展变量作为控制变量，分别采用人均 GDP、老年人口、城镇失业人口、国有单位人数（因为计算财政补助，政府对行政事业单位承担着全部社保）予以衡量。由于经济变量（人均 GDP）和财政（涉及社保支出、预算赤字）显著相关，涉及支出时其影响有可能盖过其他变量的影响；所以放入同一模型中有可能会难以观察政策和政治影响，所以分为含经济效率模型和不含经济效率模型予以检验（见表 3、表 4）。根据上文逻辑，做出如下假设：

假设 1（政策信息激励）：政策注意力转移影响社保支出和预算赤字，对社保越关注，社保支出和预算赤字越大。

X_1：政策变量—采用 2006—2010 年各省工作报告中将社保在本年

度中工作重点中的相对排位来计算，排名越前，即相对排位越小，社保支出和预算赤字越大，呈现负显著相关关系。

政策变量二采用2006—2010年各省工作报告中将社保、民生、和谐在报告中提到次数计算，提到次数越多，社保支出和预算赤字越大，呈现正显著相关关系。

假设2（政治信息激励）：官员任期对社保支出、预算赤字产生负影响。即官员任期越短，社保支出和预算赤字越大。

X_2：截止2010年年末，省长和省委书记分别在任多少年进行计算。对于中途上任的衡量标准：如果在某年6月及其之后上任，则将此年作为新任官员的绩效期，此年任期定为0.5年。

表3　社保支出和预算赤字政治逻辑图（无经济变量GDP模型）

	社保支出模型			预算赤字模型		
因变量Y	社保支出			预算赤字		
自变量X	**模型1**	**模型2**	**模型3**	**模型4**	**模型5**	**模型6**
政策类	—	—	—	—	—	—
报告次数	-36,484.37	3,129.76	13551.265	-118,357.02	-81,132.73	13551.265
	(0.468)	(0.944)	(0.76)	(0.403)	(0.545)	(0.76)
工作重点排位	-1934828.044	-2407455.308	-2383711.619	-5965094.63	-6434303.203	-2383711.619
	(0.014)**	(0.001)***	(0.001)***	(0.007)***	(0.002)***	(0.001)***
政治类	—	—	—	—	—	—
省长任职年限	-71,663.91	18,113.31	35366.572	-196,805.93	-149,204.25	35366.572
	(0.295)	(0.748)	(0.521)	(0.307)	(0.385)	(0.521)
省委书记任职年限	-136,420.31	-75,159.00	-66363.638	-404,537.43	-272,752.84	-66363.638
	(0.008)***	(0.069)*	(0.096)*	(0.005)***	(0.033)**	(0.096)*
控制变量	—	—	—	—	—	—
老年人口	1.327	0.047	0.046	-0.713	-0.048	0.046
	(0.015)**	-0.631	(0.583)	(0.64)	(0.9)	(0.583)
城镇失业人口	6.959	3.563	3.397	21.18	4.811	3.397
	(0.159)	(0.035)**	(0.021)**	(0.128)	(0.46)	(0.021)**
国有单位人数	4.974	0.616	0.634	13.712	1.711	0.634
	(0.003)***	(0.012)**	(0.003)***	(0.003)***	(0.076)*	(0.003)***

（续表）

	社保支出模型			预算赤字模型		
因变量 Y	社保支出			预算赤字		
自变量 X	模型 1	模型 2	模型 3	模型 4	模型 5	模型 6
Constant	-1.19E+07	2786777.972	2631821.665	-1.62E+07	9461234.37	2631821.665
	(0.008)	(0.000)	(0.000)	(0.194)	(0.000)	(0.000)
R-sq	0.241	0.146	0.488	0.218	0.13	0.488
F Test	0.011	—	—	0.000	—	—
B-P Test	—	—	0.616	—	—	0.0001
Hausman Test	—	0.0529	—	0.2052	—	—
模型类型	FE	RE	POLS	FE	RE	POLS

* 显著性为 10%；** 显著性为 5%；*** 显著性为 1%

注：1. 变量说明。A. 根据各省的政府工作报告，虽然社保支出财政保障力度加大，但由于其在财政支出中本身份额并不高，基数一直过小，所以即使增加了份额也不能显著提高其相对支出规模，所以并没有采用社保支出和财政支出比例予以衡量。此外，如果用增长率来衡量社保支出和预算赤字也并不准确，根据描述性数据可以看出，有 3 个省份的社保支出财政保障力度是下降的，用比例会省略很多关系。所以采用绝对值来衡量社保支出变化更为准确，可以观察到社保支出的总趋势。B. 政策变量如果只采用工作报告中提到次数来测量政策影响并不准确，因为有些单位可能好大喜功，只注重纸上谈兵以引起中央的注意，因此选择此变量有一定的片面性，同样，工作重点相对排位也可能会导致这些，所以如果单独使用会产生一些问题，于是，将其都放入模型中进行验证更能增加效度。

2. 因为数据序列短，t=5，n=30，n>t，无需进行单位根和协整性检验。

3. FE 指固定效应模型，RE 指随机效应模型，POLS 指混合回归效应模型。

4. 根据 VIF 检验，VIF（mean）=2.22 小于 10，于是各变量间不存在共线性。

数据来源：《中国统计年鉴》2006—2011，各省政府工作报告 2006—2010，各省政府网站官员简历。

F 检验、B－P 检验、Hausman 检验分别对是采用固定效应模型还是混合效应模型、随机效应模型还是混合回归模型，固定效应模型还是随机效应模型进行判定。在社保支出模型中，F 检验和 B－P 检验均不显著，于是，不能拒绝原假设。于是，采用混合回归模型（模型 3）要优于面板模型（模型 1 或者模型 2）。同理，在预算赤字模型中，F 检验和 B－P 检验显著，拒绝原假设，采用固定效应模型和随机效应模型都要要优于混合回归模型（模型 6）。在 Hausman 检验中，p 值 0.205 >

0.05，所以拒绝原假设，选用随机效应模型（模型5）比固定效应模型（模型4）更好。因此，我们可以对模型3和模型5进行有效分析。

两模型均验证了伴随着城镇失业人口、国有单位人口增长，社保支出和预算赤字也将飞速增长。同时，地方政府将和谐作为地方发展目标之后，2006年至2010年之间，在控制了其他变量的情况下，政策类变量对社保支出和预算赤字产生显著影响。将和谐、社保排在本年度工作重点越靠前，社保支出和预算赤字也会越增加，分别增加2383711万元、6434303万元。换言之，政策变迁——将和谐提到政府工作议程中也诱发了地方政府行为的改变，积极扩张社保支出，而同时也造成了预算赤字的扩大。因为和买方自己搜寻信息的经济市场不同，在政治市场中，无论是政策变迁还是维持现状，政治家们经常为了决策互相争论，于是政府决策制定者经常会掌握大量信息。但是，作为有限理性人，政策制定者们往往会根据关注的焦点来过滤信息。这种过滤，即对某一个问题的关注（而非其他问题）往往会消耗其他问题的关注空间，产生政策挤出效应（Jones，2005）。现在中央政策开始强调“和谐”，地方政府在中央控制着地方人事考核的情况下，也跟着将重点转移到“和谐”上，特别是西部地区将其作为焦点。在控制了其他变量的情况下，政治类变量中省委书记（区委书记）任期显著影响着社保支出和预算赤字。而省委书记（区委书记）对预算赤字的影响显著性（0.05水平上显著）要高于社保支出（0.1水平上显著）。省委书记（区委书记）任职期限少一年，社保支出则增加约66364万元，财政赤字增加约272753万元。换言之，省委书记（区委书记）任职期限越短，社保支出和财政赤字越多，这也可以说明地方政府的预算软约束强化。即在短暂的任期内，官员行为短期化，不断迎合上级的政策焦点，单纯增加社保支出，而非注重社保体系的构建，同时，财政赤字不断扩大。此外，政府作为唯一合法的公共权力机关权力和权威的垄断性会强化其不可能失败的幻觉，导致他们对债务偿付能力的高估和对风险的低估。于是，在政策和政治的双重激励下，地方政府很可能奋力一搏，特别是经济不发达的西部省级行政区。

表4 2006年—2010年社保支出风险政治逻辑模型（含经济变量GDP模型）

	社保支出模型			预算赤字模型		
因变量Y	社保支出			预算赤字		
自变量X	模型7	模型8	模型9	模型10	模型11	模型12
政策类	—	—	—	—	—	—
报告次数	19,046.75	-23,932.67	-13,493.16	-10,373.85	-85,493.38	-56,281.14
	(0.531)	(0.529)	(0.734)	(0.931)	(0.524)	(0.686)
工作重点排位	-834,576.88	-1793249.31	-2102823.36	-3825598.7	-6194241.8	-6397000.54
	(0.081)*	(0.003)***	(0.001)***	(0.042)**	(0.003)***	(0.004)***
政治类	—	—	—	—	—	—
省长(自治区主席,直辖市市长)任职年限	-18,926.08	-65,526.72	-43,489.07	-94,254.46	-173,052.88	-218,556.87
	(0.646)	(0.184)	(0.391)	(0.559)	(0.319)	(0.218)
省委书记(区委书记,市委书记)任职年限	-4,212.02	-61,272.66	-60,311.65	-147,451.49	-261,646.51	-174,512.73
	(0.894)	(0.095)*	(0.090)*	(0.236)	(0.042)**	(0.16)
控制变量	—	—	—	—	—	—
人均GDP	170.201	71.003	39.226	330.965	27.759	48.635
	(0.000)***	(0.000)***	(0.000)***	(0.000)***	(0.353)	(0.030)**
老年人口	0.771	0.174	0.13	-1.795	0.004	0.163
	(0.020)**	(0.131)	(0.087)*	(0.164)	(0.991)	(0.537)
城镇失业人口	2.597	0.769	1.419	12.698	3.465	4.902
	(0.383)	(0.699)	(0.291)	(0.277)	(0.603)	(0.296)
国有单位人数	1.032	0.725	0.701	6.047	1.769	1.121
	(0.31)	(0.012)**	(0.000)***	(0.13)	(0.067)*	(0.091)*
Constant	-6736414.56	729,134.46	1748577.66	-6092907.85	8595734.48	10747236.74
	(0.013)	(0.288)	(0.013)**	(0.561)	(0.000)	(0.000)
R-sq	0.729	0.728	0.597	0.458	0.18	0.306
F Test	0.000	—	—	0.000	—	—
B-P Test			0.0572			0.0258
Hausman Test	0.000		—	0.000		—
模型类型	FE	RE	POLS	FE	RE	POLS

注：* 显著性为10%；** 显著性为5%；*** 显著性为1%

数据来源：《中国统计年鉴》2006—2011，各省政府工作报告2006—2010，各省政府网站官员简历。

根据 F 检验、B-P 检验、Hausman 检验结果，社保支出模型中，模型 7（FE）比较有效；预算赤字模型中，模型 10 比较有效（FE）。增加了经济变量后，模型 R-Sq 值提高了，分别达到 72.9% 和 45.8%，说明加入经济变量的模型比没有经济变量的模型更有说服力。模型又一次验证了社会经济对社保和赤字的影响。因为经济社会水平的提高和医疗卫生条件日益改善，计划生育政策致使生育率下降，预期寿命延长，致使老龄化社会成为不可避免的趋势，社会人口结构变化，老年人口比例增加势必会导致对社保需求增大。但是，财政收入却不能同步日益增长的社保需求，以至于收不抵支，支出远远大于财政拨款。如湖南省和湖北省，根据访谈，两省官员均称，当财政拨款下来，首先要补人员、公用费用，在这之后并没有多余的财政资金去弥补社保等公共服务的费用，但这些支出需求却日益增长，财政压力也很大，特别是低保人数的增长以及享有养老金和医疗补贴的人数也越来越多（湖南、湖北预工委访谈，2009）。

虽然，政府加大财政补助力度力图扩大社保覆盖率，但由于财政制度安排的不合理，以致政府补助虽然进入预算，预算执行却没有效率，即社保基金整体未纳入公共预算体系，其整套制度也尚未建立起来导致社保基金统筹层面“责任分担”并不明晰。在社保财政支出上，中央、省、区、市、县之间模糊的财政责任最终导致财政不稳定。如果这些社保支出财政上欠拨、资金难以到位或者被挪用，那么这些资金缺口均造成预算收支不平衡，财政赤字严重。在预算资源稀缺的情况下，社保支出又作为地方政府最为重要的公共服务支出，地方政府一旦开始拆东墙补西墙，财政赤字就会更加严重。由于社会保障政策属于中长期社会政策，养老金、医保以及失业保险这类支出，需要将成本平摊以后，并需要提前承诺，所以会产生长期的财政风险。除养老金会导致长期风险外，失业也会带来周期性风险，并伴随经济周期的变化而变化。与养老金所面临的问题相似，对再就业中心和失业保险基金的资金缺口的准确衡量需要对所有城市的失业率、缴费基数、征收率、救济和保险标准等进行详细的预测，因此在短时期内难以实施（马骏，2000），这需要建立长期的社保方案和制度。但是，在中央和后继者会为之买单的情况下，大部分省份并不会选择这个耗时的制度建设，而是会一味扩大预算赤字。在模型中反映为，经济每增长1万元，社保支出和预算赤字会相应增长170.2万元、48.65万元。

添加了经济变量后，政策变量也同样具有影响，但显著性下降了，这再一次证明了对和谐和社保的关注会激励地方政府行为，其表现在于扩大社保支出和预算赤字，这种政策激励在一定程度上诱导了政府非理性行为。因为政府并不是一个中立和万能的代理人，它需要根据政策目标的需要自动纠正市场或组织运行失效。作为内生的参与人，它面临着特定的信息和激励约束，而这些信息与激励约束决定政府具体的干预行为的性质。于是，政府官员在具体实施产业政策时不一定自动按照社会最优的方式行事，这取决于他们所面临的信息和激励的情况（周黎安，2008）。根据2006—2011年政府报告和各省省本级预算执行和其他财政收支报告，他们虽然对和谐政策有所意识，但没有对方案设计和社保制度安排进行强调，而是过多地强调财政在社保上的收支结果，往往伴随着大量的资金缺口。由于社保制度建设具有长期性及其效果的跨时性，即使建立了合理的社保方案，其效果也不能在短期内予以检验。所以，在加大投入比制度构建更为容易，也看得见的情况下，特别是在构建和谐社会这个目标下，为了取得政治晋升的关注度，很可能积极扩大社保支出并伴随着预算赤字的扩大，这种非理性行为会导致财政风险，因为在中央和继任者会为之买单的情况下，大家都只会做“一次性生意”。

添加了经济变量后，政治变量在理性的模型中变得不显著，而只在随机效应模型和混合效应模型中显著，但这两类模型并不理想。这说明，和经济变量相比较，政治变量对社保支出和预算赤字的影响还是要小得多，其相关显著性消失了。笔者认为，这是因为和谐绩效并未取代经济绩效成为主要唯一的晋升手段，加强社保支出财政补助只是提供了一种晋升可能性，对地方政府是一种激励，而不能完全决定晋升结果，特别是省级领导的晋升还取决于很多其他方面，如中央的对省级行政区的政治考量。所以政治变量在一定程度上激励各省扩大社保支出和预算赤字，根据模型 1—6 可知并不能完全抹杀政治激励的影响，但它并非主要原因，至少不如经济作用大。

四、结论

在国家政策将和谐也提上政府工作议程时，地方政府也在扩大社保支出的财政保障，但效果并不理想，并伴随着财政风险。本文从政治、政策信息激励政府预算行为上进行了解释。因为政府决策需要大量的信息，但是作为有限理性人的政府只会关注某一部分的信息，并据此做出了决策，导致预算支出优先权改变。这种政策信息激励很可能会导致预算行为的变化。在 2006—2010 年各省政府的工作报告中，社保支出均作为工作重点予以列出。当中央的政策注意力从“经济”转向了“和谐”（政策信息激励）时，虽然和谐绩效并没有取代经济绩效成为地方政府官员升迁的衡量标准，但是，地方政府仍然在“和谐”政绩（政治信息）激励下，积极扩大社保支出（因为其所形成的赤字可以由继任者或中央予以解决），而非理性地着手解决社保体系问题，从而导致大量的预算赤字和隐性债务，社保支出的政治逻辑（信息激励—官员行为—预算支出优先权）成为影响社保支出赤字的主要原因。这种非理性行为在社保体制不规范的情况下，愈演愈烈。所以，地方政府虽然加大了对社保的投入，但是在没有建立合理的社保预算体系，对遵缴率、人口需求精确测量之前，难以从根本上解决社保支出风险问题。

本文也存在着很多局限与不足。养老金涉及代际成本，其预算赤字是累加的，如果要详细考察，需要考虑人口结构变化和遵缴率所带来的未来需求与当期需求，以便得知其资金缺口，这个需要结合社保基金进行考察。但是本文只考察政府行为（以财政方面进行衡量），并未涉及个人和单位社保基金的遵缴和运营。于是，本文着重在政治逻辑框架下考察 2006—2010 年每年财政以及产生的预算赤字效应，并没涉及社保方案进行详细设计和解释（也就不会涉及社保应享权益人、债务精算）。同样，如果考察总财政赤字，并不一定只包含社保财政补助收支不足所造成的问题，还包括了很多其他财政支出上的问题，如基建等。根据2006—2010年各省的政府工作报告发现，社保虽然在工作重点中占有一席之地，但是，大部分省级行政区都还是会将经济发展作为自身的工作重点之首，而非社保。于是，社保支出仅仅只是官员晋升路上的一种补充，并未替代经济目标。所以，社保支出所占比例虽有提升，但还是比例过小，远远抵不过追求经济目标所带来的预算赤字。所以，使用粗口径的财政赤字难以真正衡量社保所带来的财政风险。但由于数据的限制，本文无法精确地计算社保支出财政补助所导致的预算赤字，也无法分离出社会保险金的财政补助、社会福利、社会救济、抚恤分别予以考察，而只能采用总的社保支出（财政口径）粗略描它和总财政赤字相关性，分别检验了两者背后的政治逻辑，观察两者的趋势是否趋于一致，是否同时受到政治逻辑影响，结果基本符合本文假设，但有一定的局限性。

【参考文献】

Brixi. H.：《政府或有负债：影响财政稳定的潜在风险》，见 Hana Polackova Brixi，马骏主编《财政风险管理：新理念与国际经验》，中国财政经济出版社2000年版。

Krumm Kathie L.，Wong Christine P.：《中国：或有负债中蕴藏着财政风险》，见 Hana Polackova Brixi，马骏主编《财政风险管理：新理念与国际经验》，中国财政经济出版社2000年版。

Polackova Brixi，马骏：《财政风险管理：新理念与国际经验》，见 Hana Polackova Brixi，马骏主编《财政风险管理：新理念与国际经验》，中国财政经济出版社2000年版。

［美］阿伦·威尔达夫斯基，内奥米·凯顿：《预算过程中的政治学》，邓淑莲、魏陆译，上海财经大学出版社2006版。

冯兴元、李晓佳：《论城市负债与市政债券的规则秩序框架》，载《管理世界》2005年第3期。

吉林省审计厅：《吉林省省本级预算执行和其他财政收支工作报告》，2010年。

林毅夫，刘培林：《经济发展战略与公平、效率的关系》，见姚洋主编《转轨中国：审视社会公正和平等》，中国人民大学出版社2004版。

马骏：《对地方财政风险的监控：相关的国际经验》，见 Hana Polackova Brixi，马骏主编《财政风险管理：新理念与国际经验》，中国财政经济出版社2000年版。

山东省审计厅，山东省省本级预算执行和其他财政收支审计工作报告，2010年。

唐睿、刘学芹：《从GDP锦标赛到二元竞争：中国地方政府行为变迁的逻辑——基于1998—2006年中国省级面板数据的实证研究》，载《公共管理学报》2012年第1期。

王燕，徐滇庆，王直，翟凡：《中国养老金隐性债务、转轨成本、改革方式及其影响》，见 Hana Polackova Brixi，马骏主编《财政风险管理：新理念与国际经验》，中国财政经济出版社2000年版。

杨红燕、陈天红：《社会保障财政支付风险的多角度分析与全方位应对》，载《华中科技大学学报》2011年第4期。

姚洋：《转轨中国：审视社会公正和平等》，中国人民大学出版社2004版。

张军、高远：《官员任期、异地交流与经济增长》，载《经济研究》2007年第11期。

重庆市审计厅：《重庆市市本级预算执行和其他财政收支工作报告》，2010年。

周黎安：《转轨中的地方政府：官员激励与治理》，格致出版社2008年版。

《中国统计年鉴》，2007—2011。

各省的本级预算执行和其他财政收支审计工作报告，2007—2011。

各省政府工作报告，2006—2011。

Chung Jae. Ho. "Reappraising Central-Local Relationship in Deng's China", in Chien-min Chao & Bruce J. Dickson, *Remaking the Chinese State*, Taylor & Francis Book LTD, 2001, pp. 46 – 75.

Feldstein Martin. S, "Rethinking Social Insurance", *The American Economic Review*, 2005.

Guo Gang. "China's Local Political Budget Cycles", *American Journal of Political Science*, Vol. 53, No. 3 (Jul., 2009), pp. 621 – 632.

JonesBryan. D., Baumgartner, Frank R, *The Politics of Attention: How Government Prioritizes Problems*, The University of Chicago Press, Ltd., London, 2005, pp. 7 – 9.

Kettl, D., *Deficit Politics: the Search for Balance in American Politics*, New York: Longman, 2003.

环保支出变化和预算决策

——基于中国省级面板数据的分析

邝艳华*

内容摘要： 由于一味追求经济发展，环境治理问题一直未得到我国政府足够的重视，环保支出长期不足，导致环境污染在持续恶化。面对环境污染所带来的压力，国家治理理应做出积极的回应，可是，环保支出不仅没有得到逐年的稳步增长，而是处于剧烈的波动状态，甚至经历了大幅度的削减。为什么环保支出会出现这样的变化？为了解答这个问题，本研究以支出变化为切入点，分析了我国2000—2010年30个省级行政区的环保支出变化，发现其属于间断均衡模式。然后在间断均衡决策理论的基础上，发展出“决策者注意力—体制摩擦”的解释框架和两条研究假设，用我国环保面板数据对其进行了检验，发现预算决策由于受到决策者注意力和体制摩擦的共同影响，环保支出呈现出间断均衡的特点。

关键词： 预算变化　预算决策　间断均衡　渐进主义

1978年中国改革开放以来，经济持续高速增长，如同波兰尼所担心的那样，市场经济的发展总是伴随着不可忽视的环境代价（马骏，

---

* 邝艳华，女，广东财经大学财税学院讲师，研究方向为财政税务。

2010），中国大规模的城市化和工业化在过去30年中急剧地恶化了环境状况（Ho，2006）。

但是我国环境保护支出总体偏少，投入长期不足（吴舜泽等，2007；董文福等，2008），这在工业污染治理支出①上表现得更为严峻，投入占政府财政支出的比重持续下滑（见图1）。

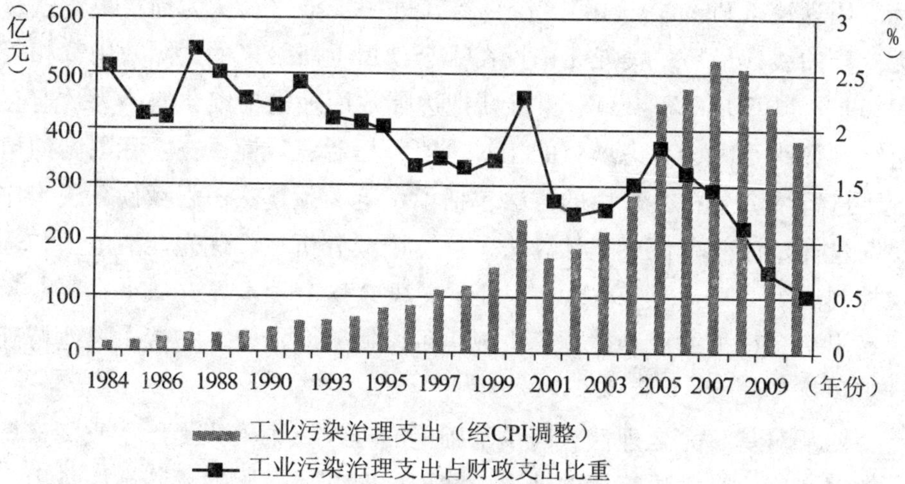

图1　工业污染治理支出

面对环境恶化所带来的社会压力，国家治理应该要做出积极回应，那么政府到底做出了怎样的回应，为什么环保支出不是持续增长而是反复震荡呢？要解释环保支出变化震荡的原因，需要深入探究决定预算安排的预算决策。

一、文献回顾和研究问题

为什么环保支出会产生这样的变化？预算决策到底是如何制定的？这些问题让很多人都感到了困惑，这个现实问题与科伊的经典问题不谋

---

① 环境污染治理支出包括三部分，分别为工业污染治理支出、新改扩建“三同时”项目环保支出和城市环境基础设施建设支出。

而合：在什么基础上，决定把 X 美元分配给活动 A 而不是活动 B（Key，1940）？

尽管希克质疑科伊问题是一个错误的问题，给公共预算研究产生了很大的误导性（Schick，1988），学者们却从来都没有停止过探索的脚步，答案推陈出新。在完全理性人假设下，古典经济学家庇古提出了边际效用理论（Pigou，1910），沃克将其进一步推进，认为预算决策遵从无差异曲线，最后一美元无论投在哪个项目上所带来的边际效用都相等（Walker，1930：32－33）。里维斯把边际效用理论精细化，认为政府在进行预算决策时会考虑项目的相对价值、相对有效性，在实际限制的情况下进行增量分析，采用的方法包括了不定额预算法、限额预算法工作负荷量衡量法与单位成本计算法、预算增减分析法、优先性清单法和逐项控制法等（Lewis，1952）。理性主义风靡整个学术界，似乎只要专家琢磨出一套精细的模型，预算决策也可以抛开政治家，一劳永逸地精确计算预算分配额。

西蒙对基于完全理性人假设基础上的理性决策模式提出了质疑，认为在现实生活当中决策者的精力、知识、时间是有限的，甚至注意力也是一种稀缺资源，在诸多限制之下是不可能做出最优决策的，只能在组织规章制度、效率准则、组织认同等框架下做出满意决策（西蒙，1988）。林德布洛姆将渐进调适模式引入了决策过程，认为决策是在众多行动者的讨价还价、妥协等互动中渐进地形成的（Lindbom，1959）。20 世纪 60 年代开始，有限理性、渐进主义逐步取代了理性主义，成为了重要的决策理论。芬劳（Fenno，1962）和威尔达夫斯基（Wildavsky，1964）敏锐地把渐进主义引入到预算决策当中，在林德布洛姆渐进决策理论的基础上加入了政治冲突和官僚化两个重要因素（Robinson，2007：133－149），认为预算参与者不会全面评估所有的备选项目，而是关注边际上的增加和减少（Wildavsky，1964），多元主义的决策模式是在竞争的预算要求者中分配资源的最优办法，试图将完全理性引入预算、把政治家赶跑的预算模式是注定失败的（马骏、叶娟丽，2003）。多项研究对此进行了验证，在美国各级政府、其他国家以及国际组织的预算实践中发现了很多支持渐进预算理论的经验证据（Davis, Dempster, and Wildavsky, 1966; Crecine, 1967; Gerwin, 1969; Cowart et al., 1975; White, 1994）。

尽管得到一些实证数据的支撑，但渐进预算理论一直受到质疑。贝利梳理出了已有研究中主要运用的“渐进”概念多达12种（Berry, 1990），白利和扣勒发现威尔达夫斯基他们对“渐进”增长范围的界定过于宽泛，正负20%、甚至30%以内都归类为渐进的预算结果（Bailey and Conor, 1975），罗宾森的发现是一针见血的，认为学者们得出的结论只是迎合自己对“渐进”的概念而已，并非严格推翻任何理论假设，学界中对渐进主义的争议来源于对渐进概念界定的模糊和多样化（Robinson, 2007: 133-149）。后来威尔达夫斯基也慢慢地放弃了渐进主义（Rubin, 1989），渐进预算模型仅适用于收入充裕和稳定的预算环境，渐进预算已经不是一个常数，而是一个取决于资源水平、政治文化和不确定性的因变量（Wildavsky, 1997: 16、24）。

在渐进预算理论停滞不前的时候，一些学者在积极地寻找出路，试图解释威尔达夫斯基无法解释的突变。吸取阿尔弗雷德·马歇尔的均衡分析以及古生物学自然无跃进式突变（Gould, 1980）的精髓（琼斯，2010: 14），鲍姆加特纳和琼斯（Baumgartner and Jones）把“间断均衡”概念引入到预算决策的研究当中，仔细研究那些渐进主义理论无法解释的突变，力图涵盖所有的预算变动，包括频繁的小变动和偶然的大变动（乔丹，2010: 236）。通过已有研究发现，间断均衡理论拥有良好的解释力，在不同国家、不同政府层级、不同预算科目都可以观察到渐变与剧变同时存在的现象（於莉，2010）。

间断均衡理论是在美国民主政治的土壤中诞生，并且在西方民主国家中加以验证，从来没有走出民主国度，在非民主政治的背景下用于预算决策研究。那么，中国的预算决策，到底是符合渐进主义，还是与间断均衡更为契合呢？

要研究预算决策制定过程，可以先从预算决策的结果——预算入手。因为预算是贴着价格标签的一系列政策目标，是决定政策的各种偏好之间的冲突和政治争斗结果的记录（Wildavsky，1964：6）。国内政策议题驱动着政策制定，政策实际上又驱动着预算变化（True，1995）。所以研究预算每年的变化，可以进一步总结出预算决策模式。可以说，预算变化是窥探政府预算决策的一扇窗户。

环境问题是各级政府共同面对、不容回避的问题，尤其是随着工业化、城市化进程的加快，社会自我保护意识逐步被日益恶化的环境所激发并迅速发展，社会自我保护力量与市场化力量之间的张力日趋紧张，环境污染治理就显得更为迫切。而我国70%以上的污染来源于工业（国家环境保护局，1995年），因此工业污染治理是环境污染治理最重要的组成部分。本研究试图透过环保支出变化这扇窗户，进而去探索预算决策过程的真面目。

本研究试图解答的研究问题是：**环保支出变化属于哪种决策模式，渐进的还是间断均衡的？为什么环保支出会出现这种决策模式？**

二、研究方法

本研究采用定量研究的方法来回答研究问题。对于第一个研究问题，本研究运用美国学者帕杰特总结出来的规律来分析环保支出变化（Padget，1980），如果我国环保支出变化属于正态分布，表明环保支出是渐进变化的，符合渐进决策模式；如果我国环保支出变化不属于正态分布，而是尖峰分布，则表明环保支出是间断均衡的，符合间断均衡决策模式。对于第二个研究问题，本研究用面板数据模型来识别环保支出决策的影响因素，从而解释环保支出呈现该决策模式的原因。

本研究采用已有研究中国省级面板数据的文献中常用的中国省级行政区处理方法——把西藏剔除在研究样本之外，因为西藏的数据缺失非常严重（李涛、周业安，2008）。本研究的数据主要来源于2000—2011年的《中国统计年鉴》《中国环境年鉴》《中国财政年鉴》和《中国税务年鉴》。因此最终纳入本研究的面板数据样本包括中国30个省级行政区2000—2010年11年共计330个观测值。

三、环保支出决策模式

（一）因变量描述性统计分析

研究者先用消费价格指数对2000—2010年环保支出进行调整，得到实际值，然后计算出2000—2010年环保支出的年度变化值①，由于进行了一阶差分，最后剩下30个省级行政区10年的数据，合计300个观测值。

经过初步的描述统计，可以发现省级环保支出变化的极端值相距甚远，最大的预算增幅达到596.34%，是内蒙古2006年的预算变化；最大的预算降幅是-82.42%，是海南省2007年的预算变化。环保支出预算变化的均值是19.87%，中位数是1.89%，所有预算变化的集中程度处于渐进变化范围以内。预算变化的标准差达到76.98%，离散系数为3.87，表明各个预算变化之间差别比较大，离散程度比较高（见表1）。

表1　各省级行政区环保支出变化描述统计　（单位：%）

观测值个数	极小值	极大值	均值	中位数	标准差	离散系数
300	-82.42	596.34	19.87	1.89	76.98	3.87

30个省2000—2010年的环保支出预算变化，其峰度系数为20.94，高于正态分布的峰度系数3，初步判断它不是正态分布。

表2　各省级行政区环保支出峰度和偏度

观测值个数	峰度系数	偏度系数
300	23.08	3.60

（二）直方图分析

把300个环保支出变化制作成直方图，可以发现直方图的顶峰远高

① 年度增长率乘以100。

于正态分布线，其肩膀低于正态分布线的两翼，其尾巴略高于正态分布线的尾部，完全符合尖峰分布的特征，具有典型的高顶峰、瘦肩膀、肥尾巴（Jones，Baumgartner，and True，1996）。高顶峰说明大量的预算变化聚集在 0 附近，大部分的预算变化是渐进的。瘦肩膀说明中等程度的预算变化比较少。肥尾巴说明存在比预想要多得多的极端变化。右端的尾巴要比左端的尾巴明显长很多，说明预算大幅增长要远多于预算大幅削减（见图 2）。

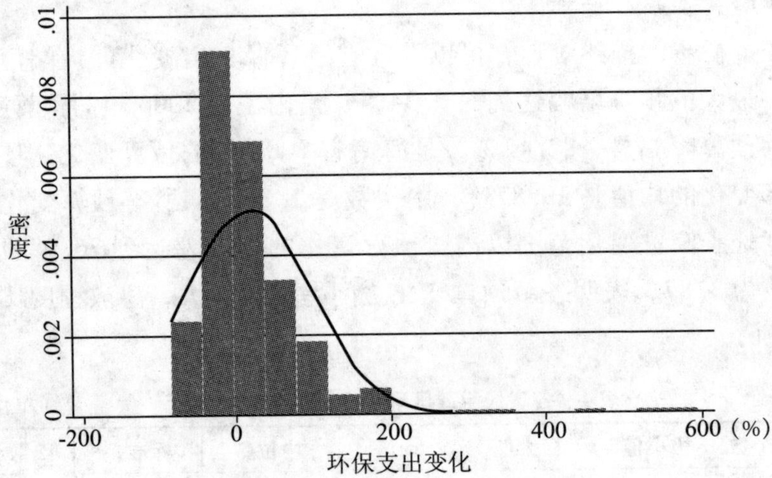

图 2　各省环保支出变化直方图

（三）正态性检验

从预算变化分布的峰度系数和直方图直观上来看，我国各省环保支出变化不符合正态分布的特征，即不符合渐进预算决策模式。下面进一步用统计学方法来验证这个结论是否正确。

经过柯尔莫哥罗夫–斯米尔诺夫和夏皮罗–威尔克正态性检验，发现两个检验的结果都是显著的，否定正态分布的原假设，从而可以判定我国 2000—2010 年 30 个省的环保支出变化不符合正态分布假设，也就是说，环保支出变化不是渐进的，而是间断均衡的。整体上来说，我国省级环保支出决策是符合间断均衡模式的（见表 3）。

表 3　全样本正态性检验

检验名称	参数	显著性
Kolmogorov-Smirnov test	3.865	.000*
Shapiro-Wilk test	0.756	.000*

注：*表示在 0.01 水平上显著。

综上所述，我国省级环保支出决策是符合间断均衡模式的，而不是渐进模式。这个结论反映了植根于西方民主政治背景的间断均衡预算决策理论在非民主政治背景下的中国同样适用，体现出该理论强大的适应能力。

四、分析框架和研究假设

（一）分析框架

经过数据分析，发现我国省级环保支出符合间断均衡的决策模式，此外。间断均衡决策理论具有很强的解释力，不仅解释了预算呈现间断均衡特点的原因，而且从心理学角度解释了预算决策机制，揭示了影响决策的主要因素。所以本研究选用该理论作为分析框架来挖掘解释变量。

间断均衡决策理论的两大基石是注意力（Attention）和体制摩擦（Institutional Friction）。

1. 决策者注意力

有许多问题需要政府解决，但没有哪个政府可以一次解决所有的问题。原因在于人们对公共政策问题的注意力是有限的，人们不能一次同时对所有重要的事情予以注意，而是根据信息在心目中的重要性，选择性过滤源源不断的信息，在不同的时间把有限的注意力分配到不同的问题上。在政府的决策过程中，有许许多多的参与者在分配着各自的注意力，识别着不同的问题，或者关注着同一问题的不同方面。当来自各方面推动力开始增大并逐渐增大到一定程度的时候，以前政策均势就会被打破，就会有大量的原有的和新增的行动者介入决策过程，试图吸引决策者的注意力。

大多数时候，决策者的偏好是稳定的，而注意力是变化的；信息是丰富的，而注意力是有限的，在一个时间段只有极其有限的信息被注意到，决策者不可能同时应付所有的问题。注意力会随环境背景的感知而迅速转变，选择的偶发性改变就有可能出现。出现这样的变化，原因可能是有新的决策者牵涉进来，或者决策者受到启发，转而关注以前未能清楚表达的新议题，在特定环境中偏好被激活，注意力发生转移（琼斯，2010：5）。

2. 体制摩擦

吸引住决策者注意力，不意味着一定会产生新政策，原因就在于政府内部存在体制摩擦。体制摩擦来源于信息成本、认知成本、决策成本和交易成本。当组织搜索相关的信息，就产生了信息成本；当组织获得了这些信息，组织需要付出认知成本来处理信息；当信息处理完毕，组织需要在内部就决策达成一致，这就面临着决策成本；当决策制定后，组织需要做出承诺、妥协和监督，这就产生了交易成本（Jones，Sulkin，and Larsen，2003）。当社会信号的强度足以吸引决策者有限的注意力，并且克服了组织内部的体制摩擦，相应的政策输出才有可能产生，反之，社会信号强度将会累积，直至“机会之窗”出现才产生政策变动。因此，一个组织的体制摩擦越大，政策和预算就容易发生间断均衡现象，而且间断程度越大（Jones and Baumgartner，2005）。

（二）研究假设

从间断均衡决策的分析框架中可以推出一条研究命题和两条研究假设。

研究命题：**决策者注意力和体制摩擦共同影响着预算支出的变化。决策者注意力积聚程度越大，体制摩擦越小，预算支出变化越大（见图3）。**

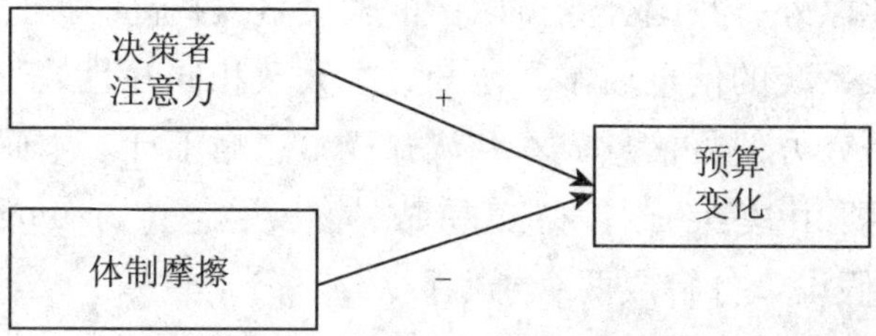

图3　预算决策分析框架图

假设1：决策者环保注意力的积聚程度越高，环保支出变化越大。

政策议程的历年变化体现了决策者注意力的变化情况（Jones，Baumgartner，and True，1998），决策者注意力转换引导着预算决策的变化。如果环境保护能够成功进入到政策议程，就说明环保工作吸引力决策者的注意力、得到了决策者的重视，那么环保支出将会得到财政资源的充分保障。

本研究用环境保护在地方政府年度工作报告中所提及的工作重点的排序这项指标来衡量决策者环保注意力的积聚程度。本研究在各省政府的门户网站上获取政府工作报告。

如果排序为1，说明决策者对环保工作非常重视，此时编码为20；如果排序为2，则编码为19；如果排序为3，则编码为18；如此类推。如果在工作重点中没有提及环保工作，则编码为0，说决策者的注意力完全偏离到其他工作上。

假设2：决策成本越低，环保支出变化越大。

体制摩擦来源于信息成本、认知成本、决策成本和交易成本（Jones，Sulkin，and Larsen，2003）。体制摩擦可以分为体制内摩擦和体制外摩擦，体制内摩擦指决策系统内部存在的体制性阻碍因素，包括信息成本、认知成本和决策成本，体制外摩擦指决策系统与以外的其他组织互动所产生的体制性阻碍因素，指的是交易成本。

在当今这个互联网时代，信息每天以指数级的速度膨胀，互联网技术和计算机技术的日新月异，为个人和组织处理信息、搜索提供了极大的便利，除此以外，我国公务员队伍的素质日益提高，因此我们可以假定，每个决策系统的信息成本和认知成本大致相同并且处于一个很低的水平，为了研究方便，信息成本和认知成本忽略不计。本研究所研究的体制摩擦主要由决策成本和交易成本来决定（Breunig and Koski，2006），研究假设2分解成两个子假设。

假设2.1：决策成本越低，环保支出变化越大。

决策成本是指当决策信息处理完毕后，组织在内部就决策达成一致而需要付出的成本（Jones，Sulkin，and Larsen，2003）。本研究用资源拥挤程度和科层化程度来衡量决策成本。

1. 资源拥挤程度

当资源充足时，各个预算参与者容易达成共识，在多元主义的民主体制下，预算的年度变化是很小的，每年的预算基本上是在上年基数的基础上加加减减；当资源紧缺、赤字恶化时，共识瓦解，预算的间断程度变大，甚至连基数都纳入了预算审查的范围，基数也被颠覆了（威尔达夫斯基、凯顿，2006：82—85）。由此可见，资源拥挤程度越高，决策系统中的决策成本就越高，因为要达成一致性意见变得困难，需要各个参与者做出更多的妥协和让步。

琼斯教授等人证明随着赤字恶化，共识瓦解，美国联邦预算变化的间断程度却降低了，而不是威尔达夫斯基所讲的更为震荡（Jones，True，and Baumgartner，1997）。原因是资源拥挤程度越高，决策成本越高，体制摩擦就变得越大，因此要做出任何政策改变和预算变动所要面对的冲突和对立越大，改变现状变得异常困难，此时预算变化是更为渐进的（Jones，Baumgartner，and True，1998）。所以，资源拥挤程度越低的省份，决策成本越低，体制摩擦越小，它的工业污染治理投资变化的间断程度越大。

本研究采用哈特利—拉西特模型对资源拥挤程度的操作化方法，用预算赤字来衡量资源拥挤程度（Hartley and Russestt，1992），预算赤字用“一般预算内收入与一般预算内支出的差”来计算。“各省一般预算内收入”和“各省一般预算内支出”从《中国财政年鉴》中获取。

2. 科层化程度

储波和莫伊认为科层化会降低组织的应对外界变化的能力（Chubb and Moe，1990）。罗宾森对学校的预算变化分布进行研究得出了与储波、莫伊相同的结论，科层化程度越高的学区，其预算变化分布的峰度系数越小，越接近于正态分布，也即接近于渐进增长模式，是因为科层化程度会增加决策制定时需要协调沟通的层级，增加了决策成本，增加了组织的体制摩擦，要做出政策改变变得异常困难，减少了组织主动进行政策改变的意愿，导致组织回应外界环境变化的反应非常缓慢，政策和预算的大变化出现频率比较低（Robinson，2007：133－149）。根据间断均衡理论的分析，科层化对预算变化大小的影响主要是通过体制摩擦中的决策成本来起作用的，本研究试图对科层化与组织应对变化能力的关系做进一步的检验。罗宾森用学校组织管理人员所占资源作为测量组织科层化的指标，由于在统计年鉴的已有数据中没有提供这个数据，因此本研究只好退而求其次，采用“环保机构中行政干部/环保机构总人数”这个指标来测量各省的环保机构科层化水平。“环保机构行政干部人数”和“环保机构总人数”从《中国环境统计年鉴》上获取。

由于资源拥挤程度和科层化程度反映着决策成本的高低，因此本研究用“预算赤字”和“行政干部占环保机构总人数比重”这两个指标来测量决策成本。

假设 2.2：交易成本越低，环保支出变化越大。

交易成本是指当决策制定后，组织做出承诺、妥协和监督而需要付出的成本（Jones，Sulkin，and Larsen，2003）。本研究主要用利益集团与政府势力对比所形成的治理格局来测量体制外摩擦。

莫腾森对丹麦地方政府的预算变化进行研究后发现利益集团的势力影响着预算间断程度，利益集团势力越强，行动者数量越多，政策和预算的变化也越稳定（Mortensen，2005）。有学者也得出了类似的结论，认为行动者数量较少的时候，政府制定预算决策的垄断性较强，此时预算渐进程度会减少（Ma，2009）。公民和政府关系越不和谐，政治冲突越大，政策和预算的间断程度越大（Breunig and Koski，2006）。

引入体制摩擦来分析这些关系，理论解释力会更强。利益集团势力越强，行政者数量越多，政府的决策垄断性相对来说较弱，形成多元的治理格局，此时的交易成本相对较高，因为政府制定决策时需要做出更多的承诺、妥协和协调来平衡各方的利益关系和政治冲突，这就加剧了体制摩擦的程度，要做出政策转型和预算大幅改变就变得非常困难，所以预算渐进程度越强；反之，利益集团势力越弱，行动者数量越少，政府拥有绝对的决策权威，形成单一的治理格局，此时的交易成本相对较低，政府只需要在内部达成一致意见，体制摩擦较小，因此预算间断程度越大。

在我国环境预算决策过程中，企业是其中一个较为重要的参与者，企业当中要数排污企业与政府环境政策的利益联系最为紧密，因为环境政策的松紧直接关系到排污企业对生产过程中产生的污染所要承受的成本和责任，直接影响排污企业的利润。因此，中国的环境政策所面临的交易成本主要存在于政府与企业之间。企业数量越多，缴纳的排污费越多，说明企业越能形成强大的联盟与政府就环境政策问题进行讨价还价，千方百计阻碍政府出台更为严格的环境保护政策，消解政府治理环境污染的意愿，那么政府要形成有利于污染治理的预算决策所要付出的交易成本越大，因此预算间断程度变小，环保支出的变化越小。本研究用“企业排污费征收额”“交纳排污费的企业数量”和“第二产业税收收入占总税收收入比重”来测量交易成本。因为有研究指出第二产业（包括制造业、采矿业、电力煤气和水的生产和供应业、建筑业）是主要的工业污染源（章泉，2009），属于高污染行业，这些企业缴纳了绝大部分的排污费，如果他们贡献的税收同样占据总体税收收入的重要份额，那么政府为了保持税收收入水平，在决策时不得不考虑他们的诉求。因此，“企业排污费征收额”“交纳排污费的企业数量”和“第二产业税收收入占总税收收入比重”能够反映出交易成本的大小。“企业排污费征收额”“交纳排污费的企业数量”从《中国环境统计年鉴》中获取，“第二产业税收收入”和“总税收收入”从《中国税务年鉴》中获取。

根据这些研究假设，本研究构建起预算决策的计量模型，在模型中，本研究加入四个控制变量，分别为工业化、城市化、人口密度和人均收入。具体各个变量的操作化和数据来源见表4。

表4　预算决策模型变量说明表

变量名称	变量代码	操作化	变量类别	单位	数据来源
因变量	—	—	—	—	—
环保支出变化	ENV	第t年工业污染治理支出/第t年财政支出－第t－1年工业污染治理支出/第t－1年财政支出	定比变量	%	中国环境统计年鉴、中国统计年鉴
自变量	—	—	—	—	
注意力	—	—	—	—	—
决策者环保注意力	LEA	环境保护在每年地方政府工作报告中所提工作重点的排序	定距变量	—	政府门户网站
体制摩擦	—	—	—	—	—
决策成本	DEF	第t－1年一般预算收入－第t－1年一般预算支出	定比变量	亿元	中国财政年鉴
	BUR	环保部门的行政干部人数/环保部门在编人数	定比变量	%	中国环境统计年鉴
交易成本	FEE	企业排污费征收额	定比变量	亿元	中国环境统计年鉴
	COM	交纳排污费的企业数量	定比变量	万个	中国环境统计年鉴
	TAX	第二产业税收收入/税收收入	定比变量	%	中国税务年鉴
控制变量	—	—	—	—	—
工业化	IND	第二产业产值/全部生产总产值	定比变量	%	中国统计年鉴

（续表）

变量名称	变量代码	操作化	变量类别	单位	数据来源
控制变量	—	—	—	—	—
城市化	URB	非农业人口/总人口	定比变量	%	中国统计年鉴
人口密度	POP	地区年底人口总数/地区国土面积	定比变量	平方千米/人	中国统计年鉴
人均收入	CIT	城镇居民人均可支配收入	定比变量	元/人	中国统计年鉴

五、实证结果

（一）自变量描述性统计分析

从各个自变量的描述性统计分析中可以发现，资源拥挤程度、排污费收入、缴纳排污费企业数量差异较大，离散系数均超过了0.8，其余变量的差异比较小。

表5　自变量描述性统计分析

变量名	单位	最小值	最大值	平均值	离散系数
决策者环保注意力	—	0	19	5.32	0.55
资源拥挤程度	—	25.35	2396.95	380.28	0.84
科层化程度	%	14.23	59.62	27.63	0.24
排污费收入	亿元	0.0775	27.47	3.74	1.02
缴纳排污费企业数量	万个	0.12	14.18	2.25	0.88
第二产业税收收入比重	%	12.17	60.44	40.18	0.23

（二）数据处理

为了检验变量之间是否存在着长期稳定的均衡关系，本研究对数据进行了 LLC 和费舍尔卡方（Fisher Chi Square）单位根检验，发现资源拥挤程度、排污费收入和第二产业税收比重存在单位根，经过一阶差分后不存在单位根，差分后的变量代码加上前缀“D_ ”。

接着进行韦斯特仑德（Westerlund ECM）协整检验，所有变量都通过了显著性检验，说明本研究的面板数据拥有平稳的方程回归残差。

接下来对变量进行共线性检验，发现所有变量的 VIF 值都小于 2.5，说明变量共线性不明显。

最后确定变量的滞后期，基于预算决策过程的观察，资源拥挤程度、科层化程度、排污费收入、排污企业数和第二产业税收比重对环保支出增长率的影响是滞后一年的，需要滞后处理，在变量代码加上前缀“L_ ”。决策者环保注意力对环保支出决策的影响是当期的。

（三）面板模型结果

1. 模型筛选

表 6 报告了预算决策混合回归模型、固定效应模型和随机效应模型的估计结果。从沃尔德检验（Wald Test）结果来看，检验值为 0.68，没有通过显著性检验，说明不存在个体效应，混合回归模型比固定效应模型更有效。从拉格朗日乘数检验（Breusch and Pagan Lagrangian Multiplier Test）结果来看，检验值为 3.46，通过了显著性检验，说明存在个体随机效应，随机效应模型比混合回归模型更有效。从以上两个检验结果来看，应该选用混合回归模型，无需再进行豪斯曼检验了。反映出预算决策模型存在随机的个体效应。

2. 假设检验

根据表 6 中随机效应模型的估计结果，在六个解释变量中，决策者环保注意力对环保支出增长率的影响最大，它在 0.1 水平上通过了显著性检验，弹性系数为 2.518，说明在控制其他条件的情况下，决策者环保注意力增加 1 个单位，环保支出的变化率就会增加 2.518%，假设 1

成立，决策者的环保注意力积聚程度越高，环保支出变化越大。

表6　2001—2010年预算决策面板数据模型估计结果

	变量名称	变量代码	混合回归模型（Pooled OLS）	固定效应模型（Fixed Effect）	随机效应模型（Random Effect）
因变量	环保支出变化	ENV	—	—	—
自变量	决策者环保注意力	LEA	2.518* （0.096）	1.420 （0.446）	2.518* （0.094）
体制摩擦	决策成本—资源拥挤程度	L_D_DEF	-0.061*** （0.000）	-0.100*** （0.000）	-0.100*** （0.000）
	决策成本—科层化程度	L_BUR	-0.507 （0.567）	-2.645 （0.153）	-0.507 （0.567）
	交易成本—排污费	L_D_FEE	-4.23** （0.013）	-6.576** （0.016）	-4.23** （0.0012）
	交易成本—企业数	COM	0.615 （0.846）	0.196 （0.718）	0.615 （0.846）
	交易成本—税收比重	L_D_TAX	-1.546* （0.099）	-1.112 （0.627）	-1.546* （0.098）
控制变量	工业化	L_IND	-0.426 （0.678）	-0.277 （0.889）	-0.426 （0.677）
	城市化	L_URB	-0.252 （0.592）	-0.728 （0.691）	-0.252 （0.591）
	人口密度	L_POP	-.012 （0.461）	-.081* （0.091）	-.012 （0.461）
	城镇居民人均可支配收入	L_LNCIT	49.987*** （0.000）	75.138*** （0.000）	87.24279*** （0.000）
	常数项	_cons	-424.063* （0.000）	-447.583** （0.011）	-424.063* （0.000）
	观测值数目①	N	180	180	180

① 观测值数目只有180而不是300，是因为税收收入比重数据缺省，加上经过差分，缺省严重。

（续表）

	变量名称	变量代码	混合回归模型 (Pooled OLS)	固定效应模型 (Fixed Effect)	随机效应模型 (Random Effect)
	可决系数	R^2	0.1081	0.1925	0.1669
模型检验	沃尔德 F 检验值	u_i = 0	0.82	—	—
	沃尔德 F 检验显著性	Prob > F	0.726	—	—
	拉格朗日检验卡方值	Chi^2	—	—	—3.46
	拉格朗日检验显著性	Prob > Chi^2	—	—	—0.0628*

注：表中括号内为 p 值，***：sig. < 0.01；**：0.01 < sig. < 0.05；*：0.05 < sig. < 0.1；混合回归模型报告的 R^2 为 Adjusted R^2，固定效应模型和随机效应模型报告的 R^2 为 Whitin R^2。

体制摩擦包括决策成本和交易成本，决策成本中的资源拥挤程度和交易成本中的排污费征收额以及第二产业税收比重通过了显著性检验，决策成本（资源拥挤程度）在0.01 水平上显著，弹性系数为 -0.1，交易成本（排污费征收额）在0.05 水平上显著，弹性系数为 -4.23，交易成本（第二产业税收比重）在0.1 水平上显著，弹性系数为 -1.546。说明在控制其他条件的情况下，资源拥挤程度增加1 亿元，环保支出增长率就会降低0.1%；排污费征收额增加1 亿元，环保支出增长率就会降低4.23%；第二产业税收比重增加1%，环保支出增长率会降低1.546%。假设2.1 和假设2.2 均成立，决策成本越低，环保支出增长率越大；交易成本越低，环保支出增长率越大。而决策成本中的科层化程度、交易成本中排污企业数不显著。决策者环保注意力、决策成本和交易成本的显著证实了理论命题是成立的，决策者注意力和体制摩擦共同影响着预算支出的变化。决策者注意力积聚程度越大，体制摩擦越小，预算支出变化越大。

在控制变量中，工业化、城市化和人口密度均不显著，只有城镇居民人均可支配收入通过了显著性检验。

（四）结果解释

当所有解决问题推动力超过了一定的临界点，决策者的注意力就会被吸引到环境议题上来，并且当推动力的强度足以化解体制摩擦的阻力时，此时有点像金登教授“多源流”理论中的“机会之窗”开启，环境议题得以顺利进入预算议程，环保支出能够克服惯性、打破原有的渐进状态，得到大幅度的增长（琼斯，2010：162）。但是如果推动力小于一定的临界点，不足以对抗阻力的消解作用，那么决策者的注意力将偏离环境议题，环保支出维持渐进水平或者面临削减，不得不为其他成功吸引决策者注意力的议题腾出资源。

经过实证检验，我国省级环保支出之所以呈现出间断均衡的特点，是因为我国省级预算决策符合间断均衡决策模式，即预算决策受决策者注意力和体制摩擦的影响。只有当推动力突破体制摩擦的阻碍，成功获得决策者注意力的垂青，环境议题的“机会之窗”才能打开，环保支出才能获得大幅度的增长。由于“机会之窗”稍纵即逝、弥足珍贵，所以环保支出只会出现偶尔的间断变化，大部分的年度变化都是渐进的。因此，我国省级环保支出是间断均衡的。

六、结论

本研究从我国2000—2010年30个省级行政区环保支出预算变化的分布特点，推断出省级环保支出属于间断均衡决策模式，而不是渐进决策模式，为预算决策理论中的渐进主义与间断均衡之争提供了一个支持间断均衡的例子，验证了诞生于美国民主背景的间断均衡决策理论在我国省级环保支出中同样适用。然后用间断均衡决策理论作为分析框架，用面板数据模型检验了两条研究假设，发现我国环保支出决策受决策者注意力和体制摩擦的影响，因此呈现间断均衡的特点。

本研究完成了一次充满惊喜的预算决策探索之旅，以预算变化为切入点，揭开了预算决策神秘面纱的一角，预算决策就像是一系列经济社会要素的庞大的联立方程组，是满载而归，是得偿所愿，还是大打折扣，关键就在于申请者能否在决策过程中赢得足够的支持（蒋洪等，2008：175），从而吸引住决策者的注意力并且突破体制摩擦的阻碍，打开“机会之窗”。不过本研究所揭示的关系链条仍然不够清晰，有待将来对预算决策做深入的实地调研来加以完善。

【参考文献】

［美］阿伦·威尔达夫斯基、内奥米·凯顿：《预算过程中的新政治学》，邓淑莲、魏陆译，上海财经大学出版社 2006 年版。

［美］布赖恩·D. 琼斯：《再思民主政治中的决策制定：注意力、选择和公共政策》，李丹阳译，北京大学出版社 2010 年版。

［美］赫伯特·西蒙：《管理行为——管理组织决策过程的研究》，杨砾、韩春立、徐立译，北京经济学院出版社 1988 年版。

马骏、叶娟丽：《公共预算理论：现状与未来》，载《武汉大学学报（社会科学版）》2003 年第 3 期。

马骏：《经济、社会变迁与国家重构：改革以来的中国》，载《公共行政评论》2010 年第 1 期。

［美］米根·M. 乔丹：《间断平衡：基于议程的预算理论》，见阿曼·卡恩、W. 巴特利·希尔德雷斯：《公共部门预算理论》，韦曙林译，格致出版社 2010 年版。

於莉：《预算过程：从渐进主义到间断式平衡》，载《武汉大学学报（哲学社会科学版）》，2010 年第 6 期。

吴舜泽、陈斌、逯元堂、王金南、张治忠：《中国环境保护失真问题分析与建议》，载《中国人口·资源与环境》2007 年第 3 期。

董文福、傅德黔、努丽亚：《我国环境污染投资的发展及存在问题》，载《中国环境监测》2008 年第 4 期。

国家环境保护局：《中国环境保护 21 世纪议程》，中国环境科学出版社 1995 年第 1 版。

李涛、周业安：《财政分权视角下的支出竞争和中国经济增长：基于中国省级面板数据的经验研究》，载《世界经济》2008 年第 1 期。

章泉：《中国城市化进程对环境质量的影响——基于中国地级城市数据的实证检验》，载《教学与研究》2009 年第 3 期。

蒋洪等：《公共财政决策与监督制度研究》，中国财政经济出版社 2008 年第 1 版。

Berry, W. D., “The Confusing Case of Budgetary Incrementalism: Too Many Meanings for a Single Concept", *The Journal of Politics*, Vol. 52, No. 1, 1990, pp. 167–196.

Breunig, C. &Koski, C., "Punctuated Equilibria and Budgets in the American State", *The Policy Studies Journal*, Vol. 34, No. 3, 1974, pp. 3636–379.

Crecine, J. P., "A Computer Simulation Model of Municipal Budgeting", *Management Science*, Vol. 13, No. 11, 1967, pp. 786–815.

Cowart, T., A. & Hansen, T. & Brofoss, K. E., "Budgetary Strategies and Success at Multiple Decision Levels in the Norwegian Urban Setting", *The American Political Science Review*, Vol. 69, No. 2, 1975, pp. 543–558.

Davis, O. A. & Dempster, M. A. H. &Wildavsky, A., "A Theory of the Budgetary Process", *The American Political Science Review*, Vol. x, No. 3, 1966, pp. 529–549.

Dezhbakhsh, H. & Tohamy, S. M. & Aranson, P. H, "A New Approach for Testing Budgetary Incrementalism", *Journal of Politics*, Vol. 65, 2003, pp. 532–558.

Davis, O. A. & Dempster, M. A. H. &Wildavsky, A., "Towards a Predictive Theory of Government Expenditure: US Domestic Appropriations", *British journal of Political Science*, No. 4, 1974, pp. 419–452.

Fenno, R., "The House Appropriations Committee as a Political System: The Problem of Integration", *The Review*, Vol. 56, 1962, pp. 310–324.

Gerwin, D., "A Process Model of Budgeting in a Public School System", *Management Science*, Vol. 15, No. 7, 1969, pp. 338–361.

Gist, J. R., *Mandatory Expenditures and the Defense Sector: Theory of Budgetary Incrementalism*, London: Sage, 1974.

Gould, S. J., *The Panda`s Thumb: More Reflections in Natural History*, New York: Norton, 1980.

Ho, P., "Trajectories for Greening in China: Theory and Practice", in Ho, P. & Vermeer, E. B., *China's Limits to Growth*, Malden: Blackwell Publishing, 2006, pp. 1–26.

Hoole, F. W. & Job, B. L. & Tucker, H. J., "Incremental Budgeting and International Organizations", *American Journal of Political Science*, Vol. 20, No. 2, 1976, pp. 273–301.

Jones, B. D. & Baumgartner, F. R. & True, J. L., "The Shape of Change: Punctuation and Stability in U. S. Budgeting, 1974–1994", paper presented at the Midwest Political Science Association. Chicago, 1996.

Jones, B. D. & Baumgartner, F. R. & True, J. L., "Policy Punctuations: U. S. Budget Authority, 1947–1995", *The Journal of Politics*, Vol. 60, No. 1, 1998, pp. 1–33.

Jones, B. D. & Sulkin, T. & Larsen, H. A., "Policy Punctuations in American Political Institutions", *American Political Review*, Vol. 97, No. 1, 2003, pp. 151 – 170.

Key, V. O., "The Lack of a Budgetary Theory", *American Political Science Review*, Vol. 34, 1940, pp. 1137 – 1144.

Lewis, V. B., "Toward a Theory of Budgeting", *Public Administration Review*, No. 12, 1952, pp. 42 – 54.

Lindlbom, C. E., "The Science of 'Muddling Through'", *Public Administration Review*, Vol. 19, 1959, pp. 79 – 88.

Morland, W., "A Nonincremental Perspective On Bedgetary Policy Actions", in Ripley, R, & Franklin, G., eds, *Policy Making in the Federal Executice Branch*, New York: Free Press, 1975.

Mortensen, P. B., "Policy Punctuations in Danish Local Budgeting", *Public Administration*, Vol. 83, No. 4, 2005, pp. 931 – 950.

Padgett, J. F., "Bounded Rationality in Budgetary Research", *The American Political Science Review*, Vol. 74, 1980, pp. 354 – 372.

Pigou, A. C., "Producers and Consumers Surplus", *The Economic Journal*, Vol. 20, No. 79, 1910, pp. 358 – 370.

Robinson, S. E., "Punctuated Equilibrium Models in Organizational Decision Making", in Morcol G. eds., *Handbook of Decision Making*, New York: CRC Taylor and Francis, 2007, pp. 133 – 149.

Rubin, I. S., "Aaron Wildavsky and the Demise of Incrementalism", *Public Administration Review*, Vol. 49, No. 1, 1989, pp. 79 – 81.

Schick, A., "An Inquiry into the Possibility of a Budgetary Theory", In Irene Rubin Eds. *New directions in budget history*, New York: State University of New York Press, 1988.

Sharkansky, I., "Agency request, Gubernatorial Support, and Budget Success in States Legislature", *American Political Science Review*, Vol. 62, 1968, pp. 1220 – 1231.

True, J. L., "Is The National Budget Controllable?", *Public Budgeting & Finance*, Vol. 15, No. 2, 1995, pp. 18 – 32.

Walker, M. L., *Municipal Expenditures. Baltimore*, Maryland: Johns Hopkins Press, 1930.

White, J., "Almost Nothing New Under the Sun: Why the Work of Budgeting Remains Incremental", *Public budgeting& finance*, Vol. 14, 1994, pp. 113 – 134.

Wildavsky, A., *The Politics of the Budgetary Process*, Boston: Little brown, 1964.

Wildavsky, A., *Budgeting: A Comparative Theory of Budgetary Process*, New Brunswick: Trabsaction. Publishers, 1997.

我国科学研究中的公共财政效率：低效、无效与浪费

——来自国家自然科学基金、社会科学基金项目产出的证据*

尚虎平　罗梁波**

内容摘要：由公共财政支持的科研项目具有鲜明的公共契约性质，必须承担公共受托责任，保证财政效率。我们依照科学程序选取了以"政府"为研究对象的国家社科基金与自然科学基金项目各29项，通过对结项成果的"论文数量""论文丰满度""他引频次""复合影响因子"和"下载频次"五个指标财政效率的测算，发现科研项目是消耗公共资金的"巨兽"，存在"边际效率递减"的和"低效、无效与挥霍"的不良现象。这启示我们：我国公共财政资助的科研经费利用水平低，相关部门对项目经费缺乏有效监管，科研资助单位之间缺乏必要的竞争与公共资金追责机制，科研资助的制度设计对"道德人"期望过高。要解决这些问题，需要改变"课题拜物教"，树立结果导向的基本理念；要实行成果公开，经费去向公示制度；改变政府既当"赞助

---

* 此文已发表于《科学学研究》2012年第10期。

** 尚虎平，男，兰州大学管理学院副教授，管理学博士，研究方向为政府绩效管理、领导能力评估；罗梁波，甘肃行政学院副教授，甘肃行政学院学报常务副主编，甘肃行政学院学报编辑部副主任，研究方向为行政学基础理论。

商”，又当“裁判员”的现状，并成立科研项目评价事务所等。

关键词：公共财政　科研资助　科研项目　受托责任　效率

一、问题的提出

麻省理工学院（MIT）完成的 -项研究报告发现，在过去的 30 年内，MIT 科学研究创造的收益加起来相当于世界上第十一大经济体的收入，这无疑彰显了科研创新无比强大的造富能力和“科学技术是第一生产力”的英明判断。与此形成鲜明对照的是，我国创造一个单位 GDP 需要的研发人员是美国的 4.48 倍，我国 4—5 个科研人员才抵得上美国的一名科研人员（黄亚生，2009）。正是意识到科学研究的极端重要与我国科研现状的诸多不如意之处，国家一直在努力改进我国科研条件，出台了一系列保证科研经费的措施。

1998 年经国务院批准，我国开始实施国家重点基础研究发展规划，在规划项目的管理中，科技部、财政部等部门积极探索推出了课题制。2001 年 12 月 20 日，我国推进科学研究的改革迈出了重要一步，由科技部、财政部、国家计委、国家经贸委 4 个单位联合颁发了《关于国家科研计划实施课题制管理的规定》，明文规定以后的科学研究如“863”计划、“973”计划、科技攻关计划、自然科学基金等全面实施课题制，课题负责人在批准的计划任务和预算范围内享有充分的自主权。2006 年，国家根据科研活动规律和财政预算管理要求，对中央财政科技投入结构进行优化，由国务院办公厅转发了财政部、科技部《关于改进和加强中央财政科技经费管理的若干意见》（国办发〔2006〕56 号）。党的十七大进一步提出把提高自主创新能力、建设创新型国家作为国家发展战略的核心和提高综合国力的关键，对科研工作提出了新目标、新要求，接着出台了《国家中长期科学和技术发展规划纲要（2006—2020 年）》（以下简称《纲要》），在《纲要》出台之后，按照国务院要求，相继推出了 60 项配套政策和 99 项配套政策实施细则。2011 年 10 月，财政部、科技部发出《关于调整国家科技计划和公益性行业科研专项经费管理办法若干规定的通知》（以下简称《通知》），《通知》的核心内容是强化科研项目预算编制、评估和评审。

在我国各类科学研究政策、规定的促动下，我国由公共财政支持的科研经费持续上升。在过去的10年间，我国科研投入持续增长，在2000至2005年期间，政府的科研投入年增长率达17%，2005至2008年的投入年增长率达23%，2009年又增加了30%，此后投入还在继续增加。[①] 科技部部长万钢在2010年中国科协年会特邀报告会上披露，我国科研经费节节攀升，中央财政科技投入保持年均20%以上的增长，这使我国科研基本上走出了经费短缺的羁绊。[②] 有了科研经费的保证，我国科学研究取得了有目共睹的成就，如C919大型客机的上马、全球最快超级计算机“天河一号”的推出、世界最快速度高铁“和谐号”动车在各地的飞驰，都证明了我国科研的跨越式发展，让国人深感自豪。

然而，在取得成就的同时，我国以公共财政为基础的科研资助、科研项目制度和实践却暴露出了更多的问题。科研资助管理方面最为出名的大问题恐怕要算陈进的“汉芯”造假案件了，陈进通过各种手段骗取国家各类经费1亿多元。中国科学院院士候选人段振豪利用科研经费包二奶、三奶问题是另一个爆炸性案例，中科院生物特征认证与测评中心原主任助理江琴套用科研经费案件与国家自然科学基金委员会会计卞中贪污、冒用2亿多科研经费案也属于具有重大社会影响的事件。随着此类事件的迭出，科研领域出现了媒体所称的“硕鼠围城”现象。从统计数据来看，2003年至2012年，科研重镇北京市的检察院共立案侦查科研领域职务犯罪17件21人，其中，贪污、挪用科研经费类犯罪最为集中，利用科研经费监管漏洞大肆作案。国家审计署新近公布的科技部2010年度审计报告显示，在2010年的99个支撑计划科研项目中普

① 半月谈：《科研经费“黑洞”有多深?》，http://fjrb.fjsen.com/fjrb/html/2011-07/19/content_259418.htm（访问时间：2011年7月19日）。

② 《科研经费催生多少富翁 有多少资金被浪费?》http://www.jnnews.tv/news/2011-09/01/cms208067article.shtml（访问时间：2011年7月19日）。

遍存在着不符合专项经费管理的现象，涉及资金数以亿元计。①

鉴于科研经费的公共财政、公共责任属性，一批批的“硕鼠”大大影响了我国科研资助的声誉，引起了社会各界的质疑，甚至有些“民怨沸腾”的味道。据中国之声“央广新闻”转用中国科协的调查数据透露，中国的科研资金用于项目本身的仅占40%左右。② 中国科学院政策所专家张洪石更为激进，他认为“80%的科研经费都被‘玩儿完’了”。③饶毅、施一公（2010）更是在美国的Science杂志撰文提出，我国的科研经费投入体制是“浪费资源、腐蚀心灵、妨碍创新”，让中国潜在的创新步伐减慢。美国工程院外籍院士、德国卡尔斯鲁厄研究中心著名的米晶体材料专家格莱特（Gleiter）教授认为我国的科研制度造成了研究人员的拜物教倾向，“中国的科研人员在谈及他们的工作时，大都是介绍‘拥有什么样的仪器设备’而不是介绍他们用这些仪器设备都做了些什么”。④ 全国政协常委、农工党中央副主席陈勋儒认为“目前我国科研经费分配存在诸多不合理现象，‘马太效应’突出，主要表现在少数人或团队的经费过于集中”。⑤ 全国政协委员高抒教授也认为目前科研经费分配和使用上存在严重的两极分化的问题，有些人甚至通过虚开发票等方式占用科研经费。另一政协委员王旭东教授也批评说，由于行政的权力掌控着科研经费，使科研经费浪费与贪污无法避免。⑥

---

① 《中国科技基本走出了经费短缺的时代，不过大量经费被浪费》，http://www.587766.com/news2/25153.html（访问时间：2011年7月19日）。

② 转引自《中国科研经费大量流失 网友呼吁“网上晒账本”》，http://scitech.people.com.cn/h/2011/0901/c227887-1105195947.html?navigation=1（访问时间：2011年12月19日）。

③ 转引自李剑平：《专家批评高校科研经费自娱自乐8成被浪费》，载《中国青年报》2009年10月19日。

④ 转引自中科院研究员：《我国科研院所设备浪费普遍存在》，载《中国青年报》2009年8月22。

⑤ 转引自李忠峰：《科研经费分配要警惕“马太效应”》，载《中国财经报》2010年3月9日。

⑥ 转引自郭少峰、魏铭言：《高抒委员批科研经费分配不公两极分化严重》，载《新京报》2009年3月13日。

2011年9月30日，著名反学术不端网站“新语丝”刊载的一篇文章更加印证了这些批评并非空穴来风。该文披露，浙江大学能源清洁利用国家重点实验室的一份验收文件显示，此实验室近5年来共承担高水平国家任务300余项，科研经费投入1.7亿元，产出各类论文378篇，平均每篇论文产出需花费33.797万元人民币。[①] 该文一出，人们对于各类由公共财政支持的科学研究项目的公共财政效率产生了更多疑虑——由公共财政支持的我国各类科研项目是否达到了理想的效率？该如何才能够提高其效率？

二、文献综述

尽管我国各界对科研项目资助中存在的各类问题反响很大，“讨伐”声此起彼伏，但理论上、学术上对其进行深入研究的文献却并不多见。本课题组在期刊网上仅搜索到40篇与此相关的文献，而其中的22篇属于新闻性质的报道稿件。概而言之，这些理论研究主要从3个方面进行了探索：其一是对科研资助中花钱导向的批评；其二是对目前科研项目资助体系的不完善揭示并力图找到解决路径；其三是对科研项目管理中的漏洞的探究。

在对科研资助中花钱导向的批评方面，著名社会科学家、曾被评为“影响当代中国的50名知识分子”的郑也夫教授（2007）针对目前科研绩效评价中过于看重课题、看重课题立项的倾向进行了旗帜鲜明的批评，他认为，以课题来评判一个研究者的好坏是极不合理的，“这个规定非常荒诞。不是比农产品产量，而是比往地里洒多少斤化肥，他洒100斤你一斤没洒就滚蛋。我没洒化肥种的粮食比他多，应该更牛，怎

① 《一篇SCI/EI论文需要投入34万元——看浙大能源清洁利用国家重点实验室的投入产出比》，http：//xinyusi. s3. amazonaws. com/xys/ebooks/others/science/dajia12/zheda. txt（访问时间：2011年11月19日）。

么说我不是好农民呢?”。[①] 刘开云（2007）指出，马克思在没有任何科研项目资助的情况下研究出了社会变迁的规律、发现了资本剥削的秘密；王国维、钱钟书、胡适、鲁迅等国学大师的累累硕果也都不是课题资助的产品，这些伟人、大家的科研才是高效率、有质量的科学研究。尚虎平、叶杰（2011）指出，目前我国科研立项是鼓励花钱，与公共预算理论所倡导的绩效预算的做法背道而驰，应该推出一种绩效、成果导向的科研资助制度。

在对目前科研项目资助体系的不完善揭示中，毛世平（2010）力图从项目绩效评价体系的完善上寻找出路，构建了一套全面有效度量公益性行业农业科研项目绩效评估的指标体系，以此来完善农业科研项目资助中的问题；陆学文（2010）认为目前科研资助中经费预算编制存在重大问题，为了获得资助，很多项目在预算编制中存在着歪曲与作假行为，需要改进预算科目；李国杰院士认为，我国科研资助中忽视了“产出—影响”的考量，使很多科研资助没有产生大的影响。

对科研项目管理中的漏洞探究中，俞鸿雁（2007）提出用加强科研项目绩效评价的方式来提高项目实施的效果；安文、黄海鸾（2010）则认为，简化项目管理流程才是提高科研项目效率的最有效措施；陈丽云（2010）认为，科研财务管理是包括经费预算、拨款、执行及结题审计等的全过程管理，需要三方配合。与他们看法相反，张思强（2008）认为最大的问题是预算的可信度不够，提高可信度才是解决之道；兰世宽、张平（2007）发现科研课题管理的最大软肋就是预算经费管理欠妥，应该采取科学化编制预算才能解决问题；MIT 的黄亚生认为，中国科研资助效率的低下在于缺少后评估制度，必须有针对性的提高，否则“投资结果注定多数将有去无回、事倍功半”。

这些研究无疑都从某个方面洞悉了我国科研管理、科研项目资助中的诸多问题，是难能可贵的“金玉良言”。然而，应该看到，这些说法

---

① 郑也夫:《三间人大校长纪宝成》，http：//blog. sina. com. cn/s/blog_4c592243010007ux. html（访问时间：2011 年 12 月 9 日）。

还缺少具体的数据支撑，也缺乏以某类甚至某个项目进行解剖麻雀的“显微镜”式的探索。鉴于这种情况，本文决定以2005—2008年立项且已经结项的国家自然科学基金和国家社科基金资助的以政府为研究对象的58项课题作为研究的标的物（objects），对其结项成果的各种效率数据进行评估，并将两种项目的效率、两类项目与国外标杆进行比较，以此来判断每个项目的相对效率。

三、研究设计

目前引起广泛争议的我国各类科学研究项目，如国家自然科学基金、国家社科基金、“863”计划、“973”计划等，由于其公共财政支持性质，使它们本身属于公共责任的研究范畴。这些项目在本质上必须承担公共财政的公共受托责任（accountability）。它们属于政府通过提供公共资金资助的方式委托科研工作者从事某种公众所需要的研究，以满足某种公共利益。项目主持人作为受托人，必须按照合同书的要求保质保量完成各项任务，以实现公共资金所托付的公共责任。可以说，所有项目的立项书、双方认可的申请书、合同书都具有公共契约（public contract）性质，依照资助要求推进科学研究本质上属于履行公共契约、承担公共责任的过程，如果契约实施存在瑕疵，甚至不履行，则要承担相应的公共责任。然而，科研资助项目的产出、绩效如何评判却不同于一般意义上的社会契约和公共契约，因为科学研究具有前瞻性、不确定性、结果的模糊性，这使基于绩效评价结果而进行的追责往往难于实现。

本研究的目的是通过考察目前我国各类科研资助项目的投入—产出效率来判断我国科研资助中公共资金的效能，以便于找到提升我国科研资助项目绩效的路径或者发现公共资金被浪费后的追责路径。然而，由于科研项目的特殊性，我们很难去考察诸如生命科学、光电子、高能物理、航天新技术等探索性质很强的理工科类项目，因为这类研究的前瞻性、不确定性、结果的模糊性（不能判定先进与否、先进程度）更强。为了能够对较为确定的科研资助的项目绩效进行评估，我们选取了人文社科类的研究项目（**自然科学基金委管理科学部资助的课题与国家社会科学基金项目**）。我们确信我国的科研资助属于公共财政、公共预算范畴，因此我们特意选取了以“政府”为研究对象的课题。我们假设，既然学者以研究“政府”、提高“政府绩效”、提高“政府责任”为己任，那么这类项目的研究者也应该具有更大的使命感、更高的责任心，更趋向于提升公共财政效率，对他们所主持的科研项目进行深入评估，应该能够管窥到我国科研项目效率的总体趋势。

（一）技术路线

我国公共财政支持的科研基金名目繁多，种类多样，既有国家层面的如“973”计划、“863”计划、“火炬计划”、国家自然科学基金、国家人文社会科学基金等，也有中央政府部门层面的如教育部基金、发展和改革委员会专项建设基金等，还有大量的地方课题如江苏省自然科学基金、福建省人文社科基金。由于项目来源多样，我们要研究公共财政支持的各类科研项目效率难免存在着资料过多与资料贫乏共存的局面。为了使研究具有扎实、可靠的资料数据，本研究决定以能够公开获得课题信息（结项资料）的国家自然科学基金与国家人文社会科学基金作为研究对象。正如前文所述，本文选择了以“政府”为主题词且已经结项的课题，对其成果进行评价。

本文的具体技术路线如图 1 所示。首先，获得两类科研项目的拨款数额。其次，设定若干项目绩效评价指标。第三，利用拨款数据与指标数据，计算出投入产出效率值。这一步骤是为了达到两个目的：其一是比较两类项目效率差异，检验我国项目间效率是否存在显著差距；其二是计算两类基金项目效率的绝对值，在与国外项目效率的标杆值比较的基础上，判断我国两类科研项目效率与国外相较所处的地位。第四，在完成前述所有任务之后，将据此找寻我国现行科研资助制度中存在的问题，以期找到一条提高我国科研项目效率的路子。

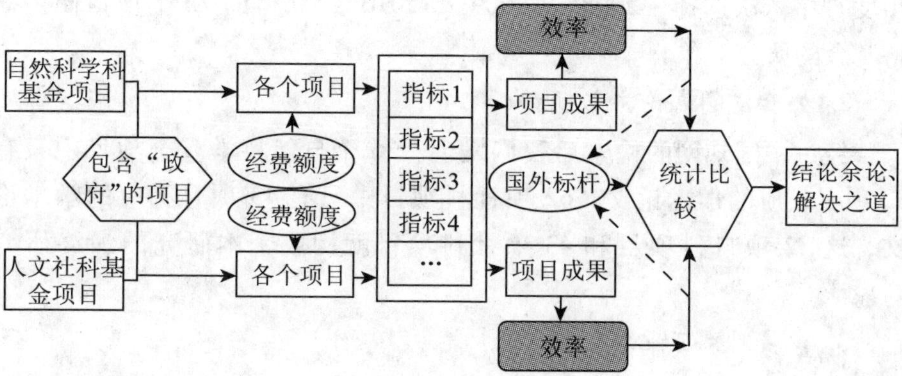

图1 技术路线

（二）研究对象选取

国家自然科学基金委管理科学部和国家社科基金支持项目的成果形式多种多样，包括论文、专著、研究报告、政策报告等。本研究只选取了已公开发表的学术论文作为研究对象，之所以采用这种方式是出于3方面考虑：首先，期刊论文与专著产出的比例大致为35∶1，期刊论文承载了课题研究70%以上的信息，而且，从现实来看，也有相当数量的其他类型的课题研究成果如专著、研究报告的雏形是由论文形式来呈现的（丁福虎，2000）；其次，将论文作为科学研究成果的代表也是国际通行的做法；最后，从统计学的意义来说，用样本来推断参数总体也是可以发现总体的基本规律、基本情况的，选取的论文可以看成是从全集总体（研究成果）中抽样出来的样本，这样不影响对总体情况的把握。

1. 选择项目

2011年9月5日，我们在国家自然科学基金项目管理系统的“项目主题词”一栏中输入“政府”，在“批准年度”中依次选择“2005”“2006”和“2007”，共获得了36个项目，这是自然科学基金的研究对象。2011年8月6日，我们利用全国哲学社会科学规划办公室的“成果数据库查询”功能，在“项目名称”一栏中输入“政府”，在“结项年度”中依次选择“2008”“2009”“2010”，获得的72个项目便是社科基金的研究对象。[①]

2. 公开发的表论文与项目匹配

经过中国知网的检索后我们发现，36个自然科学基金项目中只有32项有相应的学术论文，62项社科项目中只有43项有相应的学术论文，这32项自科项目和43项社科项目就构成了本研究的最终研究对象。[②]

3. 比较对象匹配

由于社科项目是根据“结项年份”查找的，而自然科学基金委员会管理学科学部的项目是根据“立项年份”确立的，经过社科项目信息的查阅后发现，有些项目是2005年以前，甚至个别项目是2002年立项的，这样的成果比较，对于自科管理学部，显然是不对等的。我们剔除了43项社科项目中2005、2006和2007年以外年份立项的项目，这样剩下29项。为了便于平衡比较，我们对自然科学基金的32个项目进行随机剔除，去掉了3个项目，也剩下29个项目，这样就完成了29：29的比较项目匹配。

（三）比较项目的确立

本研究的目的是以论文为载体分析、比较两类科研基金项目的效率。在确定了每个项目受助额度之后，还需要确立评价论文的指标。有了指标就可以获得指标与经费的投入产出比率，从而形成各种指标的财政效率值，或者说公共受托责任值。参考国际上考察科研论文水平的方

① 国家社科基金中没有按“批准年度”的搜索功能，按照一般规定，项目应在三年内结束，所以我们以“2008”“2009”“2010”为结项年份，这样便可以和自然科学基金的年份相匹配。另外，以“政府”为“项目主题词”的国家社科基金共有72项，我们删除了不属于“管理”类的10项，最终剩下了62个项目。

② 此处引出另一个关键问题，即可能有部分科研项目的成果并未发表在国内，这样就对本研究的科学性提出了疑问。但与前文所述一样，我们只是采用抽样调查的方式判断总体情况，尽管可能有部分论文发表在国外期刊，但从大样本来说，中国知网的数据也应该能解释我国科研绩效的绝大部分现状，因为没有成果的仅为总数的4和19＝11%和30%，且没有成果的也可能本来成就就为0。实际上，我们在SCI、SSCI、EI数据库检索了最终配对比较的29项课题主持人的成果，也并未发现有标注课题的论文在国外发表。

法，我们确定了5个论文评价指标，即论文数量、丰满度（版面）、他引频次、复合影响因子和下载频次5个比较项目，这些指标彼此互补，消解彼此的弱点。

1. 论文数量

正如毛泽东同志所言，“任何质量都表现为一定的数量，没有数量也就没有质量”（毛泽东，1991），数量是质量的基础和载体。论文数量是度量科学研究的一个最基本、最常见的指标（贺德方，2011）。一般而言，一个项目产出的论文较多，则该项目的质量也较高。

2. 论文丰满度（版面）

仅仅只考察数量，有可能导向粗放型发展，为了弥补以数量考察论文质量的不足，我们引入了论文丰满度来考察质量，它采用论文所占版面的方式来考察。之所以采用版面来考察，是考虑到目前无论是国外还是国内规范的学术期刊都采用了三审，甚至更多轮审稿制度，在审稿过程中，作者会依照每一轮提出的修改意见对论文进行反复修改，基本上剔除了无关学术贡献的语言。这样，文章的长度（版面）就与文章的质量成正比了。

3. 他引频次

文章数量、长度并不必然会带来影响力，为了弥补此不足我们引入了他引频次。胡德华、常小婉发现，“被引频次的高低，反映论文被同行重视的程度以及论文在科学发展和学术交流中所起的作用和影响力，也间接反映该文的学术水平和价值。一般认为，被引频次与论文质量成正相关，一篇论文被引用的次数越多，说明该论文受人关注的程度越高，学术影响力越大”（胡德华、常小婉，2008）。从实践中看，诺斯、科斯、埃莉诺·奥斯特罗姆之所以能获得诺贝尔经济学奖，除了创立的理论具有改造世界的功能外，他们的代表作被数以万次的引用也是一个关键考量标准，它代表理论经过了重复检验和无限多次的认可。

4. 复合影响因子

他引频次解决的是论文的影响力，但这种影响力更多是一种单向性、表层性的，为了解决这种问题，图书情报学界开发出了复合影响因子。复合影响因子的载体是期刊影响因子，也就是说，在一定程度上期刊的地位决定着论文的地位，这也是为什么国外评判有没有教授能力，只需要在著名期刊发表哪怕一篇论文即可，而在无名期刊发表多篇也无济于事的原因，这本质上是一种质量导向的、避免“灌水”式研究的有效做法。符合影响因子的（CIFP）的计算公式为：$CIFP=\frac{\text{前两年所刊文章的被引次数}}{\text{刊文数}}$。

5. 下载频次。

“下载频次”是对论文影响广度的一种评价方式，它代表了论文被关注程度。引用率及其基于引用率的各种影响因子只是解决了该研究被同行关注的广度与深度，但下载频次则既包括了引用的同行，也包括了其他类型人群的关注程度，是一篇论文社会影响力的重要指标。我们选取的是 CNKI 上“下载频次”的原始数据。

四、研究结果

本研究的目标是通过 5 个指标分别计算出两类科学基金项目的分项效率，进而通过 T 检验来判断两类效率差别的显著性，并在此基础上与国外特定的科研项目效率进行标杆比较，判断与国外科研项目的效率差别。

（一）论文数据

论文数据通过在 CNKI 的作者一栏中输入项目负责人名字进行精确检索，将其与“研究获得资助”选项中的“国家自然科学基金”“国家社科基金”对应匹配。通过精确匹配，一共获得了自然科学基金资助论文 327 篇，社科基金资助论文 157 篇。获得论文之后，我们将符合条件的论文指标信息包括论文数量、论文丰满度（版面）、他引频次、复合影响因子和下载频次登录到了所构建的 EXCEL 数据库中。

（二）公共财政拨款额度

由于我们要测量每个指标的公共资金（公共财政）效率，即采用 $e_i = Sum_1/V_1$ 的方式，其中 e_{i_1} 是指标 i（i=1，2，3，4，5）在项目 1 上的效率值，Sum_1 是编号为 1 的项目拨款总额，单位为人民币，V_1 是指标 1 的值，单位因指标而不同。这就需要我们首先需要获得项目的拨款额度信息。自然科学基金项目在该网站“选择项目”中就已经可以获得，但国家社科基金项目的相关数据拨款信息在官方网站缺乏公开数据，我们将该年该类别项目的平均资助额度作为社科项目的资助额度，如 A 项目是 2007 立项的社科一般项目，而该年一般项目的平均资助额度为 9 万，我们就认定 A 项目的资助额度为 9 万。

（三）项目信息数据库

我们按照由个体到整体的原则，先对每个课题建立 EXCEL 数据库。我们首先建立了每个项目的单项数据，最终形成了 58 张单项表单（见表 1a），然后建立了自然科学基金汇总信息库（见表 1b）和社会科学基金汇总信息库（见表 1c）。

表 1a　单项项目表单（其一）

	A	B	C	D	E	F
1	论文名称	版面数	他引频次	所载期刊	复合影响因子	下载频次
2	《我国行政问责制度及其对问责程序机制影响的研究》	5	13	《行政论坛》	1.011	597
3	《善政发展的逻辑》	8	4	《经济社会体制比较》	1.501	192
4	《责任政府：以公共责任为本位》	5	2	《行政论坛》	1.011	317
5	《市场经济现代转型中的法治与责任政府》	7	17	《公共管理学报》	2.342	394
6	《论责任政府的基本属性》	6	17	《社会科学战线》	0.607	444

（续表）

	A	B	C	D	E	F
1	论文名称	版面数	他引频次	所载期刊	复合影响因子	下载频次
7	《责任政府：思想渊源与政制发展》	8	9	《政法论坛》	2.848	416
8	《论政府公平悖论与社会责任》	8	12	《政治学研究》	1.829	499
9	《政府职责的确定：一种责任关系的视角》	7	5	《经济社会体制比较》	1.501	331
10	《论责任政府的回应性》	7	14	《浙江社会科学》	1.14	460
11	总　计	61	93	—	13.79	3650

资料来源：作者根据搜索结果自制。

表 1b　自然科学基金项目汇总信息（部分）

	A	B	C	D	E	F	G	H
1		姓名	论文总数	版面数	他引频次	复合影响因子	下载频次	拨款数（万）
2	2005—2007 年立项	杨××	8	43	17	11.598	1482	17
3		吴××	12	78	124	7.393	6012	18
4		龙××	8	42	107	9.251	3842	16
10		……	……	……	……	……	……	……
11		祝××	14	124	66	25.352	3755	17
12		朱××	4	42	49	12.13	2927	18
23		……	……	……	……	……	……	……
24		杨××	11	67	17	11.831	1595	90
25		徐××	9	94	25	14.525	2751	16
33		……	……	……	……	……	……	……
34		总计	327	2169	1712	445.934	104273	686.5

注：为了避免泄露同行私人信息，此处姓名做了技术处理，我们的原始数据库中均为真实姓名，下同。

资料来源：作者根据搜索结果自制。

表 1c　社会科学基金项目汇总信息（部分）

	A	B	C	D	E	F	G	H
1		姓名	论文总数	版面数	他引频次	复合影响因子	下载频次	拨款数（万）
2		李××	1	4	1	0.5	26	6
3		陈××	3	16	31	1.182	987	8
4		王××	5	30	43	7.411	1531	6
13		……	……	……	……	……	……	……
14	2005—2007 年立项	陈××	9	61	93	8.69	3650	8
15		廖××	2	9	17	1.095	455	7
26		……	……	……	……	……	……	……
27		樊××	9	56	47	12.833	2543	7.5
28		张××	1	10	9	2.124	445	9
33		……	……	……	……	……	……	……
34		总计	157	912	1051	164.123	46957	223.7

资料来源：作者根据搜索结果自制。

（四）随机配对比较

在编码的基础上，我们对两类项目按照 5 个不同评价指标进行了随机配对比较，并按照上文所述分别计算了每个指标的公共资金（公共财政）效率，也就是计算了各个项目拨款额度与论文数量、论文丰满度（版面数）、他引频次、复合影响因子、下载频次的投入产出比，获得了每一个项目的公共财政效率值（每一指标需要花费的纳税人金钱数）。具体如表 2a 所示，其中“NO”为项目序号，“EP”是每篇论文的公共资金效率，“EL”是论文丰满度（每个版面）的公共资金效率，“EC”是每个他引频次的公共资金效率，“EI”是每个复合影响因子的公共资金效率，“ED”是每个下载频次的公共资金效率。配对比较只是一个随机解剖麻雀式的“特写镜头”，要从横剖面来理解两种科研基金的效率，还需要从总体上把握两类基金效率差别的“长镜头”，这就需要了解两种基金的各类均值差异情况（见表 2b）。

表 2a　自然科学基金项目与社科基金项目的配对比较

序号	类别	EP	EI	EL	EC	ED
[1]	自	2. 125	1. 46577	0. 395349	1	0. 011471
	社	6	12	1. 5	6	0. 230769
[2]	自	1. 5	2. 434736	0. 230769	0. 145161	0. 002994
	社	2. 666667	6. 76819	0. 5	0. 258065	0. 008105
[3]	自	2	1. 729543	0. 380952	0. 149533	0. 004164
	社	1. 2	0. 809607	0. 2	0. 139535	0. 003919
[4]	自	1. 6	1. 06959	0. 222222	0. 235294	0. 005708
	社	1. 75	2. 392344	0. 318182	0. 233333	0. 006323
[5]	自	2. 25	8. 407286	0. 352941	0. 486486	0. 008793
	社	0. 230769	0. 190229	0. 03681	0. 06383	0. 000741
[6]	自	1. 03125	0. 950078	0. 141026	0. 142241	0. 003745
	社	7	10. 54217	3. 5	7	0. 027344
[7]	自	1. 5	1. 074345	0. 272727	0. 2	0. 005392
	社	0. 777778	1. 614764	0. 125	0. 21875	0. 002558
[8]	自	2	0. 738007	0. 168675	0. 05303	0. 001659
	社	0. 5	0. 439722	0. 117647	0. 056075	0. 002639
[9]	自	1. 214286	0. 670559	0. 137097	0. 257576	0. 004527
	社	3. 5	4. 416404	0. 777778	0. 411765	0. 014583
[10]	自	4. 5	1. 483924	0. 428571	0. 367347	0. 00615
	社	0. 75	0. 560643	0. 153846	0. 4	0. 004688
[11]	自	3. 4	2. 364066	0. 395349	0. 414634	0. 009545
	社	0. 4375	1. 089664	0. 068627	0. 025641	0. 000803
[12]	自	0. 791667	0. 997218	0. 106145	0. 575758	0. 003252
	社	0. 888889	0. 920598	0. 131148	0. 086022	0. 002192
[13]	自	1. 5	3. 105054	0. 243243	0. 818182	0. 006397
	社	3. 5	6. 392694	0. 777778	0. 411765	0. 015385
[14]	自	2. 857143	3. 810976	0. 487805	0. 210526	0. 006456
	社	4	2. 754821	0. 8	0. 307692	0. 017544

（续表）

序号	类别	EP	EI	EL	EC	ED
[15]	自	1	0.539049	0.132813	0.253731	0.002293
	社	8	12.12121	1.333333	1.333333	0.035242
[16]	自	0.44186	0.441399	0.099476	0.149606	0.0021
	社	1.166667	1.346413	0.179487	0.088608	0.003265
[17]	自	3.166667	3.860219	0.575758	1.055556	0.021135
	社	2.666667	0.810701	0.5	2.666667	0.008753
[18]	自	3.4	3.26233	0.566667	2.833333	0.018702
	社	8	9.815951	1.6	NS	0.054422
[19]	自	0.72	0.775595	0.134328	0.130435	0.002218
	社	2.666667	4.071247	0.444444	1.333333	0.011645
[20]	自	2.428571	1.19056	0.25	0.515152	0.00397
	社	8	8.290155	2.666667	4	0.02381
[21]	自	8.181818	7.607134	1.343284	5.294118	0.056426
	社	8	8.368201	2	NS	0.177778
[22]	自	1.777778	1.101549	0.170213	0.64	0.005816
	社	1.6	2.295552	0.380952	0.363636	0.009112
[23]	自	5	9.456265	1.176471	10	0.033956
	社	0.911111	0.874014	0.221622	0.273333	0.004094
[24]	自	1	0.639059	0.152672	0.289855	0.005176
	社	0.833333	0.584431	0.133929	0.159574	0.002949
[25]	自	6.428571	12.68141	1.428571	5	0.052879
	社	9	4.237288	0.9	1	0.020225
[26]	自	6.666667	5.882353	2	10	0.029283
	社	1.285714	0.991845	0.333333	0.346154	0.00813
[27]	自	3.888889	0.710357	0.318182	0.813953	0.004695
	社	1.5	1.244985	0.126761	0.272727	0.003197
[28]	自	5	2.313565	1.071429	1.071429	0.023328
	社	4.333333	2.680965	0.619048	1.625	0.024119
[29]	自	6.333333	0.912672	0.904762	3.8	0.011522
	社	4.333333	2.680965	0.619048	1.625	0.024119

注：NS代表该项内容数值缺失。

表 2b 各指标财政效率均值比较表

	MEP	MEI	MEL	MEC	MED
自	2.099388	0.316505	0.400993	1.54935	0.006584
社	1.424841	0.245285	0.212179	1.363002	0.004868

表 2a、2b 对比了我们抽选的 29 项国家社科基金、国家自然科学基金中研究“政府”的项目，尽管从对比值上可以看出二者效率的差异，但这种差异是否具有统计学上的显著性，还需要进行相应的统计检验。29 个项目属于小样本范畴，采用 T 检验较为合理。在 T 检验过程中，我们采用了对两种项目的各个指标均值进行配对，将 EXCEL 软件中的数据整体导入了 SPSS18.0 进行了检验。检验项目主要包括论文数量效率均值（MEP）、单项论文数量效率偏高分值数目（效率值超过均值的数量）（OSEP）、论文丰满度效率均值（MEL）、单项论文丰满度效率偏高峰值数目（OSEL）、他引频次效率均值（MEC）、单项他引频次效率偏高峰值数目（OMEC）、复合影响因子效率均值（MEI）、单项复合影响因子效率偏高峰值数目（OSEI）、下载频次效率均值（MED）、单项下载频次效率偏高峰值数目（OSED）、共 10 项内容（见表 2c）。

表 2c 自然科学基金与社会科学基金配对 T 检验

配对内容	原值		T 值	Sig 值
MEP	自	2.099388	1.576	0.047***
	社	1.424841		
OSEP	自	22	1.720	0.050***
	社	15		
MEL	自	0.316505	-3.101	0.817
	社	0.245285		
OSEL	自	17	-2.777	0.965
	社	18		
MEC	自	0.400993	5.394	0.000***
	社	0.212845		

（续表）

配对内容	原值		T 值	Sig 值
OSEC	自	21	7.122	0.000***
	社	13		
MEI	自	1.539465	2.326	0.429
	社	1.363002		
OSEI	自	15	3.464	0.666
	社	17		
MED	自	0.006584	−4.092	0.639
	社	0.004764		
OSED	自	18	−2.917	0.555
	社	17		

注：*** 非常显著。

（五）与国外科研效率标杆值比较

仅仅比较国内项目的财政效率对于探讨我国科研项目资助效率优劣还很不够，因为这可能存在着“矮子里面选将军”“火柴盒里选旗杆”的问题。我们认为，与国外，特别是经济合作与发展组织（OECD）中的发达国家比较可以管窥我国科研资助效率的国际地位。然而，要找到国际上科研资助的资金效率是一件非常棘手的问题，我们查找了几乎所有国外著名的学术性数据库如 SCI、SSCI、SPRINGER、EI 等，均未找到相关数据。最后，在 GOOGLE 搜索引擎找到了 2009 年澳大利亚国立大学“澳大利亚创新、工业与科研部”（Department of Innovation, Industry, Science and Research, DIISR）基金使用情况报告①，其中数据显示“$684 per journal article”，即每篇论文花费金额为 684 美元，为了确保信息的权威性和真实性，我们特意在澳大利亚国立大学（Australian National University）网站验证了它的真实性。在此基础上，我们按照

① 资料来源网址：http://www.anu.edu.au/ro/ORE/Data/DIISRBlockgrants2009.pdf（访问时间：2011 年 12 月 9 日）。

2006—2011 年汇率最高也没有超过 1 美元兑换 8 元人民币的现实，确定 684 美元在这 6 年中均小于 5472 人民币，也就是说平均每篇由“创新、工业与科研部”资助的科研论文财政效率值都没超过 5472 元人民币，我们将这些数据与我们统计的我国国家自然科学、社会科学基金资助的论文财政效率值进行了比较，形成了表 3 的结论。[①]

表 3　我国科研资助基金财政效率与澳大利亚科研基金效率比较

比较指标 \ 项目	国家自然科学基金	国家社科基金	澳大利亚
篇均项目论文财政效率	20993. 88	14248. 41	5472

五、研究结论

从表 1、2、3 来看，两种基金的财政消耗都很大，财政效率都不高，但国家社科基金的公共受托责任（财政效率）明显胜过国家自然科学基金。与国外标杆项目相较，我国的科研基金资助效率均远低于澳大利亚公共资金资助项目效率。

（一）总体而言，两种基金项目都是消耗公共资金的“巨兽”

从我们的随机配对的情况来看，两种项目消耗的公共资金消耗率都比较高。我们用红色和绿色标注了国家社科基金和自然基金中某个单项指标的单位财政效率值超过了万元人民币的数据，数据显示社科基金中共有 56 个统计结果数据超越了一万元人民币，自然科学基金中共有 58 个统计结果超越了一万元人民币，这说明两类基金的公共资金（公共财政）效率均不太理想。国家社科基金中有 5 项平均每发 1 篇论文消耗了超过了 8 万元公共财政资金，有 6 项基金成果每产生一个复合影响因子需要超过 8 万元人民币的财政投入，其中甚至有 2 项取得一个复合影

① 由于无法找到其他指标数据，我们只对此进行了比较。

响因子需要超过10万元的财政投入。自然科学基金情况与社科基金情况类似，甚至有的自然科学基金每产生一个复合影响因子需要投入12.68141万元的财政资金。这说明，仅从配对比较数据来说，两类项目都不是“多快好省”的典范，其公共财政资金消耗率都很高。在T检验的10项内容中，两种项目在“论文丰满度效率均值”“单项论文丰满度效率偏高峰值数目”等6项内容上缺乏统计学的显著性，这说明两者确实都倾向于同一方向变化，主要是倾向于多花钱式的低效率方向。

（二）从5个指标的比较来看，国家社科基金项目领先于自然科学基金，小项目的财政效率明显高于大项目，科研项目上存在着“边际效率递减”规律

从论文数量指标来看，29个以“政府”为研究对象的自然科学基金共投入了686.5万元公共财政资金，产出了327篇论文，每篇论文的财政效率值为20993.88元；29个以“政府”为研究对象的社科基金项目共投入了223.7万元公共财政资金，产出了157篇论文，每篇论文的财政效率值为14248.41元，两者的财政效率值相差6745.47元，相差率为47.3%。从论文的丰满度来看，自然科学基金项目每个版面的财政效率值为3165.05元，社科基金的版面效率值为2452.85元，两者相差率为29%。从他引频次来看，自然科学基金每个他引需要花费4009.93元，而社科基金则只需要2128.45元，两者相差88.4%。在复合影响因子上，自然科学基金的单因子财政效率值为15394.65元，社科基金值为13630.02元，相差率为12.9%。就下载频次而言，自然科学基金的单频次财政效率值为65.84元，社科基金值为47.64元，两者相差38.2%。

T检验的结果也证实了在这5种指标上国家社科基金公共财政效率均领先于国家自然科学基金的现实。在10项T检验中，“论文数量效率均值”“单项论文数量效率偏高分值数目”“他引频次效率均值”“单项他引频次效率偏高峰值数目”之间均有着统计学意义上的显著性，这意味着两者确实存在差别，也就是社科基金的效率显著好于自然科学基金的效率。而另外6项尽管缺乏统计学意义上的显著性，但本身原始值也都是社科基金好于自然科学基金，这说明至少社科基金在财政效率上是领先于自然科学基金的，哪怕这种领先优势很微弱。

作为中国科学界“最好的科研基金”① 的自然科学基金，竟然在5个财政效率值表上悉数落后于社科基金，这说明“大家（说）好未必是真的好”。由于自然科学基金的拨款额度远高于社科项目，而“小”项目的效率却明显高于“大”项目，说明多出的公共财政资金的效用并不明显，存在着“边际效率递减”的问题。

（三）与国外标杆值比较，我国两类科研项目的公共资金效率值均远低于国外基金项目效率，受国家财政资助的我国两类项目处于“低效、浪费甚至挥霍”尴尬境地

由于我们无法搜集到更多国家更多类公共资金资助的科研项目结项情况，我们只以澳大利亚国立大学完成该国创新、工业与科研部（DIISR）的科研基金的产出作为标杆。严格来说这仅仅是澳大利亚的“部级”课题，但即使这样，该课题产出1篇论文平均只需花费5472元的公共资金，而国内社科项目每平均篇论文需花费14248.41元财政经费，是澳大利亚的260.4%，自然科学基金项目平均每篇论文平均需花费20993.88元的公共财政经费，是澳大利亚的383.7%。加之澳大利亚国立大学DIISR基金报告中并未将硬科学和软科学分开，一般来说，硬科学的投入更大，每篇硬科学论文比软科学论文所需的经费更多，以此来看，国内外科研项目的公共资金效率与国外比差距可能更大。从论文的篇均效率数据看，作为我国科研资助主渠道的自然科学基金和社科项目绩效竟然低于国外基金效率值数倍。这警示我们，其实这两类基金的公共资金利用效率很不理想，存在着明显的浪费现象，从一定程度上证明了目前社会所质疑的“科研基金挥霍”观点。

① 《“最好的科研基金”上考场》，http://www.nsfc.gov.cn/Portal0/InfoModule_375/35817.html（访问时间：2011年12月9日）。

六、余论与突破之路

在我国目前的科研资助、管理体制下，其他各种以公共财政为资金来源的科研基金项目如“973”计划、“863”计划、国家发改委科研项目、国家软科学项目、省级自然基金、省级社科基金，甚至各类人才项目如“千人计划”“青年千人计划”“教育部新世纪人才”“江苏省青蓝工程项目”“珠江学者计划”等的申报、立项、资助、管理、监督等环节也都大同小异，我们特意查阅了这些基金的“管理办法”“管理规定”等，发现它们的规定确实也没有大的差别。这样，我们认为本研究的结论对于其他类公共财政资助的科研项目也具有普遍性价值，这其实也符合“定组成定律”——太平洋的水与月牙泉的水一样是由氢原子与氧原子按照相同的规律组成的，这便是本研究对于其他类基金的启示性余论。

余论 1：我国公共财政资助的科研经费利用水平低，“好钢没有用在刀刃上”。一般而言，我国科研项目立项合同书的“经费预算表”上都包含了会议费、差旅费、仪器设备费等十余项，表面来看较为科学严谨。然实际情况并非如此，由于缺乏严格有效的审计，项目主持人在这些经费的处置上享有极大的自由裁量权，比如仪器设备费中买不买、何种规格等都由个人说了算，而且，项目经费的使用是个复杂过程，牵涉方方面面的利益，几乎成为一个“黑箱”，中国科协的调查数据显示“直接用于科研项目的资金比例仅占科研经费的40%左右”[①]，说明钱花了不少，但并未用对地方。虽然本文未对花钱的去向进行追踪，但从自然科学基金与社科基金项目的产出效率比较结果来看，资助额度更高的自然科学基金项目的5个指标财政效率值均全面落后于资助额度小的社科基金项目，这与我们之前持的预设——科研项目应该是“集中力量

① 转引自《中国科研经费大量流失　网友呼吁“网上晒账本”》，http://scitech.people.com.cn/h/2011/0901/c227887-1105195947.html? navigation=1（访问时间：2011年12月9日）。

办大事”且存在着“效率递增”相反。从与国外项目的对比数据来看，在发达国家中效率并不领先的澳大利亚创新、工业与科研部的项目财政效率值居然高出我国两类项目数倍之多，这说明我国科研项目的经费尚未有效用在项目本身。

余论 2：相关部门对项目经费缺乏有效监管，“国家的钱谁也不心疼”。科研经费财政效率值低与有效监管的缺失紧密相关。实际上，目前我国科研项目经费的使用存在着监管过多与监管贫乏共存的局面：首先，各个科研基金管理机构都出台了经费管理办法，而作为项目依托单位的科研院所和高校也都有自己的项目经费管理规定，可以说是“政出多门、各自为政”，而这些办法和规定之间协同性较差，形成了经费管理的“金三角地区”，客观上为项目经费的浪费甚至贪腐提供了空间；其次，由于信息不对称，各单位的监管人员无法获得经费使用的真实信息，且由于“同体审计”“低头不见抬头见”，审计人员不愿“非得和项目负责人过不去”，这使得目前的所谓“项目审计”形同虚设；最后，也可能最关键的是，由于目前我国科研评价中严重的投入导向，每个研究机构恶意攀比“课题数量”“科研经费额度”，这使每个科研单位不敢，也不愿严格核查经费的去向，甚至默许、鼓励大家在预算截止期之前突击花钱、乱花钱。从我们的研究结果来看，科研项目普遍效率低下且还有蔓延趋势，以公共受托责任理论、系统管理论、控制论而言，就是缺少了相关机构的监管所致。

余论 3：科研资助单位之间缺乏必要的竞争与公共资金追责机制，无效、低效单位依然可以获得稳定、日益增多的财政支持。我国的科研资助体系来源于政府的强力推动，政府设立专门的科研基金，并由政府部门（或其直属机构）负责遴选资助项目。由于中央集权的政府组织架构，中央设立的基金类别，地方也相应设立，比如国家层面有自然基金、社科基金、软科学基金，地方各省，甚至各市也都设立此类项目。尽管基金名目繁多，但彼此间却缺乏交流与竞争，缺乏淘汰机制，这是科尔奈所描述的典型的“预算软约束问题”——社会主义国家由于父爱主义盛行，使所有无效率的部门也照样获得财政支持，得以存活。从本研究的结果来看，本质上同属于人文社科范畴的国家自然科学基金委管理科学部资助项目和国家哲学社会科学基金规划办公室资助的社科基金项目的财政效率之间存在较大差距，而且，此次研究还是在自然科学基金项目资助额度未大幅提高之前（尽管社科基金之后也有提高，但幅度远小于自然科学基金）所做的比较，如果将按照提高之后的项目比较，差距还会更大。由于两类基金缺乏必要的竞争和公共资金的追责机制，尽管自然科学基金财政效率低下，但自然科学基金委员会管理科学部每年仍然能够获得稳定的国家财政支持，且这种支持近几年以60%左右的速度飞升，以至于国家自然科学基金委员会主页上还自诩是“最好的科研基金”。实际上，从与国外标杆比较的结果来看，我国两类基金的效率都很低，而两类基金管理机构获得的财政支持却都在逐年增加，未见公共资金的问责机制对其纠错、追责。

余论 4：科研资助对人性假设期望过高，“道德人”不道德。“道德人”认为人性中具有行为上的利他主义倾向，亚当·斯密在其著作《道德情操论》中提出：“为了这个大团体（人民）的利益，人人应当随时地心甘情愿地牺牲自己的微小利益”。我国的科研资助就很明显地反映了这一“道德人”的人性假设，各种基金拨付大量科研经费给项目主持人，项目依托单位也通常会提供一定比例作为配套资金，并在经费使用给予项目主持人提供高度的“自由裁量权”，一些依托单位还提供各种便利条件，其隐含的价值判断就是科研人员具有高度的良知和社会使命感，接受了科研资助和其他便利条件，就一定会尽其所能，发扬“多快好省”的奋斗精神，对公共资金负受托之责，对研究负科学之责，最终对国家和人民负责。然而从两类项目财政效率来看，科研工作中并不存在天生善良的“道德人”，科研工作者还是标准的“自利经济人”，“套利行为”随处可见，使课题经费被肆意浪费甚至挥霍，两类基金的财政效率与国外相比如此低下再一次证明“我们不是天使”，正如“高薪”不能“养廉”一样，“高薪养学”亦不可行。在没有有效监督的情况下，“道德人”假设只会与假设人人皆为天使一样不可靠，“高薪”只会促进“高耗”行为。

这些余论可以说是我国公共财政所资助的科研项目中的通病，如何根除这些痼疾，是整个社会都在探讨的问题，我们认为可以从如下路径来寻求突破。

路径1：改变“课题拜物教”，树立结果导向的科研基本理念。很大程度上，理念指导着人们的行动，有什么样的理念就有什么样的行动。正如前文所述，我国目前过于重视课题经费，这实际上是一种投入理念，是鼓励花钱而不鼓励产出的做法，也就是郑也夫所批判的，大家比赛“往地里撒化肥”，如果没撒化肥多打粮食也会被认为没有效率，这本质上是一种投入拜物教、课题经费拜物教的理念，如果我们目前不从理念上澄清这种做法的危害，将来科研资助的效率不会有根本扭转。本研究探究的两类课题效率低下，根本问题是科研理念出了问题，各类科研院所更重要的追求是攀比课题经费，而非比较课题成果、科研效率，我们认为治本之道是树立结果导向、效率导向的科研基本理念。实际上，获得课题资助只代表具有科研“空想能力”，真正产生结果，实现公共资金效率，才是具有真正的科学研究能力。

路径2：实行研究成果公开，科研经费去向公示制度。目前我国科研项目效率低下，一个重要原因在于课题立项之后的委托代理监督不到位，而信息不对称是产生委托代理问题的关键诱因。实际上，信息不仅是一种资源，更是一种权力，拥有信息优势的代理人可以增强与委托人之间的博弈能力，如果委托人想要准确、及时、同步地获取过程信息，也就是解代理人是“怎么干”的则需要耗费大量资源。从本研究来看，科研基金财政效率低下，科研经费浪费，就是项目委托单位缺乏对课题主持人、课题承担单位的有效监督。对科学研究过程、对研究过程的经费使用情况的及时监督不仅成本高昂，而且还彰显了对科研人员的高度不信任，按照古斯顿（Guston）的说法就是违背了“科学的社会契约”（古斯顿，2011），也会对科研工作的自由、自主开展造成极大伤害，不利于创新性成果的发现，也有违设立科研资助的初衷。我们认为，比较理想的路径是把过程监督转变到结果监督上来，即在结项时，除非涉及国家机密，科研基金管理机构应将每个项目的所有信息在相关场合公布出来，特别是要将在基金资助下产生的科研成果和科研经费使用情况分门别类地公布出来，接受社会、财政部门，特别是学界的监督。这种监督方式可以在公开信息的导引下发挥科研共同体的“自查”功能，大幅减少监督成本，使项目负责人有效利用科研经费，促进公共资金效率提升，改善公共资金的公共受托责任。

路径3：严格实施低效项目“日落”制度。在发现了低效率项目之后，需要解决这些低效项目问题，它们不解决，人们便会形成“干好干坏一个样”的认识，于是磨洋工、“劣币驱逐良币”的现象就出现了。本研究中的两类顺利结项的基金公共资金效率相对于国外项目都不够理想，而在两种项目中也存在明显的效率差异，但这些低效的项目都获得了结项，且主持人还可以继续申报同类课题，这说明我们的项目缺乏淘汰制度。我们认为可以仿效英国新公共管理实践中“日落法”的做法，将那些低效、无效的机构、项目在“日落之前”就淘汰出局，停止其存在，停止对其进行公共财政拨款。首先，我们可以将那些低效率的项目部门撤销，将资金转到高效率的基金管理部门；其次，将那些结项成果效率低下，浪费了公共资金，违背了公共受托责任的项目撤销，且明确规定其主持人5—10年内不许申报此类项目，并将这些低效率主持人名单公开展示，出台公开的“黑名单”制度，使研究者随时警醒，引以为戒。

路径4：改变政府既当“赞助商”，又当“总主管”，还当“裁判员”的现状，逐步引进并形成非政府部门管理国家科研资助事务的模式。目前，我国科研事务由政府部门直接或成立直属机构管理，由于这种模式特别适应我国传统上集权式的管理逻辑，符合政府主导国家科研事务的愿望，加之我国“大政府，小社会”的特殊国情，它就成为我国科研资助的主导模式。这种模式有两个弊端：一是政府官员缺乏科学的专业知识；二是政府官员更多会考虑科研的政治属性而将科研项目应有的学术主导、学术本位放在“第二位”。本研究显示的两类项目如此低效就表现了政府既当赛事“赞助商”，又当赛事“总主管”，还当比赛“裁判员”的尴尬。我们认为，应改变我国单一的政府主导、政府管理、政府评判的科研资助模式，将政府的角色拉回原位，让政府只做公共资金受托责任的监管者，仿照国际通行规则，将“赞助商”角色按照市场规律、学术规律外包，将“裁判员”职权交付给有判断能力的第三部门。我们甚至可以探索向国外成熟的第三部门招标，使其管理我国个别科研事务，在此过程中，只要政府严格履行了监管职能，就一定能够实现“公平、公开、公正、高效”的科研资助目标。

路径5：成立科研项目评价事务所，实现课题评价的专业性、权威性。我们认为，本研究中两类国家基金之所以在效率不理想的情况下能够顺利结项，是与目前课题结果评价制度有重大关系的。当前，国内科研项目结项评价只能采用同行评议，甚至自然科学基金都缺乏同行评议的结项制度，这给项目主持人采用陈进汉芯造假且能通过公关手段结项的做法留下了巨大的空子。我们认为，可以借鉴律师事务所、会计师事务所的方式，成立非营利性质的第三种事务所——科研评价事务所，并培养科研评价师，在各类学科、专业中培养一批具有专业能力、只从事评估各种科学研究结果质量（包括民间科研、公共资金资助的科研等所有类别）的专家，给其颁发评价师执业证书，参照律师、会计师管理，如果他们不能有效评价，则面临吊销职业资格的危险。这是对路径4的一种具体化。

【参考文献】

《“最好的科研基金”上考场》，http：//www. nsfc. gov. cn/Portal0/InfoModule_375/35817. html（访问时间：2011年12月9日）。

《科研经费催生多少富翁有多少资金被浪费?》，http：//www. jnnews. tv/news/2011－09/01/cms208067article. shtml（访问时间：2011年7月19日）。

《中国科技基本走出了经费短缺的时代，不过大量经费被浪费》，http：//www. 587766. com/news2/25153. html（访问时间：2011年7月19日）。

《中国科研经费大量流失 网友呼吁“网上晒账本”》，http：//scitech. people. com. cn/h/2011/0901/c227887－1105195947. html? navigation＝1（访问时间：2011年12月9日）。

《一篇SCI/EI论文需要投入34万元——看浙大能源清洁利用国家重点实验室的投入产出比》，http：//xinyusi. s3. amazonaws. com/xys/ebooks/others/science/dajia12/zheda. txt

(访问时间：2011 年 11 月 19 日)。

安文、黄海鸾：《简化项目管理，提高科研效率》，载《品牌教育》2010 年第 12 期。

陈丽云：《科研结题审计制度下的课题经费管理》，载《现代医院》2010 年第 10 期。

半月谈：《科研经费"黑洞"有多深?》，http：//fjrb. fjsen. com/fjrb/html/2011 - 07/19/content_ 259418. htm（访问时间：2011 年 7 月 19 日）。

[美] 大卫·古斯顿：《在政治与科学之间——确保科学研究的诚信与产出率》，龚旭译，科学出版社 2011 年版。

丁福虎：《科研绩效评估的理论与方法》，载《科技管理研究》2000 年第 3 期。

郭少峰、魏铭言：《高抨委员批科研经费分配不公两极分化严重》，载《新京报》2009 年 3 月 13 日。

黄亚生：《是什么卡住了中国的科研效率》，载《创业家》2009 年第 11 期。

贺德方：《中国高影响力论文产出状况的国际比较研究》，载《中国软科学》2011 年第 9 期。

胡德华、常小婉：《开放存取期刊论文质量和影响力的评价研究》，载《图书情报工作》2008 年第 2 期。

兰世宽·张平：《农业科研课题经费预算管理机制探讨》，载《农业科研经济管理》2007 年第 1 期。

李国杰：《提高科研效率要看"产出—影响"》，载《发明与创新》2004 年第 6 期。

李剑平：《专家批评高校科研经费自娱自乐 8 成被浪费》，载《中国青年报》2009 年 10 月 19 日。

李忠峰：《科研经费分配要警惕"马太效应"》，载《中国财经报》2010 年 3 月 9 日。

刘开云：《"课题经费"背后的玄机与隐忧》，载《社会观察》2007 年第 10 期。

刘万程：《科研课题经费管理刍议》，载《农业科研经济管理》2007 年第 3 期。

陆学文：《科学编制科研课题经费预算之管见》，载《财经界》2010 年第 1 期。

毛世平：《公益性农业行业科研项目绩效及管理的考评体系研究》，载《农业技术经济》2010 年第 12 期。

毛泽东：《毛泽东选集》(第四卷)，人民出版社 1991 年版。

尚虎平、叶杰：《绩效导向的科研项目资助：按绩效而非按"自我标榜"拨款》，载《自然辩证法研究》2011 年第 11 期。

沈建新、郭媛嫣：《科研项目绩效评价初探》，载《江苏农业学报》2009 年第 6 期。

孙达男、宋良荣：《科研项目绩效预算管理探讨》，载《商业时代》2007 年第 6 期。

王冬梅：《基于 PCA—BCC 的某高校基金科研效率评价》，载《科研管理》2011 年第 4 期。

俞鸿雁：《加强科研项目绩效考评，提高项目实施效果》，载《宁夏社会科学》2007 年第 6 期。

张思强：《课题经费预算可信度偏低的成因及对策》，载《中国财政》2008 年第 4 期。

中科院研究员：《我国科研院所设备浪费普遍存在》，载《中国青年报》2009 年 8 月 22。

郑也夫：《三问人大校长纪宝成》，http：//blog. sina. com. cn/s/blog_4c592243010007ux. html（访问时间：2011 年 12 月 9 日）。

Yigong Shi，Yi Rao. “China’s Research Culture”，*Science*，2010，pp. 329（5996），1128.

公共预算研究系列
Public Budgeting Research Series

公民参与预算及预算公开与透明

浙江温岭“参与式预算”中的公众参与

张学明*

内容摘要：本文结合自身在温岭“参与式预算”设计、实践和推行工作中的探索和思考，抓住“公众参与”这一温岭“参与式预算”的鲜明特征和创新亮点，以此为切入视角，回顾分析参与式预算中组建人才库和参与库、人大代表工作站征询选民意见、问卷调查、意见落实反馈、性别预算、预算细化通俗化、（包括“三公”经费在内的）预算公开等公众参与推动公共预算的具体做法和典型案例，深入探讨主动报名、邀请参加、组织推荐和随机抽选、科学抽样等预算民主恳谈中公众参与方式的利弊得失，并对进一步拓展公众参与的广度和深度，持续推进公共预算，提出自己的思考和建议。

关键词：参与式预算　公众参与

浙江温岭的“参与式预算”，是指公民以民主恳谈为主要形式参与政府年度预算编制协商讨论，人大代表审议政府财政预算并决定预算的修正和调整，实现实质性参与的预算审查监督（张学明，2009）。

公众参与是温岭“参与式预算”的鲜明特征和创新亮点。依靠众

---

* 张学明，男，浙江省温岭市人大常委会党组书记、主任。

人智慧来管理和监督预算，是一门学问，也是一项新的实践。

一、“参与式预算”中公众参与的具体做法

（一）人大组织引导公众参与

1. 新河镇做法中的公众参与

公众参与政府年度预算编制讨论主要是会前初审。在人代会召开之前，由新河镇人大主席团领导下的人大财经小组组织召开预算初审民主恳谈会，分工业、农业、社会事业三个专门小组进行讨论，参与者除人大代表外，还有在政府发布公告后，各协会、社会团体、各界代表和公民自愿报名参与。镇政府的预算报告草案和预算的细化说明提前两天发给与会者。镇人大预算审查小组的 6 位成员相应地分组分别参加并主持三个组的预算初审。会后，预算审查小组根据参与者的发言和讨论情况分别写出农业、工业、社会事业三个组的预算初审报告。

2. 泽国镇做法中的公众参与

泽国镇建立了参与式预算的公众协商模式，由公众直接参与城镇建设项目资金预算安排决策过程。主要做法为：政府首先选出一批属于本级行政区域范围且事关民生问题的城建项目（譬如 30 个），由专家组对这些项目的可行性方案进行研究，同时提出每个项目的资金预算，形成预算项目民意调查问卷。采用乒乓球摇号的随机抽样方式，按照千分之二的比例，从全镇 18 岁以上的人群中随机产生公众代表，参与预算民主恳谈。参加恳谈活动的公众代表还要就这些项目的重要程度填写民意调查问卷，对优先投入的项目进行排序，表明自己的意见。通过数轮分大小组讨论和协商的方式不断交流后，公众代表再次填写排序的调查问卷。之后，镇政府召开办公会议，讨论恳谈会上公众代表提出的建议和第二次调查问卷的预选结果，根据财力情况按顺序形成一份优先方案。在随后召开的镇人代会上，镇政府将上述方案提交大会审查讨论并票决通过。

2008 年开始至 2012 年，泽国镇将以往的城建预算项目拓展为整个财政预算，为便于公众审议，首次编制长达 48 页的《泽国镇 2008 年财

政预算支出测算表》，对泽国镇2.5亿元的财政预算列出极为详细的预算开支清单，完全透明地呈现给公众。

3. 箬横镇“三审预算”中的公众参与

箬横镇先是在人代会召开之前，邀请人大代表和公众代表组织了两次预算初审会，第一次是按地域为单位进行分片审议；第二次是在组织公众代表进行财政预算审议知识培训后，按功能分经济、社会、城镇建设三个专门小组进行初审民主恳谈会。两次初审间隔开来，让公众有充分时间熟悉和讨论预算。最后在镇人代会上进行第三次审议，并在二次全体会议上进行集中会审。

4. 温峤镇做法中的公众参与

温峤镇面向全镇45个村（居）和工量刃具行业协会开展了46场财政预算民主恳谈活动，直接听取收集公众各方的意见建议，再形成预算初步方案，从而使预算安排更加贴近基层、贴近群众。之后再由镇人大主席团召集，分经济发展、城镇建设、社会事业、性别预算等四个专题进行预算初审民主恳谈，真正把政府财政预算的主导权交到了公众的手中。从人大代表在人代会程序上审预算、“改预算”，到普通民众参与“编预算”，增强了政府预算的民主化和科学化水平。

5. 性别预算中的公众参与

温峤、新河两镇还相继开展性别预算民主恳谈，在财政预算中纳入性别视角，通过民主恳谈，让更多的女性公众参与预算编制、初审，让政府及时地吸收不同性别人群对预算的意见建议，促进政府资源的更合理分配，使预算满足不同性别群体的需求，进一步推动性别平等，为妇女参政议政提供新平台。

从妇女参与情况看，女性和男性对于一些项目支出的关注度是明显不同的，一些项目男性更为了解，而在另一些领域女性则更有发言权，也更有能力提出真知灼见，使预算草案的制定更加公平合理（浙江省温岭市人大常委会，2010）。性别预算民主恳谈充分反映了女性对政府预算的真实要求，比较多地集中在：妇女自身方面——要求政府加大对农村妇女素质和就业培训的力度、保障妇女的合法权益、加大妇女健康的投入、关心退居二线妇女干部的生活、关注外来妇女的生活、保障女童基本受教育权利；社会事业方面——要求政府投入幼儿教育和家庭教育的资金、加强环境卫生的宣传和管理；另外，还涉及村镇建设、计划生育、家庭暴力等问题。

6. 部门预算民主恳谈中的公众参与

2008 年开始率先在市交通局探索实施部门预算民主恳谈。民主恳谈之前，由市政府有关部门编制预算草案。随后，来自社会各个层面的市人大代表、普通公民、老干部、镇（街道）人大负责人、相关部门负责人或专家、常委会有关委办负责人及财经工委议事委员会成员等对象共 80 余人参加恳谈活动。与会人员先集中听取市发改、财政及本部门有关情况和财经工委初审情况的汇报，然后采取分组恳谈与集中恳谈相结合的方式，就部门预算进行深入恳谈，充分发表意见和建议。分组恳谈活动根据与会人员的身份、地域分布状况分成四组进行；集中恳谈活动先由各组组长汇报分组恳谈情况，再让部门与代表、公众进行面对面恳谈，市政府领导最后做表态发言。

恳谈结束后，人大常委会及时跟踪督促政府部门落实恳谈意见，完善预算编制工作，并提交人代会审查批准。半年度时再举行部门预算执行民主恳谈，确保部门预算民主恳谈的质量和效果。同时，以电视专栏、报纸专版、温岭人大网专题的形式，对恳谈活动进行公开深入报道，让公众了解部门预算民主恳谈的全过程。

7. 预算公开中的公众参与

2009 年 7 月开始，市级年度预算得到进一步公开，对温岭市十四届人大三次会议进行专题审议或书面审查的市建设、计生、科技、教育、交通、卫生、水利、农林等 8 个部门预算和市人大常委会第十九次会议审议的市政府《关于 2008 年全市财政决算的报告》《关于 2008 年政府性基金收支决算和预算外资金收支管理的情况报告》《关于温岭市 2008 年度预算执行和其他财政收支的审计工作报告》等在温岭人大网和温岭新闻网予以全面公布，通过《温岭日报》和温岭广播电视台发布公告，公开接受公众查阅、下载，在全国开政府部门预算公开之先河，被《浙江日报》等媒体称为“破冰之举”。

2010年开始，温岭市人大常委会又在《温岭日报》上，专版刊登市建设规划局部门预算。2011年扩展到市教育局预算在报纸公开时，还包含了下属89所学校的预算。同时，每年将市级所有的预决算信息、27个部门的预算（占到预算总额的95%以上）在温岭人大网等网上全面公开。温岭市人大常委会还指导镇（街道）一级预算，均通过政务公开栏公布、网络上传下载等多种途径全面公开，在温岭人大网站就可查到全市每个镇（街道）的预算。2011年公布的预算，均包括了出国（境）费、车辆购置及运行费、公务接待费等“三公”经费。

2010年5月7日，发行量近3万份的《温岭日报》第8版整版刊登了市建设规划局2010年部门预算，当天，就有不少市民打电话到报社，指出预算总额与分项合计差了100元。这一典型事例，充分反映了公众对财政预算的关心关注，反映了公众对预算公开的热情参与。

（二）人大代表服务公众参与

对政府预算进行审查和批准是宪法和法律赋予人大代表的一项重要职权。为进一步提高代表审查预算的深度和实效，温岭市十四届人大四次会议开始，预算执行情况和预算草案的报告从往年的书面审查恢复为大会听取并审查。全体市人大代表分入12个代表团，“一对一”专题审议市卫生局、科技局、教育局、环保局等17个部门预算。预算审查监督已成为代表团会前活动和人代会期间的重头戏。通过参与式预算的培训和实践，“人大开会主要做的事，不是听报告，不是鼓掌，而是专门审预算。”这样的观念正逐步深入代表之心。

人大代表作为实现预算审查监督的主体，应对政府的预算充分行使表达权，使财政资金分配更加公平、合理，尽可能地符合公众利益。这就要求代表首先必须深入选区选民，广泛听取意见。2011年3月，提前将部门预算草案发至代表手中，通过代表工作站组织征询选民意见，开展会前热点问题调研。每个代表工作站有5—10名各级人大代表，覆盖每个选区的每个选民小组，公众可以通过人大代表反映哪些公共事业要投入，哪些民生项目要改善，哪些社会管理要加强，哪些行政经费要保障，确保财政资金投入到更急需、更符合公众利益的项目上去。

二、"参与式预算"中公众参与的成效分析

"参与式预算"顺应民意，在人大、政府、代表、公众之间搭建起有效的对话平台，为公众自由、广泛、直接地参与社会公共事务决策、管理和监督提供了新的渠道，增强了民意的表达和公众在决策过程中的影响力。政府预算从过去"为民做主"变为"由民做主"，从少数人决定到多数人参与决定（张学明，2010）。公众在参与过程中增强了公民意识和民主观念，提高了行使民主权利的能力。"参与式预算"中公众参与的成效，得益于有基础、有序和有效。

（一）公众参与有基础

"民主恳谈"是温岭原创的基层民主形式，是群众与政府平等对话的一种新的方式和机制，已逐步成为镇、村和市政府职能部门重要事项决策的必经程序，成为公众管理、监督基层社会事务的重要平台（浙江省温岭市人大常委会，2006）。自 1999 年"民主恳谈"诞生之后，公众在恳谈会上理直气壮地质询台上就座的领导，发表自己的高见，已屡见不鲜。在温岭这块具有多年"民主恳谈"经验的土地上，公众在长期的实践中已培养形成了较强的民主意识、民主观念和民主能力，公众敢问、敢讲、敢于提要求，敢于同官员辩论，懂得运用权力争取利益，从而推动了参与式预算的发展。同时参与式预算也为他们提供了政治参与的有效途径。

公众对参与人大工作也已习以为常。公民旁听人代会、人大常委会已形成制度，人大监督工作重点公开征集、征求意见、媒体公布已形成常态。"有问题找人大"在温岭还比较深入人心，信访也成为公众参与人大工作的途径之一。温岭人大网成为公众与人大互动的网络载体，多次网上恳谈，开展在线互动交流，论坛成为发表意见的快车道，接收手机短信的短信平台成为反映问题的直通车。人大与公众的密切联系，成为信任基础，使公众比较积极踊跃地参与人大组织的预算民主恳谈。

（二）公众参与有序

在全市16个镇（街道）全面推开参与式预算之后，各镇（街道）人大竞相深化改革，有序推进，并不断呈现亮点。譬如，新河镇在今年预算编制民主恳谈中进一步细化分组，共分为经济发展、村镇建设、社会事业、环境卫生、综合治理、性别预算六组开展恳谈，以便更精准地收集各利益群体真实的诉求。泽国镇将108名代表和240名民众随机分成12个小组，开展3轮集中恳谈和2轮分组恳谈，恳谈内容除总额为49753.9万元的预算外，还包括10项城市建设项目和10项民生相关项目。恳谈形式从召开座谈会到开展问卷调查、组织公众代表与政府互动对话等多种形式转变，充分调动公众代表参与的积极性。

如果强调公众参与人选的科学性、代表性，理论上讲，最好是全市公民中随机抽样产生，但抽到的可能有相当一部分人不了解、没兴趣，使预算恳谈的专业性、实效性受影响，如果参与人选靠自愿报名、组织推荐、邀请参加，专业水准会提升，但代表性、科学性可能有问题，比如如何避免利益相关人的过多参与，如何避免成为精英政治，有悖于公众参与的大众性。针对这一问题，温岭市级层面就着手兴建预算审查监督人才库和参与库。目前，人才库由233位专业人士组成，参与库主要有各级人大代表和村民代表、纳税50万以上企业的法人代表、大专以上学历的登记在册外来人口等，目前人数已达32478人。预算恳谈的参与人选在这两个库中分别随机抽选，科学抽样，尽量兼顾代表性与专业性。

温岭市人大在本市各大主流媒体上发布公告，面向社会公开邀请公民参加部门预算民主恳谈，不管是个人还是组织，本市公民还是市外人士，都可以报名参加，表达意见建议，反映利益诉求。报名参加的组织和个人，将纳入市人大常委会参与式预算监督人才库。

几年下来，部门预算民主恳谈的范围和参加人数都有了进一步的扩展。水利、建设、教育、卫生等局加入到部门预算恳谈行列。参加每场恳谈的对象扩充到了市人大常委会成员、相关部门负责人、镇（街道）人大和政府（办事处）负责人、市人大代表、人大财经工委议事委员会成员、老干部，以及自愿报名、组织推荐、邀请参加的中介机构、行业协会、社团组织和群众代表等，平均每场100多人。每年直接参与的总人数市级在500人以上，镇（街道）一级在1500人以上，均超过人大代表的总数。可以说，只要有参与意愿的公众，都会有参与的机会，公众参与的代表性和广泛性进一步体现。

另外，民主恳谈的部门预算内容，除了当年预算草案之外，还包括去年的预算执行情况，一并交由公众恳谈，接受评判和“挑刺”。

为了更全面地收集民众意见，进一步体现预算恳谈的效果，温岭市人大还专门制发了《温岭市水利建设重点项目民意调查问卷》，在水利部门预算民主恳谈前和恳谈后，分别请代表们对水利重点工程按其重要性和紧迫性打分。通过恳谈前后数据上的对比，了解大家的想法有哪些改变和调整，也为人大下一步的监督提供依据。

为了推广并指导各镇做好参与式预算工作，进一步创新、规范和完善参与式预算的做法，温岭市人大在历时一载半、八易其稿的基础上，经主任会议研究，于2009年1月份出台了《关于开展预算初审民主恳谈，加强镇级预算审查监督的指导意见》。2010年6月份，温岭市人大根据新的形势和要求，结合近几年实践情况，进一步修订完善了指导意见。将镇级预算民主恳谈正式导入规范化、制度化、法制化轨道。《指导意见》从会前初审、大会审查、会后监督三个环节对预算审查监督的程序和做法进行了规范，着重围绕组织培训、提交预算草案、召开预算初审民主恳谈会等会前初审的各个环节，分组审查预算草案、集中审查预算草案、修改预算草案、批准预算、预算公开等大会审查的各个环节以及会后监督的各个环节，提出了明确而具体的指导性意见。

（三）公众参与有效

“有效”是“参与式预算”中公众参与走向良性循环的根本保障。每次预算民主恳谈会后，温岭市人大办公室将预算民主恳谈会上公众代表们提出的意见梳理反馈给财政局。此后，市人大召开主任会议，就公众提出的意见落实情况，专题听取市财政部门有关调整完善情况的汇报。公众提出的意见建议和部门预算调整情况全部在网上公开。以

2010年市建设规划局预算民主恳谈为例，公众提出的意见建议被梳理为19条意见，最终有16条得到了具体落实，多个项目被取消或重新论证，增加了东月河防洪老街拆迁等预算安排，预算调整合计超过1亿元。

以前，公共预算过程的参与主体，主要是政府官员和人大代表。参与式预算是将公众吸纳进了预算过程。而且，公众的参与是一种全程参与，在预算过程中的各个环节都发挥了普通公众的作用。参与的公众既包括自愿参与者，也包括邀请参与的利益相关者。在政府预算编制环节，参与者参加政府组织的多轮分组、集中的反复对话、讨论、协商，提出预算安排的修改意见。在人代会预算审查环节，参与者可将修改意见和要求以书面或口头形式告诉本选区的人大代表，以影响人大代表审查预算和政府对预算的修改。在监督政府预算执行环节，参与者不仅可以询问执行情况，提出看法，并可以与人大代表一样问责政府。

参与式预算具备公共预算的两个重要特性：公开和参与。参与式预算的推行，促使政府预算走向公共预算，使预算的编制和执行更为科学、细化、透明。通过公众和代表参与监督，政府的行政行为与财政资金的投向得到约束，促进政府依法理财、科学理财和民主理财，并有效控制和削减了“三公”经费和政府债务。

参与式预算使政府预算由原先少数几个人说了算，到多数人共同参与决定，增强了预算接受监督的意识，维护了预算的严肃性，减少了随意性。同时，公众参与也使预算执行过程减少了障碍和阻力，增加了助力。

参与式预算，实质上是不断汇聚民意，让公众广泛有序参与，多种社会力量与政府形成财政预算管理合力的一种社会管理创新（张学明，2011）。通过参与式预算，既让公众享受到更多的民主权利和社会管理权力，同时也促使政府更多地运用民主法治的方式，通过平等的沟通、协商来进行社会管理，从而不断提高平衡各种社会利益关系、化解各种矛盾、维护社会公平正义的能力，改善政府形象，促进社会更加和谐稳定。

温岭“参与式”公共预算改革曾高票入选“十大地方公共决策实

验”，入选“中国改革开放30年创新案例”候选名单，获“浙江省首届公共管理创新案例优秀奖”。2010年1月，荣获第五届“中国地方政府创新奖”提名奖。在第十九、二十届全国人大新闻奖评选中，报道温岭市“参与式”预算审查改革的通讯《公共预算改革：泽国的“N”个第一》《阳光预算破冰之举——温岭政府“账本”公开调查》和摄影作品《温岭部门预算民主恳谈》先后分获一、二、三等奖。“温岭参与式预算试验：扩大民主参与，推进预算民主”被《人民代表报》推选为“2010年十大民主法治新闻”。

2010年6月，浙江省委书记、省人大常委会主任赵洪祝做出重要批示，指出：“温岭市实施参与式预算的做法，是扩大公众有序政治参与、推进公共财政规范化建设的有益探索，对于加强基层民主政治建设、促进政府职能转变、构建和谐社会具有积极意义”，并对总结完善深化推广提出了明确要求。2011年8月，中共浙江省委在《关于加强“法治浙江”基层基础建设的意见》中明确提出“积极推行‘参与式预算’制度”。

三、“参与式预算”中公众参与的后续思考

（一）进一步提高公众参与的广泛性

要继续探索有效的途径和方法，提供更多的机会和渠道，吸纳不同层面的公众参与到预算审查监督过程中来，进一步扩大公众的参与面，激发公众的民主参与热情。

可以设计一定的程序，引导社会中介组织、行业协会、社会团体等一些非政府组织参与。社会组织的参与面在参与式预算当中要有一定的比例，并能逐步增加。有必要的话，可单设一组。可以通过组建预算监督人才库、参与库等办法，邀请社会各界中对政府预算感兴趣、懂预算的人参与。在确定参加对象时要考虑利益均衡性，抽选方式更加科学、合理，综合运用乒乓球摇号、“海选”、组织指定、公开邀请等方式，使参与公众更具广泛性和代表性，能平等地、有博弈能力地进行参与。

要充分发挥预算审查监督参与库和人才库作用，实现两库数据信息化和市镇两级资源共享，通过设定年龄、性别、学历、身份等条件从中科学抽样产生参与对象，提高参与结构合理性，逐步形成人大代表、专业人员、社会公众和政府共同参与决策与监督的公共预算常态机制。

（二）进一步提高公众参与的实效性

参与式预算的质量和效果，取决于公众参与者素质的高低，要积极创造条件，多渠道地提高公众参与者的素质，特别是加强预算知识培训。要采取有效的方法措施，加强对公众参与者如何更好地与政府博弈对话、怎样争取自己所代表的民众利益等方面的培训，形成会前集中进行预算知识培训的惯例。通过预算培训和实践，使公众参与者能掌握某些技巧，有效解决看不懂预算草案、听不懂财政报告、参与无从下手等问题，从而充分行使参与预算审查监督的权利。

要赋予参与公众更多的知情权、参与权、表达权和监督权，使他们能够更加充分地表达意见建议，反映利益诉求，使预算编制审查监督具有更加坚实广泛的民意基础（王锡锌，2008）。要注重恳谈时间的把握、氛围的营造和效果的体现。在部门预算民主恳谈中，可增加视察环节，使代表和公众对预算民主恳谈有更直观、更感性的感受，同时每次可确定一些预算项目为恳谈的重点，选择一批备选项目供公众票决，增强预算民主恳谈的针对性和实效性。在街道预算民主恳谈中，可预留一定比例的预算资金，根据恳谈意见再按轻重缓急予以安排，调动代表和公众恳谈的热情。在各镇预算民主恳谈中，要扩大基层群众参与的恳谈面，在日程安排上留出充裕的恳谈时间，同时在恳谈中可借鉴泽国镇做法设立主持人制度，引导并激发公众充分、热烈地表达对预算的意见和建议。

要督促政府切实尊重、积极回应和认真处理代公众参与的意见和建议，并建立反馈机制，通过媒体、文件或信函等形式，主动、及时地向公众反馈意见建议研究吸收情况。

（三）进一步提高预算的公开性

公开透明是公共财政的本质要求，也是预算改革的必由之路。只有公开，才能更好地接受监督。当前从面上看，预算透明度还十分不足，无论是乡镇一级还是县市一级以及更高层级的，都存在着公开的范围、程度上的不足，这就严重削弱了公众对预算的监督。因此要使公共财政不断走向科学合理，就必须大力推进预算的公开透明，让公众在第一时间了解预算、关心预算、监督预算。

一方面要进一步细化政府庞大的预算，做到项目编制具体，项目用途明确，尽量避免预算编制的专业术语，如遇专业术语应做附加说明，力求预算简单明了，通俗易懂。另一方面要进一步公开财政预算。在人代会前一个月公布财政预算草案，给公众足够的时间去审查预算草案，可以通过调研、走访等了解实际情况，提出更科学合理，更贴近民生的建议意见。预算确定后，要在规定时间内（原则上在预算批准后15日内）、按照统一的公开格式（财政部门可印发统一的预算表格样式），将更加细化的预算（按照政府收支分类科目改革方向，细化到类、款直至项）、通过一定的途径（网站、报纸、政务公开栏、村务公开栏等），按照"取之于民、用之于民、告之于民"的要求，最终实现地方预算全部公开。

要进一步加强宣传，提高全社会的预算意识，培养公众的预算兴趣，政府部门在预算编制和公开上要增加可读性、可看性，做到图文并茂，增加公众关注度。预算公开的途径还要更加广泛，除了官方网站外，可在一些热点门户网站、论坛、博客、微博等渠道公开预算。通过采取有效措施，形成全社会关注预算、讨论预算、监督预算的良好氛围。

（四）进一步提高人大服务公众参与的主动性

管好"钱袋子"是人大工作应有的题中之意（马骏、李黎明，2010）。人大要有坚持完善人民代表大会制度的决心和信心，做到在坚持中完善，在完善中创新。在参与式预算的改革当中，人大要有积极性、主动性和坚定性，做到勇于探索、精心设计、对策周全、指导到位、有序推进。

要以培养公民意识和民主习惯为着力点，注重公众参与的广度和深度，通过代表工作站以及分区域、分行业、分片、分村等形式，把预算民主恳谈进一步前移到基层第一线，让普通民众更多、更近地参与地方预算编制和执行审查监督，把财政预算的主导权真正交到公众的手中，同时在参与当中不断增强公民意识、不断形成民主习惯，推进基层民主政治进程。

要积极寻求参与式预算与法律、法规和现行人大制度的有效对接，由人大常委会制定出台具体的办法意见或操作规程，用制度形式将参与式预算固定下来，让公众参与成为人大预算审查监督的常态。市委可出台进一步深化参与式预算的相关意见，为参与式预算的坚持和完善提供根本保障。各镇可根据《关于开展预算初审民主恳谈，加强镇级预算审查监督的指导意见》，结合实际出台相应的办法或意见，并通过镇人民代表大会，以法定的形式把公众参与预算审查监督的有关程序规范下来。同时，注重统一性与灵活性的有效结合，对各地的一些创新性做法，制度中可以不做硬性规定，保留各个地方的特色，或者待时机成熟后再予以统一。对诸如建立预算审查公众参与库、人才库等公众参与的行之有效的做法，应在制度中做出硬性规定并予以统一。

另外，还要对参与式预算的改革走向做出规划，保证公众参与稳步向前推进，形成参与式预算改革的强大生命力和推动力。

【参考文献】

马骏、李黎明：《为人民看好“钱袋子”》，黑龙江出版社2010年版。

王锡锌：《公共参与和中国新公共运动的兴起》，中国法制出版社2008年版。

张学明：《参与式预算的温岭“试水”》，载《中国人大》2009年第23期。

张学明：《从政府预算到公共预算》，载《人大研究》2010第2期。

张学明：《地方人大预算审查监督的温岭路径》，载《人大研究》2011第8期。

浙江省温岭市人大常委会：参与式预算有关文件和材料（2005—2012）。

浙江省温岭市人大常委会：《民主恳谈与基层人大》温岭市人大常委会编著，2006年8月。

浙江省温岭市人大常委会：《协商参与机制与中国基层治理——“浙江省温岭市民主恳谈经验的深化”国际学术研讨会论文集》温岭市人大常委会编著，2010年7月。

温岭参与式预算基本经验探析

朱圣明*

内容摘要： 转型时期中国现阶段社会关系的紧张在很大程度上与资源配置不当有关，根子在于社会缺乏有效的参与机制。参与式预算位于行政系统与公民社会的交界处，同时也是两者之间的桥梁和纽带。温岭的参与式预算受到了社会各界的普遍关注，系统总结温岭的经验，旨在揭示参与式预算的前提、关键、重点、难点与核心，发现其中的常识和判断。

关键词： 参与式预算　民主恳谈　价值发现　地方经验

参与式预算 1989 年发源于巴西的阿雷格里港市。参与式预算在中国的开展，基本上是进入二十一世纪以后的事情，涌现出浙江温岭、海宁，上海闵行、惠南，江苏无锡、江阴，黑龙江哈尔滨，河南焦作等不同的模式，呈现出一幅五彩缤纷的图景，期间并没有统一的模式，但其遵循的基本原则是相同的，即体现民主、公正、透明和问责的精神。其中，就其深度和广度而言，温岭的经验特别引人注目，2005 年从泽国、新河起步，2008 年向上延伸至市级部门预算，2010 年覆盖全市所有乡

* 朱圣明，男，温岭市委党校高级讲师，主要从事参与式预算研究。

镇（街道），2011 年进入到完善提高阶段。2009 年首次被写入台州市委三届十二次全会报告，明确提出要“总结推广温岭新河参与式乡镇公共财政预算做法，扩大财务公开，提高财政预算的公开性和透明度。”①

2010 年 6 月 14 日，省委书记赵洪祝在省人大常委会的专题调研报告——《关于温岭参与式预算做法的调查》上做出重要批示：“温岭市实施参与式预算的做法，是扩大公众有序政治参与、推进公共财政规范化建设的有益探索，对于加强基层民主政治建设、促进政府职能转变、构建和谐社会具有积极意义，希望温岭市认真总结完善。各地乡镇基层可结合实际加以借鉴，省人大要多加关注，加强指导，使之不断取得新成效。”②

2011 年 8 月 22 日，中共浙江省委出台《关于加强“法治浙江”基层基础建设的意见》（浙委〔2011〕85 号）文件，明确提出要推行“参与式预算”“实事工程代表票决制”等基层新做法，要“充分发挥基层人大在推进‘法治浙江’建设中的重要作用。积极推行‘参与式预算’制度，由基层人大负责组织，人大代表和群众代表参与，对政府及部门预算编制、预算执行情况进行民主恳谈，实现实质性参与的预算审查监督，提高政府财政预算、部门预算的科学性和透明度。”③

凡事，当没人做的时候你做了就显得“与众不同”；当一部分人做了而另一部分人的时候没做就叫“风景这边独好”；当所有的人都做了的时候那就具有“普适意义”。系统总结温岭的经验旨在：揭示参与式预算的前提、关键、重点、难点与核心是什么，哪些为“橘”，在什么样的情况下会变成“枳”，哪些可以上升为参与式预算中的常识和判

---

① 引自台州市委书记、市长陈铁雄 2009 年 7 月 20 日在中共台州市委三届十二次全体（扩大）会议上所作的工作报告——《继续解放思想，深化改革开放，努力开创台州科学发展新局面》。

② 引自中共温岭市委：《2010 年度县市区委党建特色创优自选目标：参与式预算改革》（资料汇编）。

③ 引自中共浙江省委文件（浙委〔2011〕85 号）：《中共浙江省委关于加强“法治浙江”基层基础建设的意见》。

断。温岭经验最大的价值发现在于——揭示了参与式预算究竟是什么，不是什么。

一、参与式预算的前提——财政预算信息的对称

预算是政府活动的一面镜子，参与式预算位于行政系统与公民社会的交界处，同时也是两者之间的桥梁和纽带。有效的参与离不开财政预算信息的对称，公开是前提，不公开就无法参与。财政预算信息的公开与透明就是要将花钱的来龙去脉告诉公众，而参与的目的就是要问一问“这钱该不该花”。

（一）温岭的经验

1. 细化预算

2005 年，新河镇的参与式预算首先是从细化着手的，将该年 1.07 亿元财政预算支出方面的 19 项内容分别予以分解细化，具体说明用到哪里，需要多少，使代表们对资金的使用一目了然。经过人大代表的讨论、质询，与政府对话，提出了缩减行政管理费开支、增加教育投入等 18 个问题。恳谈会后，政府与人大主席团、预算审查小组召开联席会议共同商议人大代表提出的问题，共有 9 个项目做了重新调整，其中政府车辆购置费从 70 万元下调为 50 万元，自聘人员经费减少 5 万元；巡查队员工资减少 20 万元，禁毒工作及巡查车辆等费用相应增加 20 万元；卫生支出中，增加农村自来水工程补助 20 万元，增减的资金合计 237 万元。镇政府据此修改了政府预算报告，并在第二天的人代会上获得通过。

2. 预算信息网上公布

2008 年，箬横镇开始将预算草案报告和初审意见在网上向公众公布，人大主席团、预算审查小组和镇政府将所有意见和建议收集上来后，共同召开联席会议讨论，对原来的预算草案做了 20 多处的修改。

2009 年温岭市人大首次在温岭人大网上公布建设规划局、人口和计划生育局、科学技术局、教育局、交通局、卫生局、水利局、农业林

业局 8 个部门的预算。2010 年扩大到 20 个市级部门，16 个镇（街道）预算全部公开，并首次在《温岭日报》上全文刊登建设规划局部门预算，公布之后有市民打电话反映：旧城拆建办一项，基本支出项应该为 18.54 万元，而不是上面标出的 18.55 万元，尽管只有 100 元钱的差错，但还是被细心的市民发现，这充分体现了公众对预算的关注程度之高。2011 年进一步扩大到 27 个市级部门。

财政预算信息网上的公开，大大缩短了政府与公众之间的时空距离，网络使更大范围的公众参与成为可能，使政府通过网络与公众之间的沟通更为便捷，可以更广泛地了解公众的意见，推动了预算信息的公开化，从而实现预算制定过程中的集思广益。

3. 公开邀请

从 2010 年开始，温岭市人大首次在本市各大主流媒体上发布了《关于公开邀请公民参加部门预算民主恳谈的公告》，热忱欢迎社会各界中对政府预算感兴趣、关心财政预算安排的公民，踊跃报名参加每年在人代会之前由温岭市人大召开的部门预算民主恳谈，表达意见建议，反映利益诉求。公告还同时表示，报名参加的组织和个人，将纳入市人大常委会参与式预算监督人才库，今后共同参与部门预算跟踪监督。

4. 人代会恢复听取财政预算报告

在 2010 年 3 月 8 日举行的温岭市第十四届人大四次会议第一次全体会议上，与以往不同的是，除了代市长所做的政府工作报告外，温岭市财政局局长随后做了《关于温岭市 2009 年财政预算执行情况和 2010 年财政预算草案的报告》。预算报告以前与政府工作报告一起要在人代会上宣读，自 2005 年开始，温岭市同其他许多地方一样，为缩短会期，提高效率，预算报告与计划报告由口头报告改为书面审查。但是，这样一来也造成了人代会期间淡化预算审查监督的现象。这是 2005 年以来，温岭市人代会首次恢复听取预算报告，引起了与会代表的高度关注和好评。许多代表对此举给予了充分肯定，认为人代会恢复听取财政预算报告，是人民代表大会行使管理国家事务权力的重要体现。

（二）财政信息对称的意蕴

下面我们可以从“蛋糕”的几种分法中理解信息对称的重要性。在一个由家长和众多子女组成的大家庭中，共同面对一块“蛋糕”的切割，大致来说有以下几种切法：（1）由家长切割；（2）从全体成员中推选代表切割；（3）每次随机抽选代表切割；（4）轮流切割。在由家长切割方式中，我们假设家长不参加“蛋糕”的分配，且是慈善和公正的；在其余的切割方式中，再假设让别人先挑而切割者拣最后的一块。可以预见，以上无论哪一种切法，其结果都一样——一定是均分“蛋糕”。因为在“蛋糕”大小一目了然且众目睽睽之下，谁也不能利用“操刀”之便为自己多沾一点“便宜”。

通过以上的分析可以看到：采用第一种方法也未尝不可，但这是建立在严格的假设前提的基础之上。由政府（家长）“操刀”，在理想的阿罗—德布鲁模型[①]（Arrow-Debreu Model）中，慈善国家掌握全部信息，再分配问题是通过第二福利法则（second welfare theorem）解决的，即每一种具有帕累托效率的资源配置都可以通过市场这只“看不见的手”来实现，而对市场机制无法实现的某些“外部性”产品，则由政府预算这只“看得见的手”来进行再分配。但问题在于：（1）国家不可能掌握全部信息；（2）人们很难相信政府（家长）是“慈善”的，政府（家长）也难以证明自己是“慈善”的。

更主要的问题在于：尽管结果一样，其由谁来“操刀”的意义是完全两样的，由政府（家长）切割可以理解为是一种“集权”或“专制”的方法，而在其余的切割则可以理解为是一种“民主”的方法。

当然，在由财政提供的公共物品中，有相当一部分属于“公共池塘资源”，“公共池塘资源”具有受益范围和程度的不同且难以切割等特点。但这并不妨碍运用“民主”的方法来确定“公共池塘资源”的分配，这里的关键在于预算信息的公开透明。在资源有限、需求无限的

① 阿罗—德布鲁模型是一个关于一般均衡存在性的证明。瓦尔拉斯（Walras，1874）提出了著名的一般均衡学说，但他的数学证明有误，阿罗与德布鲁在一篇论文中给出了一般均衡存在性的数学证明。

预算安排中，通过“阳光操作”，人们就可以知道哪些是合理的，哪些是欠缺的。

“信息是民主的货币”，信息在政府和公众之间的自由流动是参与式预算的基础。预算安排实际上是一个公共资源的供给如何符合需求的过程。以下两种状况与信息不对称密切相关：其一，预算的制定者不清楚真实的需求是什么；其二，公众不知道资源的供给有多少。在第一种情景下，会带来财政投入的低效和资源的错配；在第二种情景下，会造成“恩赐”心理，人们得到一点点就会感激涕零，在没有得到之前则会拉关系找门道，“跑部钱进”，千方百计地争钱要物，这无疑为“设租”和“寻租”创造了条件。参与式预算提高了财政信息的透明度。原来政府的预算，无论好坏与否，都是一片叫骂声，即使做得再好也没人说好，因为这时的预算不公开透明，属行政系统官僚体制密室中的“内部作业”。而实行“账目公开”，让公众参与进来之后就不会有这样的指责了，反而会更加体谅政府的“难处”，反过来可能更有利于一些问题的解决，还可以使政府从整天围绕着要钱、分钱的“困境”中摆脱出来，这无疑减轻了政府的压力。

二、参与式预算的关键——代表的选择

参与式预算的质量和实际效果是人们普遍关注的，参与式预算真的有用吗？到底应该如何去参与？要回答这个问题，首先要明确“是谁在参与”，这是参与式预算的关键问题。从温岭的实践来看，参与的层次大致上可分为三类。

（一）人大代表

人大代表的参与是“法理”上的参与，预算的审查、批准和监督是人大“分内”的事情，所以是“理所当然”的。

新河镇以这一方法为主，利用现有体制的资源，充分发挥人大代表的作用，在人代会期间通过人大代表的参与来完成。其基本程序为：细化预算—分组初审—大会辩论—代表质询—政府修改预算—代表联名修

正预算—表决预算。这一方法较为简便易行。但仍有“对号入座”的“萝卜选举”和“受权者”与“授权者”之间“脱嵌”这两大问题亟待解决，前者是权力来源问题，后者是如何与社会对接问题。

（二）公众

泽国镇2005年和2006年，在预算中单独划出一块，将全镇新建的城镇建设项目逐一分解，由随机抽样产生的“民意代表”对公共项目的优先性做出选择，然后再在人代会上表决通过。其操作过程为：乒乓球摇号—随机抽样民意代表—预算资料的提前发放—中立主持人制度—第一次问卷调查—小组讨论、大会交流—代表质询、专家答疑—第二次问卷调查—人代会上表决通过。这一方法有两个显著的特征：其一是公众代表通过随机抽样的方式产生，其二通过前后两次问卷调查的设计，为将定性分析转化为各种数字。

在温岭参与式预算的代表选择中，随机抽样是一大显著的特点。“因为自选或指定代表有弊病，随机选择方法被应用。这克服了领导选择代表的缺陷，克服了操纵的弊端，提供了一个高度的正当性。”但在运用这一方法时，不要忘记它有一个重要的假设前提：决策无论由谁做出，其结果都是一样的。换言之，它有一个适用的范围，适合于项目预算安排中的优先权选择。当某个角色人人都能担当时，人们就无法公平地把它加给这一个人，而不加给另一个人，在这个时候，最好的办法是抽签。“因为抽签时，人人的条件都是相等的，而且选择也并不取决于任何人的意志。”

随机抽样能体现公正的客观要求，因为在这里排除了一切自然的或社会的因素对民意代表产生的影响，换言之，在这里创造了一个罗尔斯所谓“原初状态”（original position）下“无知之幕”（veil of ignorance）的情景。因为在所有的决策中，他们不知道最终的结果会如何。所以，相同的状态和自我特性，必将使他们的选择公正合理。由于没有个人或理念上的层级限制和“排他主义”，因此公开场合中所有意见将具有同样的价值。正如罗尔斯所说的那样：“他们不知道各种选择对象将如何影响他们自己的特殊情况，他们不得不仅仅在一般考虑的基础上对原则进行评价。”

在“无知之幕”导演下的不确定的选择环境中，人们会选择“最大最小值规则”，最大最小值规则告诉我们要按选择对象可能产生的最坏结果来排列选择对象的次序，然后我们将采用这样一个选择对象，它的最坏结果优于其他对象的最坏结果。“这样，无论从哪一个人的立场看待这一状况，他都没有任何办法能专为他自己赢得利益。另一方面，也没有任何根据使他接受特殊的不利。”随机抽样使人们置于“无知之幕”之下，其意义和价值在于：屏障了权力、权威、财富、金钱、身份、地位、能力、水平等的干扰和影响，使以前的“精英”所为成为“平民”所为。换言之，将一切会引起人们陷入纷争的特殊信息都排除在外，这时，人们都不是为个人进行考虑，而是不能不为所有人在进行选择。

诚然，随机抽样只是确定了起点的公平，但不能保证过程和结果的公平。同时，与其他方法相比，随机抽样的成本较高。随机抽样是一项十分细致而又费时的工作，从事先的告知、身份的甄别、代表的确定，再到通知到人，都容不得半点疏忽和纰漏，其前期的筹备要花费大量的时间和精力。

（三）人大代表与公民代表相结合

自2008年参与式预算开始从镇（乡）拓展到市（县），温岭全市有户籍人口116万之多，民主也就从微观进入到宏观。宏观与微观有什么不同，该如何面对；如何将参与范围的扩大和政策质量的提高有机地结合起来，这是温岭市人大在设计时碰到的首要问题。“事实上，由微观向宏观的过渡及到规模的变化，甚至是规模的飞跃，在这种变化中，规模或单位增长十倍，有可能使复杂性百倍甚至千倍地增长。”

从参与范围扩大的要求出发，需要建立一种能够将所有受政策影响的成员都包容在内的机制；而从政策质量提高的要求出发，又需要专家的质疑和辩难，对政策选项做可行性论证。在很多情况下，两者时常处于一种鱼与熊掌不可兼得的境地，允许扩大参与范围似乎削弱了政策质量的要求。事实上，任何政策的制定都会涉及两种基本信息：公共性的和专业性的，前者与价值判断有关，是公共政策所带来的利益分配方面的信息，在这方面公众具有信息上的优势；后者是专业性的，就是公共问题所涉及的只有经过专业训练才能深入了解的信息。这时需要专家做技术标准的解读。有没有可能将两者有机地结合起来，在政策质量提高的同时进一步扩大公民参与的范围？2011 年温岭市级部门预算民主恳谈，通过在参与库和人才库中随机抽选公民代表和专家的办法完成了这一过程。

早在 2010 年 9 月，温岭市人大常委会就通过组织推荐与公民自愿报名相结合的办法，组建了预算审查监督参与库和人才库。参与库由全体市人大代表、镇人大代表、村民代表、民情联络员、担任过副处实职以上离退休老干部、妇女代表、科技界代表、税收 50—100 万元企业法人代表、大专以上学历外来人口等十方面人员组成，共计 32478 人，其中村民代表就有 2 万多人，占三分之二以上；人才库主要吸纳比较熟悉财政预算知识的一些专业人员参与，由部分市人大代表、机关人员、人大财经工委议事委员会成员、镇（街道）人大领导干部、镇（街道）政府负责人、人大代表工作站负责人、村民代表、居民代表、企业界代表、中介机构代表、新温岭人、老干部代表十二方面人员组成，共计 336 人。在以后召开预算民主恳谈会时，都可以从参与库和人才库中随机抽选代表参会。“两库”的建立，体现了参与主体的多元化，使非选举产生的公民和专家参与到预算安排中来。可以更加广泛地倾听民声、广纳民意、集中民智，既兼顾了相互包容性又体现了深思熟虑性。

在县（市）一级的大规模民主中，当预算大门打开时，由于受空间容量的限制，不可能让所有的人都进来，这是参与的“可操作性”使然，同时预算还要同时兼顾决策上的“深思熟虑性”。“两库”的建立的关键在于：“标的”对象的选择，即定义域的区间范围，是所有人都均等进入还是限制性地有选择进入，在有选择进入中如何选择。温岭的做法是：先扩大“精英”的范围，将村民代表和比较熟悉财政预算知识的专业人员作为主要的“标的”群体，再在扩大的“精英”中随机抽样。这是对代表产生的一种创新之举，由于这一创新之举，解决了预算与公共之间连接时，由谁来参与和具有可操作性这两个关键问题。

三、参与式预算的重点——公共投入的新增部分和“三公消费”

“参与什么”是参与式预算的重点，确定参与重点是为了提高参与的有效性，把握参与式预算的重点需要对预算支出做结构性的分析。从大的方面来看，预算支出可以分为两大类：公共投入部分和行政运行经费。在公共投入部分又大致分为续建和新建两部分；在行政运行经费中可进一步分为经常性开支和“三公”经费。通过对温岭参与式预算实践过程的系统总结，本文得出的结论是：参与式预算的重点是公共投入的新建部分和“三公”经费。

就公共投入来看，续建项目属建设周期长、投资额大，前几年已经立项的建设项目，需要逐年连续追加投资，如果中断会造成“前功尽弃”，所以这部分的经费是必须要保障的。而新建部分的投入才是问题的关键。新建部分的投入是“先做什么后做什么”优先权的选择，任何公共事务都有一个优先次序——当前重要的、次重要的和不重要的，次重要的和不重要的应该往后推，从中可以看出预算的合理性与否。因此，参与的重点就是要发现公众最迫切的需求是什么。

从行政运行经费来分析，经常性开支包括：基本公共管理与服务支出，机关工作人员的薪酬，政府机构的办公经费等。这些都是“刚性支出”，是机构正常运转所必需的。另一块就是广受诟病的“三公”经费，这部分才是参与的重点。

在 2005 年新河镇在第一次公共预算改革时，该镇全年 1.07 亿元的财政预算中，行政管理费占去了 1600 万，其中包括 110 万元的招待费。对于预算中政府的招待费要不要公布，在政府内部引起很大的争论。作为一个经济比较发达的镇，方方面面来新河镇考察、参观、迎来送往的费用并不低，但是具体的招待费数目公布出去，可能会在老百姓中间引起非常不好的反应，认为政府在大吃大喝。最后几经协商，这一细目以并不醒目的“会议及公务费用”出现。在全部账目公开之后，出乎意料的是：与会代表并没有在这个问题上与政府“较劲”，但对“行政管理费1600万”“车辆购置费70万”提出了质疑。在预算民主恳谈会之后，镇政府根据代表的意见对预算方案做了修改，车辆购置费从70万调整为50万，缩减开支20万，自聘人员经费从75万缩减到70万。

“三公”经费并不等于“乱花钱”，也有其合理的部分，关键是要把事情讲清楚；“三公”经费公开也并不可怕，可怕的是挥霍浪费的存在，问题在于“花别人的钱不心疼”。

四、参与式预算的难点——公共池塘资源中竞争性项目的支出

在政府通过公共财政向社会提供的部门预算中，有相当一部分是属于非排他性和竞争性的“公共池塘资源”（Common Pool Resources），由于财政资源在一定时期内是一个既定的量，用于某一方面多了，用于另一方面就会少了，空间分布上的不一致直接导致了人们受益程度的不同，这部分竞争性项目的支出就成了参与式预算的难点，并且人们在参与之后会形成不同的政策选项，因而在公民权利空间扩展的同时，也给政策制定带来了某种不确定性，在民主之后，还需要建立一种均衡机制。在温岭参与式预算的实践中，创造出以下几种均衡的方法。

（一）强制均衡

1. 规则

新河镇的参与式预算，“整个过程由前后紧密相连的两个阶段组成，第一阶段发生在人代会之前，通过预算民主恳谈，起到了‘利益表达机制’的作用；第二阶段发生在人代会期间，通过修改预算、五名以上人大代表可以联名修正预算等一系列程序的设计，实际上发挥了‘权利表决机制’的作用。”（朱圣明，2008）

新河镇是通过设置代表修正议案来实施强制均衡的。因为在一定时期，财政资源总是有限的，而要办的事情却很多，增加某一项目的投资

必须要相应减少另一项目的支出，这样才能保持预算的平衡。根据2006年3月8日新河镇人大通过的《新河镇预算民主恳谈实施办法》（试行）第九条至第十五条的规定：5名以上人大代表联名可以提出预算修正议案，修正权限包括（1）削减；（2）否决；（3）增加，但必须同时提出其他支出项目的增减，以保持预算平衡。预算修正议案经过镇人大主席团审查后决定是否提交人代会全体会议表决，进入表决程序的预算修正议案获得出席全体会议代表的二分之一以上赞成为通过。

就预算均衡而言，主要发生在两大环节上：其一，在大会集中交流之后，政府根据代表所提的意见主动修改预算；其二，如果代表们对政府修改的预算仍感到不满意，可以提出“预算修正议案”。如果说在前一环节上政府尚存“可改不可改”的余地的话，那么，“预算修正议案”一经大会表决通过，政府就必须按此执行。

2. 表决

会议的表决的基本方式可分为举手和票决两种。举手表决是在众目睽睽下进行的，很难反映代表的真实意图。因为在“皇帝的新衣服”面前，很少有人扮演那个说“真话”的小孩的角色。中国的政治文化是“一把手”文化，“一把手”文化下的民主是一种“加权”民主。换言之，身份不同说话的“权重”和“分量”就会不一样，以至于会屡屡出现类似于“全会的决策就是常委的决策，常委的决策就是书记的决策，书记的决策就是一把手的决策”的“一把手”文化现象，在这一文化背景下，谁的“官衔”大谁就是正确的。

为减少代表顾虑，从2007年开始，新河镇改变以往举手表决的方式，采用无记名投票对“预算修正议案”进行表决。2008年以后，在原来票决程序的基础上，进一步对“预算修正议案”进行逐项票决。逐项票决避免了要么全部接受要么全部否定的“非此即彼”选择，有利于对预算做结构上的调整，而不影响整个预算的通过。

3. 博弈

2008年新河镇的参与式预算，出现了塘下片人大代表中途集体退场的事件。该镇塘下片代表团提出的“关于增加塘下片教育资金投入”的预算修正议案由于未被人大主席团采纳，于是除领衔代表莫海亮之外的该片15名人大代表集体退场以示抗议。在镇党委书记、人大主席等人的解释劝说下，退场的代表们才返回会场，继续参加人代会。

在最后的无记名票决中，由吴笑菊代表领衔提出的“增加老城区改造支出”的预算修正议案以33票支持，44票反对，8票弃权，8票废票的结果未获得通过；由李子法代表领衔提出的“关于长麻路改造”的预算修正议案，也以37票支持，42票反对，6票弃权，8票废票的结果未能通过。

塘下片预算修正议案的提出未被人大主席团采纳和两个预算修正议案高票否决表明：纯粹的局部利益是很难通过的。因为增加一方的投入必须要以减少另一方的支出为前提，这就要问一问减少的一方答应不答应。

（二）双重均衡

泽国镇在2005和2006年的城镇建设项目预算安排中，先由随机抽样的“民意代表”按“钱先花与后花”的优先性进行选择，再将选择的结果通过人代会表决，是一种双重均衡。人大代表经过政治程序而产生，是政治上的代表；“民意代表”通过随机抽样而产生，是统计学意义上的代表。人大代表是制度内的正式代表，而“民意代表”则是制度外的非正式代表，民意代表与人大代表不是简单的替代关系，而是一种相互支持、相互补充和相互增强的关系。

双重均衡是起点的抽样民主与结果的代议民主的结合，抽样民主与代议民主的结合是一种双轨民主。选举是民主的核心制度，抽样则体现为一种机制。抽样民主带有明显的古希腊“情结”，承袭了直接民主的“古典之源”，“民意代表”选择的结果最后通过人代会表决，寻求的是制度外与制度内的衔接，体现了代议民主的“现代之本”。

（三）事前均衡

预算由编制、审批、执行和监督这四个环节有机组成。温岭市一级的部门预算民主恳谈会就发生在人代会审批之前，属事前均衡。

整个过程由以下几个环节组成：汇报会—分组恳谈—集中恳谈—相关部门响应—市领导讲话—回馈—落实。在预算民主恳谈会上，代表们所提的意见和建议大致归为三类：第一类属符合客观实际的，由市人大常委会认真加以梳理回馈到市政府各相关部门，要求他们按照代表们所提的意见进行调整，并将预算调整结果专门向市人大常委会主任会议汇报；第二类属有部分合理性的，一般参照所提的意见做适当的调整；第三类属因不熟悉情况而提出的意见，做好答疑工作，说明原因和理由。事前均衡的意义在于——标志着一种事前选择机制的建立，并对不合理的预算开启了一条新的制约路径。其好处在于：一方面可以将不合理的预算指出来，以利于政府主动修改；另一方面又能将新的问题提出来，可以起到后继决策的作用。

（四）局部均衡

区域不平衡是社会经济发展中常见的现象，这种不平衡，既表现在发展速度上，也表现为社会事业、基础设施建设等公共物品投入上。为了缩小这种不平衡，客观上需要通过局部均衡的方式重点向薄弱环节加以倾斜。

2010 年泽国镇在预算安排中尝试了这种局部均衡。在泽国现有的 97 个村（居）中，由于受区位条件的禀赋差异影响，其东部是传统的农业区，东片管理区和联树管理区这两个区域的发展明显落后于该镇的其他村（居）。为了扭转这种不平衡的局面，体现地方财政在区域配置上的公平性，更好地促进区域内相对不发达地区的建设和发展，泽国镇在 2010 年的预算中专门划出 300 万元用于这两个管理区的公共投入，至于投向哪里则由这两个管理区的村民自行决定。为此，镇政府先在这两个管理区广泛吸收民意，进行项目的征集工作，然后从中筛选整理出 9 个项目，再在村民代表中随机抽选恳谈代表，由他们通过协商做出最后的选择，最终两个管理区都以“天网工程”建设作为 2010 年的公共投入项目。

（五）重点均衡

男女平等不仅仅只是一句政治口号，而应该在实际行动中加以落实。公共预算作为体现公共部门在公共事务决策中价值取向和优先选择的工具，对男女两性的生活和政治关系，会产生积极或消极的不同影响。从预算中可以反映出一个国家的价值观——重视什么人，重视什么人的工作，给予什么人以回报，或者相反。

现实中的公共预算尽管很少表现出“显性”的性别歧视，但并不等于没有“盲区”存在，即对不同性别的特殊性未予以重视。性别预算（Gender Responsive Budgeting）是一种用于评估政府收入和支出对女性和男性、女童和男童产生的不同影响的手段和方法，其目的是在国家和地方预算中纳入性别视角，以更趋公平的方式分配资源，使政府预算满足包括女性和男性、女童和男童在内的社会不同群体的需求，进一步促进男女平等。

2010 年在温峤镇的参与式预算中，进行了一项性别预算的试验，在公共预算制定过程中实现了政府和妇女代表的平等对话。参与式性别预算恳谈会之后，镇政府十分重视与会代表提出的相关问题，并进行了重点均衡。镇政府把 80% 的双证制教育、劳动力素质培训等名额安排在妇女身上，用来解决妇女素质提高和就业培训问题；专项设置10 万元用于妇女“两癌”的筛查体检，以解决妇女特殊健康问题；拨款开展妇女柔力球、广场舞、腰鼓、太极拳的培训和展示，以丰富妇女的精神文化生活；成立了“春蕾女童”基金会，解决贫困女童就学难的问题；落实了计划生育四项手术补助资金（引产每例补 470 元、流产每例补 150 元、放环每例补 70 元）等，以确保政府预算涵盖不同社会群体的利益和需求。

五、参与式预算核心——找到公共利益平衡点

参与式预算的核心在于找到公共利益的平衡点，这里的关键在于：何为公共利益，平衡点从何而来。公共利益来自于“公意”，“公意”是“众意”中正负相抵消后剩余的“共通”部分，所以，先有“众意”的表达，才有“公意”的产生。参与的内容就是为了寻求利益的“交

集”，找出最大“公约数”，参与的作用就在于均衡各方利益。参与式预算实际上就意味着将“家底”告诉大家，这个项目要不要上，先上还是后上；投资额多了还是少了，如果少了应该从哪里增加，减少的一方会不会答应。在不同利益群体的相互博弈中，找到公共利益的平衡点。

（一）“公意”的意蕴

在西方政治思想史上，卢梭意欲建构符合社会“公意”并克服“众意”的民主。“众意与公意之间经常总有很大的差别：公意只着眼于公共的利益，而众意则着眼于私人的利益，众意只是个别意志的总和。但是，除掉这些个别意志间正负相抵的部分而外，则剩下的总和仍然是公意。”（让-雅克·卢梭，1982）“公意”是共同体每个成员的共同利益，共同体成员既有个体的特殊利益，又有整体的共同利益，“众意”是“公意”的基础，但与“公意”有着本质的区别，“公意”是“众意”中正负相抵消后剩余的“共通”部分，亦即“众意”中“集合”的部分。“如果说个别利益的对立使得社会的建立成为必要，那么，就正是这些个别利益的一致才使得社会的建立成为可能。正是这些不同利益的共同之点，才形成了社会的联系；如果所有这些利益彼此并不具有某些一致点的话，那么就没有任何社会可以存在了。因此，治理社会就应当完全根据这种共同的利益。”（让-雅克·卢梭，1982）

这里的“公意”在预算中可以理解为“公共利益”，将“众意”上升为“公意”，就是为了寻求预算中的“最大公约数”。问题的关键在于这“公意”从何而来，如何确定。在原有的行政预算模式中，它是通过行政系统官僚体制密室中的“内部作业”设计出来的。而在卢梭看来这“公意”并不是被给定的，而是经过沟通协商、求同存异形成的。

（二）公共精神的养成

2009 年新河镇在小组恳谈审议过程中，一个显著变化是代表们从过去重局部利益上升到更多考虑公共利益。具体表现在（1）环境保护。随着人们生活水平的提高，生活质量的要求被摆到了一个十分重要的位置，生活在一个清洁干净的环境中是大家所期待的，强烈要求政府解决工业废水、生活污水、河道污染等突出问题；（2）安全问题。村镇建设组提出："政府开展平安新河建设比较好，建议镇财政加大对护村队的资金补助。"经济发展组认为："村级治安问题相对城镇更严重，政府应考虑对村级治安巡逻方面加大投入力度。"社会事业组建议："目前，社会治安形势严峻，建议政府加大村级治安管理费用，全力构建'平安新河'。"3个专门小组反映了一个共同的愿景——安居才能乐业；（3）民生情结。关注的是教育、社会救济、自来水工程等事关民生的大事，这些都是公共利益所在，全局的共性问题。

人们总是先从关注个人利益开始，继而到局部的、团体的利益，进而上升到全局的、整体的利益，这表明经过5年的历练，人大代表的公共精神正在养成。人们对环境保护、卫生、安全、教育和社会救济等方面的关注，毫无疑问是受公共利益的驱动的，这除了朴素的人道关怀和人间情怀外，也多了几分帕特南所言的："与其说是代表了一种理想的利他精神，不如说反映了一种实用主义的未雨绸缪。处境相同者愿意齐心合作，以抵御社会的迅速变迁所带来的风险。"（帕特南，2001）

根据预算初审民主恳谈会代表们的要求，镇政府对预算草案的相关内容做了如下的修改：（1）环境保护中农村环卫"日日清"保洁工资从60万元调增到100万元；（2）公共安全事务中治安管理从148万元调增到168万元；（3）城乡小区事务中出让地块围墙填土开发支出从200万元调减到170万元；（4）基本公共管理与服务中政府机关事务调减30万元，即将其中的会议接待费从200万元调减到170万元；（5）将文化体育与传媒支出中"文化下乡、建国六十周年活动及其他活动"调减30万元，同时增加"闸桥群及明清一条街"建设30万元。

以前一般的情况是，只要政府做了修改，尊重了人大代表的意见，人大代表不会有过多的要求。而这次提交大会票决的两个预算修正议案都是在政府修改方案的基础上，觉得还不满意而进一步提出的要求。"增加公共安全经费"修正议案的领衔人颜玮君认为，治安问题很重要，公共安全事务中治安管理从148万元调增到168万元还不够，要求再增加20万元；“增加日日清保洁工资”修正议案的领衔人莫海亮认为，现有保洁员350人，如果按照每人每月800元工资计算，至少需要33.6万元，因此，“日日清”保洁工资从60万元调增到100万元还不够，要求再增加20万元，增加的部分从预备费中调整。最后，“增加公共安全经费”的修正议案以68票支持，14票反对，6票弃权获得通过；“增加环卫日日清保洁工资”的修正议案以73票支持，9票反对，6票弃权获得通过。这说明政府的边际修改已经很难通过了，调整必须要到位，这是进一步的互动，这也表明人大代表博弈能力的增强。

（三）辩论

2008年温岭参与式预算的一个显著变化是在程序上增加了辩论这一环节，实践表明：通过辩论有利于公共利益“交集”的发现和最大“公约数”的产生。

2008年之前，新河镇在5名人大代表联名向大会提出“预算修正议案”后，立即启动了表决程序。2008年之后，在大会表决前，允许其他代表对“预算修正议案”的合理性进行质询，可以和议案的领衔人进行辩论，并且允许提出议案的领衔人撤回议案。同样，泽国镇也在大会交流中增加辩论这一环节。在2005年、2006年大会集中交流时，其程序是由大会主持人抽签决定民意代表发言提问，紧接着是专家答疑。2008年在民意代表发言提问之后专家答疑之前，先由其他民意代表对提问的观点评头论足，然后才由专家进行答疑。

具体的利益一定是多元的，多元利益之间的冲突不可避免，“众意”之间既有利益冲突，也有利益一致。增加辩论这一环节的目的在于促进沟通，让分歧在不同个体之间自我消解，其最大的优点是让分歧各方明白分歧的性质和原因，由于有机会充分表达自己的观点，分歧的原因很容易被大家认识到，因而政府面对各种不同意见做出决策的困难，就清晰地显现在公众的视线里，这种设身处地的理解反过来会增强公众对最终决策的接受程度。沟通的本质在于修正偏好，恳谈辩论要求人们接受有异于自己观点的其他观点存在，是对各种解决之道深思熟虑之后的权衡。思想观点的交锋会导致参与者主张和理由的明朗化，不同观点的存在揭示了人们以不同的视角观察思考问题，可以帮助利益相关者考虑替代方案，做出更好的判断，同时也为政府提供新的知识与视角。所以，恳谈辩论是据理力争，是商讨对话，是分享信息，是调节各利益主体间的相互关系。

辩论发挥着一种“认知”的作用，参与式预算为以协商沟通为基础的公共论证过程提供了一个场所，这是一个找到公共利益平衡点的有效方法，也是预算问题“公意”的产生过程。根据哈贝马斯的观点，公共领域中的各种信息与意见应该变成公共话语，“这些公共话语揭示出与所有社会成员都有关的话题，对价值观进行解释，促成问题的解决，提出很好的理由，同时也反驳不好的理由。”（哈贝马斯，1992）

“众意”并不等于“公意”，公众的利益既有冲突的一面又有其一致性，正因为有冲突才使参与成为必要，也因为一致性才能从中找到“共通”的交集，将“众意”上升为“公意”，并从而找到公共利益的平衡点。“通过恳谈辩论可以创造这样一个聚点：（1）从中倾听不同的声音，增强各利益相关方对博弈支付结构的公共知识；（2）在不同观点的交锋中，解读信息，换位思考，加深对事物本质的理解；（3）重新掂量自已原来的选择，通过转换策略修正偏好；（4）求同存异，缩小可能解的范围。”

决策时人们常常会陷入“两难选择”，在预算安排中，经常会出现“按下葫芦浮起瓢”的跷跷板现象，做了某件事，就做不了另一件事。修路和造桥可能都很重要，但只能“二者必居其一”，是先修路还是先造桥？这就要比较哪个更重要，这是一个平衡点；但有时也会出现两样东西同样重要而无法比较的窘境。序数效用是用第一、第二……来表示的，在经济社会生活中事实上还会存在大量的并列第一，在并列第一的情况下，两样东西对决策者来说都是无差异的，因为先将这个列入预算的理由同样适用于另一个。在这个时候最好的办法是由使用者自已来决定，这一任务正好由参与式预算来完成。

六、尾论——参与式预算究竟是什么，不是什么

参与式预算主要体现了公开与民主这两大价值。公开就是要将政府活动的“节目表”公之于众，让全社会知道“钱从何而来，用到哪里去了”。而民主则是一种诉求的表达和利益的整合，权利所有者基于他们应有的权利，在给定信息条件（资源约束）下，按照各自的偏好，对公共服务项目的优先性进行选择，会使预算的安排更加符合社会的需求。

参与式预算的另一个重要功能在于能从中发现预算的“机会成本”是什么，即为了得到这种公共物品而必须要放弃的另一种公共物品的代价是多少。

公众参与不等于公众直接决定预算，要搞清楚哪些是公众能决定的，哪些是决定不了的。公民代表摆在那里，未必真正起作用，也未必周全。但摆在那里意味着参与范围的扩大，意味着政策制定者与社会大众的联系，其象征意义大于实质意义。预算本身的属性决定了有很多东西是公众决定不了的，它的改动往往牵一发而动全身，所以只能做结构上的调整，而无法伤筋动骨。当然在特殊场合也可以由公众直接决定预算，比如在政府和公众商量好的情景下，单独划出一块资金由公众自己决定其最终的用途。预算也并非“修改得越多越好”，参与式预算只是在政府提出方案基础上的完善，而不是推倒重来，参与的目的是改进和完善。不管怎么样，政府在整个预算中仍然起着十分重要的作用，毕竟事情是要靠政府去做的。

财政乃庶政之母，是一切政权运作的物质基础。逐年不断增长的地方财政规模，一方面为地方政府公共物品和公共服务的供给奠定了物质基础，另一广大也给地方治理带来了一系列重大的问题，尤其是公共财政资源配置中的效率与公平问题。参与式预算的奇妙之处就在于为公共政策的制定披上民主的面纱，与时代的潮流与进步相吻合。

【参考文献】

［澳］何包钢：《协商民主：理论、方法和实践》，中国社会科学出版社 2008 年版。

［美］乔万尼·萨托利：《民主新论》，冯克利、阎克文译，上海人民出版社 2009 年版。

［法］让–雅克·卢梭：《社会契约论》，何兆武译，商务印书馆 1982 年版。

《新河镇预算民主恳谈实施办法》（试行），见李凡主编：《温岭试验与中国地方政府公共预算改革》，知识产权出版社 2009 年版。

［美］R. D. 帕特南：《使民主运转起来——现代意大利的公民传统》，王列等译，江西人民出版社 2001 年版。

［美］约翰·罗尔斯：《正义论》，何怀宏等译，中国社会科学出版社 1988 年版。

周扬：《一个镇财政的“民主恳谈”试验》，见李凡主编：《温岭试验与中国地方政府公共预算改革》，知识产权出版社 2009 年版。

朱圣明：《参与库与人才库——温岭预算民主恳谈的新元素》，载《人大研究》2011 年第 8 期。

朱圣明：《衍进与深化——参与式预算的温岭“实验场景”》，载《中共南京市委党校学报》2008 年第 3 期。

Jurgen Habermas，“Further Reflections on the Public Sphere”，*Habermas and the Public Sphere*，Cambridge：Polity，1992，p. 452.

政府预算透明度提升的环境基础与路径研究*

李　燕　王淑杰**

内容摘要：政府预算透明是实现财政民主和有效财政监督的重要前提，也是监督各级政府权力行使的基础，体现着公共财政的本质特征。一国预算透明度的有效提升是政治、经济、文化、法治、预算管理能力等多种环境因素共同作用的结果。本文在分析各种影响因素与预算透明度提升的关系后，提出了基于我国现实环境下，选择渐进的逐步提升政府财政预算透明度，促进现代意义上的公共预算和民主财政的形成，应是一条可行的社会成本较低的改良道路。

关键词：政府预算透明度　公共预算　民主财政

一、提升政府预算透明度是全球化趋势

政府预算透明（以下简称预算透明）是实现财政民主和有效财政监督的重要前提，也是社会公众监督各级政府权力行使的基础，体现着

* 论文部分内容已发表于《财经论丛》2009年第3期。

** 李燕，女，中央财经大学财政学院教授，兼任中国财税法学研究所理事、全国财政学教学研究会理事，主要从事政府预算研究；王淑杰，女，中央财经大学副教授，政府预算管理研究所副所长，主要从事政府预算与公共财政研究。

公共财政的本质特征。预算透明是公共财政领域透明度问题的核心内容，是良好财政治理的关键因素。20 世纪 90 年代以来，在经济和金融全球化加速发展的背景下，以澳大利亚、新西兰为代表的许多发达国家和部分发展中国家，开始将其政府公共治理的重点转向提升预算透明度方面，通过专门的立法规定政府必须公开披露所要求的财政预算信息。正是在这种国际背景下，预算信息公开问题日益受到公共政策制定者的关注，并成为加强财政管理的重要目标。

我国自 20 世纪 90 年代以来推出了一系列以加强预算民主监督为目标的制度变革，包括加强人民代表大会预算决策与监督职能、实行“公众参与式预算”、预算听证制度等；实施了旨在加强财政支出管理、强化预算控制的部门预算、国库集中收付及政府采购等系列制度建设与改革。其改革的力度之大，覆盖面之广前所未有。

然而，目前我国各级政府在分配预算资源实现施政目标的过程中问题仍然很多，离打造“阳光财政”的要求还有一定距离，突出表现在：一方面涉及民生、环保、节能减排等国家政策和战略重点领域的资金不足，另一方面源于低效率、浪费性支出的损失比较严重；一方面是社会公众对政府行政成本，特别是“三公”支出居高不下的种种质疑，另一方面是一些政府部门不能令人信服的解释；一方面是有关政府信息公开的制度法规、机构网站已基本覆盖政府部门，另一方面是重大财政分配决策程序的模糊及基于暗箱操作的“跑部钱进”寻租现象仍然存在。如此等等说明，与稀缺的预算资源如何有效配置相关的种种预算难题仍然深深困扰着中国的改革，成为推进财政民主和提升政府施政能力的重大障碍。为什么会出现这种看似轰轰烈烈的改革与人们对改革的预期不匹配的现象，究其根本原因，在于这些改革并未有效触及我国现行政府预算管理中最主要的弱点：缺乏财政监督的基础，即预算透明度不高以及未能改变预算过程的权力分配和决策模式。实践中，国际和国内一些机构对中国的财政预算透明度排名比较低也佐证了这一点。

政府预算不透明，财政信息掌握不对称，就使公众难以真正参与决策、难以有效进行民主监督、难以真实评价预算绩效等，直接导致公共资源分配与使用的监督不力，增加了政府执政的代理成本，而且造成政府宏观调控政策的有效性不尽理想，损伤了政府执政的公信力。因此，如果不对现行财政预算进行基于提升透明度的深刻而有效的变革，就不可能从根本上解决预算核心问题——基于透明环境下的预算资源有效配置。

因此，综合国际趋势和国内现实社会矛盾，提高政府预算透明度、增强政府与公众信息交流的信任机制，对于提升政府的执政能力、促进我国财政民主的实现和法治社会的形成均具有重要的理论和实践意义。在这一背景下，借鉴国际经验并基于我国现实研究我国政府预算如何公开透明就显得格外重要。

二、预算透明度提升的环境影响

我们研究发现，一国预算透明度的有效提升是多种环境因素共同作用的结果，主要包括经济因素、政治因素、文化因素、法治因素、预算监督能力因素和预算管理水平等方面。

（一）政治环境与预算透明度

全球实践证明，政治环境是促使预算透明的因素之一，但具体而言，由于各国的政治环境差距较大，从而导致预算透明度不同。在政治因素中影响最大的是政体和民主程度。

1. 政体差异与预算透明度

政体指一个国家政府的组织结构和管理体制，政体体现在预算方面就是预算的编制者、执行者和预算的审批者、监督者之间如何划分其权力和责任。世界上任何国家都无例外地把预算置于一定的政体之下，以决定预算权力的划分和相互制约力。可以说，预算中最重要的问题并不是这个计划书应当如何编制，而是如何控制和监督纳税人的钱不被滥用的问题，因此政体对于预算透明的影响相当重要。

在不同的历史时期，不同的国家和地域，政治体制都不尽相同。目前各国较为典型的政体形式，大体可以划分为议会制、总统制、君主制等类型。在议会制政体下，议会权力强于政府。体现在预算方面，代表公众行使预算监督权的议会，能够切实履行其预算权力，有效地克服或者降低监督者（议会）与执行者（政府）之间预算信息不对称的问题，从而有助于提升预算透明度。实践也证明议会制政体是有利于提升预算透明度的政体。根据国际预算合作组织①（IBP）2010 年的调查评价来看，预算透明度得分较高的国家如英国、南非等均是议会制政体，在 IBP 统计的国家中，实行议会制政体的国家预算透明度平均得分为 63.41 分，远远高过另外两种政体国家的透明度平均分。在总统制下，政府权力胜于议会。体现在预算方面，即作为预算编制和执行者的政府出于自身利益的考虑，不愿意主动将预算信息公开，而监督预算的议会又没有足够的权力去保证预算透明，因此，与议会制相比，总统制下的预算透明度相对较低。从 IBP 统计结果看，总统制国家的预算透明度平均分为 46.17 分，但高过君主制国家。本文所指的君主制是君主掌握相当的实权，与内阁两权分立，可以看成是君主独裁制到君主立宪制的过渡阶段。在君主制下，君主既是政府的最高首领，同时也掌握着议会，因此君主的权力非常集中。体现在预算方面，即预算编制、审批、执行均由君主个人来决定，预算信息高度不对称。因此，在君主制政体下，通常预算透明度非常低。从 IBP2010 年统计结果来看，君主制国家预算透明度都比较低，平均得分为 27.80 分。

为检验各种因素对预算透明的影响程度，本文建立了预算透明度影响因素的计量模型，其中包含了政体因素。模型结果如下：

$$Y = -8.500481 + 0.850801 * X1 - 0.475616 * X2 + 0.603920 * LOG(X3) + 0.601870 * X4 + 0.056694 * X5$$

T 检验是 0.5

各变量分别为：Y 预算透明度　X1 民主程度　X2 政治稳定　X3

① 国际预算合作组织（IBP），是美国以财政预算研究和监督为主旨的非政府组织。由其编制的“开放预算指数（OBI, Open Budget Initiative）”根据各国在整个预算期间公开的信息给每一个国家打分。根据其调查，2010 年各国预算透明度平均得分为 46.3 分，排名第一的南非为 92 分，排名最差的斐济等为 0 分。

人均 GDP　X4 法治　X5 政体

从模型结果看，X5 对于 Y 的影响程度只有 0.057，相对于其他变量而言，X5 的系数最小，而 T 检验是 0.5 左右，表明模型并不可信。因此，从模型来看，X5 并不是一个重要的影响因素。为此，剔除政体因素，重新建立模型，结果如下：

$$Y = -6.627499 + 0.881057 * X1 - 0.461165 * X2 + 0.658693 * LOG(X3) + 0.594721 * X4$$

从模型结果看，X1，X2，X3，X4 各变量对于 Y 的影响程度都比较明显，最小的系数也在 0.46 左右，本模型的可信程度高于第一个模型，这说明，剔除 X5 变量有助于模型的改善，因此，可以说明，政体并不是一个影响预算透明度的显著因素。

根据统计数据和模型分析得出，政体会对预算透明度产生影响，但并非绝对正相关。如按照 IBP 的统计，实行总统制的美国预算透明度得分可以高达 82，而实行议会制的多米尼加得分仅为 12，又如实行君主制的约旦，其预算透明度得分为 50 分，高于很多实行总统制和议会制的国家。

2. 民主程度与预算透明度

民主的本义强调的是政体的施政者是人民，而不是君王或贵族。不可否认的是，无论直接民主还是间接民主，民主都在很大程度上影响着预算透明程度。

对于民主程度国际上主要有两个指标，即美国自由之家组织每年计算的衡量政治权利状况的盖斯蒂尔指标（Gastil index）和英国《经济学家》杂志社下属的“经济学人情报社”（EIU）组织研究和发布的政治生活量化指标——“民主指数”（Democracy Index）。本文为统计方便，采用后者。民主指数迄今为止只发布过两次，分别为 2006 年和 2008 年。

本文根据各国 2008 年民主程度和预算透明度的得分，将民主和预算透明度的关系建立回归模型，可以看出，二者之间存在着一定的相关性。结果如下：

$$Y = -6.627499 + 0.881057 * X1 - 0.461165 * X2 + 0.658693 * LOG(X3) + 0.594721 * X4$$

各变量分别为：Y 预算透明度　X1 民主程度　X 2 政治稳定　X 3 人均 GDP　X 4 法治　X 5 政体

从模型结果来看，民主程度与预算透明度二者之间是高度相关的，X1 的系数为 0.88，是所有变量中系数最高的，这说明民主程度对于预算透明度影响相当显著，并且二者之间存在绝对的正相关关系，即民主程度越高，预算越透明；民主程度越低，预算透明度越低。

（二）经济环境与预算透明度

经济基础决定上层建筑，经济发育程度是影响政府预算透明的重要因素，主要体现在经济体制和经济发展水平。

1. 经济体制与预算透明度

从国际预算合作组织的统计评价看，在实行市场经济体制的国家中，大多透明度较高，如欧美国家，他们通常能够“提供广泛信息”（80 分以上）或者“提供大量信息”（60—80 分）。而实行非市场经济体制的国家预算透明度通常都很低，如阿尔巴尼亚、阿塞拜疆、哈萨克斯坦等国为“提供少量信息”（21—40 分）；吉尔吉斯斯坦、越南等为“提供极少信息或根本不提供信息”（0—20 分）；得分最高的格鲁吉亚仅为 55 分，属于“提供了部分预算信息”（41—60 分）（IBP，2010）。因此归纳而言，由于市场经济符合民主价值理念，并且使各经济体利益更加分化，所以，与非市场经济体制相比，市场经济是更有利于提升预算透明度的经济体制。

2. 经济发展水平与预算透明度

二战后西方国家兴起的发展政治学及其代表人物诸如亨廷顿、阿尔蒙德、派伊、李普塞特等已经对经济发展与民主政治（包括政府预算的透明）之间的关系进行了研究，并发现二者之间存在一种相关关系。也就是说，当一个国家的经济发展到一定的阶段，民主体制的诞生就是十分可能的事情。他们认为，随着经济的逐渐发展，社会保障体系逐步健全，贫富之间的矛盾逐步缓解，社会的教育水平大大提高，公众自由和民主的意识加强，信息交流和政治参与程度都会提高，与国际社会的接轨也会越来越紧密，民主体制赖以为基础的中产阶级会逐渐形成等，这些都为政治民主的实现提供了前提。因此，经济发展是政治民主的重要基础，如不具备这个基础，政治民主恐怕不易实现。

根据前述模型，即：

$$Y = -6.627499 + 0.881057 * X1 - 0.461165 * X2 + 0.658693 * LOG(X3) + 0.594721 * X4$$

$R2 = 0.66$

t：　(6.47)　(−3.29)　(0.35)　(3.07)

各变量分别为：Y 预算透明度　X 1 民主程度　X 2 政治稳定　X 3 人均 GDP　X 4 法治　X 5 政体

变量 LOG（X3）的系数为 0.65，说明二者之间具有显著的正相关关系。该模型说明，经济发展水平是影响一国预算透明度的重要因素，即通常经济发达国家的预算透明度较高，经济落后国家的预算透明度则较低。

应当指出，经济并非影响预算透明度的唯一因素，即一国预算透明度可能是政治、经济、文化、法制等多方面共同作用的结果。因此，从国际预算合作组织的统计评价看，有个别国家并不符合经济发展与预算透明度之间的正相关关系，如沙特阿拉伯很富有，但其预算透明度得分仅为 1 分；而有些国家国民收入水平较低但预算透明度却较高，如巴西为 71 分，这与巴西的参与式预算实践有很大关系。

3. 资本性收支比重与预算透明度

资本性预算是指为一次性资本项目如建筑物、道路桥梁和大型维修项目提供资金的预算，这类支出通常体现为政府投资性支出，与政府宏观调控经济密切相关，其收入来源主要是投资性收入和债务性收入。如果一国资本性收支占政府预算比重较大，那么通常其预算透明度会较高。这是因为，一是资本性收支更需要监督。对于经常性收支而言，由于它经常发生、相对固定且容易预测。英国伦敦经济学院教授魏纳就曾指出，工业化国家议会监督弱化原因有许多，其中一个重要的原因就是预算支出和收入的减少、强制性支出的迅速扩张使预算变得更为刚性以致控制余地缩小。随着经济的发展，政府宏观调控的要求更高，资本性支出比重相对提高，这时预算收入和支出的规模更加庞大，控制预算收支的空间也随之加大。因为与经常性支出相比，资本性支出规模巨大、期限较长，对它的管理要具有一定前瞻性和长期规划性。可以说，资本性收支的复杂化使行政部门所提供预算草案的地位愈加重要，预算透明的意义也更加凸显。二是政府债务需求增加从而更需要透明。与企业发行债券一样，为成功融资，政府会主动地充分披露自己的财务信息以便于市场能够评估政府的信用风险，让债券的潜在购买者了解政府的财务状况。因此，对于采用政府债券的方式保障资本性支出的时代，政府会改变以往被动公开预算信息为主动公开预算信息。

（三）文化因素与预算透明度

与政治和经济对政府预算的直接影响不同，文化对于预算的影响可能是间接和潜移默化的，但毋庸置疑，文化对于预算透明的影响不可忽视。早在1956年，美国政治学家G. A. 阿尔蒙德就提出了“政治文化”的概念，认为文化通过影响各个社会成员的政治行为而对整个政治系统发挥作用。根据阿尔蒙德的研究，政治文化分为三种基本类型——蒙昧型政治文化、臣民型政治文化和参与型政治文化（Joachim Wehner, 2007）。在这三种政治文化中，参与型文化有利于民主，也有利于加强议会对政府预算的监督。当然，现实中不存在某种纯粹绝对的政治文化，大多都是上述三种文化在某种程度的混合。

在实践中，文化对于政府预算透明度的影响主要通过两方面途径来实现，一是文化对于预算信息供给者即领导人的影响，二是文化对于预算信息需求者即以公众为代表的利益相关者的影响。

1. 领导人的价值观与预算透明度

实践证明，领导人价值观对于预算透明度的影响相当重要，尤其在法律法规尚不健全的阶段。领导人在对待预算透明问题上主要有两种情况。一种是被动的，缘于权力和政绩的考量而公开预算信息。这类领导可能是传统的、经典的官僚型领导，他公开预算完全依赖于外在的约束条件，比如法律或者上级的硬性要求。如果这些外在条件不存在或者约束力不强，那么结果很可能造成透明度很低或者参差不齐。我国现阶段基本就属于这种情况，即预算透明的法律法规和制度不健全，实践中各地的预算透明度还主要依赖于相关领导人的价值观，而一些领导属于传统的官僚型领导，他们不愿意推动预算透明（怕越透明事越多），这是导致我国预算透明度相对低下的重要原因。另一种是主动的，缘于事业和创新而公开预算。领导人的这种事业追求和创新能力对于政府管理水平的提高和制度的完善起到不可或缺的作用。如果前一种领导体现的是传统的理性人的特点的话，那么后者更多地体现出社会人的特点。

2. 公民的文化与预算透明度

公民的文化也直接影响着预算透明度。按照阿尔蒙德的划分，公民文化下，公民愿意关心和监督政府，从而会有助于提升预算透明度。在蒙昧文化下，由于公民对于政治和预算的淡漠，政府公开预算缺乏一定的压力，从而可能导致预算透明度低下。因此，公民的文化素质与预算透明紧密相关。如果公民不关心预算，预算经常反映的就只是政府高层官员的意志偏好，而民众的声音、愿望和需求难以进入正式的预算过程，无法成为民意表达的渠道和工具。因此，公民整体素质确实可能影响参与预算的主动性，但却并不一定影响民主与监督的质量。如实行参与式预算的国家的案例表明，参与式预算都涉及大量具有不同社会经济背景的参与者，其中许多是普通公民。

（四）法治环境与预算透明度

法治的含义是公共组织、私人组织或个人，其行为都需要依照法律法规。加拿大外交政策指数（Country Indicators for Foreign Policy，CIFP）曾对各国政府治理和民主程度进行了调查统计，其中对各国法治程度进行了排名和打分。法治程度包含如下指标：警察，法律和犯罪、监狱人口率、监狱出租率、政治犯数量、司法独立、公正的法庭、完整的法律制度、军事政治制度、保护私人产权、少数民族的法律保护等方面。如果将法治程度和预算透明度进行对比，按照上述统计评价，可以发现，二者之间存在着一定的关系。通常，法治化程度较高的国家如英国、挪威、瑞典等国的预算透明度也较高；法治化程度较低的国家预算透明度也较低。但这个规律并不绝对，有些国家法治化程度较高，如纳米比亚，但预算透明度仅为53，明显低于法治化与其相当的捷克、韩国；而法治化程度低的秘鲁、菲律宾等国，其预算透明度却并不低。

通常，在法治化程度较高的西方发达国家，关于预算透明的法律也比较完善。少数没有建立成文法的国家如英国、加拿大和新西兰等，近年来也开始将预算方面的一些重要法规演变成为基本法。如新西兰在1989年的《公共财政法案》中，要求所有的财务报告都要采用权责发生制，并向公众公开报告内容。其《地方政府改善法》要求，地方议会要公布的文件包括关于财政形势的声明、总体运作状况的声明、用金融和非金融术语对每一项重要活动发布的声明、现金流量表等。1994年的《财政责任法案》进一步强调，任何与财政责任的基本原则相违背的事项，都必须要向社会公布。在世界银行的推动下，非洲的大部分法语国家都采用了制定《预算组织法》的方式，将预算透明的各个方面直接贯彻到《预算组织法》之中。

通过建立预算透明度与法治关系的回归模型，结果如下：

$$Y = -6.627499 + 0.881057 * X1 - 0.461165 * X2 + 0.658693 * LOG(X3) + 0.594721 * X4$$

各变量分别为：Y 预算透明度 X1 民主度　X 2 政治稳定　X 3 人均 GDP　X 4 法治　X 5 政体

根据该模型，变量 X4 对数的系数为 0.59，说明二者之间具有正相关关系。

可以发现法治环境是影响预算透明度的重要因素，但二者之间并非绝对的正相关关系，即通常法治程度越高，其预算透明度也会越高；法治程度低，其预算透明度也较低，但也可能存在法治程度低而预算透明度高，以及法治程度高而预算透明度低的情况。

（五）预算监督与预算透明度

根据委托代理理论和公共选择理论，官僚不具有主动公开预算的倾向，为了保证公众的知情权，监督就显得非常重要。由于立法监督的法律性、规范性、权威性强，本文以立法监督为主来说明对预算的监督，采用佩利佐和斯塔彭赫斯特（Pelizzo and Stapenhurst）根据立法机关监督工具的数量测量其监督权力的方法。在各国采用的多种监督工具中，较常见的包括委员会听证、议会全体大会的听证、成立调查委员会、询问、质询、调查等。其中，成立调查委员会、质询、调查等通常被认为是约束性较强的监督工具。各国议会联盟（IPU）和世界银行（WB）曾对此进行调查，发现实践中不同国家对这些监督工具的使用频率是不同的，且各国并非仅使用某一种监督工具，而是往往偏好于几种监督工具的综合使用。调查结果显示，大多数国家经常使用五至七种监督工具，使用7种监督工具的国家占40%，使用6种监督工具的国家占33%。使用监督工具越多的国家，通常其预算透明度越高，如使用7种和6种监督工具的国家，其预算透明度平均得分最高，分别为60.25和64.22。所以，整体上看，经验数据证明了预算监督能力与预算透明度之间具有正相关关系，即议会预算监督能力越强，政府预算透明度越高；反之，预算透明度越低。

（六）预算管理能力与预算透明度

预算透明并非简单地公开预算信息。公开预算本身并不是很难，难点在于预算公开之后引起的公众的反响，以及会对政府部门产生的掣肘。为什么会有这样的顾虑呢？一个重要原因在于预算制度法规不健全，管理不规范。由于无法可依及无章可循，相关部门不知道是否应该公开、应该公开什么，加之即便公开了预算，由于看不懂、说不清，公众也不买账。因此，预算是否透明以及透明程度如何在很大程度上依赖于政府预算的管理。根据希克的研究，预算管理有三个目标：第一，整体预算收支平衡；第二，分配效率或者是支出高于优先权区域或者更有效率项目；第三，操作效率，即保证预算支出能达到最大效果。可以看出，这三个目标都与预算透明直接相关，其中任何一项如果政府完成得不好或者未完成，那么政府公开预算信息的压力就会增大，从而导致政府利用信息不对称降低预算透明度；如果政府已经管理非常规范，那么就有主动公开预算信息的动力，从而提高预算透明度。如果预算管理水平较低，则即便公开了，公众看不懂，或即使能看懂，执行中往往随意调整，导致预算和决算相差甚远。因此，低预算管理水平约束下的预算公开没有意义，甚至还可能导致负面效应。而一些国家预算透明度之所以高，除了政治、经济、文化、法律、国会监督等原因外，还有一个重要原因就是其预算管理水平较高，公开预算不会担心牵扯到大量腐败或者违规操作等问题，反而会有利于获取选民的支持和理解。因此，如果将议会的预算监督视为对政府预算透明的“需求”，那么，政府的预算管理就是政府预算透明的。政府作为供给者，其供给能力，即“供给”的多与少、真与假、快与慢、能否畅销（是否符合公众需求）在很大程度上影响着它供给其产品（政府预算案）的动力。

从各国实践看，预算管理能力强的，通常预算透明度较高。比如高预算能力的美国（透明度 82 分）、挪威（83 分）、瑞典（83 分）等预算透明度都较高，但预算管理能力与预算透明之间并非绝对的正相关关系。

三、我国政府预算透明度提升的路径选择

基于对预算透明度提升的环境因素分析，可以看出，预算透明度提升的问题首先要根据国情确定其“度”的把握，即透明的广度和深度及有效提升的现实环境依据。因为如果按照财政透明的国际标准，则几乎渗透到了财政预算的各个方面，而透明程度和怎样透明的范式和路径不仅要反映财政民主与监督的主张，还要考虑一国当前政治环境、经济环境、人文环境、制度环境、技术环境等多种因素的客观影响，即要考虑提升透明度的最佳时间点和切入点，还要考虑政策发挥的时间和效应的影响。应按照这一思路去积极探索适合中国预算透明度提升的路径与政策选择，而不能简单照搬国外经验。

从发达国家预算透明度提升的历程来看，公共财政的完善，预算透明度的提升，法治国家的最终确立也经历了近百年，甚至几百年的制度建设历程。因此，分析中国目前上述影响预算透明度的诸多因素，选择渐进的逐步提升政府财政预算透明度，促进现代意义上的公共预算和民

主财政的形成，应是一条可行的社会成本较低的改良道路。

（一）中国预算透明度提升的路径选择

在总结各国推动预算透明的共同实践中，有四个方面尤其重要：清晰的公私界限和政府及其部门间的界限；财政部门要及时和全面公布各种可比较的预算数据，并采用新的会计技术；立法机关要在批准、辩论和监督方面发挥有效的作用；公民社会能够在信息分享和监督过程中有参与的机会。

我们认为，根据我国的现实情况，提高我国预算透明度应在借鉴国际经验的同时，结合当前影响我国预算透明的主要环境因素及存在的问题进行综合考虑。当前改善我国预算透明度应是在既有框架下所进行的一场渐进性的改革，提高预算透明度的重点应放在改善运行机制和技术层面两大主要环境因素上，而经济因素和政治因素应作为影响预算透明度的宏观背景因素。因此，根据前面的分析，我们认为，提高我国预算透明度应主要遵循这样的路径依赖：提高全社会的预算透明意识—推进全社会的民主进程—加强预算透明的法制建设—创新透明的预算制度流程设计。其中，提高全社会的预算透明意识是提高预算透明度的前提，推进全社会的民主进程是提高预算透明度的基础，加强预算透明的法制建设是提高预算透明度的保障，而创新预算透明的制度流程设计是提高预算透明度的核心（见图1）。

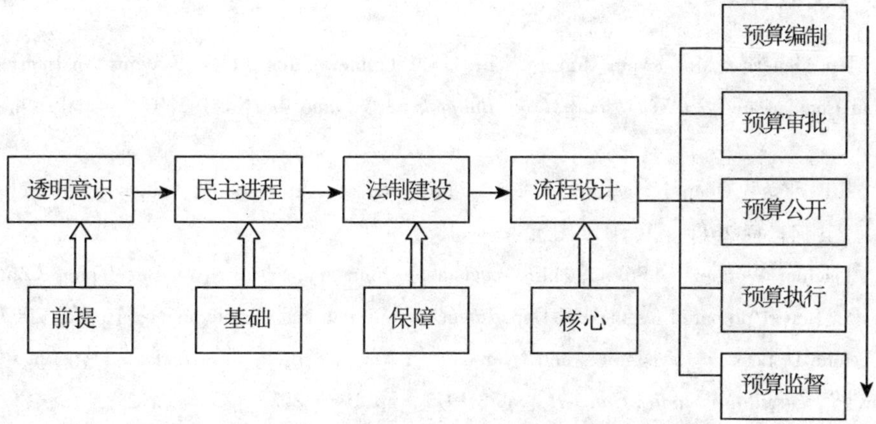

图1　提高我国预算透明度应主要遵循这样的路径依赖

（二）观念意识的改变及监督能力的提高

一是政府部门应进一步从思想观念上明确，民主政治体现在财政上就是要实现民主理财、阳光理财和依法理财。而就改革的现实要求来说，深化财政改革，建立民主、科学、有效的预算管理与监督机制的最佳结合点和切入点应从财政预算公开透明入手，它是打造阳光财政的前提。二是通过继续完善公共财政体系，最广泛地动员和组织人民依法管理国家事务和经济社会事务，保障人民的知情权、参与权、表达权、监督权，要增强决策的透明度和公众参与度。三是社会公众应该从观念上进行转变，培养自身的主动参与和主动监督意识，认真行使自己对政府财政信息的知情权，履行对其进行监督的权利。四是强化专业民间组织对政府的财政活动进行监督。民间非营利组织是社会监督的重要组成部分，在监督政府行为规范的过程中发挥着不可替代的作用。

（三）强化预算信息公开的外部约束力

一是加强法制建设，这是强化财政监督管理的基础和前提；二是加强制度完善和建设，如全口径、多维度的预算报告体系的建设等；三是技术手段的完善和建设，如财政管理的信息系统完善、信息公开的平台建设与管理、政府会计改革等。通过有强制力的法律约束和相应的制度约束，来促进我国的预算监督工作尽快走上法制化、规范化的道路。

【参考文献】

Ian. Lienert & Moo-Kyung. Jung，“The. Legal. Frameworkfor Budget Systems An International Comparison”，*OECD Journal on Budgeting*，Volume 4，No. 3 2007 Special Issue，p. 23.

IBP 网站，Open budget index 2010，http：//www. international budget partnership. org.（访问时间 2011 年 9 月 11 日）。

Joachim Wehner，“Strengthening Legislative Financial Scrutiny in Developing Countries”，Report prepared for the UK Department for International Development，16 May 2007.

John D. Lees，“Legislatures and Oversight：A Review Article on a Neglected Area of Research”，*Legislative Studies Quarterl*，vol. 2 1977，pp. 193 – 208.

Schick Allen，“Can National Legislatures Regain an Effective Voice in Budget Policy”，

OECD Journal of Budgeting, 1977, 1 (3).

Weingast. B. R, "The Congressional-bureaucratic System: A Principal Agent Perspective", (with applications to the SEC) *Public Choice*, 44, 1984, pp. 147 - 191.

Warren Krafchik & Joachim, "Legislatures and Budget Oversight: Best Practices", Presented at the Open Forum held by Kazakhstan Revenue Watch in Almaty on April 8, 2004.

White J., "Nothing New Under the Sun: Why the work of Budgeting Remains Incremental", *Public Budgeting & Finance.* (1) 1994, pp. 113 - 134.

中国省级财政透明度评估（2011）*

邓淑莲**

内容摘要： 本文描述和分析了我们连续三年进行的我国31省区市财政透明度、连续两年进行的省级行政单位行政收支及相关信息透明度以及新增的人大财政透明度的评估结果，从不同角度得出我国目前财政透明度都很低的结论，并从制度建设方面提出了提高财政透明度、建设透明政府的建议。

关键词： 财政信息　行政收支　透明度　人大

财政信息是政府的核心信息，财政信息公开透明是民众知情权的保障，是公众及其代表了解和监督政府，参政、议政的前提。自2008年启动的中国省级财政透明度评估项目正是基于这一理念，采用简明而又不失真实的方法对我国31个省区市财政信息公开状况进行实证性的刻画和描述。以2008年各省级政府和各部门的决算数作为评估依据的2011年中国省级财政透明度评估项目是前两年评估项目的延续和拓展。

---

* 此文已发表于《上海财经大学学报》2011年第4期。

** 邓淑莲，女，上海财经大学公共经济与管理学院教授，主要研究领域为公共预算理论与实践。

本期评估项目仍然沿用前两年的调查和评估方法。为保证年度评估结果的可比性，我们一直沿用同一调查和评估标准和方法，即通过信息搜索（网上搜索、公开出版物检索）和向政府有关部门依法申请两种途径获取财政信息，并根据信息回复及信息获得情况对各省进行评分。评分分为两部分，一部分是对获得的财政信息的数量和质量进行评估。这种评估主要从两个角度进行，第一角度是政府及其部门对财政信息公开的完整程度。公共资金包括政府资金、社会保障资金和国有企业资金，而政府资金中又包括进入预算管理的资金和没有进入预算管理的资金。我们考察的是政府是否按照《政府信息公开条例》的规定将所有资金的信息都向一般公众公开。第二个角度是政府及其部门对财政信息公开的详细程度。财政透明的一个重要衡量指标是信息公开的具体程度，没有具体信息的公开视同不公开，因为笼统的、大类的信息对于公众了解政府、约束政府和监督政府是毫无意义的。另一个部分是对信息申请过程中各省、各部门所表现出来的态度和责任心进行评估。每个省、每个部门的总得分是这两部分得分的算术加总。

在内容上，本期评估除了继续进行各省一般财政透明度评估和行政收支及相关信息的透明度评估外，新增了省级财政信息对人大公开情况的调查和评估内容。根据我国宪法，人民代表大会是我国最高权力机构，也即我国的立法机构。立法机构的职责是代表人民，根据人民的意愿对公共事务进行决策，并监督人民的代理人——政府严格执行决策。这一职责体现在财政上，即人大每年对政府提交的预算草案进行审批，并对预算执行过程进行监督，对预算执行结果进行问责。换句话说，在人民当家做主的我国，人民的权利和利益主要是通过自己的代表来实现的。正是人大的这一职责要求促使我们将对人大对财政信息掌握情况的评估作为我们今年财政透明度报告的新增内容。因为，人大要行使人民赋予它的决策、监督和问责职责的前提是全面、详细、及时地了解政府的财政信息。没有人大的知情权，人大的决策权、监督权和问责权是无本之木，无从谈起。

一、对省级财政透明度的评估

省级财政透明度评估是我们三年来连续进行的项目。我们使用同样的标准、同样的方法对同样的对象进行了调研和评估，并对评估结果按照得分高低进行排序，得出了“2011 年中国省级财政透明度排行榜”(见表 1)。它表明了我国 31 个省市政府在提供一般公共服务的政府基金、提供信托服务的社会保障基金以及政府从事经营性活动的国有企业基金三方面向公众公开的信息状况及相互之间的差距。

下面将从三方面对评估结果进行分析。

表 1　2011 年中国省级财政透明度排行榜

排名	省级行政区	得分	以百分制计算的得分
1	新疆	515. 11	43. 65
2	河北	506. 52	42. 93
3	内蒙古	461. 60	39. 12
4	江西	319. 57	27. 08
5	上海	313. 82	26. 59
6	江苏	301. 75	25. 57
7	湖南	300. 47	25. 46
8	广东	292. 43	24. 78
9	四川	290. 08	24. 58
10	山东	275. 72	23. 37
11	陕西	274. 00	23. 22
12	浙江	270. 51	22. 92
13	安徽	266. 51	22. 59
14	河南	264. 37	22. 40
15	福建	259. 06	21. 95
16	重庆	256. 75	21. 76

（续表）

排名	省级行政区	得分	以百分制计算的得分
17	北京	247.34	20.96
18	辽宁	246.28	20.87
19	湖北	243.22	20.61
20	山西	237.65	20.14
21	天津	235.72	19.98
22	甘肃	228.56	19.37
23	云南	223.58	18.95
24	广西	220.15	18.66
25	海南	219.06	18.56
26	青海	212.72	18.03
27	西藏	210.72	17.86
28	吉林	209.65	17.77
29	黑龙江	189.26	16.04
30	宁夏	187.15	15.86
31	贵州	185.72	15.74

注：本表中的纵向第三栏得分栏满分总分为1180分，纵向第四栏为换算成百分制后的得分结果。

（一）省际比较分析

2011年我国省级财政信息公开从省际角度分析呈现以下特点：

1. 中国省级财政透明度仍然比较低

2011年我国省级财政透明度的平均得分为273.07分（满分为1180分）。以百分制计算，省级政府财政透明度平均得分仅为23.14分。这样低的得分率表明我国省级政府财政透明度很低，财政信息公开状况堪忧。

2. 各省级行政区财政透明度差异很小

从排行榜中可以看出，省级财政透明度得分分布的范围大致在15分—45分，大部分省级行政区的得分在15分—30分，而高于30分的只有3个省级行政区。有11个省级行政区得分在20分以下，17个省级行政区得分在20分—30分。而且相邻两省级行政区得分差异很小，最大差异为12分，最小差异仅为0.12分。这表明31个省市政府在财政透明度上有向中间靠拢、趋同的偏好，即既不想太冒头，也不想太落后。

（二）信息项目之间的比较分析

我们设计了113项信息调查内容对省级财政透明度进行评估。这113项内容涉及政府资金、社会保障资金和国有企业资金。而在政府资金中，我们又按照纳入预算管理的资金和未纳入预算管理的资金分别设计调查评估项目。从评估结果看，省级政府对不同信息调查项目的信息公开程度是不同的。

1. 不同项目信息公开的程度差异较大

在我们的调查提纲中，我们分别设计了总分类项目、部门预算项目、单位预算项目、转移支付项目、政府基金收入项目和政府资产负债项目六大类调查内容对政府基金信息公开程度进行调查和评估。评估结果显示（按百分制计算），各项目之间的信息公开程度有显著差异。部门预算信息公开程度较好，平均得分为36.1分；总分类项目次之，平均得分为34.65分；政府基金收入得分为21.55分，位居第三；转移支付项目信息公开很差，平均得分仅为8.4分；政府资产负债项目得分仅为0.11分，几乎等于0；单位预算项目信息则没有任何公开。

2. 透明度差的往往是那些敏感项目和需要具体、详细信息的项目

评估结果显示，透明度程度高的是那些大类的、笼统的以及预算管理较好的项目，而那些没有纳入预算管理或属于预算管理薄弱环节的项目、反映政府财政活动细节的项目则公开程度差。预算内项目的透明度要好于预算外项目，一般预算项目的透明度要好于政府性基金项目，总分类项目的透明度要好于明细分类项目，省级预算项目的透明度要好于其所属一级预算单位项目。

3. 各省公开的和不公开的信息项目高度一致

中国幅员辽阔，地域特征明显，省级政府众多，各地发展不平衡，各省之间出现较大差异是正常现象。像财政透明度之类顺应发展潮流和

民意新兴的事物理应出现各省相互竞争、差异纷呈的局面。但从我们的调查和评估结果上看，在公布和不公布哪些财政信息方面，31 省区市呈现出高度一致的态势。在某些项目上，几乎每个省级行政区都公布了信息，甚至是完整的信息；而在另一些项目上，则几乎没有省级政府公布任何信息。如在我们的调查提纲中，第 30—49 项及第 51 项是对政府基金收入项目透明度进行调查的，共 21 项调查内容。所有 31 省区市在其中的 10 项信息的公开上行动完全一致：要么完全公开信息，要么不公开任何信息。而还有一项信息，即第 36 项，除了江西省和新疆维吾尔自治区外，其他 29 个省区市均只公布了 1 项信息。也就是说，在一半以上的信息项公开上，省级政府行动一致。类似这样的情况在我们其他部分的调查项目中也普遍存在。

（三）年度之间的比较分析

将三年来我国省级财政透明度主要评估结果进行对比（见表 2），我们得出以下结论：

表 2　2009—2011 年省级财政透明度评估结果比较

年度	2009	2010	2011
满分	1180	1180	1180
平均得分	256	258	273
百分制得分	21.71	21.87	23.14
最高分	739.39	594.80	515.11
第一名与第二名的分差	338.63	247.57	8.59
第一名与最后一名的分差	564.88	413.38	329.39

1. 省级财政透明度三年来取得进步，但进步较小

从表 2 中可以看出，2010 年中国省级财政透明度比 2009 年进步 0.16 分，2011 年比 2010 年进步 1.27 分。虽然每年平均得分都在增加，而且 2011 年比 2010 年进步的速度是 2010 年比 2009 年进步速度的 8 倍，但进步仍然非常缓慢。考虑到我们较低的评分标准，各省稍做努力就会有显著进步的事实，各省区市在财政透明度方面的努力仍然不足。

2. 各省级行政区财政透明度年度排名变化较大

从三年的评估结果看，各省级行政区名次排列没有规律可循，名次的变化呈无序状态。原来名列前茅者后来竟成落后者，如福建省在2009与2010年评估中均名列第一名，且分数远高于第二名（2009年高于第二名339分，2010年高于第二名248分），可谓遥遥领先。但2011年排名则大幅度下滑，跌至第22名。而另有一种情况是，原来的落后者则一跃而成为第一名。新疆在2009年的排名为第15位，2010年则为第29名，处于垫底状态。但2011年则跃上排行榜的第一名。类似的情况还发生在其他省级行政区上。如2009年处于第2、第3、第4名的省级行政区（内蒙古、安徽、北京），2010年则分别跌到了第18、第10、第14名。而2010年排名第2、第3、第4名的省份（山东、广东、湖南），在2011年则分别处于第10、第8、第7名。另一方面，也有不少省级行政区2011年财政透明度排名比2010年有较大幅度上升，如河北（由第12名上升到第2名）、内蒙古（由第18名上升到第3名）、江西（由16名上升到第4名）、陕西（由第27名上升到11名）。这种情况说明，一方面，各方的推动，包括省级财政透明度评估小组的努力已对某些省级财政信息的公开起到了积极的作用。同时也表明，我们的财政透明度评估标准是很低的，只要稍做努力，就可以大幅度提高排名，财政透明度在中国没有技术性障碍。另一方面，也表明了各省级行政区在财政信息公开上，既不愿出头，也不愿落后的心态。

3. 各省级行政区财政透明度得分差异缩小

2011年位居排行榜第一位的新疆得分为515.11分，排名最后的省份得分为185.72分，二者相差329.39分；而2010年这一差距为413.38分，2009年的差距是564.88分。三年来省级政府财政透明度最高者与最低者之间的差距在显著缩小。更为令人惊诧的是，在2011年的评估中，2009年与2010年遥遥领先的“第一名福建现象”消失了，代之而起的是略高于第二名的第一名现象的出现（第一名与第二名的差距仅为8.59分）。这似乎表明，在财政透明度上，一种“随大流”、趋同的倾向出现了，且较为强烈。

4. 社会保障基金信息透明度有明显提高

2011 年全国 31 个省市社会保障基金透明度的平均得分为 75.32 分，分别高出 2010 年度（59.87 分）15.45 分和 2009 年度（69.88 分）5.44 分。这也表明，相对于政府基金和国有企业基金而言，我国的社会保障基金管理的规范度有所提高。

三、对省级行政单位行政收支及相关信息透明度评估

省级行政单位行政收支及相关信息透明度评估始于 2010 年。2011 年我们使用相同的原则和方法继续对相同的对象（全国 341 个省级行政单位，每省 11 个）进行相同的调查和评估。我们得到“中国行政收支及相关信息透明度省级排行榜”（见表 3）和“中国行政收支及相关信息透明度部门排行榜”（见表 4）。从评估的结果看，整体情况不尽如人意。但省与省之间、部门之间以及项目之间的透明度差别较大。

表 3　中国行政收支及相关信息透明度省级排行榜

排名	省级行政区	得分	百分制得分
1	广东	491.48	16.55
2	宁夏	290.14	9.77
3	福建	204.04	6.87
4	黑龙江	163.14	5.49
5	浙江	149.96	5.05
6	云南	139.98	4.71
7	江苏	130.04	4.38
8	陕西	121.76	4.10
9	辽宁	109.94	3.70
10	山东	109.92	3.70
11	上海	109.88	3.70
12	海南	99.92	3.36
13	安徽	89.90	3.03

（续表）

排名	省级行政区	得分	百分制得分
14	广西	87.12	2.93
15	四川	70.00	2.36
16	天津	60.02	2.02
16	河北	60.00	2.02
18	河南	50.00	1.68
19	北京	40.00	1.35
20	内蒙古	33.46	1.13
21	重庆	30.00	1.01
22	湖南	25.00	0.84
23	江西	20.00	0.67
23	湖北	20.00	0.67
25	吉林	15.00	0.51
26	山西	10.00	0.34
26	新疆	10.00	0.34
28	青海	5.00	0.17
29	甘肃	0.00	0.00
29	贵州	0.00	0.00
29	西藏	0.00	0.00

注：(1) 本项目的满分为2970分；(2) 本项目以2008年省本级财政预决算数据及相关统计数据为调查对象。

表4　中国行政收支及相关信息透明度部门排行榜

排名	部门	得分	百分制得分
1	交通	671.4	8.02
2	工商	371.7	4.44
3	地税	335.8	4.01
4	环保	293.5	3.51
5	卫生	278.3	3.32
6	政府	266.7	3.19

（续表）

排名	部门	得分	百分制得分
7	财政	199.9	2.39
8	教育	188.3	2.25
9	国税	100.0	1.19
10	政协	20.0	0.24
10	人大	20.0	0.24

注：（1）本项目的满分为8370分；（2）本项目以2008年省本级财政预决算数据及相关统计数据为调查对象。

首先，态度与责任心评分较2010年下降。以百分制计，2010年省级341个被评估的行政部门态度和责任心平均得分为37.5分，2011年则为33.3分，下降了11.2%。

从省际角度看，各省级行政区之间存在较大差异。态度和责任心评分排名第一的上海市，得分率为91%。而排名最后的甘肃、贵州与西藏的得分均为零分，与第一名的上海市差异巨大。

从部门角度看，态度和责任心评分最高的是省政府办公厅，其百分制得分为54.84分。而得分最差的是省级人大和政协，它们的态度与责任心的百分制评分只有6.45分。

从年度比较角度看，2010年态度和责任心得分排在前列的省份，2011年在整体上依旧保持在前列，从而表明保持稳定的力量在整体上压倒了调整差异的力量。

其次，实质信息公开得分2011年与2010年基本持平。2011年，341个行政部门以百分制计算的平均得分为1.82分，比2010年的1.83分下降了0.5个百分点。尽管2011年给予实质信息公开的单位数有显著增加，但由于各单位公开的具体信息量降低，单位数的增加并没有引致实质信息公开整体评分的提高，相反，实质信息公开的评分反而因单位所公开的平均信息量的下降而有细微的下降。

从省际角度看，各省级行政区实质信息公开的透明度水平存在一定的差异，但差异不是很大。实质信息公开得分最高的省份是广东省，百分制计算的得分为15.4分，这与低分的省级行政区并未有悬殊的差别。

但值得注意的是，某些省级行政区的年度排名有“过山车”式的变化。降幅比较大的是福建和北京以及得分上升幅度比较大的广东和云南。

从部门角度看，11个部门中交通部门的实质信息得分最高，按百分制计得分为7.4分；工商、地税、环保、卫生、教育、政府与财政7大部门的得分处于中间，百分制得分从2.9分到0.6不等；人大、政协和国税得分最低，即0分。

最后，从综合评分上看，省级行政单位行政收支及相关信息透明度处于极低水平，且2011年较2010年评分下降。

2011年，341个单位的百分制平均得分为2.98分，不足3分，且低于2010年的3.2分，下降的幅度为7%。

从省际角度看，整体评分虽然存在一定的省际差异，但差异不大。得分最高的广东省也只获得了16.55分（百分制），最低得分为0分，包括西藏、贵州、甘肃。

从部门角度看，交通部门得分最高，百分制得分为8.02分。最低得分者为人大和政协，0分。虽然各部门得分有差异，但差异不大，即非高透明度与低透明度之间的差别，而是低透明度水平上的细微差异。

从项目角度看，行政单位行政收支和相关信息透明度呈现以下特征。

1. 在态度与责任心方面的得分要好于在实质信息公开方面的得分

341个单位的态度与责任心的评分为33.3分，而实质信息公开得分则仅为1.82分（不考虑通过网络等渠道主动公开信息的情况），前者是后者的17倍，说明各单位虽然明白财政透明是大势所趋，但在公开具体信息上仍然相当谨慎。

2. 相对于人、物信息而言，财政信息的透明度最差

调查评估涉及的内容包括人（人员编制与领导数目等方面的信息）、财（财政收支信息）、物（办公场所与公车购置等方面的信息）三类信息。调查提纲中的19项财政收支信息平均的透明度得分仅为

1.40 分，而人员编制等人方面的信息和办公场地等物方面的信息的透明度得分分别为2.59 分和3.20 分。而在财政收支信息中，越是明细信息，透明度越差。财政信息是一个单位的核心信息，财政透明度差意味着单位整体透明度不高。

四、对省级财政信息对人民代表大会公开程度的评估

我国宪法规定，人民代表大会是最高权力机关。“一切权力归人民”“人民当家做主”的政治运行机制是人民代表大会代表众多、分散的民众对公共事务进行决策，并监督政府执行决策。财政是一国公共事务的核心。人民代表大会的决策权和监督权首先的和主要的应是财政决策权和监督权。没有财政决策权和监督权的立法机构无法担当起民众赋予他们的代表职责。我国《预算法》赋予了各级人民代表大会审批和监督预算的权力，尽管这种赋权并不充分。与公众参政、议政必须首先了解政府财政信息一样，人大代表履行其决策权和监督权也必须具备充分、详细的政府财政信息。

为了解省级人大对本级政府财政信息的知情状况，我们今年的中国财政透明度报告新增了政府财政信息对人大公开程度的评估内容。调查通过三种方式进行：网上信息搜索、信息申请和电话调查。从调查过程和结果看，人大对财政信息公开的反应和掌握程度呈以下特点。

1. 对信息申请和电话调查的回应省份极少

鉴于财政信息对人大公开的重要性，我们已连续三年（2009—2011年）对我国31 个省级行政区的人大进行问卷调查，调查内容涉及本报告附录中调查提纲中所列的113 个财政信息项。鉴于前两年书面申请结果的不尽如人意（每年只有1—2 个省的人大对信息申请给予回复），今年我们在原有问卷调查的基础上，又专门设计了面向人大财经委（或预算工委）工作人员的调查问卷。问卷将财政信息高度凝练成12个关键问题（便于电话调查）。我们首先就113 个财政信息调查项目向

全国31个省级人大财经委寄发信息申请函。之后又就12个信息调查项目进行电话调查。从调查结果上看，无论是邮件申请，还是电话调查，结果都很差。

对于邮件申请，在2011年2月1日问卷回收截止日期前，我们只收到一个省份寄回的调查问卷。对于电话调查，我们也只得到一份答卷。这不仅表明几乎所有省级人大对财政信息公开问题态度消极，也致使我们在本项调查中无法进行省际的评分和比较。

2. 信息公开渠道不畅

主要表现在两方面：

（1）网站没有成为人大向公众提供财政信息的便利平台。网站是公共信息公开最便捷的方式。但是根据我们的调研，大多数省市的人大网站不能满足信息公开要求。31个省区市中，有3个省没有人大网站或网站无法登录；有的网站虽然配置了搜索功能，但搜索功能无法启用；有的省人大网站有“联系我们”栏目，点击进入以后，发现空无一字；而另有相当数量的人大网站上没有留下任何联系方式，致使查找某些人大联系方式的工作成了课题组的一项重要工作内容。

（2）电话调查遭遇种种困难。目前，31个省级地方人大中均设立了财政经济委员会，但是要与这些部门联系非常困难。一是找不到一些人大财经委的联系方式；二是费尽周折查找到财经委的联系电话，但联系结果多为空号、忙音，或是工作人员态度蛮横、漠然；三是有些人大财经委工作人员热情答应“填写好的调查问卷传真给你们”，但等待的结果只是一场空欢喜。

人大作为人民的代表，与人民之间应该建立起密切的联系，以表达民声，为民服务。但我们的调查表明，不仅这种密切的联系没有建立起来，而且与政府部门相比，对公众财政信息的申请和要求更为漠视。如果政府以“保密”为借口不公开某些信息尚可理解的话，人大不公开信息或不积极推动政府财政信息公开就令人费解了。显然，人民的代表对人民应该是无密可保的。

3. 人大掌握的财政信息有限

我们通过发放调查问卷、上网搜索等方式，对 31 个省级行政区的 2010 年和 2011 年部门预算报送省级人大审查的情况进行了调查和分析。结果表明，31 个省级行政区中，有 13 个省级行政区向人大报送了全部省直部门预算；6 个省级行政区大致提交了一半左右的省直部门预算；12 个省级行政区未公开报道部门预算的提交情况。

而且，报送人大审查的部门预算并非全部报送省人大代表的内容。2011 年回收的 2 份电话采访问卷表明，财政部门向人大常委会提供的财政信息大约有 80% 提供给了人大。不仅如此，这些信息只有在人大会议召开期间才向人大代表提供。

即使是财政部门向人大财经委提供的财政信息，也是不完全的。包括社会保障资金、国有企业资金、政府的资产负债等重要的财政信息都是缺失的。

从法理上讲，人大常委会、人大财经委等委员会不能代替人大行使对人民的代表权。但我们的调查表明，人大财经委比人大代表掌握更多的财政信息。在人大代表缺乏财政信息和审批时间的情况下，人大有限的财政决策权和监督权基本由人大财经委行使。

调查中，我们也发现个别省区市的人大对财政信息的公开持积极态度，不仅建立了功能完备、运行良好的网站，主动公开了一些有实质意义的信息以及公众与之联系的方式，而且认真填写了调查问卷，提供了有意义的信息。如上海市人大网站设置了主任信箱和网上信访、重要会议文字直播、某些政策法规的问卷调查等。山西人大网站也设有在线调查栏目，针对一些地方法规进行调查、征询意见。海南、安徽等省人大认真填写了我们的信息调查问卷。只是这样的省级行政区太少了。

五、结论和建议

（一）几条结论

中国财政透明度评估项目已开展三年。三年的调查评估可以肯定地得出以下结论：

1. 中国省级财政透明度三年来逐渐提高，但进步极为缓慢，中国财政透明度整体上仍然处于极低水平，与公众对信息的要求相距甚远，与我国已成为世界第二大经济体的地位极不相称。

2. 与政府财政透明度相比，行政部门信息透明度较差

这首先表现在态度和责任心方面。从态度和责任心评分上看，2011年省级政府态度和责任心得分率为75.8%，行政部门为33.3%；2010年，政府得分率为87.1%，行政部门为37.5%（评分的标准一致）。在实质信息公开上，情况也是如此。2011年，政府财政信息实质性得分率为20.81%，而行政部门得分率仅为3.14%；2010年政府得分率为19%，而行政部门只有3.21%。虽然这里的评分项目不同，但这样的百分制得分差距也能大致反映出二者的差距。由于行政部门收支及相关信息涉及更为详细、具体的公共信息内容，部门得分率较低表明我国政府财政信息公开在详细、具体程度方面还很不够，公开的信息还不够细化。

3. 与态度和责任心得分相比，无论是省级财政透明度评估，还是行政部门收支及相关信息评估，其实质财政信息得分都较低

这表明政府及其部门对财政信息公开仍然心存顾虑，不愿或不能公开有效的财政信息。

4. 与省级政府及行政部门的信息公开相比，省级人大对财政信息公开无论是在态度上，还是在实质信息提供上，都更逊一筹

这多少令人意外。人大作为代人民行使权力的机构，理应比政府对财政信息公开的态度更热情，行动更积极，但事实却相反。这一现象非常耐人寻味。

（二）建议

通过调查和评估，我们发现虽然政府在财政透明度上不断努力，但现实中仍然存在一些问题阻碍政府信息的公开。为使我国财政信息公开工作取得突破性进展，财政透明度有实质性提高，我们建议：

1. 修改不利于政府信息公开的有关规定

现实中政府的某些规定，虽然在某些方面有利于政府信息公开，但也存在不利于政府信息公开的条款。如，2010 年 1 月 12 日国务院办公厅出台了《国务院办公厅关于做好政府信息依申请公开工作的意见》。其中关于依申请公开的“相关性”标准、“内部管理信息”“过程信息”不予公开的规定、“一事一申请”制度规定以及中华人民共和国财政部于 2010 年 3 月 1 日颁布了《财政部关于进一步做好预算信息公开工作的指导意见》中“关于各级政府财政部门负责本级政府总预算、决算的公开，各部门负责本部门预算、决算的公开”等规定都实质上阻碍了政府信息，特别是财政信息的公开。为此，我们建议按照便利民众及时获取完全、详细的财政信息的原则修改这些规定，并将所有使用公共资金、公共资源的单位都列入政府信息公开的范围之内，没有例外。否则，我国的财政透明度进程必然受到严重影响。

2. 将财政信息公开作为《预算法》修订的重要内容

我国政府信息公开在现实中还遭遇到《保密法》的严重阻碍。新修订的《保密法》仍然存在保密范围过宽、定密权和涉密纠纷的裁决权归于行政部门（意味着行政部门既是运动员又是裁判员）等不利于财政信息公开的规定。在《政府信息公开条例》近期难以上升到法律、《保密法》不可能近期再次修订的情况下，《预算法》的修订将为我国的财政透明带来希望。

我们建议，在《预算法》中应明确规定：公众及其代表有权要求政府相关部门提供预算信息；预算信息的披露应覆盖所有公共基金，包括一般政府基金、社会保障基金和各专项基金以及国有企业基金；预算信息应包括各类公共基金的收入、支出、余超、资产、负债、所有者权益及其构成，以及与上述内容相关联的统计和说明；预算信息公开的详尽程度和信息公开的时间以满足民众及其代表行使法律赋予的权利和义务为原则。除国家秘密之外，预算收支的各级次信息，包括类、款、项、目都必须公开。预算支出必须公开的信息包括功能分类信息和经济分类信息；预算信息应以对信息需求者最便捷、获取成本最低的方式公开，各政府财政部门有责任收集、整理，并通过网站集中公开本级预算以及所覆盖的部门预算和单位预算信息；所公布的预算信息必须符合公认的政府会计和统计规范。

3. 将财政信息公开纳入政府绩效考核内容中

近年来，党中央、国务院对财政信息公开高度重视。国务院总理温家宝多次就财政信息公开问题发表重要讲话。2011 年 5 月 4 日，总理主持召开国务院常务会议，研究部署进一步推进财政预算公开工作。公开政府财政信息，建立透明政府是得民心、顺民意的事情。我们认为，将财政透明度纳入政府政绩考核体系是适合我国国情的提高我国财政透明度的有效措施。只有这样，中国的财政透明度才能有实质性改善。

【参考文献】

蒋洪：《2009 中国财政透明度报告》，上海财经大学出版社 2009 年版。

刘小兵：《2010 中国财政透明度报告》，上海财经大学出版社 2010 年版。

刘笑霞、李建发：《中国财政透明度问题研究》，载《厦门大学学报（哲学社会科学版）》2008 年第 6 期。

刘笑霞：《论我国政府财务报告制度的构建——基于财政透明度的考察》，载《当代财经》2007 年第 2 期。

中华人民共和国：《中华人民共和国保守国家秘密法》，新华网：http：//news.xinhuanet.com/politics/2010－04/30/c_1264717.htm。

中华人民共和国预算法（修改稿），2010 年 3 月 5 日打印稿。

国务院：《国务院办公厅关于做好政府信息依申请公开工作的意见》，http：//law.baidu.com/pages/chinalawinfo/12/84/e379aee058099024b2140abad6a276bf_0.html。

财政部：《关于进一步做好预算信息公开工作的指导意见》，财政部网站，http：//www.mof.gov.cn/zhengwuxinxi/caizhengwengao/2010nianwengao/wengaodi4qi/201006/t20100612_322613.html。全国人大网，http：//www.npc.gov.cn。

Besley，Timothy and Michael Smart.，"Fiscal Restraints and Voter Welfare"，*Manuscript*，LSE，October，2003.

Hameed，Farhan，Hameed，Farhan，"Fiscal Transparency and Economic Outcomes"，IMF Working Paper，05/225，2005.

公共预算研究系列
Public Budgeting Research Series

政府间财政关系

我国中央和地方财力分配的合意性分析：基于“事权”与“事责”角度的考虑*

马海涛　任　强**

内容摘要：本文认为：在政府间财政关系的理顺过程中，应区分“事权”和“事责”的概念；在此基础上，应使“转移支付后的财力”和“事责”相匹配，而“财权（形成‘转移支付前的财力’）”和“事权”相匹配。本文通过我国和美国的对比发现：要回答我国和美国各级政府的财力和事责是否相匹配问题，依旧是比较困难的；在财力集中度问题上，我国财政收入在中央政府和地方政府之间的分配上，无论是转移支付前还是转移支付后，都不如分权制的美国更为集中。本文还认为：在我国的特殊国情和国际大环境下，在中央政府和地方政府的财政收入初次分配环节，应保持适度集中；在转移支付后的再分配环节，地方政府拥有的财力应占有较大的份额。当前关键问题是应进一步调节转移支付的规模和结构，提高其管理效率。

关键词：事权　事责　财力

---

* 此文已发表于《财政研究》2013 年第 4 期。

** 马海涛，男，中央财经大学财政学院教授，博士生导师，现任中央财经大学财政学院院长，主要从事财政理论与政策研究；任强，男，中央财经大学财政学院副教授，主要从事政府间财政关系、房产税问题、公平与均等研究。

一、引言

在处理政府间财政关系问题中，“财权”“财力”“事权”和“事责”的分配是处理中央和地方政府集权和分权原则的重要体现。由于不同国家继承了各自的政治、历史和文化传统，他们在处理集权和分权问题上的哲学和态度也是各异的。有的国家是政治上的中央集权体制，中央政府拥有传统的家长主义风格，他们担心如果在财政上给予地方政府过多权利，会导致各种意想不到的不良结果。因而，这种类型的国家往往由中央政府掌握较多的财权和事权；同时，辅之以较大规模的中央对地方的专项转移支付，力图以强有力的手段来贯彻中央政府的政策意图。有的国家的中央和地方政府则更像“兄弟”而非“母子”关系，中央政府不对地方政府有过多的干涉，地方政府不对中央政府有过多的依赖。实际上，以上是两种不同处理问题的风格，二者各有利弊，切不可用一种风格为标准来对另一种风格加以评判。但是，仔细分析，可以发现两种风格在处理中央和地方政府关系的时候，有一个规律必须遵循，即“每级政府干多少事，必须有多少钱”，只有这样才是合意的。干的事多，但是钱少，必定是干得不到位，相反亦然。

本文试图分析我国在“每级政府干多少事，必须有多少钱”这一规律上的合意性问题。为了将问题分析清楚，本文首先分析了“事权”与“事责”这一对类似但又有区别的概念；接着，回顾我国在处理上述问题上的一些重要举措；在文章第四部分，将我国和美国中央政府和地方政府之间的关系加以对比分析；最后，从“事权”与“事责”角度对我国政府间财政关系的理顺提出了建议。

二、对“事权”和“事责”概念的区分

“事权”与“事责”是一对类似但又有区别的概念。这一对概念的区分，将对政府间财政关系的理顺有重要意义。简单来说，哪级政府拥

有该项公共服务的“事权”，哪级政府就应当为该项公共服务“买单”；若多级政府共同拥有该项公共服务的“事权”，则它们应当共同为该服务“买单”，并应当恰当地划分各自“买单”的比例。但是，为该项服务买单，并不意味着就得去亲自干这件事，可以付钱让别人去干这件事。譬如说，家长负有养育未成年子女的义务，但是，家长完全可以出钱雇佣保姆短期内照顾未成年子女的衣食事项。这样我们就定义，应当出钱买单的人，就拥有该项事务的“事权”；真正落实这件事务的人，就拥有该项事务的“事责”。这样，家长就拥有“事权”，保姆就拥有“事责”。再譬如：为了实现均等化的目标，基础教育被视为应由中央和地方政府共同“买单”，但是，事实上基础教育这项公共服务在我国由地方政府“具体落实”。因而，可以定义，“基础教育”是中央和地方政府共同的“事权”，但只是地方政府，尤其是基层政府的“事责”。区分“事权”和“事责”概念是有重要意义的。在我国的财政实践中，上级政府往往让地方政府做一些本属于上一级政府“事权”的事情，但是，没有给够资金支持，也就是说没有为此买单。因而，在某些地方政府财政资源有限的情况下，提供该项公共服务的质量遇到了问题。这就给出了一定的启示，即在政府间财政关系的理顺过程中，必须既划清各级政府的“事权”，还要划清各级政府的“事责”。为了表达“事权”和“事责”的区别，也有专家将“事权”表述为“公共服务职责”，将“事责”表述为“支出管理责任”，“公共服务职责”指各级政府承担的由本级政府提供的公共服务供给的职能和责任，而“支出管理责任”，指对财政资金支出实行具体使用的管理（倪红日，2006）。

实际上，不仅应当在支出端区分“事权”和“事责”的概念，还应当在收入端区分“财权”和“财力”的概念。财权是指与财政收入相关的一系列权利，包括税收和收费开征和取消的权利（立法权）、征收管理的权利（征管权）、受益的权利（受益权）。其中，“立法权”衡量“自由和自主”的程度，表达该级政府有没有进行财政收入立法的权利；“受益权”衡量“集中”的程度，其表现是形成财政收入在各级政府间的初次分配格局。以我国的增值税为例，增值税的征收由国家税务局实施，但是，由中央和地方政府共享。因此，增值税的征管权归中央，受益权由中央和地方政府共同享有，当然，该税的立法权也归中央。我国关于“财权”的习惯性表述在不同语境中有不同含义，有时强调的是受益权，有时强调是立法权。

关于“财力”的概念，也有不同的理解。为了更好地阐释“财力”，再提及一对概念，即“初次分配”和“再分配”。可以定义：经过政府间转移支付后形成的各级政府间的财力分配格局叫作“再分配”；而根据“财权”中的“受益权”形成的各级政府间的财力分配格局叫作“初次分配”，初次分配是政府间转移支付前形成的财力分配格局。因此，各级政府拥有的“财力”又分为初次分配的财力和再分配后的财力，或转移支付前的财力和转移支付后的财力。其中，初次分配的财力是根据财权中的“受益权”形成的财力，是转移支付前的财力。我国关于“财力”的习惯性表述在不同语境中也有不同含义，有时强调的是转移支付前的财力，有时强调的是转移支付后的财力。

前面提到的“每级政府干多少事，必须有多少钱”这一规律，如果用书面的规范说法来表述的话，就应当是“每级政府有多少事责，就应有多少转移支付后的财力”；如果“转移支付后的财力”不足以满足“事责”，则就像没有给够工资的保姆一样，孩子的衣食质量就大打折扣，地方政府提供公共服务的质量就难以保证。另外，再加上一句“每级政府有多少事权，就应有多少转移支付前的财力”，简称“两个匹配”。

我国处理中央和地方政府之间关系的原则体现在相关的“决定”或“纲要”中，《中华人民共和国国民经济和社会发展第十二个五年规划纲要》（以下简称“十二五规划纲要”）提出，要“按照财力与事权相匹配的要求，在合理界定事权基础上，进一步理顺各级政府间财政分配关系，完善分税制。”“十二五规划纲要”的这段论述是近几十年来政府间财政关系存在问题的反映，同时也指出了未来政府间财政关系的基本方向。按照笔者的理解，“十二五规划纲要”中的“财力”指的是转移支付前的财力；而“事权”即本文所指的事权概念。当然，如果再加上一句“实现事责和转移支付后的财力相匹配，两个匹配都兼顾”，那就更明了了。

三、我国“事权”和“事责”的划分过程

关于我国政府间“事权”和“事责”的明确划分，近20年来主要体现在20世纪90年代初分税制改革过程中颁布的相关文件中。为了理顺中央与地方的财政分配关系，更好地发挥国家财政的职能作用，增强中央的宏观调控能力，国务院颁布《国务院关于实行分税制财政管理体制的决定》（国发〔1993〕85号），实行分税制改革。

分税制改革的原则和主要内容是：按照中央与地方政府的事权划分，合理确定各级财政的支出范围；根据事权与财权相结合原则，将税种统一划分为中央税、地方税和中央地方共享税，并建立中央税收和地方税收体系，分设中央与地方两套税务机构分别征管；科学核定地方收支数额，逐步实行比较规范的中央财政对地方的税收返还和转移支付制度。

对于中央和地方政府的支出责任，该文件规定：中央财政主要承担国家安全、外交和中央国家机关运转所需经费，调整国家经济结构、协调地区发展、实施宏观调控所必需的支出以及由中央直接管理的事业发展支出。具体包括：国防费，武警经费，外交和援外支出，中央级行政管理费，中央统管的基本建设投资，中央直属企业的技术改造和新产品试制费，地质勘探费，由中央财政安排的支农支出，由中央负担的国内外债务的还本付息支出，以及中央本级负担的公检法支出和文化、教育、卫生、科学等各项事业费支出。

地方财政主要承担本地区政权机关运转所需支出以及本地区经济、事业发展所需支出。具体包括：地方行政管理费，公检法支出，部分武警经费，民兵事业费，地方统筹的基本建设投资，地方企业的技术改造和新产品试制经费，支农支出，城市维护和建设经费，地方文化、教育、卫生等各项事业费，价格补贴支出以及其他支出。

可以看到，该文件对“事权”和“事责”等问题的表述中，用了两种表达方式，分别是“事权”和“支出责任”两种称呼。实际上，这两种称呼均是表达了本文中的“事权”概念，对于各级政府“事责”的界定并没有表达。另外，诸如“调整国家经济结构、协调地区发展、实施宏观调控”等说法具体涵盖那些方面，也有各种理解。况且，目前我国已经实施新的政府收支分类科目，文件中的“行政管理费”和“公检法支出”的指向如何，也不好掌控了。

除了该文件以外，还有其他一些文件对“事权”和“事责”等问题进行规范。如《国务院关于深化农村义务教育经费保障机制改革的通知》（国发〔2005〕43号）要求，按照“明确各级责任、中央地方共担、加大财政投入、提高保障水平、分步组织实施”的基本原则，逐步将农村义务教育全面纳入公共财政保障范围，建立中央和地方分项目、按比例分担的农村义务教育经费保障机制。全部免除农村义务教育阶段学生学杂费，对贫困家庭学生免费提供教科书并补助寄宿生生活费。免学杂费资金由中央和地方按比例分担，西部地区为8：2，中部地区为6：4；东部地区除直辖市外，按照财力状况分省确定。免费提供教科书资金，中西部地区由中央全额承担，东部地区由地方自行承担。补助寄宿生生活费资金由地方承担，补助对象、标准及方式由地方人民政府确定。建立农村义务教育阶段中小学校舍维修改造长效机制。对中西部地区，中央根据农村义务教育阶段中小学在校生人数和校舍生均面积、使用年限、单位造价等因素，分省（区、市）测定每年校舍维修改造所需资金，由中央和地方按照5∶5比例共同承担。对东部地区，农村义务教育阶段中小学校舍维修改造所需资金主要由地方自行承担，中央根据其财力状况以及校舍维修改造成效等情况，给予适当奖励。实际上，该文件就深化农村义务教育经费保障机制改革问题在中央和地方政府之间的“事权”和“事责”进行了划分。

实际上，目前关于“事权”和“事责”问题的划分不少是通过“一事一议”的方式进行的。中央和地方政府之间以及地方政府之间在

“事权”和“事责”的问题上，“剪不断，理还乱”，这其中，既有主观原因，还有很多客观原因。

相对于支出端出现的问题，在收入端，中央和地方政府的划分相对明确，地方政府之间的收入划分各省各异，相对复杂。收入端的规范主要体现在《国务院关于实行分税制财政管理体制的决定》（国发〔1993〕85号）、《国务院关于印发所得税收入分享改革方案的通知》（国发〔2001〕37号）、《国务院批转财政部关于完善省以下财政管理体制有关问题意见的通知》（国发〔2002〕26号）、《国务院关于改革现行出口退税机制的决定》（国发〔2003〕24号）和《国务院关于完善中央与地方出口退税负担机制的通知》（国发〔2005〕5号）等文件中。

四、中美两国中央和地方财力分配的合意性分析

下面来分析上文提及的“两个匹配”是否实现的问题，尤其是分析“事责”和“转移支付后财力”的匹配问题，并同时分析了中央政府的财力集中度问题。

学术界对我国和美国“中央”和“地方”称呼的理解不同。一般来看，我国的中央政府对应于美国的联邦政府；我国将省及以下共四级政府统称地方政府，而美国所称的地方政府不包含州政府，仅包含县、市、镇、学区和特别区政府。在对比分析中，下文遵循我国的习惯，最高一级政府称之为中央政府，对其他级别的政府统称为地方政府。

（一）美国转移支付前后的财力分配格局

美国政治体制上是联邦制。这使联邦政府、州以及州以下地方政府在财政上相对独立，而且州及地方政府有许多自主权。截至2007年，美国政府体系中共有一个联邦政府（中央政府）、50个州政府和89476个地方政府。

表1 2007年美国政府类型

政府类型	数量（个）
联邦政府	1
州政府	50
地方政府	89476
县（County）	3033
市（Municipal）	19492
镇（Township and town）	16519
学区（School district）	13051
特别区（Special district）	37381
总计	**89527**

资料来源：美国统计摘要。

2010年美国联邦政府正常收入（Current receipts）23852亿美元，正常支出（Current expenditures）37187亿美元。其中，对州和地方政府的补助（Grants-in-aid to state and local governments）为5296亿美元，占联邦政府正常支出的14.24%。①

在美国联邦政府收入中，税收收入和社会保险缴款占了大部分。其中，税收收入12981亿美元，社会保险缴款9863亿美元。税收收入中对个人征税（Personal current taxes）8746亿美元，对企业所得征税（Taxes on corporate income）3043亿美元，对货物征税，主要是消费税（Excise taxes）和关税（Customs duties），为1066亿美元。由此看来，对联邦政府来说，除债务收入外，对正常收入贡献度最大的依次是对个人的征税、企业所得税和货物劳务税。

2010年美国州和地方政府的正常收入为21281亿美元。其中，包含上述联邦政府的补助5296亿美元。这样，联邦政府补助占州和地方政府正常收入的24.89%。同时，不考虑债务收入和联邦政府对地方的补助，联邦政府本级收入与州和地方政府本级收入的比值为60:40。

① 本部分的美国数据来源：美国商务部经济分析局网站。http：//www.bea.gov/national/nipaweb/DownSS2.asp？3Place = Y&3Place = N。

2010 年美国州和地方政府的正常支出为 20952 亿美元。如若将联邦政府对州和地方政府的补助算在联邦政府正常支出的话，联邦政府支出与州和地方政府的支出比例为 64: 36。如若将联邦政府正常支出中对州和地方政府的补助排除除外的话，联邦政府本级支出与州和地方政府的本级支出比例为 60: 40。

2010 年美国州和地方政府的收入 21281 亿美元中，税收收入为 13312 亿美元。其中，对个人的征税为 2917 亿美元，对货物征税（Taxes on production and imports）9519 亿美元，对公司所得征税 876 亿美元。由此可见，对州和地方政府来说，贡献度最大的依次是对货物征税、对个人的征税和对公司所得征税。

（二）我国转移支付前后的财力分配格局

新中国成立 60 年来，我国财政体制改革大致经历了三个阶段（见表 2）。第一阶段是 1980 年以前，高度集中的管理体制是这一时期的主要特征。在这种背景下进行的财政体制改革，主要是周期性地对财权进行下划和上收。第二阶段是 1980—1993 年，放权让利是这一时期经济和财政体制改革的主线。为了突破传统的高度集中型财政体制，国家财政先后通过实行多种分成体制、“分灶吃饭”以及财政承包制等形式，进行了不懈的探索。第三阶段为 1994 年以后，通过改革推进财税制度创新，逐步建立与社会主义市场经济相适应的规范化财政体制的阶段。新中国成立以来的历次财政体制改革，既有成功的经验，也有失败的教训，对经济社会发展产生了不同程度的影响。尤其是 1994 年以来进行的分税制财政体制改革，初步建立了适应社会主义市场经济发展要求的财税体制基本框架，对推进整个经济体制改革，促进经济持续快速健康发展起到了积极的作用。

经过分税制的建立和完善，我国中央财政收入占比大大提高。但是，经过转移支付之后，中央实际支出比例与分税制前基本相近。目前来看，中央和地方财政的收入比例大概各占一半。但是，经过转移支付后，中央和地方财政支出的比例大概是 20: 80（2009 年数据）。具体如下面图 1 和图 2 所示：

表 2　新中国成立以来财政体制沿革

	实行时间	财政体制简述
统收统支	1950 年	高度集中、统收统支
	1951—1957 年	划分收支，分级管理
	1958 年	以收定支，五年不变
	1959—1970 年	收支下放，计划包干，地区调剂，总额分成，一年一变
	1971—1973 年	定支定收，收支包干，保证上缴（或差额补贴），结余留用，一年一定
	1974—1975 年	收入按固定比例留成，超收另定分成比例，支出按指标包干
	1976—1979 年	定收定支，收支挂钩，总额分成，一年一变，部分省（市）试行“收支挂钩，增收分成”
吃饭分灶	1980—1985 年	划分收支，分级包干
	1985—1988 年	划分税种、核定收支、分级包干
	1988—1993 年	财政包干
分税制	1994 年至今	按照统一规范的基本原则，划分中央地方收支范围，建立并逐步完善中央对地方财政转移支付制度

资料来源：财政部网站。

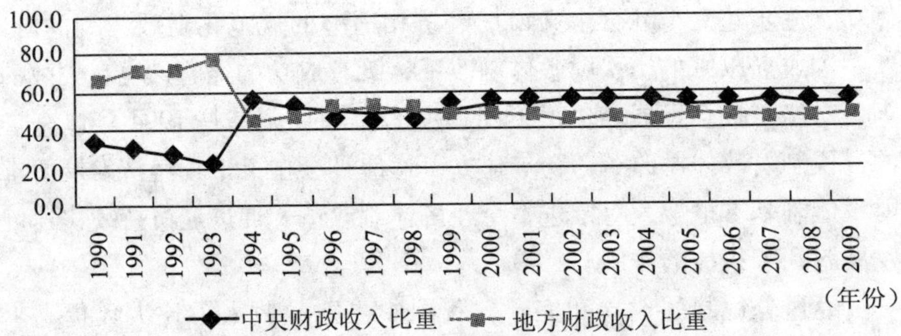

图 1　1990—2009 年中央财政收和地方财政收入比重

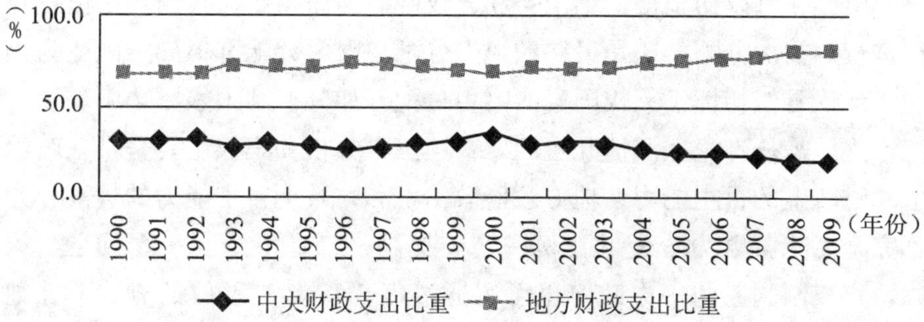

图 2　1990—2009 年中央财政收和地方财政支出比重

（三）中美两国中央和地方财力分配的合意性分析

在中美两国数据的基础上，可以将二者之间的分配格局加以对比。转移支付之前的格局可以称为依据财权进行的初次分配，转移支付后的格局可以称为再分配后的财力分配格局。以 2009 年为例，转移支付前我国中央财政收入和地方财政收入的比重大概为 50∶50，转移支付后，这一比重变为 20∶80。事实上，这一比重无论在转移支付前后都比美国要低。美国 2010 年转移支付前后，联邦与州和地方政府财力的比重均为 60∶40 左右（还需考虑到债务收入形成的支出）。

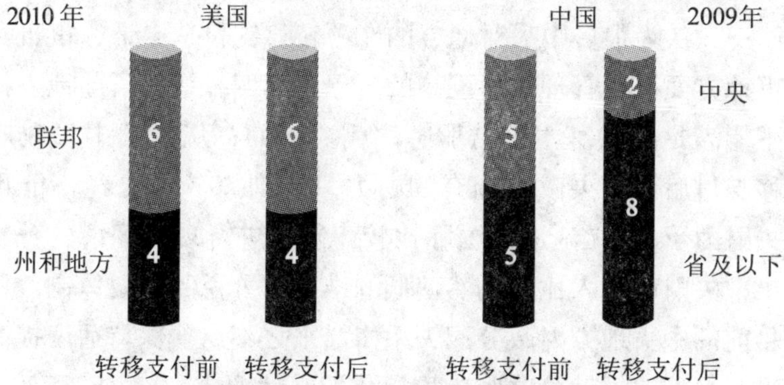

图 3　中美两国转移支付前后中央和地方财力的比较

资料来源：作者根据前文中美两国数据自制。

由此，可以初步得出结论：和分权制的美国相比，我国无论依据财权进行的初次分配，还是最终的财力分配，财力分配都不如美国更为集中。结论看似相悖：集权国家的财力分配不如分权制国家更集中。

这里需从理论上澄清几个问题：第一，分权和集权主要是指在政治上和财政上的自主能力，地方政府政治上和财政上自主能力的提高，并不完全意味着财力分配的比例一定要提高，二者不是同一个问题。第二，集权制国家的中央政府也可以通过将“事责”下放的方式，让地方政府来履行“事责”。

图3表达的结论是一个实证性的问题，只是表达了转移支付前后的财力分配格局，其并未表达到底这种分配格局是否合意。还是回到文章刚开始所阐述的规律：“每级政府干多少事，必须有多少钱”。用这一规律来评判格局的合意性。实际上，用这一规律来进行评判合意性的时候，仍然存在很多困难。首先应根据“每级政府所干的事”评估其“应该花的钱”，然后再给予其“应该有的钱”。但是，如何才能精确地测算出“每级政府所干的事”和“应该花的钱”之间一一对应的关系呢？这是非常困难的事情。通过笔者在与部分地方政府部分财政官员的访谈中，可以发现很多人均持有以下四种观点：第一，认为分税制之后，中央政府集中的过多；第二，认为中央对地方政府转移支付的分配不均；第三，认为很多中央对地方的专项转移支付从申请、审批、使用和事后审计方面存在管理效率不高的现象；第四，认为目前地方拥有的财力远不能满足提供基本公共服务之需。然而，从我国中央政府角度看：转移支付后，中央政府拥有的财力只达到20%，已经不能再继续减少中央财力了，“无论进行国际比较，还是进行现实国情的分析，都可以得出中央财政收入比重仍然偏低的结论。分税制财政体制改革异常艰辛，目前的中央地方财政分配关系格局来之不易。保持适度提高财力集中水平，是加快推动公共服务均等化的必然要求。”（李萍等，2010）实际上，用“每级政府干多少事，必须有多少钱”来进行评判我国的财力分配格局依旧是非常困难的。可以预见的是：大多数地方政府（即便是不少富余的东部地区）依旧是钱不够花，而中央政府必定是有

一定的财政资金进行均等化的分配。

五、主要结论

通过上文的分析，可以得出以下结论：

第一，政府间财政关系的理顺，必须力图使“转移支付后的财力”和“事责”相匹配，而“财权（形成‘转移支付前的财力’）”和“事权”相匹配，“两个匹配”均要实现。中央政府和地方政府之间不仅需要进一步划清各自的“事权”，更应划清各自的“事责”。进一步明确中央落实的事务，中央委托地方政府落实事务，中央和地方共同落实事务和地方落实事务的区分。

第二，如果用“两个匹配”来评判我国目前的财力分配格局将是非常困难的事情。需要客观分析到底地方政府要完成多少事、实际有多少钱、应该有多少钱等问题。在解决上述问题上，我国各级政府财政支出效率和透明度问题都是值得重视的管理问题。

第三，在我国的特殊国情和国际大环境下，应保持财政收入在中央政府和地方政府的初次分配环节中，实现适度的集中；在转移支付后的再分配格局中，地方政府拥有的财力占有较大的份额。

第四，区分“转移支付后的财力和事责的匹配问题”及“转移支付的公平和效率问题”等问题。恰当认识上述问题之间的因果关系，不能简单地将前者视为“因”，后者视为“果”。即不能简单地认为：转移支付不均、效率有待提高就得出财力和事责不匹配的结论。

第五，随着“增值税扩围”的进行，按照既有的财政体制，初次分配后中央财政的集中度会进一步提高。未来财政体制的调整的基本原则应是，首先确定初次分配和再分配中央财政的合意集中度，然后，按照公平和效率的原则将税种加以划分。

第六，当前的短期关键问题是应进一步调节中央对地方转移支付的规模和结构，并提高专项转移支付资金事前、事中和事后的管理效率。

【参考文献】

李萍主编：《中国政府间财政关系图解》，中国财政经济出版社2006年版。

李萍主编：《财政体制简明图解》，中国财政经济出版社2010年版。

马海涛：《财政转移支付制度》，中国财政经济出版社2004年版。

安体富、任强：《公共服务均等化：理论、问题与对策》，载《财贸经济》2007年第8期。

侯一麟：《政府职能、事权事责与财权财力：1978年以来我国财政体制改革中财权事权划分的理论分析》，载《公共行政评论》2009年第2期。

倪红日：《应该更新“事权与财权统一”的理念》，载《涉外税务》2006年第5期。

王国清、吕伟：《事权、财权、财力的界定及相互关系》，载《财经科学》2000年第4期。

高培勇：《从“放权让利”到“公共财政”——中国财税改革30年》，载《光明日报》2008年10月14日。

财政垂直不平衡、分权与政府规模扩张：来自中国的经验（1953—2010）*

张　光　汤金旭**

内容摘要： 本文探讨了政府间关系，尤其是政府间财政关系对政府规模的影响。作为分权关键性指标的经济决策分权和财政收支分权的不同组合会对政府规模产生不同的影响。以新中国成立以来中国政府间关系的演变作为研究对象，文章发现，经济决策分权是财政分权影响政府规模的先决条件，一旦地方具有了经济上的自主性，财权集中、事权分散的财政关系所导致的财政垂直不平衡对政府规模的扩张具有显著的推动作用。本文挑战了只注重分权而忽略了转移支付可能导致的不利影响的第一代财政联邦主义，并指出平衡财权和事权是当今政府间财政关系改革的一个方向。

关键词： 经济分权　财政分权　垂直不平衡　政府规模

---

* 本文曾在第四届“中国公共预算研究”全国研讨会（南京审计学院，2012 年 4 月 7—8 日）报告。

** 张光，男，厦门大学公共事务学院政治系教授，主要从事公共财政、比较政治、国际政治经济学研究；汤金旭，男，美国纽约大学政治系研究生。

一、导言

随着政府越来越频繁地将触角伸入社会经济领域，政府规模问题逐渐成为学者关注的热点问题之一。德国学者瓦格纳（Wagner）最早通过对19世纪西方强国的工业化和公共部门的考察，提出了经济活动与公共支出之间存在正相关关系，即“随着工业化国家人均收入的增加，公共部门的扩张也会加快”的论断，并被称为瓦格纳定律。这是从经济增长的角度解释政府规模的开山之作，之后的实证研究则采用了不同的计量方法，选取了不同的国家和时间区间，考察经济增长与政府规模之间的互动关系（Wagner and Weber，1977）。此外，还有学者考察了贸易开放对政府规模的影响，并得到了完全相反的结论。有学者认为经济越开放，政府的干预就越少，规模自然也是越小（Islam，2004）；不过，更多的研究则表明，一个国家的经济越开放，来自外部的风险越大，越需要政府提供社会保障和就业培训等服务，政府支出和规模也会因此而扩大（Balle and Vaidya，2002）。

除了经济增长和贸易开放的角度，政府间关系，尤其是政府间财政关系对政府规模的影响也是学者关注的焦点，而对两者关系莫衷一是的回答更是使得它具有了长久的生命力。这一方面研究中影响最大的莫过于查尔斯·丁波（Charles Tiebout）于1956年发表于《政治经济学杂志》（*Journal of Political Economy*）上的《一个关于地方支出的纯理论》（A Pure Theory of Local Expenditures）一文，在这篇文章中，丁波研究了在公共部门存在的条件下，各级政府提供公共产品的最佳效益问题，并认为各个地方政府之间的相互“竞争”会促使其更有效地提供人们所需要的公共产品和服务（Tiebout，1956）。这为之后研究地方政府规模的学者提供了坚实的理论依据，追随着丁波的理念，众多学者从地方政府竞争的角度考察了分权与政府规模的关系，其中最具代表性的观点认为财政分权能够导致地方政府间为抢夺流动性的资源而展开税收竞争，地方政府竞相削减税率的自然结果便是政府规模得到了自动遏制

（Brennan and Buchanan，1980）。马洛（Marlow）通过对美国1946—1985年这40年财政分权与政府规模的研究，得出两者之间存在负相关关系的结论（Marlow，1988）。莫森（Moesen）和范（Van）则以地方政府的税收占政府总支出的比重为分权指标，以19个经济合作与发展组织国家为样本，发现税收分权降低了政府总规模（Moesen and Van，2000）。罗登（Rodden）的研究也表明，拥有了确定税率和税基权力的地方政府会因为分权而减小政府规模（Rodden，2003）。

但是，仍有很多学者不同意这一观点，他们认为分权反而会助长政府规模的扩张。瓦利斯（Wallis）和奥茨（Oates）认为财政分权程度的增加会导致政府规模的扩张，他们给出了两条理由：其一是财政分权会引起政府支出的规模经济损失，其二是由于财政分权的情况下，公众对地方政府拥有更大的影响力，他们扩大政府职能的积极性也会提高（Wallis and Oates，1988）。格罗斯门（Grossman）在马洛的研究基础上，探讨了政府间转移支付对政府规模的影响，他认为虽然财政分权削减了政府总规模，但政府间的转移支付却助长了政府规模的扩张（Grossman，1989）。同样，他对澳大利亚财政分权与地方政府的个案研究也证明了这一点（Grossman，1992）。而Jin和Zou则通过对17个工业化国家和15个发展中国家1980—1994年数据的研究，发现财政支出分权会导致整个政府规模和地方政府规模的扩大，但会缩小中央政府的规模；而财政收入分权则提高了地方政府的规模，缩小了中央政府和整个政府的规模（Jin and Zou，2002）。总支，财政分权与政府规模的关系并无定论。

对分权和政府规模关系的争论从未停息，以中国为个案的研究也引来众多学者的关注，成为公共行政领域的前沿问题。胡书东使用1986—1997年中国29个省区市的面板数据，发现在中国，财政分权实际上推动了政府规模的扩大（胡书东，2001）。王文剑的研究也发现中国的财政收入、支出分权与地方政府整体规模正相关（王文剑，2010）。陈（Chen）利用1986—1998年的省级面板数据发现，由于财政分权带来的竞争压力被中央和省级政府之间的“共谋”行为所抵消，分权并不能约束不同层级的地方政府的规模（Chen，2004）。范子英和张军认为财政分权所带来的转移支付相对于地方的财政收入会产生“粘纸效应”（范子英、张军，2010），地方政府的规模也会因此而严重扩张。吴木銮与林谧的研究也表明，财政收入端或支出端分权与政府规模存在显著的正相关关系（吴木銮、林谧，2010）。但是郭庆旺和贾俊雪利用1997—2005年我国县级面板数据进行的实证分析却发现财政支出分权对县级地方政府支出规模具有显著的正效应，财政收入分权则具有显著的负效应（郭庆旺、贾俊雪，2010）。潘春阳的研究也表明，虽然在东部省级行政区中，财政分权与政府的规模呈现正相关关系，但在中国的中西部省级行政区，情况则相反（潘春阳，2008）。

无论是世界范围内跨国研究，还是对中国个案进行的研究，对分权与政府规模的关系问题的研究之所以会得到如此众多，甚至完全相反的结论，究其原因，除了研究所采用的数据、模型设置以及估计方法有所不同，最关键的一点在于对分权的定义和测量有不同的见解和运用。既有的对中国财政分权程度的定量测量，绝大部分是仿照世界银行的“财政分权指标”，使用各地方财政收支占全国或中央财政收支的比重来操作，以全国总的财政收入或支出为分母，以地方财政收入或支出为分子，比重越大，分权的程度越高（Zhang and Zou，1998；Jin and Zou，2005；张晏、龚六堂，2005；乔宝云、范剑勇、冯兴元，2005；周业安、章泉，2008；傅勇，2010）。张光对这一测量方法提出了批评，认为“使用地方财政收支占全国或中央财政收支份额来操作中国各省的财政分权水平，完全是对‘以下级政府的财政数值份额来刻画财政分权程度’的指标的误用”。这是因为以全国或中央财政收支作为衡量地方财政分权的基数存在分母相同的问题，会导致各省财政收支绝对值和各省财政收支占全国财政收支的比重之间相关关系为1的问题（张光，2011）。陈硕、高琳的研究也表明，不同的分权指标有其不同时段的适用性，它们的背后反映了迥异的事实和逻辑，彼此不能混用（陈硕、高琳，2012）。此外，世界银行提倡的“分权指数”反映了各国不同的政府间关系甚至政治制度的安排，而在中国，地方政府收支占全国收支的比重的差异更重要的是经济决策和财政制度的变化导致的。中国从中央集权的计划经济向社会主义市场经济的转变，直接导致中央政府财政支出的比重从50%以上的水平，跌落至20%的水平。而分税制的引入，更是集中财政权力的努力，中央财政收入与地方财政收入的差额迅速缩小，并且一度超过地方财政收入。

我们认为相较于以地方财政收支占全国财政收支的比重，正确的分权指标应该同时考虑地方政府的收入与支出，以更好地反映地方财政的自主性和地方政府可能采取的策略行为。据此，我们引入财政垂直不平衡的概念：

$$\text{财政上的垂直不平衡（VFI）}=\frac{\text{地方预算内财政支出}}{\text{地方预算内财政收入}}$$

当VFI小于1，即地方政府的收入并非全部用于本地区的支出，而是要将相当一部分上解中央时，地方政府的策略行为就是缩减预算内的财政收支，将预算内转向预算外，甚至直接减少财政收入，采取“藏富于民”和“藏富于企业”的办法抵消不利的财政制度安排给地方利益造成的损失。这样，偏向中央的财政制度安排会约束地方政府规模的扩张。与此相反，当VFI大于1，即地方政府需要依靠中央的转移支付来满足本地区的支出需求时，地方政府便会极力争取中央原本用来平衡地区财政不平衡的转移支付，财政收入水平低的地方政府会去争取，财政收入高的地方政府也不会放过，因为此时的中央转移支付已经成为“公共池塘资源（common pool）”，作为经济理性人的地方政府没有理由拱手相让这份额外的，且规模庞大的财政收入。这样，偏向地方的财政制度安排很自然地推动了地方政府。

除此之外，我们认为仅仅财政分权还不足以反映分权的内涵，经济分权，更确切地说，经济决策分权也是分权的重要部分。回到丁波模型，在他的众多前提假设中，最重要的先决条件便是居民可以自由流动，并且有众多的地区可供选择。这都是经济分权的表现，很难想象在政治经济集权的条件下，居民可以自由选择差异化的地区，以实现“用脚投票”。所以，经济分权之所以重要，是因为它是财政分权发生作用的先决条件。可以想象，只有当地方政府拥有了经济决策权，对地方的经济和社会事务具有了发言权甚至是决策权时，他们才有动机和手段来应对财政制度的安排；没有了经济决策权，地方政府和领导人只能充当中央在地方的代理人，不存在地方自身的利益。

由中央集权的计划经济向市场经济转型，并经历了两种截然不同的税收制度的中国为我们提供了验证上述假设的绝佳案例，本文以下部分将首先梳理何为经济分权以及何为财政分权，紧接着将结合中国的案例，讨论在不同的经济制度与财政体制下，地方政府会采取哪些策略行为，又会对政府规模产生哪些影响。理论推演之后，我们会利用1953—2010年这将近60年的数据，对关于经济决策和垂直不平衡的假设进行检验。最后总结本文的发现、启示以及研究的不足之处。

二、理论分析

政府间关系的制度性安排如果会对政府规模产生重大影响，经济决策权的归属和税收责任的分配就一定是最重要的两方面。我们认为当一个国家经济决策集权，地方政府对本地方的经济和社会事务没有决策权的时候，他们没有能力和手段支配税收的征收和转移，那么税收责任的划分不会对地方政府产生任何激励，政府的规模也不会受到影响。而当一个国家经济上分权，地方政府对本地区的经济和社会事务享有决定权，地方政府便会开始以地方利益为导向来选择自身的税收行为。地方利益和权力的急速膨胀会使中央与地方关系的紧张不断加剧，税收责任的划分从而也会对地方政府规模的扩张产生重要的影响。

税收权力的分配是一个宪政的问题，事关一个国家的统一与独立。尽管诸如美国等联邦主义国家的各级地方政府都享有本级政府的征税权力，但是在多数国家，税收权力的分配都由中央政府决定，地方政府只能被动接受，所以在中央与地方的博弈中，税收权的归属，也即VFI是大于1还是小于1属于中央政府的决策范围。也正是通过调整税收分配和VFI，中央政府影响了地方政府的行为模式和整个利益分配。地方政府虽然在税制安排上需要服从中央政府，但是具体到税收的征收上，它就获得了多征和少征的裁量权，其最后的落脚点自然是能使地方利益最大化的征收水平。所以在博弈模型中（见图1），我们认为地方有“多征收”和“少征收”两种策略行为，并会依据中央政府税制安排的变化而变化。所以，当税制的安排是由地方政府负责税收的征收，并根据相关的协定上缴中央，即当VFI小于1，地方政府的支出小于本级政府的收入时，地方政府多征税的结果是大部分的利益被中央政府夺去，自身留存收入与所征收的收入不成比例，中央不需要付出多大的努力，即可获得3的收益，而地方仅能得到1的收益，所以在这种税制下，多征收绝对不是地方政府的最佳选择。相反，如果地方政府采取少征收的对策，那么尽管本级政府的收入并不能达到最大化，但是这部分未征收收入不会落入中央政府之手，而是留存在本地区，这对地方政府而言，即使不是最优选择，也会是一个次优的选择。因为如果地方政府税收边际努力得不到100%的回报，而税收减免机制却能促进地方经济发展，地方政府与中央政府博弈的结果，就是地方政府降低税收努力减缓税收收入增长速度，以此来抵制中央政府的税收增长分成（吕冰洋、郭庆旺，2011）。此时地方政府的收益为3，中央政府的收益却因为地方政府的“消极怠工”而降到1。

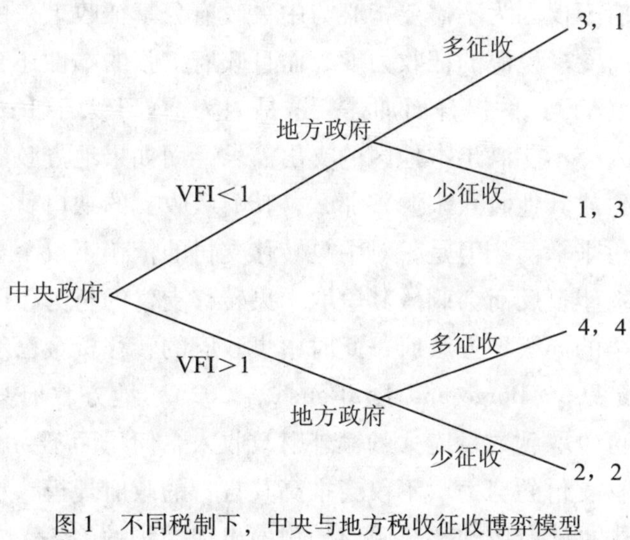

图1　不同税制下，中央与地方税收征收博弈模型

地方少征收税，以牺牲中央的财政收入为代价来实现“藏富于民”和“藏富于企业”的举措，自然会使中央政府采取反制措施，即通过改变税收的征收方式，完全由中央政府来征收，或中央政府和地方政府分别征收特定的税种。中央政府这一策略的改变，会导致VFI大于1，整个博弈的均衡也会因此而颠覆：此时，如果地方政府继续维持少征收的水平，首先它自身的财政收入依旧会维持在一个比较低的水平（2），而中央政府因为拥有了独立征税的权利，财政收入比之前有明显提高（中央政府依靠自己的税收权力也可获得2的收益）；而如果地方政府选择放弃低征收的策略，转而加强税收的力度，显而易见，其自身的财政状况会得到明显改善（上升至4），此外，如果某些税种属于中央与地方的共享税，那么，中央也会乐意见到地方多征收的举动，双方的境况都会因此而得到改善（中央的收入也因地方的努力而增至4）。与由地方征收后上解中央的办法相比较，以分税合同为主的契约转变的税收分权使“中央与地方税权边界比较清楚，税收风险和收益基本由双方自己承担，税收激励比较明显，中央政府和地方政府均有动力提高税收努力”（吕冰洋、郭庆旺，2011），所以中央与地方博弈的均衡最终会落到财政垂直不平衡加剧，地方提高税收努力的局面。

地方政府不仅因为不需要担心与中央政府分享征收上来的税收而加大了本级政府专享税源的征收力度，而且政府扩张的本性还会因为此时财政不平衡（VFI）的提升而加强。这是因为，VFI大于1表明地方政府的本级收入并不能满足本地区的支出需求，而如果地方政府不具备发行债券的权力或其他收入来源，那么，其财政收支的缺口就只能依赖中央的转移支付来平衡。但是，对中央转移支付的依赖不仅不会约束地方政府的支出欲望，反而会刺激其争取中央转移支付的努力，因为，面对众多与其竞争的同级地方政府，此时中央政府的转移资金已经成为一种“公共池塘资源”（Borge and JørnRattsø，2002），地方政府只需付出极小的努力便可争取到数量庞大的额外财政收入，何乐而不为？众多地方政府争取转移支付的努力，不仅会推高其自身的政府规模，也很可能推波助澜，使中央政府以致整个政府的规模出现扩张的趋势。

三、中国的故事

中国财政经济体制的变化为我们检验上述假设提供了绝佳的例证，以1978年为界，我国的经济决策权归属经历了由集权到分权的变化：改革前是高度集中的计划经济体制，地方只能依附与中央，仅仅作为中央管理地方经济事务的分支机构或代理人；而在改革后，地方政府被赋予越来越多的地方经济发展的决策权，蒙迪罗拉（Montinola）等人所说的市场维护型的联邦主义国家指的便是这种经济决策分权的制度安排，不同层级的政府有明确的权力划分，并且在各自的职责范围内有充分的自主权，对本地区经济事务享有决定权（Montinola，Qian and Weingast，1995）。与经济决策权的归属不同，税收责任的分配上主要体现在由哪一级政府负责征税，具体而言，税收征收和分配在各级政府之间的划分有三种形式：一是中央政府征收所有财政收入，地方政府的支出依靠税收分享或转移支付的中央征收模式；二是由地方政府征收所有的财政收入，中央政府完全依靠地方政府上解收入以完成支出任务的地方征收模式；三是各级政府均有征收自有财政收入的权利，并以转移支付等方式弥补收入与支出之间可能产生的不平衡的分税制（Gurumurthi，1998）。我国政府间的财政关系也恰好经历了中央征收（统收统支）、地方征收（财政包干制）和分税制这三个阶段，表1清晰地体现了新中国成立以来我国经济决策权与征税模式的互动关系。

表1 中国经济决策权力归属与政府间财政关系的演变

	中央征收	地方征收	分税制
经济决策集权	中央征收绝大多数财税，地方没有经济决策权，从而没有发展地方经济的积极性，中央决定地方财力分布。例如：中国1953—1958年	地方征收绝大多数财税，中央财政依靠地方上缴，地方没有经济决策权，从而没有发展地方经济的积极性，中央决定地方财力分布。例如：中国1959—1978年	中央与地方分享财政收入，地方没有经济决策权，从而没有发展地方经济的积极性。与中央决定地方财力分布自相矛盾，现实中存在可能性极低

（续表）

	中央征收	地方征收	分税制
经济决策分权	中央征收绝大多数财税，地方具有经济决策权，从而具有发展地方经济的积极性。与中央决定地方财力分布自相矛盾，现实中存在可能性极低	地方征收绝大多数财税，中央财政依靠地方上交，地方具有经济决策权，从而有发展地方经济的积极性，财力分布主要由地方发展决定。例如：中国1979—1993年	中央与地方分享财政收入，地方具有经济决策权，从而有发展地方经济的积极性，中央以转移支付影响地区间财力分布。例如：中国1994年至今

资料来源：（张光、庄玉乙，2011：119）

（一）"统收统支"时期（1949—1978年）

虽然中国在1978年以前也曾两度（1957年和1969年）实施权力下放，不过下放的领域只涉及经济管理，并不涉及经济计划和资源分配。在计划经济的模式下，所有的经济决策都集中于中央，国务院的经济计划委员会作为经济计划当局，控制土地、建筑物、机器等所有的物质生产资源以及其他的资本货物，直接或间接控制农业和工业企业——向农村和工厂分配生产目标并确定产量，全部的消费产品的供给也由他们控制，甚至工厂工人的工资也有他们决定。而在财政体制方面，由于建国初期面临着复杂的国内局势和不安的国际环境，为了尽速回复国民经济、平抑物价、稳定金融，中央政府决定统一国家的财政经济工作，并于1950年3月颁布了《关于统一国家财政经济工作的决定》和《政务院关于统一管理一九五〇年度财政收支的决定》，其主要内容便是要将财政收入集中于中央，财政支出由中央统一审核，逐级拨付，地方财政收入与支出之间基本不发生关系。此外，财政管理权限也集中于中央，一切财政收支科目、收支程序和开支标准也由中央统一制定（于长革，2010）。在经济决策集权于中央保持不变的情况下，改革开放前的中国财政征收体制却经历了从中央征收大多数财政收入到地方征收大多数收入的变化。1953—1959年，财政收入中央征收比重处于73%至

83%的高位，VFI值显著大于1。而从1959年起，财政收入的大部分由地方政府征收，中央的财政收入大部来自于地方政府的上解，VFI值显著小于1。[①] 但是，由于经济决策完全集中于中央，地方政府毫无财政自主性可言，可以预期，改革开放前的财政垂直不平衡不会对政府规模大小产生实质的影响。

（二）"财政包干"时期（1980—1993年）

在不改变政治权力基本结构的条件下，中央和地方实行经济上的分权是中国经济体制改革的一大特色，1978年以后随着计划经济向市场经济的过渡，中国的经济体制实现了由集权模式向分权模式的转变。权力下放的领域从经济管理扩及计划和资源分配，包括扩大地方固定资产投资的审批权、增加地方分配统配物资的品种和数量、实行"划分收入、分级包干"的新财政管理体制，扩大地方对商品价格的定价范围等。改革的结果是"地方政府对经济的影响是广泛而深入的。在中央政府的监管下，地方政府在大多数经济活动中扮演至关重要的角色"（许成钢，2008）。政治权力得到增强的地方政府自然会在财政领域提出相应的决策权要求，加上经济利益的刺激，为了使地方政府有动力提高财政收入和推动经济增长，必须改变集中的财政制度（林毅夫、刘志强，2000）。1980年2月，国务院颁布了《关于实行"划分收支、分级包干"财政管理体制的暂行规定》，明确了中央财政与地方财政的收支范围，地方政府根据与中央政府签订的收入分配合同，在上缴了中央政府收入之后，自主支配剩余的部分。

包干制打破了高度集中的财政体制，地方独立利益主体地位也因此形成；加上财政体制的频繁调整和财政分配关系的不稳定性，中央与地方陷入了囚徒困境之中："如果地方政府不遗余力地加大征税力度，它们有理由担忧，中央会在下一轮谈判中调高他们的上缴比重。所有地方

① 这实际上是实行社会主义计划经济的国家的通用模式，也见于前苏联以及计划经济时期的南斯拉夫、罗马尼亚等国。

政府都知道他们与中央达成的分成合同会在几年之内重新讨论，而中央政府则背着‘鞭打快牛’的坏名声：财政收入快速增长的省份，基数可能调低，上缴比重可能调高。事先预料到中央的这种事后机会主义，地方政府的响应是自己的机会主义，即征税努力程度上留一手（王绍光，1997）。”而地方政府通常的做法则是通过隐藏企业利润或减税，甚至干脆将预算内收入转为预算外收入乃至于体制外收入。据报道，由于上海实行的是定额上解加递增分成的模式，定下每年财政收入 165 亿元，100 亿元归中央财政，65 亿元留地方财政，每增加一亿元，中央与地方五五分成的规定。结果，上海实行财政包干 5 年间，年年财政税收入徘徊在 163 亿元至 165 亿元之间，一点没有增长。北京采取的是收入递增包干分成模式，约定的年增长率是 4%，其结果是在这 5 年之中，北京每年财政增长不多不少，恰好为 4%，分税制之后才发现北京隐瞒了 98 亿元收入（赵忆宇，2003）。而这两个直辖市这样做在当时之所以能够成功，也恰恰是因为地方政府是地方国有企业和乡镇企业的所有者，因此可以实际控制企业的现金流（陶然、陆曦、苏福兵、汪晖，2003），可见，如果没有经济决策的独立，面对不利税制安排的地方政府纵有再大的不乐意，也终究是无计可施。

然而，与实行“总额分成”“收入递增包干”或“上解额递增包干”的省市减小预算内收入或变预算内收入为预算外收入不同的是，实行“定额上解”和“定额补助”的省份因为在向中央上缴定额的收入或从中央获得定额的补助之后，其自有的收支不再与中央发生关系，处于相对自主的财政环境，地方政府则因此缺少了隐匿收入的动机，其组织预算内收入的积极性将显著高于其他省份。历史数据也证明了我们的推断（见表 2），按当年价格计算，1988—1990 年，定额补助地区的预算内收入年均增长率为 16.09%，远远高于其他各类地区；而它们的预算外收入年均增长率则仅有 3.48%，略高于定额上解地区的 2.96%，但显著低于其他各类地区（张光、庄玉乙，2011）。

表 2　财政包干制下不同待遇地区预算内和预算外财政收入年均增长率，1988—1990　　（单位:%）

分类	总额分成	收入递增包干	上解额递增包干	定额上解	定额补助
预算内	7.65	8.74	11.63	9.46	16.09
预算外	8.18	4.13	8.31	2.96	3.48

注：根据当年价格数据计算。总额分成加增长分成地区中的大连市、青岛市和武汉市由于数据缺乏未报告。资料来源：中华人民共和国财政部，《中国财政年鉴》相关年份；转引自张光、庄玉乙：《中国地区财力均等化的库兹涅兹拐点到来了吗？财税包干、分税制和地区财力均等化》，载《公共行政评论》，2011 年第 6 期。

总之，在财税大包干时期，地方政府在获得了经济决策的自主权的同时，在财政收入体制上，仍然沿用了改革开放前地方政府负责征收大多数税收收入，中央政府依靠地方政府上解来解决自己的财政支出需要的模式。在这个体制下，VFI 系数或者小于 1，或者略等于 1。我们预期，在这段期间，地方为了尽可能地避免与中央分成，使它们采取藏富于民、藏富于企业等措施，从而出现政府规模趋于缩减的格局。

（三）“分税制”时期（1994 年至今）

财政“包干制”下地方政府的策略性行为导致的必然后果便是财政预算收入的增长开始落后于 GDP 的增长，中央财政也出现了相对下降的趋势。为了提高“两个比重”，即财政收入占 GDP 的比重和中央财政收入占全国财政收入的比重，从 1994 年开始实行划定中央税、地方税和中央与地方的共享税的“分税制”，建立了独立的国税和地税体系，前者负责征收中央独享税和中央与地方共享税，后者只负责征收地方独享税。此外，中央对地方的转移支付制度也浮出水面，通过税收返还和专项补助来实现地区间的平衡。但是，在显著地向上集中了财政收入的同时，分税制改革并未相应调整不同级别政府间支出责任的划分。而这一时期国有企业、乡镇企业大规模改制都极大地增加了地方社保支出压力，其结果是实际支出责任显著增加的地方政府只能一方面向中央争取转移支付，另一方面加强对本地税收的动员。为了填补地方政府的收支缺口，每年中央政府都会将大量的财政资源转移给地方政府，由于财政支出的缺口需要中央政府的转移支付来弥补，地方总是尽其所能的争取获得更多的转移支付，这便产生了“公共池塘”问题。有数据显示，净转移支付从1994年的1819亿元增加到2010年的32341亿元，年均增长19.71%，这极大地助长了政府规模的扩张。有报道说，全国人大代表申纪兰曾几句话便向副总理要到500万无息贷款①，之所以会出现这种情况，除了申纪兰的特殊身份，主要还是中央财政有转移支付的设计使地方政府获得了向中央争取资金的机会和渠道。

此外，由于地方相对于中央具有信息上的优势，加之按规定属于本级政府征收的税收不再需要上缴中央，尽属地方所有，那么根据“利维坦”假设，地方政府会毫不节制地动员税收，在强化新税制下属于地方独享税的营业税、所得税的征收外，地方政府逐渐开始通过大规模的招商引资来争夺制造业投资，同时开拓以土地出让、各种行政事业性收费为主体的新预算外收入来源，其结果自然加剧了政府规模的扩张。陈抗等人的研究也表明20世纪90年代中期伴随分税制而来的财政集权加剧了地方政府从“援助之手”向“攫取之手”的转变，政府的摄取更多，也更加贪婪（陈抗、Hillman、顾清扬，2002）。从图中我们可以看到，分税制改革使全国和地方预算内财政收入占GDP的比重双双扭转了下滑的趋势，逐年稳步上升，近年来分别超过了20%和10%的水平（见图2）。在这一局面下，VFI显著大于1，由此我们预期，在这段期间，地方在尽可能多地争取中央转移支付的同时，不遗余力地征收那些完全属于它们自己的财政收入，从而使政府规模出现逐渐变大的趋势。

① “1995年，西沟乡党委书记李培林得知姜春云副总理要来西沟，便让申纪兰向姜开口求助。申纪兰并不情愿，但拗不过乡亲，她对姜春云说：‘西沟的山变了，有树了；河变了，有地了；就是上个企业办不成，引资引不上，合办没人来。’随行的财政部官员立马答应给500万元无息贷款。”载《中国青年报》，2012年3月28日。

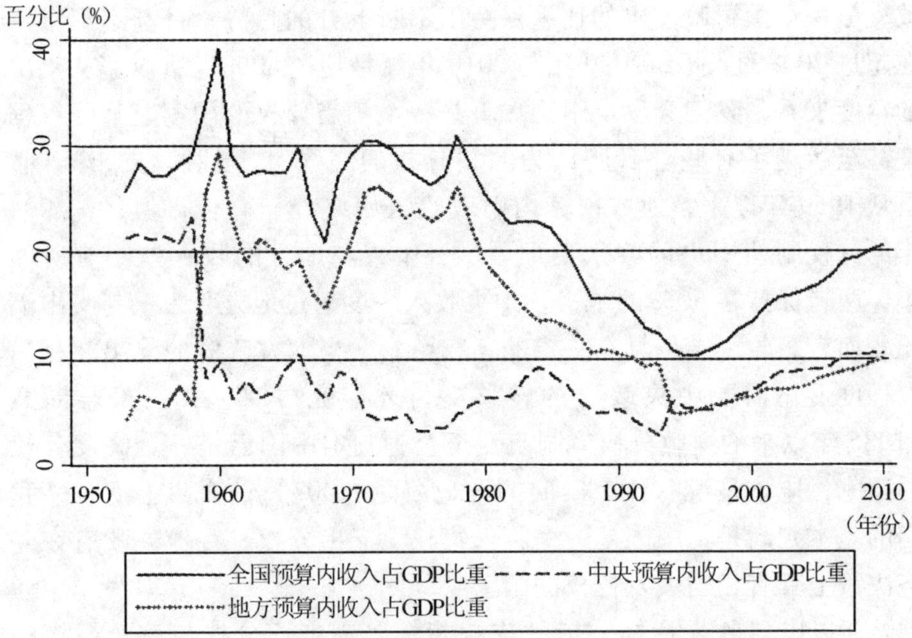

图 2　预算内财政收入占 GDP 的比重，1978—2010 年

资料来源：《中国财政年鉴》（1950—2010）

四、假设、数据与方法

波德（Bird）和埃贝尔（Ebel）认为，要确定一国的财政分权水平，研究者应当回答如下五个问题："1. 谁决定谁得到什么收入；2. 谁负责什么支出；3. 政府间转移是如何运作的；4. 在借贷上，次国家政府具有多大的自由裁量权；5. 回答这些问题的制度框架是由谁来决定的。（Bird and Ebel，2006）" 回到中国的具体情境，建国初期，中央财政负担了大部分的财政支出，地方所占的支出部分不到 30%，自 1958 年至 1984 年，中央与地方的支出比重历经了四个阶段，基本保持相对平衡的状态，但是自 1985 年以来，地方预算内财

政支出占全国财政支出的比重保持了不断上升的趋势，且基本都维持在超过70%的水平，2009年与2010年更是超过80%。所以，从支出的角度来看，我们会发现中国一直是一个相当分权的国家，其分权程度甚至超越了有些学者所认为的“分权的底线”。与财政支出不同，自从1959年以来，地方预算内财政收入始终处于高位，但是，1994年的分税制使中央的收入更加集中，中央与地方的收入差距有所缩小，两者保持在50%的水平，中央收入一度超过地方收入，与支出端比较而言，收入端仍具有一定的集权色彩。当地方政府的支出在相当大程度上还需要中央政府的转移支付才能完成时，我们很难同意“1985年以来的财政分权体制演变至今，判定中国已是一个高度分权的国家，应该是没有什么疑问的”（张军，2007）的观点。所以，我们的基本判断是，中国是一个收入集权、支出分权，且地方政府在经济决策上具有相当大发言权的国家。

所以以“收入指标”或“支出指标”来考察分权与政府规模的影响，必然会得出相反的结论，而且也与事实不符。在这种情况下，采用“垂直不平衡”这一更加准确地反应地方财政收支状况的指标的意义就更加凸显。图3是将同一时间的所有地方政府视作一个整体与中央政府对应时，在时间序列上得到的中央与地方的财政关系。从图中，我们可以很清楚地看到，三种指标呈现出不同的变化趋势，其中“支出指标”稳定的上升趋势完全掩盖了几次财政改革，尤其是分税制的“集权”色彩；而“收入指标”在分税制改革之前的30多年间，一直维持在60%—90%的区间以内，相对稳定，这也没能反映出财政包干制下，地方政府不同于以往的策略行为。而垂直不平衡的变化趋势则较为真实地反映了新中国成立以来历次财政变革对地方政府财政收支造成的影响：改革以前的地方政府几乎没有财政上的自主性，包干制下的地方政府的财政自主性显著上升，但水平仍然比较低，与分税制后的垂直不平衡有显著的差异。所以，在下面的研究中，垂直不平衡将取代“收入指标”和“支出指标”，成为政府规模变化的关键解释变量。

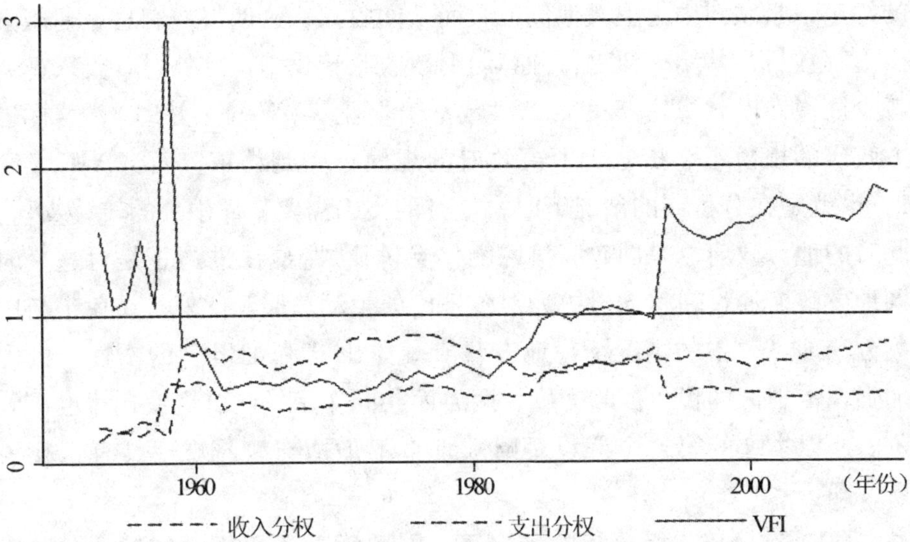

图 3　1953—2010 年中国中央地方财政关系（分权指标比较）

既然财政上的分权只有在地方享有经济上的独立性的情况下才有意义，只有当地方在对地方的经济社会发展的问题上有决策的权力的时候，方能利用财政上的自主性，控制和调整财政的收入与支出，一方面应对中央的财政计划，另一方保护地方的经济利益。而在计划经济体制下，国家以政治力量统合一切领域，淹没了企业与个人在经济和社会领域的自主空间，即使被赋予了财政收支上的自主权，地方政府也因为缺少经济决策权而无力为地方利益谋算。因此我们提出本文的第一个假设：

H1：在经济决策分权的情况下，财政垂直不平衡会对政府规模产生影响，反之则没有影响。

其次，我们认为如果地方政府的支出恰好可由本级政府的收入满足，则这个国家就处于财政垂直平衡的状态，反之，如果收大于支（即 1 < VIF）或是入不敷出（即 VIF > 1），则就处于垂直不平衡状态。当 1 小于 VIF 的时候，中央政府必须依赖地方政府的税收上解，这正是包干制下的情形，此时的地方政府，尤其富裕的省市，依据与中央签订的约定，必须向中央上缴他们征收而来的收入，这使得他们总是期望减少上解数目，其结果便是将预算内财政收入转化为预算外财政收入，或者少征税，以“藏富于民”或“藏富于企业”（Wong，1991），这样地方政府的规模不会扩张，中央政府的规模也受到约束。而当 VIF 大于 1，也就是在分税制的情况下时，地方的支出需要依靠中央的转移支付，此时的地方政府总是向政府争取转移支付，“跑部钱进”正是对这一时期地方政府通过转移支付扩大财政规模的生动写照。此外，在免于与中央分享地方税中的情况下，地方政府暴露出“利维坦”的本性，极力加强在本地区的税收征收力度，两方面共同作用，政府规模自然也扩大了。所以本文的第二个假设是财政垂直不平衡与政府规模具有正相关系，即：

H2：在经济决策分权的情况下，财政垂直不平衡程度越高，政府规模越大。

受限于目前收集到的数据的限制，我们选取资金意义上的政府规模（暂不考虑政府的人头规模），即财政收支占 GDP 的比重（GDP）为被解释变量，为消除经济增长对财政收支所占比重的影响以更好地反映财政收支的变化，我们将被解释变量修正为财政收入（或支出）占 GDP 比重的变动（ΔGDP），为此，我们将使用普通最小二乘法（OLS）进行多元回归分析，建立了以下时间序列模型来检验 H2：

$$\Delta GDPt = a_0 + a_1 VFIt + X + \varepsilon t$$

模型中的 $\Delta GDPt = GDPt—GDP\ (t-1)$，VFI 为解释变量，即财政不平衡，X 代表一系列控制变量，包括通货膨胀率、经济增长率以及贸易顺差，εt 为不可解释的影响因素。我们首先设计了六个因变量，分别是全国财政收入占 GDP 比重增长率，中央财政收入占 GDP 比重增长率，地方财政收入占 GDP 比重增长率，全国财政支出占 GDP 比重增长率，中央财政支出占 GDP 比重增长率，地方财政支出占 GDP 比重增长率，借此，我们希望通过从全国、中央与地方三个层面来考虑垂直不平衡对政府规模的影响。为了体现经济决策权归属对政府规模的影响，我们将1953—2010年的数据分为两段来研究，分别是改革之前的1953—1978年，以及改革之后的1979—2010年，这样一共包括了12个模型。我们预期在改革前的模型中，解释变量不起作用，或者不能通过显著性检验；而改革之后的模型中，垂直不平衡与政府规模呈正相关关系，即VIF值越大，政府规模的扩张越明显。我们的统计数据来自《中国统计年鉴2011》《中国财政统计年鉴2011》以及《新中国60年统计资料汇编》。

表3是多元回归分析的初步检验结果。首先，我们注意到，表3报告的十二个模型的D-W检验值，除了模型VI外，均达到了表明不存在着时间序列模型自相关问题的水平。调整后的R平方值除了在模型II、III和VIII中为负数外，其余的均在0.23—0.60。换言之，模型VI的检验结果是不足以推论的，而在模型II、III和VIII中的自变量对因变量是没有解释力的。其余的模型均具备统计意义上的推断和验证能力。

改革前的六个模型（模型Ⅰ至模型Ⅵ），除了模型Ⅴ和模型Ⅵ，解释变量垂直不平衡的系数都没有通过显著性检验，这与我们的预期相符，即在没有经济决策权的情况下，即使拥有了财政自主性，地方政府也没有动机和手段来扩大收支规模，因为即使拥有较高的收入，其对财政收入的支配仍受到中央的直接影响，中央甚至可以直接调用，再者，经济决策上听命于这样的地方政府纵使谋求扩大财政收支，也因为缺少对本地区经济社会事务的决策权而无计可施。所以，在经济集权的情况下，财政垂直不平衡不会带来政府规模的扩张。例外的两个模型分别是改革前的中央和地方的支出规模，而垂直不平衡分别对这两个因变量起着相反的作用，它抑制了中央政府支出规模的扩张，却助长了地方政府支出规模的扩张。这样的结果表明，即使是在经济自主权有限的情况下，垂直不平衡也会给地方扩张支出规模提供机会，可见，地方为本地区利益而竞争的渴望有多么的强烈，这也预示着一旦经济上获得了独立性，地方政府扩张的欲望会有多么的强烈。但即便如此，反映到全国财政支出规模上，垂直不平衡依然没有显著的影响，因此还是证明了我们预期的准确性。

表3　垂直不平衡与政府规模模型

	1953—1978						1979—2010					
	Ⅰ	Ⅱ	Ⅲ	Ⅳ	Ⅴ	Ⅵ	Ⅶ	Ⅷ	Ⅸ	Ⅹ	Ⅺ	Ⅻ
	全国财政收入占GDP比重的变动	中央收入占GDP比重的变动	地方收入占GDP比重的变动	全国财政支出占GDP比重的变动	中央支出占GDP比重的变动	地方支出占GDP比重的变动	全国财政收入占GDP比重的变动	中央收入占GDP比重的变动	地方收入占GDP比重的变动	全国财政支出占GDP比重的变动	中央支出占GDP比重的变动	地方支出占GDP比重的变动
常数	-5.365	-13.386	8.022	-6.968	13.000	-19.926	-25.070	-3.641	-21.492	-23.734	0.049	-20.779
垂直不平衡度（地支/地收）	-0.131 (-1.093)	0.053 (0.324)	0.184 (-0.854)	-0.023 (-0.165)	-0.312*** (-3.546)	0.288*** (3.078)	0.196*** (5.898)	0.045 (1.139)	0.151*** (3.153)	0.198*** (4.095)	-0.028 (0.613)	0.173*** (3.334)
通货膨胀率	1.483 (0.602)	-0.129 (-0.038)	1.611 (0.364)	-2.757 (-0.989)	1.258 (0.709)	-4.100** (-2.172)	-0.683*** (-3.114)	-0.084 (-0.322)	-0.598* (-1.897)	-0.864** (-2.707)	-0.209 (-0.813)	-0.616** (-2.112)
经济增长率	2.851*** (3.068)	0.611 (0.480)	2.240 (0.195)	2.248** (2.150)	1.642** (2.466)	0.570 (0.804)	—	—	—	—	-0.756 (-1.409)	0.385 (0.632)
贸易顺差比重	-0.531 (-0.532)	-0.479 (-0.350)	-0.052 (-0.029)	-0.954 (-0.904)	-0.600 (-0.892)	-0.284 (-0.397)	—	—	—	—	—	-0.114 (-1.380)
R^2	0.497	0.060	0.143	0.556	0.463	0.644	0.629	0.049	0.342	0.481	0.329	0.390
Adjusted R^2	0.396	-0.128	-0.029	0.471	0.360	0.576	0.603	-0.016	0.296	0.445	0.230	0.300
Durbin-Watson	2.036	2.406	1.729	1.762	2.209	1.171	1.412	1.783	2.002	1.664	1.736	1.581
F	4.938	0.320	0.834	6.571	4.522	9.506	24.566	0.750	7.51	13.436	3.317	4.318
N	25	25	25	26	26	26	32	32	32	32	32	32

注：回归系数为非标准化回归系数。括弧内数值为T检验值。***，**和*分别表示回归系数通过0.01、0.05和0.10水平的显著性检验。

而改革之后的模型同样有两个例外——分别是中央的财政收入与支出规模，而在其他四个模型中，解释变量垂直不平衡都通过了显著性检验，完全符合我们的假设：地方政府在不遗余力地向中央政府争取转移支付的同时，加大了本地区的税收征收力度，地方和全国的财政收支与垂直不平衡呈显著正相关关系。中央财政收支没有通过检验或许可以解释为中央政府的策略性行为不如地方政府，他们作为规则的制定者，更受制约规则的约束，扩张政府规模的能力有限，但是，地方政府规模的扩张还是推动了全国总的支出规模的扩张。

前文已经谈到，在财政“包干制”的制度设计下，地方政府会采取机会主义行为，最主要的一个方式就是变预算内财政收入为预算外财政收入。与受到中央政府不同程度的监管的预算内财政收入不同，不受中央预算计划监管的预算外收入，对于地方政府而言十分具有吸引力。更重要的一点是，地方政府的预算外收入无需与中央政府分享，完全归本级政府支配，而且预算外收入的增长，也不会提高将来的与中央收入分成的比例，所以极力扩大预算外收入成为地方政府“理性选择”的结果（Wang，2002）。但是由于预算外资金的报告覆盖的时间非常短，且其间经过几次统计口径的调整，导致前后数据不具可比性，致使我们不得不暂不考虑预算外收支。

“土地财政”是时下社会热点话题之一，其基本观点是随着分税制改革的实施，财权——主要是指收入权——被收归中央政府，而事权却仍然停留在地方政府的层面，为了填补财权与事权之间的缺口，地方政府纷纷把目光瞄向土地，通过对土地的运作满足本级政府的财政需求。土地出让金（特别是商业用地和住宅用地的出让金）成为地方政府预算外收入的单一主要来源，有研究表明，在省级以下地方政府的财政手中出让土地带来的收入已经占了地方财政总收入的30%—50%，在某些发达地区这一比例达到50%—60%（周飞舟，2007），近年来，土地财政的份额更是超过预算外收入的份额，其对地方财政的重要性可见一斑。依据《中国土地年鉴》与《中国国土资源年鉴》，我们可以获得1993—2009年的土地毛收入数据，但考虑到土地财政真正的起源也是

20世纪90年代初，且1993年的土地毛收入还不足预算内和预算外财政收入的10%，所以我们假定1993年以前的土地收入为零，这样，在计算总的财政收入时，土地收入数据可以一直支持到2009年。

社保基金的收入和支出也占到了地方政府收支的很大比重，在计算总的收支规模时我们也将其考虑在内，由于在社保基金收入中，有部分来自于预算内财政支出的补助，所以我们将这部分资金从社保基金收入中排除，以免重复计算，社保基金的收支数据虽然从1989年才开始报告，但考虑到初始年份其规模只有百亿余元，在总的收支规模中比重很小，我们假定之前年份的社保基金收支为0。

表4是不考虑预算外收支时全国和地方总的财政收支规模的模型，我们发现垂直不平衡这一解释变量在四个模型中都通过了0.01的显著性检验，完全符合我们的预期：1978年实行改革以来，当地方获得了发展本地区经济的自主权的时候，地方政府就会扩大税收动员能力和财政收支收平，也推高了全国的财政收支水平。这再次表明在经济决策分权的情况下，财政上的垂直不平衡的确对全国和地方的政府规模都有正向的推动作用。

表4　垂直不平衡与全国和地方总的财政收支规模，1979—2009年

	Ⅰ	Ⅱ	Ⅲ	Ⅳ
	全国总财政收入（预算内+社保基金+土地收入）占GDP比重增长率，1979—2009年	地方总收入（预算内+社保基金+土地收入）增长率，1979—2009年	全国总财政支出（预算内+社保基金）占GDP比重增长率，1979—2009年	地方总支出（预算内+社保基金）增长率，1979—2009年
常数	-2.670	-2.276	-1.994	-1.557
垂直不平衡度（地支/地收）	0.024*** (4.815)	0.019*** (2.974)	0.022*** (4.122)	0.014*** (3.199)
通货膨胀率	-0.087** (-2.626)	-0.078* (-1.829)	-0.080** (-2.239)	-0.042 (-1.421)

（续表）

	Ⅰ	Ⅱ	Ⅲ	Ⅳ
	全国总财政收入（预算内+社保基金+土地收入）占GDP比重增长率，1979—2009年	地方总收入（预算内+社保基金+土地收入）增长率，1979—2009年	全国总财政支出（预算内+社保基金）占GDP比重增长率，1979—2009年	地方总支出（预算内+社保基金）增长率，1979—2009年
经济增长率	-0.000 （-0.005）	-2.828E-5 （0.000）	-0.060 （-0.730）	0.013 （0.186）
R^2	0.557	0.339	0.486	0.337
Adjusted R^2	0.508	0.265	0.429	0.263
Durbin-Watson	2.049	2.263	1.547	1.516
F	11.309	4.613	8.511	4.565
N	31	31	31	31

注：回归系数为非标准化回归系数。括弧内数值为T检验值。***，**和*分别表示回归系数通过0.01、0.05和0.10水平的显著性检验。

五、结论

通过检验财政垂直不平衡对政府规模的影响，本文挑战了奥茨等的第一代财政联邦主义理论，他们只考虑了转移支付的平衡地区差异的作用，而忽略了转移支付带来的扩大政府规模的代价。这在中国的案例中体现得尤为明显——近年来，中国财政收入的增速甚至超过GDP的张速度。本文通过检验财政垂直不平衡与政府规模扩张的关系，发现在经济决策集权的情况下，垂直不平衡对政府规模没有显著的影响，这表明经济决策分权是垂直不平衡刺激地方政府作为的先决条件。然而，一旦具备了经济分权的条件，财政垂直不平衡的加剧会显著推动政府规模，尤其是地方政府规模的扩张，预算内政府收支和总的政府收支（加上社保基金收支和土地收入）规模模型中，解释变量垂直不平衡都通过了检验。分税制条件下财权集中和事权分散导致的地方财政收支的缺口和地方政府争取中央转移支付的贪婪，以及财政压力下地方政府不断加强的“掠夺之手”，都不利于政府规模的控制。

西方分权理论在中国的适用性问题，在西方，分权不仅仅体现为全国政府与地方政府的关系，更多的是地方政府之间的竞争关系。在标准分权的情况下，地方政府之间还会出现“标尺竞争（Yardstick Competition）”（Besley and Case，1995），选民通过比较相邻地方政府的税收和支出，对当地政府的行为形成约束，而在中国，根本不具备这样的条件，地方政府的财政收支不仅不对选民公开，甚至是作为最高权力机关的人大也无从过问。与国外不同，在中国，分权更多的是中央与地方之间的博弈，所以照搬西方的分权理论也无益于中国政府间关系问题的解决。今天的中国，地方在发展本地区经济和社会事务方面拥有越来越多的自主权，如何在这种局面下，限制地方政府规模的扩张值得人们的深思。可行的办法或许是，中央在保留自身对某些税种的独享权的情况下，将更多的税收权益归还地方政府，这样，中央既保证了自身的财政能力，以发挥宏观调控和平衡地区发展的功能而不至于重蹈“悬崖边财政”的覆辙；与此同时，也加强了地方政府的财政实力，使地方政府获得更大的财政自主权。这样，既要发展地方经济，又要负责平衡本级政府的财政收支的地方政府或许会收敛自己的扩张的本性。此外，转移支付也应该回复到1994年以前的状态，回到平衡水平方向的区域财政不平衡的功能，而不能利用转移支付来弥补地方政府财政缺口，因为，通过争取转移支付来填补由于事权和财权不同意而带来的收支缺口的做法，无异于饮鸩止渴，到头来只能是扩大政府规模，陷入恶性循环。只有通过平衡“财权”与“事权”的分配，从大规模的转移支付转向给予地方政府更多财政自主权的做法，才有可能抑制不断扩张的政府规模。

【参考文献】

陈抗、［以色列］Arye L. Hillman、顾清扬：《财政集权与地方政府行为变化：从援助之手到攫取之手》，载《经济学（季刊）》2002年第1期。

陈硕、高琳：《央地关系：财政分权度量及作用机制再评估》，载《管理世界》2012年第6期。

范子英、张军：《粘纸效应：对地方政府规模膨胀的一种解释》，载《中国工业经济》2010年第12期。

郭庆旺、贾俊雪：《财政分权、政府组织结构与地方政府支出规模》，载《经济研究》2010第11期。

胡书东：《经济发展中的中央和地方关系——中国财政制度变迁研究》，上海三联书店2001版。

林毅夫、刘志强：《中国的财政分权与经济增长》，载《北京大学学报（社会科学版）》2000年第4期。

吕冰洋、郭庆旺：《中国税收高速增长的源泉：税收能力与税收努力框架下的解释》，载《中国社会科学》2011年第2期。

潘春阳：《"中国式分权"能够遏制政府规模的膨胀吗?》，载《世界经济情况》2008年第10期。

陶然、陆曦、苏福兵、汪晖：《地区竞争格局演变下的中国转轨：财政激励和发展模式反思》，载《经济研究》2009年第7期。

王绍光：《分权的底限》，中国计划出版社1997年版。

王文剑：《中国的财政分权与地方政府规模及其结构》，载《世界经济文汇》2010年第5期。

吴木銮、林谧：《政府规模扩张：成因及启示》，载《公共管理学报》2010年第41期。

许成钢：《政治集权下的地方经济分权与中国改革》，见青木昌彦、吴敬琏主编：《从威权到民主：可持续发展的政治经济学》，中信出版社2008年版。

于长革：《中国财政分权的演进与创新》，经济科学出版社2010年版。

张光：《测量中国的财政分权》，载《经济社会体制比较》2011年第6期。

张光、庄玉乙：《中国地区财力均等化的库兹涅兹拐点到来了吗？财税包干、分税制和地区财力均等化》，载《公共行政评论》2011年第6期。

张军：《分权与增长：中国的故事》，载《经济学（季刊）》2007年第1期。

赵忆宇：《分税制决策背景回放》，载《瞭望新闻周刊》2003年第37期。

Charles M. Tiebout, "A Pure Theory of Local Expenditures", *The Journal of Political Economy*, Vol. 64, No. 5, 1956, pp. 416 - 424.

Chien-Hsun Chen, "Fiscal Decentralization, Collusion and Government Size in China's

Transitional Economy", *Applied Economics Letters*, Vol. 11, No. 11, 2004, pp. 699 – 705.

Christine PW. Wong, "Central-Local Relations in an Era of Fiscal Decline: The Paradox of Fiscal Decentralization in Post-Mao China", *The China Quarterly*, 1991, pp. 691 – 715.

Frank Balle and AshishVaidya, "A regional Analysis of Openness and Government Size", *Applied Economics Letters*, Vol. 9, No. 5, 2002, pp. 289 – 292.

Gabriella Montinola, Yingyi Qian, and Barry R. Weingast, "Federalism, Chinese Style: the Political Basis for Economic Success in China", *World Politics*, Vol. 48, No. 1, 1995, pp. 50 – 81.

Geoffrey Brennan and James M. Buchanan, *The Power to Tax: Analytic Foundations of a Fiscal Constitution*, Cambridge University Press, 1980.

Jing Jin and Heng-fuZou, "How Does Fiscal Decentralization Affect Aggregate, National, and Subnational Government Size?", *Journal of Urban Economics*, Vol. 52, No. 2, 2002, pp. 270 – 293.

John J. Wallis and Wallace E. Oates, "Does Economic Sclerosis Set in with Age? An Empirical Study of the Olson Hypothesis", *Kyklos*, No. 41, 1988, pp. 397 – 417.

Jonathan. Rodden, "Reviving Leviathan: Fiscal Federalism and the Growth of Government", *International Organization*, Vol. 57, No. 4, 2003, pp. 695 – 730.

Lars-Erik Borge and JørnRattsø, "Spending Growth with Vertical Fiscal Imbalance: Decentralized Government Spending in Norway, 1880 – 1990", *Economics & Politics* Vol. 14, No. 3, 2002, pp. 351 – 373.

Michael L. Marlow, "Fiscal Decentralization and Government Size", *Public Choice*, Vol. 56, No. 3, 1988, pp. 259 – 269.

Muhammad Q. Islam, "The Long Run Relationship between Openness and Government Size: Evidence from Bounds Test", *Applied Economics*, Vol. 36, No. 9, 2004, pp. 995 – 1000.

Philip J. Grossman, "Fiscal Decentralization and Government Size: An Extension", *Public Choice*, Vol. 62, No. 1, 1989, pp. 63 – 69.

Philip J. Grossman, "Fiscal Decentralization and Public Sector Size in Australia", *Economic Record*, Vol. 68, No. 3, 1992, pp. 240 – 246.

Richard E. Wagner and Warren E. Weber, "Wagner's Law, Fiscal Institutions, and the Growth of Government", *National Tax Journal*, 1977, pp. 59 – 68.

Richard M. Bird and Robert D. Ebel, "Subsidiarity and Solidarity: The Role of Intergovernmental Relations in Maintaining an Effective State", 2006.

S. Gurumurthi, "Intergovernmental Fiscal Relations: Three Faces of Tax Sharing", *Economic and Political Weekly*, No. 33, 1998, pp. 19 – 25.

Shaoguang Wang, "Defective Institutions and Their Consequences: Lesson from China, 1980 – 1993", *Communist and Post-Communist Studies*, Vol. 35, No. 2, 2002, pp. 133 – 154.

TimothyBesley and Anne Case, "Incumbent Behavior: Vote-seeking, Tax-setting, and Yardstick Competition", *American Economic Review*, Vol. 85, No. 1, 1995, pp. 25 – 45.

Wim Moesen and Philippe van Cauwenberge, "The Status of the Budget Constraint, Federalism and the Relative Size of Government: A Bureaucracy Approach", *Public Choice*, Vol. 104, No. 3 – 4, pp. 207 – 224.

财政分权、预算外收入扩张与公共品供给

——基于中国省级面板数据的实证研究*

江克忠　许艳红**

内容摘要：中国的财政分权改革规范和约束了地方政府预算内财政收支行为，地方政府对预算外资金收支拥有更大的自由裁量权，故而采取扩张预算外收入的策略性行为。同时，由于地方政府对不同属性公共品的不同偏好，预算外收支的扩张加剧了辖区公共品供给的不均衡。本文基于中国财政分权改革后的社会现实，验证了尼斯坎南（Niskanen）修正模型在中国的适用性：官僚机构追求可自由裁量财政资源最大化的偏好是地方政府预算外收入扩张的一个重要原因。在公共品供给领域，预算外收支的扩张显著地刺激了地方政府基础设施的供给，对教育经费支出影响不显著，对医疗卫生供给起到改善作用。同时，行政事业单位人员规模过大是地方政府预算外收入扩张和公共品供给领域异常的一个重要原因。

关键词：财政分权　预算外收入　公共品

---

* 此文已发表于《甘肃行政学院学报》2013 年第 5 期。

** 江克忠，男，经济学博士，南京审计学院经济学院讲师，研究方向为公共管理学、家庭代际关系与养老保障；许艳红，女，中国人民银行阳新县支行助理经济师。

一、引言

中国的财政分权改革在重塑地方政府与中央政府的关系，促进经济增长的同时，也产生了一些负面影响，其中包括以下两个方面的突出表现：其一，在财政收入领域，形成了一种“二元财政”格局，地方政府表现出对预算外收入和土地出让收入的强烈偏好和依赖（陈抗等，2002；周飞舟，2006）；其二，在公共品供给领域，地方政府对不同公共品供给表现出截然不同的偏好，在生产性公共品（如基础设施）的供给上，各地区都热情高昂，在非生产性公共品（如教育、医疗卫生）的供给上，很多地区则供给不足（乔宝云等，2006；张军等，2007；傅勇、张晏，2007）。

尼斯坎南（1971）构建了著名的官僚机构追求预算最大化的理论模型，其后，在米格（Migue）和贝兰杰（Belanger）（1974）等研究的基础上，尼斯坎南（1975、1991）对该模型进行了修正：官僚机构最关心的应该是自由裁量权，所以其追求的是可自由裁量财政资金的最大化。结合我国财政分权改革后的现实，相对于预算内资金，无论是从收入或支出角度，地方政府对预算外资金拥有更大的自由裁量权。那么，尼斯坎南修正模型在中国是否适用？对应于财政分权改革后中国地方政府预算外收入的扩张，其产生的根源是什么？这是本文重点研究的首要问题。

追求可自由裁量的财政资金的最大化肯定不是官僚机构的终极目标，源于但斯（Downs，1957、1967）对官僚行为的研究：官僚就像经济市场中的消费者和生产者一样，服从基本的“经济人”假设，即他们总是在既定的制度安排下，追求自我效用的最大化。同样的，在中国财政分权改革后的现实背景中，特别是在地方政府官员追求晋升的“锦标赛”竞争模式下，地方政府官员对不同属性的公共品有显著差异的偏好。那么，地方政府可自由裁量的预算外收支的扩张是否对辖区基础设施、教育、医疗卫生等公共品供给的现状产生了实质性的影响？这是本文重点研究的第二个问题。

下文结构安排如下：第二部分从探讨我国财政分权改革后地方政府规模庞大的预算外收入形成的原因出发，实证检验尼斯坎南修正模型在中国的适用性。第三部分以传统的地方政府之间“锦标赛”竞争模式为理论基础，实证研究地方政府预算外收支扩张与公共品供给的关系。第四部分是本文的简要结论。

二、地方政府预算外收入扩张的原因分析

（一）研究背景和现状

财政分权改革后中国地方政府都存在规模庞大的预算外收入。其中，1998—2009 年，地方政府预算外收入由 2918.14 亿元增加到 6062.64 亿元[①]；中国大陆 30 个省级行政区（西藏除外）预算外收入占预算内外总收入的平均比重高达 28.67%。[②] 对于财政分权改革后地方政府规模庞大的预算外收入存在的根源，既有研究的视角和观点基本一致：由于地方政府缺乏税收立法权，而且在和中央政府确定税收分享方面处于弱势地位；同时，地方政府预算内财政责任和支出压力不断加大；这样，地方政府不得不想办法扩大财政资源，从而导致了预算外收入的扩张（贾康、白景明，1998；黄佩华，2003；马元燕，2005）。同时，王志刚和龚六堂（2009）、李婉（2010）等通过构造衡量地方政府财政分权变量的指标，实证研究表明财政收入分权、支出分权等变量对地方政府预算外收入具有显著性的影响。

财政分权改革后地方政府财政责任和支出压力的加大是个不争的事

① 我国于 1982 年开始建立预算外年度收支统计报告，但是其后统计口径不断调整。比较大的调整主要包括 1993 和 1997 年：其中，1993 年预算外收入中不再包括国有企业和主管部门的收入；1997 年统计口径再次缩小，不再包括上缴国家的预算调节基金。所以，由于统计口径的不断缩小，预算外收入不具有可比性，但是 1998 年后统计口径基本稳定，这也是本文实证研究以 1998 年为起点的主要原因。

② 本文数据没有特别注明来源的，都是作者根据相关年份《中国统计年鉴》《中国财政年鉴》《中国税务年鉴》、中经网统计数据库整理计算所得。

实；但实际上，中央政府在集中预算内收入的同时对地方政府转移支付的力度也不断加大，总体上，地方政府财政支出的比重还呈显著上升的趋势。以1994年的财政分权改革为分界点：其中，1978—1993年，地方政府预算内收入占国家收入的平均比重为70.14%，支出占国家支出的平均比重为58%；而1994—2009年，地方政府预算内收入占国家收入的平均比重为47.45%，支出占国家支出的平均比重为72.13%。所以，既有研究的逻辑和观点还值得商榷，还不能完全解释我国地方政府规模庞大的预算外收入存在的原因。

实际上，既有的研究大多忽视了地方政府预算外收入的执行主体——行政事业单位人员的客观需求和偏好对预算外收入扩张的影响。首先，财政分权改革后地方政府预算外收入以行政事业性收费为主要来源。其中，1998—2009年，预算外资金总收入中行政事业性收费的平均比重高达69.79%。其次，基于尼斯坎南修正模型的论证：官僚机构最关心的应该是自由裁量权的。财政分权改革后，虽然地方政府预算内财政支出比重呈增长的趋势；但是，这种增长是依赖于中央政府的转移支付资金，而转移支付资金中包括规模庞大的专项转移支付，地方政府对于具有“专款专用”性质的专项转移支付资金严格意义上是没有自由裁量权的。例如，1995年，中央政府对地方政府转移支付总量为2532.89亿元，占地方政府财政支出的比重高达52.46%，其中专项转移支付的比重为14.79%。而到2009年，中央对地方政府转移支付总额为28621.30亿元，占地方政府财政支出的比重高达46.88%；其中专项转移支付的比重为43.18%。[①]

（二）理论分析和研究假设

对于地方政府预算外财政行为的研究，起源于博内特和迪洛仁左（Bennett and Dilorenzo，1982）的研究：20世纪70年代末期，美国各地

① 1995年数据来源于：唐明，《物业税税制改革的财政公共管理体制困境探析——地方政府“逆向软预算约束”的分析框架》，载《公共管理学报》，2009年第六卷第1期；2009年根据《我国中央对地方税收返还和转移支付预算统计表》（2010年）http：//data.chinabaogao.com/hgshj/2010/093Z5102010.html 整理计算所得。

纳税人掀起浩浩荡荡的“反税”（Tax Revolt）运动，立法机构制定了相关法律法规对政府税收和公共支出规模进行控制，但结果却导致了地方政府规模庞大的预算外经济活动和债务规模。拜尔斯（Bails，1982）、阿布拉斯和都甘（Abrams and Dougan，1986）等的研究进一步支持了博内特和迪洛仁左的研究成果：地方政府存在策略性行为以规避立法机构和纳税人的监管；而且，当预算内收支行为受约束时，总是寻找其他替代的方式（包括扩张预算外经济活动）以满足其公共支出扩张的需要。

在博内特和迪洛仁左研究的基础上，马洛和乔尔费安（Marlow and Joulfaian，1989）构建了决定美国州和地方政府预算外收入水平的理论模型并进行了实证检验；其研究包含一个重要的论点：地方政府采取不同筹资方式（税收、预算外非税、债务和联邦政府转移支付等）没有特殊的偏好，主要取决于不同筹资方式的相对成本和所受政治约束的大小。其论点本质上与以下研究成果是一脉相承的：“利维坦”行为任何根本性改变的必要条件是其面临的宪政约束发生变化（Brennan and Buchanan，1977、1980）；当立法机构或选民降低赤字融资的阻力时，地方政府倾向于通过发行债券的方式为公共支出筹资，因为通过债务筹资给公众造成财政幻觉，筹资成本和所受政治约束相对较小（Buchanan and Warger，1977）。其后，马洛和乔尔费安（1991）利用美国州和地方政府 1963—1986 年预算内外支出的数据进行格兰杰（Granger）因果关系检验，得出以下结论：预算内支出与预算外支出存在单向的格兰杰因果关系，预算内支出变动是预算外支出变动的格兰杰原因；而且，长期来说二者存在显著的负相关关系。

理论上，中国的地方政府也可以通过以下几种渠道筹集财政资金，以缓解其面临的财政支出压力或缺口：第一，开征新税或提高既有税种的税率；第二，向中央政府寻求更多的转移支付资金；第三，发行政府债券或举借债务；第四，通过增加收费等手段扩张预算外收入。但是现实中，我国地方政府没有税收立法权，所以通过开征新税或提高既有税种税率的方式筹资基本行不通。现实中，地方政府可以和中央政府进行

"讨价还价"寻求更多的转移支付资金，但是向上"讨"存在以下缺陷：交易成本高、结果的不确定性、资金使用方向受中央政府严格控制；而且，财政分权改革后我国转移支付制度的逐步完善，地方政府通过这种方式筹资的效果有限。至于第三种方式，由于我国立法杜绝了地方政府自行发债的权力；现实中，地方政府确实存在规模庞大的隐性债务，但其也面临偿还债务本息的压力；而且，与财政分权改革相伴随的金融管理体制改革，银行管理机制集权化，地方政府对辖区银行信贷行为的控制和影响力度大大减弱；所以地方政府通过借债筹资也是个次优选择。这样，扩张预算外收入就可能成为地方政府的必然选择。

同时，地方政府在特定领域的预算外收入有其存在的必要性和合理性。因为政府提供公共品（服务）除了追求经济增长的目标，还要考虑到对公平的影响，收费是解决公平问题的一个重要工具（Raimondo，1992）。特别是在我国向市场经济转轨时期，由于税收体系的不完善，预算外收入中的部分收费项目还具有"行为课税式"的针对性，其目的在于规范公众或企业的一些行为；部分收费项目还具有"使用者付费"的性质，为政府特定公共支出筹集成本而且兼顾公平的目标。在特定领域赋予地方政府相关部门收费职能的同时，财政分权改革后相关制度的缺失或不完善却为其扩张提供了机会和方便。

首先，由于信息的不对称、公众权利意识发育的不完善等原因，为地方政府扩张预算外收入提供了机会和方便。贾康和白景明（1998）认为在我国向市场经济转轨过程中，市场、技术和体制诸条件发生较大变化，使公共服务与商业性服务边界模糊漂移，不同性质的收费鱼龙混杂，一些政府部门及权力环节，更借势巧立名目增加收费，扩张这类预算外收入。

其次，地方政府辖区企业和民众无法有效地约束地方政府的行为；也就是说，对地方政府扩张以收费为主要内容的预算外收入，辖区企业和民众很多情况下只能被动地接受。其中，张（Zhang，2006）认为由于中国行政机构缺乏足够的弹性，地方政府的行为不能很好地应对居民的偏好做出相应的调整，居民"用手投票"机制是失灵的；同时，乔宝云等（2006）认为：虽然中国流动人口规模庞大，但由于教育、医疗卫生等公共品（服务）皆系于户籍，居民“用脚投票”机制也难以有效约束地方政府的行为。周雪光（2005）以“逆向软预算约束”概念概括了地方政府自上而下地向所辖区域中的企业和民众索取资源的行为，并且认为自下而上的企业或民众的抵制活动因组织程度的不对称而无法奏效。

最后，中央政府对地方政府预算外收入扩张的约束也难以奏效，特定的制度安排甚至激励了地方政府扩张预算外收入。一方面，财政分权体制下地方政府经济利益的相对独立化，强化并放大了多层级政府组织之间天然面临着的信息不完全、不对称和巨大的监督成本，从而使中央政府对地方政府政治约束的效用被大大削弱（王守坤、任保平，2009）。例如，1998 年中央政府取缔了 20000 多种不同类型的政府收费；但同时，其他名目的收费又被设立，地方政府预算外收入膨胀的趋势没有得到根本性的控制（王诚尧，1999）。另一方面，中央政府对地方政府官员以 GDP 为主要政绩的考核机制（Li and Zhou，2005；周黎安，2007），甚至刺激了地方政府扩张预算外收入以满足地方经济发展的需要，进而在政府竞争中处于优势而满足政府官员晋升的目标。

进一步的，如果考虑到财政分权改革后预算外收入执行主体的客观需求和偏好，更能够深刻理解我国地方政府预算外收入扩张的现实。

以 1994 年的财政分权改革为时间起点，我国分别于 1998、2003 和 2008 年进行了三次大规模的政府行政机构改革，与之相配套也进行了事业单位机构改革。众所周知，中国的行政机构改革具有一个循环“怪圈”，即“精简—膨胀—再精简—再膨胀”；与政府行政机构改革相配套的事业单位改革也存在不彻底性，主要表现为“政事不分”“事企不分”，很多事业单位实际上隶属于各行政管理机构，没有转变为非政府非营利的社会服务机构、市场中介组织或企业。现实中，地方政府在行政机构改革过程中，各行政机构所附属的事业单位都成为其精简人员、完成政治任务的“蓄水池”或“缓冲带”：往往行政编制人员规模缩小，但事业编制的人员却不断膨胀。程文浩和卢大鹏（2010）年的研究发现，中国财政供养人员构成存在两个基本事实：一是事业单位人员（而非行政人员）才是财政供养人员的主体；二是离退长休人员在财政供养人员中占有越来越大的比重。按相对数量来看，1998—2006年事业单位财政供养人员在财政供养人数中所占比重保持在60%左右；而行政部分财政供养人员所占比重仅为17%左右，而且比例还呈不断下降趋势。同时，我国现行的预算管理体制，根据行政事业单位的性质分为全额拨款、差额拨款和自收自支三种类型。[①] 在我国财政分权改革过程中，地方政府财政支出责任和压力不断加大，特别是在财政相对困难地区，很多事业单位都采用差额拨款或者自收自支的方式；各事业单位为弥补其经费的不足，只有采用扩大收费项目、规模，甚至采取乱收费的形式予以弥补。与此同时，由于我国事业单位养老保险制度改革滞后，很多事业单位还要筹集经费解决离退休人员的养老问题，这也加剧了其扩大收费规模的倾向。

以上分析表明，由于相关改革的不彻底性，预算外收入的执行主体在财政支出压力或缺口不断增大的客观情况下，不得已会扩张预算外收入。同时，对于预算外资金的管理，我国虽然实施了“收支两条线”改革；但实际上，考虑到预算外收支脱钩会影响执行单位的积极性，预算外资金的收入与支出还没有完全脱钩。由于收支没有完全脱钩，预算外收入的规模就与征收主体的利益密切相关，从而更加刺激了其扩张征收范围、征收力度（张德勇，2009）。

实际上，我国预算外资金的扩张与地方政府行政人员的利益也是高度相关的，地方政府对相关部门扩张预算外收入甚至采取放纵、鼓励的态度。周业安（2000）通过实地调查，发现地方政府扩张预算外资金的目的在于以下三方面：其一是满足地方经济发展的需要，主要是加强辖区的基础设施建设，以求在地方政府竞争中处于优势有利于官员的晋升；其二是为了庞大的行政机构的正常运转，由于预算内行政管理费的比重在一定程度上反映了一级政府是否精简高效，地方政府的头脑们往

① 其中，行政机关的所有经费由财政全额拨款；一些没有收入来源或者收入不稳定的事业单位，如学校、科研机构等事业单位所需的经费也实行全额拨款；而其他事业单位，包括非营利性机构（如医疗卫生机构）则采用差额拨款或自收自支形式。

往要求财政部门控制该比例，资金缺口则从预算外弥补；其三就是腐败，单位的“小金库”成了政府官员损公肥私的源泉。王守坤和任保平（2009）的研究发现，在中国特色的财政分权框架中，地方政府的行为特征是倾向于通过经济增长竞争来尽量增加预算外收入以提升与中央政府讨价还价的力量，并实施地方保护政策追求地方财政利益最大化；同时，为了尽量较少地受到中央转移支付体制的限制，在财政收支安排上地方政府会倾向于减少财政收支差额比例。总体上，与财政分权改革相伴随的一系列财政管理体制改革，包括公共财政体制改革、部门预算、国库集中收付等，中央政府、立法机构和辖区民众对地方政府预算内财政资金支出的监督和约束力度不断加大，地方政府官员对预算内资金的自由裁量权不断缩小，其偏好或利益诉求得到抑制。和预算内资金相比，地方政府对预算外资金拥有几乎完全的自由裁量权，这样，作为理性“经济人”的地方政府官员，必然追求预算外收入的扩张，极端情况下甚至会化预算内收入为预算外收入。

基于上文的分析，提出以下的研究假设：

假设1：地方政府预算外收入与辖区经济发展水平、企业和居民承受税收负担，以及预算内财政支出规模负相关。

经济发展水平可以从侧面反映辖区居民的权利意识、公民意识的发育程度，进而可以反映对地方政府行为的政治约束程度的大小；所以，经济发展水平相对较高的地区，地方政府机会主义行为所受约束程度较强，结果会导致规模较低的预算外收入水平。同时，考虑到地方政府辖区可征收财政资源的有限性，一方面，辖区企业和居民较高的税收负担水平应该会导致预算外非税收入的下降；另一方面，考虑到地方政府存在化预算内收入为预算外收入的策略性行为，预算外收入与税收负担也应该存在负相关关系。最后，我国地方政府预算外收入存在的部分原因在于弥补预算内财政支出资金的不足；这样，预算内财政支出资金比较充裕的地区，其对预算外收入的依赖程度也会较低。而且，奥利和沃特斯（Auriol and Warlters，2005）通过对发展中国家税基的理论分析和实证研究，发现财政状况不佳的地区更倾向于通过收取各种相关的市场费用，从而追求非税收入的最大化。

假设 2：地方政府预算外收入与行政事业单位人员规模正相关；同时，在地方政府预算内财政支出规模既定时，预算外收入与转移支付规模正相关。

行政事业单位人员是我国预算外收入的执行主体，一方面，预算外收入的扩张可以弥补预算内财政经费的不足；另一方面，预算外资金收支没有完全脱钩，更高水平的预算外收入与其福利直接相关。这样，对地方政府来说，更大规模的行政事业单位人员必然导致更高水平的预算外收入。而且，王志刚和龚六堂（2009）的研究发现：地方政府预算内行政管理支出比例过高，是导致地方非税收入比例过高的一个重要因素，表明非税收入在某种程度上是用于吃饭财政。由于地方政府对预算外资金、预算内本级政府收入、预算内转移支付资金的自由裁量权依次递减，这样，当来源于中央政府的转移支付水平较大时，地方政府对预算内资金的自由裁量权会递减，作为理性“经济人”的地方政府官员，必要倾向于扩张预算外收入，以追求可自由裁量的财政资金的最大化，进而最大化自身福利水平。①

（三）计量模型构建和变量说明

基于上文的理论分析和我国的现实，将尼斯坎南修正模型反映的内容纳入马洛和乔尔费安（1989）构建的决定地方政府预算外收入水平的理论模型中，本文建立以下的面板数据模型进行实证检验：

$$\ln ysw_{it} = \alpha + \beta_1 \ln gdp_{it} + \beta_2 \ln xzry_{it} + \beta_3 \ln ssfd_{it} + \beta_4 \ln czzc_{it} + \beta_5 \ln zyzf_{it} * \ln czzc_{it} + \beta_6 \ln csh_{it} + \beta_7 \ln sch_{it} + \beta_8 yr_{2002} + \beta_9 yr_{2003} + \varepsilon_{it} \quad (1)$$

其中：

① 实际上，转移支付资金包括税收返还、一般性（财力性）转移支付和专项转移支付资金，地方政府对三类转移支付资金的自由裁量权是依次递减的；特别是专项转移支付资金具有“专款专用”的性质，而且很多专项转移支付资金还要求地方政府进行相应的资金配套，这样会进一步压缩地方政府的对预算内财政支出的自由权。但是，由于《中国统计年鉴》《中国财政年鉴》等无法分离出各省份具体类型转移支付资金的规模；所以本文用总的转移支付资金规模衡量地方政府对预算内财政支出的自由裁量权，而且基于以下现实：总转移支付规模越大的地区，其中专项转移支付规模也越大。

$\ln ysw_{it}$为预算外收入水平的对数；预算外收入水平用地方政府预算外收入占预算内外收入之和的比重衡量；与王志刚和龚六堂（2009）、李婉（2010）的研究选择相一致，可以考察地方政府对预算外收入的偏好和依赖程度，而且可以“过滤”样本地区人口和经济规模的影响。

$\ln gdp_{it}$为经济发展水平的对数；经济发展水平用地方政府辖区人均 GDP 衡量（以 1998 年为基期的 GDP 平减指数进行调整得到真实人均 GDP 水平）。$\ln xzry_{it}$为行政事业单位人员规模的对数；行政事业单位人员规模用地方政府辖区公共管理和社会组织人员占城镇就业人员的比重衡量。$\ln ssfd_{it}$为税收负担水平的对数；税收负担水平用地方政府辖区国税和地税系统征收的税收占 GDP 的比重衡量，没有包括海关部门代征的税收，以衡量地方政府辖区居民和企业承受的直接税负。$\ln czzc_{it}$为预算内财政支出水平的对数；预算内财政支出水平用地方政府预算内财政支出占 GDP 的比重衡量。$\ln zyzf_{it}$为转移支付规模的对数；转移支付规模用转移支付总量占地方政府预算内财政支出总量的比重衡量。

$\ln csh_{it}$为城市化水平的对数；城市化水平用地方政府辖区城镇人口占总人口比重衡量。城市化水平可以从侧面反映地方政府可筹集的制度外收入（土地出让收入）规模，因为中国的城市化进程明显地带有地方政府利益的驱动：对土地财政和土地出让收入的依赖（张良悦等，2008；杨园园，2010；周飞舟，2010）。$\ln sch_{it}$为市场化水平的对数；市场化水平用地方政府辖区非国有单位职工占城镇就业人员的比重衡量。市场化水平可以考察地方政府对市场的管制程度，理论上，市场化水平越高的地区，地方政府对市场的约束和管制程度较低，其筹集的预算外收入也相对较低。yr_{2002}、yr_{2003}分别为 2002、2003 年的年度虚拟变量。①

1998 年后，我国地方政府预算外收入统计口径相对稳定，基于数

① 分税制改革后我国税收收入在中央政府和地方政府之间利益分配格局较稳定，但 2002 和 2003 年对所得税的归属进行了调整。其中，2002 年个人所得税开始由地方收入改为中央和地方按 5:5 比例分享，企业所得税由按企业隶属关系划分改为中央和地方按 5:5 的比例分享；2003 年分享比例都进一步调整为 6:4。从调整的实际效果来看，地方政府所得税的比重由 2001 年的 67% 下降到 2002 年的 50%，2003 年进一步下降到 41%，2004 年以后基本稳定在 40% 左右。

据的历史可比性，本文实证研究的区间选择 1998—2009 年；同时，由于西藏自治区的特殊情况，实证研究中没有包含该地区；数据根据 1998—2010 年《中国统计年鉴》《中国财政年鉴》《中国税务年鉴》、中经网统计数据库整理计算所得。

（四）实证研究结果

从变量之间的相关系数矩阵（表 1）可以看出：地方政府预算外收入水平与经济发展水平、辖区企业和居民承担税收负担、预算内财政支出规模负相关，与行政事业单位人员规模、转移支付规模正相关。初步验证了本文的研究假设。

表 1　变量的相关系数矩阵

	ln *ysw*	ln *gdp*	ln *xzry*	ln *ssfd*	ln *czzc*	ln *zyzf*	ln *csh*	ln *sch*
ln *ysw*	1. 0000							
ln *gdp*	−0. 6474	1. 0000						
ln *xzry*	0. 1663	−0. 5347	1. 0000					
ln *ssfd*	−0. 6782	0. 7034	−0. 4677	1. 0000				
ln *czzc*	−0. 3897	−0. 0818	0. 3959	0. 3116	1. 0000			
ln *zyzf*	0. 2764	−0. 6738	0. 7094	−0. 5688	0. 4919	1. 0000		
ln *csh*	−0. 5448	0. 8846	−0. 7019	0. 6823	−0. 0567	−0. 6283	1. 0000	
ln *sch*	−0. 5394	0. 7564	−0. 2569	0. 4199	−0. 0914	−0. 4874	0. 5989	1. 0000

对于面板数据模型的选择：根据 F 检验结果（p 值为 0. 0000）和 LM 检验结果（p 值为 0. 0000），表明与混合回归模型相比，面板数据模型更加恰当；根据 Hausman 检验结果（p 值为 0. 0000），表明固定效应模型与随机效应模型的估计系数没有系统性差异，应该选择固定效应模型。对模型 1 进行回归，得到表 2 的回归结果和以下结论[①]：

① 对于面板数据模型可能存在的内生性问题，本文采用系统广义矩方法（SYS-GMM）来予以处理；在满足了 Hansen 过度识别约束检验、Arellano-Bond 自相关检验的基础上，估计结果表明预算外收入的一阶滞后项影响不显著，说明选择静态面板固定效应模型是适当的，故没有报告 SYS-GMM 的估计结果。

表2　模型1回归结果

	OLS	RE	FE
ln *gdp*	-0.260*** (-4.35)	-0.344*** (-5.05)	-0.364*** (-5.13)
ln *xzry*	-0.0536 (-0.67)	-0.00825 (-0.09)	0.188* (1.89)
ln *ssfd*	-0.166** (-2.44)	-0.0751 (-0.89)	-0.105 (-1.12)
ln *czzc*	-0.465*** (-3.45)	-0.717*** (-5.38)	-0.639*** (-4.83)
ln *zyzf* * ln *czzc*	0.0234 (1.09)	0.0934*** (4.37)	0.129*** (6.02)
ln *csh*	0.104 (1.02)	0.297** (2.35)	-0.118 (-0.74)
ln *sch*	-0.283*** (-3.62)	-0.415*** (-4.72)	-0.471*** (-5.24)
yr_{2002}	0.118*** (2.76)	0.0896*** (2.77)	0.0535* (1.71)
yr_{2003}	0.0966** (2.26)	0.0747** (2.36)	0.0488 (1.61)
_cons	7.973*** (26.32)	8.181*** (28.62)	9.195*** (27.92)
F检验	F（29，321）=14.38（p=0.0000）		
LM检验	chibar2（01）=319.05（p=0.0000）		
Hausman检验	chi2（9）=47.36（p=0.0000）		
R^2	0.6596	—	0.7485（within R^2）
N	360	360	360

注：（1）系数下方的值是t检验值，*、**、***分别表示在10%、5%、1%水平上显著。（2）因为随机效应（RE）模型采用的是广义最小二乘法（GLS）估计，所以其R^2没有实际意义，故没有予以汇报。

经济发展水平与地方政府预算外收入水平存在显著的负相关关系，与上文的理论分析和研究假设相吻合。本文结论与王志刚和龚六堂（2009）的研究结论存在差异；他们认为地区经济发展水平与地方政府非税收入存在倒U型关系。对此，可以从两个方面进行解释：其一，经济发展水平越高的地区，辖区企业或居民的法制意识、公民意识发展相对越成熟，对地方政府的收费、罚款等的政治约束程度较高。其二，财政分权改革造就了中国特色的地方政府“锦标赛”竞争模式，但是，由于富裕地区更多地享受着先天的优势和收益递增机制的好处，而弱势地区可能“破罐子破摔”，放弃竞争；但政府官员也是理性的，在晋升的机会“渺茫”时，会寻求替代的办法进行福利的补偿，地方官员会更多伸出“攫取之手”（Cai and Treisman，2005a）。行政事业单位人员规模与地方政府预算外收入水平存在显著的正相关关系，与上文的理论分析和研究假设相吻合。辖区企业和居民承受税收负担水平与地方政府预算外收入水平负相关，但是不显著；对此，可以从张一（2009）的研究分析其原因：目前我国地方政府的预算外收入很大程度上满足了地方政府提高税率的需求，也就是说地方政府“乱收费、乱罚款、乱摊派”等扩张预算外收入的行为很少考虑到辖区企业和居民的承受能力，从而加剧了地方政府的“攫取之手”。财政支出规模与地方政府预算外收入水平存在显著的负相关关系；同时，在财政支出规模既定时，转移支付规模与预算外收入水平存在显著的正相关关系。这都与上文的理论分析和研究假设相吻合。

城市化水平与地方政府预算外收入水平负相关，但是影响不显著，说明了地方政府城市化进程中土地出让收入的增长没有显著的减少其对预算外收入的依赖或偏好。市场化水平与预算外收入水平存在显著的负相关关系，说明了市场化程度越低的地区，地方政府对市场的干预就越强，而且为其巧立名目扩张预算外收入创造了条件，验证了贾康和白景明（1998）的研究成果。同时，两个年度虚拟变量对地方政府预算外收入水平正相关，主要原因在于2002年和2003年个人所得税和企业所得税收益在中央—地方政府之间的重新分配对地方政府预算内收入都造成不利影响，这样，导致地方政府追求预算外收入的扩张来进行财力的弥补；而且，2003 年改革力度相对较小，所以其影响不显著。

（五）理论分析和研究假设再检验

现实中，地方政府的收入中还包括一部分纳入预算管理的非税收入；对于纳入预算管理的非税收入，在现实中执行单位也存在收支挂钩现象（张德勇，2009）。所以，本文以地方政府总非税收入为被解释变量，以检验理论分析和研究假设的合理性：

$$\ln fssr_{it} = \alpha + \beta_1 \ln gdp_{it} + \beta_2 \ln xzry_{it} + \beta_3 \ln ssfd_{it} + \beta_4 \ln czzc_{it} + \beta_5 \ln zyzf_{it} + * \ln czzc_{it} + \beta_6 \ln csh_{it} + \beta_7 \ln sch_{it} + \beta_8 yr_{2002} + \beta_9 yr_{2003} + \varepsilon_{it} \quad (2)$$

其中：$\ln fssr_{it}$为非税收入水平的对数，非税收入水平用地方政府预算外收入与预算内非税收入之和占预算内外收入之和的比重衡量；各解释变量与模型 1 完全相同。

对比表 3 和表 2 的回归结果，进一步验证了上文理论分析和研究假设的合理性。

表 3　模型 2 回归结果

	OLS	RE	FE
ln *gdp*	-0.124*** (-3.05)	-0.0410 (-0.87)	-0.0435 (-0.83)
ln *xzry*	0.244*** (4.51)	0.366*** (5.84)	0.403*** (5.45)
ln *ssfd*	-0.175*** (-3.79)	-0.201*** (-3.47)	-0.145** (-2.07)
ln *czzc*	-0.632*** (-6.91)	-0.412*** (-4.40)	-0.336*** (-3.42)
ln *zyzf* * ln *czzc*	0.0866*** (5.95)	0.0510*** (3.40)	0.0435*** (2.73)
ln *csh*	0.0506 (0.72)	0.0297 (0.34)	0.0156 (0.13)

（续表）

	OLS	RE	FE
ln *sch*	0.0695 (1.31)	−0.147** (−2.40)	−0.238*** (−3.57)
yr_{2002}	0.00812 (0.28)	0.0285 (1.24)	0.0293 (1.26)
yr_{2003}	−0.0159 (−0.55)	−0.00206 (−0.09)	−0.000135 (−0.01)
_*cons*	5.092*** (24.76)	4.815*** (24.24)	4.894*** (19.99)
F 检验	F（29，321）=10.18（p=0.0000）		
LM 检验	chibar2（01）=268.78（p=0.0000）		
Hausman 检验	chi2（9）=16.31（p=0.0606）		
R^2	0.7678	—	0.7678（within R^2）
N	360	360	360

注：（1）系数下方的值t检验值，*、**、***分别表示在10%、5%、1%水平上显著。（2）因为随机效应模型采用的是广义最小二乘法估计，所以其R^2没有实际意义，故没有予以汇报。

三、预算外收支扩张对公共品供给的影响

（一）研究现状和理论分析

上文的实证研究结果表明，第一，行政事业单位人员规模与地方政府预算外收入水平存在显著的正相关关系；同时，在财政支出规模既定时，转移支付规模与地方政府预算外收入水平显著正相关。验证了尼斯坎南修正模型在中国的适用性：地方政府存在扩张可自由裁量财政资源的策略性行为；结合我国现实，这种偏好进而加剧了地方政府预算外收入的扩张。第二，地方政府预算外收入水平与预算内财政支出规模负相关，与既有的研究成果高度吻合：地方政府预算外收入扩张的一个重要原因或目的是缓解预算内财政支出的压力或缺口。

现实中，中国地方政府辖区内的基础设施、教育、医疗卫生等公共品（服务）以高度分权的方式由地方政府予以提供；而且，在公共品供给领域存在严重不均衡的现象：地方政府对基础设施的供给热情高昂；而对教育、医疗卫生等公共品供给却缺乏动力、供给不足。关于财政分权改革后地方政府对不同公共品供给的偏好，相关文献汗牛充栋，基本按照以下逻辑展开，首先，基于中国特色财政分权模式的两个重要特征：其一，地方政府之间“自下而上”的“标尺竞争”模式是缺失的，与此同时却形成了“自上而下”的“标尺竞争”（张晏等，2005；王永钦等，2007；傅勇和张晏，2007）；其二，中央政府对地方政府官员的提拔以GDP为主要政绩的考核机制（Li and Zhou，2005；周黎安，2007）。其次，基于不同公共品属性的差异（Keen and Marchand，1996；Cai and Treisman，2005b；傅勇，2010）：其中，基础设施类生产性公共品对地方官员任期（或当期）的经济增长能产生直接贡献（Cai and Treisman，2005b）；而教育、医疗卫生、社会保障等非生产性公共品的收益具有长期性和外溢性（华萍，2005；乔宝云等，2006）。最后，得出基本相似的结论：中国式财政分权导致地方政府重视基础设施类生产性公共品的供给，而轻视教育、医疗卫生等非生产性公共品的供给。更进一步，牟洛（Mauro，1998）、张军等（2007）的研究考察了腐败对公共品供给的影响，由于从不同公共品供给中获取贿赂的难易、机会不同，腐败的地方政府官员更加偏好基础设施的供给，而减少教育等其他社会服务性公共品的供给。

但是，既有研究对地方政府扩张预算外收入的策略性行为对公共品供给的影响没有给予足够的关注。那么，在公共品供给领域，地方政府预算外收入扩张对不同公共品供给会产生何种效应？第一，在地方政府辖区可征收财源有限或既定时，预算外很多不合理的收费侵蚀了税基，同时损害了企业和个人正常的生产经营活动，可能导致预算内收入的萎缩。进而，地方政府通过预算内资金予以提供的公共品的供给水平可能普遍下降；但更可能出现的情况是：由于预算内收支萎缩，中央政府对地方政府行为的控制力度会趋于弱化，使中央政府和辖区居民偏好的公共品供给不足。第二，相对于预算内资金，中央政府、立法机构和地方政府辖区民众对预算外资金支出的监管和控制力度较弱，地方政府对其拥有更大的自由裁量权，进而可以加大自身偏好的公共品的供给，会加剧不同公共品供给不均衡的状况。基于既有研究成果的研究逻辑，综合以上两点，现实中地方政府预算外收支的扩张可能刺激了地方政府基础设施类生产性公共品的供给，而抑制了教育、医疗卫生等非生产性公共品的供给。但是，基于上文的研究结论：地方政府扩张预算外收入的一个重要目的在于弥补预算内财政支出的压力或缺口。而且，现实中提供教育、医疗卫生等非生产性公共品（服务）的地方政府行政事业单位都被赋予一定的收费职能，以弥补预算内财政经费的不足。那么，有可能存在以下情形：由于预算内财政资源的不足，提供教育、医疗卫生等公共品的部门通过收费等手段扩张预算外收入，进而改善了该类公共品的供给状况。

所以，地方政府预算外收支的扩张具体对辖区基础设施、教育、医疗卫生等公共品产生何种效应，单纯进行规范分析无法得出确切的结论。下文将进行实证研究。

（二）实证研究

1. 变量选择和说明

基于上文的分析，本文实证检验预算外支出对基础设施、教育、医疗卫生等公共品供给的影响。其中：基础设施的供给水平，用地方政府辖区每万人拥有公路里程数（$\ln jcss$）衡量；教育的供给水平，用地方政府总财政教育经费占预算内外总支出的比重（$\ln jyjf$）衡量；医疗卫生的供给水平，用地方政府辖区每千人拥有医疗卫生机构技术人员数（$\ln ylws$）衡量。[①]

解释变量包括：地区经济发展水平（$\ln gdp$）、预算内财政支出水

① 由于相关统计数据的缺失，以及我国2007年进行政府收支分类改革，统计科目发生变更，所以无法按照统一标准选择统计指标衡量基础设施、教育、医疗卫生等公共品供给水平，不得已选择以上指标进行衡量。

平（ln *czzc*）、预算外支出水平（ln *ysw*）[①]、城市化水平（ln *csh*）、市场化水平（ln *sch*）、行政事业单位人员规模（ln *xzry*）。

对于面板数据模型可能存在的内生性问题，本文采用系统广义矩方法（SYS-GMM）来予以处理。[②] 理论上，GMM 估计量的一致性取决于以下假设条件是否能够得到满足：其一，汉森（Hansen）过度识别约束检验，对所使用的工具变量的有效性进行检验；该检验的原假设所使用的工具变量与误差项是不相关的。其二，阿勒拉诺（Arellano-Bond）的自相关检验，对差分方程的随机误差项的二阶序列相关进行检验；该检验的原假设是一阶差分方程的随机误差项中不存在二阶序列相关。如果不能拒绝上述检验的原假设则意味着工具变量有效和模型设定正确。同时，对于 GMM 估计结果是否可靠有效，邦德（Bond，2002）给出一种简单的检验方法：如果 GMM 估计值介于固定效应估计值和混合 OLS 估计值之间，则 GMM 估计是可靠有效的。[③] 除此之外，鲁德曼（Roodman，2006）指出过多的工具变量数可能过度拟合内生变量而不能去掉内生部分；所以，GMM 估计的可靠性还应满足一个“拇指规则”，即所使用工具变量个数不能超过样本截面数。

2. 实证研究结果

综合表 4 的 SYS-GMM 回归结果，得出以下简要结论：

地方政府预算外支出与基础设施供给存在显著的正相关关系。也就是说，总体上地方政府预算外收支的扩张显著地刺激了辖区基础设施的供给水平。这与周业安（2000）实地调研得出的结论高度吻合。同时，地方政府预算外支出与医疗卫生供给也存在显著的正相关关系，但是与总财政教育经费支出呈不显著的负相关关系。对此，可能的解释是：提

---

① 现实中，地方政府预算外收入和支出的数据差异很微小，所以在实证研究中将二者等同。

② 对于时间跨度相对于截面较小的面板数据模型中可能存在的内生性问题，最早采用差分广义矩估计方法（DIFF-GMM）予以处理；但是基于布兰德尔与邦德（Blundell and Bond，1998）的研究：差分广义矩估计方法估计量较易受弱工具变量的影响而产生向下的大的有限样本偏差；相对而言，系统广义矩方法估计量具有更好的有限样本性质。

③ 这是因为混合 OLS 估计通常会导致向上偏误的滞后项系数；而在时间跨度较短的面板数据中，采用固定效应估计则会产生一个严重向下偏误的滞后项系数。

供医疗卫生、教育等公共品的机构虽然都属事业单位，但是医疗卫生机构属于财政差额拨款单位，允许其通过收费的方式弥补经费的不足；而教育机构在我国都属于财政全额拨款单位，基于中央政府的宏观政策，地方政府对教育领域的收费也比较“敏感”，很多地区甚至对该领域的违规行为采用“一票否决”机制。所以，医疗卫生领域通过扩张收费收入弥补了财政经费的不足，进而改善了其供给水平；而地方政府相对规范了教育领域的收费行为，由于预算外收支的挂钩，所以其无法通过收费改善供给水平。

同时，行政事业单位人员规模与地方政府基础设施供给呈显著正相关的关系，而与总财政教育经费支出、医疗卫生供给呈显著负相关的关系。这与张军等（2007）的研究结论相吻合；进一步检验了地方政府官员对基础设施类公共品的偏好，同时证明了地方政府的“吃饭财政”挤占了财政资源，进而导致教育、医疗卫生等非生产性公共品供给的不足。

表 4　公共品供给回归结果

	ln *jcss*			ln *jyjf*			ln *ylsws*		
	OLS	FE	SYS_GMM	OLS	FE	SYS_GMM	OLS	FE	SYS_GMM
L ln *jcss*	0.895*** (36.95)	0.547*** (11.23)	0.764*** (44.29)						
L ln *jyjf*				0.671*** (16.58)	0.301*** (5.72)	0.365*** (9.97)			
L ln *ylws*							0.951*** (43.81)	0.845*** (16.54)	0.895*** (27.53)
ln *gdp*	* 0.0521 (1.04)	0.396*** (4.49)	0.213*** (4.80)	0.00169 (0.06)	−0.111** (−2.47)	−0.0439 (−1.56)	0.0725*** (4.71)	0.121*** (4.74)	0.203*** (6.91)
ln *czzc*	0.0788* (1.98)	0.0961 (1.18)	0.0833 (1.61)	−0.0563*** (−2.67)	−0.285*** (−6.53)	−0.155*** (−3.34)	0.0120 (1.10)	−0.00521 (−0.21)	0.0509*** (3.04)
ln *ysw*	0.0425 (0.95)	0.0335 (0.53)	0.115*** (3.24)	−0.0262 (−1.04)	0.0459 (1.36)	−0.00361 (−0.10)	−0.0193 (−1.51)	−0.0302 (−1.57)	0.0263*** (2.96)

（续表）

	ln *jcss*			ln *jyjf*			ln *ylsws*		
	OLS	FE	SYS_GMM	OLS	FE	SYS_GMM	OLS	FE	SYS_GMM
ln *csh*	-0.0242 (-0.26)	0.336 (1.63)	0.0277 (0.35)	-0.0638 (-1.19)	0.274 ** (2.46)	-0.106 * (-1.96)	-0.0635 ** (-2.13)	-0.111 * (-1.75)	-0.186 *** (-3.74)
ln *sch*	0.0911 (1.29)	-0.0571 (-0.48)	-0.0327 (-1.09)	-0.0305 (-0.74)	0.195 *** (3.10)	0.152 ** (2.43)	-0.000186 (-0.01)	-0.0185 (-0.50)	-0.162 *** (-4.53)
ln *xzry*	0.192 ** (2.69)	0.117 (0.95)	0.455 *** (7.19)	-0.0681 * (-1.80)	-0.199 *** (-2.96)	-0.215 *** (-4.19)	0.0120 (0.66)	-0.0952 ** (-2.33)	-0.0657 ** (-2.34)
_cons	-1.183 * (-2.35)	-4.017 *** (-5.49)	-2.895 *** (-10.11)	1.615 *** (4.59)	2.193 *** (4.99)	2.840 *** (8.59)	-0.356 *** (-2.58)	-0.0852 (-0.39)	-0.455 *** (-5.25)
AR（1）			0.000			0.019			0.000
AR（2）			0.210			0.389			0.133
Hansen 检验			0.213			0.131			0.081
工具变量数			29			29			22
R^2	0.9171	0.8324		0.6264	0.5166		0.9715	0.6365	
N	360	360	330	360	360	330	360	360	330

注：（1）系数下方的值是 t 检验值，*、**、*** 分别表示在10%、5%、1%水平上显著。（2）AR（1）、AR（2）、Hansen 检验对应的为 P 值。（3）SYS-GMM 估计结果是稳健且可靠的，理由是：Hansen 检验不能拒绝工具变量有效的原假设；AR（2）检验不能拒绝一阶差分方程的随机误差项中不存在二阶序列相关的原假设；滞后项的估计值介于 OLS 估计值和 FE 估计值之间；工具变量数小于截面数（30）。（4）FE 估计的 R^2 为 within R^2。

四、简要结论

中国的财政分权改革规范和约束了地方政府预算内财政收支行为，相对而言，地方政府对预算外财政收支活动拥有更大的自由裁量权。同时，财政分权改革后现实制度安排的不完善或缺陷，地方政府面临的财政支出压力和缺口的扩大，以及行政管理机构追求可自由裁量的财政资源最大化的天然偏好，共同导致了地方政府预算外收入的扩张。地方政府扩张预算外收入并非其终极目标，特别是财政分权改革形成的地方政府“锦标赛”竞争模式，在公共品供给领域，由于不同属性的公共品带给地方政府官员的效用存在显著的差异，以及地方政府赋予相关行政事业单位收取预算外收入以弥补其在提供公共品时预算内经费的不足；这样，地方政府预算外收支的扩张进而对不同公共品供给产生不同的影响。

本文对中国财政分权改革后地方政府规模庞大的预算外收入存在的根源进行了理论分析和提出了相应的研究假设，并利用中国大陆 30 个省级行政区 1998—2009 年的面板数据进行了实证检验；进而，对地方政府预算外支出对基础设施、教育、医疗卫生等公共品供给的影响进行了实证研究。综合本文的研究，得出以下主要结论：

第一，在中国特色的财政分权模式下，地方政府存在扩张预算外收入的策略性行为；验证了尼斯坎南修正模型在中国的适用性：官僚机构存在追求可自由裁量财政资源最大化的偏好。主要表现在：地方政府预算外收入与辖区企业和居民承受税收负担存在负相关关系；同时，在地方政府预算内财政支出既定时，预算外收入与转移支付规模存在显著的负相关关系；最后，预算外收入与其执行主体——行政事业单位人员规模存在显著的正相关关系。

第二，地方政府预算外收入扩张的部分原因或目的在于弥补预算内财政资源的不足，而且也改善相关公共品的供给。主要表现在：地方政府预算外收入与预算内财政支出存在显著的负相关关系；同时，从公共品供给领域来看，预算外支出与地方政府医疗卫生类公共品供给存在显著的正相关关系，即提供医疗卫生公共品的机构通过收费方式弥补其预算内财政拨款的不足，进而改善了其供给水平。

第三，总体上，地方政府预算外收支的扩张显著地刺激了基础设施类公共品的供给，而对总财政教育经费支出存在不显著的抑制效用。说明了由于地方政府对预算外资金拥有更大的自由裁量权，源于地方政府之间“锦标赛”竞争模式和最大化自身福利的追求，地方政府在预算外收入扩张的同时加大了与自身福利更加密切的公共品的供给。

第四，行政事业单位人员规模不但与地方政府预算外收入水平存在显著的正相关关系；同时，对地方政府公共品领域存在的不均衡的现状也存在显著的影响，即地方政府兼具“吃饭财政”和“建设财政”的特征；而且，地方政府的“吃饭财政”显著地抑制了教育、医疗卫生供给水平。主要表现在：行政事业单位人员规模与基础设施类公共品供给存在显著的正相关关系；而与教育经费支出、医疗卫生类公共品供给存在显著的负相关关系。

【参考文献】

陈抗、Arye L. Hillman、顾清扬：《财政集权与地方政府行为变化——从援助之手到攫取之手》，载《经济学（季刊）》2002 年第 2 卷第 1 期。

程文浩、卢大鹏：《中国财政供养的规模及影响变量——基于十年机构改革的经验》，载《中国社会科学》2010 年第 2 期。

傅勇：《财政分权、政府治理与非经济性公共物品供给》，载《经济研究》2010 年第 8 期。

傅勇、张晏：《中国式分权与财政支出结构偏向：为增长而竞争的代价》，载《管理世界》2007 第 3 期。

华萍：《不同教育水平对全要素生产率增长的影响——来自中国省份的实证研究》，载《经济学（季刊）》2005 年第 5 卷第 1 期。

黄佩华：《中国：国家发展与地方财政》，中信出版社 2003 年版。

贾康、白景明：《中国政府收入来源及完善对策研究》，载《经济研究》1998 年第 6 期。

李婉：《中国式财政分权与地方政府预算外收入膨胀研究》，载《财经论丛》2010 年第 3 期。

马元燕：《分税制改革后省级预算外收入膨胀的原因分析》，载《公共管理学报》2005 年第 2 卷第 1 期。

乔宝云、范剑勇、冯兴元：《中国的财政分权与小学义务教育》，载《中国社会科学》2006 年第 6 期。

王诚尧：《“小税收、大收费”非理性分配结构的改革》，见高培勇主编：《“费改税”：经济学界如是说》，经济科学出版社 1999 年版。

王守坤、任保平：《财政联邦还是委托代理：关于中国式分权性质的经验判断》，载《管理世界》2009 年第 11 期。

王永钦、张晏、章元、陈钊、陆铭：《中国的大国发展道路——论分权改革的得失》，载《经济研究》2007 年第 1 期。

王志刚、龚六堂：《财政分权和地方政府非税收入：基于省级财政数据》，载《世界经济文汇》2009 年第 5 期。

杨园园：《“土地财政”规模估算及影响因素研究》，载《财贸经济》2010 年第 10 期。

张德勇：《中国政府预算外资金管理：现状、问题与对策》，载《财贸经济》2009 年第 10 期。

张军、高远、傅勇、张弘：《中国为什么拥有了良好的基础设施?》，载《经济研究》2007 年第 3 期。

张良悦、师傅、刘东：《城市化进程中农地非农化的政府驱动——基于中国地级以上城市面板数据的分析》，载《当代经济科学》2008 年第 30 卷第 3 期。

张晏等：《标尺竞争在中国存在吗？——对我国地方政府公共支出相关性的研究》，复旦大学中国社会主义市场经济研究中心工作论文，2005 年。

张一：《分税制下经济主体和地方政府的行为分析》，载《世界经济》2009 年第 6 期。

周飞舟：《大兴土木：土地财政与地方政府行为》，载《经济社会体制比较》2010 年第 3 期。

周飞舟：《分税制十年：制度及其影响》，载《中国社会科学》2006 年第 6 期。

周黎安：《中国地方官员的晋升锦标赛模式研究》，载《经济研究》2007 年第 7 期。

周雪光：《“逆向软预算约束”：一个政府行为的组织分析》，载《中国社会科学》2005 年第 2 期。

周业安：《县乡级财政支出管理体制改革的理论与对策》，载《管理世界》2000 年第 5 期。

B. A. Abrams, W. R. Dougan, “The Effects of Constitutional Constraints on Governmental Spending”, *Public Choice*, 1986, 49 (2): 101 – 116.

D. Bails. “A Critique of the Effectiveness of Tax-expenditure Limitations”, *Public Choice*, 1982, 38 (2): 129 – 138.

D. Joulfaian, M. L. Marlow, “The Relationship between On-budget and Off-budget Government”, *Economics Letters*, 1991, 35 (3): 307 – 310.

D. Roodman. How to Do Xtabond2: An Introduction to “Difference” and “System” GMM in Stata, Center for Global Development, Working Paper , No. 103, December 2006.

Downs. *An Economic Theory of Democracy*. New York: Harper and Row, 1957.

Downs. *Inside Bureaucracy*. Illinois: Waveland Press, Inc, 1994 (Reissue).

E. Auriol, M. Warlters. "Taxation Base in Developing Countries", *Journal of Public Economics*, 2005, 89 (4): 625 – 646.

G. Brennan, J. M. Buchanan. *The Power to Tax: Analytical Foundations of a Fiscal Constitution*. New York : Cambridge University Press, 1980.

G. Brennan, J. M . Buchanan. "Towards a Tax Constitution for Leviathan", *Journal of Public Economics*, 1977, 8 (3): 255 – 273.

H. J. Raimondo. *Economic of State and Local Government*. New York: Praeger, 1992.

Hongbin Cai , Daniel Treisman. "Did Government Decentralization Cause China's Economic Miracle", *World Politics*, 2005a, 58 (4): 505 – 535.

Hongbin Cai , Daniel Treisman. "Does Competition for Capital Discipline Governments? Decentralization, Globalization, and Public Policy", *The American Economic Review*, 2005b, 95 (3): 817 – 830.

Hongbin Li, Li-An Zhou. "Political Turnover and Economic Performance: the Incentive Role of Personnel Control in China", *Journal of Public Economics*, 2005, 89 (9 – 10): 1743 – 1762.

J. M. Buchanan, R. E. Wagner. *Democracy in Deficit: The Political Legacy of Lord Keynes*, New York: Academic Press, 1977.

J. T. Bennett, T. J. Dilorenzo. "Off-budget Activities of Local Government: The Bane of the Tax Revolt", *Public Choice* , 1982, 39 (3): 333 – 342.

Keen Michael, Marchand Maurice. "Fiscal Competition and the Pattern of Public Spending", *Journal of Public Economic*, 1996, 66 (1): 33 – 53.

M. L. Marlow, D. Joulfaian. "The Determinants of Off-budget Activity of State and Local Governments", *Public Choice*, 1982, 63 (2): 113 – 123.

Migue, J. L. and G. Belanger, 1974. "Towards Ageneral Theory of Managerial Discretion", *Public Choice*. 17: 24 – 43.

P. Mauro. "Corruption and the Composition of Government Expenditure", *Journal of Public Economics*, 1998, 69 (2): 263 – 279.

R. Blundell, S. Bond. "Initial Conditions and Moment Restrictions in Dynamic Panel Data Models", *Journal of Econometric*, 1998, 87 (1): 115 – 143.

S. Bond. "Dynamic Panel Data Models: A Guide to Micro Data Methods and Practice", *Portuguese Economic Journal*, 2002, 1 (2): 141 - 162.

W. Niskanen. "*A Reflection on Bureaucracy and Representative Government*", In Blais, Andre and Stephane Dion. (Eds.), The Budget-Maximizing Bureaucrat: Appraisals and Evidence. Pittsburgh: University of Pittsburgh Press, 1991.

W. Niskanen. *Bureaucracy and Representative*, Chicago: Aldine Inc., 1971.

W. Niskanen. "Bureaucrats and Politicians", *Journal of Law and Economics*, 1975, 18 (3): 617 - 643.

Zhang Xiaobo. "Fiscal Decentralization and Political Centralization in China: Implications for Regional Inequality", *Journal of Comparative Economics*, 2006, 34 (4): 713 - 726.

政府间寻租体制与地方政府职能转变研究

——以地方政府土地财政为例

范帅邦*

内容摘要： 中国经济的增长模式，是以政府为主导的经济增长体制，核心是以中央—地方政府间寻租体制。这套体制，在激发了地方政府发展经济的动力、刺激中国经济高速增长的同时，也逐步导致了地方政府谋求垄断利润最大化的职能异化。地方政府土地财政机制，以及地方政府对土地财政越来越突出的依赖，集中体现了这套体制所内生的地方政府职能异化的趋势。在本文中，作者依托皮科克的公共选择理论，原创性地构建起以政府间寻租体制为核心的地方政府行为研究框架，并以土地财政为案例，对我国地方政府职能异化的根源进行初步研究。

关键词： 政府间寻租　政府职能转变　增长市场　政策供给市场　土地财政

一、引　言

改革开放以来，中国经济保持了长达30年的高速增长，形成了独

---

* 范帅邦，男，北京大学城市与环境学院博士研究生。

特的“中国模式”。中国模式的核心，是以政府为主导的经济发展体制。在这一点上，“中国模式”其实在延续着自20世纪50年代以来东亚发展型国家“增长奇迹”的基本经验（丁学良，2011）。但是中国政府主导的经济体制，在实现高增长的同时，却也导致了各种负面问题的长期与迅速的积累，比如经济发展的低质量、收入差距与区域发展差距的迅速拉大、生态环境的严重恶化以及政府职能错位、社会矛盾与冲突日益激化。最受诟病的是地方政府的越位与不作为：一方面，地方政府积极参与到经济过程中来，越来越多地扮演着市场主体的角色，阻碍着市场经济的进一步发展与完善，有关国进民退、户籍制度、地方保护主义等关于政府与民争利的抨击层出不穷；另一方面，地方政府过分谋求GDP的高速增长与财政收入的迅速增加，而忽略了履行社会职能，促进社会民生的发展，住房难、教育难、看病难；围绕征地补偿、土地流转、农民工就业等问题导致的矛盾与冲突也日益激烈。从这个意义上来讲，中国经济的发展模式，呈现出一种危险的特征，即伴随着经济持续高增长的，是政府职能的越位与缺位，是民众与政府的矛盾的日益积累，是改革共识与社会凝聚力的逐渐瓦解（孙立平，2009）。那么，该怎样认识30年来，尤其是市场经济体制确立以来中国经济发展模式的基本特征与动力，怎样辩证地看待中国发展的奇迹与发展中的尖锐问题，是事关理解中国社会主义经济与实践的核心命题。

因此，在我们有关中国社会主义经济理论与实践的研究论文中，我们以地方政府的土地财政制度作为切入点，以转变政府职能作为最终立足点来解剖中国发展模式。选择政府职能转变作为立足点，是由于当前的中国经济体制，从根本上来讲依然是政府主导的经济体制。完善中国经济发展模式，关键是要改善政府治理、科学调节政府与市场关系。选择地方政府的土地财政体制作为切入点，是因为土地财政体制可以集中体现出自1994年分税制改革以来，以各级地方政府为主导经济增长模式的基本特征。这是因为，一方面以土地开发为核心的城市化进程，是支撑中国经济增长，尤其是城市经济增长的核心重要动力（周飞舟，2007）。土地财政的确对充实地方财政收入、支持城市现代化建设、推动城市化发展、促进地方经济发展起到了关键作用；但是另一方面，土地财政的高速增长并没有导致普通群众社会福祉的相应增进，反而使地方政府越发依赖土地财政，越发依赖以地生财的模式，越发依赖房地产业的高速发展。这种畸形发展模式导致住房民生问题凸显、土地腐败和违法案件激增、土地耕地严重流失、农地纠纷日益频繁等一系列严重的社会问题。与民众承受越来越沉重的转型成本相对的，是地方政府越来越对土地财政“以地生财”模式的日益依赖，是中央政府三令五申抑制房价政策设施的屡屡失效，政府与民争利的“掠夺之手”引发社会民众的强烈不满。曾经单纯的土地制度与财税制度问题，如今已经演化为对政府执政能力的严重不信任，是民众对政府调控经济能力、与改革是否应该持续下去的质疑。从这个意义上来讲，土地财政与政府职能转变，是理解当代中国政治经济体制的一个重要维度。

从政治经济学的理论上讲，我们认为，土地财政体制与政府职能失效的根源，在于市场经济改革中形成的中央—地方政府间的寻租体制。30 年来中国经济的发展模式，从本质上讲是“政府主导型经济”。但是与其他东亚发展经济体不同，中国各级地方政府虽然是推动经济发展的核心力量，但中央政府才真正掌握并配置着全国绝大部分的资源。而且，中央政府一直在实施空间差异化的选择性政策，造成全国资源分配的空间非匀质性，使一些地区成为政策优势区域，能够获得超过平均水平的经济增长率（殷存毅、汤志林，2010）。高于平均水平的经济增长率，对相互之间激烈竞争地方政府官员来说，意味着政治上的晋升机会。那么地方政府作为受制于既定约束条件的理性经济人，在经济增长与政治晋升激励的驱使下，就会不断谋求政策租金的最大化。这样，中央与地方政府之间，也逐渐发展出一套以发展与晋升为核心、谋求政策与发展租金的寻租关系。我们认为，恰恰是这套中央—地方政府间的寻租体制，构成了中国发展模式的基本体征：一方面，寻租体制为地方政府发展经济提供了强大的激励与动力；但另一方面，寻租体制导致地方政府促进地方经济发展的行为，越来越突出地体现出谋求垄断租金最大化的短期行为的特征，各级地方政府越来越呈现出“掠夺性政府”的特征。对于地方政府官员来说，他们工作的中心，是要通过各种经济发展措施，来实现政绩显示，从而获得上级的认可，而非有效推进民生建设与社会建设，从而导致地方政府公共职能的严重缺位。

二、文献综述

我们的文献综述分为以下几个部分：首先，是从政府职能异化到政府职能转变的过程分析，关键是要理清楚什么机制导致了政府职能的异化，如何导致了政府职能的异化；其次，是学界有关政府职能转型的综述，关键是理清政府职能需要在哪些方面发生转变，这些转变的实现机制是什么；最后，是以土地财政为案例，理清土地财政的形成机制，探寻地方政府土地财政职能转变的可能方向。

（一）政府职能转变的机制分析

皮科克（Alan Peacock）的公共选择理论，对地方政府的经济行为做出了系统的分析。皮科克将公共选择理论分为三个大的政治市场：初级政治市场、政策供给市场与政策供给市场。在初级政治市场上，政治家把政策“卖给”选民，选民则为政治家支付选票；在政策供给市场上，官员为了实现当选政府的政策目标提供不同的行政手段；在政策执行市场上，主要分析政策执行结果及其影响（皮科克，1992）。本文的研究框架，基本承续皮科克的这一理论框架。基于皮科克的三个市场理论，中国学者李军杰、钟君与殷存毅、汤志林分别从地方政府经济行为与中央地方经济关系的角度，提出了中国公共政策理论的研究范式。

李军杰、钟君在《中国地方政府经济行为分析——基于公共选择视角》一文中，在皮科克三个市场理论的基础上构建起转型期中国地方初级政治市场、政策供给市场和政策执行市场。他指出，在中国的初级政治市场，上级政府取代了经典理论中的立法者联盟、企业微观主体代替利益集团，与地方政府一道构成了中国现实的“铁三角”，在这套体制下，普通公民个体很难发出争执声音，造成个人失语。地方政府初级市场的结构，直接导致了地方政府政策供给市场中，受制于有限理性和短期行为，单方面追求垄断租金最大化，造成无谓损失。最终在地方政策执行市场中导致政府越位或缺位，政府失灵不可避免。李军杰、钟君的分析构建起了研究中国地方政府经济行为的系统框架，在本文中我们加以引用。不过李军杰、钟君的研究还主要是对皮科克理论的初步中国化过程，尤其是在对初级政治市场的研究中，文章并没有解释清楚“铁三角”之间的互动关系，同时在地方政策供给市场的阐述中，只是借用了“垄断租金最大化”也没有加以阐释。

殷存毅、汤志林在《增长市场、选择性政策与区域租金》一文则对垄断租金最大化的概念详加阐述。这篇文章指出，当前中央与地方政府在发展经济的过程中，实际上形成了一种“增长市场”与“政策要素市场”关系。在“增长市场”中，地方政府是经济增长的提供者，中央政府是经济增长的需求者，中央政府得到了“经济增长”而支付“财政和行政官阶”。在“政策要素市场”中，中央政府提供选择性政策，地方政府则是选择性政策需求方。资源稀缺的基础前提，使中央政府采取非均衡的发展战略，选择性政策就会演化成地方政府追求“超额经济增长”的“区域租金”，中央政府与地方政府之间形成了一种“寻租关系”。这篇文章的寻租框架，解释了地方政府为什么会在初级政治市场上会与微观企业与上级政府结成“铁三角”，也解释了为什么地方政府为在经济行为中追求垄断租金的最大化。尤其是，这篇文章对寻租过程做出了详细的解释：地方政府为了寻求租金最大化，必须要依赖经济增长的绩效与地方财政收入的增加，这样才能够得到在政治上的晋升与中央的财政支持。这对于解释政府职能的异化，具有十分重要的意义。

（二）政府职能转变的目标研究

在政府职能转变的目标方面，黄会杰（2001）认为政府职能转变有最终目标和具体目标两种。我国政府职能转变的最终目标，是建立适应社会主义市场经济的政府职能体系。具体表现在三个方面：第一，就政府职能的内容及转变方向而言，便利人民，为人民服务将是政府职能转变的基本准则。第二，就政府权力的存在与运行而言，其职能的存在必须基于法律的授予，其职权的行使必须依据法律，而且，既不能违犯行政实体性规范，也不能违犯行政程序规范。第三，就政府职能的实现方式而言必须强调合理和适度。具体目标要坚持两大基本原则：第一，管住原则，即政府管住应管和能管的社会和经济事务，这一原则又可以分解为自控原则、代控原则、共控原则和受控原则四个分原则；第二，管好原则，即政府管好应管的事项，这一原则可分解为效益原则、阈限原则和动态原则三个分原则。

在政府职能转变的未来模式方面，国内学术界从各个角度提出见解。如，从张健（2006）政府自身的阶级性、社会性和契约性，决定了其基本职能是实施政治统治、进行社会管理、提供公共服务。当前，我国政府职能转变应坚持三项基本理念并相应选择三种基本模式，即政党政治理念与现代政党政治模式、社会治理理念与现代政府治理模式、公共服务理念与公共服务模式。叶素文、雪克莱提·扎克尔（2004）认为，由于政府机构过深的纵向层级没有改变，使政府的公共管理职能和行政效率没有得到充分体现，为了政府机构改革的方向实压缩纵向层级，实现政府公共管理的扁平化，扁平化管理模式实未来政府进一步转变职能，进行政府再造的主要模式。杨鸿台（2004）指出向“服务政府”“责任政府”“有效政府”“法治政府”转变，认为法治政府、责任政府、服务政府具有各自的特定内涵和机制，它们之间具有很强的交叉性、包容性和统一性，其结合点主要体现在政府活动空间、责任性质和治理方式等方面的深刻变化。实现建设法治政府、责任政府、服务政府等目标必须转变政府职能从监管市场、管理社会和公共服务等方面实现政府职能的强化、弱化与转化。郝风林（2004）改革开放以来，我国的政府职能转变取得了很大成就，但与我国经济市场化程度已经达到的较高水平相比，政府职能转变还没有与之同步，政府的管理体制和职能越来越成为束缚经济发展的体制性障碍。政府职能转变取得实质性进展和战略转变的有效途径是建立包括经济调节职能、市场监管职能、社会管理职能和公共服务职能四项内容的政府职能体系，这是全面建设小康社会时期政府职能转变的目标模式。

（三）土地财政机制研究文献综述

“土地财政”的成因归根结底是体制问题。学者们多从制度上去探寻“土地财政”的形成原因，其中的首要原因被认为是分税制改革。黄小虎（2007）、刘正山（2007）、董再平（2008）、易毅（2009）、岳桂宁（2009）、阎炎（2009）都认为，造成“土地财政”的首要原因是现行的分税制自身存在缺陷：1994 年分税制使稳定的税收收入大部分上划中央，与此同时事权不断下放，地方政府承担了与其财力不相匹配的事权，形成地方财政缺口，由于土地出让金全部留归地方，因此“土地财政”理所当然地成为了地方政府弥补其财政缺口或是增加其可支配收入的有效手段。

易毅（2009）分析，“土地财政”的成因还与土地征用制度、土地融资制度和政绩考核制度有关。其中，政绩考核制度是指各地的政绩考核都以 GDP 和财政收入为主的经济发展指标作为考核指标，而较少考虑经济增长的资源环境代价和社会保障率、居民满意度等民生指标，而土地是地方政府财富和“政绩之母”，利用土地收入来换取“政绩”成为一些地方政府官员难以割舍的情结。

还有部分学者，从金融制度、法律法规、制度建设等方面来对土地财政的机制来进行研究。总结起来，我们认为，土地财政的形成，根源于在地方政府在分税制改革后，面临财政收入锐减的状况，为实现中央政府制定的 GDP 增长以及财政收入增长的目标，而采取的充分利用中央赋予的权力，利用城市化的发展背景，而开拓新的财政来源的制度机制。

这些相关的文献综述，分别从不同的侧面出发，对政府职能转变的机制与方向，以及土地财政的发生机制进行了深入的分析。但这些分析最大的问题在于，它们始终缺乏一个统一与完整的视角，来对土地财政背后的政府职能缺位与越位问题进行系统的研究。土地财政，只是一个简单的政府职能的越位或缺位的问题吗？还是反映了我们这套经济体制发展经验中的某些隐形机制？如果这套隐形机制存在，它对于中国经济的持续增长是具有负面意义的吗？如果我们要进行政府职能改革，我们只是强调“政府归政府、市场归市场”就足够了吗？中国经济增长的独特经验，在肯定了市场经济规律的同时，也否定了新古典经济学太多的基本假设，所以我们虽然以转变政府职能为题，但是我们并不迷信于新古典经济学意义上的政府规制，我们将提出一套创新性的框架，并以土地财政为样本，进而完成对这套框架的论证，并以此提出我们有关政府职能转变的思考。

三、研究框架

（一）基本研究框架：公共选择视角

我们认为，当代中国经济模式，本质上是以中央地方政府间寻租体制为核心的政府主导经济体制。地方政府行为的经济化，是中国政治经济体制的突出特征。基于前文的文献综述，我们在文中提出了一套研究中央与地方经济博弈体制下，分析地方政府经济行为的理论框架。研究的基本框架，如图 1 所示。

这套分析框架，延承皮科克的三个市场理论，将中国地方政府的经济行为分解为“初级政治市场”“地方政策供给市场”与“地方政策执行市场”三个环节。“初级政治市场”环节的关键，是要解释清楚，在中国地方经济的增长中，地方政府与中央政府间的博弈是核心与决定力量；在“地方政策供给市场”中，我们指出基于“初级政治市场”的制度框架，地方政府促进经济发展的努力逐渐转变为一种“短期行为”，主要目的是通过经济的增长与财政收入的增加，来中央政府的晋升激励、财政支持与优惠政策，即在资源约束的制度背景下，谋求实现垄断租金的最大化；在“地方政策执行市场”中我们主要是说明，对于发展中的转型国家而言，发展市场经济的同时，需要对政府职能的边界进行明晰的界定。一个市场经济下良好运转的政府，必须要服从公共原则和公平原则，避免政府职能的越位与缺位。但是中国以政府为主导的经济发展体制，始终面临着政府与职能定位模糊的问题。谋求垄断租金最大化的地方政府，必然会导向政府职能的越位与缺位，这恰恰是当

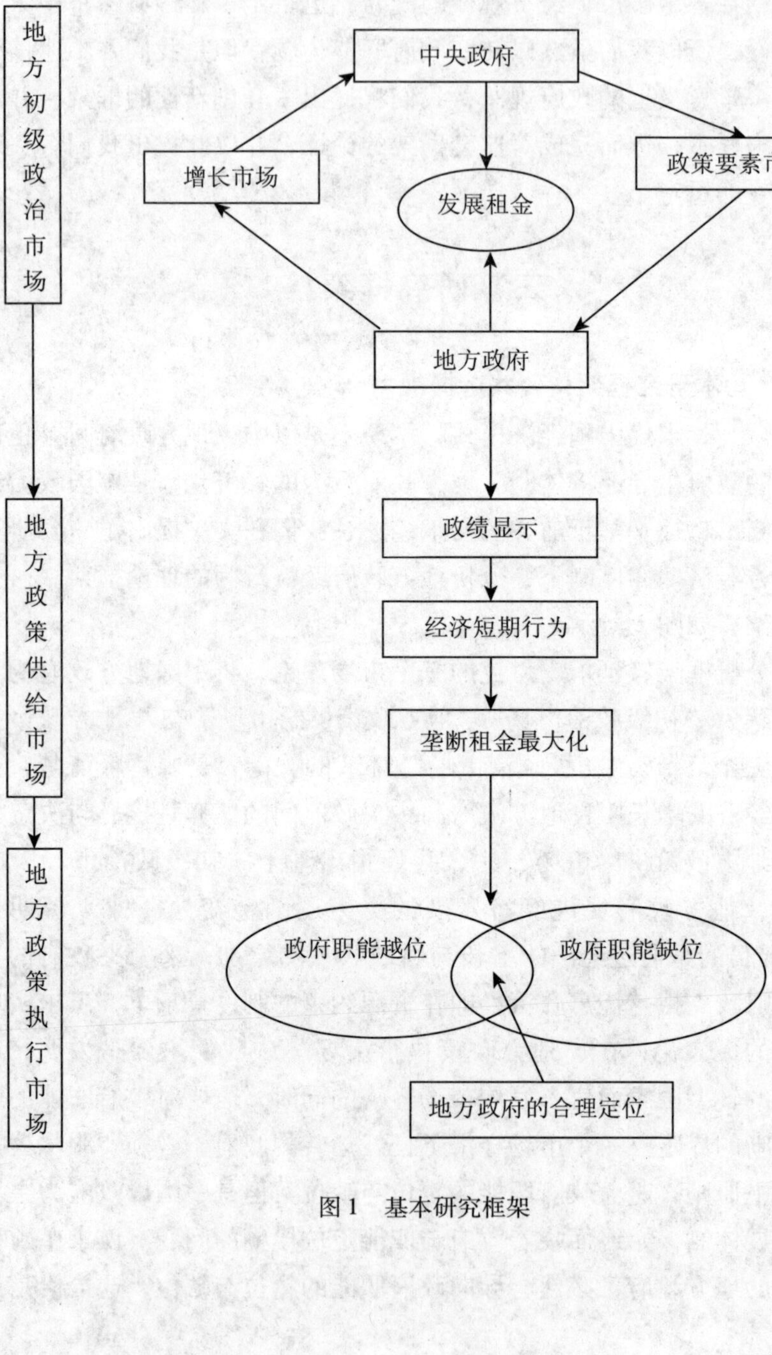
地方初级政治市场
地方政策供给市场
地方政策执行市场
中央政府
增长市场
发展租金
政策要素市场
地方政府
政绩显示
经济短期行为
垄断租金最大化
政府职能越位
政府职能缺位
地方政府的合理定位

图1　基本研究框架

前中国经济中最突出的问题，也是我们接下来要通过土地财政机制的分析要加以详细说明的核心问题。

（二）理论创新："政府间寻租体制"

这套分析框架，将学术界最新的"寻租与经济增长理论"也纳入其中，作为研究地方政府经济行为制度框架的核心动力。在经典的经济学理论中，经济租金被理解为政府扭曲市场而产生的高于市场出清价格的额外利润。租金总是与腐败、权钱交易等负面因素联系在一起，被认为是经济增长的阻碍。但是近年来，学者们在对发展经济体的研究中发现，制度化的设租与寻租行为整体上属于某种公关经济上的所期望的最终目标与成就联系在一起的（吴德荣，2011），设租与分配租是政府影响经济发展，尤其是刺激经济起飞的重要工具（巫永平，2011）。基于前人的研究成果，吴德荣、巫永平等学者提出了"租金生产的链条"的概念并将其引入到对中国经济转型的研究中来，他们发现，在中国，最重要的寻租者来自政府的本身，当政府，由于它对管制权和所有权的控制，作为主要的经济组的创造者时，创租和分配租金的权力在相互竞争的官僚机构间扩散，中央政府越来越多地扮演着创租者的角色，地方政府则扮演者创租者与寻租者的双重角色（巫永平，2011）。制度性的寻租行为涵盖了中国财政体制、经济增长、土地财政、产业政策等各个环节。但目前，国内学者对政府间寻租的关注还不多，更多的研究集中在产业政策领域，所以在地方政府的初级整治市场的研究中，我们结合巫永平、殷存毅等学者的研究，初步构架起一套围绕发展租金而形成的中央—地方博弈模型，尝试性地去解释地方政府经济行为的制度根源。

寻租体制的核心，是要解决"租金的创造""租金的分配""寻租"三个问题。在这三个环节中，最关键是要理清谁来创造、分配、寻求租金，怎么创造、分配、寻求租金；创造、分配、寻求什么租金三个问题（见图2）。我们认为，改革开放以来，中国的中央与地方政府之间其实也已经形成了一套"寻租体系"。根源在于中国改革开放以来始终实行的"非均衡发展战略"。非均衡的发展战略，决定了国家在短期内会集中主要的资源，向某一地区倾斜。这样就形成了选择性政策，选择性政策具有强烈的空间排他性，使特定区域内的主体获得了超出一般区域的经济增长成果。这种成果就形成了某种“超额利润”，成为了“租金”；竞争“租金”的主体，则由企业、个人演变为各级地方政府。

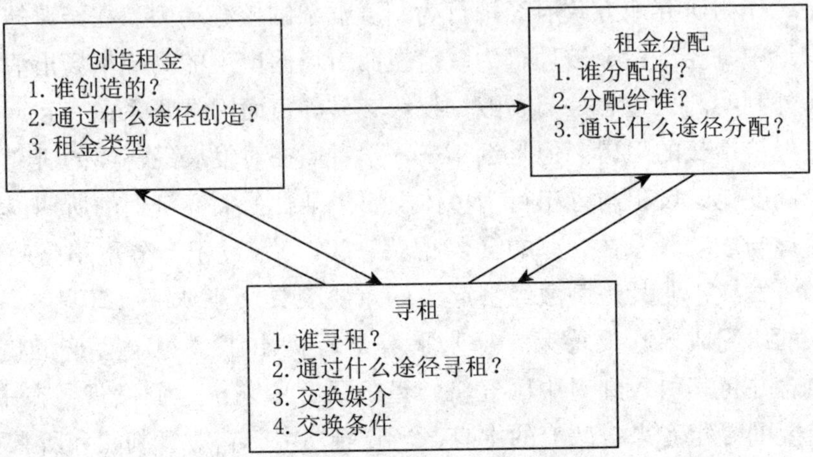

图 2　租金生产链

资料来源：吴德荣：《租金的生产与中国的产业发展》，见巫永平、吴德荣主编《寻租与中国产业发展》，商务印书馆 2011 年版，第 28 页。

在这套寻租体制中，中央政府是创租者，它主要通过供给促进经济增长的资源的分配型政策方式来创造租金；地方政府是寻租者，为了实现经济增长，满足自身的激励需求，势必在要素市场中寻求中央政府的租金分配。分配租金的模式，主要体现为中央与地方政府之间形成的“增长市场”与“政策供给市场”以及地方政府之间激烈的“晋升锦标赛体制”。在“增长市场”与“政策供给市场”中，地方政府向中央政府提供经济增长，中央政府则向地方政府提供政策与关于官员晋升奖励。“经济增长绩效”越好的地方政府，获得的“选择性政策”就越多，经济增长的动力与潜力也越强，地方官员的晋升前途也越好；反之，“经济增长绩效”不好的地方政府，获得的“选择性政策”就越少，经济增长的动力与潜力就相对差，地方官员的晋升前途就相对差。

由于唯一一个中央政府要面临着数十个，甚至数百个地方政府，所以各级地方政府之间形成高度激烈的“晋升锦标赛模式”，反过来刺激地方政府全力以赴以经济建设为中心，提供更好的经济增长绩效，从而获得更好的选择性政策，实现经济发展与官员晋升双赢的“良性循环”（见图3）。我们认为，这套机制，是三十年来中国经济增长的根本动力所在，同时也是导致三十年来中国区域发展差距越来越大的体制之源。

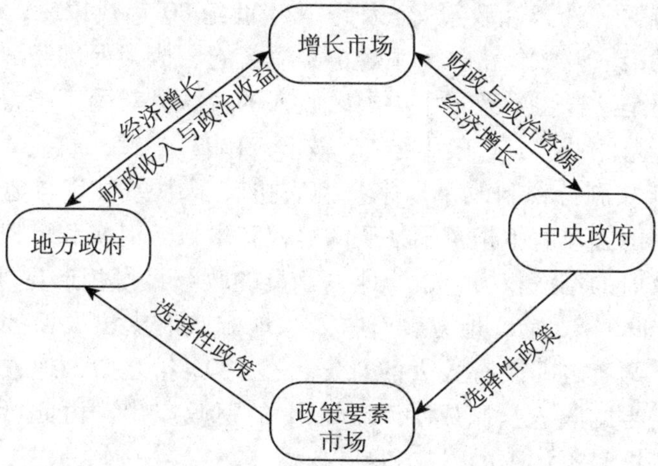

图3　中央政府与地方政府间的增长市场与政策要素市场

资料来源：殷存毅、汤志林：《增长市场、选择性政策与区域租金》，见巫永平、吴德荣主编《寻租与中国产业发展》，商务印书馆2011年版，第235页。

四、土地财政：地方政府寻租的现实案例

我们认为，土地财政体制，从一个侧面体现出这套中央—地方寻租体制对中国地方政府经济行为的深刻刻画。土地财政的本质，是前文提到的“三个市场”中“地方政府政策供给市场”中的重要内容。我们认为，理解土地财政，核心不是“土地”，也不是“财政”，关键是中央—地方的经济博弈关系。

（一）地方政府初级市场视角下的“土地财政”

一个基本共识在于，土地财政始于1994年的分税制改革。分税制改革之前，中国中央与地方政府之间形成了一种“财政联邦体制”，包干制将中央与地方的财政收入进行了体制性的安排，“限制了中央政府掠夺地方政府的权力”，这使地方政府能够充分的利用下放的经济权力，来谋求经济增长，与各同级政府进行激烈的竞争，来争夺中央政府对地方政府的“选择性政策”。因此，20世纪80年代以来，以地方政府为主导的沿海开放经济、乡镇经济异军突起，成为促进经济增长的根本动力。但是这样也导致了中央财政收入的锐减，对国家能力建设的提升造成了严重的威胁。（王绍光、胡鞍钢，1993）

1994年实施分税制改革以来，彻底扭转了中央财政与地方财政的多寡关系，地方政府承担了不平衡的财权和事权。财权和事权的失衡削弱了地方政府的经济权力，也让地方官员的政绩显得相形见绌。如图4所示，在1993年之前，地方政府收入和地方政府支出大概处于一个平衡的位置，两者之间没有太大的悬殊，在1993年之后，地方政府用占全国大概一半的收入，制成了70%以上的财政支出，由此可见，地方政府承担了极其不均等的财权和事权。

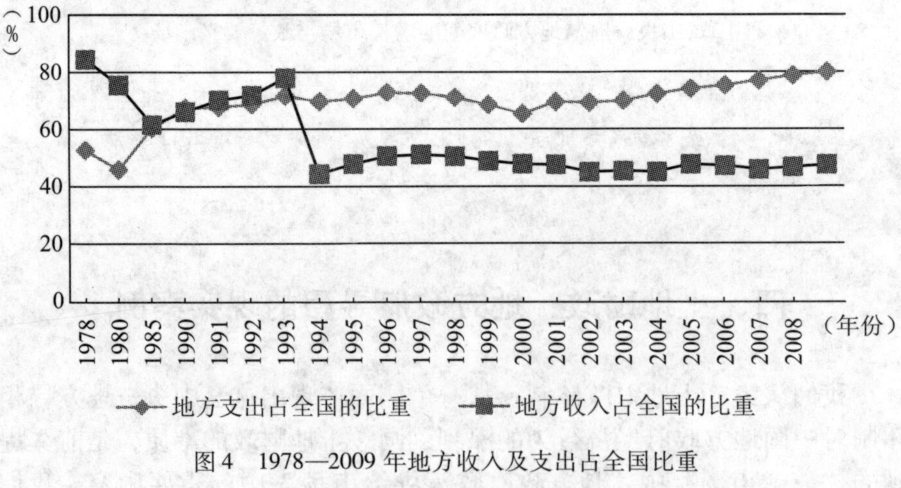

图4　1978—2009年地方收入及支出占全国比重

资料来源：《2010年中国统计年鉴》

但是财权事权的变化，并没有改变中央—地方政府间的寻租体制，地方政府仍然需要向中央政府提供“经济增长”来换取“选择性政策”与职位晋升。然而，锐减的财政收入与沉重的财政支出，特别是公共财政支出的沉重压力，严重限制了地方政府发展经济的能力。捉襟见肘的地方官员为提供更好的经济增长绩效，不得不去利用经济权力，来寻找新的财政来源。土地财政正是在这个环境下应运而生。

土地财政，从本质上讲，就是指地方政府可支配财力高度依赖土地及其相关产业税费收入的一种财政模式（陈志勇，2010），具体包括土地资产收益、土地税、行政事业性收费及其他隐性收入等。地方政府的土地财政收入如图 5 所示。

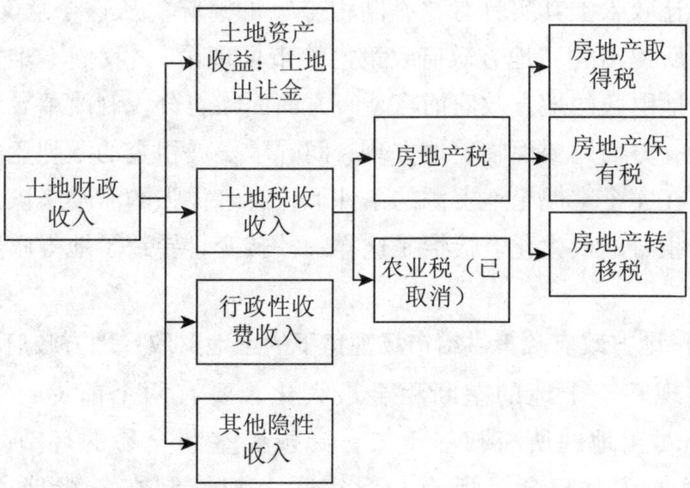

图 5　土地财政收入构成图

表面上，土地财政是当前一些地方政府用来缓解财政收入不足和筹集城市建设发展资金的重要手段，但实际上，地方政府通过出让土地获得土地出让金收入，作为地方政府财政收入的重要补充来源。经过十几年的发展，土地财政的运作模式也日渐复杂，规模也越来越大。当前各级地方政府中一个通行的机制体现在：地方政府首先通过出让土地获得土地出让金收入；在建设用地招拍挂中，通过控制土地供应政策助推出让金攀升；以大拆大建的方式进行城市改建或扩张，通过高价卖出低成本收回的国有土地，获取巨额的土地增值收益；依赖城市扩张、土地占用以及房地产开发带来的税收；以土地储备中心、政府性公司和开发区为载体向银行进行土地抵押融资收入；部分地区对工业开发用地实行低价，甚至以免费使用的方式招商引资，以获得企业进入后的税收；等等(蒋震、邢军：2011)。

那么地方政府为什么会选择土地财政作为提升自身“寻租能力”的重要工具呢？我们认为，核心主要在于两点：其一，土地财政收入属于预算外收入，是分税制改革以后，少数能完全由地方政府掌控的收入；其二，土地资源被牢牢地掌握在地方政府手中，事实上，地方政府在土地出让收入上其实具有“垄断租金”的意味。从这个意义上来讲，结合前文所提出的“地方政府政策供给市场理论”，我们不难发现，对于推行土地财政的地方政府而言，一方面面临着分税制改革导致的资源约束，另一方面还要面临着地方政府间寻求发展租金的激烈竞争。那么地方政府在完全掌握土地资源的条件下，有着很强的激励来谋求来自土地的垄断租金的最大化。恰恰是这样一种转变，导致了地方政府职能的根本异化。

（二）地方政府政策供给市场视角下的土地财政：地方政府职能异化

要实现基于土地的垄断租金最大化，要有两个前提：第一，必须要垄断对土地的所有权；第二，必须要垄断交易的环节。我国的土地制度名义上归全民所有，但实际上却控制在各级地方政府手中，我国地方政府职能的异化，就出现在地方政府谋求垄断交易环节的过程中。

地方政府垄断土地交易环节的过程主要体现在，地方政府通过圈地行为获得农民的土地，然后出让土地的使用权，企业、开发商通过竞价拍卖等方式对土地使用权进行竞争获取。那么在这个权利的选择让渡的过程中，农民和企业开发商之间的桥梁被政府垄断了，也就是说，农民和开发商之间不能通过市场机制进行自由交易，而是必须通过政府作为中间人进行权力的转接，政府恰恰是在这样一个环节中实现了垄断租金的最大化：一方面，政府依赖对土地的所有权，可以以极低的补偿价格支付给失地农民，降低土地转让与开发的成本；另一方面，政府垄断了土地交易的卖方市场，以较高的价格买给开发商，并在开发商的后期建设中获得经营税收，地方政府成为了土地开发过程中的最大受益者。政府在这一过程中所获得垄断租金收入，就是土地出让金。

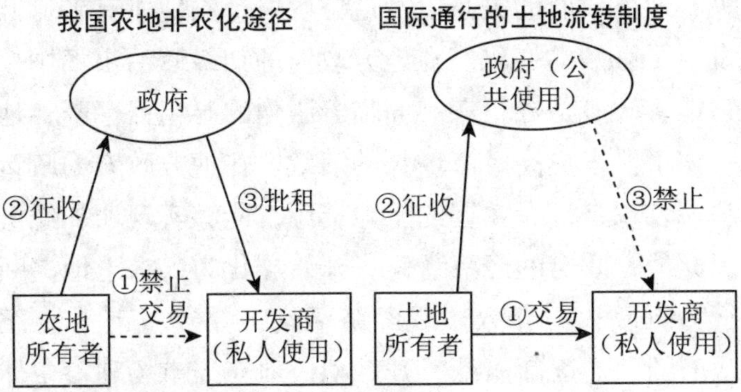

图 6　我国农地非农化与国际通行的土地流转制度比较

资料来源：殷存毅，“区域发展与政策”课程 PPT，第 10 讲 46 页。

布坎南（1982）以个人主义的方法论和经济人假设为出发点对政府行为进行了这样的分析：作为一个组织，官僚统治者们有自己的特殊利益，统治者们有个人效用最大化的动机；由于政府垄断了强制性权力，当政府的偏好与市民的偏好不一致时，政府可以把自己的偏好转化为社会的偏好；政府所谓的集体决策仍是由特定个人所做出。经济人假设进一步提出了政府失灵的结论：由于政府主体的经济人本性和集体决策的零和博弈，实际上并不存在“根据公共利益进行选择”的过程，而只是各政治利益主体的利益和实力的较量；这种由“经济人”行为支配和决定的集体决策必然引起政府失灵；政府失灵表现为寻租行为、官僚主义、效率低下；等等。事实反复说明，权力和资本一旦结合在一起，其结果必然是使公共权力偏离自己的公共性，必然导致政治系统和经济系统的严重紊乱（王玉堂，1999）。土地财政带来的弊端，无论诸如推高房价、减少耕地、造成农民失地等直接影响，以及滋生腐败、增加财政风险、影响财政收入结构、固化消费疲弱的经济格局的深层次影响，都是政府职能紊乱的最终表现。

综上，我们可以认识到，在权力二元结构以及财权与事权失衡的背景下，中央和地方政府的关系以及地方政府、农地所有者、开发商之间的关系就发生了微妙的变化。在地方政府的初级政治市场中，中央政府是设租者，地方政府是寻租者。面临着激烈的寻租锦标赛，地方政府必须要采取一切手段来提高经济增长的绩效。在地方政府的政策供给市场中，地方政府发现自己所掌握的土地资源，能够实现增加经济增长绩效的任务，因此地方政府的经济行为，开始异化为谋求土地垄断租金最大化的短期行为行政权力介入微观经济活动，导致城市土地资源配置扭曲，地方政府的职能逐渐紊乱，开始积极地充当市场利益主体，开始兼具“政府人”属性和“经济人”属性，政府从公民的代理人变成了土地经营者和管理者，有了经济学意义上的“理性思维”。这显然和政府的本质定位——代理人抑或服务者大相径庭。这直接导致了地方政策执行市场中政府职能的越位与缺位。

五、结论与建议

基于前文的分析，我们可以认识到，导致转型时期中国各级地方政府职能越位与错位的直接原因，是地方政府在资源约束的条件下，谋求垄断利润最大化的努力；根本原因，还在于改革开放以来长期形成的“中央—地方政府间的寻租体制”。在这套寻租体制中，中央政府是设租方，各级地方政府为寻租方。地方政府为中央政府提供经济增长的绩效，以换取中央政府对地方政府的“选择性政策投入”，以及对地方政府官员的晋升奖励。而且，各级地方政府之间还面临着其他同一级别地方政府的激烈竞争。同时，科层化的中国行政体制，决定了这样一套上下级政府间的寻租体制，还会在不同层级的地方政府中迅速传播与扩张。我们认为，这恰恰是中国的政府主导经济体制的关键特征。另外，不受限制、缺乏监督的经济裁量权与决策权，为政府职能的越位提供了制度基础。

这样一套寻租体制弊端，在土地财政的机制上展现得淋漓尽致。土地财政的出现，根本上是来自于地方政府面对中央财税调整的理性博弈。中央的分税制改革，扭转了财政收支状况，倒置了地方政府的财权与事权，却并没有改变以增长市场和政策供给市场为核心的政府间寻租体制，各级地方政府面临着更为严峻的竞争考验。在这样的一种制度环境下，地方政府充分利用所掌握的土地资源，谋求垄断利润的最大化，同样也是地方政府理性博弈的结果。那么从这个角度来讲，中国各级地方政府职能越位与缺位的根源，恰恰与支撑中国经济增长的根本动力相一致。因此，束缚中国地方政府职能转变的主要障碍，恰恰是制度本身。

因此，在我们看来，切实调整中国各级地方政府职能，从长远来看，是要根本变革中央—地方政府间的寻租体制，纠正地方政府追求自身垄断租金最大化的倾向。这样一种变革方式，必须要通过减少中央与地方政府的自由裁量空间，建立产权清晰的、硬约束的制度环境来实现。那么实现的途径也只有一个，就是要引入人民的力量，建立起基于民众认同与上级认同相结合的地方政治权力合法性的来源，而不是单纯的政府之间的博弈体制。在人民成为政治权力合法性来源的基础上，必须要实现对地方政府的“自我限权”，所谓“限权”，并非西方意义上的三权分立，而是对地方政府自由裁量权与经济决策权的适当控制。需要指出的是，在现行的制度安排中，产权最模糊的地方也是资源最容易被攫取和滥用的地方，最终演化为内生垄断租金的制度盲区。所以，从这个意义上讲，中国政府职能的转变方向，是要实现地方政府初级政治市场与地方政府政策供给市场的内在转变。

要实现这一转变，还需要较长的历史时间。当前的政府职能转变，还需要在地方政府的政策执政市场层面上加以推进。我们认为，具体的措施应当包括：

第一，在我国市场经济体制不断走向完善的条件下，应当加快实现向公共服务型政府的转变。在市场经济条件下，市场运行的主体是企业和社会，政府的职能主要是为经济发展和市场良性运行提供一个良好的市场环境和社会环境。无论是政府制定产业政策、进行宏观调控，还是进行社会管理、进行基本建设投资，其本质都是为社会提供公共服务或公共产品。市场经济必然要求政府对市场经济的有效管理和干预，主要限定在公共服务的范围。同时，我国现阶段突出的社会矛盾和社会问题，如就业问题、收入分配及差距不断扩大问题、社会保障问题等，已经使我国市场经济的良性运行、经济的持续快速发展带来严峻的挑战。

第二，我国政府应从注重效率向更加注重社会公平转变。目前，贫富差距持续扩大、弱势群体不断增多、社会群众体性事件不断增多正是社会亟需公平的一种外在体现。因此这要求我国政府应该从关注效率转向关注公平，这也就必然要求政府职能进行相应的转变，对社会相关利益群体进行协调，加快社会多层次保障体系的建立，加快就业体系的改革与完善，加快分配制度的改革。

第三，适应市场经济发展的需要，加快社会一体化进程，实现社会向多元化转变。当前存在的城乡二元经济结构、城乡分割的户口制度，以及地方割据的地方保护主义等严重阻碍了市场经济制度的完善和社会经济的发展，这应该是政府在以后相当长时期内的改革着力点和职能转变的方向之所在。与之同时，我国一些利益集团开始逐渐突现，利益主体和社会结构也日益多元化，不同的社会组织和不同的社会结构层次也要求对不同的利益进行不同层次的诉求。传统的政府干预模式和市场调节模式已经不能满足这种需要，而市场对效率和利益的追求是恒定不变的，因此政府应该切实转变政府职能，从具体性的事务中解脱出来，培育一批社会组织承担以往的政府功能，通过所建立的不同利益集团组织对各自利益的诉求和博弈来化解社会矛盾，以实现市场经济的良性运行和社会的平衡发展。

【参考文献】

陈志勇、陈莉莉:《“土地财政”:缘由与出路》,载《财政研究》2010年第1期。

傅勇:《中国的分权为何不同:一个考虑政治激励与财政激励的分析框架》,载《世界经济》2008年第11期。

蒋震、邢军:《地方政府“土地财政”是如何产生的》,载《宏观经济研究》2011年第1期。

蒋省三、刘守英:《土地财政的缘由与风险》,载《新青年·权衡》2006年第3期。

孔善广:《分税制后地方政府财事权非对称性及约束激励机制变化研究》,载《经济社会体制比较》2007年第1期。

李军杰、钟君:《中国地方政府经济行为分析——基于公共选择视角》,载《中国工业经济》2004年第4期。

刘承礼:《理解当代中国的中央与地方关系》,载《当代经济科学》2008年第5期。

刘红梅、张志斌、王克强:《我国土地财政研究综述》,载《开发研究》2008年第1期。

孙宁华:《经济转型时期中央政府与地方政府的经济博弈》,载《管理世界》(双月刊)2001年第3期。

陶勇:《中国地方政府行为企业化变迁的财政逻辑》,载《上海财经大学学报》2011年第2期。

陶然、袁飞、曹广忠:《区域竞争、土地出让与地方财政效应——基于1999—2003年中国地级城市面板数据的分析》,载《世界经济》2007年第10期。

王玉堂:《土地出让市场的博弈分析利益背景与政府行为分析》,载《管理世界》1999年第6期。

吴群、李永乐:《财政分权、地方政府竞争与土地财政》,载《财贸经济》2010年第7期。

吴德荣:《租金的生产与中国的产业发展》,见巫永平、吴德荣主编:《寻租与中国产业发展》商务印书馆2011年版。

巫永平:《地方政府、寻租与产业政策》,见巫永平、吴德荣主编:《寻租与中国产业发展》商务印书馆2011年版。

殷存毅、汤志林:《增长市场、选择性政策与区域租金》,见巫永平、吴德荣主编:

《寻租与中国产业发展》，商务印书馆2011年版。

张晏、龚六堂：《分税制改革、财政分权与中国经济增长》，载《经济学季刊》2005年10月第1期。

张曙光：《博弈：地权的细分、实施和保护》，社会科学文献出版社2011年1月版。

中国土地政策改革课题组：《中国土地现状解密：土地财政和地方政府》，载《财经》2006年2月27日。

周飞舟：《分税制十年》，载《中国社会科学》2006年第6期。

周飞舟：《生财有道：土地开发和转让中的政府和农民》，载《社会学研究》2007年第1期。

周黎安：《中国地方官员的晋升锦标赛模式研究》，载《经济研究》2007年第7期。

丁学良：《辩论"中国模式"》，社会科学文献出版社2011年版。

孙立平：《改革开放以来中国社会结构的变迁》，载《中国浦东干部学院学报》2009年第1期。

黄会杰：《我国政府职能转变的目标模式与途径分析》，载《洛阳师范学院学报》2001年第4期。

叶素文：《日本跨国公司迁移中国的动因及对策》，载《当代经济》2005年第5期。

杨鸿台：《论法治政府、责任政府、服务政府及政府职能转变》，载《毛泽东邓小平理论研究》2004年第7期。

郝风林：《建立政府职能体系——全面建设小康社会时期政府职能转变的目标模式》，载《忻州师范学院学报》2004年第6期。

黄小虎：《当前土地问题的深层次原因》，见《中国土地学会625论坛——第十六个全国"土地日"：依法合理用地促进科学发展论文集》2006年版。

阎炎：《政府主导的城市化反思——访国务院发展研究中心研究员刘守》，载《中国土地》2010年第2期。

易毅：《现行体制下我国"土地财政"问题的解决》，载《经济师》2009年第5期。

Peacock A., "The Credibility of Economic Advice to Government", *Economic Journal*, 1992, 102 (414), pp. 1213 – 22.

David L. Wank, "Local State Takeover as Multiple Rent Seeking in Private Business",

Rent Seeking in China, 2009, pp. 79 – 96.

Jean C. Oi, "Fiscal Reform and the Economic Foundations of Local State Corporatism in China", *World Politics*, Vol. 45, no. 1, 1992, pp. 99 – 126.

R. Bin Wang, "Rent Seeking, Corruption, and Local Finance in Historical Perspective", Rent Seeking in China, edited by Ngo, 2009, pp. 241 – 253.

Richard Boyd, "The Chinese Mode of Rent Utilization in Comparative Perspective", Rent Seeking in China, 2009, pp. 254 – 275.

Yi-min Lin, "The Institutional Context of Rent Seeking in Economic Transition", Rent Seeking in China, 2009, pp. 59 – 78.

央地关系视角的土地财政：一个制度层面的梳理

雷艳红　游　宇*

内容摘要：20 世纪 90 年代启动的中央与地方税收、金融、国企等经济分权改革是 21 世纪初土地财政兴起的重要根源，而中央与地方政府的行动目标一致则是土地财政快速扩张的关键。嵌入此背景中的土地财政不仅是地方政府以土地为载体获取财政收入的过程，还是中央与地方政府等行为主体构成的土地市场复合型利益链条的重要环节。在后“四万亿”时代，中央政府与地方政府的行动目标出现偏离。在政治层面的制度支持逐渐耗散后，地方政府的经济利益这一“独木”将难以支撑土地财政的发展。

关键词：土地财政　经济分权　央地关系

“土地财政”是近年来的研究热点，考虑到其“地方性”，学界往往立足于地方政府去分析其成因。如有学者将“政府主导”“外延扩张”的城市化作为土地财政形成的背景和条件（刘守英、蒋省三，2005）；有学者将地方政府视为私利考量者，认为土地财政是地方政府

---

* 雷艳红，女，厦门大学公共事务学院、公共政策研究院副教授，研究方向为新政治经济学，公共财政制度与政策；游宇，男，厦门大学公共事务学院博士研究生。

收入压力（需要）与土地制度能变现巨大的级差收入（可能）共同作用的结果（张青、胡凯，2009）；还有学者指出土地财政产生的根源主要在于地方政府（官员）的逐利（机会主义）本性，以及不对称信息条件下人的有限理性（赵合云，2011）。更普遍的看法是，分税制改革后造成的地方政府财权事权不对称是土地财政兴起的重要原因（周飞舟，2006；董再平，2008）。至于土地财政的未来走向，学者们通常根据土地财政在现阶段暴露的问题以及未来可能出现的不利或危险，据以判断土地财政难以为继。如周飞舟指出地方政府在土地征用和开发过程中通过财政和金融手段积聚资金“圈地”，不仅积累了大量的金融风险，还因为对农民土地的低价补偿造成了潜在的社会风险（周飞舟，2007；周飞舟，2010）。

不难看出，关于土地财政的成因，前人更多关注地方政府的角色扮演，基本不考虑中央政府在其中的作用，有关分税制改革造成的地方财政压力也只是间接建立中央政府与土地财政的联系。至于土地财政的未来走向，我们的基本理解是，如果土地财政的兴起不是地方政府的单方面行动，那么其衰落也不能只“归咎于”地方政府。本文拟从中央与地方关系的视角重新审视土地财政作为制度的兴起与扩张背景，并据以判断其未来走向。论文首先论述土地财政兴起的重要制度根源——中国经济分权及其之于土地财政兴起的意义，而后剖析土地市场的利益链与土地财政扩张的关系，最后阐述“后四万亿”时代中央与地方政府的行动目标冲突以及中央政府的资源优势对土地财政发展的影响。

一、经济分权改革与土地财政的兴起

20 世纪 90 年代中期是中国经济分权改革的关键节点，除了影响深远的分税制改革，该时期还启动了银行业改革和国有企业的战略重组，这一系列改革导致中央主导下的核心国有经济资源如税收、国有企业及其利润、金融信贷在中央与地方的重新配置（见表 1），也因此建构了中央与地方关系的新框架。探讨这些国有经济资源在中央与地方的分配状况，有助于明确土地财政兴起的制度根源。

表1　中央与地方的三大资源收益划分

	中央政府	地方政府
税收资源	比例分成合同：增值税（75%）；证券交易印花税（97%）；企业所得税（增量60%）；个人所得税（增量60%）	分占所有权合同：除增值税、证券交易印花税和所得税外其他税种
金融/银行资源	从属地管理为主到垂直管理为主，银行在经济转型中成为以市场和利润导向为主的经济主体，大型商业银行主要作为中央政府调节宏观经济的工具，地方商业银行则成为地方政府信贷的重要来源	
国企资源	央企分红以及国企所创造的各种税收效应	地企分红以及国企所创造的各种税收效应

关于财税体制改革，分税制的实施发端于“两个比重”即财政收入在国内生产总值中的比重和中央财政收入在财政总收入中的比重的持续下降。分税制后，财政收入分配的“强地方弱中央”得到显著改变：中央与地方政府的财政收支状况与分税制前相比，呈“反向剪刀状”变化，地方政府财政收入占全国财政总收入的比例逐渐减少（见图1）。分税制改革实际是将最具合法性且稳定的政策资源——预算内收入——集中到中央，而在21世纪初，为了规范政府行政事业性收费和减轻农民负担，中央政府进行近十年最大规模的税制改革——费改税和取消农业税，“相对于中央政府，这一改革对地方政府尤其是农业省份的低级别政府的影响要大得多”（Kennedy，2007）。影响之一是，导致了显著的横向财政不公平，“这种不公平不仅发生在省际，也发生在省内尤其是城镇与乡村之间”，有证据显示，这种不平衡在扩展（Qiao，Martinez-Vazquez，and Xu，2008）。越来越多的学者认为，1994年的分税制改革仅仅是一个过渡性的制度安排（王振宇，2006）。有学者指出，与财权相对应的中央与地方的事权划分亟待理清，“省级以下实际上始终没有进入真正的分税制状态而演化成了弊病明显的分成制和包干制”（贾康，2008）。分税制的制度缺陷导致，在中央与地方的博弈中，中央加

强了其“筹码”；另一方面，也增加了省际、省内各级地方政府的财政压力，而这两方面都在孕育土地财政生成的土壤。

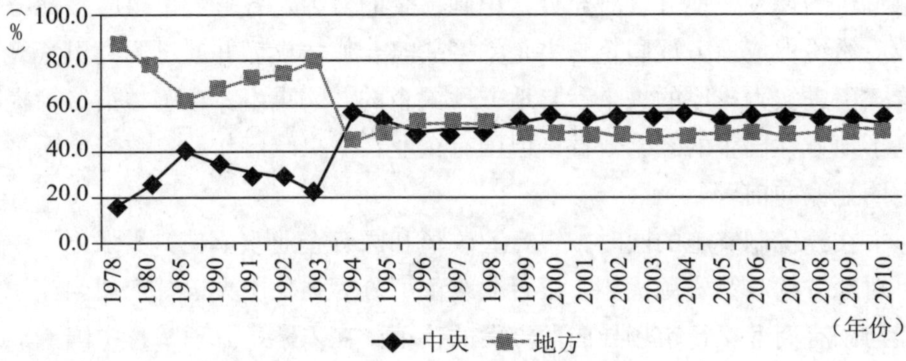

图1　中央和地方财政收入比重

数据来源：中国统计年鉴2011。

在国企经营管理方面，分税制改革彻底结束了政府与企业之间一对一的“讨价还价”局面。此次改革对国有企业的利润分配问题做出了明确清晰的硬性划分：应该上缴国家的部分采取税的形式，并按照统一的税率征收，剩余的部分全部归企业所有。另一方面，分税制改革使中央与地方政府都开始走上不再按照企业行政隶属关系而是按照税种组织财政收入的新轨道。在国有企业财务状况每况愈下的情况下，国企改革进入了纵深阶段。1997年党的十五大报告正式提出国有企业“抓大放小”问题；1998年，在中央和社会改革力量的推动下，国有企业改革进入了产权改革阶段。十六大后，国有资产管理由“统一所有，分级管理”的体制改为由各级人民政府分别代表国家履行出资人职责的管理体制，各级人民政府成为法律上的所有者，获得了国有资产处置权。需要指出的是，中央政府通过各种政治经济资源要素的投入，使央企居于各领域各行业的垄断地位，地方国企则“悲喜交加”。毕竟，在大型国企归于中央政府和分税制的背景下，地方政府面临着较大的增收节支压力，“甩包袱”就成了理性选择。近年来，许多地方政府或是竞相将陷入困境的企业与国有控股企业的国有产权推向交易市场，或是寻求与中央国企的联姻，以提高本地企业的规模效应。尤其是2008年国际金融危机的爆发，地方政府充分认识到央企的实力，各省、市政府等地方政府纷纷促成地方性国企与央企签署战略合作协议，并通过招商引资等形式引进实力雄厚的央企参与地方性国企的并购重组。这些举措尽管提高了地方性国企的经营效益，但国有企业在中央政府与地方政府的天平上明显偏向前者。

在分税制实施的同时，银行业改革和国有企业改革进一步强化了中央对地方的政策资源优势。银行业改革可分为强化中央银行宏观调控职能与国有商业银行市场导向两方面的改革。在朱镕基总理掌管中国人民银行不久，国务院便发布了《关于金融体制改革的决定》，施行在国务院领导下独立执行货币政策的中央银行调控体系，使金融宏观调控的权力集中到人民银行总行，随后又从法律上逐步理清和确立了央行的宏观调控职能。在国有商业银行市场导向改革方面，中央政府对国有商业银行的改革主要集中在股权结构和市场结构，确立了垂直管理体制以强化其市场属性。通过改革，银行在信贷资源配置方面“会认真考虑贷款企业的历史财务绩效和代理成本”，就银行业而言，这“促进了银行信贷资源配置行为的商业化”（孙亮、柳建华，2011）；而这将从另一角度支持土地财政的兴起。房地产市场的火热为银行建立了庞大的借贷方市场，不仅仅是房地产商和房地产消费者，地方政府也是重要的融资主体。根据现行法律，除主权债务外，一般情况下政府机构向商业银行举借债务是不允许的。但是，“地方政府存在着复杂的融资需求，特别是为满足基础设施项目建设的资金需求，通过设立各类投融资机构向商业银行借款，地方政府实际完成了融资”（李俊文，2008）。不仅如此，“许多地方政府主要依靠土地收入等来偿还这些地方投融资平台的负债，因此在客观上有强烈的动机来推高土地价格”（李俊文，2008）。

正是通过一系列分权改革，中央政府不仅掌握了预算内收入的主导权，还逐步强化了“货币”与“财政”两大政策资源。至于地方政府，其拉动经济增长的主要政策资源包括税、利、债、费以及国外投资。在这些政策资源中，国企利润基本被整合入税收；日益市场化和商业化的银行管理经营模式限制了地方政府的信贷与抵押债务收入；“费”收入在市场化进程中则相对分散且规模有限；而外国直接投资则表现出太大的波动性。显然，以上这些政策资源难以帮助地方政府达成目标，即通过获取稳定且大规模的收入以拉动辖区内经济快速增长。于是，一方面是拉动经济增长的政治压力，另一方面则是逐渐兴盛的土地市场交易创造的多层次利益，土地财政应运而生。

二、因地生利与土地财政的扩张

学界普遍将土地财政视为“政府通过土地的资本化来实现财政创收的过程”（岳桂宁等，2009），问题是，“土地的资本化”是如何完成的？哪些制度条件支持了“土地的资本化”，特别是中央政府在其中发挥的作用如何？在土地的“资本化”过程中，中央与地方政府分别获得了哪些收益？

土地资本化的核心前提是土地按照商品属性进入市场运作，然而在我国，土地国有并禁止土地所有权的转让。在此限定下，土地资本化的关键在于土地使用制度的改革，即将土地的使用权与所有权分离，并在使用权上变过去无偿和无限期使用为有偿和有限期使用。1988 年《宪法》做出修改，规定“任何组织或者个人不得侵占、买卖或者以其他形式非法转让土地。土地的使用权可以依照法律的规定转让。”这意味着，土地的使用权和所有权的分离得到国家根本大法的确认。同年 9 月，《中华人民共和国土地管理法》进行了相应的修改，明确规定“国家依法实行国有土地有偿使用制度”。1989 年，国务院颁布《城镇国有土地使用权出让转让暂行条例》将土地使用制度改革纳入依法管理轨道，其后，我国土地市场加快发育，土地一级市场和二级市场开始逐步成形。值得注意的是，可以出让土地使用权的土地仅限于国有土地。换言之，政府（准确而言是地方政府）成为了土地一级市场上的垄断商，获得了土地资源的行政处置权。这意味着，土地资本化与土地财政获得基础性的制度支持。与之相配套的是土地收益的地方化。在这方面，自1994 年起，土地出让金不再上缴中央财政，土地出让金收入逐渐成为地方政府预算外收入的主要来源。

在三大资源分配中占优势的情况下，中央将另一重要资源——土地——的使用权和使用收益让渡给地方。有学者指出，这是中央政府为了弥补地方政府在 20 世纪 90 年代经济分权改革的资源损失，而将土地产权地方化（郑永年、吴国光，1995）。换言之，土地成为中央与地方划分的第四大资源，也是中央对于地方在其他三大资源中损失的补偿。不过，这并不只是简单的让渡或补偿。前人论及土地财政的收益时，往往将地方政府作为毋庸置疑的利益主体，至于中央政府在土地财政的利益分配中处于何种角色基本不论，这从土地财政的定义便可看出（王振宇，2006；董再平，2008）。本文将地方政府和中央政府都纳入到相关市场主体和政府主体参与的土地市场中，试图勾勒出土地市场的利益链条，进而剖析各自在交易过程中的各种收益，这不仅有助于深刻理解地方政府的“土地财政”行为，也有助于全面审视土地财政作为制度的生长基础。

在土地市场利益链条中，地方政府的收益包括经济和政治两方面，其中经济利益主要归属于整体性的地方政府，而政治利益则主要归属于地方官员。关于经济利益，有学者将土地财政收入分为相关的税收收入、非税收入与抵押收入（李尚浦、罗必良，2010），在此基础上，本文将其进一步区分为利、税、费、债四种，其中“利”指的是地方政府利用手中的土地所有权和管理权，通过土地出让获得土地出让金这类直接收入，这是土地创收主要来源，即“首次收益”。诸多研究论证了地方政府倾向于通过高地价获得高额土地出让金以减轻分税制对地方财政的压力（周飞舟，2006；陶然等，2009）。税指的是与土地有关的直接税收入（包括房产税、城镇土地使用税、土地增值税、耕地占用税和契税）和间接税收入（房地产业和建筑业的税收收入），是地方政府的“二次收益”；“费”指的是与土地相关的收费，包括临时用地管理费、土地登记费等；此外，还有以土地储备中心、政府性公司和开发区为载体向银行抵押土地而获得的融资收入即“抵押收入”。

至于地方官员的政治利益，改革开放以来，中央政府的目标主要是以经济增长支撑其合法性，并在此目标导向下采取了适宜的地方经济分权。如此一来，地方政府官员的晋升与其辖区经济绩效显著相关。周黎安谈到经济绩效取代改革开放前的政治挂帅成为地方官员最重要的考核标准（周黎安，2007）。对于地方官员，在依靠土地交易获得可观的土地出让金的同时，他们还看重依靠土地财政拉动经济增长以获取“政治资本”。因此，地方政府官员不仅面临财政激励而且还面临政治激励，“地方政府官员有可能出于对政绩的强烈追求而出让土地，以求在以经济绩效为核心的政治晋升竞争中胜出”（张莉等，2011）。相关研究表明，土地财政明显了提高了政府的积极性与财政收支，推动了地方的经济增长（杜雪君等，2009）；土地逐渐“成了各地方政府筹集财政资金的首选，并逐步成为地方经济增长与地方政府对土地财政的极大依赖”（辛波、于淑俐，2010）。

中央政府在土地市场的收益也可分为政治和经济两个层面，前者是高速经济增长而获得的政治合法性，后者则在于财政收入的增长。政治利益方面，经济持续高速增长成为中央合法性的有利来源之一。中国经济增长是投资驱动型的，1999 年中央政府开始实行积极的财政政策，自此中国步入固定资产投资快速增长的通道；2008 年次贷危机后，因出口受阻、消费无力，政府推出了“四万亿”投资计划。不久，中央被迫放弃了先前对房地产市场的调控，由此引发新一轮的房价快速上涨。经济利益方面，中央政府的收益则在于享受土地市场繁荣所带来的地方城市化、工业化以及与土地买卖的相关税收。但是，相对于地方政府更重视因经济绩效而带来的政治晋升而言，中央政府显然更看重其政治利益，即政权巩固与社会稳定。

通过对中央和地方政府在土地市场的收益分析，不难看出，在相当长的一段时间内，中央政府和地方政府的利益不仅不冲突，而且非常一致。这种“一致”可以具体化为，增长的共识以及“事实上”驱动增长的方式——投资。之所以是“事实上”，是因为尽管“转变经济增长方式、加快经济结构调整”的经济战略早在2004年度的中央经济工作会议上便已提出，但是受困于国内储蓄率居高不下和外围市场的经济萧条，调整政策过于温和，政府追求的以消费拉动经济增长的发展模式被迫一再被推迟（Lardy，2006）。

三、央地目标冲突与土地财政的未来走向

“土地”这一重要生产要素在地方经济发展中发挥了重要作用，地方政府利用土地出让收入和已征收的大量城市建设用地，并通过财政担保和土地抵押的方式取得更大规模的金融贷款来投入城市建设，近十年的中国经济增长也因此打上了厚重的“土地”烙印。在此过程中，“当发展经济成为国家的中心任务时，强有力的中央政府可以激励分权体制下的地方政府发展地方经济”（杨其静，2010）。正因如此，土地财政虽有隐忧且受诟病，但在制度运行层面基本一路畅通。

然而，地方政府不可能永远与中央同步调，如黄亚生所云，在中国式联邦体制内，中央政府侧重于政治责任，而地方政府侧重于经济责任（Huang，1996）。具体而言，中央政府的政治责任是保持GDP的持续高速增长，并实行宏观管理和调控以保证地方经济发展方式不对宏观经济稳定产生危害，存在质与量的双重考量；而地方政府则基于政治激励拉动经济增长，侧重于增量目标。因此，中央政府与地方政府的目标既存在一致性，又存在差异性。一旦中央与地方的分权竞争和扩张性投资拉动经济增长的方式的负面效应逐渐凸显，甚至超过正面效应如削弱中央政府的合法性、影响到核心经济目标的实现时，中央与地方政府的行动目标发生冲突也就不可避免。现实是，土地财政所推升的虚高房价已经使民众对政府尤其是中央政府的合法性产生质疑，房价由经济问题滑向政治问题领域；此外，在后金融危机时代，中央政府关注的是不合理经济增长方式所导致的通胀压力以及从根本上转变以投资为主要拉动力的经济增长方式。然而，在抗击通胀与转变经济发展方式成为中央工作主基调的背景下，地方政府的土地创收却未出现丝毫放缓之势。

中央与地方的行动目标分歧意味着，曾经顺风顺水的土地财政不可避免地出现逆转。不过，直接击中土地财政要害的是中央政府对通胀与投资的控制，正是中央政府一系列以“稳增长、抗通胀、调结构”为导向的政策极大地压缩了土地财政的生存空间。以信贷为例，中央银行通过调整存款准备金率，影响金融机构的信贷扩张能力，从而间接调控货币供应量。央行在 2008 年 12 月下调存款准备金率之后，从 2010 年 1 月起连续 12 次上调存款准备金率以回收市场过多流动性以抑制物价的过快上涨与投资过热。考虑到近年来政府过度优惠的信贷政策是导致国内房地产市场价格快速飙升的重要原因，这一政策成为调控房地产的关键。另一方面，大规模的保障房建设与限购政策直接影响了地方政府的土地财政收益及其对于收益的支出范围。

如果说中央对地方的资源配置优势是土地财政兴起的根源，那么土地财政的“被抑制”也与其有关。如“限购令”正是体现了中央对地方的金融资源优势，使中央有足够的能力对土地市场进行调控。与此同时，政治上中央对地方的权力优势使中央政府可以有效改变地方政府的激励行为导向。例如，保障房的建设力度逐渐成为地方官员政绩考核的重要指标，它充分体现了中央对地方的权力资源优势，而这对于土地财政而言，意味着逐渐失去了地方官员的政治支持。

四、结论

20 世纪 90 年代启动的税收、金融和国企等经济分权改革是土地财政兴起的制度根源。中央政府强化并规范信贷资源与国企收益分配这两大核心经济资源，而分税制改革则确立了中央对于预算内资源在收入层面的“集权化”；与此同时，地方政府获得了土地资源的行政处置权，且土地出让金收益全部下放地方。由此形成的核心国有资源在中央与地方的分配格局构成了土地财政兴起的动力和压力。与资源分配格局相匹配，地方政府与中央政府的行动目标一致，土地财政得以急速扩张。然而，在“后四万亿”时代，中央与地方的核心行动目标出现较大冲突，前者是“调结构、抗通胀”，后者则继续追求“以扩张性投资驱动经济增长”。核心目标冲突的结果是，中央将运用其政策资源维护其核心目标。由此可见，一项重要制度的顺利生长需要中央与地方在政治与经济两个层面的支持与合作，有经济支持但缺乏政治支持，制度只能在夹缝中生存；有政治支持但缺乏经济支持，制度的内生动力不足。就土地财政而言，中央与地方核心目标的一致以及资源分配格局是其兴起并扩张的关键制度支持，而在中央与地方的核心目标产生冲突时，其调整与规范在所难免。

【参考文献】

巴曙松：《地方政府投融资平台的发展及其风险评估》，载《西南金融》2009 年第 9 期。

董再平：《地方政府“土地财政”的现状、成因和治理》，载《理论导刊》2008 年第 12 期。

杜雪君、黄忠华、吴次芳：《中国土地财政与经济增长——基于省际面板数据的分析》，载《财贸经济》2009 年第 1 期。

贾康：《财政的扁平化改革和政府间事权划分——改革的反思与路径探讨》，载《财政与发展》2008 年第 8 期。

李俊文：《地方政府机构的银行融资情况研究》，载《经济问题探索》2008 年第 10 期。

李尚浦、罗必良：《我国土地财政规模估算》，载《中央财经大学学报》2010 年第 5 期。

刘守英、蒋省三：《土地融资与财政和金融风险——来自东部一个发达地区的个案》，载《中国土地科学》2005 年第 5 期。

孙亮、柳建华：《银行业改革、市场化与信贷资源的配置》，载《金融研究》2011 年第 1 期。

陶然、陆曦、苏福兵、汪晖：《地区竞争格局演变下的中国转轨：财政激励和发展模式反思》，载《经济研究》2009 年第 7 期。

王振宇：《分税制财政体制“缺陷性”研究》，载《财政研究》2006 年第 8 期。

辛波、于淑俐：《对土地财政与经济增长相关性的分析》，载《农村经济》2010 年第 3 期。

杨其静：《市场、政府与企业：对中国发展模式的思考》，中国人民大学出版社2010年版。

岳桂宁、滕莉莉、王春花：《我国地方政府“土地财政”问题研究》，载《开放导报》2009年第3期。

张莉、王贤彬、徐现祥：《财政激励、晋升激励与地方官员的土地出让行为》，载《中国工业经济》，2011年第4期。

张青、胡凯：《中国土地财政的起因与改革》，载《财贸经济》2009年第9期。

赵合云：《“土地财政”的生成机制：一个逆向软预算约束理论的分析框架》，载《财政研究》2011年第10期。

郑永年、吴国光：《论中央—地方关系：中国制度转型中的一个轴心问题》，香港牛津大学出版社1995年版。

周飞舟：《大兴土木：土地财政与地方政府行为》，载《经济社会体制比较》2010年第3期。

周飞舟：《分税制十年：制度及其影响》，载《中国社会科学》2006年第6期。

周飞舟：《生财有道：土地开发和转让中的政府和农民》，载《社会学研究》2007年第1期。

周黎安：《中国地方官员的晋升锦标赛模式研究》，载《经济研究》2007年第7期。

B. Qiao, J. Martinez-Vazquez, and Y. Xu, “The Tradeoff between Growth and Equity in Decentralization Policy: China’s Experience”, *Journal of Development Economics*, No. 86, 2008, pp. 112 – 128.

J. Kennedy, “From the Tax-for-fee Reform to the Abolition of Agricultural Taxes: the Impact on Township Governments in Northwest China”, *The China Quarterly*, No. 189, 2007, pp. 43 – 59.

N. Lardy, “China: Toward a Consumption-Driven Growth Path”, *Policy Briefs in International Economics*, No. 10, 2006, pp. 1 – 13.

Y. Huang, *Inflation and Investment Controls in China: The Political Economy of Central-Local Relations during the Reform Era*, Cambridge & New York: Cambridge University Press, 1996, pp. 1 – 3.

公共预算研究系列
Public Budgeting Research Series

地方政府财政风险控制

省域经济安全风险评价及指数分析
——基于安徽省1999—2009年的经验证据

后小仙*

内容摘要： 本文以区域经济安全理论为基础，构建了省域经济安全评价指标体系和评价模型，利用安徽省1995—2009年经济运行的相关数据，对安徽省经济安全状况进行实证分析。研究结果表明，1995—2009年，安徽省经济安全状况总体呈上升趋势，特别是产业安全类指标的综合指数增幅较大，反映了地方政府在依托本地区资源特色、发展优势产业方面做得较好。此外，还发现经济增长类指标指数波动较大，其中1995—1998年、2008—2009年的经济增长类指数呈下降态势，说明省域经济增长具有较强的敏感性，容易受到市场化改革与金融危机等外部因素的影响。

关键词： 省域经济安全　风险评价　指标体系　指数分析

一、引言

省域经济是推动中国经济健康快速发展的重要载体，近年来，为了

---

* 后小仙，男，南京审计学院公共经济学院教授，主要从事公共经济与政府管理方面的研究工作。

应对金融危机，各省级政府纷纷出台政府主导性投资推动的经济刺激计划，这些投资计划在促进经济增长的过程中，极容易导致投资过热，给地方经济带来系统性的危机与风险。据最新统计数据显示，截至2010年底，我国地方政府债务总额约为12.5万亿元，约占GDP的31.25%，同时，各地在产业结构调整、资源环境利用等方面也都存在着较多的矛盾与冲突。随着现代市场经济和区域经济的加快发展，对省域经济进行风险评估研究的必要性和重要性也就愈益凸显。省域经济安全危机是一种异变性危机，是指某个省域经济偏离了稳定状态，出现危机的因素和状态。治理省域经济安全危机，不仅需要对其运行现状进行全面、深入的认识和评价，而且要对其未来的发展趋势和潜在风险因素进行评估分析。省域经济安全问题的出现，并不是一个突发的现象，而是一个逐步发生的过程，在危机发生之前必然会有相应的先兆，这就使预测危机、发布风险信号、制定化解策略成为可能。本文围绕省域经济安全风险评估问题，构建了省域经济安全风险评价指标体系和评估模型，该评价系统是有效宏观调控的监视器和检测器，可以检查监督省域宏观调控措施的有效性，衡量经济发展战略的实施效果，为省级政府引导经济健康发展提供重要的决策参考。论文在构建省域经济安全风险评价指标体系与模型的基础上，利用安徽省1995—2009年经济运行的相关数据，对安徽省经济安全状况进行实证分析，并对安徽省经济安全运行的政策选择提出具有较强针对性的对策分析，对了解和把握安徽省经济运行的基本态势与潜在风险，在后危机时代实现科学发展与跨越发展具有重要的政策指导作用。

二、文献述评

在经济全球化加速发展和国际竞争日趋激烈的趋势下，学者们开始关注区域经济安全问题。尤其在频繁出现经济危机和安全威胁后，各国学术界进一步加强了对经济安全的研究和探索。国外对经济安全的研究文献比较丰富，根据论题的不同，主要涉及以下几方面内容，一是从战略层面对冷战后的国家经济安全进行探讨，主要体现在各国政府发布的国家安全战略报告中和一些从国家安全层面考察国家经济安全问题的文献中，如美国、日本、印度等国发表的本国国家经济安全报告以及罗伯特·柏拉德（Robert A. Pollard，1985）等著作，达尼罗德里克（Dani Rodrik，2001）在对拉美经济改革对就业和社会发展的影响分析基础上提出了“经济不安全”的概念。二是关于国际资本流动与发展中国家经济安全问题的研究，如世界银行经济学家卡尔沃和莱因哈特（Sara Guerschanik Calvo and Carmen M. Reinhart，1996）从金融危机的传递效应分析了发展中国家的金融安全问题，认为在金融市场信息不对称的情况下，羊群效应将对危机的国际传递和发展中国家的金融安全发挥着重要的影响。多博森（Alan P. Dobson，2002）通过实证分析探讨了国际资本流动与发展中国家发生金融危机的关系，认为大量短期资本的流动与危机的爆发存在密切的正相关性。戴维斯（Christina L. Davis，2008）提出国际债务危机理论并用以阐释发展中国家的金融危机，认为在金融市场发育不成熟和金融体系脆弱的情况下，发展中国家更适合走金融约束的发展道路。三是关于跨国公司投资对发展中国家经济安全的影响，赛赫伍和斯拉夫特（Kenneth Seheve and Matthew J. Slaughter，2004）提出全球化加强了雇工的经济不安全感，跨国公司对外直接投资是产生经济风险的最关键因素，集中论述了对国家经济主权、政府活动、国家经济一体化的形式和程度的影响，认为作为国际经济体系中的重要力量，跨国公司可能威胁到东道国的战略目标甚至国民经济的正常发展，使东道国的经济主权和经济利益受到侵蚀。四是探讨贸易自由化与发展中国家贸易安全的关系问题。这方面的研究文献主要集中在发展中国家的贫困化增长问题和幼稚产业保护理论方面。如比哈格瓦（Jagdish N. Bhagwati，2004）提出的贫困化增长理论，通过对贸易数据的研究论证了发展中国家贸易条件长期恶化的命题。安吉尔（Jeffrey Engel，2005）从不平等的国际交换机制出发，指出发达国家与发展中国家之间的自由贸易使发展中国家陷入了比较优势陷阱，并进而损害到发展中国家的贸易利益和贸易安全。

20世纪90年代以来，在发展中国家接连遭受一系列经济危机的冲击后，国内学术界迅速掀起研究经济安全的热潮。从已有的文献来看，研究主要集中在以下几个方面，一是对某一领域的经济安全问题进行专题研究或阐释经济全球化发展的某个方面对发展中国家经济安全的影响。如梁勇（1999）与成思危（1999）比较深入系统地探讨了金融安全问题形成的背景、过程及其相应的影响；张幼文（1999）与崔健（2004）以经济全球化发展的某一方面为视角，对发展中国家的经济安全问题进行介绍与分析，分别从金融全球化与协调各发展类金融机构（DFI）的角度探讨了国家经济安全问题。二是对具体针对中国经济安全及其战略问题的研究。清华大学国家经济安全研究中心是该领域的重要研究机构，相继出版了一系列以中国国家经济安全为主题的著作和研究报告，为国内的相关研究提供了丰富的研究经验和成果。主要研究成果包括杨永华（1999）的《利用外资与维护国家经济安全》、马杰（2000）的《经济全球化与国家经济安全》、史忠良（2003）的《经济全球化与中国经济安全》、王新奎（2003）的《世界贸易组织与我国国家经济安全》、徐桂华（2005）的《中国经济安全的国家战略选择》等。这些学者主要从经济社会发展的现实需要出发，侧重于探讨中国面临的经济安全挑战及其具体表现，并提出了一些宝贵的应对建议。三是从不同的研究角度出发探讨我国经济安全问题。余翔（2004）、李玉璧（2005）等深刻分析了知识产权保护对中国国家经济安全的影响，指出全球化背景下，知识产权保护和知识产权战略已成为与国家整体发展战略息息相关的问题。郑通汉（2005）、雷家骕（2006）、温俊萍（2009）等从制度经济学角度研究了经济全球化与国家经济安全的关系问题，认为国家经济安全问题是个制度问题，国家经济不安全因素的产生源于制度非均衡，国家经济不安全问题的发生是制度非均衡的结果或具体表现，转轨时期的国家经济安全主要表现为一种制度安全。龙文懋（2005）则从法律视角探讨了全球化背景下的经济安全问题。顾海兵（2010）、叶卫平（2011）等结合金融危机的影响，界定了国家经济安全的定义，并设计出国家经济安全的两级评价指标体系。除了上述经济学领域的相关研究之外，经济安全也逐渐成为国际关系研究领域中的一个重要议题。一些研究国际政治的学者也开始将经济安全作为重要内容加以研究，如马维野（2003）的《全球化时代的国家安全》、王逸舟（2006）的《中国国际关系研究》等。四是关于省域经济综合竞争力的研究。一些专家学者立足国内区域经济发展的实际，重点对省域竞争力展开研究，并取得较多的研究成果。柳思维（2006）对省域经济市场竞争力进行了探讨，丘远尧（2007）等人对湖北省经济竞争力状况进行了分析，刘亚莎（2008）对山西省经济竞争力的基本态势进行了分析，王燕等人（2008）对云南省在西部地区中的竞争力状况进行了分析和评价。其中影响最大、最具代表性的成果是由李建平、李闽榕、高燕京主编，由中国社会科学院发布的国家级系列蓝皮书《中国省域经济综合竞争力发展报告》（简称蓝皮书）。该课题组从 2005 年至 2010 年，先后发布 5 个研究报告，对全国省域经济综合竞争力进行了全面评价分析，并有针对性地提出了相应的对策建议。

综上所述，国内外学者从多个角度对区域经济安全问题进行了较为深入的研究并取得了一定的研究成果，从而为本文的研究提供了许多有益的帮助和启发。但由于省域经济安全评估的特殊性和操作性，目前对于省域经济安全问题的研究，还缺乏较全面和系统的研究成果，现有文献在研究视野和研究方法上还需要进一步拓宽。

从研究内容来看，许多文献侧重从经济转轨的角度认识和探讨经济安全问题，主要围绕经济体制改革展开论述，多数研究成果将经济安全分解为部门经济安全来研究，如产业安全、金融安全等，缺乏对区域经济安全的整体把握。对于省域经济的研究也主要集中于省域经济综合竞争力的研究，近几年，中国社科院发布的蓝皮书，对中国省域经济综合竞争力进行排名，具有很大的社会反响。然而事实上，省域经济安全问题是各地经济快速发展过程中最需要关注的问题，各省区在追求经济跨越式发展和各类指标排名的过程中，往往会给经济可持续发展带来诸多风险，因此，对省域经济安全问题进行专题性研究，在当下也就显得尤为必要与重要。

从研究视野来看，绝大部分研究关注的是国家层面的经济安全问题，探讨经济全球化背景下国家经济的安全问题。鲜见研究区域经济安全问题的文献，尤其是研究省域经济安全问题的文献几乎没有。这也为本文的研究提供了很大的空间。通过文献计量分析，在中国知网（CNKI）源数据库（包括中国期刊网数据）检索的结果显示，1979—2010 年以经济安全为关键词检索出的论文有 2749 篇，以省域经济为关键词检索出的论文有 118 篇，以省域经济与竞争力为关键词检索出的论文有 4 篇，而以省域经济安全为关键词检索出的论文为 1 篇，表明省域经济安全研究还是一个很少有人涉足的领域。

从研究方法来看，现有文献主要偏重于对区域经济安全问题的现象描述，而鲜有在理论方面对省域经济安全问题的一般规律和共同特征进行阐述，缺乏学理性的分析。在经济安全评估系统的构建方面虽有少数学者结合模糊数学的有关理论，对我国经济安全评估进行了定性和定量相结合的评价，但多为解释性的研究，缺乏一定的规范性和前瞻性。显然，现有文献对这一重大问题的综合性分析和研究方法还不够全面，这也为本文的深入研究提供了充分空间。本文将在上述研究成果的基础上，将理论和实证分析有机结合起来，尝试建立一个综合性分析框架，系统研究省域经济安全的内在机理及相关问题，以期为地方政府制定合理的经济安全战略提供一定的理论支持。

三、指标体系构建

省域经济安全和国家经济安全从不同的层面上反映着国民经济的运行状况，但是两者之间有着显而易见的区别和差异，省域经济安全不仅受国际经济环境的影响，同时对国家经济安全更为依赖。因此，与国家经济安全相比，省域经济安全对外部经济环境更具有敏感性和依赖性。

（一）指标体系设置原则

经济安全是对多维复杂经济系统风险程度的静态评价，指标体系是对系统安全程度的具体监测和衡量。经济风险往往都是有先兆的，具体表现在一些特定的风险指标的不寻常变化上，因此可以构建基于省域经济安全问题研究的经济安全风险评价指标体系。为了从整体上反映和测度省域经济安全状况，且便于实证分析，设计省域经济安全风险评价指标体系应满足以下原则。

1. 全面性与系统性原则

省域经济安全是一个复杂问题，是多种因素综合作用的结果，因此指标体系所涵盖的范围要广泛，涉及经济安全领域的各个方面，指标间相互联系，相互补充，能够客观、全面地反映经济风险的主要特征和变化状况。可以用来解释经济系统运行的指标很多，需要通过筛选找出其中能够反映经济风险程度的指标，以实现指标体系作为“监控器”的功能。

2. 普遍性与特殊性原则

指标体系应遵循国际和国内通用标准，尽可能选择普遍应用的综合指标和重点指标，同时也要考虑省域经济安全的特点，结合省域（地方）特色和实际情况，这样既有利于对比分析，又确保了指标的解释力。

3. 侧重风险兼顾发展的原则

本研究的重点在于对省域经济安全状况进行评价，因此，优先选取可以反映省域经济风险的指标，与此同时，为了避免过于强调风险而偏离了实际情况，加入可以反映省域发展状况的指标，从而客观的评价省域经济发展状况。

4. 可行性与操作性原则

在指标体系设计的过程中，要考虑指标数据取得的难易程度，应避免使用无法量化的定性指标，考虑到地方经济统计工作中前后统计口径不统一的情况，应尽可能选择具有延续性的指标。指标体系应尽量简洁，指标间应尽可能的相互独立，解释同一经济现象的具体指标应避免重复，在指标体系全方位覆盖的前提下，确保指标体系不至于过于庞大繁冗。

（二）指标体系结构设计

本研究根据省域经济安全风险评价的特点以及前人研究的一些结

论，从经济增长、财政金融、产业结构、社会可持续性四个方面构建了省域经济安全风险评价指标体系。考虑到省域经济的独特性和统计数据的可操作性，本文侧重于省域经济安全风险的可度量化和指标化，建立涵盖1个综合指标、4个二级指标、40个三级指标的省域济安全风险评价指标体系（见表1）。

表1　省域经济安全风险评价指标体系

<table>
<tr><th>综合指标 A</th><th>二级指标 B</th><th>三级指标 C</th></tr>
<tr><td rowspan="4">省域经济安全 A</td><td>B1 经济增长指标</td><td>C11 人均地区生产总值增长率；C12 固定资产增长率；C13 基础建设投资额（万元）；C14 社会零售商品总额（亿元）；C15 城镇居民消费水平（元）；C16 通货膨胀率；C17 进出口总额；C18 外贸依存度</td></tr>
<tr><td>B2 财政金融指标</td><td>C21 实际利用外资额（万美元）；C22 区域银行存贷比；C23 区域银行信贷规模增长率；C24 财政赤字/GDP；C25 人均财政收入（元）；C26 人均财政支出（元）；C27 城镇居民家庭人均可支配收入（元）；C28 农村居民家庭人均纯收入 C29 人均税收（元）；C210 税性收入占财政收入比重；C211 区域财政收入增长率；C212 区域财政支出增长率</td></tr>
<tr><td>B3 产业发展指标</td><td>C31 第三产业占地区生产总值比重；C32 第三产业从业人员比重；C33 工业产值占地区生产总值的比重；C34 资本成本（一年期企业贷款利率）；C35 劳动成本（平均工资水平）；C36 企业研发费用占社会研发费用的比重</td></tr>
<tr><td>B4 社会可持续性指标</td><td>C41 研究人员数；C42 十万人受高中以上教育人口；C43 R&D 经费支出（万元）；C44 15—65 岁人员比重；C45 城镇化率；C46 森林覆盖率；C47 耕地保有量（公顷）；C48 常住人口自然增长率；C49 人口密度；C410 城乡消费水平比（农村 =1）；C411 城镇登记失业率；C412 万元 GDP 电耗；C413 万元 GDP 能耗；C414 城镇居民恩格尔系数</td></tr>
</table>

为保证省域经济安全风险评价指标体系的可信性，用 SPSS19.0 统计软件对正向标准化后的省域经济安全风险评价指标体系作信度分析，信度分析是为了检验指标采用同样的方法对同一对象重复测量时所得结果的一致性程度，一般考察 α 信度系数，其计算公式为：

$$\alpha = \frac{k}{k-1} * \frac{1 - \sum Si^2}{ST^2} \tag{1}$$

其中，K 为量表中题项的总数，Si^2 为第 i 题得分的题内方差，ST^2 为全部题项总得分的方差。信度分析结果如下：

表 2　区域经济指标体系可靠性分析

Cronbach's Alpha	Cronbach's Alpha Based on Standardized Items	N of Items
.864	.867	40

表 2 中显示指标体系克朗巴哈 α 值为 0.864，标准化后项目克朗巴哈 α 值为 0.867。说明指标间有较高一致性。但是，考察总体项目统计表中修正项目总体相关一栏，有些指标相关值明显小于其他指标，故删去这些指标。经过信度检验之后的省域经济安全风险指标体系如表 3 所示。

表 3　修正后的省域经济安全风险评价指标体系

综合指标 A	二级指标 B	三级指标 C
省域经济安全 A	B1 经济增长指标	C11 人均地区生产总值增长率（%）；C12 固定资产增长率（%）；C13 基础建设投资额（万元）；C14 社会零售商品总额（亿元）；C15 城镇居民消费水平（元）；C16 进出口总额（亿元）；C17 外贸依存度
	B2 财政金融指标	C21 财政赤字/GDP；C22 区域银行存贷比；C23 人均财政收入（元）；C24 人均财政支出（元）；C25 人均税收（元）C26 城镇居民家庭人均可支配收入（元）；C27 农村居民家庭人均纯收入（元）

（续表）

综合指标 A	二级指标 B	三级指标 C
省域经济安全 A	B3 产业发展指标	C31 实际利用外资额（万美元）；C32 第三产业从业人员比重（%）；C33 工业产值占地区生产总值的比重（%）；C34 劳动成本（平均工资水平）（元）；C35 企业研发费用占社会研发费用的比重（%）
	B4 社会可持续性指标	C41 研究人员数（人）；C42 十万人受高中以上教育人口（人）；C43 R&D 经费支出（万元）；C44 城镇化率（%）；C45 人口密度（人/平方公里）；C46 城乡消费水平比（农村 =1）

（三）指标体系情况说明

构建一套适合省域经济层面的风险评价指标体系，可以对省域经济安全运行状况及时做出判断和评价，并为省域宏观经济调控政策的制定提供决策依据。根据省域经济的构成和特点，按照全面性、系统性、普遍性、特殊性、可行性等设计原则，本文最终构建了由 1 个一级指标、4 个二级指标、25 个三级指标构成的比较完整的省域经济安全风险评价指标体系（见表 2）。由于省域经济安全风险评价指标体系的指标数量多、涵盖范围广，既有宏观经济指标，也有产业和社会发展指标；既有投入指标，也有产出和效益指标；既有经济要素指标，也有以经济要素产生直接影响的其他相关指标。从省域经济安全风险评价指标体系的构成看，可分为存量形态、增量形态、均值形态、占比形态、比率形态 5 种不同形态。风险评价指标体系是构建省域经济安全风险评价模型的依据，是对省域经济安全运行进行评价的基础。

1. 该指标体系用固定资产增长率（%）、基础建设投资额（万元）、社会零售商品总额（亿元）、城镇居民消费水平（元）、外贸依存度等指标反映省域经济增长的安全状况。经济保持一定增速对国家和地区稳定和发展有着重要意义。研究证明，我国经济增速保持在 8%—10% 将有利于维持社会稳定和就业，增速过高可能出现经济过热，过低则会增加失业率，不利于社会稳定和经济发展。消费、投资、外贸是我国经济的“三驾马车”，因此本指标体系分别从这三个方面选取指标，此外，又从质量入手，加入城镇居民消费水平和居民消费价格指数两个指标以反映目前增长水平下居民的实际生活水平。

2. 该指标体系从地方财政、地方银行和地方保险业三个方面评价省域经济的财政金融安全状况，由于我国保险业发展较为缓慢，且对经济安全影响较小，不设立该领域的具体指标。地方财政指标选取了财政赤字/GDP，从而可以在一定程度上反映省级政府对经济风险的应对准备是否充足，同时选取人均财政收入、人均财政支出、人均税收等指标评价在当前财政政策下居民福利和债务负担；选取城镇居民家庭人均可支配收入、农村居民家庭人均纯收入等指标反映当前财政政策下居民生活水平，选取地方银行贷款规模增长率等区域金融指标反映省域经济流动性状况。

3. 该指标体系用实际利用外资额、第三产业从业人员比重、工业产值占地区生产总值的比重、劳动成本（平均工资水平）、企业研发费用占社会研发费用的比重等指标，分别从资本、结构、成本、研发等角度评价省域产业发展现状，从而可以在一定程度上判断省域产业结构状况、企业生存状况和生命力。

4. 该指标体系用研究人员数、十万人受高中以上教育人口、R&D经费支出（万元）、城镇化率、人口密度、城乡消费水平比（农村 =1）等指标评价省域经济的可持续状况，这些指标涵盖了人口、环境、科技、居民生活等方面，反映了省域经济的目标约束，从而可以在一定程度上判断区域经济在知识、人口等条件制约下是否具有可持续性，以及在未来一定时期内的发展趋势。

四、评价方法选择

省域经济是一个开放、复杂、动态的系统，它的运行状况与质量受到诸多因素的影响和制约，除了受到国家宏观层面的影响外，同时还取决于当地政府部门的决策水平和执政能力。在考察省域经济安全状况的时候，应着重于经济风险的决定性因素，对于那些对省域经济安全影响较大的因素，应赋予较大重要性。本文采用的方法是利用层次分析法确定各二级指标权重，然后在各二级指标下运用因子分析法确定各二级指标综合得分，结合二级指标权重计算总得分。

第一，运用层次分析法确定二级指标权重。确定指标权重是指标体系构建和评价过程中的核心环节，不同的赋权方法会导致具体评价得分的不同。在多指标综合评价中，确定指标权重的方法较多，基本可以归纳为两大类：一类是主观赋权法，如专家群议确定法、德尔菲法、层次分析法；另一类是客观赋权法，如主成分分析法、因子分析法、熵值法。客观赋值法虽具有较强的科学性，但考虑到在经济实践过程中，各指标对省域经济安全的重要程度和统计学数据的表现不尽相同，因此，本文选择层次分析法确定二级指标权重，利用层次分析法得到二级指标权重向量 W = （0.1，0.15，0.3，0.45）（参见表4、表5）。

表4　二级指标层相对重要性排序

重要性排名	1	2	3	4
指标	B2	B1	B3	B4

表5　二级指标权重计算表

相对指标	重要性比值	权数	归一化权重
B4: B4	1	$W'_4 = 1$	$W_4 = \frac{W'_4}{\sum_{i=1}^{4} Wi} = 0.1$
B3: B4	1.5	$W'_3 = 1.5 * W'_4 = 1.5$	$W_3 = \frac{W'_3}{\sum_{i=1}^{4} Wi} = -0.15$
B1: B3	2	$W'_1 = 2 * W'_3 = 3$	$W_1 = \frac{W'_1}{\sum_{i=1}^{4} Wi} = 0.3$
B2: B1	1.5	$W_2 = 1.5 * W'_1 = 4.5$	$W_2 = \frac{W'_2}{\sum_{i=1}^{4} Wi} = 0.45$

第二，运用SPSS19.0统计软件对指标做信度与效度检验。为了判断采用因子分析法的可行性与科学性，需对基于实践数据的省域经济安全评价指标体系做信度与效度检验。其中，信度检验采用公式（1）的克朗巴哈 α 值法。如果输出 α 值大于0.8，则说明指标内部一致性较好，可以客观描述省域经济安全。在信度检验基础上，对有效样本数据进行KMO（Kaiser-Meyer-Olkin）抽样适当性检验和巴特莱特（Bartlett）球度检验。KMO检验统计量是用于比较变量间简单相关系数和偏相关系数的指标，KMO统计量取值是在0和1之间，当所有变量间的简单相关系数平方和远远大于偏相关系数平方和时，KMO值接近1。Kaiser给出了常用的KMO度量标准：0.9以上表示非常适合，0.8表示适合，0.7表示一般，0.6表示不太适合，0.5以下表示极不适合。巴特莱特球度检验以原有变量的相关系数矩阵为出发点，用于检验相关阵是否是单位阵，即各变量是否独立。它是以变量的相关系数矩阵为出发点，依据相关系数矩阵的行列式计算可得其近似卡方分布。如果统计量卡方值较大且对应的sig值小于给定的显著性水平 α 时，零假设不成立，说明相关系数矩阵不太可能是单位矩阵，变量之间存在相关关系，适合做因子分析。

第三，运用因子分析法计算二级指标综合指数。为了描述简便，对本文所构建指标体系建立由综合指标层A、二级指标层B和三级指标层C构成的层次结构模型，综合指标层只有一个元素，即省域经济安全，二级指标层为描述综合指标的m个指标B1，B2，…，Bm，三级指标层C是描述综合指标和二级指标的 $\sum_{i=1}^{m} n_i$ 个指标C11，C12，…，C1n，…，Cmn，各二级指标下的指标数目n不等，分别为 n_i，i = 1，2，…，n。利用K组样本分别对二级指标层Bi下的指标B*i*1，B*i*2，…B*in* 进行因子分析，为了负向指标正向化和消除量纲，采取最大值最小值法对m个指标值组成的指标矩阵进行标准化处理。

$$Zij = \frac{Cij - \min(C1j, \Lambda, Cmj)}{\max(C1j, \Lambda, Cmj) - \min(C1j, \Lambda, Cmj)}, 1, 2, \ldots m, j = 1, 2, \ldots n \tag{2}$$

公式（2）中，min（$C1j$，Λ，Cmj）表示 Cij 对应列的所有元素的最小值，max（$C1j$，Λ，Cmj）表示 Cij 对应列的所有元素的最大值，Zij 为 Cij 经过标准化后的数值。

对 m 个指标矩阵 $Z_{k\times n}$，分别求解其初始公共因子 Fi（i = 1，2，…，p）和因子荷载矩阵 A，并求 $Z_{k\times n}$ 的特征根 λ1≥λ2≥…≥λn≥λ0 以及相应的特征向量 u1，u2，…，un。则对于每一个指标矩阵 $Z_{k\times n}$ 中的 n 个指标，可以用 p 个公共因子的线性组合表示：

$$Z = A \cdot F + \varepsilon \tag{3}$$

其中，Z 为标准化后的矩阵，$A = \begin{bmatrix} a_{11} & a_{12} & \cdots & a_{1p} \\ a_{21} & a_{22} & \cdots & a_{2p} \\ \vdots & \vdots & \vdots & \vdots \\ a_{n1} & a_{n2} & \cdots & a_{np} \end{bmatrix}$，为 $Z_{k\times n}$ 的因子载荷矩阵 $F =（F_1，F_2\cdots，F_p）^T$，为公共因子矩阵。ε 为特殊因子矩阵，$\varepsilon =（\varepsilon_1，\varepsilon 2，\cdots，\varepsilon_p）^T$。公共因子个数 p 可以根据相关矩阵的特征值确定，由于相关矩阵的特征值均值为 1，故通常取特征值大于 1 的数作为公共因子数。在实际分析时，为了更清楚地知道每个公共因子的实际意义，往往对载荷矩阵进行极大化旋转，使每个公共因子上的最高载荷变量的数目最少。最常用的是方差最大正交旋转法，旋转后的因子荷载矩阵为：

$$L = A \cdot T \tag{4}$$

公式（4）中，A 为因子载荷矩阵，T 为使旋转之后新因子方差最大化的正交矩阵，p = 2 时：

$$T = \begin{bmatrix} \cos\varphi & -\sin\varphi \\ \sin\varphi & \cos\varphi \end{bmatrix}$$

运用加权最小二乘法分别计算 m 个指标矩阵的公共因子得分矩阵：

$$\hat{F} = (A^T A)^{-1} A^T Z \tag{5}$$

计算各二级指标 Bi 下指标矩阵的综合因子得分 Si，i = 1，2，…，m：

$$S_i = \frac{\lambda_1}{\sum_{i=1}^{n}\lambda_i}\hat{F}_{i_1} + \frac{\lambda_2}{\sum_{i=1}^{n}\lambda_i}\hat{F}_{i_2} + \cdots + \frac{\lambda_n}{\sum_{i=1}^{n}\lambda_i}\hat{F}_{i_p} \tag{6}$$

第四，计算省域经济安全综合指数 E_j：

$$E_j = W \cdot S_i^T, i = 1,2,\cdots,m, j = 1,2,\cdots,k \tag{7}$$

公式（7）中，S_i 为二级指标 Bi 下各指标矩阵的综合因子得分向量；W 为各指标矩阵对应的二级指标层的权重向量。

五、数据来源与实证分析

数据的可获得性是本文中设计指标遵循的原则之一，省域经济安全评价指标体系中的单项定量指标数据一般可以通过查阅地方统计年鉴、国民经济与社会发展统计公报、地方政府工作报告、地方政府预算及其执行情况报告、工作总结等相关资料获得。对于其中不能通过查阅数据库获得的指标数据可以通过设立相关的测度指标或进行专项调研的方式获得，定性指标需进行问卷调查的形式来获取。本文根据已选定指标体系和评价方法，采集安徽省 1995—2009 年相关资料并进行整理和合成，对安徽省经济安全状况进行实证分析。

首先，按照公式（2）对指标数据进行正向标准化后，利用 SPSS19.0 软件对指标进行信度与效度检验，结果如下：

根据表 6 对省域经济安全评价指标体系可靠性分析结果显示，指标体系克朗巴赫 α 系数和修正的克朗巴赫 α 系数均大于 0.95，达到相当高的水平，这表现指标体系中指标之间有着强烈的一致性，从而能够有效率地诠释省域经济安全运行状况。

表 6　基于安徽省数据的省域经济安全评价指标体系可靠性分析

Cronbach's Alpha	Cronbach's Alpha Based on Standardized Items	N of Items
.979	.980	25

表 7 显示出指标体系的 KMO 值均接近或者大于 0.7，巴特莱特球度检验的卡方值较大，且对应的概率值均为 0.00，小于给定概率 0.025。综合表 6 和表 7 结果，可知本文所构建的省域经济安全评价指标体系各指标均与经济安全问题有较大相关性，与指标体系反映目标相符，能够客观反映出省域经济安全的状况，适合采用因子分析法对省域经济安全进行评价。

表 7　基于安徽省数据的省域经济安全评价指标体系效度分析

B1	Kaiser-Meyer-Olkin Measure of Sampling Adequacy.		.705
	Bartlett's Test of Sphericity	Approx. Chi-Square	92.322
		df	15
		Sig.	.000
B2	Kaiser-Meyer-Olkin Measure of Sampling Adequacy.		.686
	Bartlett's Test of Sphericity	Approx. Chi-Square	202.634
		df	15
		Sig.	.000
B3	Kaiser-Meyer-Olkin Measure of Sampling Adequacy.		.800
	Bartlett's Test of Sphericity	Approx. Chi-Square	118.516
		df	10
		Sig.	.000
B4	Kaiser-Meyer-Olkin Measure of Sampling Adequacy.		.717
	Approx. Chi-Square		131.268
	Bartlett's Test of Sphericity	df	15
		Sig.	.000

其次，分别对 4 个二级指标下的三级指标进行因子分析，按指标矩阵特征值大于 1 的个数确定公共因子个数，运用 SPSS19.0 统计软件，

分别得出 4 个二级指标的因子负荷表和因子得分矩阵。

表 8　因子负荷表

	Component			Component			Component		Component	
	1	2		1	2		1		1	2
C11	.144	.428	C21	-.100	1.122	C31	.203	C41	.168	-.360
C12	.181	.287	C22	.146	.311	C32	.209	C42	.207	-.174
C13	.190	-.249	C23	.161	.082	C33	.213	C43	.200	.052
C14	.190	-.248	C24	.169	.094	C34	.215	C44	.211	-.085
C15	.130	-.456	C25	.169	.030	C35	.201	C45	.213	-.093
C16	.201	-.043	C26	.168	.144			C46	.118	1.052
C17	.156	.314	C27	.168	.052					
% of Variance	68.868	20.488			83.612	10.233	92.022		77.727	12.975

根据上述因子负荷表和因子得分矩阵，可以计算得出二级指标层得分矩阵：

$$
\hat{F}=\begin{bmatrix}
-0.711 & 1.408 & -1.003 & -2.004 & -0.935 & -1.379 & -0.064 \\
-0.979 & 0.242 & -0.904 & -1.146 & -0.848 & -1.208 & 0.064 \\
-1.139 & -0.048 & -0.863 & -0.501 & -0.7 & -1.05 & -0.076 \\
-1.245 & -0.496 & -0.994 & 1.779 & -0.707 & -0.913 & -0.519 \\
-0.998 & -1.065 & -0.787 & 1.202 & -0.788 & -0.654 & -0.645 \\
-0.541 & -0.452 & -0.659 & 1.004 & -0.757 & -0.33 & -0.564 \\
-0.565 & -1.072 & -0.395 & 0.816 & -0.315 & -0.384 & 2.01 \\
-0.366 & 0.078 & -0.242 & 0.47 & -0.399 & -0.36 & 2.208 \\
0.351 & 1.256 & -0.129 & 0.065 & -0.415 & 0.192 & -1.147 \\
0.39 & 0.433 & 0.176 & -0.855 & -0.12 & 0.33 & -0.88 \\
0.352 & 0.873 & 0.387 & -0.662 & 0.157 & 0.503 & -0.834 \\
1.056 & 1.249 & 0.521 & -0.482 & 0.612 & 0.746 & -0.495 \\
1.46 & 0.606 & 1.049 & -0.114 & 1.294 & 1.18 & -0.196 \\
1.438 & -1.171 & 1.59 & -0.235 & 1.879 & 1.604 & 0.161 \\
1.495 & -1.841 & 2.253 & 0.663 & 2.043 & 1.723 & 0.969
\end{bmatrix}
$$

$$Si=\begin{bmatrix} -0.225 & -1.113 & -0.935 & -1.173 \\ -0.699 & -0.93 & -0.848 & -1.044 \\ -0.888 & -0.823 & -0.7 & -0.889 \\ -1.073 & -0.691 & -0.707 & -0.708 \\ -1.013 & -0.57 & -0.788 & -0.469 \\ -0.521 & -0.478 & -0.757 & -0.203 \\ -0.681 & -0.263 & -0.315 & -0.617 \\ -0.264 & -0.164 & -0.399 & -0.625 \\ 0.559 & -0.108 & -0.415 & 0.328 \\ 0.4 & 0.063 & -0.12 & 0.409 \\ 0.471 & 0.273 & 0.157 & 0.55 \\ 1.1 & 0.412 & 0.612 & 0.71 \\ 1.264 & 0.922 & 1.294 & 1.04 \\ 0.84 & 1.391 & 1.879 & 1.352 \\ 0.73 & 2.08 & 2.043 & 1.338 \end{bmatrix},\ i=1,2,3,4$$

由公式（7），结合表3及二级指标综合得分Si，可计算得出1995-2009年安徽省经济安全综合指数为-0.998，-0.934，-0.822，-0.742，-0.634，-0.442，-0.480，-0.452，0.063，0.197，0.383，0.675，1.121，1.465，1.600。分别绘制安徽省经济安全综合指数曲线图与安徽省经济安全分类指数曲线图（见图1、图2）。

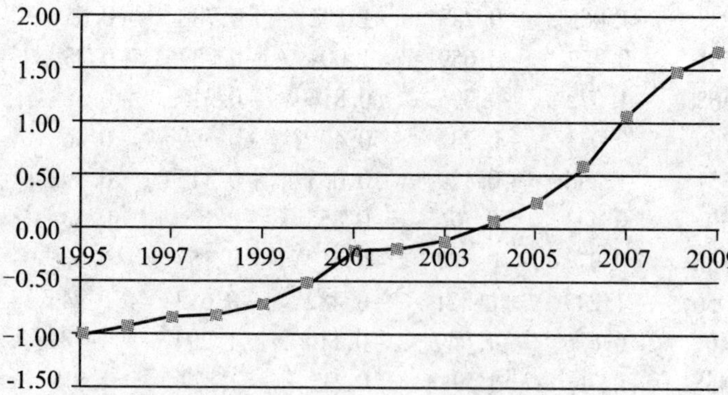

图1　安徽省经济安全综合指数曲线

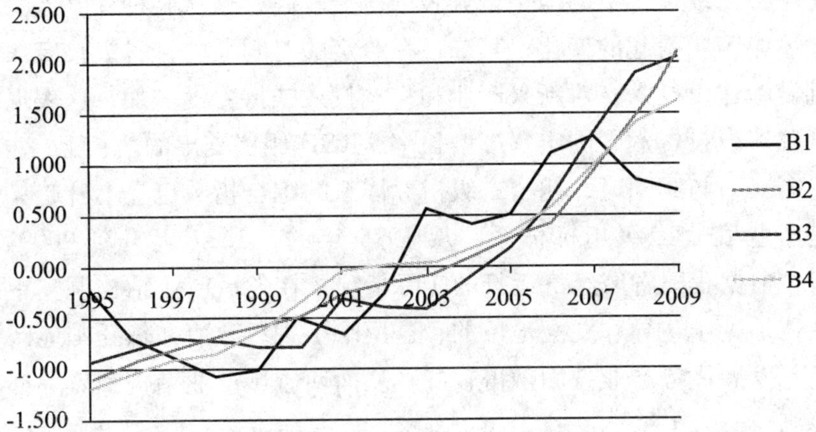

图 2　安徽省经济安全分类指数曲线

六、结论与政策含义

本文以区域经济安全理论为基础，以衡量风险程度为侧重点，建立了便于获取数据、多层次的省域经济安全评价指标体系，经过检验，该指标体系具有较好的性能，可以反映省域经济安全状况。应用层次分析法确定二级指标权重，以省域经济安全指标数据统计学特征为依据，在各二级指标下分别应用因子分析计算子系统综合得分，从而对省域经济安全总体和子系统进行了评价。由安徽省经济安全综合得分指数，结合省域经济安全评价指标体系年度数据情况，可以得出以下结论：

第一，省域经济综合得分代表了省域经济安全得分情况。1995—2009 年安徽省经济安全综合得分曲线反映了安徽经济安全的变化趋势，从图 4 可以看出，安徽省经济安全状况总体呈上升趋势，从 1995 年的 -1.01 到 2009 年的 1.72，这种趋势变化的原因在于两方面，一是自我国发展市场经济以来安徽省经济保持持续增长，这使经济安全指标体系中所涉及的指标数值本身呈上升趋势，然而，考虑到指标体系中将近一半（11 个）指标都采用增长率或者所占比重等比值形式，而这些指标往往在各二级指标下的因子得分表中得分较高，这从某种程度上削弱了由上述原因所引起的变化；其二，在给定的时间段内，省级政府加强了基础设施建设投入，对新兴产业和科技投入扶持力度增加，这表现在数据基础建设投资额、固定资产增长率、R&D 经费支出的增长上。

第二，与此同时，四个二级指标体系的综合指数也呈上升趋势，特别是产业安全二级指标体系，从 1995 年的 -1.87 上升到 2009 年的 4.09，根据我国省域经济运行的实际情况，在省域产业结构调整中，政府往往是处于主导和支配地位的，这反映了省级政府在依托本地区资源特色、发展优势产业方面做得较好，从而使省域产业结构和效率都有较大提高。

第三，财政金融综合指数从 1995 年的 -1.67 上升到 2009 年的 3.12，增长幅度也很大，在 2006 年以后增长趋势更为明显，研究表明是由省级政府加大财政支出和居民收入的持续增长引起的。此外，考察财政赤字/GDP 数据变化，从 -0.61% 变化到 5.87%，这反映了省级政府在市场经济发展过程中，逐渐发挥政府财政政策这一工具的作用，从最开始的追求财政盈余转变到适度加大政府支出，以刺激省域经济发展。由于财政金融指标体系的考量主体是政府，这种变化趋势也从一定程度上反映了政府在加大财政支出、税收和控制财政赤字之间找到了平衡点。可持续性指标指数从 1995 年的 -1.79 增长到 2009 年的 2.42，趋势稳定。

第四，值得注意的是在过去的 15 年间，经济增长类指标指数波动较大，基本呈现下降到上升的趋势。其中 1995—1998 年、2008—2009 年的经济增长类指数呈下降态势，从指标数据来看，这种变化是由人均地区生产总值增长率和固定资产投资增长率的暂时下降造成的，结合我国宏观经济运行情况，这两个时间段和市场经济改革、金融危机相重合，说明上述外部因素是导致安徽省域经济增长安全指数下降的主要原因，证明了省域经济增长具有较强的敏感性，容易受到外部因素的影响。

【参考文献】

白石：《国家经济安全问题讨论综述》，载《经济理论与经济管理》2002 年第 11 期。

成思危主编：《东亚金融危机的分析与启示》，民主与建设出版社 1999 年版。

崔健：《外国直接投资与发展中国家的经济安全》，中国社会科学出版社 2004 年版。

崔秀芹：《FDI 的区位聚集对区域经济安全的影响分析——以江苏省为例》，载《江南大学学报（人文社会科学版）》2008 年第 6 期。

丰雷、郭惠宁、王静、黄晓宇：《土地资源经济安全评价研究——以上海市为例》，载《中国软科学》2011 年第 1 期。

顾海兵、沈继楼、周智高、唐帅：《中国经济安全分析：内涵与特征》，载《中国人民大学学报》2007 年第 2 期。

顾海兵、张一弓：《后 30 年：中国国家经济安全战略的总体研究》，载《经济学动态》2010 年第 1 期。

江涌：《经济全球化背景下的国家经济安全》，载《求是》2007 年第 6 期。

姜红、曾锵：《零售业开放的经济安全评价预警指标体系构建》，载《国际贸易问题》2009 年第 6 期。

景玉琴：《产业安全评价指标体系研究》，载《经济学家》2006 年第 2 期。

蓝必华：《建立区域经济风险预警与控制系统对策研究——以深圳市龙岗区为例》，载《改革与战略》2006 年第 8 期。

雷家啸：《关于国家经济安全的基本问题》，载《管理评论》2006 年第 7 期。

梁勇：《开放的难题：发展中国家的金融安全》，高等教育出版社 1999 年版。

聂富强等：《中国国家经济安全预警系统研究》，中国统计出版社 2005 年版。

秦嗣毅、胡根华：《中国经济竞争优势分析与提升策略——基于国家经济安全的视角》，载《亚太经济》2011 年第 3 期。

汤凌霄等：《中国金融安全报告：预警与风险化解》，红旗出版社 2009 年版。

谢洪礼：《国内外经济、金融风险评价指标体系简评》，载《统计研究》2000 年第 1 期。

杨永华：《外商直接投资对地区差距的影响与经济安全》，载《经济问题探索》2009 年第 12 期。

叶卫平：《国家经济安全定义与评价指标体系再研究》，载《中国人民大学学报》

2010 年第 4 期。

叶卫平:《转变经济发展方式与维护国家经济安全》，载《教学与研究》2011 年第 6 期。

余翔、武兰芬、姜军:《国家经济安全与知识产权危机预警和管理机制的构建》，载《科学学与科学技术管理》2004 年第 3 期。

曾繁华、曹诗雄:《国家经济安全的维度、实质及对策研究》，载《财贸经济》2007 年第 11 期。

张金水、连秀花:《国家经济风险评价模型的一种改进》，载《清华大学学报（哲学社会科学版)》2005 年第 6 期。

张幼文、周建明:《经济安全——金融全球化的挑战》，上海社会科学院出版社 1999 年版。

张一弓、高昊、崔俊富:《中国国家经济安全战略的演进及内涵》，载《财经问题研究》2010 年第 3 期。

张汉林、魏磊:《全球化背景下中国经济安全量度体系构建》，载《世界经济研究》2011 年第 1 期。

周鹏:《区域经济风险初探》，载《中央财经大学学报》2010 年第 6 期。

A. Agrawal and S. Chadha, "Corporate governance and Account Scandals", *Journal of Law and Economics*, No. 14, 2005, pp. 77 – 95.

Alan P. Dobson, *United States Economic State Craft for Survival*, 1933 – 1991: *of Sanctions and Strategic Embargo*, NewYork: Routledge, 2002.

Carmen Reinhart and Sara Calvo, "Capital Flows to Latin America: Is There Evidence of Contagion Effects?", World Bank Policy Research Working Paper, No. 1619, 1996, pp. 151 – 171.

Christina L. Davis, "Linkage Diplomacy: Economic and Security Bargaining in the Anglo-Japanese Alliance", *International Security*, Vol. 33, No. 3, Winter 2009, pp. 143 – 179.

Jagdish N. Bhagwati, *In Defense of Globalization*, Oxford University Press, 2004, p. 65.

Jeffrey Engel. "Of Fat and Thin Communists: Diplomacy and Philosophy in Western Economic War fare Strategics toward China (and Tyrants, Broadly)", *Diplomatic History*, No. 29, 2005, pp. 445 – 474.

Jing-dong Yuan, "The Politics of the Strategic Triangle: The U. S., COCOM, and Export Controls on China, 1979 – 1989", *Journal of Northeast Asian Studies*, No. 14, 1995, pp. 47 – 79.

Kenneth Seheve and Matthew J. Slaughter. "Eeonomic Insecurity and the Globalization of Production", *American Journal of Political Science*, No. 4, Oct. 2004, pp. 662 – 674.

Leon Clarke, John Weyant and Alicia Birky, "On the Sources of Technological Change: Assessing the Evidence", *Energy Economics*, Vol. 28, No. 5 – 6, November 2006, pp. 579 – 595.

M. C. Moore, D. J. Arent, and D. Norland, "R&D advancement, Technology Diffusion, and Impact on Evaluation of Public R&D", *Energy Policy*, No. 35, 2007, pp. 1464 – 1473.

M. G. Finn, "Perfect Competition and the Effects of Energy Price Increase on Economic Activity", *Journal of Money, Credit and Banking*, No. 32, 2000, pp. 400 – 416.

Robert A. Pollard, *Economic Security and the Origins of the Cold War*, New York: Columbia University Press, 1985.

S. Allen, *Toward a Code of Good Pratice on Managing Fiscal at Risk*, Oxford University Press, 2002, pp. 393 – 424.

S. Hana, "Budgeting for Fiscal Risk", The World Bank, 2000, pp. 96 – 124.

Stephen P. A. Brown and Mine K. Yücel, "Energy Prices and Aggregate Economic Activity: An Interpretative Survey", *Quarterly Review of Economics and Finance*, Vol. 42, No. 2, Summer 2002, pp. 69 – 77.

日本地方自治体危机与松下圭一的市民自治论

孙 悦*

内容摘要： 日本宏观经济长期萧条，加之少子高龄化不断加剧，导致日本地方财政收入锐减，财政规模缩小，社会保障支出骤增，政府债务规模膨胀，地方财政状况日趋恶化。日本学者松下圭一认为这些是地方长期依赖中央，缺乏自治能力导致的。解决问题的根本办法是“从依存到自立”，培育成熟的、拥有较高文化、信息水平、专业知识、政策水准的市民，从而发挥市民社会的力量，进行自下而上的市民自治，促进地方政府依据地域个性文化和居民需求进行辖区建设，提升地方政府的自主建设能力。

关键词： 自治体危机　城市型社会　市民自治；

20 世纪 90 年代以来，日本经济持续低迷，经济发展呈现长期衰退状态。长期萧条的宏观经济及不断加剧的少子高龄化使日本地方财政收入锐减，财政规模呈现出缩小趋势。社会保障支出骤增，政府债务规模

* 孙悦，女，东北财经大学马克思主义学院讲师。吉林大学行政学院公共治理与公共政策专业博士。

膨胀，地方财政状况日趋恶化，这些现象被称为自治体危机。2006 年，甚至出现了日本夕张市政府宣布财政破产的现象，夕张市不得不成为接受日本中央政府援助以及监督的财政重建团体。“夕张现象”在日本并不罕见，近年来，日本三分之二的地方自治体陷入自治体危机。日本称地方政府为“地方自治体”，但日本的地方自治权限低，被称为“三割自治”，也就是说自主权限大约只有三成。日本很多学者把这些危机归结为地方缺乏自立能力，自主权限低也缺乏发展规划能力，在发展过程中过于依赖中央政府主导政策，无论地方发展实际是否需要，借债也要进行与中央标准一致的地域建设，造成财政资源的大量浪费。其中具有代表性的思想家是松下圭一，他认为解决地方政府面临的一系列危机，最重要的是地方政府要做出一个“从依存到自立”的选择。关键就在于培育具有政治成熟度、有参政议政能力的市民，实现自下而上的市民自治。市民自治理论着力于治理权威在市场、政府和市民社会之间的分化和扩散，实质是治理权从国家中心主义向多中心化和多层次化的变迁。

一、城市型社会与市民

为形成以社会群体和地方政府为主导的诱致性制度变迁，促进地方政府“从依存到自立”。松下圭一根据对日本社会的观察，建构了“市民”和“自治”的理念。松下“从依存到自立”的市民自治论，追求的不是单纯的政策模式的改变，而是从根本上的国家政策依赖型人类向自立型人类变化的人类模式的改变。松下圭一这样诠释人类的历史发展：人类经过原始社会的采集、狩猎的漫长过程，转型为以定居农业为基础的农村型社会。农村型社会以定居农业为基础，是依据共同体和身份形成的一元封闭型均质空间。但是工业化以及民主化的进程摧毁了农村型社会阡陌交通、鸡犬相闻的生活，人类社会逐步转移到新的城市型社会的生活模式。20 世纪后半期形成城市型社会。“农业人口开始减少，到达 30% 阶段”的时候，就开始了农业型社会向都市型社会的转化，到了“农业人口开始减少，少于30%阶段”之时，就转型为城市型社会（松下圭一，2005）。城市型社会拥有与农村型社会完全不一样的社会构造，而人们的生活方式也完全不同，自然产生了不同人类型态的区别。农村型社会的生活方式是地域规模的共同体中的与自然对话的自给、耕作，生活于农村型社会中的人是“沉默的庶民”，他们生活在根据“身份”编制而成的“共同体”里自给自足，传统和服从是他们的伦理，法术与宗教是他们的价值。而城市型社会的生活方式来源于生产的分工及交流的扩大，人与人相互之间的对话、讨论是市民必要的生活方式，城市型社会里生活的人类形态，是“积极发言的市民”，自立和宽容是他们的伦理，品性与成熟是他们的价值，他们是自治共和型的市民。相对应的人类形态是自治、共和型的“热烈发言的市民”，伦理上以自立宽容为特征，价值上更注重作为人的品性与成熟（松下圭一，1992）。松下圭一的市民概念来源于17世纪的英国市民革命，存在于欧洲启蒙哲学，“市民”是拥有自由、平等以及理性的人（松下圭一、西尾胜、新藤宗幸，2002）。市民是“市民社会”的构成主体，也是宪法理论下的规范人类，这个概念被收录于联合国宪法和国际人权规约，在人类史上是理念上的普遍规范人类形态。市民拥有自由权，还有与社会保障、社会资本、社会保健相关的社会权利。

松下描绘的市民存在于欧洲的悠久历史之中。古代地中海共和城市的市民作为支配阶层，成立了武装共同体。中世纪欧洲的自由都市的市民是工商业中心城市的贵族。近代欧洲的市民有的来自地主、资本家这样的名门望族，有的是中产阶级。历史上的市民都有着特定的身份阶层，而在城市型社会中登场的市民并没有特定的身份阶层。与中世纪、近代相比，现代的生活模式的巨大变化形成了新的市民生活，因而造就了全新的市民形态。如今的市民理念在核心部分有17世纪的自由、平等以及理性的市民的特征，更在中世纪时法律的支配、近代的个人自由之上拥有了城市型社会的生活权利保证，以个人的自立做起点，有自由平等的生活感觉，有自治共和的政治文脉，是能够探索和构想政策和制度的，具有熟练参政议政能力的模范型人类形态。

二、自治与市民自治

松下圭一认为，“自治”不能简单地被理解为“自己决定”，“自己决定”的“自治”意味着农村型社会背景下的共同体社会或者身份社会里固有的自治（松下圭一，2005）。现代的自治体的自治概念的本质是符合城市型社会人类类型的自治。市民自治应当以城市型社会为基础，“依据城市型社会背景下的分层民主政治的可能，市民个人通过自己的责任，组织、操控社会的设计及管理。”在“市民自治”概念里，市民才是公共社会的主体，而政府是市民为了管理公共社会而成立的。

市民自治论以政府信托论为理论依据，政府信托论是指市民为了管理公共社会选出政府，信任政府并将其代表权限托付。政府的代表权限是可以信任托付范围内的权限。市民根据市民活动对政府代表权限进行日常性的操控，市民活动中的居民投票是一种使政府代表权限规范到正常轨道的市民操作活动。当市民觉得政府代表权限的经营严重地超出了信赖委托的范围时，就可以启动信托解除权（松下圭一，1992）。在政府信托论影响下的市民自治里，政府不再神秘，成为可被市民控制的、透明的政府。政府在城市型社会中被分化成地方自治体、国家、国际机构三种政府，都是根据市民以及市民社会对其权利进行信任托付，选举产生，是根据纳税来组织、操控的人工政治机构。市民自治的实质是居民向政府授权和购买公共服务，政府需要首先了解居民的需要，再确定各级政府的政策需要。可以看到，无论是哪一层级的政府，依据政府信托论，政策都是由市民决定的，市民成了政治的起点，自下而上地影响整个社会。

城市型社会终结了农业型社会以村为单位的旧习惯下的地域自给自足的生活方式，围绕着以社会保障、社会资本、社会保健作为内容的城市居民最低保障，地方、国家、国际机构这三种层级的政府分担着各自的政府课题。国家被定位成接受来自国民特定业务的信任托付的存在，国家是地方的补充，国家职能是基础行政和经济运营、国际战略、直辖事业等（宫本憲一，1999）。以市民作为起点的自治，要凭借市民组织进行操控、预测，调整关于市民生活课题解决的政策、制度。对于市民的生活课题，市民要进行“组织，操控”，要求市民参与。自治的中坚力量是成熟的、受到参政议政训练的市民。成熟的市民的文化水平、专业水准以及对地方的了解程度要比政治家或者官僚更高。当成熟的市民成为政治起点，来自官僚的命令就能渐渐消失。从而就可能出现从官僚统治到自治的转化，官治能不能向自治转换取决于市民的成熟度的高低。市民是城市型社会里全部活动的支柱，在城市型社会的生活条件里，如果没有制度保障的大众民主，市民则不能生活。市民活动是市民的“政治训练”，市民可以通过“教育及休闲”的活动来训练市民个人以及市民活动的品性与力量。城市型社会成为拥有自立性的成熟、高尚市民的理由如下。首先，城市型社会的市民在自由权的基础上，还拥有围绕着社会保障、社会资本、社会保健的城市居民最低生活保障的社会权利。其次，伴随着基本权利保障、教育、休闲假期等条件的调整，辅以在地域、国家、地球规模内的自由性交流，市民成为多元、多层型公共空间的“市民社会”的主体。今天的市民通过市民活动，加深自身政治训练，熟练政治，加大了使市民文化更加成熟的可能性。

三、以市民文化为核心的地域文化战略

日本继承了明治国家崇拜政府的历史官治统治传统的残留。地方政府无论是议员还是职员都有着国家崇拜的观念。松下认为从明治时期以来到日本现代经济高速增长期，地方自治体作为中央政策的“转包机关”，确实起到对辖区居民的生活的促进作用，但也在居民意识中形成了通过地方政府获得国家政策倾斜的依赖思想。在统治视域下，中央政府在财政体制改革和财政分配政策制定执行中有独享支配权，只要政府间的关系体制没有根本性改变，即维持一种的命令与服从的支配型体制，上下级政府机构的设置就会趋于“同构”，几乎无一例外地套用上级政府的制度设计，那么地方政府在地方治理中的自主性、创造性和主

体性往往很难实现，地方发展也无法反映地方的特色。市民自治要求市民本身成长与自主，与国家形成适度平衡和建设性互动关系的多元结构，其内含的价值取向试图构建一个新的权力分配格局与民主政治模式，并且能够依据市民的需求和城市的特点制定发展政策。松下认为，日本地方经济的特点是财政上极度依赖来自国家的补助金，而地方自治体的危机就根源于对上的整齐划一的政策依赖。为了将自治体从官治的依存中脱离出来，从对国家、都道府县等上级政府的依赖中脱离出来，自治体只能去寻找自立的道路。“地域的人们从行政上独立，做出富有个性的地域经济的再设计”必须成为地域经济振兴的起点。要根据地域个性文化提出地域文化战略。各个地方有着各自特殊的地域生态，要根据不同的地域个性文化和居民需求进行地域交通、地域产业、地域金融的预算。城市型社会孕育了现代化市民，松下认为若想根本解决日本的自治体危机，就要形成市民自治型政治文化的改组，并且培育大量的成熟的、有参政议政能力的市民，促进市民自治的实现。松下圭一据此提出了以市民自治为核心的地域文化战略。地域文化战略具体包括市民文化的成熟、依据市民文化进行地域建设、倡导市民参与与信息公开。

1. 市民文化

官治统治下的文化是官治文化、私有文化、同步文化，与此相对应的市民文化是自治文化、公共文化、宽容文化。市民文化与市民这一人类形态相对应的规范性文化。在城市型社会，政府三分化为地方、国家与国际机构，据此文化也形成了地域个性文化、国民文化、世界共同文化三种（松下圭一，2007）。这三种文化形态中与地方联系最密切的是地域个性文化。

2006 年宣布财政破产的夕张市，有学者究其原因是其盲目追随国家产业政策。在国家产业政策支持煤炭产业的时候，由于夕张市是煤炭产地出现了繁荣，但日本政府政策转为不支持煤业而是支持石油业的时候，夕张市就在国家鼓励借债发展的浪潮下，举债发展了自身没有基础和条件，也不适合地方经济发展的旅游业。旅游业入不敷出，政府无钱维护，旅游设施倒闭，无人问津，政府也走上了破产之路。因此，在建设公共事业的时候，地方政府要根据地方发展的实际、地方的个性文化来考虑国家的政策倾斜。地方公共事业的发展要围绕地域文化来建设，要把具有地域生态学、地域史设计的市民构想作为基调，并以此作为地方政府规划的展开图。如果夕张市的拥有成熟的市民，并且市民有合理有效的参政议政途径进行自治，就可以根据夕张市自身的特点、自己的地域个性文化量身打造发展计划，自下而上主动影响政府选择，可能就不会出现财政破产问题。中国也有深受国家政策影响的资源型城市，在资源资源衰竭以后，这些城市的路要怎么走，松下的依托地域个性文化打造城市发展道路的思想无疑极具参考价值。

2. 市民文化的成熟与地域营造

不盲目追寻国家政策，而是依据市民文化营造富有地域个性文化的地方生态，也可以成为城市化建设的方向。松下圭一认为，保护地域的固有景观是地域个性文化形成的基础。文化已经不只是精神层面的东西，也会表现在城市景观上。与市民文化对应的是优秀的精炼的地域景观。市民根据“自治，公共，宽容”的政治文脉，创造着各个地域所拥有个性且成熟、精炼的景观。市民文化的水平高，相对应的就是具有个性且美丽的地域景观。据松下圭一所言，“日本的地域景观依然是新兴发展工业地区的状态”（松下圭一，2007），这表现出了日本市民文化的未熟。为了创造出符合市民文化、有地域个性的景观，松下圭一认为城市基础设施建设应当从数量的充足转变为质量的提升。

从数量充足转变为质量提升意味着放弃官治模式下全国整齐划一的地域景观和公共服务，开展符合地方发展个性的公共服务建设（松下圭一，2005）。他认为1960年之后，日本在中央推动下建设的公共设施的数量已经充足，接下来应当提高的是公共基础设施建设的质量。公共基础设施应当拥有精炼、成熟的文化水准，向“创造地域个性文化”而转换。他认为新兴工业经济时代的地域营造是全国一致自上而下的低水准，未来的公共事业建设应当依托地域个性。对此我们可以解释为，国家主导的公共事业建设容易追求达标，每个城市都要有类似的设施，使城市之间越来越像，毫无美感和特点，甚至忽视市民的最基本需求。

例如日本曾出现过这样的事情，为了实现全国的飞机场数量达标，就可能在少人使用飞机场的山区也修建飞机场，而这个飞机场无人问津，也造成了财政浪费，更忽视了对当地民众最基本的公共服务需求的保障。松下认为，好的地域不在于拥有设施的多少，而在于市民的基本需求，所以形成了“自治、分权型政治下的社会保障→社会资本为主体的地域福祉再生→地域景观再生社会保健→地域环境再生”（松下圭一，2005）的基本构想。松下圭一认为，公共基础设施的建设要想应当从数量充足转变为质量提升，要把公共基础设施建设列入长期综合的自治体市民自治规划里，可以根据市民讨论得出的使用目的、管理方法。例如将公民馆等小型设施，改建成市民管理、市民活动的地域活动设施（松下圭一，2005）。对于日本六七十年代建造的老化建筑的修复、改建，要依据相关政策法规修复、改建或废弃，工事的成本计算、建设核算以及投标改革等，应通过市民网络，由市民或市民组织商议重建。

3. 促进市民文化形成的市民参与

市民的发展符合人的发展要求，市民需要满足自己在物质生活、社会生活、精神生活、政治生活等各方面的需要，今天我们的城市生活方式也决定了市民比以往任何一个时代都更具有参政议政的能力和意识。城市型社会里生活的市民可以通过“市民活动”在大众民主中不断地进行自我训练。市民参与活动是市民的“政治训练”，可以提升参政议政能力。

广义上，由于社会是人的社会，所以社会发展的核心是人的发展。社会发展一方面应不断满足人类生存和发展的需要，另一方面更要促进社会成员素质和能力的不断提高以及人的各种潜能、个性、气质等的充分发展。个人的发展能力，从内部因素来说取决于个人个体的素质，包括人的基本健康情况、受教育程度、情商智商及个人相应的社会经济适应力和竞争力，从外部因素来说取决于制度、组织、环境所提供的支撑力和选择空间。

随着城市化的发展进程、政治生态的改进、城乡生活方式的转变，以及数字媒体技术的进步，现代市民的独立自主意识、政治参与意识、政策解读能力、社区民主管理意识等也在逐步增强。人们要求更多地亲身参与到决策的制定和公共事务的管理当中。市民参与政治生活的活跃度是公民政治意识成熟度的重要标志。应当创造依法有序的政治土壤，使市民充分表达利益主张和政治诉求，促进个人与社会的和谐，使最大化的“公平正义”有可以表达并实现的途径。体现正义性原则的公共政策的制定过程的实质是“官方决策者、非官方参与者和受损者、受益者等多种力量主体通过政治、经济、社会管理层面的博弈达成共识的过程”。由此可见，市民本身是地方政策最本质的参与力量。市民参与能够提升市民自身的提升参政议政的能力，也能依法有序地保障自身的生存、发展权利。市民关心国家政策的动态发展，通过政府提供的网站、新闻媒体、信箱等参与公共政策的活动，是加强政治修养，提升参政议政能力的有效途径。地方政府的公务员应该向在文化、信息水平，专业知识、政策水准拥有高水平的当地市民学习，对地方的发展政策，需要辖区居民提供协助，提供相关信息采集。培养一批拥有文化和信息提供水平，专业知识和参政水准的高水平市民是市民参与系统的关键。企业的社会责任和地域贡献变得更加重要。

4. 信息公开

官僚特权的信息封锁致使政务信息不公开，带来了官治的神秘色彩。松下圭一认为，随着市民的专业能力、政策能力的提高，大众传播以及网络技术情报传达能力的提高，市民通过市民活动与国家，地方直接接触的机会不断增多，一些原本被掩盖的政府低水平的政策会变得明朗（宫本憲一，1999）。因此，能不能把市民参与与信息公开的提升到政策层面，实质上是对政府内部独善性的考问。

为了保持地方发展政策过程的开放和透明，应要求信息公开，让市民参与公共政策制定的过程。信息公开制度有助于市民行使知情权，是市民监督公共权力的重要保障，有助于市民直接行使作为城市主人的民主自治权利，对政府的公共决策过程实行有效的监督。信息公开不应仅限于按条例规定公开的相关公文，应尽量在更广的范围上进行信息公开。公开的内容也不应仅是专业人士才可以看懂的复杂数字和表格，因为这些可能对普通市民而言晦涩难懂，很难成为市民参与的信息依据。信息公开的内容设计应当尽量有助于公民和媒体的理解，这有助于提升信息传达的效度。

四、市民自治论的启示

松下圭一的市民自治论有助于对中央向地方的权力下放的探讨，能增进地方政府的积极、灵活及回应性。促进地方市场繁荣和公民社会发育，帮助解决地方政府公共品供给重建设、轻服务的状态导致的经济社会的非均衡发展问题，提升地方政府组织管理社会公共事务的能力以及促进地方财政的开源节流。中央政策扶持仅仅是暂缓一切危机的权宜之计，不能从根本上有效地化解风险。松下圭一的思想为地方政府提升自主发展能力提供了参考。比起中央政府主导的强制性制度变迁，松下圭一的市民自治论可以成为形成以社会群体和地方政府为主导的诱致性制度变迁的理论参考。市民社会的成熟是促进政府治理的重要手段，是构建现代化政府治理体系的重要支柱，对于财政体制的顺利运转有重大的应用价值。而松下圭一的市民自治理论有助于建设成熟的市民社会。

松下的理论被日本20世纪60年代后半期到70年代前半期登场的革新自治体所采用，对推动日本地方财政分权做出了巨大的贡献。但是，无论是源于统治的计划原理，还是按照自由市场的分配原理，现代社会似乎都无法使用一个原理管理运营。地方间的财政能力、经济规模、产业构造原本不同，如果没有国家对防止地方之间差距过大而进行的如转移支付手段等政策保障，来确立整体福祉的水平。按照松下圭一的市民自治的制度设计，个性文化和市民需求也可能带来越来越大的地方差距。

根据松下圭一的市民自治论，我们可以了解到政府并不是整个公共服务的唯一提供者。现代社会的社会治理力量来源不仅是政府与市场，市民社会也可以发挥非常重要的作用。市民社会能够有效监督公共权力，还能与政府形成有效回应机制。所以应推进公共权力与市民社会对社会事务的共同治理，对我国的启示是，在与人的发展密切相关的公共服务领域推广 PPP（Public Private Partnership）模式。这种模式是推动政府职能从“管理”向“治理”的重大转变，促进政府从“管理者”变为“监督者”“合作者”，更注重“法治”规则、契约精神、市场观念。应构建政府、市场与市民社会的协调机制，明确政府自身地位，利用市场机制合理分配风险，允许社会力量共同推动公共服务发展。期待政府、市场、公民社会三者良好的协同合作，促进社会健康有序的发展以及社会治理体系的完善。

促进地方政府的角色转变，地方政府不仅是中央政策的“委托—代理”机构，更应当成为公民需求的代言人，立足地方发展实际，结合市民需求，成为更有效率地为居民提供更高质量的公共服务，促进公平正义的实现。合理运用中央政府的力量促进地方政府间协调发展，尊重不同层级政府尤其是地方政府的利益主体地位和利益诉求，重视公民社会在公共物品提供领域发挥的作用，吸纳社会团体和人民群众广泛参与政治、经济、社会、文化和环境管理，实现包括公共物品和公共服务在内的各类物质和精神产品的供给。形成公共服务应当符合民意的政策倾向。借助松下圭一的市民社会论建设成熟的公民社会以及基层民主建设，定将提升我国的整体治理水平。

【参考文献】

宮本憲一，『都市政策の思想と現実』，東京：有斐閣，1999 年。

山崎正和，『やわらかい個人主義の誕生』，東京：中央公論社，1984 年。

松下圭一，『市民・自治体・政治—再論人間型としての市民』，東京：公人の友社，2007 年。

松下圭一，『自治体再構築』，東京：公人の友社，2005 年。

松下圭一，『シビル・ミニマムの思想』，東京：東京大学出版会，1971 年。

松下圭一，『転型期日本の政治と文化』，東京：岩波書店，2005 年。

松下圭一，『現代政治の条件』，東京：中央公論社，1976 年。

松下圭一，『政策型思考と政治』，東京：東京大学出版会，1992 年。

松下圭一，『自治体は変わるか』，東京：岩波新書，2006 年。

松下圭一，『市民自治の憲法理論』，東京：岩波新書，1975 年。

松下圭一，『日本の自治・分権』，東京：岩波新書，1996 年。

松下圭一，『自治体の先端行政』，東京：学陽書房，1987 年。

松下圭一、西尾勝、新藤宗幸，岩波講座：「自治体の構想—自治 5」，東京：岩波書店，2002 年。

松下圭一、西尾勝、新藤宗幸，岩波講座：「自治体の構想—課題 1」，東京：岩波書店，2003 年。

松下圭一、西尾勝、新藤宗幸，岩波講座：「自治体の構想—制度 2」，東京：岩波書店，2003 年。

松下圭一、西尾勝、新藤宗幸（2003），岩波講座：「自治体の構想—政策 3」，東京：岩波書店，2003 年。

松下圭一、西尾勝、新藤宗幸，岩波講座：「自治体の構想—機構 4」，東京：岩波書店，2003 年。

行政准备阶段中国地方政府债务风险预算管理：问题与对策

韩增华*

内容摘要：论文从预算周期的起始阶段——行政准备阶段切入，通过分析行政准备阶段中国地方政府债务风险预算管理中存在的主要问题，提出行政准备阶段实现中国地方政府债务风险管理的若干对策。

关键词：预算　行政准备　地方政府债务风险管理

任何一个国家和地区，无论是否存在地方政府债务，无论地方政府债务风险是否爆发，预算过程总是存在，作为政府施政利器，预算在现代化国家的治理中发挥着越来越重要的作用。预算工具的使用在国家管理中更具有一般性，中国地方政府债务风险管理不应脱离完整预算过程的分析，中国地方政府债务风险管理，预算工具不可或缺。本文拟从每个预算周期的起始阶段——行政准备阶段切入，分析行政准备阶段中国地方政府债务风险预算管理中存在的问题，并提出若干对策。

---

* 韩增华，女，新疆财经大学公共经济与管理学院讲师，博士，研究方向为财政理论与经济发展、公共预算。

一、行政准备阶段中国地方政府债务风险预算管理面临的主要问题

预算的行政准备过程和立法审议过程一起共同构成预算的编制过程。按照艾伦·希克的观点，预算编制的基本职能是控制资源、制定未来资源配置计划和管理资源，最终目的在于实现预算的三项职能：宏观经济运行的调控、最优资源配置、提高资源使用的效果和有效性。预算的行政准备作为一个年度预算管理的初始环节，在实现预算的职能目标方面是重要工具，因为预算编制反映预算过程和政策过程的相合或者分离，以及预算资源在支出部门之间的优先性排序。在地方政府债务风险管理的视界下，行政准备阶段中国地方政府债务风险预算管理主要存在哪些问题呢？

（一）财政总额控制问题

软预算约束使中国政府的预算不能全面反映政府活动，在预算编制之初就面临着财政总额控制的问题。主要表现为“不现实的预算（预算在行政准备之初考虑不充分，部分支出就超过了政府可获得的收入）”；“隐藏的预算（对于进入行政准备阶段估测的预算收入、预算支出和实际的收入、实际的支出可能存在较大差距，而这个估测与实际的差距在预算的行政准备阶段是有可能通过完善行政准备阶段缩小的）”；“逃避现实的预算（明知无法实现的支出通过行政准备阶段进入下一预算过程）”；“调整预算（预算准备阶段对于经济预测准确程度低，进入执行后又频繁调整）”；“钱箱预算（表现在年底突击花钱，支出突增）”。

艾伦·希克在《当代公共支出管理方法》中，将发展中国家财政总额控制问题的表现总结为“不现实的预算”“隐藏的预算”“逃避现实的预算”“调整预算”“钱箱预算”“延期预算”等形式，并对每种实践问题的表现进行了扼要的解释，比如“不现实的预算”的主要表现就是批准的预算无法实施，而无法实施的原因是因为预算支出超过了政府的支付能力；“隐藏的预算”主要表现为只有一个小圈子里的内部

人士或者只有在财政年度结束后进行回顾时才知道“真正”的预算（实际收入和实际支出）。回到对中国地方政府债务风险问题的分析，如果经过法定程序批准的预算严格执行后出现了地方政府债务风险，那么地方政府债务风险的预算原因应该在预算编制过程是否产生了“不现实的预算”中寻找线索；现实的研究表明，中国地方政府债务风险更多地表现为地方政府隐性与或有负债风险，现有预算并不具备反映地方政府隐性与或有负债风险的功能，如此，寻找地方政府债务风险预算编制环节的问题，还要继续按图索骥，以在预算编制环节即促进对于地方政府债务风险的管理。将艾伦 · 希克列出的发展中国家在财政总额控制中可能存在的问题，联系中国预算编制的现状，做个判断，如表 1 所示。

表 1　中国预算编制中面临的财政总额控制问题的判断

实践方法	一般问题	是否存在
不现实的预算	批准的预算无法实施，因为批准的支出超过了政府的支付能力	部分存在
隐藏的预算	只有一个小圈子里的内部人士或者只有在财政年度结束后进行回顾时才知道“真正”的预算（实际收入和实际支出）	存在
逃避现实的预算	不现实的预算导致了逃避现实的预算：政府有意批准其明知无法实现的重要支出项目，以便造成这样一种印象——它正在对呼吁社会进步的要求作出反应	部分存在
调整预算	财政年度进行过程中，为了对经济或者政治状况做出反应，频繁地重新制定预算	存在
钱箱预算	政府在有钱可用的情况下，不再根据事先制定的预算来支付账单或者负担支出	存在
延期预算	预算可能会报告平衡（或者接近平衡），但这只是因为某些需求（如维护费用）或债务（如到期的账单）尚未支付，被延期的账单常常会年复一年地逐渐增加	存在

资料来源：艾伦 · 希克，《当代公共支出管理方法》，王卫星译，经济管理出版社 2000 年版，第 35 页。

“不现实的预算”“隐藏的预算”“逃避现实的预算”“调整预算”“钱箱预算”“延期预算”等预算现象的产生，反映预算对于政府活动限制的弱化，这种预算功能的弱化既是地方政府财政纪律松弛的表现，也将导致地方政府债务风险的累积。与硬预算约束相比较，这样的预算约束，称为软的预算约束。软预算约束部分是预算缺乏全面性造成的。要想使预算对政府活动具有较强硬约束作用，预算必须是能够全面反映政府活动的预算。如果预算缺乏全面性，不能反映政府的全部收入与支出活动，试图通过预算产生对于政府活动的硬约束是不可能办到的。不全面的预算使地方政府有制度的空子可钻，短期财政风险行为加剧，加剧地方财政脆弱性。预算视角管理和控制政府债务风险，必须在年度预算程序之初，就在预算政策中表达财政总额控制要求，并用强化的财政纪律尽量避免产生“不现实的预算”“隐藏的预算”“逃避现实的预算”“调整预算”“钱箱预算”“延期预算”等预算现象。

（二）预算预算准备一般过程不完善

1. 缺乏中长期预算框架

从预算法的相关规定来看，并不乏关于预算平衡的约束。如《预算法》第二十八条规定，“地方各级政府按量入为出、收支平衡原则编制，不列赤字。除法律和国务院另有规定外，地方政府不得发行地方政府债券”，这些预算平衡的约束并没有真正起到控制政府债务风险积累的目的。在预算平衡方面寻找原因，一个重要的原因是我国预算平衡约束主要在年度预算框架作用，而地方政府债务风险积聚需要一个过程，这个累积的过程似乎难以在现行的年度预算过程反映，待地方政府债务风险爆发为地方政府债务危机，年度预算的安排已经不能控制即期地方政府债务风险。中期预算框架着眼于宏观经济与财政发展趋势的判断和周期性财政收支平衡目标的实现，中期预算框架既是年度预算在时间序列上的拓展，又需要在具体的年度预算中得以落实，因而中期预算框架在实质上为年度预算的编制提供良好的政策框架，有利于促进周期性财政收支平衡的实现，使财政可持续发展目标具体落实到各年度预算管理之中。这对于财政脆弱性的克服，实现地方政府债务风险的中长期管理与控制至为关键。

2. 预算编制周期与执行周期重叠时间不足

预算程序首先外在性地表现在预算周期的特性上。从预算准备到执行预算，一个标准的预算周期通常需要 3 年左右时间。西方国家的行政准备阶段大概有十几个月。以美国地方政府预算的编制为例，美国地方政府的预算编制时间长短不一，有的提前半年，有的可能会提前一年半。编制的起始时间和议会的批准时间一般都有法律规定。地方政府的财政年度也各不相同，全国或全州没有统一规定，一般各自选择，有的同联邦政府一样，从当年 7 月 1 日到下年 6 月 30 日；有的从 1 月 1 日到 12 月 30 日；有的从当年 3 月 1 日到下年 2 月 28 日；有的从上年 10 月 1 日到当年 9 月 30 日。中国目前行政部门准备预算草案只有几个月时间。由于西方国家预算周期长，预算的编制周期和执行周期有较长时间的交叉，但是在新的财年到来之前编制、审批程序一般都能够全部结束。中国预算编制周期和执行周期较短，且新财年的头几个月按照惯例正是各级人民代表大会会期及随后的预算层层批复，法定预算实际上有一段“真空”期。

3. 预算编制技术规范待完善

中国财政部预算司 2001 年和 2002 年发布《中央部门预算编制指南》，但仍有大量的技术规范需要建立和完善。预算程序实质性内容体现在规范、控制等特性上。行政预算阶段，规范、控制要素主要是对预算准备的政策、技术要求，部门预算限额的设定及讨价还价的应对规则等，这些约束条件许多是成文的，也有不少只是惯例。完整意义上的预算管理程序还包括预算执行过程中的一整套控制机制（包括通过部门内部的财务授权、编报分期用款计划等执行预算）。部分经合组织国家有非常正式、详细的技术要求。如美国预算管理局公布的一系列通告（王卫星，2005）。

以行政事业单位的预算编制为例。长期以来，我国政府对行政事业单位采用的预算编制方式主要是“基数增长法”，即在编制下年度的收支预算时，首先确定上年度收支的基数，然后在上年度收支的基础上，考虑下年度影响各项收支的因素，以确定下年度各项收支的数额。也有采用比例增长法的，即在编制下年度的预算时，在上年度实际收支数的基础上，根据下年度实际收入状况和影响收支的各种因素对不同的收支确定一定的增长比例。这两种编制方式虽然在具体的编制上有所不同，但是从实质上看，都属于基数法的范畴。

虽然基数法曾为我国的预算编制起到过十分巨大的作用，编制方式也比较简单，但是随着我国社会主义市场经济体制的建立和发展，财政收支规模不断扩大，其弊病渐渐显露，主要有以下方面。（1）编制方式不科学。在编制预算的过程中并未充分考虑所有的变化因素，如宏观经济环境、人民生活水平、行政事业单位业务性质、业务量的变化等，只是在以前年度的基础之上简单地累加或递增。（2）造成分配不公。这里的分配不公不仅有同类单位之间的不公平，而且还有不同单位之间、不同地方之间的不公平现象。因为运用基数法编制预算，是在承认了一个基数的前提之下进行的，因此各预算单位都在“争基数、保基数，高基数”。高基数的单位经费增长速度加快，低基数的单位经费增长速度滞后，造成了单位之间的相互攀比，矛盾加剧。（3）不利于控制收支。因为基数法就是在上年度基础之上简单地进行累加，无论国家的财政收支如何，各行政事业单位提供的公共服务如何，财政拨款数却始终在增加，加大了财政负担，不利于国家控制财政收支。

相比于发达国家的预算编制技术规范，中国政府预算编制技术规范亟待进一步完善。

（三）政府预算能力待完善

政府必须有建立适当的政策目标并进行优先等级排序的能力，这是实现预算过程配置效率的前提条件。同时，政府还需要有足够的能力为每个支出部门或部长制定部门层次的政策，据以确定部门层次的支出子目标或者项目优先次序，其核心是政府具有对部门间的支出需求竞争做出裁决的战略能力。以经合组织国家为例，经合组织国家行政首脑（总统、总理）在预算编制中扮演非常重要的角色，其能力主要集中在对优先项目的影响力和使部门主管对结果负责两方面。讨价还价在许多国家的预算程序中都有详尽规定，以保证部门之间在公开透明的条件下开展预算资源竞争和必要的仲裁。行政首脑的指导、协调与仲裁，其预算管理地位和职责毋庸置疑，预算内阁制为其提供了有效的组织和制度保证，即使有冲突，也有明确的解决冲突的机制（王卫星，2005）。相比之下，中国政府的预算能力似乎不足，有待提高。

（四）预算的约束机制待完善

西方成熟市场经济国家已经建立起比较完善的预算约束机制，这种机制在预算行政准备之初即开始发挥作用，控制地方政府无效的或者可能导致未来政府债务风险的财政支出，并持续在预算过程的立法审议、预算执行、预算考核等阶段发挥作用，如前所述，这种约束机制不仅表现为中央政府对地方政府的约束，还表现为地方政府的自我约束，并通过参与式预算的形式，使选民也成为约束政府风险支出的力量，这种相对完善的约束机制在管理和控制地方政府风险行为方面发挥积极作用。相比于成熟市场经济国家已经建立起来的完善的预算约束机制，中国在自上而下、自下而上以及地方政府自我约束方面还有很多待完善的方面，缺乏明确的约束机制导致“风险大锅饭[①]”现象的产生，地方政府债务风险只能是越来越失去控制，必须建立完善的预算约束机制，对可能导致导致地方政府债务危机的财政行为尽早控制。

二、预算行政准备阶段控制地方政府债务风险对策

（一）促进控制风险的预算过程与政策过程的联结

1. 在政府预算政策中阐述可能引致地方政府债务的各项政策

在爱伦·鲁宾看来，现实中的预算过程和政策过程存在分离现象，这种预算过程和政策过程的分离将会使政府预算执行的结果偏离政策最

① 刘尚希在其著作《财政风险及其防范问题研究》中提到“风险大锅饭”，认为风险大锅饭是中国地方政府债务风险扩大化的制度成因。

初希望的结果，如果政府致力制定的是控制政府债务风险的预算，那么可以预料的结果是，预算执行的结果并非如预算政策制定者最初的期望。为了促进地方政府债务风险的管理，在行政准备阶段就应为促进控制风险的预算过程与政策过程的联结做出努力，在政府预算政策中阐述可能引致地方政府债务风险的各项政策。

2. 建立借用还统一、责权利相结合的偿债机制

具体包括建立政府偿债准备基金、制定年度偿债计划等。建立政府偿债准备基金，要求各级财政建立相应的政府偿债准备金，制定相应的资金管理办法，对偿债资金来源、使用、管理、监督等做出规定。明确偿债准备金实行专户管理，独立核算。制定年度偿债计划，通过收欠还债、核销减债、债务重组转债、资产变现还债和财政安排资金偿债等多种方式，多渠道筹集资金，确保按时偿还债务。

3. 在预算行政准备阶段建立并强调债务风险管理相关制度

（1）债务质询制度

建立政府债务质询制度。方法是：由各级人大组织听证质询对举债项目法合理性、额度与财政收入的适应性、还款是否有来源等进行调查，并征询人大代表和有关专家、学者及各界人士的意见。各级人大听取审议政府举债报告，各级政府领导和债务管理部门主要负责人到会听取审议意见，回答询问。各级人大以审议意见方式答复各级政府。

（2）政府担保备案制度

各级政府举借政府债务或提供合法担保应当遵循统筹兼顾、控制规模、注重实效、明确责任、防范风险和依法决策的原则，坚持“权、责、利”和“借、用、还”相统一。政府债务资金应用于区域整体发展所急需且存在一定资金缺口的公益性项目、市政公共基础设施建设，不得用于经常性支出和竞争性项目建设。各级政府及其所属职能部门依法提供担保必须经同级财政部门审批并备案。申请提供合法担保的部门（单位），应向同级财政部门提供：担保项目建议书和可行性研究报告；债务人和担保人的财务报表及反担保文件；财政部门认为应当提供的其

他资料。部门（单位）的举借政府债务申请或提供合法担保申请经批准后，应按申请落实配套资金等有关事项。对不能落实的，批准机关可以撤销举借政府债务或提供合法担保的批准文件。

（3）债务及风险报告制度

债务及风险报告应包含如下债务信息：政府担保的明细情况，包括提供担保的政府机构、被担保者、贷款提供者、贷款的面值，以及风险的类型等内容；政府对公共部门和非公共部门提供的各类财政支持项目，如担保、融资支持等，以及相关政策的受益人；政府控制的金融机构或政策性投融资机构的资产负债表和或有债务资料；重要的国有企业、金融机构的资产负债表和或有债务资料。

4. 编制社会保障预算

我国养老金制度改革过程中，由现收现付制度向完全基金制度的转移过程中积累的隐性负债风险引起大量关注，没有资金积累的养老金债务在政府直接和隐性债务中占有显著份额，不对其进行监督和控制将威胁政府财政稳定。应该逐步建立社会保障预算制度，加强社会保障资金管理。完善社会保障预算法律法规，明确社会保障预算管理职权，社会保障预算收入支出范围，社会保障预算、编制、审批、执行和监督程序及法律责任。社会保障预算以基金形式设立，主要包括养老、医疗、失业、工伤、生育保险基金，而财政性社会保障资金应当纳入政府公共预算。社会保障预算编制应当坚持专款专用，即社会保障资金收入只能用于社会保障支出，不能用于平衡公共预算缺口或其他；保障项目收入与保障项目支出相对应，不能调剂使用。编制社会保障预算有助于对未来社会保障支出成本尽早测算，合理准备，减少隐性债务风险对财政稳定性的冲击。

（二）将地方政府债务风险管理，融合到整个预算准则和操作指南中

1. 在中期预算框架内考虑地方政府债务风险管理

与年度预算相比，多年期预算框架（MTBF）可以清楚地反映出维持当前的政府政策以及引入新政策的跨年度成本，因而为行政部门（executive branch）强化受托责任和结果导向的预算（results oriented budgeting）奠定了基础。王雍君认为，“发达国家的实践表明，与传统的年度基础预算体制相比，MTBF 能够更有效地促进政策与预算间的直接联结。就强化财政纪律而言，MTBF 的主要作用在于建立针对政府和支出部门的中期支出限额，据以对支出、赤字和债务总量实施控制。就优先性配置而言，MTBF 的主要意义在于通过严格的支出审查机制来确保预算过程受政策驱动（driven by policy）而非收入驱动（driven by revenue），以及促进预算资源在各项政策目标之间和规划之间做出更好的选择”（王雍君，2008）。

制定和实施预算总额的中期控制制度，要求制约开支总额和赤字规模，年度配置的支出应满足一个多年度的滚动预算。如果财政控制的目标只对当前或者是下一个预算年度有效，预算控制将会变得容易逃避，比如通过资产出售、新的开支安排在将来执行生效等方法，对开支或收入行为提前或者推迟执行。执行中期预算制度，减少支出机构操纵财政数字的可能。总而言之，在一个更长时期框架内考虑预算决策，有助于决策者分析长期财政成本，而当政者破坏财政控制的机会和动力也会减少，从而有助于减少地方政府的短期行为，促进财政持续性发展，即使未来风险积聚，也有助于增强地方政府抵御危机消极影响的能力，减少地方政府债务风险对中央政府冲击。

2. 增强预算收支预测

预算的预测性要求政府通过编制预算可以对预算收支规模、收入来源和支出用途做出事先的设想和预计，也就是对预算年度的预算收入和支出的各项指标，进行科学的预计和测算，使之与客观情况相符合。各级政府及有关部门在本预算年度结束以前，都需要对下一年度的预算收支做出预测，编制出预算收入计划和预算支出计划。这种预测是否符合实际，最终能否得以实现，一方面取决于预算事前编制的准确性、科学性和民主化程度，另一方面也取决于预算执行过程中客观条件的变化、应变措施的选择，以及预算管理水平和预算管理手段的影响。准确把握财政收支预测有助于实现预算收支平衡。

（1）改善中期预算收支预测

加强地方政府债务风险的预算管理，必须硬预算约束地方政府行为，减少财政机会主义行为，促进地方政府的财政稳健性而不是加剧财政脆弱性，在中期预算框架内进行地方政府债务风险的管理是必要的。执行预算中期控制要求预算管理中对今后几年预算总额以及主要的分类总额进行预测，对中期财政开支进行政策评估，估计政策变化对财政产生的影响，编制中期滚动预算。中长期滚动预算根据政府政策目标、经济社会发展状况以及各个项目成本开支修订动态调整，提高中长期滚动预算对年度预算的约束力，增强预算管理的预见性。增强中期预算收支预测的好处是为中期预算平衡提供基础，减少财政脆弱性造成对财政持续性的伤害，使地方政府债务风险在预算可控范围之内。

（2）加强年度预算收支预测

预算年度收支预测不科学，在我国往往表现为预算年度预算收入低于预算年度结束时候决算的实际预算收入，或者预算支出高于预算年度结束时候决算的实际预算支出，是财政资源配置缺乏效率的表现，应做好经济预测，使预算资金安排和使用更加科学、合理，为追求预算资金运营效率打好基础。一般预算过程完善了，地方政府债务风险的预算管理环境随之改善，有利于实现地方政府债务风险预算管理和控制。

3. 改进预算编制方式

（1）在某些领域试编绩效预算

绩效（outcome）预算以目标为导向，以项目成本为衡量标准，以业绩评价为核心。制定绩效预算的前提和基础是预算支出单位要有明确的工作任务、短期目标、中期目标、最终目标以及实现各项目标的时间表。绩效预算（所谓权责发生制预算）可以在以下方面为使用者提供更为全面和准确的信息：政府对所使用资源的受托责任的履行情况；政府对其全部资产、负债的管理责任的履行情况；政府筹集资金、偿付债务和履行义务的持续能力；政府的财务状况及其变动情况；政府在服务成本、效率、成果等方面的业绩情况（王卫星，2005）。绩效预算是考核政府资源使用效率的工具，实际上更好地体现了政府预算的功能。

（2）延长预算编制时间

预算编制直接影响到预算执行和角色的结果，某种程度上，政府预算管理的核心是强化预算编制。我国预算编制一般上一年度9、10月份开始，决算完成约在次年4、5月份，共计约20个月，预算编制的实际时间不到半年，这种状况不利于预算执行与监督，各部门在执行中调整预算的自由度太大，预算对支出的控制和约束能力薄弱。各级人大审议政府预算草案的时间大多在每年第一季度，在预算编制时间有限状况下，上级财政部门往往被迫层层代编下级政府预算，并逐级向上汇总以应急需，难免造成代编预算草案与下级财政部门自编预算草案之间存在较大差异，影响汇总草案的真实性。实行标准预算周期制度，使预算编制时间延长，为预算编制方法的科学化、规范化和内容的细化创造了条件。以此为基础，完善预算执行机制，规范预算调整与变更程序，可以有效提高预算的前瞻性、连续性和可控性，规范预算管理程序，强化预算约束与监督，消除预算资金分配的随意性，提高预算管理效率（李炳鉴，2003）。

各国的预算周期的设定，往往和法律和惯例的因素兼而有之，然而支出部门在其行政职责范围内提早进行的与预算准备相关的业务计划、项目评估，实际上是一个部门内的资源竞争过程，可以作为准预算周期考虑，相应地扩展整个标准预算周期（王卫星，2005）。改革预算编制办法，留足预算编制的时间作为重要的方面，编制周期延长有助于保障预算编制的质量，提高预算的科学性、准确性。美国的预算管理水平远高于中国，却用18个月的时间编制预算，这绝非偶然，说明没有一定的时间开展调查研究，对预算项目进行周密论证，对预算项目进行测算，预算很难科学、准确。

4. 促进信息透明以方便风险分析

增强政府预算透明度是程序规范性的应有之义。经合组织官员认为，预算透明度是政府预算制度的灵魂。经合组织国家的预算透明度改革主要致力于三个方面：进一步公开预算数据，更好地发挥立法作用，重视发挥社会公众作用。充分的预算信息是对风险进行分析和科学认知的基础，在预算行政准备阶段应要求支出机构提供可能引致债务风险的支出的情况说明，提供相关资料，便于预算审议者、专家、机构和公众根据这些信息进行风险分析。

政府预算缺少透明度对于地方政府债务风险管理极为不利。当地方、部门和机构获得了愈益增多的财政财力，为了维护自身的集团利益，有意采用种种方法和手段隐瞒本地区、本部门、本单位的真实财政财务收支状况，政府预算变得不再透明，缺乏透明度导致预算监督弱化，导致地方债务风险悄悄积累甚至失去控制。增加预算的透明度，应重新修订政府预算科目，使收入科目能反映各行业、各经济类型和各收入阶层的收入状况；支出科目应能反映资金的最终用途，人员经费、公用经费、专项支出都要有相应科目，通过每个支出科目能够看出资金的具体去向。

5. 配置专业的预算风险分析人员

有效的预算编制和绩效管理系统很大程度上依赖于预算执行系统产生的数据。经合组织国家项目管理工作的成功经验之一就是得益于这些国家的每个政府部门都配置了专业的预算分析人员，都成立了专门的预算办公室。中国目前缺乏这样固定的专业部门与人员配置，对地方政府债务风险进行专门分析的人员更是少见。在地方政府债务风险累积到一定阶段进入可能爆发财政危机的阶段之前，就应该配置专业的预算风险分析人员，对可能产生债务风险的支出政策等进行专业的分析。

（三）针对具体地区提出控制地方政府债务风险的要求

中国地方政府的债务从规模上考察，具有透明度低、数额庞大、项目众多、涉及面广等特征。中国地方政府债务从机构上考察，具有的特征包括：不同级次政府债务规模差别较大，省级政府债务不大，主要集中在市、县两级；不同级次的政府债务内容差异较大，省（直辖市）的债务主要是主权外债、本级政府贷款担保、社保基金缺口等，市级财政债务主要是城市商业银行及信托投资公司的不良资产、本级政府贷款担保、国债转贷等。县乡级财政主要是农村金融机构的集资、乡镇企业各种债务、农村各种非法集资及政府各种担保贷款。从地区结构上看，发达地区债务总量规模大，但是财力充实，偿债能力强；不发达地区债务规模小，但是经济落后，发展资金紧缺而获得债务资金的能力也弱。不同地区债务构成不尽相同。经济发展水平高的地区，政府担保、政府承诺、社保缺口、地方金融不良资产等形成的或有债务所占比重较大；经济发展水平低的地区，农村不良债务、粮食企业亏损挂账、社会保障基金缺口是或有债务主要组成。中国地方政府债务负担在不同级次政府中有所不同，越到基层债务负担越重（张海星，2007）。

从地方政府债务的表现特征来看，具体地区的地方政府债务风险的具体表现存在差异性，由于具体地区和地方政府债务风险的表现差异性，以及财政基础状况和发展具体目标的不同，在预算行政准备阶段对具体部门或者地区提出的控制地方政府债务风险的具体要求应该存在差异。无论是出于约束具体地区债务风险的目的，还是地方政府债务在中国的表现特点，都要求针对具体地区在预算编制之初，即提出控制地方政府债务风险的要求，将地方政府的债务风险管理纳入年度预算的第一个环节。

【参考文献】

[美] 艾伦·希克：《当代公共支出管理方法》，王卫星译，经济管理出版社 2000 年版。

王卫星：《政府预算管理程序与方法研究》，经济管理出版社 2005 年版。

王雍君：《公共预算管理》（第二版），经济科学出版社 2010 年版。

王雍君：《中国的预算改革：引入中期预算框架的策略与要点》，载《中央财经大学学报》2008 年第 9 期。

李炳鉴：《政府预算管理》，经济管理出版社 2003 年版。

张海星：《政府或有债务问题研究》，中国社会科学出版社 2007 年版。

基础设施券：农村基础设施供给路径新选择[*]

刘银喜　陆华梁[**]

基础设施是政府供给农村公共产品的主要方面，也是解决“三农”问题的重要手段。近年来各级政府不断加大对于农村基础设施投资的力度，但由于现行体制的一些痼疾，政府投资农村基础设施还存在一些问题。基础设施券就是为解决这些问题所提出的一个全新概念。它既是一种制度安排，更是一种理念创新，在有效改变各级政府投资农村基础设施的运转机制基础上，基础设施券可以为政府提供新的路径选择。

农村基础设施是向农村生产生活提供公共产品和公共服务，并保证农村社会扩大再生产顺利进行的各种物质技术条件的总和（崔海军，2006）。农村基础设施种类较多，包括水利基础设施、教育基础设施、医疗基础设施等，涉及农村生产生活的方方面面。农村基础设施建设是农村经济发展和农民生活水平提高的先决性条件，它也是党中央提出的建设社会主义新农村的重要内容（鞠晴江、庞敏，2005）。由于现阶段实际需要和有效供给的差距，政府依然是农村基础设施供给的主体，财政投资是各级政府支持农村基础设施发展的主要方式。在这

---

* 此文已发表于《中国财政》2013 年第 15 期。

** 刘银喜，男，内蒙古大学公共管理学院教授，管理学博士，研究方向为政府管理、公共经济与公共财政；陆华梁，男，内蒙古大学公共管理学院硕士研究生。

种投资方式的推动下，近几年我国农村基础设施建设取得显著成效。但是，一些客观的现实问题也困扰着各级政府投资的效益实现，如何在政府投资的基础上探索更为高效和科学的供给方式，是我国各级政府不得不面临的客观难题。基础设施券是一个全新的概念，它是农村基础设施供给路径的全新选择，将会为各级政府克服现实难题提供新的方向。

一、基础设施券概念的提出：凭单制的现实应用

券在古代指契据，现代指票据或作凭证的纸片（蒋时节等，2010）。证券、购物券等都是券的主要形式，它们主要集中于私人领域。在公共领域的主要有教育券、消费券等。西方理论界，更多地把券称为凭单，它是政府部门给予有资格消费某种物品的或服务的个人发放的优惠券（李红霞，2005）。以教育券为例，它又称为教育凭证，是在教育领域中试行的一种代币券，它是以代币券的形式向学龄青少年家庭颁发的、表明其受教育权利的价值凭证，供其在选择学校上学时作为教育经费使用。教育券实质上是凭单制理论的具体实践，它是公共服务过程中引入市场机制的一种安排。教育券将决策部门、执行部门、财政部门在教育公共服务过程中的职能有效地分开，并赋予公民一定权利进行利益表达和利益选择，对公共产品执行部门进行了有效监督。它不仅是一种财政资源配置的制度创新，它的推行更创新了我国公共产品供给的方式。

教育是政府公共服务的一个方面，它可以采用教育券的形式向居民提供服务。基础设施同样也作为政府公共服务的一项重要内容，按照公共产品供给的基本理论，同样也可以采用凭单制的方式向农村居民提供。基础设施券，在各级政府投资农村基础设施领域，可以把它定义为政府给予有资格消费农村基础设施的农村居民发放的凭证。严格意义上来讲，基础设施券是像教育券一样是一种凭单和“选票”的结合体。它也像教育券一样，有特定消费主体和消费对象。它的消费主体是农村

广大居民，它的消费对象是政府投资的农村基础设施券。农村基础设施券只能“消费”农村基础设施，具有专门的指向性。它既是政府投资后农村居民进行基础设施“消费”的凭单，也是农村居民对基层政府监督进行监督的“选票”。引入基础设施券以后，各级政府投资农村基础设施存在的主要问题将会得到有效的解决，政府投资农村基础设施的运行体制也将发生根本性的改变。

二、各级政府投资农村基础设施存在的主要问题

投资是政府刺激农村经济增长的重要手段，也是履行政府供给农村公共产品供给职能的基本途径。在我国城乡“二元经济”体制的现实背景下，农村基础设施长久以来受不到各级政府的重视，各级政府投资的主要方向集中于城市基础设施领域，农村基础设施水平严重滞后于城市基础设施。但是，随着近年来财政收入的增长［“十一五”期间我国财政收入从 2006 年 3.16 万亿增长到 2010 年 8.31 万亿元，增幅高达 162.97%（中国统计年鉴，2011）］和中央政府逐步认识到基础设施投资对于解决“三农”问题的重要意义，各级政府开始逐步加大对于这一领域的投资力度。据有关数据统计，在“十一五”期间，政府分别累计安排农村饮水安全工程建设投资 590 亿元，农网建设与改造投资 1325 亿元，农村公路建设投资 1798 亿元（国家发展与改革委员会，2011），政府对农村基础设施投资的力度和广度不断加大。在这个过程中，各级政府投资农村基础设施供给的问题也逐渐凸显。

（一）投资浪费现象严重

政府通过投资农村基础设施建设，可以对农村发展、农民增收和农业繁荣的产生一定经济效益和社会效益，全面促进“三农”问题的有效解决。任何投资行为都不能忽视浪费问题，只有在低投入、高产出和少浪费的情况下才能创造出更多的经济效益和社会效益。但在现实政府投资农村基础设施过程中，投资浪费问题愈显突出。以内蒙古围栏建设为例，中央政府采取国家采取补贴方式支持内蒙古农牧民围栏建设

(中央补助比例占 80%，地方配套占 20%[①])。但是，围栏建设投资浪费严重，正常情况下一层围栏足以满足生产需要，而且在没有认为破坏的情况下，围栏可以使用 15—20 年，可有些家庭却“被迫”建有四层围栏。[②] 政府将大量的资金投入其中，却忽视农牧民的实际需要，不仅没有效益的提高，甚至会产生环境破坏等一系列负效益。

(二) 投资腐败现象蔓延

英国政治思想家阿克顿曾经提出这样的论断，“权力使人腐败，绝对的权力绝对使人腐败。”（约翰·阿克顿，2001）政府是农村基础设施投资的主体，又处于某些公共产品供给的垄断地位，这就意味着政府拥有较大的权力决定农村基础设施的投资方向，而且上级政府的投资主要是由下级政府具体操作，在这种自上而下的权力转移过程中，上级政府投资的垄断在下级政府又体现为供给的垄断，下级政府有较大的权力决定具体操作的细节。另外由于在现行监管体制下，上级政府难以对下级政府实施有效的监督，就给部分行政领导留下一定寻租空间。近几年，频繁有基层官员因为农村基础设施建设“落马”，挪用投资资金、接受承包商贿赂等现象越演越烈，并呈蔓延趋势。

(三) 投资资金挪用现象严重

上级政府投资农村基础设施建设，需要下级政府的具体生产和提供。上级政府一般通过财政转移支付的方式向下级政府拨付资金，然后由下级政府按照中央政策要求有限度地灵活使用资金或者专款专用。在缺乏有效监管的情况下，下级政府在接收到上级政府拨款后，由于种种原因，挪用基础设施建设资金，用于行政消费、地方重点项目建设等，特别是一些西部贫困地区这种现象更为突出。[③] 具体的资金投入在农村基础设施建设领域没有落到实处，或者说着资金挪用现象严重，这也是

① 资料来源：http：//www. chinaacc. com/new/184_900_201109/22ba983851782. shtml。

② 此为 2011 年内蒙古自治区办公厅“十大重点课题”《内蒙古牧区经济社会发展与民生问题研究》实际调研成果。

③ 此为 2011 年内蒙古自治区“十大重点课题”《内蒙古牧区经济社会发展与民生问题研究》实际调研成果。

政府财政投资面临的难题之一。

三、政府对农村基础设施投资机制转变：凭单制的实践

政府投资农村基础建设主要存在投资浪费、投资腐败、投资资金挪用等问题，而这些问题产生的一个非常重要的原因是投资机制的缺陷。政府投资农村基础设施过程应该是一个上级政府、财政部门、下级政府和农村居民互动的过程，四者相互制约、相互沟通，政府既可以有效地获取农村居民需求信息，农村居民也可以通过某种渠道表达自己的利益偏好；上级政府、财政部门可以充分对下级政府实现监督，农村居民也可以充分行使监督权监督地方政府活动。但是，从实际来看，我国现行的农村基础设施供给还主要是一个单行的供给过程，上级政府和下级政府之间、政府与农村居民之间只有单向运转，缺乏有效互动。现阶段，政府投资农村基础设施方式可以抽象为如下模型（见图 1）：

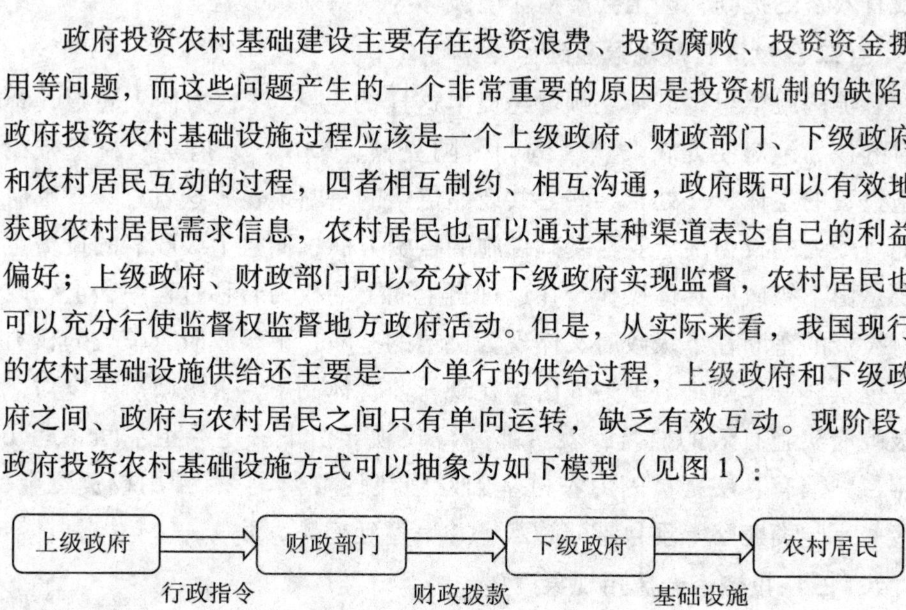

图 1　政府对农村基础设施投资方式模型

从政府内部来看，上级政府、财政部门和下级政府是政府投资行为主要政府内部参与者。中央政府主要是指中央政府、省级政府和市级政府，它们主要负责制定政策目标、投资方向、投资总额等，是政府投资农村基础设施建设的决策部门。财政部门主要是指财政部及各级财政主管机关，它们主要负责财政拨付使用，没有直接决策权。下级政府主要是指县级和乡镇政府，它们的主要职能是农村基础设施建设的具体操作。如图 1 所示，上级政府做出投资决策，通过行政指令的方式要求财政部门给予下级政府拨款，下级政府在接到上级政府行政指令和财政拨款后直接向农村居民提供基础设施。在整个过程中，政府投资是一个单

向运转过程，缺乏互动，特别是农村居民处于运转体制的最末端，权益极易受侵害，利益表达也出现缺失。

基础设施券是一种凭单，它可以转变农村居民被动接受基础设施建设的状况；基础设施券是一种“选票”，可以增加农村居民在基础设施建设过程中的话语权。采用基础设施券以后中央政府投资农村基础设施运转体制可以发生根本性转变，具体可以抽象为图2：

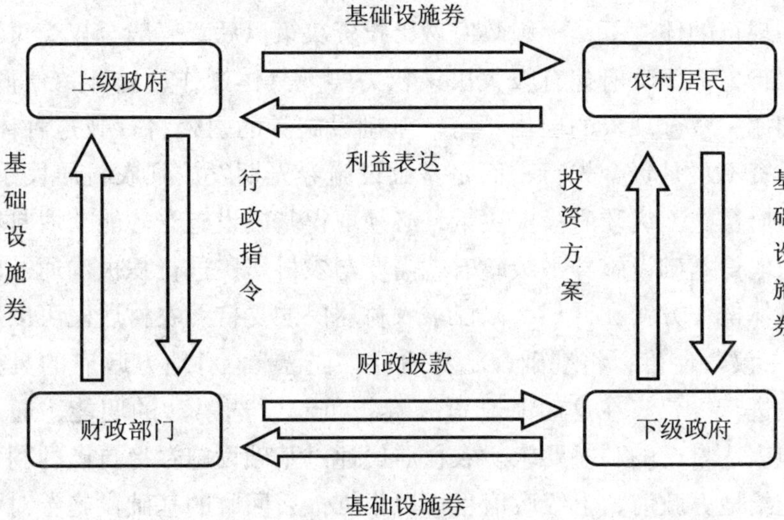

图2　引入基础设施券后政府投资农村基础设施运转体制模型

如图2所示，上级政府在做出投资农村基础设施的决策以后，并非像原来一样直接给予财政部门行政指令，让其给予地方政府直接拨款，而是先向农村居民通过各级政府发放农村基础设施券，然后再向财政部门发出指令，使财政部门只能根据基础设施券拨款，让其做到“只认券不认人、不认事”。作为下级政府，若想执行上级政府指令（或动用财政转移支付资金）建设农村基础设施，必须取得农村居民手中的基础设施券，才能向财政部门申请专项资金支持建设活动。所以，在这个过程中下级政府必须与农村居民进行有效的沟通，才能获得农村居民的支持，换取基础设施券。基础设施券的引入，把上级政府、农村居民、下级政府和财政部门紧密的联系起来，为中央政府投资农村基础设施建设提供了新的路径选择。

四、基础设施券的运行机理及其功能

（一）完善了农村居民的利益表达方式

在现行的体制下，上级政府做出投资决策以后，一般全权交付下级政府执行，下级政府拥有较大决策权力实现具体操作，这样致使低效、腐败和挪用资金现象的层出不穷。基础设施券的引入将打破这种体制，政府投资不再是资金先行，而是基础设施券先期发放到农村居民手中。下级政府实施上级政府投资决策，必须取得基础设施券才能获取具体资金。为取得基础设施券下级政府就需要与农村居民进行积极沟通，向其提供具体操作方案和计划，以谋求农村居民的支持。农村居民可以通过“一事一议”制度，将基础设施券看作“选票”，对地方政府的具体操作方案进行投票。在这时基础设施券担负起“选票”的职能，通过它很好地表达自己的利益要求。农村居民通过基础设施券将自己的利益偏好表达给地方政府，上级政府也可以根据最后回收的基础设施券对农村居民的偏好进行把握，这样就在“一事一议”制度的基础上，更加丰富了农村居民的利益表达方式。

（二）加强了对地方政府的监督

监督是农村基础设施投资的重要组成部分，特别是对基层政府的监督在投资数额巨大的农村基础设施领域具有举足轻重的意义。引入基础设施券，一是加强了农村居民对下级政府的监督，下级政府取得农村基础设施券必须透明化和公开化，将自己的具体操作行为向民众解释和公开，农村居民拥有“决定权”，来对基础设施建设具体方案进行表决，农村居民拥有了实质性的权力来对下级政府行为进行监督；二是加强了财政部门对于下级政府的财政监督，现行财政拨款方式下，财政部门监督权力较弱，更多的是在执行上级或同级政府的决策，资金交付下级政府使用后就无实质性监督权力，引入基础设施券，可以充分发挥财政部门的监督作用，以基础设施券为媒介，通过财政拨款的方式对下级政府进行制约；三是加强了上级政府对地方政府的监督。在单行运转体制下，上级政府只能通过抽查、调研等方式在投资决策以后实现对地方政府的监督，引入基础设施券以后，上级政府就可以通过间接的方式，以基础设施券的数量来考察下级政府的具体资金使用情况，而且可以将具体投资资金专款专用，从根本上约束下级政府行为。

（三）增强了中央政府的宏观调控能力

基础设施券的发行，使其在上级政府、下级政府、财政部门和农村居民之间相互流通，改变了单一的政府投资运转体制。基础设施券始于上级政府，又终于上级政府，丰富了上级政府投资的选择路径。上级政府通过基础设施券也可以有效地把握农村居民的利益诉求，以回收的基础设施券来评判农村居民的真实需求。而且通过基础设施券的回收，也可以把握资金的使用效率，洞悉资金的运转速度，做到对农村基础设施券发行规模和频率的有效把握。上级政府投资农村基础设施作为宏观调控的一项重要内容，也需要能力的不断增强。基础设施券就可以起到很好的媒介作用，使上级政府有更多的工具去提升宏观调控能力。

（四）实现了财权事权的有效分离

在原有体制下，财权和事权高度集中于下级政府，下级政府有较大的主观能动性使用上级政府投资资金，资金管理较为松懈。基础设施券的引入可以显著地提高各级财政部门在政府投资中的作用，让财政部门掌握一定的资金拨付权力，制约各级政府的资金使用。基层政府只有用基础设施券才能兑换相应的资金，在一定程度上将财权和事权实现了分离。另外，基础设施券还可以不断地完善财政预算制度，各级财政部门根据本级政府农村基础设施需要编制相应预算，预算资金再以基础设施券为媒介使地方政府间接获得，将财政预算编制和执行更为具体和严谨。

五、结语

农村基础设施券是一种大胆的设想，它以凭单制的经济学理论为依据，借鉴教育券等公共服务凭单制的实践，又根据政府投资农村基础设施特殊运转体制所设计出来一种新颖的凭单和“选票”的结合体。它的实践可以有效地解决现阶段政府投资农村基础设施过程中出现的一系列的问题，将单一运行的运转体制转变为系统的和相互联系的运转体制，使上级政府、财政部门、下级政府和农村居民有机结合起来，实现了上级政府、财政部门和农村居民对于下级政府活动的有效监督。农村基础设施券还处于初步设计阶段，具体的细节仍需要不断丰富。但是，它作为一种理念创新，丰富了政府投资农村基础设施的路径，为各级政府提供了新的路径选择。

【参考文献】

崔海军：《国外教育券理论与实践对我国基础教育的启示》，载《齐齐哈尔大学学报：哲学社会科学版》，2006 年第 2 期。

国家发展与改革委员会：《年农村基础设施建设发展报告》，2011 年。

鞠晴江、庞敏：《基础设施对农村经济发展的作用机制分析》，载《经济体制改革》2005 年第 4 期。

蒋时节、肖立银、彭毅、杨建伟：《农村基础设施投资效益评价的关键指标遴选》，载《农业工程学报》2010 年 9 期。

李红霞：《理解凭单制：渊源、机制、模式及运用》，载《中共天津市委党校学报》2005 年第 2 期。

《券》，http：//baike. baidu. com/view/376191. htm（访问时间：2013 年）。

［英］约翰 · 阿克顿：《自由与权力》，侯建译，商务印书馆 2001 年版。

《中国统计年鉴》，2011 年。

图书在版编目（CIP）数据

中国公共预算研究：第四届学术会议论文集（2012·南京）/ 王浦劬，胡宁生，马骏主编．—北京：中央编译出版社，2016.6
ISBN 978-7-5117-3026-8

Ⅰ．①中…
Ⅱ．①王… ②胡… ③马…
Ⅲ．①国家预算-中国-学术会议-文集
Ⅳ．①F812.3-53

中国版本图书馆 CIP 数据核字（2016）第 121550 号

中国公共预算研究：第四届学术会议论文集（2012·南京）

出 版 人：葛海彦
出版统筹：贾宇琰
责任编辑：贾宇琰　朱瑞雪
责任印制：尹　珺
出版发行：中央编译出版社
地　　址：北京西城区车公庄大街乙 5 号鸿儒大厦 B 座（100044）
电　　话：（010）52612345（总编室）　（010）52612341（编辑室）
（010）52612316（发行部）　（010）52612317（网络销售）
（010）52612346（馆配部）　（010）55626985（读者服务部）
传　　真：（010）66515838
经　　销：全国新华书店
印　　刷：北京溢漾印刷有限公司
开　　本：787 毫米×1092 毫米　1/16
字　　数：517 千字
印　　张：36
版　　次：2016 年 6 月第 1 版第 1 次印刷
定　　价：98.00 元

网　　址：www.cctphome.com　**邮　　箱**：cctp@cctphome.com
新浪微博：@中央编译出版社　**微　　信**：中央编译出版社(ID: cctphome)
淘宝店铺：中央编译出版社直销店(http://shop108367160.taobao.com)　(010)52612349

本社常年法律顾问：北京嘉润律师事务所律师　李敬伟　问小牛
凡有印装质量问题，本社负责调换，电话：（010）55626985